Dr. med. Ernst Meyer-Camberg

Das praktische Lexikon der Naturheilkunde

Mosaik Verlag

Zeichnungen: Heinz Bogner
Layout: Paul Wollweber
Schutzumschlag: Wilfried Becker
Redaktion: Wolfgang Bruns

Gesamtherstellung Mohndruck Reinhard Mohn OHG, Gütersloh

ISBN 3-570-06579-0

Vorbemerkung

Der Umfang des Werkes durfte nicht über Gebühr erhöht werden; die Zahl der Stichworte und Verweisungen mußte daher möglichst beschränkt, Wiederholungen mußten vermieden werden. Es ist daher bei der Benutzung des Lexikons folgendes zu beachten:

Kursivdruck ist ein Hinweis, daß an anderer Stelle darüber im Lexikon nachgeschlagen werden kann. Dadurch ist aber nicht gewährleistet, daß es in derselben Form als Stichwort erscheint.

Eigenschaftswörter sucht man unter dem entsprechenden Hauptwort, z. B. *rheumatisch* unter **Rheumatismus,** *konstitutionell* unter **Konstitution.** Zusammengesetzte **Hauptwörter** können unter beiden Bestandteilen manchmal zu suchen sein. Wer sich über *Knieguß* unterrichten will, muß also sowohl unter **Güsse** wie unter **Knieguß** nachschlagen. Beim ersten Stichwort wird er die für alle ganz allgemein bei Güssen zu berücksichtigenden Gesichtspunkte, beim zweiten die für die spezielle Ausführung wichtigen finden. *Nebenhöhlenerkrankungen* wird man sinngemäß unter **Nebenhöhlen** (nicht unter Erkrankungen) suchen. In vielen Fällen werden aber neben der anatomischen Bezeichnung eines Organs Zusammensetzungen als besondere Stichworte erscheinen: z. B. neben Herz: Herzblock, Herzfehler usw.

Abkürzungen sind selten verwendet; außer üblichen Abkürzungen, die keiner Erklärung bedürfen, wie u. für und, vgl. für vergleiche, s. für siehe usw., bedeutet

Beh. = Behandlung
Hp. = Homöopathie
Bch. = Biochemie

Unter Hp. und Bch. sind bei den einzelnen Krankheitsbildern die wichtigsten homöopathischen bzw. biochemischen Mittel angeführt. Sie sind nur Hinweise. Ihre Anwendung ist nur sinnvoll, wenn man das Arzneimittelbild aufsucht und danach das Mittel für den Kranken und seinen Zustand auswählt. **Dosierung** und **Anwendungsweise** lese man unter den Stichworten **Homöopathie** und **Biochemie** nach.

Die **Stichworte** sind innerhalb des Artikels abgekürzt.

Zum Aufbau einer gesunden Lebensweise führt das Studium folgender Stichwörter:

Abhärtung
Atemgymnastik
Bewegung
Blutreinigung
Diät
Entspannung
Erholung
Ernährung
Fasten
Fletschern
Frühjahrskuren
Ganzheit
Gymnastik
Hautpflege
Heilkrisis
Kleidung
Kaltwasserkur
Körperpflege
Lebensmittel
Lebensreform
Luftbad
Medizinball
Meditation
Mesotrophie
Mundpflege
Nahrungsmittel
Naturheilkunde
Psychosomatik
Reaktion
Reformhaus
Rohkost
Sauna
Schönheitspflege
Seele
Sport
Streß
Umwelt
Urlaub
Vegetarische Vollkost
Vitamine
Yoga
Zahnpflege

Ein Wort an die Leser

Erfreulicherweise gewinnt das Verständnis für die naturheilkundlichen Verfahren in Lebensführung und Krankenbehandlung immer mehr an Boden. Je mehr Technik und Zivilisation das ursprüngliche Leben verändern, um so mehr Schäden der Umwelt und des Lebens zeigen sich. Die Zivilisationskrankheiten nehmen erschreckend zu. Auf der Suche nach Wegen aus diesem Teufelskreis wird die Zahl der Heilungssuchenden, die sich naturgemäß behandeln lassen wollen, immer größer. Die Lehrauffassungen und die Denkweise der Naturheilkunde gewinnen zunehmend das Vertrauen der Menschen unserer Zeit.

Der Einfluß des naturheilkundlichen Gedankengutes auf die Lehrauffassungen der Schulmedizin hat ebenfalls viel Boden gewonnen. Ein Teil der Ärzteschaft zeigt sich aufgeschlossen und die Kurse, die der Berufsfortbildung auf diesem Gebiete dienen, werden immer besser besucht. 1950 hat der Deutsche Ärztetag die Schaffung von Lehrstühlen für Naturheilkunde und die Aufnahme des Faches in die Prüfungsordnung gefordert. Dieser Beschluß zeigt, daß die Mehrheit der Ärzte diesem Gedankengut aufgeschlossen gegenübersteht. Heute sind Forderungen der Naturheilkunde wie die Vorsorge und der Umweltschutz zu allgemein anerkannten Aufgaben der Gesundheitspflege geworden. Auch in die Gesetzgebung für die Lebensmittel sind wesentliche Forderungen, für die die Naturheilkunde Jahrzehnte gekämpft hatte, eingeflossen.

Wer sich mit naturheilkundlichen Fragen befassen will, wird sich oft mit neuen und ungewohnten Anschauungen auseinandersetzen müssen. Die Naturheilkunde ist naturphilosophisch begründet. Ihre Grundsätze sind aus der Beobachtung und Erfahrung der Natur abgeleitet. Das Einhalten einer natürlichen Lebensweise und -ordnung erhält gesund, ruft keine körperlichen oder seelischen Störungen hervor. Ein Abweichen davon schafft den Boden für Fehlleistungen, Schädigungen und Krankheit. Eine gesunde natürliche Lebensweise sowie die Beanspruchung und Übung der Abwehrregulationen des Organismus sind die beste Vorsorge.

Im Sinne der Naturheilkunde ist die Schädigung, die den Körper betroffen hat, nicht die Krankheit. Das Krankheitsbild ist geprägt von den natürlichen Abwehrregulationen gegen die Schädigung, aber auch von den Schädigungen mitbeeinflußt. Es kommt in der Naturheilkunde wesentlich auf die Abwehrkraft des Körpers an. Sie muß angeregt und unterhalten werden, sowohl während der Krankheit, als auch in Zeiten der Gesundheit.

Die Auffassungen der Naturheilkunde über Sinn, Wesen und Entstehen der Krankheiten, über das Vorgehen bei der Behandlung und die Vorgänge bei der Heilung sind vielen der herrschenden Anschauungen fast entgegengesetzt. Um jedem Gelegenheit zu geben, sich in Gedankengut und Praxis der verschiedenen Naturheilverfahren hineinzufinden, ist das »Praktische Lexikon der Naturheilkunde« geschaffen worden.

Was zum Verständnis der Krankheitsbilder, deren Verlaufs- und Behandlungsmöglichkeiten notwendig ist, angefangen vom Bau des Körpers und seiner Organe und vom Ineinandergreifen ihrer Aufgaben, wird nicht vorausgesetzt, sondern läßt sich dem Lexikon entnehmen. So ist es jedem ohne besondere Vorkenntnisse möglich, sich über die wichtigsten Gesundheits- und Krankheitsfragen den Rat der Naturheilkunde einzuholen. Fragen der gesunden Lebensweise nehmen einen breiten Raum ein, denn sie sind der Boden, auf dem jede ernstzunehmende Naturheilbehandlung aufzubauen ist.

Auch Verfahren, die streng genommen nicht zur Naturheilkunde im engeren Sinne gehören, aber in ihrem Rahmen oft verwendet und diskutiert werden, sind aufgenommen und wo nötig, ist auf die Abgrenzung von der Naturheilkunde hingewiesen worden. Daß verdiente Vorkämpfer der Naturheilkunde einen Platz in diesem Lexikon haben, dürfte selbstverständlich sein.

Bei der Besprechung und Schilderung der einzelnen Krankheitsbilder werden Vorschläge für eine naturheilkundliche Behandlung gegeben. Sie müssen sinnentsprechend in eine Grundbehandlung, die den Wegweiser im Einzelfall für jedes Vorgehen abgeben soll, eingebaut werden. Naturheilbehandlung – wie auch jede Form der naturheilkundlichen Betrachtung – ist Ganzheitsbehandlung. Sie muß alle wichtigen Körpertätigkeiten gleichzeitig erfassen, wenn sie wirksam werden soll. Keineswegs ist dies bequem. Sie erfordert die tätige Mitwirkung dessen, der Hilfe von ihr erwartet. Jeder Erfolg muß durch Hingabe erarbeitet werden. Dafür ist die technisch richtige Durchführung der einzelnen Anwendungen wichtig. Diese ist unter dem betreffenden Stichwort eingehend beschrieben und wo notwendig durch Bild erläutert. Hier liegt der Schwerpunkt des Buches, das somit geeignet ist, die Anweisungen des Naturarztes zu unterstreichen und ihre richtige Ausführung zu gewährleisten.

Für die naturheilkundliche Behandlung gilt, wie für jede Behandlung, daß man sich in allen schwierigen Fragen der Führung eines in diesen Behandlungsverfahren Kundigen unterstellt; denn – abgesehen von einfachen Verläufen, die üblicherweise einer Selbst- oder Hausbehandlung anvertraut werden können – kann man nur unter sicherer und erfahrener Leitung alle Krisen überwinden, die man bei den meisten Krankheiten durchlaufen und überstehen muß, um das Heilziel zu erreichen. Diese Krisen äußern sich in den sogenannten Erstverschlimmerungen, die immer in Kauf genommen werden müssen, weil nur über sie die Heilung angebahnt wird. Ohne erfahrenen Rat wird man in solchen Lagen unsicher und zweifelt, ob man auf dem richtigen Weg ist. Daher unterläßt man es oft, zielbewußt fortzuschreiten und gefährdet damit den Erfolg der Behandlung. Verfahren, die eine besondere Technik erfordern, kann man ohnedies nur von einem in dieser Technik geübten Helfer an sich durchführen lassen.

Die bei den einzelnen Krankheitsbildern vorgeschlagenen homöopathischen und biochemischen Mittel können natürlich nur etwas nützen, wenn das Krankheitsbild mit dem Arzneimittelbild übereinstimmt. Eine genaue Kenntnis der Krankheits- und Arzneimittelbilder ist daher Voraussetzung für die richtige Auswahl aus diesen Vorschlägen. Man überläßt sie am besten dem Fachmann. Viele Maßnahmen kann man aber selber durchführen und ihre Technik aus dem Buche erlernen.

Darüber hinaus ergibt das Studium der entsprechenden Stichworte auch eine gute Anleitung für eine gesunderhaltende und naturgemäße Lebensweise und dient damit dem großen Ziel jeder Gesundheitspflege: der Vorsorge.

Die Aufnahme und Verbreitung, die das Buch seit seinem ersten Erscheinen am 1. Juli 1953 gefunden hat, ist ein Beweis dafür, wie sehr diese Gedanken und Erfahrungen von den Menschen unserer Zeit erstrebt und gesucht werden. Es ist mit dieser Ausgabe völlig neu bearbeitet und auf den neuesten Stand gebracht worden, so daß es auch weiterhin allen Ratsuchenden auf dem Gebiete der Naturheilkunde zuverlässige Auskunft und Anleitung zu gesunder Lebensführung, Vorbeugung und Behandlung von Krankheiten geben kann.

Möge es auch weiterhin Verständnis für die modernen und zukunftsträchtigen Bestrebungen einer vernünftigen Lebensreform wecken und der naturgemäßen Lebens- und Behandlungsweise neue Anhänger gewinnen!

Seeshaupt, 31. März 1977

Dr. Ernst Meyer-Camberg

A

Abführmittel werden zur Behandlung der *Stuhlverstopfung* und zur *Ab-* und *Ausleitung auf den Darm* verwendet.
Milde wirken *Bittersalz, Glaubersalz,* Natriumphosphat und entsprechend zusammengesetzte, natürliche abführende *Mineralwässer* oder die aus ihnen gewonnenen Salze (Karlsbader, Mergentheimer usw.), *Milchzucker,* Fruchtsäuren, Feigensirup, Tamarinden, Manna, Agar-Agar vornehmlich im Dünndarm. Auch auf den Dünndarm, aber stärker reizend, wirken *Rizinusöl, Schwefel.*
Stärker und vornehmlich im Dickdarm angreifend wirken die meist anthrachinonhaltigen Drogen *Faulbaumrinde, Rhabarberwurzel, Sennesblätter* und -schoten, *Schlehen*blüten. Sehr stark auf beide Darmabschnitte wirken *Podophyllinharz,* Jalapenwurzel, *Krotonöl.*
Als Gleit- und milde Darmanregungsmittel bewähren sich pflanzliche *Öle* oder Ölsaaten, wie *Leinsamen, Leinöl,* eingenommen oder als Öl im Einlauf genommen.
Besonders die stärker wirkenden A. machen Gewöhnung, d. h. der Körper reagiert mit der Zeit immer nur auf erhöhte Gaben. Ein Wechsel in den Mitteln empfiehlt sich daher zur Vermeidung der Gewöhnung.

Abführtees: Vgl. *Stuhlverstopfung.* Schrammscher A.: Sennesblätter 3 T., Fenchel, Süßholzwurzel je 2 T., Anis 1 T. 1 Teelöffel mit 1 Tasse heißen Wassers übergießen und kalt werden lassen, Satz nicht mittrinken.
Martinstee: Faulbaumrinde, Anis, Schafgarbe, Sennesblätter zu gleichen Teilen. 1 Teelöffel mit 1 Tasse Wasser heiß übergießen und einige Stunden stehenlassen, Satz nicht mittrinken.
Ackerwinde mit Wurzel, Pfefferminzblätter, Kümmel, Fenchel, Melissenblätter, Pfingstrosenblüten zu gleichen Teilen. 1 Eßlöffel mit 2 Tassen heißem Wasser aufgießen und abends trinken.
Faulbaumrinde, Queckenwurzel, Schafgarbe, Sennesblätter zu gleichen Teilen. 1 Teelöffel auf 1 Tasse Wasser 10 Min. kochen. Früh und abends 1 Tasse trinken.

Abgießung: rasche, gleichmäßige Begießung des ganzen Körpers mit mildem Strahl (Zusammenpressung der Schlauchmündung). Linienführung und Technik wie beim *Vollguß.* Wird kalt zum Abschluß von Warmanwendungen gebraucht. Beim *Schlenz*bad wird mit lauem Wasser (37°) abgegossen.

Abhärtung ist das systematische Gegenwirken auf die verweichlichenden Einflüsse der *zivilisatorischen Lebensweise* durch eine naturgemäße Lebensweise. Da die zivilisatorische Lebensweise dem Menschen Anstrengungen und unangenehme äußere Einflüsse zu ersparen versucht, verkümmern die *Abwehrregulationen,* und der Mensch reagiert daher auf unerwartete äußere Einflüsse mit krankhaften Erscheinungen. Er ist verweichlicht. Durch *Kleidung,* Wohnung und Heizung leidet vor allem die Anpassungsfähigkeit der natürlichen Wärmeregulation. Hierzu dienen besonders die Hautkapillaren, Hautnerven und die Schweißdrüsen, die von zentralen Stellen im Gehirn gesteuert werden. Die A. hat schon im Kindesalter zu beginnen. Aufenthalt in gut gelüfteten, nicht überheizten Räumen, nicht zu weiche und zu warme Betten, bequeme, luftdurchlässige Kleidung und Unterwäsche. *Luftbad* und Freiluft*gymnastik* auch bei kühlem Wetter. Tägliche kalte *Oberkörper-* und *Ganzwaschungen, Barfußlaufen, Tau-* und Schnee*treten, Armbäder, Wassertreten, Halbbäder,* regelmäßiger *Sauna*besuch dienen der Kräftigung der Haut und des Wärmeregulationsmechanismus. Sport und Rasenspiele dienen gleichzeitig der A. Auch die Muskelerschlaffung durch einseitige Bewegung oder Nichtbewegung (sitzende Lebensweise) ist ein Zeichen der Verweichlichung, die durch Bewegung (Wandern, Spaziergang) und Übung (Gymnastik und Sport) gesteuert werden muß. Indem die Kochkunst versucht, Magen und Darm Arbeit zu ersparen, leiden auch hier die natürlichen Regulationen. Die A. geschieht hier durch allmähliches Gewöhnen an eine naturgemäße Kost, vorwiegend *Rohkost,* die Ansprüche an die Kaumuskulatur, Zähne, Magen, Darm und Verdauung stellt und so die Organe kräftigt. A. ist Abwendung von der zivilisatorischen Verweichlichung und Hinwendung zu einer naturgemäßen Lebensweise.

Abkochung von Pflanzen oder Pflanzenteilen, Teegemischen. Im allgemeinen ist eine Abkochzeit von 15–30 Minuten nötig. Nur selten werden mehrere Stunden benötigt. Zeitrechnung vom Beginn des Kochens an. Abseihen erfolgt durch Sieb oder besser durch Tuch, das mit dem Rückstand ausgepreßt wird. Häufig verwendeter Zusatz für Badezwecke: *Heublumen* werden in einen porösen Leinensack gefüllt, kalt mit Wasser angesetzt, langsam zum Kochen gebracht; etwa 1/2 Stunde kochen lassen. Für 1 Vollbad 1–1,5 kg Heublumen. Wirkung: Kräftige *Hautreizung,* Gefäßerweiterung, auf- und auslösende Wirkung, krampflösend. Gegen Stoffwechselstörungen, Stein- und Grießbildungen, Gicht, Rheuma, Gelenkveränderungen, Nieren- und Gallensteinbildungen, Flüssigkeitsansammlung in Gelenken, Bauch- und Brusthöhle, Furunkelbildung, Nagelbettvereiterung, Sehnenscheidenentzündung, Magen-Darm-Stauungen.

Zinnkraut: s. *Ackerschachtelhalm.* Menge und Zubereitung wie Heublumen. Hautschonend und -pflegend. Gegen schlecht heilende Wunden, Hautleiden, Ausschläge (Ekzeme), Blasen- und Nierenleiden. Haferstroh gehäckselt wird bei schwächlichen Personen und bei den gleichen Leiden wie Zinnkraut verwendet. Zubereitung wie Heublumen.

Fichtennadeln und frische Reiser von Fichten sowie die harzreichen Zapfen (zerkleinert), 1–1,5 kg auf ein Vollbad, werden 1/2 bis 3/4 Stunde langsam gekocht und noch 12–24 Stunden stehengelassen. Bei nicht zu starker Abkochung beruhigende Wirkung, bei stärkerer A. Stoffwechselsteigerung unter Schwinden der beruhigenden Wirkung. Gegen Katarrhe der oberen Luftwege, Nervenschwäche, Rheuma, Fettleibigkeit.

Eichenrinde: zerkleinerte getrocknete Rinde in kaltem Wasser (alten Topf verwenden!) ansetzen, einige Stunden stehenlassen, erhitzen und 1/2 Stunde kochen. Abguß dem Badewasser beigeben. Altes Geschirr und Wäsche benutzen. Gibt Flekken. Gerbsäuregehalt wirkt entzündungswidrig und schorfbildend. Gegen Hauteinrisse, Frostbeulen, Krampfadern.

Kamille: kalt ansetzen und in geschlossenem Topf 10 Minuten kochen. Bei katarrhalischen Zuständen, Wundbehandlung, Ausschlägen, Entzündungen.

Ableitung einer *Stauung* oder Blutüberfüllung zum Zwecke der Entlastung in ein anderes Stromgebiet. Man leitet vom Kopf in Arme, Brust, Leib oder Beine ab, von der Brust in die Arme oder Beine, vom Leib in Beine, seltener in Arme, von den Beinen in Leib oder Arme.

Ableitung auf die Füße: *Barfußlaufen, Tau-,* Schnee-, *Wassertreten, Fußbäder, Knie-* und *Schenkelgüsse, Fuß-, Bein-, Wadenwickel, nasse Socken.*

Ableitung auf Arme: *Armbäder, Armwikkel.*

Ableitung auf Leib und Unterleib: *Kurzwikkel, Lendenwickel, Sitzbad, Halbbad. Sitzen auf nassem Tuch.*

Ableitung auf Brust: *Schal.*

Ableitung auf die Gebärmutter zur Verstärkung der schwachen oder Ingangsetzung der fehlenden Regel *(Menstruation)* bei *innersekretorischen Störungen.* Äußerlich: Heiße *Fußbäder, Senf-Fußbäder,* heiße *Sitzbäder, Moorbäder, Schlammpackungen,* heiße bzw. wechselwarme *Scheidenspülungen, Massage* des Unterleibs und der Oberschenkel, Hautreizung der inneren Seite der Oberschenkel. Leistenbeuge, Kreuzbein, Schamhaargegend mit *Pustulantien, Baunscheidtismus, Fontanellen. Blutegel* an Oberschenkelinnenseite. Innerlich: *Sennesblätter, Aloe,* Safran, Myrrhe, *Wacholderbeeren,* Muskat, Ingwer, Pfeffer, Paprika, *Senf, Meerrettich, Zwiebel, Knoblauch, Angelica, Wermut, Tausendgüldenkraut,* Bingelkraut, *Petersiliensamen, Glaubersalz.* Angezeigt bei *Fettsucht, Rheuma, Nerven-* und *Gelenkentzündungen,* Haut*ausschlägen, Kreislaufstörungen, Asthma, Gallensteinen, Schlaflosigkeit, Erregungs*zuständen, *Psychosen,* wenn sie mit Regelstörungen vergesellschaftet sind.

Die Ableitung auf die Ausscheidungsorgane Haut, Darm, Niere zum Zwecke der Ausscheidung von Körper- und Stoffwechselgiften bezeichnet man als *Ausleitung.*

Ausleitung auf die Haut: *Wickel, Packung, hautreizende Einreibungen und Pflaster. Schröpfen, Blutegel, Baunscheidtismus, Haarseile* usw.

Ausleitung auf den Darm: *Darmbäder, Abführmittel.*

Ausleitung auf die Nieren: *Harntreibende Mittel.*

Ausleitung auf den Magen: *Brechmittel, Magen*spülung.

Abmagerung ist die Verminderung des Körpergewichtes ohne sonstige Krankheitserscheinungen. Sie kann durch Fehl- und Mangelernährung *(Unterernährung)* und *Appetit*störungen bedingt sein. Beh.: Beseitigung der Fehlernährung durch naturgemäße *Ernährung.* Zusatzspeise *Linusitsuppe* oder *Quark-Leinölspeise.*
Auffinden und Beseitigen seelischer Ursachen durch Aussprache. Anregung des Stoffwechsels durch leichte Anwendungen: Hautbürsten, Trockenfrottierungen, einfache *Güsse, Barfußlaufen,* leichte Körperbewegung. Bei Bettlägerigen *Massagen,* Teil*auflagen* und Teil*wickel.* Hp.: Abrotanum D2, Jodum D4–6, Phosphorus D6. Bch.: Kalium phosphoricum D6 und Natrium sulfuricum D6 bei allgemeinen Stoffwechselstörungen und nervösen Störungen, auch Magnesium phosphoricum D6 und im Wechsel mit Kalium phosphoricum. Bei A. stillender Mütter Calcium phosphoricum D6 und Natrium muriaticum D6, bei Bindegewebsschwäche Silicea D6. Hinter der A. können sich aber eine Reihe mit *Stoffwechsel*steigerung verbundene schwere zehrende Krankheiten verbergen, nach denen stets geforscht werden muß, bevor man eine einfache A. annimmt. *Tuberkulose, Krebs, Basedow, Zuckerkrankheit, Schrumpfniere, Blutkrankheiten,* Krankheiten der *Hirnanhangdrüse* kommen in Frage und müssen entsprechend behandelt werden.

Abreibungen dienen der schonenden Anregung des Gesamtstoffwechsels durch Wärmeentzug. Sie kräftigen Kreislauf und Atmung, beleben, erfrischen und härten ab. Anwendung am erwärmten Körper im Bett, unmittelbar nach dem Aufstehen, nach Körperbewegung und Gymnastik. Teil- oder Ganzabreibung. Naßkalt ausgewrungenes Tuch, dessen Feuchtigkeit und Kühle zwischendurch immer wieder erneuert werden muß. Folge: rechte Hand, Armaußenseite, Schulter, Arm- und Brustinnenseite, Rücken; linker Arm wie rechts; rechter Fuß, Beinaußenseite, Beininnenseite, Fußsohle; linkes Bein wie rechts; Gesäß, Rumpf.
Bei empfindlichen Patienten Brust, Rücken oder einzelne Gliedmaßen mit feuchtkaltem Tuch bedecken und auf dem unbewegten Tuch reiben oder leicht klopfen. Essigzusatz zum Wasser verstärkt die Wirkung. Werden mehrmals täglich, oft bis zu halbstündlich, je nach den Heilaufgaben, verordnet.

Abschuppung, Abschilferung ist die Abstoßung der obersten, verhornten Zellschichten der Oberhaut in kleineren oder größeren Schuppen. Die normale A. geht unbemerkt vor sich. Durch Nachwachsen aus der Keimschicht der Oberhaut werden die Zellen laufend ersetzt und erneuert. Entzündliche Reizung der Haut sowie Ernährungsstörungen haben verstärkte Abschuppung im Gefolge. (Arzneiausschläge, *Masern, Scharlachausschläge,* Reiben durch Kleider, beim Waschen, *Sonnenbrand* usw.) Die A. kann schüppchen- und lamellenförmig geschehen und tritt Tage bis Wochen nach Abklingen der Entzündung auf. Bei hochgradiger, meist angeborener Abschuppung spricht man von Fischschuppenkrankheit. Beh.: Trockenfrottierung, *Ganzwaschung,* Lehmpackung.

Absterben einzelner Glieder, sog. *Einschlafen,* beruht auf einer Durchblutungsstörung meist infolge *Gefäßkrampfes.* Blasse Verfärbung, Kälte, Empfindungslosigkeit meist in Fingern und Zehen. Kälte, nervöse Ursachen, unbequeme Lagerung können den Krampf auslösen. Bei Frauen häufig Zeichen hormonaler Unterfunktion der *Keimdrüsen.* Auch Änderungen der Blutzusammensetzung *Blutarmut* oder Dickflüssigkeit können Ursache sein. Beh.: *Ansteigende* oder *Wechselteilbäder,* leichte *Güsse, Luftbäder, Massage,* Extrakte aus Gingkobaum (Tebonin). Hp.: Agaricus muscarius D4, Kalmia D2, Acidum picrinicum D4, Secale D3–6.

Abszeß (Eitergeschwulst, Eiterbeule, Blutgeschwür) entsteht überall im Körper durch Krankheitserreger. Es kommt zu einer eitrigen Einschmelzung von Körpergewebe. Der sog. heiße Abszeß ist das Ergebnis einer akuten Entzündung. Der Körper versucht die Erreger durch die als Freßzellen arbeitenden weißen *Blut*körperchen unschädlich zu machen. Dabei entstehen Stoffe, die das Gewebe einschmelzen. Hat der Abszeß die Möglichkeit, nach außen durchzubrechen, so entleert er sich, und die entleerte Höhle schließt sich durch Vernarbung. Man versucht den A. möglichst zu erweichen, damit er aufbricht und sich ent-

leeren kann, vorausgesetzt, daß keine Gefahr besteht, daß er nach innen in eine Leibeshöhle durchbricht. *Bockshornklee-, Heublumen-, Lehmauflagen* dienen der Erweichung. Hp.: Zu Beginn Silicea D3, Apis D3, später Hepar sulfur D3, Myristika sebifera D3. Bch.: Im Beginn Ferrum phosphoricum D6, bei Fortschreiten Silicea D6–12, Calcium fluoratum D6, wenn der Abszeß nicht erweichen will; Kalium phosphoricum D6 bei fauligem und jauchigem Eiter.
A. im Körperinnern müssen operativ geöffnet werden, oder man versucht sie einzudicken und sich abkapseln zu lassen. Der kalte A. ist Folge chronischer Entzündung, meist tuberkulöser Art, und im Gegensatz zum heißen A. wenig schmerzhaft. Er bricht nur langsam durch und senkt sich oft an Muskeln und Sehnen entlang zu Stellen, an denen er die Oberfläche erreichen kann (Senkungsabszesse). Behandlung des Grundleidens steht hier im Vordergrund.

Abwaschungen wirken etwas stärker als die *Abreibungen* und dienen denselben Zwecken bei kräftigeren Kranken. Teil- und *Ganzwaschungen* in der Reihenfolge wie bei den Abreibungen beschrieben. Nicht abtrocknen, sondern mit Nachtgewand bekleidet im Bett nachdämpfen oder angezogen durch Bewegung sich wiedererwärmen. Essigwasserzusatz verstärkt den Reiz.

Abwehrregulationen verfolgen das Ziel, schädliche Einflüsse von außen auf den Körper abzuwehren. Sie laufen selbsttätig auf solche Reize an. Hierher gehören Blutverteilung, *Ausscheidung,* besonders die Schweißausscheidung, *Entzündung* in allen ihren Abläufen, Brechakt, Beschleunigung der *Darm*tätigkeit, *Fieber*entwicklung, überhaupt die ganze Wärmeregulation, Bildung von Abwehrstoffen, *Antikörpern* usw. im Blut u.v.a.m. Die *akute* Krankheit ist im allgemeinen der Einsatz und Ablauf solcher A. gegen die Schädigung. Werden die A. im Kampf nicht Herr, so kommt es zu *chronischem,* abgeschwächtem Verlauf als Zeichen nicht ausreichender Abwehr. Die von der Natur instinktiv und selbsttätig angesetzten A. sind Krankheit und Heilungsvorgang zugleich. Sie sind Ausdruck der Naturheilkraft und des »inneren Arztes«. Die Tätigkeit der A. darf daher niemals gehemmt, sondern muß mit allen Mitteln unterstützt werden. Bei chronischen Erkrankungen müssen oft die A. erst wieder angeregt und in ein akutes Verlaufsstadium gebracht werden *(Umstimmung),* damit der Heilung die Bahn freigemacht wird. *Naturheilkunde* ist ihrem Wesen nach Heilung über die Selbstregulation des Körpers.

Achillea millefolium, s. *Schafgarbe.*

Ackerschachtelhalm, Zinnkraut (Equisetum arvense): Die grünen, unfruchtbaren Triebe der Pflanze werden auf Feldern und an Wegen, niemals im Wald oder an feuchten, sumpfigen Stellen gesammelt. Kieselsäurereiche Droge. Zur Kieselsäurebehandlung der Tuberkulose, der Arteriosklerose, zur Anregung der Wasserausscheidung als Abkochung verwendet. Zusatz für Bäder, Wickel, besonders in der Kneippbehandlung, zur Behandlung schlecht heilender Wunden, von Ausschlägen, Nieren- und Blasenleiden. Einzelgabe: 1–4 g Abkochung. (Tafel I.)

Aconitum napellus, s. *Sturmhut.*

Acorus calamus, s. *Kalmus.*

Adenoide Wucherungen, s. *Mandeln.*

Aderlaß: Abnehmen von Blut zu Heilzwekken, meist aus der Vene. Kleiner A. Menge bis 200 ccm, großer A. bis zu 500 ccm. Der A. ändert die Säfteverteilung und entlastet den *Kreislauf.* Anwendung bei Blutüberladung des Körpers, *Blutdruck*erhöhung, *Schlaganfall,* Entgiftung des Körpers (z. B. bei *Harnvergiftung*), fehlerhafter *Blut*zusammensetzung mit teilweisem Ersatz des minderwertigen Blutes durch Blut eines Gesunden.
Der Ersatz kann direkt oder mit einer Blutkonserve erfolgen. Es kann auch das Blut des Kranken nach reinigender Behandlung wieder zugeführt werden. So wird mit Hilfe der *künstlichen Niere* das Blut von den zurückgehaltenen harnpflichtigen Stoffen gereinigt und wieder zugeführt. Bei der *hämatogenen Oxydationstherapie (HOT)* nach *Wehrli,* die oft irreführend als Blutwäsche bezeichnet wird, wird eine geringe Menge venösen Blutes mit Sauerstoff versetzt, mit einem bestimmten Ultraviolett-

spektrum bestrahlt und wieder zugeführt. Ozonverdünnungen mit Sauerstoff werden im Rahmen der *Ozon*behandlung eingespritzt und in weiteren Formen angewendet. (*Eigenblutbehandlung* s.d.)
Meist wird das Blut aus der Ellenbogenvene mittels Nadel oder Spritze entnommen. Bei Neugeborenen aus der *Fontanelle.* Bei technischen Schwierigkeiten kann auch die Vene bloßgelegt und mit dem Messer durchschnitten werden.

Adonisröschen (Adonis vernalis), Frühlingsteufelsauge: Hahnenfußgewächs, dessen Kraut ähnlich wie Fingerhut *(Digitalis)* auf das muskelschwache Herz und die Wasserausscheidung wirkt. Es ist wesentlich weniger giftig, wenn auch nicht immer so kräftig in der Wirkung. Daneben beruhigende Wirkung. Kann in Kreislauftees gemischt werden. Meist als Tinktur oder in Pulver- und Pillenform verwendet.
(Tafel I.)

Aesculus hippocastaneum s. *Roßkastanie.*

Afterentzündung, *Wolf:* Rötung, Schwellung, Schmerzhaftigkeit und Nässe der Haut der Aftergegend durch Reiben beim Reiten, Marschieren, Radfahren mit gleichzeitiger Zersetzung durch Haut- und Darmabsonderungen. *Aufschläger* oder *Sitzbäder* mit Zinnkraut, Eichenrinde, Kleie, Kamille, Lehm- oder Heilerde. Einpudern. Hp.: Chamomilla D3–6, Lycopodium D6–12, Mercurius solubilis D6–12.

Afterjucken: dauerndes oder anfallsweises Jucken in der Umgebung des *Afters. Madenwürmer, Ekzeme, Hämorrhoiden, Zukkerkrankheit, Afterentzündung* meist Ursache. Findet sich keine Grundlage, wird es als nervöses Krankheitszeichen gedeutet. Allgemeinbehandlung nach dem Grundleiden (s.d.). Warme Zinnkraut*sitzbäder* bei entzündlichen Zuständen, sonst kalte *Zinnkrautsitzbäder.* Lehm*auflagen,* Kamillen*klistiere.* Kalte *Halbbäder, Schenkelgüsse.* Hp.: Ignatia D6, Acidum nitricum D3, Mercurius solubilis D4, Sulfur D6, Agaricus muscarius D 6. Bch.: Calcium phosphoricum D 6, Kalium phosphoricum D 6 bei nervösen Ursachen, Natrium muriaticum D6, Kalium chloratum D6, Natrium phosphoricum D6 häufig wechselnd bei Madenwürmern, Calcium fluoricum D12, Ferrum phosphoricum D6 zweistündl. wechselnd bei Hämorrhoiden.

Afterkrampf: schmerzhafte Zusammenziehung des Schließmuskels bei entzündlichen After- und Mastdarmerkrankungen. Beh. wie *Afterentzündung.* Warme bis heiße Anwendungen zur *Krampf*lösung.
Es gibt auch eine nicht schmerzhafte Afterschließmuskelverkrampfung auf psychischer Grundlage bei vielen Zuständen von Verstopfung, besonders der krampfhaften Form. Behandlung: Dehnung und Massage des Schließmuskels.

Afterschrunden: Verletzungen der Afterschleimhaut heilen manchmal sehr schlecht, weil das Wundbett immer durch Schweiß und Kot gereizt wird. Kleine Einrisse sind sehr schmerzhaft und führen reflektorisch zu *Stuhlverstopfung.* Sie können ebenso wie Entzündungen in der Aftergegend zu *Fisteln* führen. Beh.: Allgemeinbehandlung. Örtlich wie Entzündung. Regelung des *Stuhl*gangs durch Diät steht an erster Stelle. Hp.: Mercurius sol. D4, Hepar sulfuris D3, Phosphorus D10, Asa foetida D4. Bch.: Calcium fluoratum D12 bei Hämorrhoiden; Natrium muriaticum D6, Silicea D12 bei hartem knolligem Stuhl.

Aftervorfall: Heraustreten von Mastdarmschleimhaut aus der Aftermündung. Angeborene Gewebsschwäche, begünstigt durch *Darmkatarrhe,* chronische *Stuhlverstopfung, Hämorrhoiden.* Manchmal nach schweren Geburten. Beh.: Kräftigung des Beckengewebes *(Gymnastik, Thure-Brandt-Massage).* Regelung der Darmtätigkeit durch Diät. Verhinderung des Pressens. Bei Kindern auf *Vorhautverengung* achten. Hp.: Podophyllum D4–6, Aloe D3, Ignatia D4–6, Ferrum phosphoricum D6, Sepia D6, Nux vomica D4, Silicea D12. Bch.: Calcium fluoratum D6, Magnesium phosphoricum D6 bei gleichzeitigem Schließmuskelkrampf.

Agrimonia eupatoria, s. *Odermennig.*

Agropyrum repens, s. *Quecke.*

Akne: Eiterknötchenkrankheit der Haut, Hautfinnen, s. *Finne.*

Akne rosacea, s. *Kupferrose.*

Akupunktur (acus = Nadel, punctura = Stich): uralte chinesische Heilmethode. Sie beruht auf der Lehre vom kosmischen Gleichgewicht von YIN und YANG. Yang bedeutet die Fülle, das Positive und hat folgende Eigenschaften: Klarheit, Festigkeit, Spannkraft und Widerstandsfähigkeit, Druck, Wärme, Schwere, und wirkt sich als Zusammenziehung, Schwerkraft und Zentripetalkraft aus. Yin ist im Gegensatz hierzu das Leere, das Negative und wirkt sich als Ausdehnung, Steigkraft und Zentrifugalkraft aus. Nichts auf der Welt ist aber rein Yang oder rein Yin, sondern die beiden Kräfte kommen in unendlichen Kombinationen und Variationen vor. Das Universum ist das Schwingen von YIN und YANG und der Übergang vom einen ins andere. Halten sich beide Formen der Lebensenergie die Waage, so bedeutet dies Gesundheit, besteht Mangel an Lebensenergie (Yin) oder Überfluß an ihr (Yang), so ist dies die Krankheit. In beiden Fällen kommt es zur Entstehung von schmerzhaften Hautpunkten. Die Diagnose besteht nun in der Auffindung dieser schmerzhaften Punkte und zur Bestimmung, ob Yin- oder Yang-Zustand vorliegt. Dazu dient insbesondere eine eingehende Pulskontrolle der 14 chinesischen Radialpulse. Die Punkte werden mit Hilfe eines besonderen Meridiansystems aufgesucht, das den ganzen Körper überzieht. In die den einzelnen Krankheiten zugehörigen schmerzhaften Punkte werden nun feine Nadeln gestochen und einige Sekunden bis mehrere Stunden dort belassen. Es kommt dabei zunächst zu einer örtlichen Schmerzlinderung und über die Nervenbahnen zu einer Reflexwirkung auf kranke Organe oder gestörte Funktionen. Es werden gleichzeitig 1–8 Nadeln gesetzt. Goldnadeln haben erregende und spannungshebende, Silbernadeln beruhigende und entspannende Wirkung. Yinpunkte werden daher mit Gold, Yangpunkte mit Silber behandelt. Durch die Punktion wird angestrebt, das gestörte Gleichgewicht in Yang und Yin und damit die Gesundheit wiederherzustellen. Um den Einstichschmerz zu lindern, läßt man den Kranken während des Einstichs husten. Heute werden vielfach nur einfache Stahlnadeln verwendet. – Verbindung mit Homöopathie ist von der französischen Schule betrieben worden (de la Fuye). Bei dieser *Homöosiniatrie* entsprechen bestimmte Akupunkturpunkte bestimmten Medikamenten, die dann gleichzeitig mit der Nadelung eingespritzt werden.

Die *Ohrakupunktur* projiziert alle Punkte auf das Ohr. Die Organe sind auf die Ohrmuschel projiziert in Gestalt eines mit dem Kopf nach unten liegenden Embryos. Mit dem Punktoskop wird zunächst nach den Punkten gesucht, die mit dem krankhaften Geschehen im Zusammenhang stehen. Diese werden dann durch Nadelung angegangen.

Die *Akupression* oder *Akupressur* verzichtet auf die Nadelung und beeinflußt die Punkte durch Druck von Hand oder mit Hilfe eines Stocks. Bei der *Corneliusschen Nervenpunktmassage* werden durch Massagebewegungen der Finger die einzelnen Punkte behandelt.

Die *Elektroakupunktur* benutzt nicht Nadeln, sondern meßbare Ströme. Bei der *Vollschen E.A.P.* hält der Patient einen Messingstab als negative Elektrode in der Hand. Der Arzt hat als positive Elektrode den Meßgriffel, mit dem er zunächst die Punkte abtastet. Aus dem Ausschlag des Meßgeräts im Zusammenhang mit den Punkten wird die Diagnose gestellt. Zur Behandlung werden niederfrequente Stromimpulse zugeführt oder abgeleitet. Im Einzelfall wird das Verfahren auch zur Arzneimittelfindung eingesetzt. Sterilisierte Krankheitsstoffe in homöopathischer Verdünnung, sog. Nosoden, werden gezielt eingesetzt, nachdem Art und Dosierung auf diese Weise gefunden sind.

Die *Croonsche Elektroneuraltherapie* geht von der Annahme aus, daß es sich bei der Wirkung der Akupunkturnadelung um elektrische Vorgänge handeln muß. Sie versucht durch elektrische Feinströme gleiche Reaktionen hervorzurufen. Die Elektroneuraldiagnostik (END) basiert auf elektrischen Messungen der Haut an bestimmten Nervenpunkten, die weitgehend mit den Akupunkturpunkten übereinstimmen. Diese 214 Reaktionsstellen werden auf den elektrischen Wert (Widerstand und Kapazität) gemessen. Weichen sie von der Norm ab, müssen sie normalisiert werden. Voraussetzung ist, daß alle *fokalen* Ursachen, die als Blocksysteme gelten, saniert sind. Dann werden durch die Elektroneuraltherapie (ENTh) diese Stellen durch

Feinströme behandelt und die normalen Meßwerte wiederhergestellt.

Akut (Spitz) bedeutet in der Heilkunde frisch auftretende und schnell ablaufende, meist fieberhafte Erkrankung (im Gegensatz zu chronisch).

Alant (Inula helenium) Wurzel als Pulver 0,2–0,5g oder Aufguß von 1 Teelöffel (ca. 6g) zur Hustenstillung bei Bronchialkatarrh (Tafel I).

Alaun findet sich als Alaunstein in der Natur und ist ein Doppelsalz aus schwefelsaurem Kalium und Aluminium. Es wirkt milde zusammenziehend und wird von Kneipp gelegentlich zu Waschungen, z.B. bei entzündlichen Augenerkrankungen, empfohlen.

Albuminurie: Eiweißausscheidung im Urin tritt bei manchen Menschen *vorübergehend* in der Schwangerschaft und nach häufigen körperlichen Anstrengungen auf, bei Kindern auch nach Übergang von der horizontalen Lage in die aufrechte Stellung. Beruht wahrscheinlich auf vorübergehenden Durchblutungsstörungen der Niere. Behandlung durch naturgemäße Lebensweise und Allgemeinkräftigung. Dauernde A. zeigt stets ernste Erkrankungen an: Entzündungen im Nieren- oder im Harnapparat, Herzerkrankungen, schwere Infektionskrankheiten.

Alkalisierende Nahrung bildet mit ihren Stoffwechselprodukten vorwiegend *Basen.* Die gesunde Ernährung soll basenüberschüssig sein und der Übersäuerung des Stoffwechsels entgegenarbeiten. Vgl. *Mineralstoffwechsel.* Gemüse, Kartoffeln, Milch alkalisieren.

Alkalische Nahrung nach *Haig:* (auch Trennkost genannt) zur Vermeidung der Übersäuerung, zur Alkalisierung des Urins. Dabei muß nach Haig auf die Kombination der Speisen geachtet werden. Stärkemehle und Zucker dürfen nicht zusammen mit Früchten und Eiweißträgern gegeben werden. Konzentrierte Eiweißstoffe dürfen nur mit Gemüse und saurem Obst, konzentrierte Kohlehydrate nur mit Gemüse und süßem Obst gereicht werden. 80 v.H. der Nahrungsmittel müssen basenbildend sein, 20 v.H. dürfen nur säurebildend sein, ein größerer Teil der täglichen Nahrung soll roh genossen werden: Rohgemüse, Obst, rohe Milch. Die 3 Mahlzeiten des Tages sollen bestehen aus:
einer *Basenmahlzeit:* saure Früchte und Milch, oder Gemüse, Salate und Milch (grünes Gemüse: Blumenkohl, Bohnen, Erbsen, Endivien, Gurken, Rosenkohl, Sellerie, Spargel, Spinat, Tomaten ungekocht. Wurzelgemüse: Karotten, Kohlrabi, Rettich, Schwarzwurzeln. Früchte, sauer: Äpfel, Aprikosen, Beeren, Birnen, Erdbeeren, Grapefruit, Kirschen, Orangen, Pfirsiche, gekochte Tomaten, Zitronen. Fette: Tierische Fette, wie Butter, ungesalzener Speck, nicht mehr als 50g Olivenöl und Rahm in beliebiger Menge. Salat. Getränke: Wasser, Milch, mit Honig, nicht mit Zucker gesüßte Fruchtsäfte);
einer *Stärkemahlzeit:* aus Kohlehydratträgern in Verbindung mit Gemüsen, Rahm, Speck, natürlichen Zuckerstoffen, wie Feigen, Rosinen, Datteln, Rohkostflocken mit Rahm und Honig (Stärketräger: Artischocken, Bananen, Bohnen, Flocken, Hafer, Kartoffeln, Kürbis, Reis [unpoliert], Vollkornbrot, -getreide, -teigwaren. Grünes Gemüse: Blumenkohl, Bohnen, Eierpflanze, Gurken, Kohl, Rüben, Sauerkraut, Sellerie, Spargel, Tomaten, Winterkohl. Wurzelgemüse: Karotten, Kohlrabi, Radieschen, Rettich, Rote Rüben, Sellerie. Zucker: Honig, unraffinierte Süßigkeiten, Datteln, Feigen, Rosinen. Fette: Tierische Fette, wie Butter, ungesalzener Speck, Schmalz, nicht mehr als 50g tgl. Olivenöl, Kokosfett, Rahm in beliebiger Menge. Salat. Getränke [möglichst wenig]: Malzkaffee mit Rahm [nicht Milch], honiggesüßte Fruchtsäfte. Milch darf nie zur Stärkemahlzeit gegeben werden);
einer *Eiweißmahlzeit:* aus Eiweißprodukten in Verbindung mit rohen Salaten, rohen und gekochten Gemüsen, sauren Früchten mit Rahm. Kein Zucker zu sauren Früchten. Rosinen und Honig können zur Eiweißmahlzeit genommen werden. (Eiweißträger: alle Käsesorten [mit Ausnahme von Rahmkäse], Eier, Fisch, Fleisch alle Sorten, Wild alle Sorten, Milch alle Sorten, Pilze, Nüsse [mit Ausnahme der Kastanien]. Gemüse wie oben. Saure Früchte wie oben. Fette: Tierische Fette, Kokosfett, Nußöl, Olivenöl, Rahm. Salate. Getränke [möglichst wenig]: Malzkaffee mit Rahm, honig-

gesüßte Fruchtsäfte. Verboten sind grundsätzlich: Salz, Essig, Senf, Ingwer, Pfeffer, mit Ausnahme von Paprika, getrocknete Erbsen, Linsen, Erdnüsse, Bohnen, Preiselbeeren, Pflaumen, Kastanien, weißes Mehl, polierter [glacierter] Reis, Zucker, Süßigkeiten, Marmelade, Konserven, Rhabarber. Spinat und Tomaten sollen nur zweimal wöchentlich gegeben werden. Milch darf nur zu Obst und Gemüsen, nie zur Stärke genossen werden. Wöchentlich 3 Stärkemahlzeiten sollen genügen.)

Alkohol (spiritus vini), Weingeist, entsteht durch alkoholische Vergärung von Zuckern unter Mithilfe von pflanzlichen Lebewesen, meist Hefen. Wird in der Arzneibereitung zur Herstellung von Tinkturen und Lösungsmitteln, Einreibungen verwendet. In Wein, Bier, Schnaps usw. dient er als Genußmittel. Grundsätzlich ist er für alle Körperzellen *Gift,* vor allem ein Nervengift. Er löst besonders die feinen Fettkörperchen in den Nervenfasern und bestimmte für die Nerventätigkeit wichtige Vitamine. Zunächst macht sich die vergiftende A.-Wirkung an der Großhirnrinde bemerkbar. Die seelischen Hemmungen schwinden, die Selbstkritik leidet. Der Angetrunkene kommt in eine gehobene Stimmung. Bei stärkeren Vergiftungsgraden wird das Kleinhirn und damit die Gleichgewichtsregelung und Muskelspannung gestört, bei noch höheren Graden das Rückenmark betroffen, so daß es zu Lähmungen im verlängerten Mark und besonders im Atem- und Kreislaufzentrum kommen kann, was nicht selten zum Tode führt. Wird die akute Vergiftung regelmäßig und gewohnheitsmäßig gesucht, so tritt eine Festigung gegenüber der akuten Vergiftung ein, aber es treten dafür Zeichen chronischer A.-Vergiftung hinzu: Körperzellen und Organe werden verändert. Chronischer *Magenkatarrh, Leberschrumpfung, Schrumpfniere, Arterienverkalkung, Nervenentzündungen,* Gehirnschädigungen, seelische Störungen, Verblödung, Säuferwahnsinn, Sinnestäuschungen *(Halluzinationen),* Nervenzittern entwickeln sich. Beim chronischen Trinker ist der Körper gegenüber dem A. süchtig geworden. Der sog. Quartalssäufer, ein Mensch, der im Abstand von meist einigen Wochen immer wieder den unwiderstehlichen Zwang, in übermäßigem, unverständlichem Maße zu trinken, verspürt, gehört meist in die Gruppe der Menschen, die an *Fallsucht* leiden. Hier kommt es nur an Stelle des Anfalls mit den Muskelkrämpfen zum Trinkzwang als sog. *Dämmerzustand.* Wenn auch der gesunde Mensch im allgemeinen bei gelegentlichem Alkoholgenuß die akuten Vergiftungserscheinungen übersteht, so besteht doch bei vielen Menschen die Gefahr des Alkoholmißbrauchs und dem chronischen Alkoholismus zu verfallen. Auch auf diesem Gebiet ist vorbeugen besser als heilen. Jedenfalls gehört der Alkohol nicht zur naturgemäßen Lebensweise, auch wenn er in Weinen als Naturgewächs und naturrein angeboten wird.

Allergie ist eine teils angeborene, meist aber erworbene Überempfindlichkeit gegenüber bestimmten, ihrer Natur nach verschiedenartigen Stoffen (Allergene). Die Allergene kommen durch Nahrungsaufnahme, Einatmung, Berührung zur Wirkung. Die durch die Allergene hervorgerufenen Reaktionen spielen sich besonders an den Haargefäßen und der glatten Muskulatur ab. Sie können als *Bronchialkatarrh,* Bronchial*asthma, Nesselsucht, Hautentzündungen (Ekzeme), Magen-, Darm*störungen, Gelenkschwellungen, *Migräne* usw. sich abspielen. Sie beruhen auf dem Vorhandensein von *Antikörpern* im Blut, die die Reaktionsbereitschaft verursachen. Die Behandlung besteht vor allem in der Vermeidung der Allergene, unspezifischer Reizbehandlung oder spezifischer Desensibilisierung, d. h. Gewöhnung an die Allergene durch Einspritzung geringer Mengen in die Haut; *Symbioselenkung* und *Schlenzbäder.*

Allium cepa, s. *Zwiebel.*

Allium sativum, s. *Knoblauch.*

Allopathie: von Hahnemann eingeführte Bezeichnung für die in der Schulmedizin übliche Arzneibehandlung im Gegensatz zur Homöopathie und Naturheilkunde.

Aloe: Das Pulver aus dem eingekochten Saft der dicken fleischigen Blätter von Aloe ferox und capensis, die hauptsächlich in Afrika zu Hause sind, enthält abführend wirkende Stoffe, die vorwiegend auf den Dickdarm wirken. Von *Kneipp* zur Reinigung von Magen und Darm verwendet: 1–2 Messerspitzen A. mit einem Kaffeelöffel Honig oder auch als Tee mit anderen Kräutern: 1 Messerspitze Aloe, ein paar Messerspitzen Foenum graecum, ein Kaffeelöffel Fenchel und 2 Kaffeelöffel Holunder. Daraus werden durch Aufguß 2 Tassen Tee hergestellt, die innerhalb 2 Tagen zu nehmen sind. Äußerlich empfiehlt Kneipp: 1 kräftige Messerspitze A. in einem Medizinglas (100–200 ccm) mit heißem Wasser überschütten und auflösen. Damit werden z. B. entzündete Augen und Augenbindehäute 3–4mal tgl. gewaschen oder Wunden (auch eitrige) und Geschwüre durch Auflegen mit getränkten Tüchern behandelt. Neubildung der Haut wird durch Aufstreuen des Pulvers gefördert.

Altern und Altersbeschwerden: Merkliches Auftreten von Rückbildungserscheinungen nach Überschreiten der Reifezeit. Nachlassen der Gewebeelastizität und Organfunktionen. Gesunde Lebensweise, unausgesetzte Tätigkeit ist das sicherste Mittel, den Körper, seine Zellen und Funktionen jung zu erhalten und dem Altersprozeß entgegenzuarbeiten. Erlahmen bedeutet altern. Vitaminreiche Ernährung, die besonders Vitamin E enthalten muß, ist wichtig. Die in der Praxis verabreichten Altersmittel, sog. Geriatrica bestehen fast ausschließlich aus Vitaminzusammensetzungen.

Altersbrand, s. *Brand.*

Altersschwäche ist die durch den Altersprozeß bedingte Erscheinung des Nachlassens der Lebenskraft. Schwinden der Fettpolster, Welken der Haut, Ergrauen der Haare, Schwund der Muskulatur, Brüchigwerden der Knochen, Starre der Gelenke, Starrwerden der Linse mit Alterssichtigkeit und Verwachsen der Gehörknöchelchen und dadurch bedingte Schwerhörigkeit. Gesunde Kost, leichte Waschungen und kleine Güsse; Sorge für Bewegung, Mäßigkeit in Essen und Trinken wirken dem Zustand entgegen.

Althaea, s. *Eibisch.*

Amenorrhoe: Ausbleiben der Regel bei der geschlechtsreifen Frau, s. *Menstruationsstörungen.*

Aminosäuren sind die einfachen organisch-chemischen Bausteine der *Eiweiße,* die im Verdauungsprozeß freigemacht werden und aus denen im *Stoffwechsel* die arteigenen Eiweiße aufgebaut werden. A. sind stickstoffhaltig, sie werden fast ausschließlich von Pflanzen gebildet. Mensch und Tier können nur wenige davon selbst bilden. Es sind ca. 30 Aminosäuren bekannt. Pflanzliches Eiweiß enthält jeweils nicht alle lebenswichtigen A., so daß einseitige Pflanzenauswahl zu Mangel führen kann. Deshalb müssen immer mehrere einander ergänzende Pflanzenarten zu einer Mahlzeit genossen werden.

Anal, Anus, s. *After.*

Anämie, s. *Blutarmut.*

Anaphylaxie ist ein künstlich erzeugter *allergischer* Zustand, der sich in einem lebensgefährlichen anaphylaktischen Schock äußern kann. Spielt bei der *Serumkrankheit* eine Rolle.

Andorn, weißer (Marrubium vulgare) bei Asthma, Husten, Leberkrankheiten, milchtreibend und regelfördernd. 4 g als Pulver oder zum Aufguß mehrmals tgl. (Tafel I).

Angina (Enge): meist als Halsenge durch *Mandelentzündung;* Brustenge, s. *Angina pectoris.*

Angina pectoris (*Herzangst,* Stenokardie): Wird die Blutversorgung des *Herz*muskels über die Kranzgefäße gestört, so kommt es zum Bilde der Herzangst, einem starken Schmerz oder Druck in der Herzgegend, der in den linken Arm ausstrahlen kann. In den meisten Fällen handelt es sich um vorübergehende Krämpfe der Kranzgefäße (nervöse oder spastische A. p.). Erkranken die Gefäße (Kranzaderverkalkung), so können sie sich nicht mehr dem wechselnden Bedarf des Herzmuskels für die Durchblutung anpassen. Es kann hierbei zum vollkommenen Verschluß des Gefäßes kommen. Dasselbe geschieht, wenn ein Gerinnsel den weiteren Weg verstopft. Dann werden Teile des Herzmuskels nicht mehr voll mit Blut versorgt. Es kommt zu Absterbeerscheinungen. Stirbt ein größerer Bezirk ab, so sind sehr heftige Anfälle von Herzangst mit Vernichtungsgefühl,

Schweißausbruch die Folge (Herzinfarkt). Heilt der *Infarkt* narbig aus, so kommt es zur Bildung einer Herzschwiele, die natürlich die Herzkraft und Herztätigkeit schwer beeinträchtigt. Dehnt sich die Schwiele, so kann sich ein Herz*aneurysma* bilden. Der Infarkt kann aber auch unmittelbar oder über einen Riß im Herzen zum Tode führen.
Die A. p. ist eine Krankheit, die sehr verbreitet ist und immer seelische Ursachen als erste Grundlage hat, aber mit längerem Bestehen zu bleibenden Veränderungen an Gefäßen und Herzmuskel führen kann. Es ist deshalb wichtig, frühzeitig das Geschehen anzugehen und zu beseitigen, da dann noch vollkommene Heilung möglich ist.
Behandlung: Gesunde Kost, Meiden von Fleisch und tierischen Fetten, Enthaltsamkeit von Genußgiften, besonders Nikotin. Lösung bestehender seelischer Konflikte, Überwindung der Lebensangst. *Armgüsse, Armbäder, Knie-, Schenkelgüsse,* Wechsel*fußbäder.* Leichte Bewegung und *Gymnastik,* Regelung des *Stuhl*gangs. Gute *Weißdorn*präparate zur Durchblutungsverbesserung des Herzmuskels. Säfte: Weißdorn, Schafgarbe, Bohnen. Hp.: Arnica D6–10, Crataegus ∅, Cactus ∅, Arsenicum D6–10. Spigelia D3–6, Lachesis D10, Glonoinum D4–6–10. Bch.: Magnesium phosphoricum D6, Kalium phosphoricum D6 im Anfall; Calcium phosphoricum D6 bei Blutarmut und allgemeiner Schwäche, Kalium sulfuricum D6 bei schnellem Puls, ängstlicher Stimmungslage, Auftreten von Anfällen in geschlossenen Räumen, abends und in der Wärme, im Anfall zusammen mit Magnesium phosphoricum; Silicea D12 bei nervösen Schwächlingen.

Angst: Es gibt kein Leben ohne Angst. Angst gehört zum Sein. Angst ist mit den Lebensfunktionen eng verknüpft. Erblassen, Ohnmacht, Herzkrampf, Herzklopfen, Magendrücken, Erbrechen, Durchfall, Zittern sind nur einige Beispiele dafür. Viele Kreislaufstörungen, Magenstörungen usw. beruhen auf unbewußten Angstkomplexen und seelischen Erlebnissen. Die Lebensangst kann und darf auch nicht beseitigt werden, sie muß aber überwunden werden. Dem Kranken helfen, die Lebensangst zu überwinden, ist eine der wesentlichen Aufgaben eines guten Behandlers.

Angstgefühle sind häufig bei der sogenannten Herzangst *(Angina pectoris),* auch bei der Brustangst (Atembeklemmung) und im Bilde der *Melancholie. Alpdrücken.* Hp.: Sulfur D6, Pulsatilla D4, Nux vomica D4. Bch.: Kalium phosphoricum D12, Magnesium phosphoricum D6 bei Herzangst; Ferrum phosphoricum D6 bei Blutandrang zum Kopf.

Anis (Pimpinella anisum): Samen und Öl aus dem Samen zur Linderung von Husten, Bronchialkrampf und Darmkrampf. Blähungswidrig.

Ansteigende Bäder: Von etwa 35° ausgehend wird langsam die Temperatur auf 39–41° gesteigert. Bei beginnendem Schweißausbruch wird das Bad abgebrochen. Will man stärkeren Schweißausbruch erzielen, so wird eine Trocken*packung* angeschlossen. Abschluß durch Kaltanwendung, meist kühle Waschung. Zur Anregung des Kreislaufs, Beseitigung von Stauungen, besonders bei Teilbädern.

Antennaria dioeca, s. *Katzenpfötchen.*

Anthriscus cerefolium, s. *Kerbel.*

Antibiotica sind Heilmittel, die aus *Stoffwechselausscheidungen* niederer *Pilze* oder *Bakterien* gewonnen werden und wachstumshemmend oder tötend auf Krankheitserreger bestimmter Gruppen wirken. Das bekannteste Mittel ist das aus Pinselschimmel gewonnene *Penicillin.* Streptomycin, Auromycin sind andere Mittel dieser Art. Sehr viele Heilpflanzen besitzen antibiotische Eigenschaften. Dadurch erklärt sich ihre Heilwirkung bei *Entzündungen* und Infektionen.
A. sind an sich aus dem biologischen Stoffwechsel stammende Stoffe, also natürlich und brauchen im Prinzip nicht von der Naturheilkunde abgelehnt zu werden. Bei schweren Krankheiten, vor allem wenn die Naturheilkraft des Körpers nicht mehr ausreicht, können sie lebensrettend wirken. Doch ist zu bedenken, daß *Allergien* gegen solche Stoffe häufig angeboren oder erworben auftreten. Vorsicht bei der Verwendung ist also am Platze. Die unnötige Verwendung dieser Stoffe verstößt gegen Geist und Gesetze der Naturheilkunde. Infekte, die der Körper aus eigener Kraft überwinden kann, muß er auch überwin-

den. Nur dadurch gewinnt er Antikörper und Abwehrkräfte gegen künftige Infektionen. Dies dient der *Abhärtung.*
Der unkontrollierte Gebrauch der A. hat schon zurückgeschlagen. Immer mehr Bakterienstämme, die gegen A. resistent sind und jeder Behandlung trotzen, haben sich gebildet. Besonders in Krankenhäusern findet Ansteckung durch solche Bakterien statt (Hospitalinfektionen).

Antikörper: Spezifische Schutzstoffe des Körpers nach Einverleibung von körperfremden *Bakterien,* tierischen, seltener pflanzlichen Stoffen. Ein von den Schimmelpilzen gebildeter A. ist die Grundlage des *Penicillin.* Vgl. auch *Allergie.* Auch Gegengifte (Antitoxine) gehören zu den Antikörpern.

Apfelessigkuren nach Dr. Jarvin, s. *Obstessig*

Apfeltag: 1–$1^1/_2$ kg Äpfel, in 4–5 Portionen verteilt, werden als alleinige Nahrung genommen. Nach Heisler zur *Durchfall*behandlung. Zur Kreislauf- und Stoffwechselentlastung.

Appendizitis, s. *Blinddarmentzündung.*

Appetit ist der durch den *Hunger* ausgelöste Anreiz zum Essen, der Zusammensetzung und Menge der Nahrungsaufnahme normalerweise regelt. Mit dem A. geht die Mobilisation der Verdauungssäfte einher. Essen über den A. führt zu *Verdauungs*störungen und *Blähsucht.*

Appetitanregende Mittel sind die *Bittermittel,* die in Form von Tees, von Tinkturen und Extrakten verwendet werden, z. B. Erdrauchkraut, Wermutkraut, Tausendgüldenkraut, Kalmuswurzel, Enzianwurzel, Hopfendolden, einzeln oder in Mischungen.

Appetitlosigkeit ist meist eine zweckmäßige Reaktion des Kranken, die ein natürliches Heil*fasten* im Gefolge hat. Dauernde A. muß veranlassen, nach der zugrunde liegenden Krankheit zu suchen. Bei A. läßt man fasten, reicht nur Getränke (Wasser, Tee, Säfte) und sorgt für Stuhlregelung durch *Einläufe, Wechselbäder* oder *-duschen* zur *Stoffwechsel*anregung. Rettich-, Selleriesaft, Wacholderextrakt oder trockene Wacholderbeeren. Schluckweise Bittertees, s. *Bittermittel.* Bch.: Kalium phosphoricum D 6 bei Depressionen; Magnesium phosphoricum D6 bei Nervosität; Calcium phosphoricum D12 oder D6 bei Blutarmut und allgemeiner Schwäche; Calcium fluoratum D6 bei Arterienverkalkung; Kalium sulfuricum D6 bei Völlegefühl des Magens; Natrium sulfuricum D6 bei Blähungen; Natrium phosphoricum D6 bei Aufstoßen und überschüssiger Magensäure.

Aran kommt in sehr geringen Mengen in der bodennahen Luft vor und ist mit dem *Ozon* sehr nahe verwandt. M. Curry hat folgende Hypothese aufgestellt: Das menschliche Befinden ist von dem Arangehalt der Luft und seinen Schwankungen abhängig. Er unterscheidet zwei Menschengruppen: Die W(armfront)-Typen reagieren auf fallende und niedere Aranwerte, die K(altfront)-Typen auf steigende und hohe Aranwerte. Weniger empfindlich sind die dazwischen stehenden G(emischten)-Typen. Man kann viele Krankheiten in W- und K-Krankheiten einteilen. Die Beeinflussung geht über das *Lebensnervensystem.* Vgl. *Wetterfühlen.*

Archangelica officinalis, Engelwurz: angebaute Arzneipflanze. Wurzel als Magenmittel zur Appetitanregung, Verdauungsförderung und zur Bekämpfung von Blähungsbildungen verwendet. (Tafel V).

Arctium lappa, s. *Klette.*

Arctostaphylos uvae ursi, s. *Bärentraube.*

Aristolochia clematitis, s. *Osterluzei.*

Armbad, *kalt:* Man taucht beide Arme bis über die Oberarme ins kalte Wasser und läßt sie 20–30 Sekunden im Wasser. Bettlägerige können jeden Arm für sich baden. Bei Neigung zu Herz- und Gefäßkrämpfen langsam mit den Händen beginnend eintauchen. Bequeme Stellung des Gefäßes, Vermeidung zu starken Bückens. Nach dem Bad Wiedererwärmung durch leichte, nicht hastige, schwingende Bewegung der Arme oder Trockenbürsten. Zur Kreislaufanregung bei Durchblutungsstörungen, Auslei-

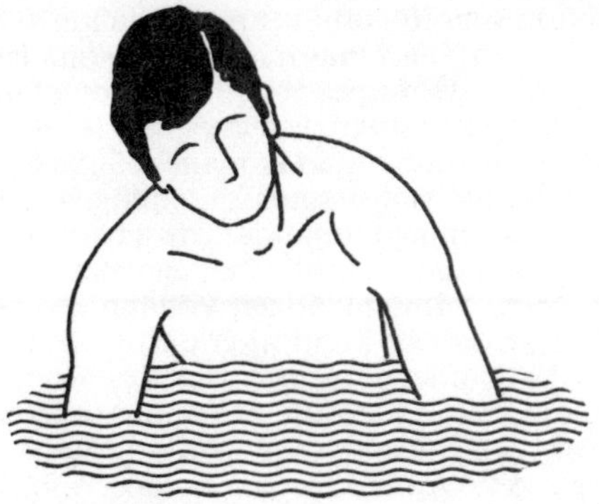

Armbad

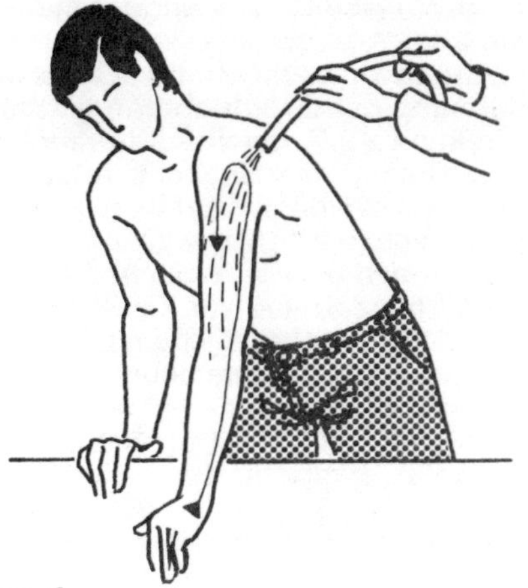

Armguß

Armwickel

tung von Hitze bei Entzündungsvorgängen, Herzberuhigung bei nervösen, entzündl. Herzerkrankungen und Pulsunregelmäßigkeiten. Ableitung von Kopf und Brustkorb. *Warm:* 35–38°, 5–20 Minuten; mit Kaltanwendung (Bad, Guß) beenden. *Ansteigend:* Von 35° ausgehend durch langsames Zufließenlassen von heißem Wasser auf 40–41° erhöhen und mit beginnendem Schweißausbruch beenden. Starke Kreislaufentlastung. Wärmezuführend, entzündungswidrig, krampflösend, aufsaugend. Bei Angina pectoris, Kranzadererkrankungen, Rheuma, Gelenkerkrankungen, eiternden, schlecht heilenden Wunden, Lymphstrangentzündungen, Nagelbetteiterungen, Panaritium.

Armguß, s. auch *Guß.* Begießung beider Arme bis zur Höhe der Schulter. In leichter Rumpfbeuge stützt der Kranke die Arme auf ein kleines Bänkchen oder Gestell. Man beginnt mit der re. Hand über Handrücken, Arm bis zur Schulter. Hier Verweilpunkt (10 Sekunden), breiter Wassermantel um den Arm, wieder zurück zur Hand. Links in gleicher Weise. Beim zweiten Wechsel dreht der Patient den Arm etwas nach außen, so daß jetzt die Innenflächen der Hand und Arme erfaßt werden. Kann sich der Patient nicht bücken, wird in gleicher Weise im Sitzen verfahren. Man kann den A. auch durchführen, indem man Hand, Arm, Schulter direkt unter der fließenden Wasserleitung vorbeiführt und in gleicher Weise wie beschrieben verfährt. Anregung von Kreislauf, Stoffwechsel und Nervensystem. Reflektorische Wirkung auf Herzmuskeldurchblutung und Atmung. Wichtiges Kreislaufmittel, zur Stärkung des Herzmuskels, Ableitung von Kopf und Hals. Gegen rheumatische Erkrankungen der Muskeln und Nerven, nervöse Störungen (Schreibkrampf).

Armwickel ist eine Fortsetzung des *Handwickels* bis zur Schulter. Ähnlich wie beim *Beinwickel* werden die Tücher nach oben etwas abgeschrägt.

Arndt-Schulzsches Gesetz, von dem Greifswalder Psychiater Rudolf Arndt (1835–1900) und dem Pharmakologen Hugo Schulz (1853–1932) aufgestelltes biologisches Grundgesetz: Schwache Reize regen die Lebenstätigkeit an, mittelstarke fördern sie und stärkste heben sie auf. Dieses Gesetz spielt in der wissenschaftlichen Erklärung der Wirkungsweise der *Homöopathie* eine bestimmte Rolle und ist von zahlreichen Homöopathen anerkannt. Gegen dieses Gesetz sind eine Reihe von Einwänden geltend gemacht worden. Die biologische Medizin spricht mehr von einer Regel, da sie Gesetze für den Bereich des biologischen Geschehens grundsätzlich ablehnt. Heute ist sie im Bereich der biologischen Medizin weitgehend von der umfassenderen Wirkungstypenregel (WTR) von Prof. Karl Kötschau verdrängt. Kötschau kennt verschiedene Wirkungsphasen, deren Eintritt abhängig ist von dem verwendeten wirksamen Stoff, seiner Menge, vom Versuchsobjekt, seiner Empfindlichkeit und von dem Milieu, in dem sich der Vorgang abspielt. Entscheidend ist auch der im Augenblick des Versuchs vorliegende Funktionszustand.

Arnica montana (Bergwohlverleih): Abkochung der Wurzel kreislaufanregend, krampflösend bei Angina pectoris. Auch die Tinktur kann als Kreislaufmittel verwendet werden. Äußerlich bei Umschlägen zum Aufsaugen von Blutungen und Ergüssen, aber nur verdünnt (Tafel II).

Artemisia absinthium *(Wermut)*: als *Bindemittel* verwendetes Heilkraut.

Artemisia dranunculus, s. *Estragon*.

Artemisia vulgaris, s. *Beifuß.*

Arterie, s. *Schlagader.*

Arteriosclerose, Aderverhärtung, Aderverkalkung. Blutgefäße sind hochelastisch. Der Elastizität sind aber Grenzen gesetzt, denn sie läßt mit zunehmendem Alter als Aufbrauchserscheinung nach. Ob dies beim einzelnen früher oder später auftritt, ist teilweise anlagemäßig bedingt, wobei auch *Erbanlagen* eine Rolle spielen. Frühzeitige Abnutzung der Gefäße durch körperliche und geistige Überanstrengung, unzweckmäßige Lebensweise, besonders auf dem Gebiet der *Ernährung, Genußgift*mißbrauch, besonders *Nikotin, syphilitische* Erkrankungen, *Zuckerkrankheit, Fettsucht, Gicht* usw. führen besonders frühzeitig zu starken Veränderungen. Die elastischen Fasern im Gefäßgewebe schwinden. Die Innenhaut der Gefäße lokkert sich, Bindegewebe und *Cholesterin* treten an ihre Stelle. Diese gehen teilweise wieder zugrunde, und unlösliche Kalksalze ersetzen sie. Von diesem ziemlich am Ende der Entwicklung stehenden, durchaus nicht maßgebenden Vorgang hat die Krankheit den Namen. Sowohl in den großen wie den kleinsten Adern kann sich die A. entwikkeln. Sie befällt vorwiegend solche Körpergebiete, die im Leben stark beansprucht waren. Bei Geistesarbeitern Gehirngefäße, bei anderen Arm- oder Beingefäße, doch ist hier Gesetzmäßigkeit nicht immer festzustellen. Neben der Elastizitätsverminderung führt die A. zu Unterdurchblutung der versorgten Gebiete und vermehrter Brüchigkeit der Adern. Zerreißungen und innere *Blutungen* können die Folge sein. Verdünnung der Gefäßwand an einzelnen Stellen kann zur Ausweitung (Aneurysma) mit der Gefahr des Berstens führen. An kleinen und kleineren Gefäßen kann die Lichtung vollkommen verschlossen werden. Da es sich bei der A. um Abnutzungsvorgänge handelt, die zur Zerstörung gesunder Gefäßgewebsschichten geführt haben, ist eine Wiederherstellung des alten Zustandes im Sinne einer echten Heilung nicht immer möglich. Der Schwerpunkt liegt bei der Vorsorge, durch richtige Lebensweise die Störungen überhaupt zu verhindern und ihr Fortschreiten aufzuhalten. *Zuckerkrankheit* und Tabakmißbrauch fördern Entstehen und Ausdehnung der A. Cholesterinreiche Kost mit Fetten ohne ungesättigte Fettsäuren ist wesentliche Ursache. Amerikanische Forscher haben in Reihenuntersuchungen bei Eskimos, die überwiegend von tierischer Nahrung leben und deshalb frühzeitig und ausgedehnt an A. erkranken, mit cholesterinarmer Kost ausgedehnte Heilerfolge erzielen können. Beh.: Gesunde, rein pflanzliche Kost, strenges *Nikotin*verbot, *Luftbad,* leichte *Gymnastik,* Bewegung, einfache Wasseranwendungen zur Förderung des Blutumlaufs: *Ganzwaschungen, Arm-, Fuß-, Wechselfußbäder, Knie-, Schenkelgüsse; Atemgymnastik,* Regelung des *Stuhlgangs.* Säfte und Tees von Knoblauch, Weißdorn, Blasentang, Ackerschachtelhalm, Hohlzahn, Mistel. Tee gegen Aderverkalkung: Blasentang 2 Teile, Mistel 3T., Schachtelhalm, Weißdornfrüchte je 2½ T.

1 Teelöffel abkochen. 3mal tgl. 1 Tasse. Hp.: Barium carbonicum oder jodatum D4–10, Aurum D4–6, Arnica D3–6, Ambra D2–3, Glonoinum D4–6, Viscum album ∅–D2. Bch.: Calcium phosphoricum D6, Calcium fluoratum D12. Silicea D12 als Hauptmittel im Wechsel, daneben Magnesium phosphoricum D 6 bei Kranzaderverkalkung. Natrium phosphoricum D6 bei Übersäuerung; Natrium muriaticum D6 bei Blutarmut, Frösteln, Verstopfung.

Arthritis: *Gelenkentzündung*; A. deformans: Gelenkerkrankung mit Umwandlung des Gelenks; Arthrose: nichtentzündliche Gelenkerkrankung, Arthropathie.

Arthrosis deformans: Knochen- und Knorpelstoffwechselstörung meist durch Fehler im Bereich der Keimdrüsenhormone verursacht. Daher häufig im Entwicklungsalter, wenn die Keimdrüsen noch nicht, und im *Klimakterium,* wenn sie nicht mehr richtig arbeiten. Welches Gelenk oder welche Gelenke verformt werden, hängt von der Belastung ab.
Beh.: Vollwertkost, Gymnastik, Massagen, Bürstenbäder, Schlenzbäder im Wechsel mit Lehmpackungen, Hormone, Teebehandlung: Abkochungen von Vogelknöterich, Wasserpfeffer, Schilf-, Sandseggen, Binsenwurzeln, Ackerschachtelhalm zu gleichen Teilen. Hp: Colchicum D 3, Acid. benz. D 1–3, Arg. nitr. D 6 Bch: Kalium chloratum D6, Silcea D12, Natrium muriaticum D6, Magnesium phosphoricum D6.

Asarum europaeum, s. *Haselwurz.*

Ascaris lumbricoides *(Spulwurm)* etwa in Größe und Aussehen eines Regenwurmes. Beh. s. *Wurmkrankheiten.*

Ascites, s. *Bauchwassersucht.*

Asthenie: angeborene allgemeine Gewebs- und Körperschwäche. *Astheniker* sind schlanke, hagere Menschen von zarter *Konstitution.*

Asthma ist die anfallsweise auftretende Atemnot. *A. cardiale,* Herzasthma, entsteht meist auf dem Boden einer Herzschwäche durch *Stauung* im Lungenkreislauf, aber auch durch Kreislaufstörungen im Gehirn im Bereich des *Atemzentrums.* Blaues, gedunsenes Gesicht, schnelle, kurze Atemzüge, Hustenreiz, Schweißausbruch, Angstgefühle, beherrschen das Bild. Im Anfall heiße Hand- und *Fußbäder* (*Holzasche-Salz* -Zusatz), evtl. *Aderlaß.* In der Zwischenzeit *Ableitung* von der Brust durch Maiglöckchen, Mistel, Raute, Bibernelle, Arnica, Gänsefingerkraut als Tee oder Frischarznei. Hp.: Phosphorus D6–10, Kalium carbonicum D6–10, Crataegus∅. *Fasten, Obst*diät, salzarm, *vegetarisch. A. bronchiale,* Bronchialasthma, durch Reizerscheinungen katarrhalischer Natur in den Atemwegen ausgelöst. Es kommt durch zusätzliche psychische Faktoren zu einer Schwellung der Schleimhäute und *Krampf* der Bronchialmuskulatur. Starkes Beengungsgefühl, ziehende, pfeifende Atmung, verlängerte Ausatmung, bläuliche Verfärbung von Gesicht und Lippen, starker Schweißausbruch. Anfallsdauer Minuten, Stunden, Tage. Nach dem Anfall oder schon gegen Ende starker Husten mit schleimigem, zähem Auswurf. Kost: Salzarm, *vegetarisch,* vorwiegend *Rohkost.* Im Anfall heiße Hand- und *Fußbäder,* heiße *Aufschläge* auf Brust und Leib. Ziel der Behandlung muß aber sein, die chronische Entzündung der Atemwege, vor allem die chronische *Bronchitis* zu beseitigen und den Körper abzuhärten.
Da A. auch zu den *allergischen* Krankheiten gehört, muß desensibilisiert werden. Haut*quaddeln* erzeugt mit Ameisensäure, Mistelextrakt, Bienengift usw. in steigenden Abständen und Dosen dienen hierzu. *Schlenz*bäder, *Brustwickel, Packungen, Kopfdämpfe,* anschließend *Abhärtung* durch Waschungen und kalte Bäder. Tee aus Eibisch, Huflattich, Lungenkraut, Thymian, Wollblumen, Brenn- und Taubnessel, Lindenblüten, Veilchenblättern und -wurzeln, Fenchel, Isländischem Moos. Holunder- oder Huflattichsaft. Hp.: Arsenicum D 6–10, Antimonium arsenicosum D 4, Ipecacuanha D 3, Lobelia D 2–4, Hepar sulfuris D 4, Atropinum sulfuricum D 3, Cuprum D 4. Bch.: Kalium phosphoricum D 6, Magnesium phosphoricum D6, wenn nervöse Ursachen verschlimmern; Kalium chloratum D6 bei zähem, fadenziehendem Schleim; Calcium fluoratum D6 bei Emphysembronchitis; Natrium sulfuricum D6 und Kalium sulfuricum D6 bei starkem Rasseln; Natrium muriaticum D6, Natrium phosphoricum D6, Silicea D12,

Calcium phosphoricum D 6, Calcium sulfuricum D 6, Ferrum phosphoricum D 6 kommen je nach Begleitumständen im Wechsel in Frage.

Astrologie (Sterndeutung) beruht auf dem Glauben, daß zwischen dem Lauf der Gestirne und dem irdischen Geschehen enge Beziehungen bestehen. Die Möglichkeit der Krankheitsdiagnose aus dem *Horoskop* wird auch von überzeugten Astrologen bestritten. Für die *Prognose* wird dieses verwendet, indem man eingreifende und gefahrvolle Maßnahmen aus horoskopungünstigen Zeiten in günstigere verlegt. Es wird auch ein System zur Arzneimittelfindung verwendet, das alle Elemente nach ihrer Ordnungszahl in ein Kreissystem einordnet, in das die Geburtskonjunktur eingezeichnet wird, so daß sich aus zwei Zeigern zwei Elemente ablesen lassen, die in geeigneter Verbindung in homöopathischer Verdünnung als Arznei für das betreffende Individuum gegeben werden. Reale Beziehungen dieser Systeme zum kranken Körper und zu den Arzneimitteln bestehen aber in Wirklichkeit nicht. Es ist kein natürliches, sondern ein künstlich erdachtes System und gehört nicht zur *Naturheilkunde,* sondern ins Gebiet der *okkulten Medizin.*

Atemgymnastik, Atemübungen sind nicht nur Bewegung von Brustkorb und Lunge, Bewegung des Zwerchfells und der inneren Organe, sondern vor allem auch *Entspannung,* neben Durchlüftung der Atemorgane. Atemübungen im Stehen führen oft nicht zur Entspannung, sondern mehr zur *Verkrampfung.* Am förderlichsten ist die Entspannungsatmung in der vollkommenen Ruhelage. Man läßt dabei Brust und Bauch zunächst einfallen (Ausatmung) und atmet dann langsam unter Dehnung des Brustkorbs und Bauches ein. Im Anfang empfiehlt es sich, nur die Bauchatmung zu üben, indem man nur mit dem Zwerchfell atmet und tief in den Bauch hineinatmet. Erst wenn man die Bauchatmung sicher beherrscht, gehe man zur gleichzeitigen Dehnung des Brustkorbs über. 10 tiefe Atemzüge morgens und abends im Liegen in voller muskulärer Entspannung genügen als tägliche Übung vollkommen. Übertreibungen sind keinesfalls nützlich. Regelmäßigkeit und Sorgfalt in der Durchführung sind die wesentlichsten Gesichtspunkte. Erst der Geübte kann auf Zwerchfellatmung im Sitzen, Stehen, Gehen und Steigen als Übung umstellen, um Sicherheit zu erlangen. Das Verhältnis von Einatmung, Ausatmung und Pause soll zeitlich etwa wie 1:2:3 sein. Je größer die Pause ist, desto ursprünglicher und größer setzt die Einatmung ein. Bei der Zwerchfellatmung im Sitzen, Stehen, Gehen und Steigen wird die Pause kürzer, und das Einatmen muß dem Sauerstoffbedarf entsprechend länger werden. Einatmen bei geschlossenem Munde durch die Nase, Ausatmen gegen den Widerstand der leicht geschlossenen Lippen. Bei *Asthma* oder *Lungenerweiterung* können auch Summübungen damit verbunden werden, indem langsam mit summendem Ton ausgeatmet wird. Bei den Atemübungen im Stehen oder Gehen werden Schwingen der Beine oder Arme mit Ein- und Ausatmen verbunden. Hierbei besteht aber die Gefahr, daß die Entspannung nicht vollkommen ist und Verkrampfungen sich entwickeln.

Die betonte Bauchatmung ist vor allem für den *Pykniker* mit breitem Brustkorb und etwas hochstehendem Zwerchfell als Übung wichtig, da das Zwerchfell hierbei am besten mobilisiert wird. Man kann die Übung verstärken, indem man einen Medizinball oder ein schweres Buch auf den Bauch legt und gewissermaßen gegen Widerstand atmet. Neben der Lockerung und Senkung des Zwerchfells kommt es dabei zu einer passiven Massage der großen Körperschlagader und zu einer vermehrten Durchblutung der Bauchorgane und der Leber.

Die Flankenatmung ist für den langaufgeschossenen *Astheniker* als Übung besonders wichtig. Auch die Flankenatmung soll im Anfang nur im Liegen bei völliger Entspannung durchgeführt werden. Die Hilfsperson umfaßt mit den Händen die Stellen des Brustkorbs, die am meisten gedehnt werden sollen. Man fordert nun den Patienten auf, den so gegebenen Widerstand der Hand durch die Atmung kräftig zu überwinden. Der Schwerpunkt liegt auf der Einatmung. Die Ausatmung erfolgt rein passiv durch Sinkenlassen des Brustkorbs. Jede Pressung ist dabei zu vermeiden. Die Pause nach der Ausatmung soll um so länger sein, je tiefer der Atemzug war. Sie ist besonders für die Beeinflussung der Herztätigkeit von

Atemwege

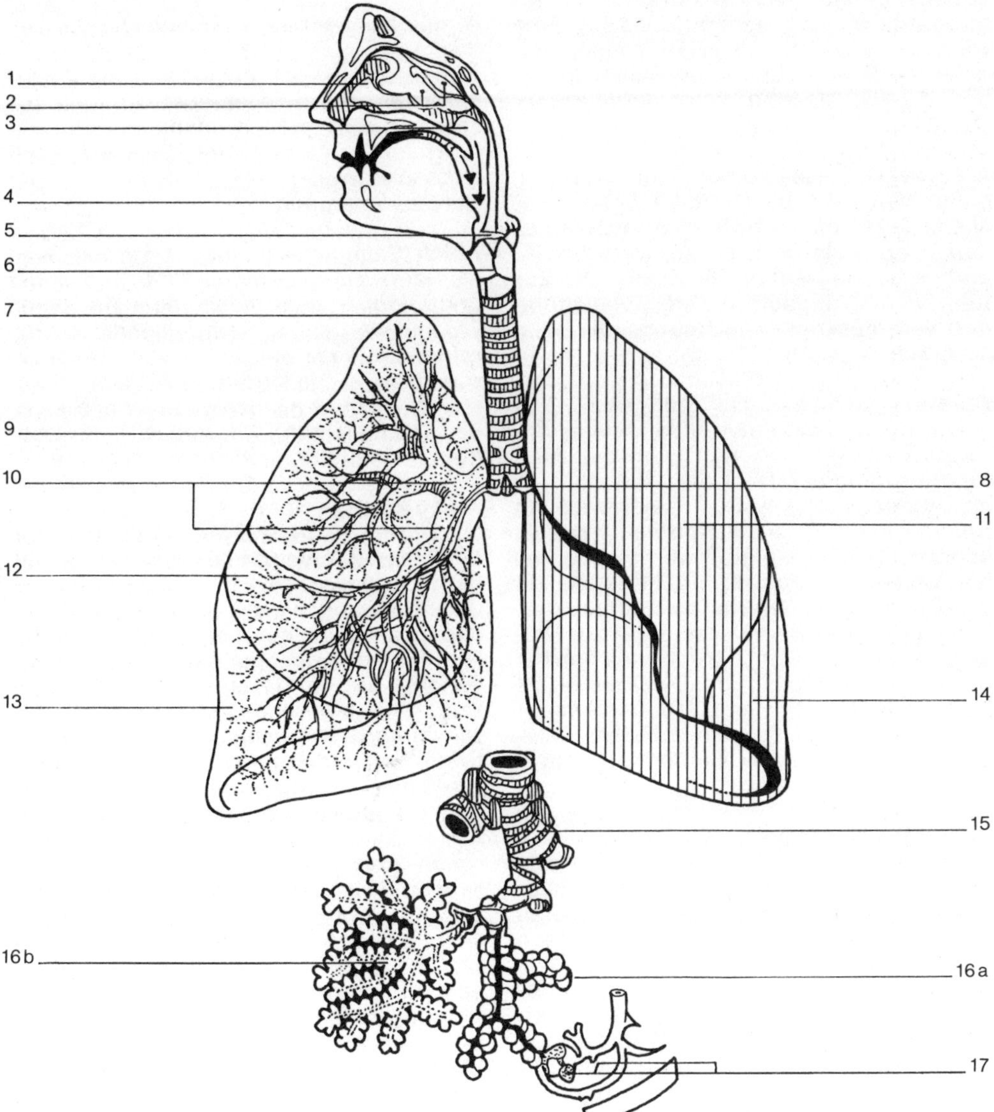

1. Nasenhöhle
2. Nasenmuscheln
3. Nasenrachenraum
4. Rachen (Pharynx)
5. Zungenbein
6. Kehlkopf
7. Luftröhre (Trachea)
8. Lungenwurzel
9. Rechter Oberlappen
10. Bronchien
11. Linker Oberlappen
12. Mittellappen
13. Rechter Unterlappen
14. Linker Unterlappen
15. Bronchialast
16a Lungenbläschen (Aufsicht)
16b Lungenbläschen (Innenansicht)
17. Haargefäßnetz um die Lungenbläschen

Wichtigkeit. Durch Verstärkung des Widerstandes der Hände der Hilfsperson können Steigerungen erzielt werden.
Das Ziel der Atemgymnastik ist, die vollkommene, naturgemäße Atmung ins Unterbewußtsein übergehen zu lassen. Eine wirtschaftliche Atmung mit Hilfe einer ausdehnungsfähigen Lunge und einer kräftigen Atemmuskulatur wird dabei angestrebt.

Atemwege: Diese beginnen am Naseneingang, verlaufen durch *Nasenhöhle, Rachen, Kehlkopf, Luftröhre,* Bronchien zu den *Lungen.* Im Rachen kreuzen sich A. und *Verdauungskanal.* Sie dienen der Zuführung der Atemluft und der Wegleitung der verbrauchten Ausatmungsluft beim *Gaswechsel* (s. Abb. S. 23).

Atherom (Grützbeutel, Balggeschwulst) entwickelt sich aus einer Ansammlung von Talgdrüsenausscheidung, wenn der Ausführungsgang der Talgdrüse verstopft ist, im Unter*haut*zellgewebe, vornehmlich im Bereich der behaarten Kopfhaut. Die A. können bis hühnereigroß werden. Der Inhalt besteht aus Fetttropfen, Fettkristallen und Epidermiszellen. Nur ein Herausschälen mit der gesamten Kapsel führt zur Heilung, eine bloße Entleerung des Inhalts führt bald zur Neubildung. Die Geschwulst ist gutartig. Hp.: Silicea D3–6, Calcium jodatum D3, Thuja D6. Bch.: Silicea D12, 3mal tägl.; bei harten Grützbeuteln dazu Calcium fluoratum D12.

Atmung: Alle Lebensvorgänge im Körper und in jeder einzelnen Zelle beruhen auf Verbrennungsvorgängen. Dazu wird Sauerstoff benötigt. Dieser muß also überall hintransportiert werden. Es braucht schon der ruhende, viel mehr aber noch der tätige Körper *Sauerstoff.* In der Lunge wird der Sauerstoff aus der Einatmungsluft an den roten Farbstoff der roten *Blut*körperchen vorübergehend gebunden und durch den Kreislauf überall in die Gewebe geschafft und dort verbraucht. Die durch die Verbrennung entstandene Kohlensäure wird nun an Stelle des Sauerstoffs an den roten Farbstoff der roten *Blut*körperchen gebunden, wieder zur Lunge geschafft und hier gegen den Sauerstoff in der Atmungsluft ausgetauscht und mit der Ausatmungsluft nach außen befördert.

Atonie (Erschlaffung) ist der Zustand, bei dem die normale Spannung des Lebens in den Geweben vollständig geschwunden ist.

Atropa belladonna, s. *Tollkirsche.*

Atrophie: Gewebsschwund im ganzen Körper, in einzelnen Teilen oder Organen. Ursache: Nichtgebrauch, mangelnde Ernährung auf Grund von Kreislauf- und Stoffwechselstörungen oder Störungen in der Nervenversorgung.

Attich (Sambucus ebulus): Die Wurzel wird als Radix Ebuli im März, April, September und Oktober gesammelt, oder die reifen Früchte werden als harntreibende und eröffnende Droge einzeln oder in Teegemischen im Aufguß oder in leichter Abkochung – 1 bis 2g Einzelgabe – bei Nieren- und Blasenleiden, Wassersucht, Verstopfung, Zuckerkrankheit verwendet.

A-Typ (nach Lampert): Nach ihrer Reaktion auf *Überwärmungsbäder* hat Lampert die Menschen in 2 typische Gruppen eingeteilt. Sein sogenannter A-Typ ist stark wärmebedürftig, verträgt warme bis heiße Teilbäder, dagegen schlechter eingreifende Diätkuren. Ihm entspricht der asthenisch-vegetativ-labile Typ mit Überwiegen des *Vagus,* also jene Menschen, die zu Magengeschwüren, allergischem Asthma, Ischiasnervenentzündung, chronischem Rheumatismus und Blutdruckerniedrigung neigen. Sie haben gegenüber physikalischen Anwendungen eine allgemein herabgesetzte Reizempfindlichkeit und verlangsamten Reaktionsablauf. Der A-Typ verhält sich ruhig im Bade, die Körpertemperatur steigt gleichzeitig mit der Wassertemperatur, und er ist leicht auf hohe und höchste Temperaturen zu bringen. Bei 41° tritt eine Neigung zum Einschlafen auf, und es kann Kreislaufversagen drohen, so daß genaue Überwachung notwendig ist. Der B-Typ ist für kühle, kalte und Wechselanwendungen besonders geeignet. Eingreifende Diätkuren werden gut vertragen. Große und rasche Reizempfindlichkeit und entsprechender Reaktionsablauf. Der B-Typ entspricht dem pyknischen, muskulären Typ der normalen *Konstitutions*lehre, also jenen Menschen, die zu Magenentzündung, Emphysembronchitis, chronischem Gelenkrheumatismus, Ischias und Blutdruckerhöhung neigen. Der B-Typ wird im Bade lebhaft und ungeduldig, schimpft und will schon bei 40° Körpertemperatur aus dem Wasser. Hier muß durch gutes Zureden über den kritischen Punkt hinweggeholfen werden. Hier besteht keine Kollapsgefahr. Allerdings haben solche Typenschematisierungen im praktischen Leben nur geringe Bedeutung. Hier entscheidet allein die größere Erfahrung, die auf solche Typeneinteilungen verzichten kann.

Aufguß (Infusum) ist ein wässeriger Auszug aus Pflanzenteilen oder -gemischen. Er wird mit siedendem Wasser hergestellt und muß je nach Vorschrift 5–15 Minuten zugedeckt an warmem Ort ziehen. Nachher abseihen oder abpressen nach Vorschrift. Offizinelle Aufgüsse, die vom Apotheker herzustellen sind, 5 Minuten ziehen lassen, dann abpressen. Bei der gewöhnlichen *Tee*bereitung seiht man durch ein Leinen- oder Mulltuch und wringt den Rückstand mit dem Tuch vollkommen aus.

Auflage, Aufschläger, Kompresse besteht aus einem zwei- bis sechsfach zusammengefalteten Leinentuch, das in kaltes oder warmes Wasser, mit oder ohne Zusätze – meist wird Essigwasser verwendet –, getaucht und ausgewrungen wird. Große Auflagen wie *Ober-* oder *Unteraufschläger* oder die *Leibauflage* werden mit Trocken- und Wolltuch eingewickelt, kleinere Auflagen mit dem überstehenden Wolltuch bedeckt. Die Auflagen werden, bevor sie Körpertemperatur erlangt haben, gewechselt. Heiße Auflagen siehe *Dampfkompressen.*

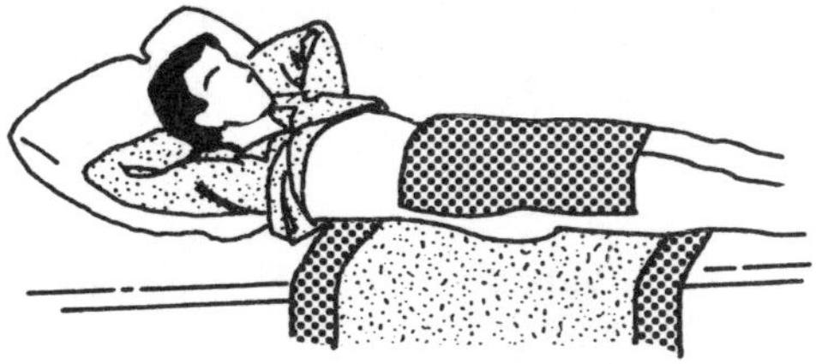

Auflage

Aufliegen, s. *Wundliegen.*

Aufstoßen von Luft (Rülpsen, Ructus) kommt zustande, wenn sich Luft im Magen sammelt oder bildet und unter Spannung steht. Verschlucken von Luft während des Sprechens und Essens, aber auch in der Ruhe bei nervösen Menschen, kann ebenso die Ursache sein wie übermäßige Gasbildung bei Verdauungsstörungen. Wird saurer Magensaft mit der Luft in die Speiseröhre gerissen, kommt es zum *Sodbrennen.* Vermeidung zu fetter, süßer oder leicht gärender Speisen. Beh.: Heilerde: 1 Teelöffel vor den Mahlzeiten in Wasser, Pfefferminz-, Wermuttee. Bch.: Natrium phosphoricum D6, Natrium sulfuricum D6, Magnesium phosphoricum D6, Natrium muriaticum D6, Ferrum phosphoricum D 6, Calcium phosphoricum D 6, Silicea D 12.

Auge: Sinnesorgan für die Lichtreize. Das Auge mit seinen Schutzorganen liegt in der trichterförmigen, knöchernen Augenhöhle beiderseits der Nasenwurzel im Gesichts*schädel.* Es ist in Fettgewebe eingebettet. Die Augenmuskeln zur Bewegung nach den verschiedenen Seiten greifen hier direkt am Augapfel an. Der Augapfel ist kugelig und wird von der derben weißen Lederhaut umschlossen, die vorne unmittelbar in die rund begrenzte durchsichtige *Hornhaut* übergeht. Innen liegt die gefäßreiche *Aderhaut* der Lederhaut auf, und auf der Aderhaut liegt die lichtempfindliche Netzhaut, die mit ihren Fasern unmittelbar in den *Sehnerv* übergeht. Dieser tritt etwas nasenwärts am hinteren Pol durch die Lederhaut aus dem Auge heraus und zieht in die Spitze der Augenhöhle, wo er ins Schädelinnere übergeht. Die Aderhaut liegt der Lederhaut bis vorne dicht vor der Hornhautgrenze unmittelbar an und zieht dann quer zur Augenlängsachse als *Regenbogenhaut* durchs Innere des Auges. Die *Regenbogenhaut* (Iris) hat in der Mitte eine runde Öffnung, das Sehloch *(Pupille).* Hier liegt sie direkt der *Linse* auf. Hinter der Linse, im Augeninneren, findet sich die gallertige durchsichtige Füllmasse des Glaskörpers, die die Spannung des Augapfels und das Anliegen von Netzhaut und Aderhaut gewährleistet. Zwischen Hornhaut, Regenbogenhaut und Linse ist die vordere Augenkammer, zwischen Regenbogenhauthinterfläche und Linse die hintere Augenkammer mit klarer Flüssigkeit gefüllt. Ist die Lederhaut nicht dicht genug angelegt, so kann die dunkle Aderhaut durchscheinen und dem weißen Augapfel

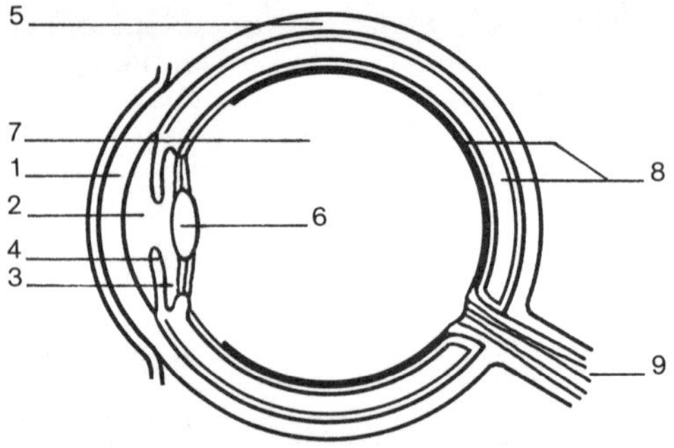

Auge (Durchschnitt): 1. Hornhaut, 2. vordere Kammer, 3. hintere Kammer, 4. Regenbogenhaut, 5. Lederhaut, 6. Linse, 7. Glaskörper, 8. Netz- und Aderhaut, 9. Sehnerv

einen bläulichen Schimmer verleihen (Kinder, Jugendliche). Die Pupille kann durch glatte Längs- und Ringmuskeln erweitert und verengt werden. Bei Belichtung und Naheinstellung verengt sich die Pupille, im Dunkeln erweitert sie sich. Die Linse ist ein durchsichtiger, von einer elastischen Kapsel eingeschlossener Kern. Durch besondere Muskeln kann sie stärker gewölbt und so für Naheinstellung verwendet werden. Die Netzhaut ist gewissermaßen ein vorgeschobener Gehirnteil, der wie Film oder Platte in der Kamera des Auges zur Bildaufnahme angeordnet ist. Die Lichtstrahlen müssen erst durch die inneren Netzhautschichten hindurchgefiltert sein, bevor sie an die Stäbchen und Zäpfchen kommen. Die Zapfen ermöglichen das Sehen bei Tage und das Farbensehen, die Stäbchen ermöglichen das Sehen bei herabgesetzter Beleuchtung. Die zentralgelegenen Netzhautteile sind besonders empfindlich und aufnahmefähig, die äußeren Teile sind nur grob gebaut und auch nur für grobe Wahrnehmungen und Bewegungswahrnehmungen brauchbar. Wo der Sehnervkopf (Papille) ins Auge tritt, fehlt in Größe des Papillendurchschnittes die Netzhaut. Hier ist ein sogenannter blinder Fleck. Der Sehnerv leitet die Gesichtseindrücke zur Hirnbasis. Hier kreuzen sich die Sehnerven.
Die Hilfs- und Schutzorgane des Auges sind die oben und außen außerhalb des Bindehautsackes gelegene mandelförmige und mandelgroße Tränendrüse, die Augenlider mit der Bindehaut und die Augenmuskeln. Die Tränen werden laufend auf die Augenoberfläche verteilt und halten sie feucht und glatt. Überschüsse sammeln sich im inneren Augenwinkel; im Unter- und Oberlid befinden sich Tränenröhrchen, durch die die überschüssige Tränenflüssigkeit in den Tränensack gelangt, der in einer Grube des Tränenbeins an der Seite des *Nasen*rückens innen neben der Lidspalte liegt. Von dort wird sie durch den Tränennasenkanal in die untere Nasenmuschel abgeleitet.
Die Lider schließen den Augapfel nach außen ab. Außen sind sie von Körperhaut, innen von Bindehaut überzogen. An der Berührungsgrenze beider, dem Lidrand, stehen die Wimpern in zwei bis drei Reihen. Unter der Haut befinden sich die Lidmuskeln, darunter der Lidknorpel (Tarsus), der mehr eine bindegewebige Platte darstellt. In dieser die Lidtalgdrüsen. Entzündungen der Wimpertalgdrüsen führen zum *Gerstenkorn,* der Lidtalgdrüsen zum Hagelkorn.
Die Bindehaut überzieht die Innenseite der Lider und die gesamte Vorderseite des Augapfels, soweit er sichtbar ist.
Die Augenmuskeln zur Augenbewegung bestehen aus 4 geraden und 2 schrägen Muskeln auf jeder Seite und bewegen den Augapfel nach allen Seiten. Sie sind über das Gehirn mit den Muskeln des anderen Auges so gekoppelt, daß Bewegungen immer nur gleichzeitig mit beiden Augen möglich sind. Tritt in dieser Kopplung eine Störung durch Lähmung eines Muskels ein, so kommt es zum Doppelsehen.

Augenbad: Fast immer mit *Gesichtsbad* verbunden. Man taucht das Gesicht in eine Waschschüssel unter Vermeidung eines Druckes auf die Halsgefäße (enger Kragen!). Im Wasser werden die Augen mehr-

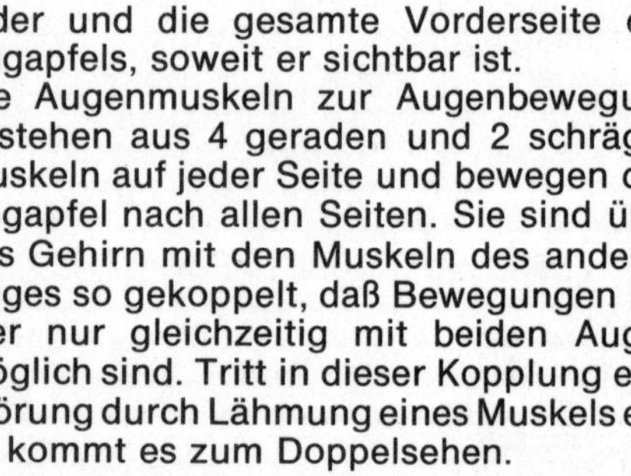
Augen- und Gesichtsbad

mals geöffnet und geschlossen, dann das Gesicht zum Atemholen kurz aus dem Wasser gehoben. 2–3mal wiederholen. Man kann auch kalte Kräuterabsude, die durch ein feines Leinentuch geseiht sind, verwenden. Zinnkraut, Wermut, Fenchel, Augentrost, grüne Holunderrinde sind dabei gebräuchlich. Auch Alaunbäder kommen vor. Zur Kräftigung der Augen, bei chronischer Lidrand- und Bindehautentzündung, Nachlassen der Sehkraft. 3–4mal wöchentlich, bei akuten Entzündungen mehrmals täglich. Warme Augenbäder sind nur bei entzündlichen, aufzulösenden Vorgängen am Auge angezeigt.

Augendiagnose (Iridologie, Irisdiagnostik) ist die Erkennung durchgemachter und bestehender Erkrankungen aus Veränderungen in der Regenbogenhaut. Ignaz von Péczely ist der Begründer dieser Lehre. Die einzelnen Abschnitte der Regenbogenhaut sollen hierbei den Organen und Organsegmenten entsprechen und Veränderungen in Aufbau, Färbung usw. der Iris in bestimmten Segmenten auf durchgemachte oder bestehende Erkrankungen von inneren Organen hindeuten. Die Methode wird hauptsächlich von Laien ausgeübt, Pastor *Felke* ist ein Meister der A. gewesen. Von Ärzten wird sie seltener verwendet, weil es bisher nicht gelungen ist, die Ergebnisse der Augendiagnose mit der schulgemäßen Diagnostik in überzeugende Übereinstimmung zu bringen.

Augenentzündung: Alle Teile des Auges und seine Schutzorgane können entzündlich erkranken. Unter A. versteht man gewöhnlich die äußerlich wahrnehmbaren Entzündungen der *Hornhaut* und des *Lides,* die anderen werden nach dem speziellen Ort benannt, wie *Regenbogenhautentzündung, Netzhautentzündung* usw. Lichtscheu, Entzündung von Bindehaut, Hornhaut und Aderhaut je nach der Ausdehnung. Beh.: *Barfußgehen,* bei *kalten Füßen Holzaschefußbäder* mit kaltem Abguß. *Haferstroh*hemden, -bäder, *Salz*wasserwickel, *Ganzwaschungen, Halbbäder* als Allgemeinmaßnahmen. *Augenbäder* mit Aloe: 1 Messerspitze auf $1/2$ l heißes Wasser, erkalten lassen und 5mal tgl. Augen damit auswaschen. Honig: $1/2$ Eßl. in $1/2$ l Wasser 5 Min. kochen. Fenchelwasser. Augentrosttee: Waschungen und kalte *Kompresse.* Bei geschwürigem Zerfall besonders auf Hornhaut spezialärztliche Behandlung. Reizlose gesunde Kost. 3mal tgl. 1 Messerspitze Kreide. Zur Kräftigung der Augen *Augenbäder, Gesichtswaschungen* und *Gesichtsgüsse,* neben den Allgemeinmaßnahmen.

Augenguß: Beginn re. Auge an der Schläfe, dreimal umkreisen, dann aufs andere Auge übergehen und so 3–4mal wechseln. Stark abgeschwächter Gießstrahl und Zusammenpressen der Schlauchmündung zur Erzielung eines leichten fächerförmigen Gießstrahles. Während des Wechsels Gelegenheit zum Atmen geben. Anregung der Durchblutung um das Auge, der Bindehäute und des Augeninneren. Anwendung bei geschwächten Augen, Hornhauttrübungen, Augenmuskellähmungen.

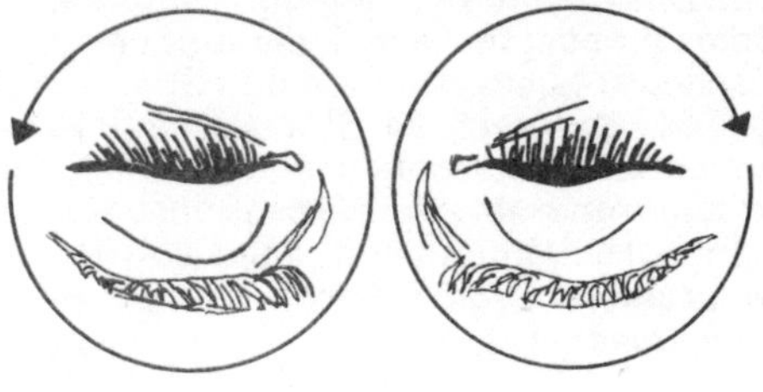

Augenguß

Augengymnastik: Sehschule nach Bates versucht durch systematische An- und Entspannungsübungen der Linse deren Beweglichkeit und Brechungsfähigkeit zu steigern, um ohne Brille auszukommen.

Augentrost (Euphrasia officinalis): Lippenblütler, Wiesenblume. Blühendes und getrocknetes Kaut wird Juli bis Oktober gesammelt. Äußerlich zur Augenbehandlung. Innerlich in ganz kleinen Gaben auch bei Magen-, Darmkatarrh verwendbar. Größere Mengen erzeugen aber Vergiftungserscheinungen. (Tafel II).

Ausdünstung: Durch die Schweißdrüsen werden dem Zwischenstoffwechsel entstammende riechende Stoffe ausgeschieden. Die Ausdünstung des Gesunden unterscheidet sich nach Stärke und Geruch wesentlich von der des Kranken. Besonders intensiv und charakteristisch ist der

Geruch der A. in den Laken der *Packungen*. Erfahrene Ärzte können an dem Geruch der A. Krankheiten erkennen.

Ausfluß, s. *Weißfluß.*

Ausleitung, s. *Ableitung.*

Ausscheidung: Exkrete sind für den Körper wertlose oder schädigende Stoffwechselprodukte, die er nach außen ausscheidet. *Schweiß, Harn, Stuhl.* Die *Naturheilkunde* sucht in den meisten Fällen die Krankheitsstoffe über die Ausscheidungen *auszuleiten.*

Ausscheidungsöl (Malefizöl nach *Kneipp*) enthält Croton- und Rizinusöl, wird nur äußerlich als *Ableitungs*mittel zur Erzeugung von *Hautreizen* und Hautentzündungen (vgl. *Fontanelle, Pustulantien*) angewendet. Das Öl wird mit einigen Tropfen hinter dem Ohr oder im Genick eingerieben. Bald danach entsteht Brennen und Spannungsgefühl, und nach 24 Stunden erscheinen kleine Eiterbläschen, die allmählich verkrusten und abheilen. Besonders bei Augen- und Zahnentzündungen von Kneipp empfohlen. Vgl. *Umstimmung, Baunscheidtismus.*

Ausschlag ist meist eine *Entzündung* der obersten *Haut*schichten in den verschiedensten Bildern und Graden, Rötung, Bläschen-, Eiter-, Schuppenbildung und Schwellung sind die Hauptformen. Akute Formen sowie die akuten und chronischen *Ekzeme, Bläschen*- und *Schuppen*ausschläge gehen oft mit starkem *Hautjucken* einher. Äußere Einwirkungen: Wärme- und Lichtstrahlen, chemische Reize. Meist ist aber der innere *Stoffwechsel* ursächlich verantwortlich. Die Naturheilkunde faßt die Ausschläge als nach außen getretene innere Heilungsvorgänge auf, die nicht unterdrückt, sondern von innen heraus durch *Ganzheits*behandlung geheilt werden müssen. Sie sind nach dieser Auffassung Zeichen innerer Reinigung und Ausdruck sog. Heilkrisen. In der *Umstimmungsbehandlung* erzeugt man oft künstliche Ausschläge und unterhält sie, um innere Krankheitszustände zu beeinflussen. Beh.: *Fasten, Rohkost,* zumindest streng *vegetarische* Kost, unter Ausschluß von *Kochsalz, Gewürzen,* tierischen Eiweißen und Fetten. *Schlenz*bäder mit Zinnkrautzusatz, *Lehmhemden, Ganzwaschungen* zur Anregung und Umstimmung des Stoffwechsels. Örtliche *Auflagen* und *Bäder* mit Zinnkraut, Haferstroh, Weizenkleie, Kamille, *Bockshornklee, Lehm, Quark*käse. Innerlich *ausleitende* Pflanzen: Stiefmütterchen, Bittersüßstengel, Erdrauch und Heilerde. Hp.: Sulfur D3–10, Arsen D6–10, Rhus D6–10, Croton D4–6, Graphites D3–6, Petroleum D3–6, Belladonna D4, Antimonium crudum D3–6, Staphisagria D3–4, Berberis ∅–D2, Thuja D2–12 u. v. a. Für die Auswahl der homöopathischen Mittel ist eine genaue Erforschung des Ausschlages und seiner Eigenschaften erforderlich; für die naturheilkundliche Allgemeinbehandlung spielt die Art des zugrundeliegenden Ausschlages eine geringere Rolle. Bch.: Feuchte Ausschläge: Kalium chloratum D6, Calcium phosphoricum D6, Natrium muriaticum D6, Natrium sulfuricum D6, Natrium phosphoricum D6, Silicea D12, Calcium sulfuricum D6, Kalium phosphoricum D6. Trockene Ausschläge: Kalium chloratum D6, Calcium phosphoricum D6, Natrium muriaticum D6, Natrium sulfuricum D6, Calcium fluoratum D 6, Kalium phosphoricum D 6, Kalium sulfuricum D 6, Silicea D 12.

Ausschwitzung (Exsudation): auf entzündliche Ursachen erfolgte krankhafte Absonderung von *Blut*flüssigkeit und *Blut*körperchen. Das Exsudat sammelt sich oft in Hohlräumen (Herzbeutel, Brust-, Bauch-, Gelenkhöhlen) und kann durch Einstich mittels Nadel oder Trokar, durch Punktion, entleert werden. Durch Stauung verursachter Austritt von Blutflüssigkeit nennt man Transsudate. Behandlung: salzarme, *vegetarische* Kost, *Obst*tage, *Reis*tage, *Rohkost,* Aufsaugung durch *Lehm-, Quark*wickel und *Umschläge, Blutegel, Ableitung* auf Haut und Nieren.

Außerschulische (Außenseiter-) Verfahren: Von der Schulmedizin nicht anerkannte Verfahren zur Erkennung und Behandlung von Krankheiten. Auch wenn sie oft auf naturheilkundlichem Gedankengut basieren und von Naturheilbehandlern angewandt werden, werden sie dadurch nicht zu naturheilkundlichen Verfahren; z. B. *Akupunktur, Neuraltherapie, Regenerationstherapie* aus der Spritze, *Homöopathie, Biochemie, Sauerstoff*- und *Ozon.*

Auswurf (Sputum): durch Räuspern oder Husten ausgeworfener, aus den Absonderungen der Schleimhaut des *Rachens,* des *Kehlkopfes,* der *Luftröhre* und der Bronchien stammender Schleim. Geringer morgendlicher Schleim nach dem Erwachen gehört zur Norm. Vermehrung besonders unter Veränderung des Auswurfs durch Zutritt von Blut und Eiter ist Hinweis auf Erkrankung der Atemwege und bedarf der ärztlichen Klärung. *Bakterien* untersuchung des Auswurfs kann hier wichtige Hinweise geben, besonders bei der Forschung nach *Tuberkulose.* Sind Tuberkelbazillen im Auswurf nachweisbar, so besteht eine offene Tuberkulose, die erhöht ansteckungsfähig ist und durch den Auswurf (durch Verschmieren, Eintrocknen, Verstauben) über die *Tröpfcheninfektion* übertragen werden kann. *Desinfektion* des Auswurfs bei offen Tuberkulösen durch Vermischen mit Kalkmilch, Zephirol, Chlorkalk, Auskochen der Speigefäße.

Auszehrung: fortschreitende *Abmagerung* und Schwäche bei zehrenden Krankheiten wie *Krebs* und *Tuberkulose* (galoppierende Schwindsucht). Behandlung der Grundkrankheit.

Autogenes Training nach J. H. Schultz: Bis in die kleinsten Körperzellen hinein unterliegt unser Körper der Steuerung durch das zentrale Nervensystem. Das Bewußtsein, vor allem aber auch das *Unterbewußtsein* beeinflussen daher nicht nur unser Denken, sondern auch die körperlichen Funktionen und auch die zellulär sich auswirkenden organischen Krankheiten. Ausgehend von den Erfahrungen der *Yoga*-Lehre versucht I. H. Schultz in seinem AT über Körperbeherrschung durch das Bewußtsein und Unterbewußtsein zu körperlicher, seelischer und geistiger Gesundheit zu gelangen, ohne – wie die Yoga-Lehre – zu einer Abkehr von der Welt zu führen. Die Yoga-Lehre wird also im AT ihres religiösen Gewandes entkleidet und so den abendländischen Bedürfnissen angepaßt. Das AT besteht in einem stufenweisen Erreichen der Körperbeherrschung. In einer Unterstufe versucht man durch Übung den Körper und die im allgemeinen dem Willen nicht unterworfenen Tätigkeiten zu beherrschen. Man übt zunächst das Gliedergefühl in seinen einzelnen Qualitäten (Ruhe, Schwere usw.) und entwickelt dann weiterschreitend Organgefühle, wie Herz, Magen, Darm, Baucheingeweide, Kopf. Hat man sich diese bewußt gemacht und gelernt, durch das Bewußtsein in die unbewußt arbeitenden Organe einzugreifen, kommt man zur nächsten Stufe, der Versenkung nach innen. Diese bildet den Übergang zur Oberstufe. In dieser läßt eine besondere Augenübung die sogenannte Eigenfarbe erleben. Hierunter versteht man eine dem Eigenwesen gemäße Farbe. Besondere Übungen lassen die Umwelt körperlich miterleben, ermöglichen, sich in andere Menschen zu versetzen und mit ihnen und wie sie zu empfinden. Hat man diese Stufe erreicht, dann ist es möglich, Fragen an das Unterbewußtsein zu stellen und Antwort von ihm zu erhalten. Das AT hat das Ziel, Gesunde und Kranke in die Lage zu versetzen, Körper und Seele unter Kontrolle zu halten. Seelische Eigenkräfte ersetzen die fremden seelischen Kräfte der *Hypnose.* Anleitung gibt das Buch von J. H. Schultz, Das autogene Training, Georg Thieme Verlag.

Autosuggestion bedeutet: sich selbst etwas einreden. Die A. ist eine Erscheinung des normalen Seelenlebens. Sie spielt im modernen Leben (Mode, Politik, Reklame usw.) eine ausschlaggebende Rolle. Sie ist wichtig sowohl bei der Entstehung der Krankheiten über die Neurosen als auch in der Krankheitsbehandlung. Im *autogenen Training* wird die A. nach einem festen System verwendet und auch die *Coue*-Behandlung macht von der A. Gebrauch.

Auxine, Auxone: Auxine sind organische Wuchsstoffe der Pflanzenwelt, Auxone die entsprechenden Stoffe in der Tierwelt. Sie sind für Zellteilung und Wachstum unentbehrlich. Für die menschliche *Ernährung* spielen die Auxone nach *Kollath* eine große Rolle, um die *Mesotrophie* zu verhindern. Durch die mechanische Zerkleinerung der Nahrung werden die Auxone aus der Nahrung entfernt, so daß die gewöhnliche Nahrung arm an A. ist. Die naturgemäße Vollkost soll aber reich an A. sein. Weizen*frischschrot* müsli nach *Kollath.*

Avitaminose: Stoffwechselkrankheit durch Fehlen einer genügenden Menge bestimmter *Vitamine* in der Nahrung.

Azidose: Erscheinungen, die durch das Auftreten von *Säure* im Stoffwechsel entstehen. *Säurevergiftung* durch Anreicherung von Säuren in Blut und Geweben. Kann zur Bewußtlosigkeit führen. Tritt auf bei *Zuckerkrankheit,* Nierensiechtum, *Erstickung.* Azidotische Nahrung führt die Bildung saurer Stoffwechselprodukte im Körper herbei und bereitet vielen Erkrankungen einen günstigen Boden. Fleisch, Mehl, Fette, Öle sind Säurebildner der Nahrung.

B

Bachbunge (Veronica beccabunga): blühendes Kraut im Mai bis Juli gesammelt, im Aufguß oder als frischer Preßsaft. Einzelgabe 1–2g als Blutreinigungsmittel, bei Skrofulose.

Bad ist ein Eintauchen des Körpers oder seiner Teile in kaltes oder warmes Wasser mit und ohne *Badezusatz. Vollbäder, Halbbäder, Teilbäder (Arm-, Fuß-, Sitz-, Augen-, Gesichtsbad).* Es dient der Reinigung, Körperpflege, körperlichen Ertüchtigung und zu Heilzwecken. Das Reinigungsbad wird bei 35–36° genommen.
Kaltbad: Wirkt anregend auf Stoffwechsel und Nervensystem, fördert den venösen Rückfluß zum Herzen. Das Teilbad hat umgrenztere Tiefenwirkung und fördert die *Ableitung.* Temperatur brunnenfrisch, nicht über 15°. Dauer nur kurz bis zum Eintritt der Reaktion, 1/2–1 Minute höchstens (Tauchbad). Je kürzer das Bad, desto besser die Wirkung! (Kneipp). Voraussetzung ist warmer Körper, evtl. Vorerwärmung notwendig. Wird am besten morgens vom Bett aus genommen. Gegen Fettsucht, Zuckerkrankheit, Gicht, Rheuma, Kreislaufstörungen, Blutdruckerniedrigung, Blutstauungen.
Warmbad: Passive Gefäßerweiterung bei schwachem Reaktionsvermögen der Nerven und der Gefäße, Zufuhr von Wärme, Auflösung und *Ausleitung* von Stoffen, Entspannung von Gefäßen und Muskeln, Anregung der Hautausscheidung, ausleitende Wirkung, Nervenberuhigung, Schlafförderung. Temperatur 33–37°. Dauer 15–20 Minuten. Als Abschluß kalte *Abwaschung, Abgießung* oder kurzes Kaltbad.
Wechselbad: 1–3maliger Wechsel von Warm- und Kaltbad, warm beginnend, kalt endend.
Ansteigendes Bad: Anregung des gesamten Kreislaufs, Auflösung von Stauungen, schonender Übergang zu Überwärmungsbädern. Beginn 35°. Steigern auf 39–41°. Langsames Zufließenlassen. Abbrechen bei beginnender Schweißbildung. Zur stärkeren Schweißbildung wird Trockenpackung an das Bad angeschlossen (1 Std.). Kühle Waschung oder Abguß als Abschluß.

Badeunfälle werden nur vermieden, wenn man die Wasser- und Uferverhältnisse vorher genau prüft. Nichtschwimmer sollten grundsätzlich nur an öffentlich freigegebenen Badestellen, bei denen die Grenzen zwischen Nichtschwimmer- und Schwimmergebiet festgelegt sind, benützen. Auf Strömung, Wasserlöcher und Schlingpflanzen ist besonders zu achten. Verschmutzte Gewässer, Zuflüsse von Abwässern in der Nähe der Badestellen sind unbedingt zu vermeiden. Nicht unmittelbar nach den Hauptmahlzeiten baden. Bei Ohrerkrankungen, Löchern im Trommelfell eingefettete Watte in den Gehörgang. Nicht erhitzt, jedoch nur mit warmem Körper ins Wasser gehen, also nicht zu stark abgekühlt. Nicht ins Wasser springen, wenn die Bodenverhältnisse nicht genauestens bekannt sind. Bei Ertrunkenen Entfernung aller behindernden Kleidungsstücke, Reinigung von Rachen und Mundhöhle, Ausfließenlassen der Luftröhre durch Hochlagerung des Unterkörpers und Tieflagerung des Oberkörpers, anschließend *künstliche Atmung.*

Badezusätze: Warme Bäder werden in der Naturheilkunde fast immer mit Zusätzen gegeben. Der Hautreiz der Zusätze beschleunigt und verstärkt den Eintritt der Reaktion und steigert die Verbrennungsvorgänge im Organismus. Meist werden *Abkochungen von Pflanzen oder Pflanzenteilen* (s.d.) verwendet. Aber auch Senfmehl (starke Hautreizung! Vorsicht!), Holzasche, Salz, Kleie, Schwefel, Moorlauge werden je nach dem Heilzweck zugesetzt.

Bähung ist eine Behandlung mit heißen *Andampfungen,* heißen *Kompressen* oder heißen Kräuterauflagen.

Bakterien (Spaltpilze) sind Lebewesen, die im lebenden oder toten Körper und in seinen Ausscheidungen sich entwickeln. Sie sind einzellige, kleinste Lebewesen, die nur mit dem Mikroskop bei bestimmten Färbungen oder Beleuchtungsverfahren (Dunkelfeld) sichtbar gemacht werden können. In Zehntausenden von Arten kommen sie überall in der Natur vor. Ohne sie wäre der Gesamtstoffwechsel in der Natur nicht denkbar. Sie leben und vermehren sich im lebenden und toten Organismus. Ihre Stoffwechselausscheidungen rufen vielfach im Körper schwerste Abwehrreaktionen hervor, die unter den verschiedenartigsten Krankheitsbildern verlaufen. Nur eine kleine Minderheit (1 : 30000) ist krankmachend. Nur wenn die Abwehrbereitschaft des Körpers durchbrochen ist, können sich die Krankheitskeime in ihm entwickeln. Diese Krankheitsbereitschaft des Körpers kann durch unzweckmäßige Lebensweise, durch schädliche Einflüsse der Umwelt *(Erkältung)* entstehen. Erst dann führt die Ansteckung zur *Krankheit.* Leben auf oder in dem Körper Krankheitskeime, ohne daß er selbst krank ist, so spricht man von Bakterien- oder Bazillenträger. Unterschieden werden die B. nach ihrem Aussehen, Wachstum und Verhalten gegenüber bestimmten Farblösungen und Nährböden. Stäbchenförmige B. nennt man *Bazillen,* kugelförmige Kokken. Die gewöhnlichsten Eitererreger sind Kokken. Sind die Bakterienkugeln in Reihen angeordnet, so spricht man von Kettenkokken (Streptokokken), in traubigen Haufen, von Traubenkokken (Staphylokokken). Manche B. bilden Dauerformen, die gegenüber äußeren Einflüssen, Wärme und Kälte, sehr widerstandsfähig sind, sog. Sporen. Spirillen und ihre Abarten, z. B. Spirochäten, sind schraubenzieherförmig gewundene B. Erreger, die mit den gewöhnlichen Mikroskopen nicht sichtbar gemacht werden können, nennt man Viren (Einzahl *Virus*). Seit Robert Koch gilt die Lehre, daß die B. artspezifisch sind. Tuberkelbazillen, Gonokokken, Rheumaviren z.B. sind Lebewesen, die sich für sich entwickeln und nicht eines in das andere übergehen können, wie es bei den höheren Tierarten und Pflanzengattungen ganz selbstverständlich ist. Es gibt aber auch eine von der offiziellen Wissenschaft abgelehnte Lehre, nach der die B. zum Teil Entwicklungsformen aus einheitlichen Grund- und Zwischenformen seien. Diese Zwischenformen werden von einigen Forschern, wie Prof. Enderlein, für *Krebs,* Rheuma und für andere Krankheiten verantwortlich gemacht.

Bakterienflora, physiologische. Im Körper findet sich eine B. an den Schleimhäuten in Nase, Rachen, Mund, Dickdarm, Scheide, die keineswegs krankmachend ist, sondern Aufgaben der Infektabwehr und im Stoffwechsel erfüllt. Dazu gehören Coliarten, Streptokokkenarten u. a. Diese Bakterienflora ist physiologisch und gehört zum gesunden Organismus. Entartet sie, wird ihre Entwicklung gestört, so kommt es zur *Dysbakterie.* Bildung anormaler Stoffe führt zur Selbstvergiftung. Stoffwechsel und Abwehr sind gestört. Hier muß die physiologische Bakterienflora wieder neu aufgebaut werden. Bakteriologische Untersuchungen tragen zur Artfeststellung der Bakterienstörung bei. Durch Verabreichung von Aufschwemmungen gesunder Bakterien, durch Einspritzung entsprechender Vakzinen (Symbioselenkung) wird die normale Flora wiederaufgebaut. Besonders nach *Antibiotika*- und Sulfonamidbehandlung ist daran zu denken, weil dadurch nicht nur die krankmachenden, sondern auch die physiologischen Bakterien abgetötet werden können.

Baldrian (Valeriana officinalis): Die Wurzel wird frisch und getrocknet zu beruhigenden Arzneien verarbeitet. Die getrocknete Wurzel ist am besten als Kaltauszug wirksam. (Tafel II).

Balggeschwulst, s. *Atherom.*

Balneologie ist im Gegensatz zur *Hydrotherapie* die Behandlungslehre mit Bädern aus natürlichen *Mineralwässern.* Die balneologische Behandlung ist im allgemeinen ortsgebunden und wird von den Badeärzten des betreffenden *Heilbades* durchgeführt.

Balsam: natürliche Mischung von Baumharzen, ätherischen Ölen und aromatischen Säuren. Sie werden durch Einritzen aus Baumrinden gewonnen oder durch Auskochen und Auspressen von Pflanzenteilen. Bei Wundbehandlung, Hautkrankheiten, Einreibungen gegen Migräne und Rheumatismus.

Baltzer, Eduard, 1814–1887. Prediger und Politiker. 1867 Begründer des »Vereins für natürliche Lebensweise«, des ersten Vegetariervereins, auf den Ideen *Theodor Hahns* fußend. Erste Vegetarierzeitung: »Vereinsblatt für Freunde der natürlichen Lebensweise«.

Bandscheiben sind elastische, ins Gelenk selbst eingebettete Scheiben zum Schutze des Knorpels und zur Unterstützung der Gelenkbewegungen.

Bandscheibenvorfall: Werden die Bandscheiben zwischen zwei Wirbelkörpern durch Gewaltakte eingerissen, kann das gallertige Gewebe des Bandscheibenkerns heraustreten, sich knöchern und knorpelig umwandeln und auf Rückenmark oder dort entspringende Nervenwurzeln drücken. Beh.: *Chiropraktische* Spezialbehandlung. Meist ist Operation erforderlich.

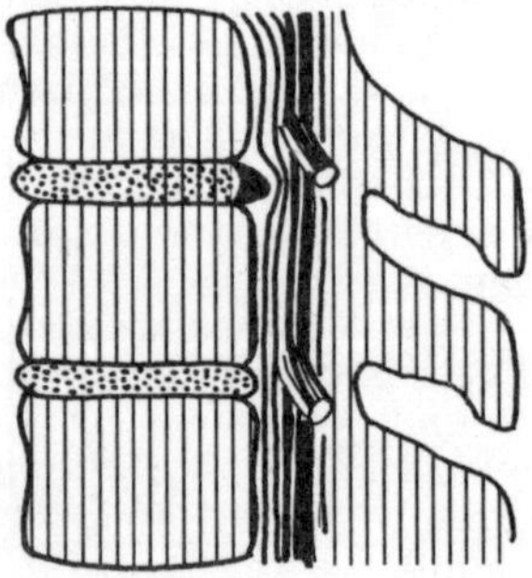

Bandscheibenvorfall

Bandscheibenschaden. Zerstörung oder Abnutzung der Zwischenwirbelscheiben. Hier sind konservative Methoden, wie Chiropraktik, Wirbelsäulengymnastik und -massage, Schlenzbäder, Lehmpackungen, am erfolgreichsten.

Bandwurm (Taenia) ist ein Plattwurm, der schmarotzend im Darm anderer Lebewesen lebt. Er besteht aus Kopf mit Haftapparat (Saugnäpfe oder Haken) und zahlreichen plattenförmigen Körperabschnitten, in denen in gesonderten Eierstöcken die Eier gebildet werden. Der Kopf ist sehr klein, man kann ihn nur mit Hilfe der Lupe sehen. Die Glieder werden immer größer, bis sie die Norm erreicht haben, und folgen eins aufs andere. B. kann mehrere Meter lang werden. Die letzten Glieder reißen mit dem Stuhl ab und werden nach außen befördert. Kommen sie in den Zwischenwirt (meist andere Tierart), so bilden sie dort eine besondere Lebensform, die *Finnen.* Für den Menschen kommen Schweine-, Rinder- und Fischbandwurm in Frage. Der Mensch ist oft Zwischenwirt für den Hundebandwurm. Diese Finnen nennt man *Echinokokken,* die sich in Lunge und Leber entwickeln. Bandwürmer werden durch den Genuß ungekochten finnigen Fleisches oder von Fischen übertragen. B. erzeugt *Darmkatarrh,* Hunger trotz reichlichen guten Essens, *Blutarmut* durch dauernden Blutfarbstoffentzug. Der Fischbandwurm verursacht das Krankheitsbild der gefährlichen *Blutarmut* durch zusätzliche Giftwirkung. Erkennung durch Abgang von Gliedern oder Eiern im Stuhl (Mikroskop). B.-Kur: Mittags, vorher rohe geschabte Mohrrüben, abends rohes Sauerkraut mit Wermuttee. Morgens nüchtern 30–60 geschälte Kürbiskerne in etwas Fruchtmus und nach 2 Stunden 2 Eßlöffel Rizinusöl, Kürbissaft.

Bangsche Krankheit wird von Kühen aus übertragen, die an vorzeitigem Verkalben leiden. Die Bangbakterien werden durch Berührung oder Genuß roher *Milch* übertragen. Plötzlicher Beginn der Erkrankung mit Kopfschmerz, Mattigkeit, Schweißneigung bei lange sich hinziehendem Fieber. Trotz der oft hohen Temperaturen ist das Allgemeinbefinden nicht wesentlich gestört. Beh.: *Obsttage, Rohkost, vegetarische, salzarme Kost, Fieberbehandlung, Schlenz*bäder. Hp.: Chininum arsenicosum D4, Ferrum phosphoricum D6, Lachesis D10, Mercurius solubilis D6. Verhütung durch Abkochen der Milch.

Bärentraube (Arctostaphylos uva ursi). Blätter – am besten im Kaltauszug – enthalten harndesinfizierende Stoffe. Entzündliche Erkrankungen der Blase und Harnwege. Einzelgabe 2–5 g (Tafel II).

Barfußlaufen: *Abhärtungs*mittel und *Massage* der Fußsohlen, Freiluft*gymnastik* für die Fußmuskulatur. Gesundheitlicher Wert von *Prießnitz* und *Kneipp* stark betont. *Ableitung* von Kopf und oberer Körperhälfte. Sonderformen: Tautreten: 3–5 Minuten im taufrischen Gras gehen und anschließend ohne Abtrocknen Strümpfe überziehen, Wiedererwärmung durch Bewegung. Im Winter Schneegehen: 1–3 Minuten, wenn der Schnee sich weich um die Füße schmiegt. Nicht bei verharschtem Schnee. Gehen auf nassen Steinen: 3–5 Minuten, wenn Gelegenheit zum Tautreten fehlt. Steinfliesen werden vorher naß gemacht. Füße müssen vorher warm sein, Dauer richtet sich nach der Reaktion, hinterher für Wiedererwärmung sorgen.

Barlowsche Krankheit, s. *Skorbut.*

Bartflechte (Bartfinne) ist eine Entzündung der Haarbälge und Hauttalgdrüsen durch in die *Haut* eingedrungene Erreger (Pilze). Schwellung der Haut, Rötung, Knötchen mit Eiter, die sich allmählich über das ganze behaarte Gesicht ausbreiten. *Waschungen des Gesichtes* mit Zinnkrautabkochung, nachts Zinnkraut*kompressen* s. *Pilzerkrankungen.* Dazu *Kopfdämpfe,* Heublumen*hemd, Heublumenvollbad, Halbbäder* und *Obergüsse* zur Allgemeinbehandlung. Hp.: Hepar sulfuris D3, Hydrocotyle asiatica D2. Äußerlich Salben mit Echinacea purpurea, Schwefel. Bch.: Kalium phosphoricum D6, Kalium chloratum D6, Kalium sulfuricum D6, Calcium sulfuricum D6, Ferrum phosphoricum D12, Natrium muriaticum D6.

Basedowsche Krankheit ist eine starke Form der *Schilddrüsen*überfunktion mit Entwicklung charakteristischer Krankheitszeichen. Schilddrüsenvergrößerung, Glotzauge und Pulsbeschleunigung (Merseburger Trias nach dem Wohnort des Arztes Basedow). Feinschlägiges Zittern der Hände, Ermüdbarkeit, Muskelschwäche, starke Erregbarkeit, Unruhe, Stimmungswechsel, Schlaflosigkeit, Abmagerung trotz gutem Appetit und reichlicher Nahrungsaufnahme. Neigung zu Schweißen, besonders der Hände und Füße, die meist kalt sind. Diätetisch: Salzarm, keine Gewürze und Reizmittel, *vegetarische* Ernährung. Meiden tierischen Eiweißes und Fettes, *Rohkost, Obst.* Tgl. *Ganzwaschungen* mit Essigwasser, Fichtennadel- und Zinnkraut*bäder, Kurzwickel, Barfußlaufen,* Heublumen*hemden,* nachts Lehmauflage auf Schilddrüse, *Wadenwickel, nasse Socken,* kalte Herz*kompressen.* Teebeh.: Wacholderbeeren, Schafgarbe, Spitzwegerich, Wermut, Angelica, Pfefferminze, Melisse, Blasentang. Säfte: Wolfstrapp (Lycopus), Baldrian, Möhren, Brunnenkresse, Mutellon. Hp.: Thyreoidinum D12–D4, Jodum D6, Bromum D4–6, Lycopus virginicus ∅–D2, Cactus D2–6, Chininum arsenicosum D4, Arsenum jodatum D12–6. Bch.: Kalium phosphoricum D12. Calcium phosphoricum D6, Natrium muriaticum D6, Ferrum phosphoricum D6, Silicea D12, Magnesium phosphoricum D6. Außerdem Eigenblut, Blutegel.

Basengehalt der Nahrung: Gesunde Kost muß basenreich sein. Basenüberschüssig sind Früchte, rohe und gedämpfte Gemüse, Kartoffeln, Milch, s. *Berg.*

Basilicum (Ocimum basilicum), Pfeffer- oder Königskraut, anregendes Küchenkraut. Magentonisierend, blähungswidrig.

Bauchfell (Peritoneum): spiegelglatte, schlüpfrige, aus *Deckzellen* bestehende Haut, die die Bauchhöhle und alle in ihr liegenden Organe überzieht. Das B. soll die reibungslose Bewegung der Bauchorgane untereinander gewährleisten. Gegen Fremdkörper und Entzündungserreger außerordentlich empfindlich, reagiert das B. sofort mit *Entzündung* und *Eiterung.* Mit zahlreichen schmerzleitenden Fasern ausgestattet, reagiert es auf mechanische und entzündliche Reize besonders stark.

Bauchfellentzündung (Peritonitis) entsteht, wenn Krankheitserreger oder Fremdkörper durch Verletzung, aus einer Entzündung der Umgebung oder auf dem Blutwege auf das *Bauchfell* gelangen. Schließt sich die entzündete Stelle durch Verklebung vom übrigen Bauchfell ab, so kann die B. örtlich begrenzt bleiben. Dies ist meist der Fall, wenn sich die Entzündung aus Erkrankungen von Organen der Nachbarschaft entwickelt hat *(Blinddarm-, Gallenblasen-, Eierstockentzündung).* Bricht Eiter plötzlich in die Bauchhöhle durch, oder es kommt sonst nicht zur Verklebung, so entsteht eine allgemeine Bauchfellentzündung (Durchbruch von *Magen- oder Darmgeschwüren,* Verletzungen, eitrige *Blinddarmentzündung*). Akuter Verlauf der B. außerordentlich stürmisch. Schmerzhaft, brettharter Leib, ängstliche Brustkorbatmung, der Kranke scheut jede Bewegung. Erbrechen, Aufstoßen, Appetitmangel, Verstopfung, starker Durst. Gesicht fahl, eingesunken, tiefliegende Augen, kalter Stirnschweiß. Hohes Fieber, das auch fehlen kann. Bei Durchbruch oder drohendem Durchbruch rasche Operation und *antibiotische* Behandlung. In leichten Fällen *Fasten,* Ruhe, heiße *Auflagen.* Hp.: Aconitum D3, Atropinum sulfuricum D3–4, Bryonia D3, Ferrum phosphoricum D3, Mercurius solubilis D4, Echinacea ∅, Arsenicum D4, Chininum arsenicosum D4.

Bauchfelltuberkulose: Aussaat von Tuberkelbazillen auf dem Blutwege oder fortgeleitet aus erkrankten benachbarten Organen. *Chronischer* Verlauf. Leib aufgetrieben, Fieber, Blutarmut, Kräfteverfall. Uncharakteristische Leibschmerzen, nicht heftig, können fehlen. Meist entzündliche Ausschwitzungen und *Bauchwassersucht.* Es entwickeln sich Verklebungen und Verwachsungen des Darms und der Organe. Beh.: Allgemeinbehandlung der *Tuberkulose.* Örtlich: Kalte *Leibauflagen, Unter-* und *Oberaufschläger* vor und nach dem Essen. Nachts *Lendenwickel.*

Bauchspeicheldrüse (Pankreas): längliches drüsiges Organ vom *Magen* bedeckt im Oberbauch zwischen *Milz* und *Zwölffingerdarm* liegend. Der B.-Saft wird in einem eigenen Ausführungsgang an der sog. Vaterschen Papille zusammen mit der Galle aus dem *Gallengang* in den Zwölffingerdarm geleitet. 600–800 ccm fließen etwa tgl. nach Bedarf hier ein, um die Magenverdauung fortzusetzen. Spaltungsfermente für Fette, Eiweiße und Zucker sind enthalten. Außer dieser äußeren Ausscheidung dient die B. auch der *inneren* Ausscheidung (Sekretion). In besonderen inselförmig in der Drüse zerstreuten Zellen (Langerhanssche Inseln) wird der Inselstoff (Insulin) gebildet, der für den Zuckerstoffwechsel von ungeheurer Bedeutung ist. Bei seinem Fehlen können die *Kohlehydrate* nicht vollständig verbrannt werden. Es kommt zur *Zuckerkrankheit.* Entzündung der B. ist daher immer eine Erkrankung mit schwerwiegenden Folgen. *Verdauungsstörungen,* bes. der Fettverdauung. Unverdautes Fett im Stuhl. Manchmal kommt es zu Selbstauflösungserscheinungen der B. (Pankreasnekrose), ein plötzlich auftretendes schweres Krankheitsbild mit Schmerzen im Oberbauch, Zeichen von *Bauchfellentzündung* und schweren *Kreislaufstörungen.*
In schweren Fällen 1–2 Teetage, dann Fruchtsäfte, anschließend *Linusitsuppe.* Kohlehydrate in leicht löslicher Form. Eiweiße als Milcheiweiß, später salzfreier Käse. Strenger Kochsalzentzug und Verwendung kochsalzfreier Lebensmittel im Anfang sind ausschlaggebend für den Erfolg. Pankreasferment oder pflanzliche Fermente wie *Carica papaya* zu den Mahlzeiten geben.

Bauchwassersucht (Ascites): Ansammlung freier Flüssigkeit in der Bauchhöhle ohne entzündliche Ursache und Charakter. Kreislaufstauungen auf Grund einer Unterleistung des Herzens und auch infolge von Störungen des Leberkreislaufs (Pfortaderverstopfung, Leberschrumpfung) und Nierenschrumpfungen sind die Ursachen. Der aufgetriebene Leib kann bis 25 l fassen. Beh. s. *Wassersucht.*

Baunscheidtismus: Karl Baunscheidt (1809–1874), Mechaniker in Bonn-Endenich, konstruierte einen sogenannten »Lebenswecker«. Dieser besteht aus einer Scheibe von etwa 2 cm Durchmesser, auf der 20–30 feine Nadeln stehen. Durch eine Abschnellvorrichtung werden sie in die Haut gebohrt, so daß mit diesem Instrument die Haut in mehr oder weniger großer Ausdehnung gestichelt werden kann. In diese feinen Stichwunden wird ein besonderes Hautreizöl eingerieben: Baunscheidtöl, Kneipps Malefizöl u.ä. Anfertigungen. Es entsteht ein *furunkel*ähnlich ablaufender Ausschlag, der innerhalb von Tagen eintrocknet. Anwendung bei *chronischen Entzündungen, Krämpfen,* Schmerzen und Reizzuständen.

Bazillen sind stäbchenförmige *Bakterien.*

Bechterewsche Krankheit: Wirbelsäulenerkrankung rheumatischer Natur, meist aufsteigend verlaufend und mit Versteifung

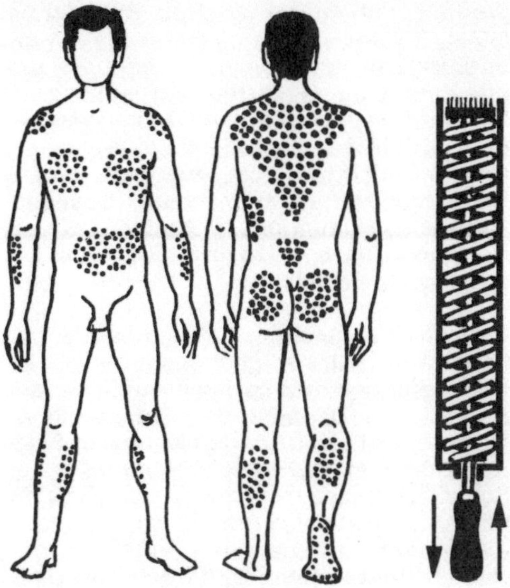
Baunscheidts Lebenswecker und die gebräuchlichsten Ansatzstellen am Körper

endend. Chronische Entwicklung und schleichender Verlauf.

Beifuß (Artemisia vulgaris): blühendes Kraut (Juli–August) oder Wurzel (Herbst) in Gaben von 1–2g in Aufguß oder leichter Abkochung, Wurzel auch gepulvert, bei Verdauungs-, Unterleibsstörungen, als Nervenmittel bei Fallsucht oder Veitstanz. Küchengewürz für Braten.

Beinwickel ist ein bis zur Hüfthöhe verlängerter *Unterschenkelwickel.* Die Tücher werden oben etwas schräg nach außen umgeschlagen, derart, daß die längere Seite des Wickeltuches nach der Außenseite des Beines zu liegen kommt. Auf glattes Anliegen in der Leistenbeuge ist zu achten. Sonst keine Besonderheiten in der technischen Durchführung gegenüber dem *Unterschenkelwickel.*

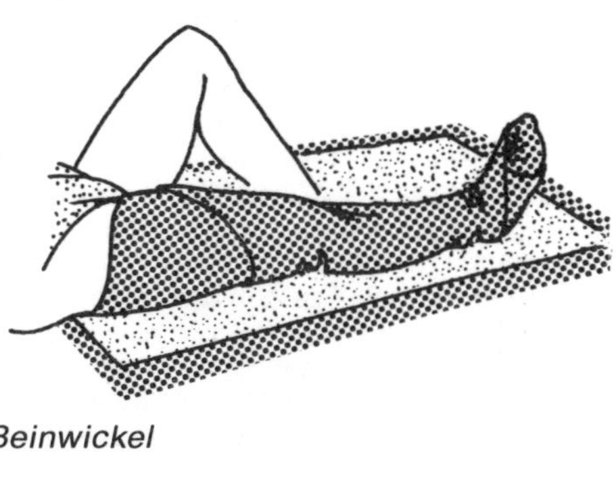
Beinwickel

Bellis perennis, s. *Gänseblümchen.*

Benediktenkraut *(Cnicus benedictus):* blühendes Kraut (Juni–August). 2–5g Einzelgabe im Aufguß. Bei Luftröhrenentzündungen, Leber- und Pfortaderleiden, Verdauungsstörungen, Wechselfieber. Krampflösend, stuhlfördernd und sekretionsanregend (Tafel III).

Berg, Ragnar (1873–1956), schwedischer Ernährungsforscher, besonders auf dem Gebiete des Mineralstoffwechsels. Fehlerloser Mineralstoffwechsel ist für die Gesundheit und Krankheitsheilung Vorbedingung. B. fand, daß die Ausnutzung der Nahrung von dem Verhältnis der anorganischen *Basen* zu den anorganischen *Säure*bildnern in der Nahrung abhängig ist. Gesunde Kost muß basenüberschüssig sein. B.sche Nahrungsregel: Man esse 5–7mal so viel Kartoffeln, Wurzeln, Gemüse, Früchte als andere Nahrungsmittel zusammen, abgesehen von der Milch. Der Erwachsene soll nicht mehr als 1/4 l Milch tgl. zu sich nehmen. Ein Teil der pflanzlichen Nahrung muß roh genossen werden.

Beri-Beri: *Vitamin*mangelkrankheit. Fehlen von Vitamin B1. Schwere *Herz*störungen und *Lähmungen.* Die Krankheit ist historisch von Bedeutung, weil mit ihrer Aufklärung die Grundlage für die moderne Vitaminforschung gelegt und der *Ganzheits*begriff in der Ernährung eine wissenschaftliche Unterlage bekommen hat. Ernährung mit poliertem Reis, dem das Silberhäutchen fehlte, führte zur Krankheit, Ernährung mit Vollreis heilte und verhinderte sie (Eijkmann und Grijns).

Beruhigende Mittel (Sedativa) zur Dämpfung der Erregbarkeit des Zentralnervensystems. Warme Bäder mit Fichtennadel- und Baldrianabkochung als Zusätze. *Ableitende* Maßnahmen vom Kopf. Innerlich: Baldrian, Hopfen, Heidekrautblüten, Lavendelblüten, Orangenblüten als Tee oder in Form von Präparaten.

B

Bestrahlung mit natürlichem *Sonnen*licht und den ultraviolettreichen Strahlen der natürlichen *Höhensonne,* sowie mit künstlich erzeugten Strahlen der einzelnen Farben, *Kurzwellen,* Ultrakurzwellen, *Röntgen-, Radium*strahlen und *radioaktiven* Isotopen. Die Strahlung führt zu tiefgehenden biologischen Umwandlungen in den Zellen, bis zur vollständigen Zerstörung. Mit Auswahl und Anwendung der B. können wir die Wirkungen steuern. Auch die Behandlung mit Sonnenlicht und natürlichen ultravioletten Strahlen bedarf einer ärztlichen Auswahl und Leitung, um schwere Schädigungen zu vermeiden. Wo aber geeignete Krankheiten vorliegen, wie z.B. die *Knochen-* und *Hauttuberkulose,* leistet die *Sonnen-* und *Höhensonnenbehandlung* im Gebirge Hervorragendes. *Lungentuberkulose* muß vor direkter Sonnenbestrahlung geschützt werden.

Bettnässen (Enuresis): Während der gesunde Mensch durch den Harndrang aus dem Schlafe geweckt wird, erfolgt beim Bettnässer die Harnentleerung, ohne daß sie zum Bewußtsein kommt. Meist bei Kindern, seltener bei Erwachsenen, die dann meist auch körperlich etwas zurückgeblieben sind. Bei Kindern liegen oft seelische Traumen aus der besonderen Struktur der Familie heraus zugrunde, so daß hier eine sachgemäße *Psychoanalyse,* wenn andere Maßnahmen versagen, erfolgreich sein kann. Beh.: Allgemeinberuhigung und Disziplinierung. Regelmäßig essen und schlafen. Strenges Einhalten einer Mittagsruhe und einer regelmäßigen Zeit des Zubettgehens. Das Kind muß zu festen Zeiten in der Nacht aufgeweckt werden und zum Urinlassen angehalten werden (z.B. 23, 3, 6 Uhr). Ist es zu einem dieser Zeitpunkte naß, wird der Zeitpunkt vorverlegt, bis man längere Zeit vollständiges Trockenbleiben erreicht hat. Dann Abbau der Termine in ähnlicher Weise. Strenge Durchführung einer reizlosen, salzarmen Kost, nach 16 Uhr strenge *Trockenkost* (keine Getränke, Suppen, Soßen). Zunächst heiße *Sitzbäder, Dampfkompressen* auf Blasengegend, dann Abhärtung: morgens und nachm. *Wassertreten* 2–5 Min. Barfußlaufen im Sommer. Erwachsene tgl. Oberkörperwaschungen, Kniegüsse, Halbbäder im Wechsel. Nach etwa 14 Tagen *Kniegüsse,* später tgl. *Halbbäder.* Tee von Eichenrinde, Wermut, Johanniskraut. Hp.: Belladonna D3–4, Pulsatilla D4, Equisetum D2, Lycopodium D6–10, Sepia D6. Bch.: Kalium phosphoricum D12, Natrium sulfuricum D6, Natrium phosphoricum D6 im Wechsel mit Natrium sulfuricum D6 bei Würmern; Calcium fluoratum und phosphoricum D6 bei älteren Herren mit Vorsteherdrüsenerkrankung; Ferrum phosphoricum D6 und Natrium sulfuricum D6 im Wechsel bei Erkältung als Ursache.

Bettruhe: Ungefähr ein Drittel seines Lebens verbringt der gesunde Mensch im Bett. Je jünger, desto größer sein Schlafbedürfnis. Die B. dient der *Entspannung.* Manche akute Krankheiten erfordern Bettruhe, um über Zeiträume vorübergehender Schwäche hinwegzukommen und Kraft für die Krankheitsüberwindung zu sammeln. Fieberhafte Erkrankungen, Versagen des Herzens und des Kreislaufs, schwere Operationen, Verletzungen, besonders im Bereich der Beine. Es ist aber wichtig, daß die B. nur so lange durchgeführt wird, als sie unbedingt vonnöten ist, da sie nicht zur Kräftigung, sondern zur Schwächung beiträgt. Alte Menschen sollen so früh wie möglich wieder aus dem Bett genommen werden.

Bewegung. Wesentlicher allgemeiner und besonderer Gesundheitsfaktor. Kräftigung der Muskulatur, Erhaltung der Gelenkfunktion, ordnungsgemäßer Stoffwechselablauf im inneren Stoffwechsel sind davon abhängig. Herzmuskel und damit die Herzkraft sind direkt abhängig von der Kraft der Skelettmuskulatur. Die Bewegung ist ein wesentlicher Faktor zur Gesunderhaltung des Herzens und Kreislaufs. Da der Kreislauf durch Bewegung gefördert wird, wird das Herz entlastet. *Bewegungsbehandlung* ist in der Ganzheitsbehandlung zur Gesunderhaltung und zum Gesundwerden unentbehrlich. Allgemeine Muskel- und Gelenkbewegung verschaffen Gymnastik, leichte Arbeiten, besonders im Garten. Hierbei besteht allerdings die Gefahr der einseitigen Beanspruchung und auch Überbeanspruchung einzelner Muskel- und Gelenkpartien. Für den Kreislauf ist die zügige Gehbewegung, die bei Kranken überwacht und dosiert in den *Terrainkuren* eingesetzt wird, besonders nützlich. Sonderformen für einzelne Bereiche, wie Wirbelsäulenbehandlung ect. gehören in den Bereich der Gymnastikbehandlung. Andere Sonderformen sind Gymnastikbehandlung mit Geräten, wie Rhönrad, Baligerät etc.

Bewußtlosigkeit (Koma): Der Kranke ist seelisch nicht ansprechbar und reagiert nicht auf Sinnesreize, regungs- und reaktionsloses körperliches Verhalten. Bei nicht hochgradiger B. sind noch reflektorische Abwehrbewegungen, Wälzen und Stöhnen möglich. Ohnmachten und Absenzen gehören zu den kurzdauernden B. Längere B. stets ernstes Zeichen einer Gehirnschädigung, wie *Gehirnerschütterung, Schlaganfall, Fallsucht, Vergiftungen,* Infektionsgifte *(Typhus, Lungenentzündung), Gehirnerkrankungen* (Geschwülste, Entzündungen), Stoffwechselvergiftungen bei Nierenausfall, Leberausfall und *Zuckerkrankheit.* Behandlung der Grundkrankheit.

Bibernelle, s. *Pimpernell.*

Bienengift wird in kleinen Mengen als umstimmendes Mittel bei Rheumatismus, Muskel- und Nervenentzündungen, aber auch bei allergischen Erkrankungen zu unspezifischer Unempfindlichkeitsmachung verwendet. Meist als *Quaddel* in die Haut gesetzt. Bei Bienenstichen kalte *Aufschläge* mit Lehmzusatz, bei größeren Schwellungen *Ableitung* durch heiße Heublumen*wickel.*

Bienenhonig entsteht aus dem zuckerreichen Nektar der Blumen, der im Magen der Biene durch Fermente haltbar gemacht wird. *Spurenelemente* und *antibiotische* Wirkstoffe sowie einfache, leicht resorbierbare natürliche *Zucker* geben dem Honig seinen hohen heilerischen Wert. Naturgemäßer Ersatz der Behandlung mit *Traubenzucker.* Wichtig bei Herzkrankheiten. Für Zuckerkranke als Zuckerersatz nicht geeignet. Dr. Jarvis, s. *Obstessig,* empfiehlt ihn als Schlafmittel, Hustenmittel, gegen Bettnässen und bei Muskelkrämpfen. Er mischt bei den *Obstessigkuren* B. bei. Der Wabenhonig soll bei Erkrankungen der Atemwege (Verstopfung der Nase, Stirnhöhleneiterungen und Heuschnupfen) gut wirksam sein.

Bier: ein *alkoholisches* Genußmittel (im Mittel 5% Alkoholgehalt), durch *Hefe*gärung aus Malz mit Hopfenzusatz gewonnen.

Bier, August, 1861–1949, hervorragender deutscher Chirurg, Erfinder der Rückenmarkschmerzlosigkeit für Operationen. Wandte sich im Laufe der Jahre immer mehr biologischen Fragen zu. *Stauungs*behandlung der Entzündung *(Biersche Stauung),* Anerkennung homöopathischer Grundsätze für die Gesamtmedizin, Förderung der Reiztherapie. Medizinphilosophisches Werk »Die Seele«. Besonders befruchtet hat er die Forstwirtschaft durch Einführung biologischer *Ganzheits*gesichtspunkte bei der Aufforstung der Wälder.

Biersche Stauung: Durch *Abbinden* von Körperteilen oder durch Ansaugen mittels Glasglocken wird eine künstliche Blutüberfüllung in einem entzündeten Gebiet unterhalten. Dabei darf nur der Blutabfluß eingeschränkt, der Blutzufluß aber nicht gestört werden. Die B. St. unterstützt die Heil*entzündung* des Körpers und fördert dadurch die Abheilung.

Bilirubin und **Biliverdin** sind *Gallenfarbstoffe.* Bilirubin geht bei Blutzerfall und Gallenstauung ins Blut über, von dort ins Gewebe und in den Harn. *Gelbsucht* (Ikterus). Die Gallenfarbstoffe entstehen durch Umwandlung aus *Blut*farbstoff.

Bilsenkraut (Hyoscyamus niger) stark giftig und rezeptpflichtig, wird nur in Präparaten und in Beimischungen von Asthmaräuchermitteln verwendet. Starkes Beruhigungsmittel (Tafel III).

Bindegewebsentzündung, *Zellgewebsentzündung.* Phlegmone: Rötung, Schwellung, Schmerzhaftigkeit, Störung des Allgemeinbefindens, Fieber, Abgeschlagenheit, Kopfschmerzen. Übergang über Lymphstränge und Lymphdrüsen. Unbegrenzte flächenhafte B. nennt man Phlegmonen, begrenzte *Abszesse.* Meist Ketten- oder Traubenkokken (s. *Bakterien*) als Erreger. Beh.: Mehrmals erneuerte Zinnkraut*wickel* im Beginn, *Lehmwickel.* Bei Eiter heiße *Heusäcke, Bockshornklee.* Antibiotika, Eröffnung. *Ganzwaschung* mit Essigwasser. *Fasten, Obsttage.* Hp.: Apis D3, Belladonna D4, Hepar sulfuris D3–12,

Lachesis D8–10, Mercurius solubilis D6, Pyrogenium D10–15, Rhus toxicodendron D4–6. Umschläge mit Echinacea, Aristolochia (Osterluzei). Bch.: Ferrum phosphoricum D6, Silicea D6, Kalium phosphoricum D6. Ruhigstellung des erkrankten Gliedes.

Bindegewebsmassage (E. Dicke und H. Leube) versucht durch eine besondere Technik der Fingerführung reflektorische Spannungsverhältnisse in Haut, Unterhautzellgewebe und Muskulatur zu beseitigen und dadurch auf die inneren Organe einzuwirken. Die B. wirkt über das Lebensnervensystem und wird vom Kreuzbein über Gesäß und Rücken aufsteigend durchgeführt. Wirkt vornehmlich auf spastische Zustände *(Migräne, Gefäßkrämpfe, Asthma, Verstopfung),* aber auch auf vegetative Störungen. Erfordert eine besonders zu erlernende Technik und kann nur von besonders ausgebildeten Ärzten und Masseuren durchgeführt werden.

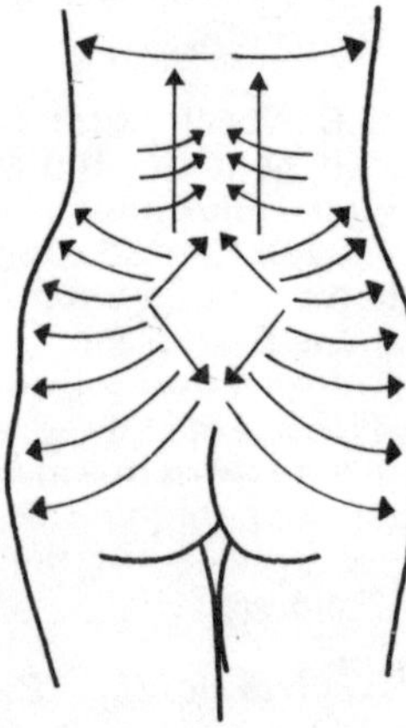

Strichführung bei der Bindegewebsmassage

Bindehautentzündung. Ursachen äußerer Reize: Verletzungen, Staub, Rauch, Gase, Dämpfe, Überanstrengung des Auges, Verstopfung der Tränenwege, besondere Entzündungserreger, allergische Reize (Heuschnupfen). Jucken, Brennen, Tränen, Fremdkörpergefühl, Eiterbildung. Vgl. *Augenerkrankungen.* Hp.: Aconitum D3–4, Belladonna D4, Euphrasia D2, Pulsatilla D3–4, Mercurius solubilis D4–6, Hepar sulfuris D4–6, Aethiops antimonialis D3–4.
Bch.: Ferrum phosphoricum D6, Kalium chloratum D6, Kalium sulfuricum D6, Natrium muriaticum D6, Natrium phosphoricum D6, Natrium sulfuricum D6, Magnesium phosphoricum D6, Silicea D12.

Biochemie ist an sich die Lehre von der chemischen Zusammensetzung der Lebewesen und den chemischen Vorgängen des Lebens. Im besonderen versteht man darunter die Lehre des Oldenburger Arztes Wilhelm Heinrich Schüßler (1821–1898), die alle Krankheiten entsprechend der Lehre der *Zellularpathologie* als Krankheit der Zelle im Sinne einer Mangelstörung im *Mineralstoffwechsel* ansieht. 12 Mineralsalze sind nach dieser Lehre für den menschlichen Organismus von entscheidender Bedeutung:

1. Calcium fluoratum (Calc. flour.)
2. Calcium phosphoricum (Calc. phos.)
3. Ferrum phosphoricum (Ferr. phos.)
4. Kalium chloratum (Kal. chlor.)
5. Kalium phosphoricum (Kal. phos.)
6. Kalium sulfuricum (Kal. sulf.)
7. Magnesium phosphoricum (Magn. phos.)
8. Natrium muriaticum (Natr. mur.)
9. Natrium phosphoricum (Natr. phos.)
10. Natrium sulfuricum (Natr. sulf.)
11. Silicea (Sil.)
12. Calcium sulfuricum (Calc. sulf.)

Schüßler selbst glaubte in seinen letzten Jahren ohne Calcium sulfuricum auskommen zu können und arbeitete nur mit den ersten 11 Mitteln. In späterer Zeit kamen noch 5 Ergänzungsmittel hinzu: Kalium arsenicosum, Kalium bromatum, Kalium jodatum, Lithium chloratum, Manganum sulfuricum. Sie werden aber von der strengen Richtung als entbehrlich angesehen. Die genannten Salze werden bei den ihrem Mangel entsprechenden Krankheiten in homöopathischer Verdünnung bzw. Verreibung gegeben. Schüßler arbeitete mit D6, nur Ferr. phos., Silicea und Calc. fluor. gab er in D12. Die Mittelwahl richtet sich nach dem Arzneimittelbild der Homöopathie im Einzelfall. In akuten Fällen nimmt man stündlich oder zweistündlich, in chronischen Fällen 3–4mal tgl. ein erbsengroßes Quantum der Verreibung trocken oder in einem Teelöffel Wasser, oder ein kleines Tablettchen der Verreibung. Die Mittel sind einzeln und in Zeitabständen zu geben. Sie dürfen nicht gemischt werden. Nicht mit Wasser nachspülen.

Biologische Medizin: naturgemäße Heilweise.

Bioperiodik ist die Lehre, wonach Lebensvorgänge in bestimmten, auf Sekunden, Minuten, Stunden, Tagen, Monaten, Jahren berechneten Rhythmen ablaufen. Das Auf und Ab des Lebensrhythmus ist für Gesundheit und Gesundheitsgefühl außerordentlich wichtig. Störungen in der Rhythmik führen zu *Verkrampfungen* oder Erschlaffungen mit allen ihren Folgeerscheinungen. Einflüsse der Mondphasen, Gezeiten usw. auf Lebensvorgänge und Gesundheitsgefühl werden von B. vertreten. Die Wiederherstellung eines natürlichen Rhythmus bei der Stuhlentleerung ist für die Behandlung der Verstopfung von größter Bedeutung.

Bircher-Benner, Maximilian Oskar, 1867–1939, Schweizer Arzt in Zürich. Vorkämpfer einer naturgemäßen Heil- und Lebensweise. Bahnbrecher für die *Rohkost* und moderne *Lebensreform*ernährung. Zeigte die Bedeutung der lebenden Nahrung für Gesundheit und Krankheitsheilung. Seiner Arbeit ist die Reformation der Ernährungswissenschaft zu verdanken.

Bircher-Müsli: eine von Bircher-Benner als Morgen- oder Abendspeise zur Rohkost- und Frischernährung eingeführte Form einer Körner- und Früchtespeise: für 1 Person 3–5 Eßl. Haferflocken mit 3 Eßlöffel Wasser abends zuvor einweichen. Morgens kurz vor dem Frühstück 1 Eßl. gezuckerte Kondensmilch und den Saft einer halben Zitrone hinzufügen. 1 großen oder 2 kleine Äpfel mit Schale und Kerngehäuse auf einer Bircher-Raffel reiben, alles schnell mischen und mit geriebenen Nüssen oder Keimdiät bestreuen. Auch jedes andere Frischobst (etwa 150g) kann verwendet werden.
Heute ist das Bircher-Müsli weitgehend vom Kollathschen *Frischkornbrei* verdrängt.

Birke (Betula alba): Blätter der jungen Triebe werden als Pulver oder Tee zur Vermehrung der Nierenausscheidung verwendet. Einzelgabe 5g (Tafel III).

Bitterklee, Fieberklee (Menyanthes triofoliata): Blätter sind Bittermittel zur Magen- und Leberbehandlung. Blähungswidrig. Zur Fieberbehandlung. Einzelgabe 2g (Tafel V).

Bittermittel (Amara) regen Magen und Darm und darüber das vegetative Nervensystem an. Zur Appetitanregung, Förderung der Magensaftausscheidung. In Bitterklee, Enzian, Kalmus, Tausendgüldenkraut, Löwenzahnwurzel, Pomeranzenschalen, Wermut.

Bittersalz kann kurze Zeit zur Darmreinigung verwendet werden. Stört aber, auf die Dauer gegeben, die Magensekretion.

Bittersüß (Solanum dulcamara): Stengel werden im zeitigen Frühjahr oder im Spätherbst geerntet. Einzelgabe von 1/4, höchstens 1g im Aufguß bei Hautleiden, Schuppenflechte, Keuchhusten, Asthma, Rheumatismus.

Blähhals: Verdickung des Halses durch vergrößerte Schilddrüse mit durchgehend weichem Gewebe. Bei verhärtetem Gewebe liegt *Kropf* vor.

Blähungen (Meteorismus): Im Ablauf des normalen *Verdauungs*geschehens bilden sich durch Gärungs- und Fäulnisvorgänge im Dickdarm Gase, die meist mit dem Stuhl entleert werden. Besondere Nahrungsmittel (blähende Speisen), wie Kohlarten, Hülsenfrüchte, frisches Brot, vermehren die Gasbildung. Bei *Verdauungsstörungen* wird die Gasbildung krankhaft vermehrt. Bewegungsstörungen in Magen und Darm, Störungen des Gallenzuflusses verhindern eine ordnungsgemäße Ausnutzung im Darm, und die teilweise unverdaute Nahrung führt im Dickdarm zu starken *Fäulnis*vorgängen und Gasbildung. In hochgradigen Fällen kann es zur Auftrommelung des Leibes (Blähsucht) kommen, die schmerzhaft ist und durch Verdrängung der Brustorgane Herz und Herzdurchblutung beeinträchtigen kann (Römheldscher gastrokardialer Symptomenkomplex). Säuglingsalter und *Klimakterium* neigen außerordentlich leicht zu B. Im akuten Anfall der

Blähsucht *Leibaufschläger* in heißem Essigwasser, alle 10–20 Minuten erneuern. Innerlich heißen Fenchel-, Kümmeltee oder Milch mit Fenchel oder Kümmel gekocht. Fenchel-, Kümmel-, Nelkenöl einzeln oder gemischt 6–8 Tropfen in warmem Wasser. Bei chronischer Blähsucht Beseitigung der Verdauungsstörungen. Gesunde Vollnahrung. Aktive und passive Bewegung. Tgl. *Unteraufschläger,* später *Oberaufschläger. Ganzwaschungen* mit Essigwasser, *Halbbäder, Wechselsitzbäder, Schenkelgüsse,* zum *Vollguß* steigernd. Bitterklee, Kamille, Fenchel, Anis, Kümmel, Heilerde, Kaffeekohle innerlich. *Stuhlgang*regelung. *Darmbad.* Hp.: Carbo vegetabilis D3–6, Lycopodium D3–6, Chamomilla D2. Bch.: Magnesium phosphoricum D6, Kalium phosphoricum D6, Natrium sulfuricum D6, Natrium phosphoricum D6.

Blähungswidrige Tees: Kamillenblüten, Pfefferminzblätter, Baldrianwurzel je 3T., Kümmel 1T., 1 Teelöffel auf 1 Tasse Wasser, heiß aufgießen, 10 Minuten ziehen lassen. 3–4mal tgl. 1 Tasse trinken. – Anis, Kümmel, Koriander, Fenchel zu gleichen Teilen. 1 Teelöffel auf 1 Tasse Wasser, heiß aufgießen, 10 Minuten ziehen lassen, 3–4mal tgl. 1 Tasse trinken. – Kamillenblüten, Pfefferminzblätter je 3T., Kardamomgewürz, Kalmuswurzel je 1T., Baldrianwurzel 2T., 1 Teelöffel mit 1 Tasse heißen Wassers übergießen und mehrere Stunden stehenlassen. Mehrmals tgl. 1 Tasse trinken. – Bitterklee, Fenchel, Pfefferminzblätter, Schafgarbe, Tausendgüldenkraut zu gleichen Teilen. 1 Teelöffel auf 1 Tasse Wasser abkochen. 1/2 Tasse 1/2 Stunde vor dem Essen trinken.

Bläschenausschlag, s. *Herpes.*

Blase, s. *Harnblase.*

Blasenentzündung (Cystitis): Erkältung des Leibes und der Beine, Verschleppung der Erreger auf dem Blutwege oder durch die Harnröhre (instrumentelle Blasenentleerung, eitrige Harnröhrenerkrankungen). Fremdkörper, *Blasensteine.* Starker Harndrang, schmerzhaftes Harnlassen, in schweren Fällen Blutbeimengungen, trüber Harn durch Eiterbeimengungen. Bei chronischer B. Harn häufig zersetzt und widerlich riechend. Beh.: Im Anfang warme *Sitzbäder* mit Haferstroh oder Zinnkraut, warme *Holzasche-Salz-Fußbäder. Dampfkompressen* auf den Leib. Bei Besserung zu *Ganzwaschungen,* kalten *Leibauflagen, Halbbädern, Schenkelgüssen* zur *Abhärtung* übergehen. Reizlose Kost, ohne Gewürze. *Obst-* und Milchtage. Tee: Bärentraubenblätter, Haferstroh, Zinnkraut, Wacholderbeeren. Hp.: akute Entz.: Aconitum D3, Belladonna D3, Cannabis D3–4, Dulcamara D2, Eupatorium purpureum D4, Cantharis D6, Nux vomica D3–4, Pulsatilla D3–4, Therebinthina D3–4; chron. Entz.: Chimaphila D1, Lycopodium D10, Acidum nitricum D3, A. bencoicum D2. Bch.: Ferrum phosphoricum D6 im Beginn, Natrium phosphoricum D6, Kalium chloratum D6, Natrium muriaticum D6, Natrium sulfuricum D6 bei Harnverhaltung, Silicea D12 bei Eiterung und chronischem Verlauf, Calcium phosphoricum D 6, Magnesium phosphoricum D 6 bei Blasenkrampf und Harnverhaltung.

Blasensteine stammen entweder aus dem *Nierenbecken* oder haben sich in der *Blase* selbst gebildet. Können zu *Blasen*blutung, *Harnzwang* und *Blasenentzündung* führen. Hp.: Lithium carbonicum D2, Sarsaparilla D3, Lycopodium D3–10, Rubia tinctorum ∅. Bch.: Natrium phosphoricum D6, Silicea D12, Magnesium phosphoricum D6. Birken-, Zinnkrautsaft.
Entfernung durch Blasenspiegelung mit Steinzertrümmerer und Steinfänger. Sonst Behandlung wie *Blasenentzündung.*

Blasentang (Fucus vesiculosus): Droge mit organischem Jodgehalt. 1–2g als Einzelgabe im Aufguß zur Behandlung der Schilddrüse, der Fettsucht, der Arterienverkalkung.

Blässe der Haut kann durch dicke Oberhaut bedingt sein, so daß der rosa Schimmer aus den Hautnetzhaargefäßen nicht durchscheinen kann. Hierbei bestehen normale Schleimhautdurchblutungen. Sind auch die Schleimhäute blaß, so spricht dies für Blutarmut. *Verkrampfung* der Gefäße bei Nierenschädigungen führen auch zu Blässe, ebenso Blutleere des Kopfes bei Ohnmachten und plötzlichen Erregungen (Schreck, Freude usw.).

Bleichsucht (Chlorose): besondere Form

der Blutarmut in der *Entwicklungs*zeit bei noch nicht genügend entwickelten Geschlechtsorganen. Heute selten geworden. Gesunde Kost, viel *Roh-* und Frisch*kost*. Spinat, Brennessel, Sauerampfer als eisenreiche *Gemüse* bevorzugen. Kreidemehl, Knochenmehl messerspitzenweise, Eisenpulver. *Oberkörperwaschung* mit Essigwasser, *Knieguß, Barfußlaufen*. Heublumen*hemd,* Heublumen*sitzbäder*. Hp.: Kalium carbonicum D4–6, Ferrum D2–3, Kalium permanganicum D3, Arsenicum D6, Cuprum D4–6, Pulsatilla D3–6. Bch.: Calcium phosphoricum D6, Natrium muriaticum D6, Ferrum phosphoricum D6, Kalium phosphoricum D , Natrium sulfuricum D6, Silicea D12. Tee: Wermut, Tormentille, Angelica, Andorn, Anis, Huflattich, Benediktenkraut, Tausendgüldenkraut. Säfte: Spinat, Löwenzahn, Brennessel, Möhre.

Bleibeklistier: heiß: ca. 1/2 l Wasser von 40–45° wird mit Gummiballon oder Klistierspritze in den Mastdarm eingeführt. Entspannung und Lockerung von Verkrampfungen, spastischer Verstopfung, Gallen-, Nierenkoliken, Blasen- und Gebärmutterschmerzen. Kalt: Naturkälte von ca. 15° zur Anregung der Darmtätigkeit und zur Hämorrhoidenbehandlung. Kleine Bleibeklistiere von mehrmals tgl. 1/8 l Wasser haben einen günstigen Einfluß auf den Teint und werden in der *Schönheitspflege* gerne benutzt.

Bleivergiftung: *Berufskrankheit* bei Arbeiten mit bleihaltigem Material, durch Wasser aus bleihaltigen Röhren und Speisen aus bleihaltigen Geschirren. Braunblaue bis schwarze Verfärbung des Zahnfleischsaumes, *Blässe* von Gesicht und Haut, *Abmagerung, Verstopfung, Koliken,* Gelenkschmerzen, Unterarmlähmungen, in schweren Fällen *Krämpfe, Blutarmut*. Ausscheidung durch *Schlenz*bäder, Heublumen*voll-* oder *-halbbäder,* Heublumen*hemden* und *Ableitung* auf den Darm anregen. Anschließend *Ganzwaschungen, Kurzwickel, Halbbäder* zur Kräftigung. Bei Kolik: Heiße *Heublumensäcke* oder *Dampfkompressen* auf den Leib. Gesunde kräftige Kost, Eisen. Bei akuter Vergiftung *Magenentleerung,* Milch und *Abführmittel* zur Beseitigung des Giftes aus Magen und Darm.

Blinddarmentzündung (Wurmfortsatzentzündung, Appendizitis) kann durch Fremdkörper, Kotsteine, Parasiten ausgelöst werden, ist aber meist der örtliche Ausdruck eines Allgemeininfektes. Plötzlicher Beginn mit Schmerzen im rechten Unterbauch, Übelkeit, Appetitlosigkeit, Erbrechen, Fieber, Pulsbeschleunigung. Bauchdeckenspannung rechts und Druckschmerzhaftigkeit im rechten Unterbauch. Die chronische Form hat meist nur unbestimmte Magen- und Darmbeschwerden mit zeitweise auftretenden Schmerzen in der rechten Unterbauchseite oder um den Nabel. Gefahr besteht wegen Durchbruchmöglichkeit in die Bauchhöhle. Deshalb ist es üblich, schon beim geringsten Verdacht den angeblich nutzlosen Wurmfortsatz operativ zu entfernen. Beh.: *Fasten, Bettruhe,* Darmentleerung durch kleine kühle Bleibe*klistiere* (1/8 l Wasser). In leichten Fällen: *Kartoffelbreisäcke, Leibaufschläger,* bei Erwärmung erneuern. Hp.: Ferrum phosphoricum D6, Colocynthis D4, Belladonna D3.

Blitzguß: Kombination der Kaltreizwirkung mit mechanischer Druckwirkung im Sinne

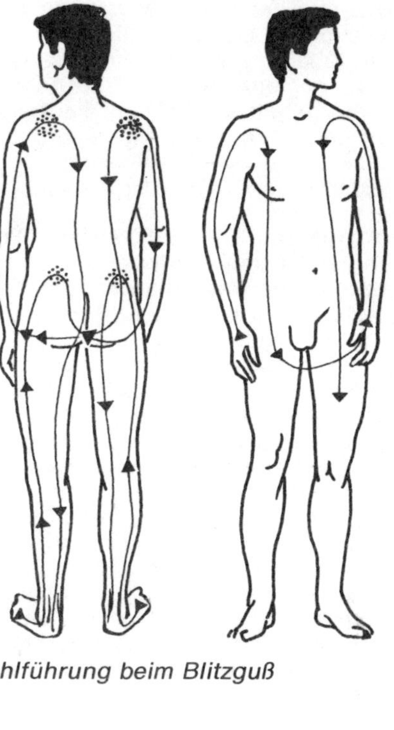

Strahlführung beim Blitzguß

einer Massage. Zum B. benötigt man 2–3 Atmosphären Druck in der Leitung. Am Ende des Schlauches befestigt man ein 10 cm langes Stahlrohr mit etwa 0,5 cm Austrittsöffnung. Man spritzt aus einer Entfernung von 4–5 m. Der Gießer nimmt das metallene Schlauchende so in die re. Hand, daß der Zeigefinger in gestreckter Haltung über die Mündung hinausreicht. Er muß mit dem Finger den Strahl abschwächen und auch den Sprühregen erzeugen können. Die Kälteempfindung beim Blitzguß ist nicht sehr ausgesprochen. Das Aufschlagen des Wassers wird oft schmerzhaft, wie Stechen oder Schlagen, empfunden. Nach dem B. besteht meist Ermüdungsgefühl, bei anderen ein Gefühl körperlicher Leichtigkeit und der Bewegungslust. Anregung des Kreislaufs, Stoffwechselsteigerung und Umstimmung durch die Abbauprodukte der zertrümmerten Hautzellen. Fettsucht und Versagen des peripheren Kreislaufs sind die Hauptanzeigen für den Blitzguß. Wird als Knie-, Schenkel- und *Vollblitz* durchgeführt.

Blitzgußmassagebad: Vertritt in der Kneippbehandlung die Unterwasser(bewegungs)behandlung mit den dort angegebenen Heilanzeigen. 3/4 Wannenbad, 37° Celsius, 5 Min. Dann Heißrückenblitz oder heißer Vollblitz. Danach 5 Min. Bad, wieder Heißblitz mit kurzem kalten Blitz oder kühlem Sprühregen abschließen. Bei Neigung zu Verkrampfung und Spastikern bleibt Kaltabschluß weg. Anschließend 2 Std. Bettruhe.

Blut ist das im Kreislauf bewegte Transportmittel für den *Stoffwechsel.* Es dient dem Stoff- und Gasaustausch, der Zufuhr der Rohstoffe wie der Abfuhr der Schlakken, der *Entgiftung,* und ist der Träger der meisten *Abwehrregulationen* gegen das Eindringen krankmachender Schädlichkeiten, z. B. der *Entzündung.* Gesamtblutmenge etwa 1/13 des Körpergewichts, beim normalen Erwachsenen etwa 5–7 l. Man kann Blutverluste bis zur Hälfte dieser Menge überstehen. Überschreitungen machen das Erhalten des Lebens fraglich, wenn nicht für raschesten Ersatz gesorgt wird. Erträgliche oder ertragene Blutverluste ersetzen sich beim gesunden Menschen verhältnismäßig rasch, dagegen machen sich wiederholte, selbst kleinste Blutverluste doch in einer Erschöpfung der Bildungsstätten allmählich geltend und können zur *Blutarmut* führen. Blut besteht aus körperlichen Bausteinen (rote und weiße Blutkörperchen, Gerinnungsplättchen) sowie aus der Blutflüssigkeit. 1 ccm Blut hat 4,5–5 Millionen rote Blutkörperchen (Erythrozyten), 6000–8000 weiße Blutkörperchen (Leukozyten) und bis 700 000 Gerinnungsplättchen. Die roten Blutkörperchen sind 1/8000 mm im Durchmesser und 1/8000 mm dick. In ihrem Eiweißgerüst ist der lebenswichtige rote Blutfarbstoff (Hämoglobin) auf eine große Oberfläche verteilt. Er bildet als Träger von Sauerstoff und Kohlenstoff beim Gasaustausch einen wichtigen Bestandteil der inneren *Atmung.* Die weißen Blutkörperchen sind kernhaltig und vielgestaltig, ihrer Herkunft nach verschieden und ebenso in ihrer Größe: sie können doppelt so groß, aber auch kleiner als die roten Blutkörperchen sein. Sie setzen sich in der Hauptsache aus Leukozyten, die vorwiegend im Knochenmark gebildet werden, und aus Lymphozyten, die in den Lymphknoten und anderen Stätten des Lymphgewebes gebildet werden, zusammen. Die Leukozyten haben eine große Eigenbeweglichkeit, können durch die Gefäße in die Gewebe hinaustreten und dort den Kampf mit Bakterien, Giften und Fremdkörpern aufnehmen. Sie sind Polizeitruppen des Körpers, die den Feind umzingeln, ihn zerstören, auffressen und dabei entweder siegen oder untergehen. Sterben sie ab, so werden sie zu *Eiter*körperchen, die meist fettartige Körper enthaltende abgestorbene Leukozyten darstellen. Bei chronischen Entzündungen überwiegen die Lymphozyten in der Abwehrarbeit. Nach Beendigung des Kampfes helfen die weißen Blutkörperchen die Gewebsruinen beseitigen und beim Aufbau, indem aus ihnen bindegewebsbildende Zellen werden, die den Grund für das Narbengewebe, das an die Stelle des zerstörten Gewebes tritt, bilden. Die wesentlichen Selbstheilungsvorgänge sind also vom richtigen Arbeiten der weißen Blutkörperchen abhängig. Die Gerinnungsplättchen bleiben nur unverändert, solange das Gefäß geschlossen, die Gefäßinnenhaut glatt und unverletzt ist. Sobald hier an irgendwelchen Stellen Rauhigkeiten, entzündliche Veränderungen, Verletzungen auftreten, zerfallen sie und veranlassen, daß aus der Blutflüssigkeit ein Faserstoff ausgefällt wird, der sich festsetzt und die Stelle abdichtet. In dem Fasernetz setzen sich rote oder weiße Blutkörperchen fest und bilden einen weichen Gewebspfropf (Thrombus). Den Vorgang, an dem noch Fermentumwandlungen in der Blutflüssigkeit teilhaben, nennt man *Gerinnung.* Er ist eine Selbsthilfemaßnahme bei Blutungen und drohenden Gefäßdurchbrüchen. Die Blutflüssigkeit besteht aus dem Faserstoff, der nur bei der Gerinnung sich als fester Körper ausscheidet, und dem eigentlichen Blutwasser (Serum). Dieses ist der Träger des organischen und anorganischen Stoffwechsels, enthält aber auch die Eiweißstoffe, die organischen Abwehrstoffe und Gegengifte, die ein gesunder Körper entweder von der Mutter ererbt oder im Laufe des Lebens in der Auseinandersetzung mit der Umwelt sich erworben hat. Auch die Produkte der *inneren Ausscheidung,* Hormone usw. gehören dazu. Wenn auch das Blut in seinen Hauptelementen eine immer gleichmäßige Zusammensetzung aufweist, so müssen wir uns aber doch im klaren sein, daß seine Zusammensetzung dauernd sich verändert. Blutkörperchen sterben ab und werden laufend durch neue ersetzt, so daß hier ewiges Vergehen und Werden und doch eine Beständigkeit besteht. Auch als Wärmeträger spielt das Blut eine Rolle, deshalb zählt man den Menschen auch zu den Warmblütern. Die Blutuntersuchung durch Zählung und mikroskopische Untersuchung, durch chemische und physikalische Untersuchung gibt für die Krankheitserkennung wichtige Hinweise. So gibt Messung des Blutfarbstoffes, Zählung der roten Blutkörperchen Aufschluß über Bestehen und Art einer *Blutarmut,* die Zählung der weißen Blutkörperchen kann auf entzündliche Vorgänge hinweisen und über die Reaktionslage des Körpers Aufschluß geben, die Plättchenzählung auf Gerinnungsstörungen bei schweren Blutkrankheiten deuten. Chemische Blutuntersuchungen geben Einblick in Beschaffenheit und Störungen des Stoffwechsels. Das Blutbild, aus einer mikroskopischen Besichtigung eines gefärbten Blutausstriches gewonnen, gibt Aufschluß über Zusammensetzung der körperlichen Blutbestandteile. Die Blutsenkung ist die Beobachtung der Trennung der körperlichen Blutbestandteile von der Blutflüssigkeit in ihrem zeitlichen Ablauf, nachdem durch Zitronensäurezusatz das Blut ungerinnbar gemacht ist.

Blutandrang (Kongestionen): Hierunter versteht man den Bl. zum Kopf. Hitzwallungen bei Frauen in den *Wechseljahren* besonders häufig. Kopfschmerzen und Schwindel, ausgesprochenes Müdigkeitsgefühl sind meist damit verbunden. Anzeichen für Fehlregulation im Kreislauf. Rückkehr zur natürlichen Lebensweise, Vermeiden ausgesprochener Gefäßgifte *(Alkohol, Nikotin, Koffein),* körperliche Bewegung, Sorge für regelmäßige Verdauung. *Ableitung* vom Kopf, dazu an anderen Teilen des Körpers angreifende und den Kreislauf allgemein anregende systematische Gefäßübungen. Bch.: Ferrum phosphoricum D12, Magnesium phosphoricum D6; Kalium phosphoricum bei Wechseljahrsbeschwerden.

Blutarmut (Anämie): Verminderung des *Blut*farbstoffs und der Zahl der roten Blutkörperchen. Blässe der Haut, Neigung zu kalten Händen und Füßen, Appetitlosigkeit, Schwindelanfälle, Kopfschmerzen, Gewichtsrückgang, Verminderung der körperlichen und geistigen Leistungsfähigkeit. *Blässe der Haut* spricht nicht immer für Bl. Ursachen: einmalige schwere oder dauernde geringe Blutverluste nach außen oder laufender, über das normale Maß hinausgehender Abbau und Zerstörung roter Blutkörperchen durch Gifte oder verminderte Neubildung durch Versagen der blutbildenden Organe. Schon längere Unterbrechung einer natürlichen Lebensweise, Fernhalten von Licht, Luft und lebenswichtigen Nährstoffen kann die Blutfarbstoff- und Blutkörperchenbildung beeinträchtigen und zur Bl. führen. Schwere *Magen*störungen, insbesondere Ausfall der Magenschleimhaut infolge Zerstörung oder operativer Entfernung großer Teile des Magens, können zu einer Blutbildungsstörung führen, weil wichtige Blutbildungsstoffe dadurch im Körper ausfallen. Die durch Ausfall der Magenschleimhautfaktoren erzeugte Bl. führt zum Bilde der primären Bl. Hier liegt die Zahl der roten Blutkörperchen im Verhältnis zur Höhe des Blutfarbstoffs niedriger als bei der gewöhnlichen Bl., wo der Blutfarbstoff niedriger liegt. Beh.: Sind Blutverluste nach außen die Ursache, so muß ein weiterer Blutverlust durch Abstoppen der Blutungsquellen verhindert werden. Liegt die Ursache an inneren Faktoren, so muß der ganze Körper angeregt werden. Licht, Luft, Sonne, naturgemäße Ernährung mit viel Pflanzengrün stehen an erster Stelle. Bei gewöhnlicher Blutarmut eisenreiches *Gemüse* (Spinat, Sauerampfer), neben Eisenpräparaten. Bei primärer Blutarmut rohe oder angebratene halbrohe Leber, frische ungewürzte Blutwurst, um dem Körper Aufbaustoffe für das Blut auf natürlichem Wege zuzuführen. In schweren Fällen Vitamin B12 oder Leberpräparate in den Muskel spritzen, bis das Blutbild zur Norm gebracht ist, besonders wenn Nervenstörungen vorliegen. Diese Zufuhr muß dann dauernd durchgeführt werden, um ein Absinken zu verhindern. *Wassertreten, Ganzwaschungen,* Fuß-, Arm*anwendungen,* Heublumen*hemden, Halbbäder,* langsam steigend zur Anregung. Tee zur Blutbildung: Brennessel 3 Teile, Schafgarbe, Wermut, Tausendgüldenkraut je 1T., Wacholderbeeren, Pfefferminze je 2T., Heißaufguß 15 Min., 3mal tgl. Eisen, Leberpräparate, Vitamin B12, Folsäure. Roter Traubensaft, Spinatsaft, Brennesselsaft, Löwenzahnsaft. In schweren Fällen Fremdblut*einspritzungen* oder *-übertragungen.* Hp.: Arsenicum D4–6, Calcium arsenicosum D4–6, Arsenum jodatum D6–8, Kalium arsenicosum D3–4, Cuprum arsenicosum D4–6, Avena sativa ∅. Bch.: Kalium phosphoricum D6 und die bei *Bleichsucht* aufgezählten Mittel.

Blutbrechen (Hämatemesis): Blut wird durch Einwirkung des *Magen*saftes in schwarzbraune geronnene Massen verwandelt.
Ursächlich: *Magen-* und *Zwölffingerdarmgeschwür, Krebs,* geplatzte *Krampfadern* am Mageneingang, verschlucktes Blut, aus Nasenrachenraum oder *Lungenblutung* stammend. Beh.: Bettruhe, kalte Auflagen, ständig erneuern; innerlich: Eichenrinde, Tormentille, Storchschnabel zu gleichen Teilen 2 Teelöffel auf 1 Tasse Wasser 15 Min. abkochen, kalt schluckweise langsam trinken. Hp.: Hamamelis ∅ 5Tr. in Eiswasser, Ipecacuanha D2–4, Acidum sulfuricum D1 1/4–1/2 stdl. 5Tr. in Eiswasser schluckweise trinken. Bch.: Natrium phosphoricum D 6, Kalium chloratum D 6, Ferrum phosphoricum D 6.

Blutdruck ist der im *Kreislauf* herrschende Druck. Dieser ist an den verschiedenen Stellen des Systems verschieden. Der Arzt mißt den Blutdruck mittels des Bl.-Apparates am Oberarm. Eine Gummimanschette wird um den Oberarm gelegt und durch Aufpumpen so weit mit Luft gefüllt, bis der Puls unterhalb der Manschette weder hör- noch fühlbar ist. Wenn nach Ablassen der Luft der Puls wieder hör- und fühlbar wird, wird abgelesen. Das ist der Druck, der der Kreislaufphase entspricht, die durch Zusammenziehung der Herzkammern charakterisiert ist (systolischer Druck, von Systole = Zusammenziehung). Es wird wieder abgelesen, wenn der Puls seine normale Füllung hat und seine Hörbarkeit geschwunden ist. Das ist der Druck, der der durch die Erschlaffung der Herzkammern gekennzeichneten Phase entspricht (diastolischer Blutdruck, Diastole = Erschlaffung). Der Druck wird in mm auf der Quecksilbersäule abgelesen. Der normale obere Druck beträgt 120–140 mm. In den ab 1977 gültigen internationalen Meßeinheiten beträgt 1 mm Hg 133,322 Pascal oder 1,33322 mbar. Der normale obere Druck wäre demnach 160–187 mbar. Der untere (diastolische) Druck liegt normal bei 70–90 mm Hg oder 93–120 mbar. Der Blutdruck wird von körperlichen und seelischen Belastungen beeinflußt. Meist ist seine Veränderung aber ein Zeichen einer direkten unmittelbaren oder mittelbaren Kreislaufstörung. Das gilt für Erhöhung (Hypertonie) wie für Erniedrigung (Hypotonie). Von den *Nierenkrankheiten* wissen wir, daß viele Formen mit einer Erhöhung des Blutdrucks einhergehen. Diese beruht nicht nur auf einer Behinderung des Nierenkreislaufs allein, sondern auf der dadurch bedingten Entstehung von gefäßkrampfend wirkenden Stoffen, die sich am ganzen Gefäßsystem auswirken und den Blutdruck heraufsetzen. Da sich diese Gefäßverkrampfung in einer Blässe von Haut und Gesicht äußert, spricht man beim Nierenhochdruck auch vom blassen Hochdruck. Daneben gibt es aber auch Formen, die bei intakten Nieren bestehen und mit normaler, sogar übernormaler Hautdurchblutung einhergehen. Abnorme Stoffwechselschlacken, äußere *Gifte,* wie *Nikotin, Blei,* Hormonfehlsteuerungen spielen hier eine Rolle. Seelisch ausgelöste Verkrampfungen können ebenfalls Ursache sein. Schwindel, Kopfschmerzen, Schlaflosigkeit, Verminderung der körperlichen und geistigen Leistungsfähigkeit, seelische Verstimmungen können daraus entstehen. Bis heute gibt es noch kein blutdrucksenkendes Mittel, das auf die Dauer in der Lage ist, den Bl. zu senken, außer einer rücksichtslosen Umstellung der Ernährung und der Lebensweise. *Salz* und *Fleisch* müssen streng gemieden werden. Die *vegetarische* Kostform ist daher die Dauerkostform, von der ohne Schaden nicht abgewichen werden darf. In schweren Fällen sind einleitend *Fastenkuren,* Saftfasten notwendig, bevor man auf die vegetarische Dauerkost übergeht. Daneben dienen regelmäßige Kreislaufbeeinflussung durch aufsteigende *Armbäder, Armgüsse, Wechselfußbäder, Sitzbäder, Lendenwickel, Atemübungen,* leichte *Gymnastik* der Gefäßentspannung und Kreislaufentlastung. Auch *Schlenz*bäder wirken stark Bl.-herabsetzend. Innerlich: Knoblauch-, Zwiebel-, Mistel-, Weißdornsaft oder Tee. Tee von Zinnkraut, Johanniskraut, Raute, Kamille. In schweren Fällen Rauwolfiapräparate kombiniert mit Maiglöckchen oder Fingerhut. Entlastung des Kreislaufs durch *Aderlaß, Schröpfen, Umstimmung* durch *Baunscheidtismus, Blutegelbehandlung, Eigenblutbehandlung.* Hp.: Arnica D3–6, Aurum D4–6, Barium carbonicum oder jodatum D4, Cactus ∅–D2, Crataegus ∅, Viscum album ∅, Plumbum D6–12, Secale cornutum D1–2, Sulfur D4.

Erniedrigung des Bl. tritt auf bei vielen Kreislaufstörungen im Zusammenhang mit dem Versagen des *Lebensnervensystems,* bei *Infektionskrankheiten* mit Lähmung der Gefäßnerven durch Gifte, bei *Addisonscher Krankheit, Eiweißmangel, Unterernährung,* starker nervöser Erschöpfung schwächlicher Personen. Leichte Ermüdbarkeit geistig und körperlich, Neigung zu Schwindel, Ohnmacht, großes Schlafbedürfnis. Schwinden der Beschwerden im Liegen. Beh.: *Vegetarische* Kost, *Luftbäder, Atemübungen, Gymnastik,* Hautbürsten und *Massage* im Zusammenhang mit Kaltanwendungen. Kalte *Halbbäder* jeden zweiten Tag, Kneippsche *Gieß*behandlung, auch Kaltblitze, *Wechselfußbäder, Tautreten, Wassertreten, Barfußlaufen.* Innerlich: Knoblauch- und Weißdornsaft, Besenginster (Spartiol). Tee von Mistel, Weißdorn, Adonis, Maiglöckchen, Zinnkraut, Schafgarbe. Hp.: Cactus ∅, Naja tripudians D10, Convallaria D3, Crataegus ∅.

Blutegel (Hirudo) gehört zu den Plattwürmern (Platoda). Der deutsche Bl. (H. medicinalis) ist in Europa, Südwestasien und Nordafrika verbreitet, aber bei uns durch den medizinischen Gebrauch fast ganz ausgerottet. Heute wird fast ausschließlich der ungarische Blutegel (H. officinalis) gebraucht, der in Süd- und Südosteuropa heimisch ist. Er wird gezüchtet. Nach der Größe unterscheidet man kleine (0,5–1 g), mittlere (1–3 g) und große Egel (3–5 g). Mutter- und Zuchtegel sind 8–15 g schwer. Die Egel werden in Salbenkruken mit einem feuchten Wattebausch zusammen abgegeben.

Blutegelbehandlung ist eine *umstimmende* und blutentziehende Behandlungsmethode. Der Blutegel wirkt örtlich, aber auch auf den ganzen Körper. Örtlich hemmt er Gerinnung, beschleunigt den Lymphstrom, löst Gefäßkrämpfe, wirkt Gerinnselbildung entgegen und bekämpft Entzündungen, Allgemein wirkt er *blutreinigend, entgiftend, entzündungs*widrig, *stauungs*widrig, *krampf*lösend, beruhigend und aufsaugend. Anwendung bei Entzündungen, Kreislauf- und Lymphstauungen, Spasmen, Angina pectoris, Migräne, Blutdruckerhöhung. Regelstörungen, Gerinnselbildungen und damit zusammenhängende Entzündungsvorgänge, besonders in den Venen, gegen Krampfadern, Unterschenkelgeschwüre, Hämorrhoidalknoten, Lymphdrüsenentzündungen, örtliche Schwellung bei Entzündungen in der Haut, Gelenken, Ohreiterungen, Gefäßkrämpfe, Blutdruckerhöhung, Aderverkalkung, Basedow. Will man auf Entzündungen und Gerinnungsvorgänge wirken, so muß möglichst in örtlicher Nähe angesetzt werden; bei Wirkung auf die Regel in Leisten- oder Oberschenkelbeugenseite, bei Ohrentzündungen hinter dem Ohr usw. Zahl richtet sich nach Ausdehnung und Kräftezustand, schwankt zwischen 1–10 Stück. Ansatzstelle mit Wasser und nicht parfümierter Seife reinigen. Keine Desinfektionsmittel, da sonst Egel nicht beißen. Aufsetzen der Egel in kleinem Gläschen bis zum Biß, dann Glas entfernen. Geduld ist manchmal notwendig. Will das Tier nicht anbeißen, kann man durch

Schnepper oder Skalpell kleine Blutung setzen und den Appetit anlocken. Saugzeit zwischen 20 Min. bis $1^1/_2$ Std. Tiere fallen von selbst ab. Es blutet in feinen Streifen aus der Bißstelle nach, man muß mehrere Stunden nachbluten lassen, bevor man die Bißstellen durch sterilen Verband schließt. Ein Blutegel saugt etwa 10–15 ccm Blut, etwa das Fünffache geht durch Nachbluten verloren. Man kann mit 50 ccm Blut pro Blutegel rechnen. Nach 8–14 Tagen kann im Bedarfsfall die Behandlung wiederholt werden, besonders zum Erweichen verhärteter Gerinnungsknoten. Will man den Saugakt unterbrechen, so bestreicht man den Egel mit Salz. Er fällt sofort ab. Will man den Egel wiederverwenden, so veranlaßt man ihn zum Erbrechen des aufgesaugten Blutes durch Einführen in Salzwasser, wäscht in Brunnenwasser nach und hebt ihn in Wasser in kühlem Raume bis zur Wiederverwendung auf. Abtöten kann man sie durch Einbringen in Essigsäure.

Blutentziehende Maßnahmen dienen der Kreislaufentlastung und der *Umstimmung: Aderlaß,* blutiges *Schröpfen, Blutegelbehandlung.*

Bluterguß (Hämatom): Austritt von Blut ins Gewebe oder in Gelenke. Derbe, schmerzhafte Schwellung, zunächst bläulich, über Grün und Gelb sich auflösend. Bei Gewalteinwirkungen, Gefäßzerreißungen oder infolge leichter Zerreißung der Gefäßwände bei der *Bluterkrankheit* und *Arterienverkalkung.* Ursache erforschen und behandeln. *Knochenbrüche* nicht übersehen! *Lehmwickel,* Umschläge mit verdünnter Arnicatinktur.
Bch.: frisch Ferrum phosphoricum, vom 3. Tage an Kalium chloratum D6, Calcium fluoricum D12 bei Neigung zu Verhärtung.

Blutersatz, s. *Aderlaß.*

Bluterkrankheit (Hämophilie): erblich bedingte Neigung zu Blutungen bei geringfügigen Verletzungen, gefährliche, schwer stillbare Blutungen, *Haut*blutungen, Gelenkblutungen, *Nasenbluten.*
Ausschließlich bei Männern vorkommend, wird die Anlage nur durch die weiblichen Glieder innerhalb der Familie übertragen. Die normale Blutungszeit ist auf viele Stunden verlängert. Behandlung durch vitaminreiche Kost. *Vitamin* P und K. Bch.: Calcium phosphoricum D 6, Calcium fluoricum D 12.
Blutstillung durch *Bluttransfusionen,* Aufdrücken von Organpreßsäften oder frischem Serum. Bei *Blutergüssen Lehmwickel.* Auf Allgemeinkräftigung ist zu achten.

Blutersatz, s. *Aderlaß.*

Blutfleckenkrankheit (Purpura): Hautblutungen ohne Zahnfleischbeteiligung wie beim *Skorbut.* Oft Reaktion auf chemische Arzneimittel, auch mit *Gelenk-* oder *Muskelrheumatismus* verbunden (Schönlein-Henochsche Form), oder schweres, im Bilde der Blutvergiftung verlaufendes Krankheitsbild (Werlhofsche Krankheit). *Vitamin*reiche Kost. Beseitigung bestehender Eiter*herde* in Zähnen, Mandeln, Gallenblase usw. *Lebertran, Hefe,* in schweren Fällen *Bluttransfusion.* Hp.: Arnica D3, Crotalus D10, Naja tripudians D8–10, Lachesis D10–8, Phosphorus D5–10.

Blutgefäßmale (Hämangiome), Blutschwamm: gutartige Geschwulstbildung, von den Blutgefäßen ausgehend, meist angeboren (Muttermal). Im Gesicht starke kosmetische Entstellung. Entfernung mit Verätzung *(Diathermie, Galvanokaustik, Kohlensäureschnee)* oder operativ.

Blutgerinnung: Außerhalb der Gefäße gerinnt das Blut und trennt sich in den gallertartigen Blutkuchen und das Blutwasser (Serum). Der Blutkuchen besteht aus dem Faserstoff und den Blutkörperchen sowie zerfallenen Plättchen. B. ist Selbstschutzmaßnahme des Körpers gegen Verblutungen aus kleinen und mittleren Wunden. Ein im Blut vorhandenes Ferment, das sich besonders bei Gegenwart von *Vitamin K* bildet, wird durch einen beim Blutplättchenzerfall entstehenden Stoff bei Gegenwart von Kalziumionen in den Gerinnungsstoff Thrombin übergeführt. Dieser wandelt den flüssigen Faserstoff in festen Faserstoff um und bildet dadurch das Gerüst, um das sich der Gerinnungsvorgang abspielt. Wird dem Blut durch Ausfällen mit Oxal- oder Zitronensäure Kalk entzogen, kann es ungerinnbar gemacht werden; auch ein aus Leber und Blutegel gewonnener Stoff verhindert die Gerinnung. Durch Schlagen kann man den Faserstoff aus dem Blut entfernen und so die Gerinnung verhüten.

Blutharnen (Hämaturie): Auftreten von Blut im *Harn* bei Verletzungen der *Harnröhre:* nur der erste Teil des gelassenen Urins ist blutig; Blut aus *Blase, Harnleiter, Nierenbecken* und *Niere:* der Gesamtharn ist blutig. Es kann sich um einmalige große oder um chronische kleine Blutungen handeln. Ermitteln der Ursache. Beh.: Bettruhe. Tee: Tormentillwurzel 3 T., Bärentraubenblätter, Vogelknöterich, Brennessel je 2 T., 1 Teelöffel auf 1 Tasse Wasser 10 Min. kochen. Hp.: Arnica D3, Hamamelis D2, Erigeron canadensis D2. Bch.: Ferrum phosphoricum D6.

Bluthusten: Blut im Auswurf, hellrot, schaumig, deutet meist auf eine ernste *Lungenerkrankung* hin. *Tuberkulose,* Lungen*infarkt, Lungenentzündung.* Beh.: Bettruhe, hustenhemmende Mittel. Hp.: Hamamelis D2, Arnica D3, Aconitum D3–6, Acalypha indica D3–6, Erigeron canadensis D 2, Ipecacuanha D 2–4. Bch.: Ferrum phosphoricum D 6, Kalium chloratum D 6. Tee: Mistel 4 T., Zinnkraut, Vogelknöterich je 3 T. Auf 1 Tasse Wasser 1 Teel. 10 Minuten kochen. Schluckweise trinken.

Blutkörperchen, s. *Blut.*

Blutkrankheiten: Störungen der Blutbildung, des Blutabbaus und der Gerinnung mit Veränderungen des roten, weißen Blutbildes und der Gerinnungsverhältnisse.

Blutkreislauf: Der größte Teil des Blutes ist im Körper in einem geschlossenen Röhrensystem, dem Gefäßsystem, in Bewegung (etwa $3^1/_2$ l), der Rest wird in Depots *(Milz, Leber, Haut)* zurückgehalten und nur bei gesteigerten Anforderungen eingesetzt. Die Umlaufzeit des Blutes im Kreislauf beträgt etwa 25 Sek. im Durchschnitt. Die treibende Kraft wird überwiegend vom Herzmuskel gestellt, Zusammenziehen der Herzkammern treibt das Blut aus dem linken Herzen durch die Hauptschlagader und ihre immer kleiner werdenden Verzweigungen (Schlagadern, Arterien) über die Haargefäße (Kapillaren) in den Körper und aus dem rechten Herzen über die Lungenschlagader in die Lunge. Aus dem Haargefäßnetz sammelt sich dann in kleinen, im-

Blutkreislauf

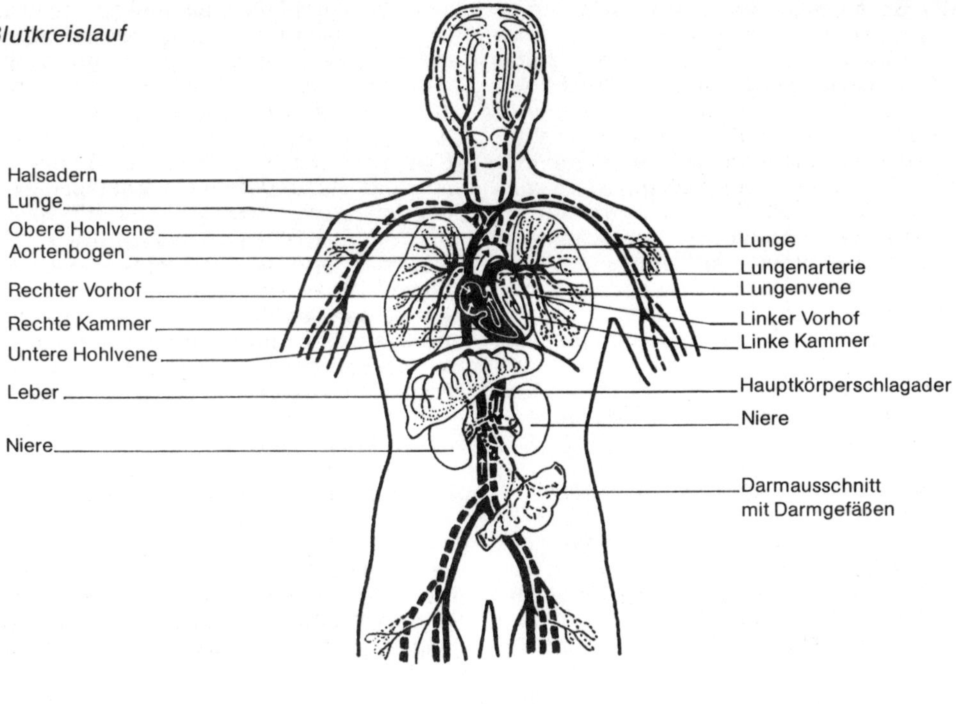

mer größer werdenden Blutadern (Venen) das Blut und mündet über die große obere und untere Hohlvene in den rechten Vorhof des Herzens. In der *Lunge* sammelt sich das Blut in der Lungenvene, die in den linken Vorhof mündet. Aus den Vorhöfen gelangt das Blut in die Herzkammern. Der große Körperkreislauf dient der Versorgung des Körpers mit Gasen und Stoffwechselprodukten *(s. Blut).* Der kleine oder Lungenkreislauf dient der Reinigung des Blutes von der Abfallkohlensäure und der Aufladung mit Sauerstoff, das überall in die Zellen geschafft werden muß, um die Verbrennungsvorgänge zu unterhalten. Um die durch die Verdauung aufgenommenen Stoffwechselprodukte zu überwachen und zu entgiften, ist noch der Leberkreislauf eingeschaltet, indem die aus dem Darm abfließenden Venen sich zur *Pfortader* sammeln und diese sich in ein Haargefäßnetz in der Leber aufspalten, nach Filterung durch die Leber sich wieder sammeln und in die untere Hohlvene münden. Die Gefäße sind keine starren Röhren, sondern elastisch. Die durch feine, glatte Muskelschichten bedingte Eigenbewegung ermöglicht Erweiterung und Verengung. Diese Funktion wird selbsttätig über das unbewußte sog. *Lebensnervensystem* reguliert, wobei zentrale Schaltstellen im Gehirn (Gefäßzentren) mitwirken. Die Druckwelle, die der Herzmuskel bei der Zusammenziehung und Erschlaffung erzeugt, pflanzt sich durch die Schlagaderwände fort und wird dort, wo diese oberflächlich tastbar sind, als *Puls* wahrgenommen und gefühlt. *Kreislaufstörungen* können durch Störungen der Herzarbeit, Erkrankungen der Gefäße, besonders aber durch Fehlleistungen im Verteilersystem des Lebensnervensystems bedingt sein. Das rasche Ansprechen der Gefäßnerven auf die Anforderungen der Umwelt gehört zum Begriff der *Gesundheit;* Leistungsfähigkeit und *Abhärtung* beruhen auf einem systematischen Üben und Inanspruchnehmen dieser Leistung.

Blutplättchen (Thrombozyten), s. *Blut.*

Blutreinigung: wichtiger Heilgrundsatz der Naturheilkunde. Die im Körper durch unzweckmäßige Lebensweise aufgespeicherten Stoffwechselschlacken, die im kranken Körper entstandenen Abbauprodukte, Krankheitsgifte werden durch bewußte Ausleitung aus dem Körper entfernt und gesunde Verhältnisse in den Gewebssäften und im Blute wiederhergestellt *(Gewebswäsche).* Um die durch die naturfernere Winternahrung entstandenen vermehrten Stoffwechselschlacken auszuscheiden und dem Körper die jungen Frischstoffe des Frühlings zuzuführen; wird seit alters in vielen Gegenden im Frühjahr solche Bl. gewohnheitsmäßig durchgeführt (Frühjahrskuren). Bei der Bl. wird zunächst einmal durch *Fasten,* Saftfasten, *Obst*kuren, *Rohkost* die Schlackenbildung aufs äußerste eingeschränkt und der Körper mit Frischstoffen überschüttet. Dazu trinkt man sog. Bl.-Tees, die so zusammengesetzt sind, daß sie alle *Ausscheidungen* gleichmäßig anregen. Bewegung, *Gymnastik* und *Wasseranwendungen* unterstützen die *Ausleitung. Schlenz*bäder, *Wickel* und *Packungen,* Essigwasser*waschungen,* tgl. wiederholt, *Heublumen-, Lehm-, Darmbäder, Aderlaß, Schröpfen, Blutegelbehandlung* können zur Unterstützung der Bl. in schweren Krankheitsfällen hinzugezogen werden.

Blutreinigungstee: Maisnarben, Engelwurz, Wacholderbeeren, Birkenblätter, Fenchel, Anis, Faulbaumrinde, Löwenzahnwurzel, Süßholzwurzel, Spitzklettenwurzel zu gleichen Teilen. 1 Teelöffel auf 1 Tasse. Abkochen. 2–3mal tgl. eine Tasse. An Stelle der Tees kann man auch Frischsäfte zur Ausleitung trinken: Birke, Sellerie, Brennessel, Zwiebel, Brunnenkresse, Löwenzahn, Stachelbeersüßmost, schwarze Johannisbeere kommen in Frage. Essen von rohen Wacholderbeeren bis zu 10 Stück am Tage. Durch reichliche Flüssigkeitsaufnahme muß die *Gewebswäsche* des Körpers unterstützt werden. Biochemisch werden Blutreinigungskuren durch Silicea D12, Natrium muriaticum D6 und Natrium phosphoricum D6 unterstützt.

Blutsenkung, s. *Blut.*

Blutspucken, s. *Bluthusten.*

Blutstauung: Vermehrung der Blutfüllung eines Organs durch Verminderung des Abflusses. Kann verlangsamten Blutumlauf bis zum Stillstand (Stase) im gestauten Gebiet im Gefolge haben. Beh.: *Ableitung* des

Blutes, Regelung des gesamten Kreislaufs.

Blutstillung: Bei kleiner *Wunde* genügt Hochlagern des verletzten Teils und *Druckverband;* bei Schleimhautblutungen Alaun oder *Abkochungen* von Eichenrinde, Tormentillwurzel u.a. Gerbstoffdrogen. Bei inneren Blutungen kalte Abkochungen von Tees aus Walnußblättern, Kreuzkraut, Tormentillwurzel, Eichenrinde, Storchschnabel usw. Bch.: Calcium phosphoricum D6, Ferrum phosphoricum D6, Kalium chloratum D6, Calcium fluoratum D12, Kalium phosphoricum D6, Natrum phosphoricum D6, Natrium sulfuricum D6. Kalte *Auflagen. Bettruhe.*

Blutstuhl, s. *Darmblutung.*

Blutsturz: starke plötzliche *Blutung* aus Mund und Nase, s. *Bluthusten* und *Blutbrechen.*

Bluttransfusion, s. *Aderlaß.*

Blutung (Hämorrhagie) kann nach außen und innen aus Gefäßen aller Größenordnungen erfolgen, Blutungen aus Schlagadern und größeren Blutadern müssen *abgebunden* werden, sonst genügt ein *Druckverband.* Bl. ins Gewebe führt zum *Bluterguß,* Bl. in Höhlen, die nach außen Verbindung haben, zu *Blutsturz, Harnbluten* usw. (s. *Blutstillung).*

Blutvergiftung bedeutet im allgemeinen den Übergang von Krankheitserregern oder deren Produkte ins Blut, deren Verschleppung in andere Gebiete oder das Befallenwerden des ganzen Körpers unmittelbar durch die Erreger. Geht meist von abgeschlossenen Entzündungsherden (*Abszessen* usw.) aus. Sepsis. Häufig über eine Entzündung des *Lymphsystems* (Gefäße und Drüsen) entstehend. Schüttelfrost ist ein Zeichen, daß es den Erregern gelungen ist, alle Hindernisse zu überwinden und in die Blutbahn einzudringen. Beseitigung der Ursache durch Auffinden und zweckmäßige örtliche Behandlung des Herdes. Dazu Erhöhung der Abwehrkräfte des Körpers, vor allem, wenn bestimmte örtliche Geschehnisse nicht verantwortlich gemacht werden können. In der Naturheilkunde versteht man unter Bl. auch eine Überladung mit schädlichen Stoffen aus Ernährung und Abbau, die man durch eine *Blutreinigungskur* aus dem Körper zu vertreiben sucht. Hohes Fieber, Schüttelfrost, beschleunigter Puls, Gelenkschwellungen, Hautausschläge, Durchfälle, Herz- und Nierenentzündungen sind Zeichen schwerer B. Beh.: Allgemeinbehandlung: mehrmals tgl. *Schweiß*erzeugung durch heiße Heublumen*hemden,* dazwischen *Ganzwaschungen* halbstündlich bis stündlich. *Fasten,* solange Fieber besteht. Örtlich heiße Heublumen*wickel, Bockshornkleeauflagen,* operative Entlastung des Eiterherdes, *Penicillin.* Hp.: Echinacea ∅, Lachesis D10, Veratrum viride D1–3, Pyrogenium D12, Baptisia D1–3, Carbo vegetabilis D10, Chininum arsenicosum D4, Arsenicum D4–10. Bch.: Kalium phosphoricum D6 alle Viertelstunde.

Blutwäsche, s. *Aderlaß.*

Blutzucker: Im Blut findet sich immer etwa 1g Traubenzucker auf den Liter. Er dient als Energiestoff für die Organe und wird von diesen dem Blut laufend entnommen und von den Lagern und aus der Nahrung wieder ersetzt. Nach der Nahrungsaufnahme steigt der Zuckergehalt an, wird aber mit Hilfe des *Insulins* aus der *Bauchspeicheldrüse* wieder durch Verbrennung des Überschusses oder Speicherung auf die Norm zurückgebracht. Ist dies durch Insulinmangel nicht mehr ausreichend möglich, so steigt der Bl.-Gehalt, und der Körper versucht diesen giftig auf ihn wirkenden Überschuß durch den Harn zu entfernen. Es tritt also Zucker im *Harn* auf. *Zuckerkrankheit.* Starkes Absinken des Blutzuckergehalts unter die Norm (Unterblutzucker) führt ebenfalls zu schweren Allgemeinerscheinungen: Schwäche, Müdigkeit, Schwindel, Anfälle von Bewußtlosigkeit, Schweißausbruch, psychische Störungen. Kann über Krämpfe zum Tode führen. Überdosierung von Insulin. Insulinschock.

Bockshornklee (Trigonella foenum graecum): reifer Samen als ausgezeichnetes Kräftigungsmittel, zur Anregung der Eßlust und Förderung der Verdauung. Bei Rachitis, Skrofulose, Zuckerkrankheit, allgemeiner Schwäche. 0,25–1,25g als Einzelgabe in Aufguß oder Abkochung. Zur Geschwürsbehandlung, besonders Unter-

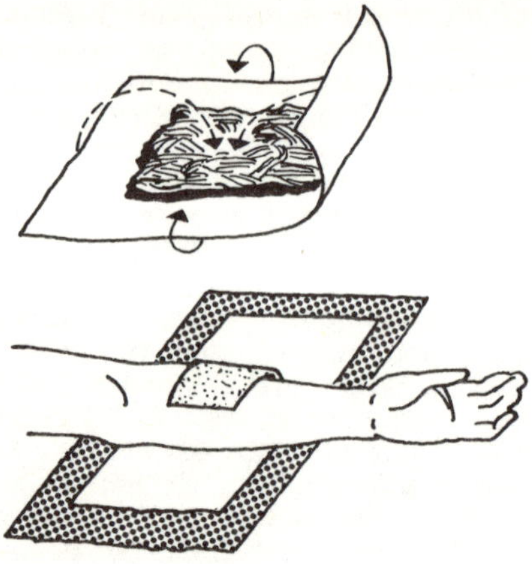

Bockshornkleeauflage

schenkelgeschwüre, und Auflösungsbehandlung als *B-Auflage.*

Bockshornkleeauflage: Mehrere gehäufte Eßlöffel von gestoßenem *Bockshornklee*samen werden mit Wasser zu dickflüssigem Brei verrührt und unter beständigem Rühren zum Kochen gebracht, bis das Ganze dick-zähflüssig wird. Brei wird fingerdick auf dünnes Leinentuch aufgetragen, das Ganze zu einem Päckchen zusammengelegt und mit der Unterseite (nur aus einer Lage bestehend) aufgelegt. Einpakken mit Trockentuch, Wolldecke oder Flanellbinde. Muß bei Abkühlung öfter erneuert werden. Zur Behandlung umschriebener oberflächlicher Krankheitserscheinungen, Auflösung von Geschwüren und deren Reinigung.

Bohnenkaffee: die gerösteten Früchte von Coffea arabica. Anregendes Genußmittel auf Grund seines Koffeingehaltes. Regt die Gehirntätigkeit und Auffassungsgabe an, reizt Atmung, Herz, Gefäßsystem und Nierenfunktion. Koffein ist vor allem ein Gefäßgift und bleibt auf die Dauer nicht ohne Folgen für die Herz- und Kreislauftätigkeit. Sein Genuß ist mit den Grundsätzen einer naturgemäßen Lebensweise nicht zu vereinbaren. Herz- und Kreislaufkranke und Nervöse müssen ihn meiden.

Bohnenschalen: Hülsen der Bohne (Phaseolus vulgaris), nach Reife gesammelt. Einzelgabe bis 50g, als Abkochung bis zu tgl. 250g zur Ausscheidung und zur Behandlung der Zuckerkrankheit. Enthält Pflanzeninsuline, die den *Blutzucker*gehalt herabsetzen. Bei *Nierenkrankheiten,* Flüssigkeitsansammlungen im Körper, *Gicht, Rheuma.*

Brand: Wird ein Körperteil durch Absperrung der Blutzufuhr nicht mehr ernährt, so stirbt er ab. Zunächst tritt ein taubes Gefühl, bei völliger Absperrung ein heftig bohrender Schmerz auf. Die Farbe geht von Bläulichrot allmählich in eine dunkle bis schwarze Verfärbung über. Das Gewebe wird hart und trocken, leb- und fühllos (Trockener Brand). Treten aus irgendeinem Grund *Fäulnis*erreger hinzu, so zersetzt sich das Gewebe und bildet übelriechende, giftig wirkende Zersetzungsprodukte. Gelingt es, den Brand trocken zu erhalten, so kann er sich scharf vom Gesunden absetzen und abstoßen. Man wird aber rechtzeitig operativ das Geschehen lenken. Erkrankungen der Schlagadern, besonders beim Altersbrand (Arterienverkalkung usw.), krampfende Gefäßgifte, Verlegungen der Gefäße durch Blutgerinnsel, *Nikotin*mißbrauch, *Zuckerkrankheit* können solche Gefäßveränderungen bedingen. Beh.: Keinerlei kalte Anwendungen! Kost: Salzfrei, fleischfrei, *Rohkost, vegetarisch.* Rauchverbot. *Ozon*behandlung. *Blutegel.* Hp.: Arsenicum D5, Secale cornutum D4, Kreosotum D4, Lachesis D10, Echinacea ∅, Silicea D6.

Brauchle, Alfred, Prof. Dr. med., (1898–1964) Schüler von *Schönenberger,* hat sich als Leiter verschiedener klinischer biologischer Krankenabteilungen um die wissenschaftliche Anerkennung der Naturheilmethoden bemüht.

Brechdurchfall: meist durch Erreger aus der Gruppe der Salmonellen, aber auch durch andere Erreger bei Genuß verdorbener Speisen sowie durch Giftstoffe aus den *Bakterien* und Zersetzungsprodukten des Magen-Darm-Inhaltes. Plötzliches Einsetzen mit Leibschmerzen, Übelkeit, Durchfall, Erbrechen, Mattigkeit, Durst, Unruhe, bei blassem, verfallenem Aussehen. Austrocknen des Körpers. Beh.: Tee*fasten, Magen*spülen, *Abführen, Heilerde, Kohle*behandlung zur Giftaufsaugung. Heiße

Auflagen auf den Leib, *Heublumensäcke,* Erwärmung der Füße. Bch.: Natrium sulfuricum D6, Kalium phosphoricum D6, Natrium phosphoricum D 6, Magnesium phosphoricum D 6 bei Koliken, Ferrum phosphoricum D 6.
Im Sommer bei Flaschenkindern. Erbrechen, sauer riechende flüssige Stühle in Mengen. Austrocknen des Körpers, schwere Kreislaufstörungen. Beh.: Teefasten, bis der Durchfall aufhört. Möglichst Frauenmilchernährung. In schweren Fällen Einspritzen von physiologischer Kochsalzlösung ins Gewebe.

Brechmittel (Emetica): zur Entleerung und Ableitung auf den Magen: Senfmehl teelöffelweise, Haselwurz, Veilchenwurzel. Bei Vergiftungen Entleerung durch *Magenausheberung* mit nachfolgender Spülung.

Breiumschlag (Kataplasma) aus gekochten gequetschten *Kartoffeln, Leinsamen, Bockshornkleesamen,* möglichst heiß, zur Entspannung und Erweichung entzündeter Haut- und Schleimhautpartien und Spasmen der glatten Muskulatur. Erhöhung der Lymph- und Blutzufuhr im behandelten Gebiet. Unterstützung der lokalen Entzündung. Der Brei wird in ein Tuch geschlagen, das wie ein Kuvert gefaltet und mit der einfachen Seite aufgelegt wird. Einschlagen mit Trocken- und Wolltuch wie bei jedem *Wickel.*

Brennessel (Urtica urens und dioeca): Blätter und blühendes Kraut (Juni–September). 2–4 g einzeln im Aufguß, Wurzel in Abkochung. Blutbildungsfördernd, blutstillend und blutreinigend, schleimlösend, auswurffördernd und wassertreibend. Gegen Hautausschläge, Ekzeme.

Bronchialkatarrh, s. *Luftröhrenkatarrh.*

Bronchien, s. *Luftröhren.*

Bronchiektasie (Luftröhrenerweiterung): sack- oder zylinderförmige Erweiterungen der Luftröhrenäste, angeboren oder durch Narbenzug nach durchgemachten entzündlichen Lungenerkrankungen erworben. Reichlicher, manchmal faulig zersetzter Auswurf. Unterhalten von chronischem Bronchialkatarrh mit Atembeengung. Behandlung wie *Luftröhrenkatarrh. Trokkenkost.* Innerlich: Knoblauch, Knoblauchpräparate. Inhalationen mit Terpentinöl, Eukalyptus- und Latschenkieferöl. *Antibiotika, Atemgymnastik. Schlenz*bäder.

Brot: Nahrungsmittel aus Mehlen der *Brotgetreide,* das durch Teigbearbeitung, Teiglockerung mit *Hefe* oder Sauerteiggärung und durch den Backprozeß gefertigt wird. Seine Güte hängt davon ab, ob das ganze Korn mit Keimanlage verwendet wird oder durch die Vermahlung lebenswichtige Teile entfernt werden. Feinmehl ist bis zu 50–70 v.H. ausgemahlen, Keime und Hüllen (Kleie) werden vor dem Ausmahlen vom Korn getrennt. Dadurch verarmt das Mehl an *Vitaminen* und *Wuchsstoffen* und *Zahnfäule*, chronische *Verstopfung* sind bei ausschließlichem Genuß aus Feinmehl hergestellter Backwaren die Folge. Die Naturheilkunde fordert daher die ausschließliche Verwendung von Vollkornbrot zur Ernährung, um diese Volkskrankheiten und Nährschäden zu vermeiden, Herstellung des Brotmehls aus dem ganzen Korn, das unmittelbar vor dem Verbacken vermahlen ist; Lagerung des gemahlenen Vollkornmehles führt zu Vitamin- und *Mineralstoff*verlusten. Der höhere Ausnutzungsgrad der Feinbrote gegenüber den Vollkornbroten und auch der erhöhte Sättigungswert hebt nicht den Vitaminmangel und den Mineralstoffverlust auf. Schrot- und Vollkornbrote sind Grahambrot (Weizenschrot, mit Hefe gelockert), Pumpernickel (Roggenschrot, mit Sauerteig gelockert), Steinmetzbrot, enthülstes Roggenvollkornbrot,

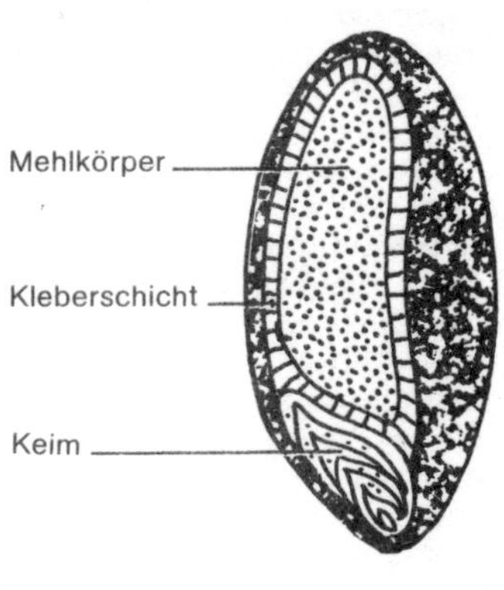

Aufbau des Getreidekornes

B

Simons-, Klopfer-, Schlüter-, Waerlandbrot. Brot soll nicht zu frisch, sondern stets abgelagert genossen werden und Ansprüche an die Kautätigkeit stellen.

Brotgetreide sind kleberhaltige Getreidesorten, die sich zum Verbacken eignen. Weizen, Roggen, unter bestimmten Voraussetzungen Gerste und Hafer. Hoher Gehalt an *Vitaminen, Mineralstoffen, Spurenelementen und Wuchsstoffen (Auxonen).* Sie sollen nicht nur als Brot, sondern zu einem bestimmten Teil (10–20 v. H.) tgl. als *Frischkornbrei* genossen werden, da der Backprozeß manches zerstört. Birchermüsli, Kollath-Frühstück, Waerland-Kruska.

Bruch (Hernie), Eingeweidebruch. Austreten von Eingeweideteilen der Brust- oder Bauchhöhle durch vorgebildete oder erworbene Lücke in der Muskulatur. Brüche und Bruchanlagen können angeboren oder erworben sein. Leisten- und Nabelgegend, Zwerchfell, Bauchmittellinie sind bevorzugte Stellen für Bruchentwicklung. Auch Narben können sich dehnen und einen Bruchsack bilden (Narbenbruch). Dadurch, daß die in den Bruchsack eingetretenen Eingeweideteile abgeschnürt werden, können sie absterben und zu Entzündungen des Bauchfells führen. Einklemmungen müssen also auf jeden Fall raschestens beseitigt werden, ohne daß es zu Zerreißungen der Därme kommt. Durch allgemeine Körperkräftigung kann man bei Bruchanlage der Bildung eines Bruches vorbeugen. *Oberaufschläger,* kalte *Sitz-* und *Halbbäder, Wassertreten, Oberkörperwaschungen* werden hierzu empfohlen. Durch Anlagen eines Bruchbandes und den Druck auf die Bruchstelle kann man in den ersten Wochen eine Verengung der Bruchpforte erzielen. *Kneipp* empfiehlt Einfetten und nachts ein Pechpflaster aufzulegen. Bei eingeklemmtem Bruch heiße *Kompresse* oder heißes Vollbad zur Unterstützung der Zurückbringung. Brüche, die nicht zurückgehen, müssen operativ aus der Einklemmung befreit werden.

Bruchbehandlung, operationslose. Ertüchtigung der Bauchmuskulatur und Bindegewebestärkung durch richtig geleitete gymnastische Übungen. Behandlung der Bruchpforten und der sich bildenden Muskulatur durch Handmassage mit speziellen Bruchsalben. Sitzbäder, Lehmpackungen. Tragen eines Spezialbruchbandes, das auch nachts getragen werden muß, um den Bruchsack frei zu halten. Die Dauerkompression kann zum Schrumpfen des Bruchsackes und Bruchpfortenverschluß führen. Einspritzen von gewebeverdichtenden und sklerosierenden Mitteln in den Bruchkanal. Innerlich: Heilerde, Kieselsäuredrogentee. Vollwertkost mit basischem Kostregime.

Brunnenkresse (Cardamine nasturtia) gedeiht an Quellen, Bächen, Gräben mit langsam fließendem, reinem Wasser. Wird in den Wintermonaten (bis April) geerntet. Als Rohsalat oder Brotauflage hervorragender *Vitamin*-C-Spender. *Blutreinigungs*pflanze im Frischzustand.

Brustbeklemmung, s. *Angina pectoris.*

Brustkrebs (Mammacarcinom): bösartige *Geschwulst* der Brustdrüse, bei Frauen häufiger als bei Männern vorkommend. Entsteht aus langsam wachsenden Knotenbildungen in der Brust. Bei der Häufigkeit des Vorkommens bei der Frau ist es notwendig, von den gebotenen Vorsorgeuntersuchungen regelmäßig Gebrauch zu machen. Durch Strahlenaufnahmen der Brust ist frühzeitige Erkennung bösartiger Entwicklungen möglich.

Brusttee: zur Behandlung entzündlicher Erkrankungen der *Lungen* und *Luftröhren.* Schleimlösende, auswurffördernde Drogen. Süßholzwurzel, Eibischblätter und -wurzeln, Huflattichblätter, Veilchenwurzel, Primelwurzel, Seifenkrautwurzel, Wollblumen (Blüten der Königskerze), Thymian, Fenchel, Anis, Lungenflechten werden hierzu verwendet.

Brustwassersucht: Ansammlung von *Blut*wasser (Serum) zwischen Lunge und Brustwand. Teilerscheinung allgemeiner *Wassersucht* bei allgemeiner *Stauung* oder häufiger auf Grund entzündlicher, meist *tuberkulöser* Erkrankungen der Lungen und des Rippenfells. Behandlung des Grundleidens. Bch.: Natrium muriatium D6, Silicea D12.

Brustwickel reicht von der Achselhöhle

zum unteren Rippenbogen. Die Tücher werden in richtiger Höhe aufs Bett gelegt. Der im Bett sitzende Patient nimmt das Hemd über die Schulter und legt sich zurück. Die Tücher werden nun am besten in mittlerer Atemstellung der Reihe nach glatt und faltenlos um den Körper gewunden.

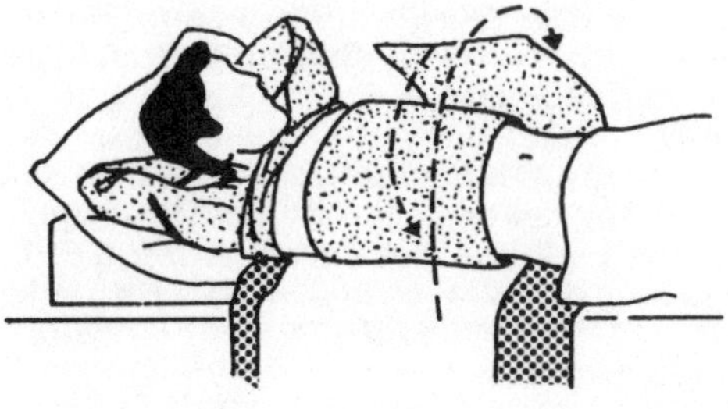

Brustwickel

B-Typ, s. *A-Typ.*

Bulbus: Rezepturbezeichnung für die Wurzelzwiebel.

Bursa pastoris, s. *Hirtentäschelkraut.*

Bursitis, s. *Schleimbeutelentzündung.*

Bürstenbad: Halbbad, 35°, in dem, bei den Fußsohlen beginnend, mit einer weichen Bürste oder einem härteren Schwamm die Haut kräftig durchgebürstet wird, um Reaktion zu erzielen. Anregung des Blut- und Lymphumlaufs, des Stoffwechsels und der oberen Hautschichten.

Butter: durch mechanische Verfahren aus Rahm oder Milch abgetrenntes *Fett.* Wert ist von der Haltung und Fütterung der Kühe abhängig, aus deren Milch sie bereitet wurde. Grünfuttermilch ist gelblich und karotinreich, Trockenfuttermilch weißlich. Sie wird daher mit Karotin oder Safran gefärbt, um einen höheren Nahrungswert vorzutäuschen. Da die Milch vor der Verbutterung zur Verhütung von Krankheitsübertragungen (Tbc) *pasteurisiert* wird, ist sie keine ideale Frischnahrung mehr. Die *Ewerskost* schreibt daher Bauernbutter, aus Frischmilch bereitet, vor (die aber gesetzlich nicht überall in den Handel gebracht werden darf), um den Naturwert der Butter zu erhalten. Gute Butter soll nicht weniger als 80 v.H. Butter und nicht mehr als 15 v.H. Wasser enthalten. Ein geringer Teil ist Milcheiweiß aus Buttermilch. Verfälschungen mit Wasser, Gips, Kreide, Mehl und billigen Fremdfetten sind möglich. *Färbung* der Butter mit Farben, gleich welcher Art, sind vom Naturstandpunkt abzulehnen, da sie lediglich der Täuschung dienen. Sie müssen aber nach der heutigen Lage in der Lebensmittelgesetzgebung hingenommen werden. Da die Butter nur einen geringen Gehalt an *ungesättigten Fettsäuren,* dagegen einen hohen *Cholesterin*gehalt aufweist, ist sie für Cholesteringefährdete nicht geeignet.

Buttermilch ist der bei der Butterherstellung zurückbleibende Milchbestandteil. Infolge ihres Säuregehaltes ist B. sehr bekömmlich und für die gesunde Ernährung außerordentlich wertvoll, da sie reichliche *Vitamine* und *Auxone,* die der Butter fehlen, *Mineralstoffe,* Milchzucker und Käsestoff sowie geringe Spuren von Fett enthält. Sie fördert den *Stuhlgang* und wird in der Kinderheilkunde zur Durchfallbehandlung bei fettempfindlichen Säuglingen verwendet. Sie ergänzt gesunde Vollkost.

C

Calluna vulgaris, s. *Heidekraut.*

Cantharidenbehandlung, s. *Cantharis.*

Cantharis (Lytta vesicatoria): spanische Fliege. Cantharidin als wirksamer Bestandteil wirkt entzündungserregend, speziell blasenziehend, Eiterungen und Nekrose bildend. Man legt Canthariden*pflaster* auf die Haut in möglichster Herdnähe. Die Blase wird entweder unzerstört gehalten und die Aufsaugung abgewartet, oder der Inhalt wird mit steriler Spritze entnommen und tgl. in steigender Dosis von 0,1–1,0 ccm interkutan, subbukutan oder instramuskulär wieder eingespritzt. *Umstimmungsbehandlung.*

Capsella bursa pastoris, s. *Hirtentäschelkraut.*

Carcinom, s. *Krebs.*

Carduus benedictus, *Benediktenkraut;* **C. marianus,** s. *Mariendistel.*

Carex arenaria, s. *Sandriedgras.*

Carica papaya. Melonenbaum, enthält in allen seinen Teilen ein eiweißabbauendes Ferment, Papain oder Papayotin genannt, das auch die Fettspaltung unterstützt. Bei Pankreasinsuffizienz und Magensaftstörungen.

Carrageen, Irländisches Moos, s. *Lichen.*

Carum carvi, s. *Kümmel.*

Cassia, s. *Sennesblätter.*

Cerebrum, s. *Gehirn.*

Cetraria islandica, s. *Isländisches Moos.*

Chelidonium majus, s. *Schöllkraut.*

Chemotherapie: Arzneibehandlung mit Mitteln, die auf chemischem Wege gewonnen worden sind, entweder durch Darstellung der reinen Wirkstoffe aus den Naturprodukten oder durch Darstellung völlig neuer (oft in der Natur nicht vorkommender) Stoffe durch Aufbau in der Retorte (Synthese von Arzneimitteln). Die Naturheilkunde zieht Arzneimittel in ihrem natürlichen Zustande und Verbande vor und macht von den reinen Wirkstoffen nur ausnahmsweise Gebrauch. Synthetische Arzneien, also Körper, die sonst nicht in der Natur gebildet werden, rechnet sie überhaupt nicht zu den natürlichen Heilmitteln.

Chinesischer Rhabarber, s. Rhabarwurzel.

Chirologie (Handlesekunst) versucht aus den Formen der Hand, besonders der Innenfläche, aus den Erhebungen (Berge) und Furchen (Linien) Aussagen über Charakter, Schicksal und Entwicklung des Menschen zu machen. Da die Hand zum Körper gehört, sind *konstitutionelle* Aussagen über die Hand ohne weiteres möglich und wissenschaftlich anerkannt. Auch auf bestimmte Krankheiten kann aus der Handform geschlossen werden. So zeigen sich chronische Krankheiten in Veränderungen im Fingerwachstum, z.B. Stauungen von der Lunge und vom Herzen aus führen zu Trommelschlegelfingern, hormonale Störungen zu Störungen des Längenwachstums und der Proportionen der Fingerglieder. Die Deutung der sog. Handlinien und -berge ist aber umstritten. Aus der sog. Lebenslinie wird auf Lebensdauer, Gefährdungen durch Krankheit und auf die Triebkräfte, aus der Kopflinie auf die geistigen Fähigkeiten, aus der Schicksalslinie auf die Einflüsse der Umwelt auf die Entwicklung der Anlagen und aus der Herzlinie auf die Gemütsveranlagung und -entwicklung geschlossen.

Chiropraktik: D.D. Palmer in Davenport, Iowa, USA, heilte durch Einrenkung der Halswirbelsäule 1895 die Schwerhörigkeit eines Negers. Durch Übernahme ähnlicher Erfahrungen des Arztes Dr. Jim Askinson entwickelte er ein Heilverfahren, das er Chiropraktik nannte. Seine Lehre beruht auf der sehr weitgespannten Theorie, daß durch Lageveränderungen der *Wirbelsäule* im Sinne kleiner Verrenkungen aus ihrer gehörigen Stellung das Zwischenwirbelloch beengt und dadurch Druckerscheinungen auf die durch diese Öffnungen tretenden Nerven ausgelöst werden. Hierdurch entstehen Schmerzzustände in Geweben sowie Organ- und Drüsenstörungen. Palmer vertrat neuralpathologische Gedankengänge (Krankheitsentstehung durch Nervenstörung) und lehnte den Einfluß von Kleinlebewesen als Krankheitsursache ab. Die Chiropraktik wurde deshalb von der Schulmedizin abgelehnt, entwikkelte sich aber besonders in Amerika als Heilmethodik in eigenen Schulen. In der letzten Zeit hat auch in Europa und Deutschland die Ch. vermehrt Eingang gefunden. Unter dem Einfluß der modernen neuralpathologischen Lehre ist eine Annäherung in der Anschauung der Richtungen eingetreten. So haben namhafte Chirurgen für manche Krankheitsbilder die Berechtigung der chiropraktischen Anschauung und Behandlung anerkannt und befürwortet. Abgelehnt wird nur der einseitige Standpunkt, daß praktisch alle Krankheiten von solchen Wirbelsäulenveränderungen ihren Ursprung nähmen und daher chiropraktisch behandelt werden könnten. Die Diagnose der Ch. versucht den Ort der Wirbelsäulenverrenkung oder -verlagerung ausfindig zu machen und durch Spezialhandgriffe in bestimmter Lagerung des Patienten den Normalzustand herzustellen und dadurch zu heilen (Adjustierung).

Chlorophyll ist der grüne Blattfarbstoff, der chemisch dem roten *Blut*farbstoff der Tierwelt verwandt ist und ähnliche biologische Aufgaben besitzt. Der Aufbau der wichtigsten Nährstoffe in der Pflanzenwelt ist nur in seinem Beisein möglich. Auch im menschlichen *Stoffwechsel* spielt das aus der pflanzlichen Nahrung stammende Ch. eine große Rolle, deshalb darf in der gesunden Nahrung Blattgrün niemals fehlen. Es ist aber abwegig, in chemischen Präparaten, statt in lebendiger natürlicher Nahrung dem Körper das Blattgrün zuführen zu wollen, zumindest ist dies nicht naturgemäß.

Chlorose, s. *Bleichsucht.*

Cholangitis, s. *Gallengangsentzündung.*

Cholecystitis, s. *Gallenblasenentzündung.*

Cholecystopathie, s. *Gallenblasenerkrankung.*

Cholesterin (Gallenfett) entsteht nur im tierischen Stoffwechsel, eng gebunden an den Fettstoffwechsel. Es ist aber kein Fett, nur ein fettähnlicher Stoff (Lipoid), chemisch gesehen ein mehrwertiger Alkohol. Normgehalt im Blut 250–290 mg %, je nach Alter und Geschlecht. Fehlerhafter Fettstoffwechsel, oft unterstützt durch hormonale Störungen im Bereich der Keimdrüsen *(Klimakterium),* aber auch *Streß* können die Werte erhöhen. Ausscheidung erfolgt in beschränktem Maße über die Galle, die zum größten Teil aus Ch. besteht. Daher der Name. Gallensäuren und Lezithin halten es in Lösung. Bei Cholesterinerhöhungen kann der Körper versuchen, durch Erhöhung der Gallenkonzentration den Überschuß abzubauen. Dies verursacht eine Verminderung des Gehalts an Gallensäuren und Lezithin. Die Stabilität der Lösung wird dadurch gefährdet, und Cholesterin fällt in kristallinisch reiner Form in den Gallenwegen und Gallenblase aus; s. Gallensteine. Durch Ablagerung von Ch. in den Schlagadern, in der Innenhaut der Gefäße und in geringem Maße in der Haut kann der Überschuß z. T. aus dem Kreislauf entfernt werden; s. *Arteriosklerose.*

Cholesterinerhöhung, Behandlung: Sie kann durch Regelung des Fettstoffwechsels weitgehend geregelt werden. Fettagesmenge strikt auf 50–60 g beschränken. Nur Fette mit hohem Gehalt an hochungesättigten Fettsäuren verwenden und cholesterinreiche Nahrungsmittel meiden. Da Kohlehydrate in Teilbereichen Fette im Stoffwechsel aufbauen können, Lenkung des KH-Stoffwechsels. Strikte Vermeidung weißen Zuckers und weißen Mehls. Ausreichende Bewegung muß den Stoffwechsel unterstützen. Nicht in allen Fällen sinkt der Ch.-Spiegel im Blut allein durch Diät. Hier ist Hormonzufuhr (im Klimakterium Östrogene bei der Frau und Androgene beim Mann) notwendig. *Streß* muß abgebaut und ausgeglichen werden. Die nicht seltenen Fälle von familiärer Ch.-Erhöhung, bei denen schon Jugendliche in der Pubertät zusammen mit einem Elternteil hohe Werte aufweisen, die dann mit zunehmendem Alter noch steigen, sind sehr schwer zu beeinflussen.

Cholesteringehalt der Nahrungsmittel. Ch. kommt in pflanzlichen Nahrungsmitteln nicht vor. In 100 g sind in mg enthalten: Milch 12, Käse je nach Sorte 5–150, Geflügelfleisch 60–100, Fisch 50–150, Rind-Kalb-Schweinefleisch 60–340, Wild 60–170, Fette vom Tier 100–140, Butter 180–280, Innereien 190–1600, Eigelb 400–1500, Hirn über 200, Fischleberöle 4500–7600.

Christliche Wissenschaft: Amerikanische Sekte, die als Heilmittel bei Krankheiten nur das Gebet anerkennt (Gesundbeter). Krankheit ist Folge von Sünde und Unwissenheit. 1879 von Mary Baker-Eddy in Boston gegründet.

Chronisch (Gegensatz zu *akut*): langwierig und sich längere Zeit hinziehend. Keineswegs gleichbedeutend mit unheilbar. Bei den ch. Krankheiten ist der im akuten Bilde aufs höchste angepeitschte *Abwehr*vorgang abgeschwächt, weil entweder die Art der Schädigung diese Reaktion von vornherein ausgelöst oder weil das akute Stadium sich erschöpft hat und die Krankheit ins chronische Stadium übergegangen ist. Man versucht daher die Heilung chronischer Krankheiten dadurch, daß man sie in ein akutes Verlaufsstadium überführt, aus dem heraus die Heilung besser möglich ist. Damit hängt die in den ersten Tagen und Wochen eintretende Verschlimmerung der Beschwerden und Erscheinungen, die sog. Erstverschlimmerung, zusammen, die man nicht so deuten darf, daß die Maßnahmen nicht richtig sind. Man darf die Kur nicht abbrechen, sondern muß hier konsequent fortfahren und zur Heilung überleiten. Die Erstverschlimmerung ist ein günstiges Zeichen, die auf gute Reaktionsfähigkeit hindeutet.

Cichorium intybus, s. *Wegwarte.*

Cochlearica armoracia, s. *Meerrettich.*

Colchicum autumnale, s. *Herbstzeitlose.*

Colibazillen sind normale Bewohner der Dickdarmflora. Sie können bei Vitaminmangel Folsäure, Vitamin B 1 und Teile des Vitamin-B-Komplexes bilden. Sind sie geschädigt, so bilden sie nicht nur abnorme Stoffwechselprodukte, sondern zerstören auch *Vitamine.* Sie helfen bei der Nahrungszersetzung und Aufschließung im Dickdarm mit. Bei unzweckmäßiger Lebensweise, Stauungen im Darm verändern die C. ihre Eigenschaften und fördern krankhafte Entwicklungen (Dysbakterie). Treten sie aus dem Dickdarm in obere Darmabschnitte über oder gelangen sie in die Harnwege, so erzeugen sie Entzündungen und werden zu Krankheitserregern.

Coliinfektion der Harnwege. Häufige und vorwiegend bei Frauen vorkommende durch Colibazillen ausgelöste aufsteigende Infektion der Blase, Harnwege und Niere. Da bei der Frau After und Scheide unmittelbar benachbart sind, wird bei Reinigung des Afters, die der Bequemlichkeit entsprechend von hinten nach vorn erfolgt, die im Stuhl normal vorkommende Coliflora durch den kurzen Harnleiter in die Blase und von dort nach oben verschleppt. Vorbeugend sollte man schon die kleinen Mädchen erziehen, den After durch Wischen von vorne nach hinten zu reinigen. Bei Männern ist wegen der anatomischen Verhältnisse diese Gefahr nicht gegeben. Doch kommen auch bei ihnen solche Infekte vor, wobei Übergang von Darm auf Blase auf dem Blutweg eine Rolle spielt. Coliinfekte, wie auch die durch andere Bakterien hervorgerufenen Infekte im Harnwegebereich, sind durch Antibiotika oder Sulfonamide auf die Dauer nicht zu beherrschen. Bei Absetzen der Behandlung kommen sie meist wieder und trotzen jeder Behandlung. Hier ist neben der Behandlung wie bei *Blasenentzündung* laufende Durchspülung mit Blasentees, die durch Pflanzenkonzentrate (Cystinol, Nephropur, die gewechselt werden sollten) in ihrer Wirkung verstärkt werden, auf die Dauer wirksam.

Colitis, s. *Dickdarmentzündung.*

Commotio: Erschütterung (des Gehirns).

Conium maculatum, s. *Schierling.*

Conjunktiva: Augenbindehaut.

Conjunktivitis: Augen*bindehautentzündung.*

Cooley, s. *Hollywoodkur.*

Cornea: Hornhaut des Auges, s. *Auge.*

Coué, Emile, 1857–1926, Apotheker in Nancy, lehrte die Heilung von Krankheiten durch *Autosuggestion.* Sein Verfahren machte aber von der Massen*suggestion* unterstützend Gebrauch. Er lehrte seine Kranken, die seelische Heilkraft in sich selbst aufzuspüren und frei zu machen und sich ihr anzuvertrauen.

Curcuma longa: Wurzelstöcke dieser in Südasien heimischen Pflanze sind auch als Temoe-lavak-Droge bekannt. Abkochungen wirken auf Gallenspasmen und fördern den Gallenfluß.

Cyste (Blase): ein mit einer Wand umgebener, mit Flüssigkeit gefüllter Hohlraum.

Cystitis, s. *Blasenentzündung.*

D

Dämmerzustand: Stunden bis Wochen dauernde Zustände getrübten Bewußtseins, die bei *Fallsucht, Gehirn*erkrankungen, akuter und chronischer *Alkohol*vergiftung, aber auch im Verlauf von *Neurosen* vorkommen.

Dampfbäder werden in Dampfbadestuben durchgeführt, in die Dampf eingeleitet wird. Bei der *Sauna* wird der Dampf durch Übergießen erhitzter Steine mit kaltem Wasser unmittelbar erzeugt. Dabei handelt es sich aber nur um einzelne Dampfstöße, während die Hauptwirkung über die trockene Hitze geht. Sie ist also kein ausgesprochenes Dampfbad, nimmt aber eine Mittelstellung ein. Beim Dampfbad wird mit durch Wasserdampf ge- oder übersättigter Luft gearbeitet. Der Raum ist stufenweise angeordnet, so daß eine Steigerung der Hitzegrade durch Wechseln der Stufen möglich ist. Möglichkeiten zum Übergießen mit kaltem Wasser, Fußbadewannen usw. während und nach dem Bade müssen vorgesehen sein. Energisches Schweißtreibemittel, Fiebersteigerung um 1–1$^1/_2$ Grad, Stoffwechselsteigerung, Hautanregung. Wirkungsverstärkungen durch kalte Begießungen, Frottieren, Massieren. Anstrengend für Herz- und Kreislauf. Weniger anstrengend sind Dampfkastenbäder, weil dann der Kopf nicht dem Dampf ausgesetzt ist und außerdem gekühlt werden kann. Förderung der *Ausleitung* bei *Rheuma, Stoffwechselkrankheiten, Vergiftungen* und zur *Entfettung.* Gegenanzeigen: Herz- und Kreislauferkrankung, Arterienverkalkung. Als Ersatz für Dampfkastenbäder können *Volldämpfe* nach *Kneipp* dienen.

Dämpfe sind örtliche Einwirkungen von Wasserdampf, als ausgesprochene Heißanwendung der *Kneippbehandlung.* Erwärmung mit passiver Gefäßerweiterung am Orte der Anwendung. Anregung örtlicher und allgemeiner Kreislaufvorgänge und des Stoffwechsels. Durchblutung der Haut und innerer Organe entsprechend den gewählten Einwirkungsstellen. Auflösende und ausleitende Wirkung bei chronischen und subakuten Entzündungsvorgängen. Bei längerer Dauer Schweißausbruch, auch an nicht bedampften Stellen. Wirken erschlaffend und dürfen daher nicht zu häufig verwendet werden. Kräuterzusätze zur besseren Reizwirkung: Heublumen, Fichtennadeln, Zinnkraut, Kamille werden 2–3 Handvoll ohne Säckchen ins Wasser gegeben und zugedeckt $^1/_2$ Stunde gekocht. Im Topf muß genügend Raum zur Dampfentwicklung frei bleiben. Er soll nur langsam und allmählich durch immer stärkeres Verschieben des Deckels geöffnet werden. Bei Nachlassen des Dampfes kann die Dampfbildung durch vorsichtiges Zugeben eines erhitzten Ziegelsteines erneut angefacht werden. Nicht hineinfallen lassen! Vorsicht vor Verbrennungen durch Spritzer. Patienten niemals allein lassen. Dauer 10–30 Minuten. Bei stärkerem Herzklopfen oder Schwindel Anwendung unterbrechen. Danach im Bett nachdünsten, und erst wenn die gesteigerte Schweißbildung abklingt, mit Kaltanwendung schließen. Niemals unmittelbar nach dem Dampf ins Freie gehen! Vgl. auch *Kopf-, Gesichts-, Ohren-, Fuß-, Unterleibs-, Halb-, Volldampf.*

Gerät zur Dampfbehandlung nach Kneipp

Dämpfen, s. *Kochen.*

Dampfkompresse: Heiße *Auflagen* oder *Aufschläger* wirken schmerzlindernd und krampflösend. Je energischer sie ausgepreßt werden, desto länger bleiben sie warm. Zunächst werden dem Patienten zur Vorerwärmung Trockentuch und Wolltuch untergelegt und ein Stück dampfdurchläs-

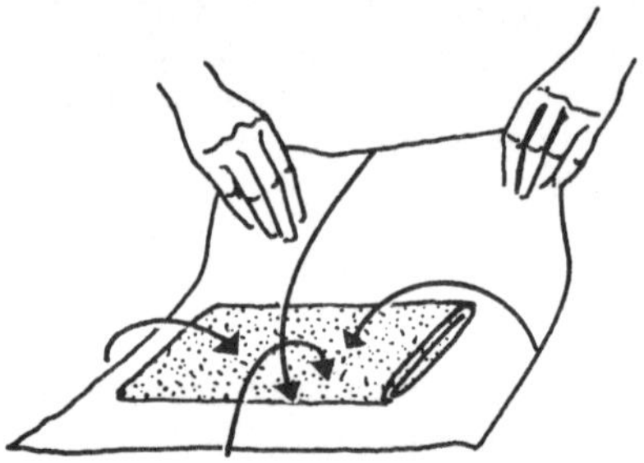

Dampfkompresse

sigen Wollflanells bereitgelegt. Leinentuch wird 6- bis 8fach auf die erforderliche Größe zusammengelegt, eingerollt und einige Minuten in kochendes Wasser gelegt. Beim Herausnehmen umwickelt man das heiße Tuch mit einem trockenen Handtuch und drückt es von oben beginnend kräftig aus. Dann wird die Leinenauflage in den bereitgelegten Wollflanell zu einem Päckchen eingeschlagen. Unten darf sich der Flanell nur in einfacher Lage befinden. Mit dieser Seite vorsichtig auflegen und einpacken. Man kann zusätzlich Wärmeflasche oder Heizkissen auflegen.

Daphne mezereum, s. *Seidelbast.*

Darmbad: Besondere Vorrichtung, die in einem abgeschlossenen System einen ungestörten Wechsel von hohen Einläufen und Darmentleerungen ermöglicht. Es gibt zwei Systeme: 1. Das Trockendarmbad (Gymnokolonsystem) wird an dem auf einem Untersuchungsstuhl liegenden Patienten durchgeführt und stellt lediglich eine laufende Darmspülung mit Abfluß dar. 2. Das Suda-Bad (Subaquales-Darmbad) wird in einem warmen Bade durchgeführt, das entspannend auf *Verkrampfungen* wirkt. Bei diesem Verfahren wird eine gründliche Reinigung des Darms von Darmgiften und Stoffwechselschlacken erzielt und auch reflektorisch auf Nierenausscheidung und Nierenleiterbewegung eingewirkt. Sie spielen bei den verschiedensten Darm- und Stoffwechselkrankheiten in der Naturheilkunde eine wesentliche Rolle. So gehören Darmbäder regelmäßig zu länger durchgeführten *Fasten*kuren als *Entgiftungs*maßnahme.

Darmblutungen bedürfen hinsichtlich des Ursprungs immer genauer ärztlicher Klärung. Unverändertes, insbesondere hellrotes Blut stammt immer aus den unteren Darmabschnitten *(Hämorrhoiden, Geschwüre, Geschwülste,* Verletzungen im Dickdarm). Blut aus *Magen* oder oberen *Darm*abschnitten hat durch die Verdauungssäfte Umwandlungen erlitten, die es dunkelbraun bis schwarz färben. Man spricht dann von Teer- oder Pechstühlen. Die Behandlung richtet sich nach dem Grundleiden. Tee: Tormentillwurzel, Eichenrinde, Wasserpfeffer zu gleichen Teilen; 1 Teelöffel auf 1 Tasse, 15 Min. kochen. Schluckweise trinken. Seneciotropfen. Hp.: Kreosotum D4, Secale cornutum D2–3, Hamamelis ∅, Geranium D1–3. Bch.: Calcium phosphoricum D6, Ferrum phosphoricum D6, Kalium chloricum D6, Calcium fluoratum D12.

Darmbrand: Absterben von Teilen des Darms durch Abklemmung der Blutversorgung (Darmverschlingung, eingeklemmter Bruch, Gerinnsel in den Versorgungsgefäßen). Darmwand wird durchlässig, Darmbakterien treten in die Bauchhöhle und verursachen *Bauchfellentzündung.* Stuhl- und Windverhaltung, Aufblähung des Bauches, Schmerzen, Erbrechen, Pulsbeschleunigung, Kräfteverfall. Nur sofortige Operation kann hier helfen.

Darmdivertikel Schleimhautausstülpungen im Magendarmkanal, die sich ähnlich wie ein *Eingeweidebruch* durch Darm- bzw. Magenmuskulatur in meist vorgebildeten Lücken hindurchzwängen. Kommen in allen Abschnitten des Verdauungskanals vor. Bevorzugter Sitz sind Speiseröhre und Dickdarm. Überwiegend bei übergewichtigen Männern in höherem Alter. Darminhaltstauungen, -zersetzungen in den Ausstülpungen, erhöhter Gasdruck (Meteorismus), Verstopfung und Durchfälle wechseln dabei ab und bestimmen das Bild. Bersten Gefäße, treten Darmblutungen auf. Dumpfer Druck im linken Unterbauch, oft Abgang von Schleim oder Blut. Als Verwicklungen örtliche Bauchfellreizung oder Bildung von Eiterherden in der Mastdarmgegend, die Ursache von Darmfisteln werden können. Beh.: Sorgfältige Darmpflege, Stuhlgangregulierung mit laktovegetabiler Kost. Genuß zellulosebildender Nahrungsmittel in reicher Menge, wie rohe Karotten, rote Rüben oder Weizenkleie etwa 25 g tgl. Viel Obst und Rohkost. Bauchfellreizungen, Eiterherd- und Fistelbildungen können auch chirurgisches Eingreifen nötig machen.

Darmeinlauf (Klistier) wird entweder durch Falldruck mit einem Einlaufgerät (Irrigator) oder mit Spritzendruck durch Klistierspritze verabfolgt. Dient der Erweichung von Kotmassen, Enddarmspülung, -entleerung, Einverleibung von Nährstoffen o. Arzneimitteln. Der Einlauf soll Körpertemperatur haben, wenn nicht kalte Bleibeklistiere als besondere Anwendung beabsichtigt sind. Wasser mit Zusätzen, selten reines Wasser: Kamillenaufguß, Zinnkrautabkochung, Haferstrohabkochung, physiologische Kochsalzlösungen usw. Kleine sog. Bleibe- oder Verweilklistiere betragen nur wenige Eßlöffel. Sie bestehen oft aus Glyzerin oder Pflanzenölen. Entleerungsklistiere benötigen $^1/_2$–1 l Wasser. In hartnäckigen Fällen macht man den hohen Einlauf, bei dem durch Hochstellen des Einlaufgefäßes ein hohes Gefälle erzeugt und bis zu 3 l Flüssigkeit eingelassen wird. Nähr- oder Arzneiklistiere werden in Form kleiner Bleibeklistiere mehrmals tgl. verabfolgt oder als Dauertropfeinlauf dauernd zugeführt. Ein zwischengeschalteter Tropfenregler regelt den Tropfenlauf. Einlauf und Klistier werden am besten in Seitenlage bei leicht angezogenen Knien verabfolgt. Das Einlaufrohr, das mit Gummischlauch an das Einlaufgerät oder direkt an der Spritze befestigt ist, wird etwas eingefettet und mit leichter Hand von hinten unten nach vorne oben eingeführt. Die Einlaufstärke wird durch den Spritzendruck oder die Höhenverschiebung des Gefäßes geregelt.

Darmfäulnis ist die Zersetzung der vom Dünndarm nicht aufgenommenen Nahrungsbestandteile im Dickdarm. Durch bakterielle Einwirkung werden die noch nicht aufgeschlossenen *Kohlehydrate* vergoren und die *Eiweiße* durch *Fäulnis* zersetzt. Bei der D. entstehen neben den Darmgasen übelriechende und giftige Stoffe, die in der Leber entgiftet und durch den Harn ausgeschieden werden. Sie können bei vermehrtem Auftreten auf Blutgefäße und Organe sich schädlich auswirken. Kopfschmerzen, Begünstigung von *Arterienverkalkungs*prozessen können die Folge sein. Bei Überangebot besonders von tierischem Eiweiß, bei Kotstauung infolge *Stuhlverstopfung* oder *Darmverschluß* kann es zu vermehrter Fäulnis kommen. Kohlehydrat*gärung* und Eiweiß*fäulnis* sollen sich ungefähr die Waage halten. *Sauermilch* oder *Joghurt*genuß führt zu einer Änderung der Darmbakterienflora und verhindert die Ausbreitung der Fäulniserreger. Darauf wird der besondere Heilwert des regelmäßigen Genusses dieser Milchprodukte zurückgeführt. Daneben ist regelmäßige Stuhlentleerung zur Verhinderung der Fäulnis erzeugenden Stauungen wichtig.

Darmflora, s. *Bakterien, B.-Flora*

Darmgeschwüre sind meist Folge entzündlicher Erkrankungen in Dünn- *(Typhus)* oder Dickdarm *(Ruhr), Vitamin*mangelstörungen *(Pellagra).* Auch gut- oder bösartige *Geschwülste* der Darmwand können geschwürig zerfallen. *Darmblutung* oder Darmdurchbruch in die Bauchhöhle mit *Bauchfellentzündung* kann die Folge sein. Behandlung nach dem Grundleiden.

Darmkatarrh: Entzündung der Darmschleimhaut durch Diätfehler oder Bakterien, Genuß von verdorbenen Speisen, Würmer, Trinken zu kalten Wassers oder Erkältung des Leibes, Leibschmerzen, heftige Durchfälle, gehäuft auftretend. Fieber nur selten und in schweren Fällen. Bei chronischem Darmkatarrh beim Erwachsenen nicht immer Durchfall, sondern Verstopfung und Blähungserscheinungen. Beh.: *Abführmittel,* Darmreinigung durch Kamillen*darmeinlauf* oder *Darmbad.* Tee*fasten* mit Pfefferminz, Wermut, Schafgarbentee. Bei länger anhaltendem Durchfall *Apfeltag* oder Ein*obsttag* bis zum Stehen des Durchfalls. Heublumen*kompressen* heiß auf den Leib, *Dampfkompressen,* warme *Fuß-* und *Vollbäder.* Gute Erwärmung. Bei chronischem Darmkatarrh *Apfeltage,* Vermeidung blähender Speisen. Kalte Essigwasser*auflage* vor dem Essen. Heublumen*vollbäder*, *Kurzwickel, Oberkörperwaschungen* zur Kräftigung. Bohnenkrauttee, Tormentillwurzel, Kaffeekohle, Heilerde, Heidelbeersaft, Knoblauchsaft innerlich. Hp.: Akuter D.: Chamomilla D2, Rheum D2, Podophyllum D4–6, Pulsatilla D3–4, Dulcamara D2, Bryonia D6; Chronischer D.: Aloe D3, Natrium sulfuricum D4, Bryonia D3, Chelidonium D3, Colocynthis D6, Sulfur D6, Nux vomica D4–6. Bch.: Ferrum phosphoricum D6, Kalium phosphoricum D6, Natrium muriaticum D6, Natrium sulfuricum D6, Natrium phosphoricum D6, Silicea D12, bei blutig eitrigem Stuhl Calcium sulfuricum D6, bei schleimig-blutigem Stuhl Kalium chloratum D6, schleimig-eitrigem Stuhl. Kalium sulfuricum D6. Bei chronischem Darmkatarrh Calcium phosphoricum D6, bei Koliken Magnesium phosphoricum D6.

Darmkrebs: örtliche Ausdrucksformen der *Krebs*krankheit, meist an den Darmbiegungsstellen, am häufigsten im Mastdarm. Gewebswucherungen können zu *Darmverschluß* mit seinen Folgen führen. Dann ist Operation unumgänglich, zumindest Anlegung einer *Darmfistel.* Beh.: *Vegetarische Kost* mit *Rohkost.* Regelmäßige Darmentleerung zur Beseitigung der Kotstauung. *Darmbäder* oder *Klistiere.* Körperliche Bewegung. Allgemeinkräftigende und *ableitende* Wassermaßnahmen: *Ganzwaschungen, Kurz-, Lendenwickel, Halbbäder, Wassertreten.* Als Tee: Wermut, Tausendgüldenkraut, Wacholderbeeren. Allgemeinbehandlung, s. *Krebs*krankheit.

Darmlähmung: Plötzliches Aufhören der Darmbewegungen ist stets eine ernste und lebensbedrohende Störung der Darmfunktion. Nach starken Gewalteinwirkungen auf den Leib, Verletzungen, schweren Bauchoperationen, bei *Bauchfellentzündung* und schweren Infektionskrankheiten kann dies eintreten. Durch Störung der Weiterbeförderung des Darminhalts kommt es zu abnormen *Gärungen* und bedrohlichen Gasansammlungen, mit Aufnahme von Darmgiften in das Blut. Diese beeinträchtigen den Kreislauf schwer. Es kann wie beim *Darmverschluß* zu rückläufigen Bewegungen und zum Koterbrechen kommen. Schnelle Beseitigung des Zustands und damit der Lebensgefahr ist notwendig. Heiße *Leibauflagen.* Kalte *Klistiere.* Darmanregende Mittel durch den Arzt. Hp.: Opium D10–30, Causticum D12.

Darmperforation: Durchbruch des Darminhalts in die *Bauchhöhle.* Folge: Bauchfellentzündung. Operation möglichst bald. Ursache meist ein bestehendes Darmgeschwür, Fremdkörper, Verletzungen.

Darmperistaltik ist die abwechselnde Zusammenziehung und Erschlaffung des *Darmes*, die, durch Schleimhautreize ausgelöst, den Speisebrei im Darm vorwärtsbewegt. Bei Störungen kann es zu rückläufiger D. kommen. Außer der D. kennen wir am Darm noch eine Pendel- oder Mischbewegung, die den Darminhalt nicht weiterschiebt.

Darmverengungen (Darmstenosen) entstehen durch narbige Verwachsungen nach Entzündungen oder Operationen, narbige Abheilung von Darmgeschwüren, Darmgeschwülsten. Einklemmung von Darmteilen oder Darmverschlingungen. Gefährlich werden diese Stellen, wenn es durch zu große Ausdehnung der Veränderungen zu vollkommenem Verschluß kommt.

Darmverschluß (Ileus): Dabei kommt es zu verstärkter Tätigkeit der vor dem Hindernis liegenden Darmteile, die dann in Lähmung übergehen und dasselbe Bild wie bei der *Darmlähmung* zeigen. Aufhören von Stuhl und Winden, Schmerzen in der Gegend der Störungen, Leibauftreibung, Durst, Aufstoßen, verfallenes Aussehen, schwere Kreislaufstörungen kennzeichnen die lebenbedrohende Störung. Die örtlichen Störungen müssen so bald wie möglich, unter Umständen operativ, beseitigt werden.
Bei eingeklemmten *Brüchen* kann man versuchen, die Einklemmung zu beseitigen. *Fasten* und *Dursten* bis zur Beseitigung des Hindernisses ist notwendig. Mund nur ausspülen. Gute Erwärmung durch Wärmeflaschen an Händen und Füßen. Kalte *Klistiere* zur Darmanregung. Äußerlich niemals warme, immer nur kalte *Auflagen*, die bei Erwärmung erneuert werden müssen. Lagewechsel kann die Rückgängigmachung begünstigen.

Darmvorfall, s. *Mastdarmvorfall.*

Datura stramomium, s. *Stechapfel.*

Dauerbad ist ein lange durchgeführtes warmes Bad (mehrere Stunden am Tage) zur Beruhigung aufgeregter Nervenkranker.

Degeneration, s. *Entartung.*

Dekubitus (Aufliegen), s. *Wundliegen.*

Denaturierung ist die Entfernung vom natürlichen Zustand. Schädigung der natürlichen Eigenschaften, Anlagen und Leistungen. Lebensmittel werden meist zum Zwecke der »Verfeinerung«, die Nahrung durch Aufschließungs- und Konservierungsprozesse denaturiert. Im weiteren Sinne kann man unter D. auch die Entfernung unserer Lebensweise vom naturgemäßen Zustand verstehen, die zur Schädigung der Widerstandskraft führt. Der D. entgegenzuwirken und sie auszugleichen ist wesentliche Aufgabe der natürlichen Lebens- und Heilweise.

Depression: Niedergeschlagenheit, Schwermut, seelische Verstimmung.

Dermatitis, s. *Hautentzündung.*

Dermatosen: nicht entzündliche Hauterkrankungen.

Dermographismus, s. *Hautschrift.*

Desensibilisierung, s. *Allergie.*

Desodorieren: Geruchsbeseitigung durch verstärkte Waschungen, Bekämpfung der Ursachen. Verhinderung und Beseitigung der *Fäulnis.* Spülungen mit Kamille, Aufsaugen mit Heilerde, Pflanzenpulvern, Innerlich bei *Lungenbrand, Bronchiektasen:* Terpentinöl 5–10 Tr. in Haferbrei; Knoblauchsaft; Einatmen von Latschenöl, Eukalyptusöl usw.

Dewey, Edward Hooker, 1840 bis 1904, Arzt in Meadville (Pensylvanien), Begründer der *Fasten*behandlung. Voll- und *Morgenfasten.*

Diabetes mellitus (Zuckerharnruhr), s. *Zuckerkrankheit.*

Diarrhoe, s. *Durchfall.*

Diastole: Erweiterung des *Herzens* durch Erschlaffung des Herzmuskels.

Diät (von griech. Diaita = Lebensweise) bedeutet eigentlich die gesamte vom Arzt verordnete und vorgeschriebene Lebensweise. Heute versteht man darunter einschränkend nur die ärztlich vorgeschriebene *Krankenernährung.* Die Naturheilkunde legt auf die Diät im umfassenden Sinne größtes Gewicht. Da sie den Standpunkt vertritt, daß die meisten Krankheiten durch unzweckmäßig zusammengestelltes und zubereitetes Essen entstehen oder begünstigt werden, stellt sie als Grundforderung die Umstellung auf eine naturgemäße Ernährung. Die gesunde *Grundkost* soll salzarm, frei von scharfen Gewürzen (Pfeffer, Senf, Essig), vorwiegend vegetarisch, roh- und frischkostreich und abwechselnd sein. Getreidenahrung wird durch Frischschrotmüsli und Vollkornbrot zugeführt. Obst und Gemüse soll nach Möglichkeit roh oder, wenn dies nicht möglich ist, gedämpft gegeben werden. In Fällen, in denen die vorausgegangenen Beeinflussungen durch unnatürliche Lebensweise zu langdauernd und eingreifend war, wo es sich um schwere, meist chronische Zustände handelt, aber auch in akut bedrohlichen Zuständen werden besondere Diätformen als vorübergehende Heilkost vorgeschrieben. Nahrungsenthaltung soll überflüssige Speicher im Körper abbauen und dadurch auch schädliche gespeicherte Stoffwechselschlacken entfernen, den Körper durch Ausschalten der Stoffwechselarbeit entlasten, um alle Kräfte zur Überwindung der Krankheit frei zu machen. Hierzu dienen *Fastenkuren:* strenges Teefasten, Saftfasten (Obst- und Gemüsesäfte), *Obsttage, Rohkost*kuren. Bei den letzteren Formen wird der Körper zusätzlich mit Stoffen überschüttet, an denen er bisher Mangel leiden mußte. Durch einseitige diätetische Maßnahmen kann man eine *Umstimmung,* einen sogenannten Stoß ins System erzielen, z.B. durch die *Schrothkur.* Die Naturheilkunde macht von solchen einseitigen Diätmaßnahmen nur wenig und maßvoll Gebrauch. Ihr liegen mehr die Formen, die den *Ganzheits*gesichtspunkt auch auf die Ernährung übertragen und zu einer Harmonie in der Nahrungsstoffzufuhr führen. Für die Dauerbehandlung dürfen nur harmonische, alle wichtigen Nahrungsstoffe berücksichtigende Kostformen gewählt werden. Es darf ebensowenig geschlossen werden, daß eine Kostform, die im einzelnen einmal zu einem Heilerfolg geführt hat, für die laufende Ernährung gesund und vollwertig ist, wie angenommen werden darf, daß eine Kostform, die bei ein- oder mehrmaligem Genuß gut vertragen wurde, auch auf die Dauer vertragen wird. In der Naturheilkunde sind folgende Heilkostformen gebräuchlich: *Fasten*kuren (Tee-, Saft-, Linusitsuppenfasten), *Obst-, Rohkost*kuren, vorwiegend *vegetarische* Kost und gelegentlich die *Schroth*kur oder *Mayrkur.* Vgl. auch *Ernährung.*

Diathermie: Hochfrequenztherapie auf der Grundlage langer Wellen. Es wird durch diese Wellen Wärme im Körper gebildet. Da die *Kurzwellen*behandlung mit ihren kürzeren Wellenlängen manche Gewebe, die die D. nicht durchdringt, erfaßt, ist die D. heute fast völlig von der Kurzwellenbehandlung verdrängt. Sie wird in der Chirurgie zur Kaltkaustik verwendet.

Diathese ist die erhöhte Empfänglichkeit für eine Krankheit bzw. eine *Abwehrregulation.*

Dickdarm, s. *Darm.*

Dickdarmentzündung (Colitis): mit Geschwüren einhergehende Erkrankung, bei der Stühle mit Schleim, Eiter und Blut durchsetzt entleert werden. Kolikartige Schmerzen, hohes Fieber, Ruhrinfektion oder schwere Durchfallserkrankungen können sie auslösen. Sie sind aber fast durchweg mit seelischen Ursachen belastet, was bei der Behandlung berücksichtigt werden muß. Beh.: Heiße Essigwasser*auflagen auf den Leib,* nach Erkalten erneuern. *Darmeinläufe, Darmbäder* zur Reinigung und *Entgiftung.* Bei Fieber *Ganzwaschungen* stündlich. Innerlich: *Heilerde,* Kaffeekohle. Hohe Einläufe mit Heilerdeaufschwemmungen, Schlenzbäder, Eigenblut, in schweren Fällen Bluttransfusionen.
Fasten, Rohkost, Apfeltage. Hp.: Aethiops antimonialis D3, Antimonium crudum D4–6, Colchicum D3, Graphites D3–6, Hydrastis ∅–D2, Magnesium muriaticum D4, Mercurius corrosivus D6, Natrium muriaticum D6, Sulfur D6, Sulfur jodatum D3–6. – *Colitis mucosa* ist eine Überempfindlichkeitsreaktion des Dickdarms (s. *Allergie*). Schmerzhafte Entleerung von hellem, glasigem Schleim mit oder ohne Stuhl. Reichlich *eosinophile Leukozyten* sind manchmal nachweisbar. Neigung zu Dickdarmspasmen. Über *Fasten* Umstellung auf gesunde Kost. Meidung tierischer Eiweiße und Fette. Bei Spasmen heiße, später kalte *Leibauflagen.* Ganzwaschungen und kräftigende Maßnahmen.

Dickdarmkatarrh führt wegen Störung der Wasserrückaufsaugung zu durchfälligen Stühlen, ohne daß es zu schweren entzündlichen Veränderungen des Dickdarms kommt. Behandlung wie beim *Darmkatarrh.* Bch.: Natrium muriaticum D6, Natrium sulfuricum D6, Natrium phosphoricum D6, Silicea D2, Calcium phosphoricum D6.

Dickmilch: Milch, bei der durch Säurebildung oder -zusatz der Milchstoff ausgefällt ist. Entsteht beim Stehen durch Milchsäurebazillen. Durch Zusatz besonderer Bakterien und Einhaltung besonderer Bereitungsvorschriften werden Sonderformen der Dickmilch hergestellt. *Joghurt.* Kefir, Kumis, Kaette, Skyr. Sie sind national verbreitete Bereitungsarten. Die D. ist sehr bekömmlich, leicht verdaulich und beeinflußt die *Darmflora* in günstigem Sinne.

Digitalis (Fingerhut): eine Pflanze, deren Blätter in strenger Dosierung zur Herzbehandlung verwendet werden (Tafel VI).

Dill (Anethum graveolens): Samen nach der Reife 1–3g in Aufguß oder leichter Abkochung. Blähungswidrig, Förderung der Milchabsonderung.

Diphtherie (Rachenbräune): eine durch den Diphtheriebazillus hervorgerufene *Entzündung,* die sich hauptsächlich im Rachen, an Mandeln, Kehlkopf und Luftröhre abspielt, aber auch an der Nasenschleimhaut, der Augenbindehaut, Scheidenschleimhaut und in Wunden sich entwickeln kann. Gewöhnlich an den Mandeln. Über der entzündeten Schleimhaut bildet sich weißlicher, ins Graugrünliche übergehender Faserstoffbelag (s. *Blut*), der festsitzt, nicht wegwischbar ist und, wenn er mit Gewalt von der Unterlage losgerissen wird, Blutung bewirkt. Bildet sich Faserstoffbelag in Luftröhre und Kehlkopf, so kommt es zum *Krupp*husten und zu *Erstik-*

*kungs*anfällen. Man muß dann durch Kehlkopfschnitt der Erstickung zuvorkommen. Außer der örtlichen, in vielem der *Mandelentzündung* entsprechenden Störung, kommt es durch Giftwirkung der Bakterien zu schwerer Beeinträchtigung des Allgemeinbefindens, Mattigkeit, Kopfschmerzen, Lähmungen des Herzmuskels, der Gefäßnerven, Muskeln. Schwerer Kreislaufverfall kann eintreten und Tod durch *Kreislaufschwäche* die Folge sein. Die Schulmedizin behauptet, daß die Behandlung mit dem von Behring erfundenen Diphtherieserum, wenn diese rechtzeitig innerhalb der ersten 24 Stunden der Erkrankung erfolgt, eine rasche Heilung bringt und die Sterblichkeit bei D. gegen früher beträchtlich herabsetzt. Naturärzte behaupten, daß sie in schweren, mit Vergiftungserscheinungen von Anfang an auftretenden Fällen gar keine Veränderung nach Serumgaben gesehen haben und daß die nicht septischen Erkrankungen mit den Verfahren der Naturheilkunde genau so, ja sogar besser beeinflußt werden. Wenn auch der erfahrene Naturarzt seiner natürlichen Hinweise sicher ist und sie aus Überzeugung anwendet, so empfiehlt es sich aus rechtlichen Gründen doch, sich der Zustimmung des Patienten, bei Kindern der Erziehungsberechtigten, vorher zu versichern und ihnen die Wahl der Behandlung (Serum oder nicht) zu überlassen. Keinesfalls empfiehlt es sich aber bei längerem Bestehen der Krankheit, gewissermaßen noch um sich oder andere zu beruhigen, das Serum zu geben. Hier heißt es frühzeitig oder gar nicht. Beh.: Saft*fasten, Obsttage,* vor allem während der Fieberperiode. Ansteigendes Heublumenbad mit *Bürsten,* mit Überguß (20°) beenden, einstündige Packung anschließen. Halbstündlich wechselnd Essigwasser*halswickel.* Jeweils nach 4 Stunden ein- bis zweistündige Pausen einschalten. In dieser Zeit im Wechsel *Ober-* oder *Unterkörperwaschung.* Mundspülen mit Salbei, Pfefferminz, frischem Zitronensaft (1 Löffel, mit gleichem Teil Wasser verdünnt). Mandeln alle 2 Stunden mit Heilerde oder Kaffeekohle einpudern. Vom dritten Erkrankungstag an 1–2 ccm *Eigenblut* oder Mutterblut ins Gesäß. Hp.: im Beginn Belladonna D3, je nach Bild Apis D4, Mercurius cyanatus D4, Mercurius bijodatus D3, Ailanthus D3, Echinacea D1, Lachesis D6. Bch.: Kalium chloratum D 6, Calcium phosphoricum D 6, Ferrum phosphoricum D 6 und Kalium phosphoricum D6 beim ersten Verdacht alle 5 Minuten im Wechsel. Bei Zunahme der Schwellung und Beläge Kalium sulfuricum D6, Calcium phosphoricum D6 und Kalium chloratum D6 alle 5 Minuten im Wechsel. Bei Herzschädigungen Herz*kompressen,* niemals kalt!, mit Arnikaessig (1 T. Arnika, 3 T. Essig, ½ l Wasser). Herzmittel: Maiglöckchen. Bei Lähmungen *Teilbäder, Güsse.* Hp.: Gelsemium D4. Causticum D15. Tgl. *Klistiere* zur *Entgiftung*

Distreß: Selye hat vorgeschlagen, für den negativen Streß, der zu krankhaften Störungen führt, die Bezeichnung D. einzuführen. Dies hat sich aber nicht durchgesetzt, da man dafür im Deutschen allgemein von Streß spricht. Neuerdings bezeichnet man als D. auch die Leistungsminderung durch Unterforderung, Monotonie und das Gegenteil von Reizüberflutung. Übermüdung und Beeinträchtigung der Wachsamkeit werden noch gefördert durch Geruchs- u. Temperaturreize. Dagegen ist der Lärm ein Reiz, der zum Streß führt. D. ist danach also der Zustand, der ebenso zu krankhaften Störungen führt, wie der Streß.

Dost (Origanum vulgare) bei Lungenkatarrhen, Leberstauung, Verdauungsstörungen u. Krämpfen, zur Nervenstärkung. 4–6 g mehrmals tgl. als Aufguß (Tafel IV).

Drosera rotundifolia, s. *Sonnentau.*

Drüsen äußerer Ausscheidung, echte D.: Schleim-, Schweiß-, Talg-, Speichel-, Magen-, Darmdrüsen, Bauchspeicheldrüse. Leber, Samen-, Vorsteher-, Milchdrüse.

Drüsen innerer Ausscheidung: *Hirnanhang-, Zirbel-, Schild-, Nebenschild-, Thymusdrüse, Nebenniere,* Inseln der *Bauchspeicheldrüse, Hoden, Eierstöcke (s. Abb. Seite 64).*

Drüsenfieber (Pfeifer): fieberhafte, mit Schwellungen der vorderen und hinteren Halslymphknoten einhergehende *Infektionskrankheit,* besonders bei Kindern vorkommend. Beh.: Tee- oder Saft*fasten.* Kurze, kühle, öfters zu erneuernde *Halswickel,* Lehmhalswickel, *Lenden-* und *Kurz-*

wickel, Abwaschungen. Bch.: Ferrum phosphoricum D6, Kalium phosphoricum D6, Silicea D12.

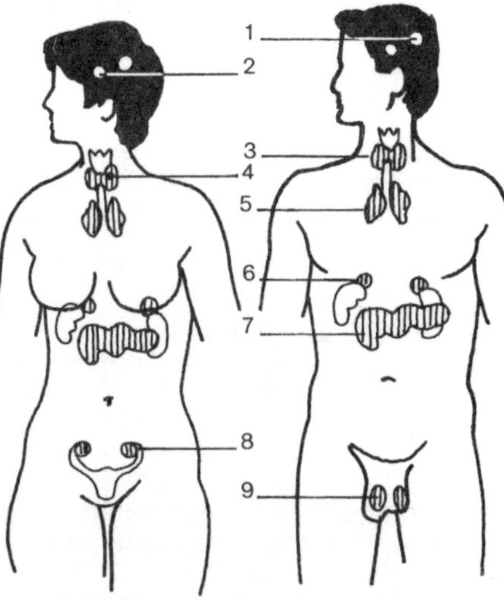

Drüsen innerer Ausscheidung: 1. Zirbeldrüse, 2. Hirnanhangdrüse, 3. Schilddrüse, 4. Nebenschilddrüse, 5. Thymusdrüse, 6. Nebennieren, 7. Bauchspeicheldrüse (Inselapparat), 8. Eierstöcke, 9. Hoden

Düngung: Aus den organischen und anorganischen Stoffen im Boden baut die Pflanze mit Hilfe von *Chlorophyll* und Sonnenlicht die für sie wichtigen Nähr- und Wuchsstoffe auf. Diese dienen in der pflanzlichen Ernährung wieder dem Aufbau von Körpersubstanz und wichtigen Körpersäften. Dem Boden müssen diese Stoffe aber wieder zugeführt werden. In der Natur geschieht dies durch Abbau von abgestorbenen Pflanzen und Pflanzenteilen, verwesten tierischen Teilen und *Ausscheidungen.* Bei den Pflanzenkulturen im Feld- und Gartenbau müssen diese Stoffe, regelmäßig gelenkt, zugesetzt werden, um ihn fruchtbar zu machen. Am idealsten ist die natürliche Düngung aus Kompost, mit Zusatz von tierischen Ausscheidungen. Kompost sind mit Mineralien angereicherte verrottete Pflanzenteile, mit Erde vermischt. Bei der biologisch-dynamischen Düngung findet die Kompostierung mit einem Zusatz bestimmter Pflanzen statt, um dem *Ganzheits*gedanken auch hierbei zum Durchbruch zu verhelfen, während der normale Landbau, auf Rentabilität bedacht, alle verwertbaren Abfälle zur Kompostierung verwendet und nicht zur Kompostierung besonders anbaut. Die künstliche Düngung ist die chemische Düngung mit Kunstdünger. Hier werden die Hauptnährelemente in chemischer, leicht aufschließbarer Form dem Boden zugegeben, um die Erträgnisse zu steigern. Dabei fehlen die organischen Zerfallsprodukte aus der Tätigkeit der Würmer und der Bodenbakterien, die *Hormon*abbaustufen in den tierischen Ausscheidungen, meist auch die anorganischen *Spurenelemente.* Düngungsverfahren, die zu sehr von der natürlichen Düngung abweichen, führen zu pflanzlichen Nahrungsmitteln, die nicht vollwertig im biologischen Sinne sind. Es ist zwar möglich, mit rein künstlicher Düngung die Erträgnisse massenmäßig vorübergehend zu steigern oder zu halten, aber nicht auf die Dauer. Es muß dazwischen immer zumindest tierisch-organisch gedüngt werden. Zur natürlichen Lebensweise gehört natürliche Düngung und Pflanzenbehandlung. Abweichungen führen, auf die Dauer gesehen, zur *Entartung* der Pflanzen und der von ihnen ernährten Lebewesen, s. *Lebensreform.*

Dünsten, s. *Kochen.*

Durchfall (Diarrhoe): häufige mehr oder weniger durch Wasser verdünnte Stuhlausscheidung. Kann auf Entzündungen in allen Teilen des Magendarmkanals, Ausscheidungsstörungen der Verdauungsdrüsen und dadurch bedingte *Verdauungsstörungen,* Vergiftungen von außen und auch von innen (z. B. *Harnvergiftung* bei Nierensiechtum) beruhen. Beschleunigung der Darmpassage und dadurch mangelnde Austrocknung im Dickdarm kann auch auf Grund nervöser Einflüsse entstehen bei *Schilddrüsen*überfunktion, *Basedow, Angst.* Vieldeutiges Zeichen, dessen Behandlung sich nach der Grundstörung richten muß. Vgl. *Darmkatarrh.*

Durst: Trieb zur Flüssigkeitsaufnahme, vom *Zwischenhirn* aus zentral gesteuert. Das Durstzentrum wird erregt, wenn der Salzgehalt der Gewebsflüssigkeit durch zu hohe Salzaufnahme, zu starke Wasserausscheidung oder zu geringe Flüssigkeitsaufnahme zu hoch wird. Gegen Wasserverluste ist der Körper sehr empfindlich. Senkungen unter 10 v. H. führen schon zu schweren Störungen, unter 20 v. H. führen zum Tode. Der normale tgl. Flüssigkeitsbedarf, der z. Teil durch den natürlichen Flüssigkeitsgehalt der Nahrungsmittel gedeckt wird, liegt bei 1 bis 1 1/2 l. Wird durch übermäßige *Schweiß*abgabe (Arbeiten in tropischem Klima oder in heißen Räumen) oder krankhaft vermehrte Nierenausscheidung *Diabetes insipidus* mehr ausgeschieden, so tritt entsprechendes Trinkbedürfnis auf. Sperrt man diesen Menschen die Wasserzufuhr, so treten schwere Ausfallserscheinungen auf. Ist die Flüssigkeitsaufnahme nur gewohnheitsmäßig, so kann sie beschränkt werden, ohne daß Zwischenfälle zu befürchten sind.

Durstfieber tritt bei Säuglingen auf Grund der starken Flüssigkeitsabgabe des Körpers nach der Geburt in den ersten Lebenstagen auf. Bis 40° Fiebersteigerungen sind möglich. Verabreichen von dünnem, gesüßtem Tee (Fenchel, Kamille) befriedigt den Flüssigkeitsbedarf und beseitigt die Ursache des D.

Durstkuren mit kurzem Verbot oder längerdauernder Einschränkung der Flüssigkeitsaufnahme. Bei *Nierenkrankheiten* und *Wassersuchts*schwellungen. Müssen immer mit Salzbeschränkung einhergehen.

Dursttage oder *Trockentage* sind in der *Schroth*kur mit kleinen und großen Trinktagen zu einem Kursystem zusammengestellt. An so einem Trockentag ißt man in beliebiger Menge altbackene Semmeln und trockene Backpflaumen, ohne sonstige Zukost oder Getränk. In der Behandlung schwerer Nierenerkrankungen und von Wassersuchtsfällen werden die Dursttage kurzfristig gleichzeitig mit Hungertagen verordnet.

Dusche (Brause) wirkt anregend auf Haut und Stoffwechsel. Nicht geeignet für Kleinkinder, schwächliche, nervöse, blutarme Kinder und Erwachsene. Kalte Duschen nur bei warmem Körper, zum Abschluß von *Dampf-* und *Heißluftbädern* oder Warmanwendungen. Teilduschen werden wie die Teilgüsse ausgeführt, haben keine Vorteile vor den milder wirkenden *Güssen.* Warme und heiße Duschen dienen der Erwärmung des Körpers besonders beim Gebrauch der Wechselduschen. 30 Sek. heiß, 10 Sek. kalt, mehrmals wechselnd. Heiß beginnend, kalt endend. Anschließend Bettruhe. Duschen können ansteigend von 35–45° und absteigend von 37° bis zur Naturkälte genommen werden. Heiße Unterwasserduschen mit Massage kombiniert.

Duschbäder werden kurmäßig im Sinne von *Überwärmungsbädern* angewendet. In einer besonderen aus vielen Duschen bestehenden Anlage wird der Körper mit Ausnahme des Kopfes mit 43° bis 45° heißem Wasser bis zu 8 Stunden lang berieselt. Der Kranke ruht auf einem Holzrost. Einzelne Organe können mit geführter Dusche besonders behandelt werden. Nach einer Stunde hat sich die Überwärmung zum *Fieber* gesteigert. Während des Bades werden bei Bedarf Obstsäfte gereicht. Vor dem Bade Darmentleerung durch *Einlauf* oder *Darmbad,* Nahrungsenthaltung. Nach dem Bad Bettruhe, *Saft-* und *Obst*diät, leichte *Rohkost.*

Dysbakterie, s. *Bakterienflora.*

Dysenterie, s. *Ruhr.*

Dyshidrosis: Juckender und brennender Bläschenausschlag entsteht an Händen und Füßen durch scharfen und übermäßigen *Schweiß.* Beh. s. *Fußschweiß.*

Dysmenorrhoe: Schmerzhaftigkeit der Regel (ziehende und krampfartige Schmerzen, die meist am Beginn der Regel auftreten und zu *Bettruhe* zwingen können). Unterentwicklung der *Gebärmutter* bei jungen Mädchen, *Myome, Schleimhaut*entzündungen, *Gebärmutterverlagerungen* können die Ursache sein. Auch nervöse Ursachen können vorliegen. Beh.: Gesunde Kost. *Stuhlgangregelung,* um *Stauungen* im Becken zu vermeiden. In der Zwischenzeit Kräftigung des Unterleibs. Kalte *Sitz-* oder Wechselsitzbäder, *Halbbäder, Lendenwickel.* Beseitigung der *kalten Füße, Ganzwaschungen.* Im Anfall *Dampfkompressen* auf den Leib, kalte Kopf*aufschläger.* Gänsefingerkraut, Kamillentee, Tausendgüldenkraut, Raute, Johanniskraut, Rosmarin als Tee. *Blutegel* am Oberschenkel. Hp.: Belladonna D3–6, Caulophyllum D–4, Chamomilla D2–3, Cimicifuga D2–4, Lilium tigrinum D–3, Platinum D4–6, Pulsatilla D4–6, Sabina D6, Sepia D6–10, je nach Bild und Konstitution.

Dyspepsie: *Verdauungsstörung,* die von allen Teilen des *Verdauungskanals* ihren Ausgang nehmen kann. Behandlung der Grundursache.

Dyspnoe (Kurzatmigkeit) ist die im Gegensatz zum anfallsweisen *Asthma* dauernd bestehende Atemnot bei Einschränkungen der Atemfläche durch umfangreiche *Lungenerkrankungen (Entzündungen, Tuberkulose, Emphysem)* oder *Herzerkrankungen.*

Dystonie, s. vegetative D.

Dystrophie: Mißwuchs auf Grund einer *Stoffwechsel-* oder *Ernährungs*störung.

Dysurie, s. *Harnzwang.*

E

Ehrenpreis (Veronica officinalis). Blühendes Kraut (Juni–August) in Aufguß, 3–4 g Einzelgabe, oder als Preßsaft teelöffelweise zur Blutreinigung, bei Hautleiden, Altersjucken, Katarrhen.

Ei: 1. Weibliche Keimzelle, mit den Anlagen für ein neues Einzelwesen, die sich nach Befruchtung durch die männliche Samenzelle zum neuen Wesen gleicher Art entwickelt. 2. Vogelei, das als Hühnerei, seltener als Enten-, Gänse-, Möwenei zu den Lebensmitteln zählt. Es besteht aus dem gelben Dotter, der neben *Eiweiß* noch hochwertige *Fette* und *fettähnliche Körper* (Lipoide), wie *Cholesterin, Lezithin* und Kephalin, sowie andere Nähr- und Wirkstoffe enthält, und dem fast vitaminfreien Weißei, das aus Eiweißkörpern und Mineralstoffen besteht und Fette und Kohlenhydrate nur in sehr geringer Menge enthält. Übermäßiger Eigenuß fördert die Cholesterinbildung und -ablagerung im Körper, s. *Arterienverkalkung.* Ein mäßiger Eigenuß ist unbedenklich und kann auch im Rahmen einer vegetarischen Kost durchgeführt werden. Wenn das Ei auch vom Tier stammt, so ist es doch zur Ernährung des keimenden Pflanzenfressers speziell vom Körper bereitete Nährflüssigkeit, für diesen also eine naturgegebene Nahrung. *Waerland* lehnt den Eigenuß streng ab und schreibt ihm krebsfördernde Eigenschaften zu. Ein wissenschaftlicher Beweis für die Behauptung fehlt. Andere Richtungen sprechen dem angebrüteten Ei (dem 9-Tage-Ei) lebensfördernde und krankheitsheilende Wirkungen zu und schreiben den täglichen Genuß eines 9-Tage-Eis kurgemäß vor (für 30 Tage). Vgl. *Trephone.*

Eibisch (Althaea officinalis): Wurzel und Blätter reizmildernd, entzündunghemmend besonders bei Entzündungen der Brustorgane, aber auch der Harnwege, im Kaltauszug gebraucht. Eibischsirup als Hustenmittel (Tafel IV).

Eichenrinde v. Quercus robur, stark gerbsäurehaltige Droge, s. *Abkochung von Pflanzen* (Tafel IV).

Eierstocksentzündung: Entzündungserreger erreichen den *Eierstock* meist auf direktem Wege über *Gebärmutter* und Eileiter, vom *Bauchfell* oder von umgebenden Bindegeweben oder auf dem Blut- und Lymphwege. Nur selten erkrankt der Eierstock einer Seite für sich allein, meist sind Umgebung, Bindegewebe und Eileiter mit erkrankt *(Adnexitis).* Verschiedenste Entzündungserreger kommen dabei ursächlich in Frage. Wegen der Verbindung zum Bauchfell bestehen im Beginn fast immer heftige Schmerzen, die zum Kreuz ausstrahlen. Stuhlträgheit, *Ausfluß,* unregelmäßige und schmerzhafte Monatsblutung, im akuten Zustand Fieber. Schwellung und Druckschmerzhaftigkeit von Eierstock und Anhangsgebilden. Adnextumor. Wird die Krankheit nicht im Beginn sorgfältig ausgeheilt, bleibt eine schwache Stelle zurück, und bei der geringsten Erkältung des Leibes, meist von unten, von den Füßen her, flackert die Entzündung wieder auf. Chronische E.-Beh.: Gesunde *Grundkost, Gymnastik,* Bewegung, Beseitigung der *Stuhl-*

*verstopfung. Kaltfuß*behandlung. *Ganzwaschung, Halbbad,* warme Zinnkraut*sitzbäder* mit Kaltabschluß, *Wechselsitzbäder, Leibauflage, Heumblumensack, Kniegüsse,* warme *Holzaschenfußbäder, Lendenwickel, Lehm-* und *Moorbäder* oder *-packungen. Thure-Brandt-Massage.* Hp.: Arnika D3, Belladonna D3–4, Apis D3, Sulfur jodatum D3. Injektionen von Echinaceaauszügen.

Eierstocksgeschwülste sind meist gutartige Blasenbildungen (*Cysten*). Sie machen lediglich durch ihre Größe Beschwerden oder wenn sie sich drehen und ihre aus Bauchfell bestehende Verbindung zum Eierstock gereizt wird. Auch Blutungsverlängerungen können durch sie bedingt sein. Bösartige Entartung kommt vor, ist aber verhältnismäßig selten. Hp.: Apis D3, Lachesis D10, Graphites kommen in Frage. Operation muß in zwingenden Fällen in Erwägung gezogen werden.

Eigenblutbehandlung: Behandlung von Krankheiten durch Einspritzung von unbehandeltem oder behandeltem Eigenblut. Am meisten wird unverändertes E. angewendet. Bei akuten, hochfieberhaften *Infektionskrankheiten, Blutvergiftung, Lungenentzündung* tgl. 10ccm in die Muskulatur. Bei *Tuberkulose, Allergien, Hautkrankheiten* wird in die oberen Schichten der Haut, mit 0,1ccm beginnend, tgl. um diese Menge bis zu 0,5ccm steigernd, dann alle 3 Tage, weitersteigernd bis zu 1ccm, dann fünfmal in Abständen von 5 Tagen jedesmal um 1ccm bis zu 5ccm, dann alle 10 Tage bis zu 10ccm steigernd Eigenblut in die Muskulatur (Gesäß) gespritzt. Ultraviolett bestrahltes Eigenblut wird bei chronischen *Gelenkerkrankungen* und allergischen Krankheiten, das kurzwellenbestrahlte bei *Asthma* bronchiale und *Magen-* und *Darmgeschwür* bevorzugt. *Umstimmungsverfahren* zur Steigerung der *Abwehr*funktionen des Körpers. Wegen der Reaktionen, die bei der Behandlung zu beachten sind, kann nur die Behandlung von einem erfahrenen Behandler Erfolg bringen.

Eigenharnbehandlung: Eigen*hormone* und *Antikörper,* die im Harn ausgeschieden werden, werden hier der Behandlung nutzbar gemacht. Steril entnommener Harn wird mit 1 Tr. Phenol auf 5ccm versehen und in den Muskel eingespritzt, mit 0,5ccm allmählich steigernd. Eitrige Entzündungen der Harnwege, *allergische* Erkrankungen, *Hormon*stoffwechselstörungen, *Schwangerschafts*erbrechen werden damit erfolgreich behandelt. Auch hierzu gehört wegen der zu beachtenden Reaktionen Erfahrung.

Eileiterentzündung: selten für sich allein, meist im Zusammenhang mit Entzündung der benachbarten Organe, *Eierstock, Gebärmutter* usw., s. *Eierstocksentzündung. Tripper* und andere Infektionserreger steigen von der Gebärmutter aus auf. Abheilungen führen in der Regel zu Verklebungen und Störungen des Eitransportes, so daß diese Seite für den Fortpflanzungsprozeß ausfällt. Sind beide Eileiter erkrankt, so ist fast immer *Unfruchtbarkeit* die Folge.

Eingewachsener Nagel: Ursache: Enges Schuhwerk, Platt- oder Spreizfuß, zu tiefes Herausschneiden der Nagelecken. Beh.: *Barfußlaufen,* gesundes Schuhwerk, Zinnkraut*fußbäder* bei Entzündung. Nagel nur in der Mitte beschneiden, in schweren Fällen Entfernen eines Teiles der *Nagel*platte mit Nagelfalz. Bch.: Ferrum phosphoricum D6 viertelstündlich, Kalium chloratum D6, Silicea D12.

Eingeweide (Intestina): Man unterscheidet Halseingeweide, Brusteingeweide, Baucheingeweide, Beckeneingeweide.

Eingeweidesenkung betrifft die Baucheingeweide durch Erschlaffung der Bauchdecken und der Aufhängebänder, auf Veranlagung, mangelnder Übung oder Überdehnung in der Schwangerschaft beruhend. Magensenkung, Nierensenkung *(Wanderniere),* Darmsenkung, *Gebärmutterverlagerung, Hängebauch* sind die Äußerungen dieser viele Beschwerden, vor allem Kreuzschmerzen, verursachende Störung. Zweckmäßige Lebensweise, *Gymnastik,* körperliche Ertüchtigung, *Massage* dienen der Kräftigung von Muskulatur und Bändern. *Ganzwaschungen, Güsse, Bäder* unterstützen dies. Leibbinden und Stützkorsetts nur vorübergehend und für bestimmte Zwecke tragen, niemals dadurch die Kräftigung ersetzen.
Für Senkungen der Scheide und Gebärmutter *Thure-Brandt-Beh.*

Einklemmung von Eingeweiden in Bruchsäcken, s. *Bruch.* Von Steinen in engen Kanälen, *Gallen-,* Nieren-, *Blasensteine,* vom *Meniskus* in der Gelenkspalte.

Einlagen: Stützvorrichtungen zur Herstellung der normalen Stellung des veränderten Fußgewölbes bei Senk-, Spreiz- und Knickfuß *(Fußdeformität),* die in den Schuh eingelegt oder fest eingebaut werden. Solange es möglich ist, soll man keine Einlagen tragen, weil der Fuß dadurch nur noch schlaffer wird. Man soll durch *Barfußlaufen, Fußgymnastik, Massage* den Fuß kräftigen und dadurch die Veränderung ausgleichen.

Einlauf, Klysma, s. *Darmeinlauf.*

Einsäuern: Konservieren von Nahrungsmitteln durch Einlegen in Essigsäure oder Veranlassung einer Eigensäuerung durch Milchsäuregärung (Sauerkraut). Die Eigensäuerung bewahrt den ursprünglichen Nahrungswert in besonders hohem Grade und bildet neue wertvolle Stoffe.

Einschlafen d. Gliedmaßen, s. *Absterben.*

Einspritzung (Injektion) von gelösten Arzneimitteln oder zur Heilung zu verwendenden Stoffen (Eigenblut, Milch, usw.) mittels einer Spritze in Muskulatur, Unterhautgewebe, Haut, Blutbahn, Harnröhre oder bestimmte Organe. Die Naturheilkunde macht von Einspritzungen keinen Gebrauch, wenn sie sie durch einfacheres Vorgehen ersetzen kann; vor allem sucht sie dann die Schutzorgane des Körpers nicht zu umgehen. Sie spritzt also, wenn es angängig ist, lieber in die Haut als durch die Haut hindurch.

Eisblase, Eisbeutel: Blech- oder Gummibehälter, der, mit Eis gefüllt und einem Tuch umschlagen (niemals blank), auf den Körper aufgelegt wird. Höchstdauer 2–3 Stunden, damit keine Hauterfrierungen eintreten. Soll nur zur *Blutstillung* angewendet werden, da sie dem Blutumlauf und der natürlichen Heilwirkung des Körpers entgegenwirkt. In der Naturheilbehandlung wird die Eisblase abgelehnt und durch kühle Kompressen ersetzt.

 Eisen spielt als *Spurenelement* bei der Blutbildung eine Rolle und ist bei der einfachen *Blutarmut* in vom Körper aufnehmbaren Präparaten notwendig, falls es nicht ausreichend durch eisenreiche *Gemüse* (Spinat, Brennessel, Sauerampfer) in der Ernährung zugeführt werden kann.

Eisenhut, blauer, s. *Sturmhut* (Tafel IV).

Eisgetränke schädigen den Zahnschmelz und die Fermenttätigkeit von Magen und Darm. Sie sind vom Standpunkt einer naturgemäßen Ernährung abzulehnen und zu den Reiz- und *Genußmitteln* zu stellen.

Eiter ist eine Absonderung aus dem Blut mit weißen Blutkörperchen, die die Bakterien in sich aufnehmen und beseitigen, dabei aber entarten (Aufnahme von Fetten) und auch zerfallen. Er ist im Rahmen der Entzündung ein nützlicher Vorgang, und wenn er dickrahmig ist, ist er im allgemeinen seiner Aufgabe gewachsen. Bei bösartigen, zu weiteren Ausbreitungen neigenden Entzündungen bleibt der E. dünnflüssig und nimmt durch Beimischung veränderten Blutes oft bräunliche Farbe und unangenehmen Geruch an. Setzen von künstlichen Eiterungen durch Einspritzen von Terpentinöl und Einreiben von oberflächlichen Wunden mit Reizölen (*Baunscheidtismus,* Kneipps Malefizöl) sind *umstimmende* Maßnahmen. Hier spielen Erreger bei der Eiterbildung keine Rolle.

Eiweiß: Grundbau- und Nährstoff des Lebens. Die vielen Eiweißkörper in der Natur bestehen aus Zusammensetzungen der ca. 30 *Aminosäuren,* die bis jetzt bekannt sind, als Grundbausteine. Diese bestehen aus Kohlen-, Wasser-, Sauer- und Stickstoff und in einzelnen Fällen noch aus Phosphor und Schwefel. Der Stickstoffgehalt unterscheidet die E. von den anderen organischen Nährstoffen, den *Fetten* und *Kohlehydraten.* Die Aminosäuren werden fast ausschließlich aus Pflanzen gebildet, sind aber nicht alle 30 in jeder Pflanze vorhanden. Mensch und Tier können nur wenige selbst aufbauen und müssen die meisten Aminosäuren aus der Nahrung beziehen. Durch den *Verdauungs*vorgang werden die Aminosäureketten der Eiweißkörper in die einzelnen Aminosäuren zerlegt, diese durchdringen die Darmwand und werden dann zu den körpereigenen Eiweißkörpern aufgebaut. Ein bestimmter Teil unserer Nahrung muß aus Eiweiß zusammengesetzt sein, weil Eiweiß nur aus Eiweiß wieder aufgebaut werden kann. Soll der Körper nicht gezwungen werden, die eigene Substanz anzugreifen, so muß ihm tgl. eine bestimmte Menge E. zugeführt werden. Dieses E.-Minimum liegt beim Menschen bei 30 g, doch ist es davon abhängig, wie die Nahrung im ganzen zusammengesetzt ist. Nur bei einer rein pflanzlichen, *vitamin*- und *auxon*reichen Nahrung liegt das E.-Minimum so niedrig. Kommen tierische Eiweiße hinzu, so steigt der Bedarf und liegt bei überwiegender Fleischnahrung am höchsten. Das E.-Optimum, also die Menge, die für die laufende Ernährung die besten Bedingungen erwarten läßt, wird verschieden angegeben. Eine gesunde, vorwiegend *vegetarische* Kost wird ein E.-Optimum von 1–1$^{1}/_{2}$ g/kg fordern, vorwiegende Fleischkost geht bis 2 g/kg in ihren Forderungen hinauf. Vgl. *Fleisch.*

Eiweißharnen, s. *Albuminurie.*

Eiweißmangel kann Menge oder Qualität betreffen. Mengenmäßig ist er bedingt, wenn lange Zeit das E.-Minimum unterschritten wird, qualitativ, wenn die E.-Versorgung mit nicht vollwertigen, nicht alle *Aminosäuren* enthaltenden Eiweißen erfolgt. Die Aminosäuren, die der Körper zum Aufbau seiner Eiweiße benötigt, sind nicht in allen Pflanzen, aber in Kartoffel und Sojabohne und in Milch, Milchprodukten, Ei und Fleisch enthalten. Dem strengen *Vegetarier* droht daher, wenn er seine Kost nicht sinngemäß, sondern begriffsmäßig zusammensetzt, qualitativer Eiweißmangel. Einseitige Ernährung mit nur einer Frucht oder Gemüsesorte für längere Zeit kann als echte vegetarische Kost nicht angesehen werden. Es muß abwechslungsreich verfahren werden, und die verschiedenen Wurzeln, Blätter und Früchte, die die Natur bietet, müssen laufend genommen werden. Nur dann ist – durch Generationen erwiesen – eine rein vegetarische Kost möglich und führt zu keinem Eiweißmangel. Regelmäßiger Genuß von *Milch*eiweiß *(Quark, Sauermilch, Buttermilch)* verhindert diese Gefahr mit Sicherheit. Wir müssen nämlich bedenken, daß unsere *Gemüse* durch Zuchtauswahl entartete Kulturerzeugnisse darstellen, mit denen allein eine harmonische vegetarische Kost nicht einfach durchzuführen ist. Echte Vegetarier benutzen daher, wo sie können, auch Wildgemüse. Ganz strenge Vegetarier lehnen aber die Milch ab, weil sie vom Tier stammt. Natürlich betrachtet, handelt es sich aber um ein in einer gesonderten Drüse bereitetes Nahrungsmittel, das zu Aufzucht und Ernährung des heranwachsenden Pflanzenfressers dienen soll. Ihre Verwendung für die vegetarische Ernährung verstößt also keineswegs gegen den Geist des Vegetarismus. Ähnliches läßt sich vom *Ei* sagen. Bei einer richtig zusammengesetzten Ernährung ist kein qualitativer E. zu erwarten. Beim mengenmäßigen E. kommt es zu schweren Wachstums- und Gesundheitsstörungen, Kreislaufstörungen, Herzmuskelschädigungen, wassersüchtigen Schwellungen, Nachlassen der körperlichen und geistigen Kräfte. Es dauert oft Jahre, bis selbst bei ausgezeichneter Ernährung die Folge solcher vorübergehenden Mangelerscheinungen ausgeglichen sind.

Eklampsie: während oder gegen Ende der Schwangerschaft, im Wochenbett mit Blutdruckerhöhung einhergehende *Krämpfe* von gleichem Verlauf wie bei der *Fallsucht.* Wahrscheinlich durch Vergiftung des mütterlichen Körpers durch die vom Kind abgegebenen Stoffwechselgifte bedingt. Sofortige Einleitung und Beendigung der Geburt notwendig.

Ekzem, s. *Ausschlag.*

Elektroakupunktur, -neuraltherapie, s. *Akupunktur.*

Elektrotherapie ist die Verwendung der beruhigenden, erregenden und wärmebildenden Eigenschaften des elektrischen Stromes zu Heilzwecken in direkter Anwendung auf den Körper. Der Strom wird dem Körper durch Elektroden zugeführt oder durch Bäder in einzelnen oder in Zellen geteilten Wannen (Zwei-, *Vierzellenbäder*). Man verwendet Schwachströme und Hochfrequenzströme, seltener niedergespannte Sinusströme. Am gebräuchlichsten sind von den Schwachströmen galvanische und faradische Ströme, von den Hochfrequenzströmen Langwellen- und *Kurzwellen*bestrahlung.

E

Embolie (von griech. embolein = hineinschleudern): Verschleppen von festen, flüssigen und gasförmigen Körpern durch die Blutbahn mit Bildung einer Stromunterbrechung in einem Endversorgungsgebiet des Gefäßsystems. Meist handelt es sich um Gerinnungsprodukte aus der Blutbahn; aber auch Entzündungsherde, Fremdkörper, Fett, Luft können verschleppt werden. Plötzlicher Eintritt von Funktionsstörungen als Folge der Kreislaufunterbrechung. *Schlaganfall* bei Hirnembolien, Atemnot mit blutigem Auswurf bei *Lungen*embolie. *Herzschlag* bei Kranzaderembolie. Schmerzen mit Blässe, Kälte oder Unempfindlichkeit eines Gliedes bei Gliedmaßenembolie. Unter günstigen Verhältnissen ist es einmal möglich, eine Gliedmaßen-, Lungenembolie oder Darm*gangrän* rechtzeitig zu operieren. Sonst absolute Bettruhe, kalte Essig*wickel* um den Ort der Störung, *Blutegel.* Die abgestorbenen Gliedmaßen (kalt) müssen mit heißen, trockenen Tüchern umhüllt werden, dazu Kreislaufstützung, s. *Kollaps.*

Empfindungslähmung: herabgesetztes oder fehlendes Empfindungsvermögen für Berührung, Schmerz, Kälte, Wärme bei Erkrankung der empfindungsfasernführenden Nerven.

Emphysem, s. *Lungenerweiterung.*

Endobiont: Nach der Lehre von Prof. Enderlein-Berlin sind *Virus, Bakterium* und Pilz nur verschiedene Entwicklungsstadien eines *Parasiten.* Es hängt von Wirkungsstärke und Stadium des Parasiten ab, ob er Krankheiten hervorruft oder im ungefährlichen Zusammenleben im Körper ist. So kommt der *Tuberkulose*erreger in 3 Formstadien, als Virus, *Bazillus* und Schimmelpilz (Aspergillus niger), der *Krebs*erreger (Endobiont) als Virus, Bakterium und Pilz (Mucor racemosus) vor. Fußend auf dieser Theorie ist das Ziel der Enderleinschen Behandlung, den Abbau der krankmachenden Erregerformen zu den ungefährlichen Primitivstadien einzuleiten. Das Mittel Mutalin enthält Primitivformen des E., die durch Vermehrung mit den höherwertigen Formen dieselben biologisch abbauen. Nach Enderlein ist der E. nicht nur für Krebs, sondern auch für *Rheuma, Gicht, Zucker, Basedow, Arterienverkalkung* und *multiple Sklerose* verantwortlich zu machen. Die Wissenschaft lehnt die Enderleinsche Lehre ab und erklärt seine Primitivformen für Verunreinigungen.

Endometritis: Entzündung der Gebärmutterschleimhaut, s. *Unterleibserkrankungen.*

Endothel: die zarte Innenhaut der *Blut-* und *Lymphgefäße,* aus feinen *Deckzell*schichten bestehend.

Engelwurz, s. *Archangelica officinalis.*

Englische Krankheit (Rachitis): Störung des *Vitamin-* und *Mineralstoffwechsels* (Kalk, Phospor, Vitamin D). Fehlen von Vitmin D führt zu ungenügender Verkalkung des *Knochen*baus, indem die laufend abgebauten Kalkbestände nicht mehr genügend ersetzt werden. Die Knochen erweichen, erleiden Verbiegungen und Auftreibungen, je nachdem sie in der Entwicklung den verschiedenen Schwerebelastungen ausgesetzt sind. Störungen des Allgemeinbefindens, Appetitlosigkeit, Blässe, Trommelbauch, Schweiße, Katarrhe, Durchfälle, nervöse Unruhe, Neigung zu Krämpfen und Blutarmut. Dazu Knochenveränderungen durch Erweichung und Mißgestaltung. Erweichung der Hinterhauptsschuppe mit Abplattung des Hinterhaupts führt zum Quadratschädel. Vermehrte Schweiße und Haarausfall am Hinterhaupt, Auftreibung der Rippen am Ansatz der Rippenknorpel am Brustbein *(Rosenkranz),* Hühner- und Trichterbrustbildung, Beckenverbiegungen, Verbiegungen der Beinknochen *(O- und X-Beine),* Störung der Zahnentwicklung, Bildung von Querfurchen an den Schneidezähnen. Das Vitamin D bildet sich aus den Vorstufen in der pflanzlichen und tierischen Nahrung durch den Einfluß *ultravioletter* Strahlen. *Kochen* und andere den natürlichen Zustand verändernde Nahrungszubereitungen (Abkochen der Milch usw.) zerstören Vitamin D und seine Vorstufen. E. K. ist eine Erkrankung der Säuglings- und Kinderzeit, kann aber auch in der *Entwicklungszeit,* wenn die Knochen schnell wachsen, auftreten. Müdigkeit und Schmerzen in den Beinen und den belasteten Gliedmaßen deuten darauf hin. Beh.: Naturgemäße Ernährung mit Zusatz von Natur*lebertran* oder *Keimöl* zur Verhütung und Behandlung, rohe *Milch, Obst,* Kräuterpreßsäfte, *Rohkost,* Kreidemehl. *Licht-, Luft-, Sonnenbäder, Salzbäder,* Salz*hemden,* Salz*wickel, Lenden-* und *Leibwickel,* kurze Tauchbäder fördern die Heilung und beugen vor. Hp.: Calcium carbonicum Hahnemanni D3–12, Calcium phosphoricum D3–6, Calcium arsenicosum D3–6, Silicea D6–12, Calcium fluoratum D6, Phosphorus D6–12, Graphites D6–12, Sulfur D6–10. Bch.: Calcium phosphoricum D6, Calcium fluoratum D6, Natrium phosphoricum D6, Kalium phosphoricum D6, Silicea D12 bei faulig stinkenden Durchfällen.

Entartung (Degeneration) kann einzelne Zellen, Gewebe, Organe und ganze Einzelwesen sowie Arten betreffen. Sie kann in den *Erbanlagen* infolge Erbänderung vorgesehen oder durch schädliche *Umwelt*einflüsse (Genußgifte, fehlerhafte, unzureichende Ernährung, Entzündungsgifte usw.) entstanden sein. Rückführung zur naturgemäßen Lebensweise kann E. unter Umständen rückgängig machen, vermag sie zumindest aufzuhalten.

Enteritis, s. *Darmkatarrh.*

Enteroptose, s. *Eingeweidesenkung.*

Entfettungskuren müssen das Angebot an Nährstoffen regeln und den Verbrauch des inneren *Stoffwechsels* anregen. In leichten Fällen genügt schon die Umsetzung auf eine *kalorien*arme *vegetarische* Kost unter Vermeidung tierischer Schlacht*fette.* In schweren Fällen sind längere *Fasten*perioden zur Einleitung ratsam, um überhaupt erst einmal den Stoffwechsel zu entlasten. *Kochsalz*einschränkung, da neben Fett auch viel Wasser gespeichert wird. Bei schonendem Vorgehen Einleitung mit strengen *Rohkost*kuren und *Obstsaftfasten.* Bei erreichter Gewichtsabnahme muß eine salzarme *vegetarische* Kost dauernd durchgeführt werden, damit sich die alten Stoffwechselzustände nicht mehr neu entwickeln. Regelmäßige Bewegung, leichte *Gymnastik* oder Arbeit, regelmäßige Spaziergänge regen den Stoffwechsel an. *Wasser*maßnahmen tuen das gleiche und kräftigen den Organismus. *Kurzwickel, Spanischer Mantel, Schlenz*bäder, aufbauende *Güsse, Blitzgüsse.* Schroffe Entfettungen vermeiden, keinesfalls durch Hunger erzwingen. Man soll die Kost so zusammenstellen, daß kein Hungergefühl auftritt. Körperliche Belastung erst mit zunehmender Kräftigung des Gesamtorganismus steigern. *Ausleitende* Tees, bei Beteiligung der *inneren Sekretion* Blasentang als natürlicher Jodspender. Die sog. *»Hollywood«*-Kur gehört nicht zu den naturgemäßen Kostformen. Mit einer naturgemäßen Kost erreicht man das gleiche und erzielt Dauererfolge. Säfte: Wolfstrapp, Brunnenkresse. Entfettungstee: Erdrauch, Blasentang je 2T., Faulbaumrinde, Kreuzdornbeeren je 1 1/2 T., Attichwurzel, Fenchel, Anis je 1T. Hp.: Antimonium crudum D4–6, Fucus versiculosus ∅, Phytolacca ∅-D2, Mercurius dulcia D3, Calcium aceticum solutum D Capsicum D6 je nach Konstitution.
Jede einseitige Kostform auf einen oder zwei der drei Grundnahrungsstoffe Eiweiß, Kohlehydrate und Fett zusammengestellt, die einen oder zwei dieser Stoffe strikt meidet, führt zur Gewichtsabnahme.

Entgiftung von im Körper entstandenen oder in den Körper eingeführten Giften erfordert eine Reihe der Lage entsprechende Maßnahmen. *Brechmittel, Magen-, Darm*spülung, *Darmbäder, Abführmittel, Heilerde, Kohle* zur Giftbindung im Darm und *Ausleitung* auf Niere, Darm oder Haut. Insbesondere die Ausleitung auf die Haut durch *Wickel, Packungen,* warme aufsteigende und heiße *Bäder, Schlenz*bäder ist dabei wichtig.

Entschlackung, s. *Blutreinigung.*

Entspannung: Unser natürliches Leben ist lebensrhythmischen Gesetzen unterstellt. Der Spannung des wachen, tätigen Menschen muß die Entspannung des ruhenden in bestimmten Abständen gegenüberstehen. Das moderne soziale Leben fordert erhöhte Anspannungen im Lebenskampf, die auf Kosten der Entspannung geleistet werden und zu *Verkrampfungen* führen, d.h. das Unvermögen zur Entspannung zur Folge haben. Das gilt für körperliche und geistig-seelische Vorgänge. Der Verkrampfung, die die Ursache vieler krankhafter Störungen ist und werden kann, kann man nur vorbeugen, wenn man die bewußte aktive E. in seinen Lebensplan einbaut. Ausgleichs*sport,* Ausgleichs*gym-*

E*nastik* bei einseitigen muskulären oder geistigen Überanstrengungen. Leichte *Wasseranwendungen, Waschungen* und *Güsse,* ausgiebige Ruhezeiten, Sorge für regelmäßigen, entspannenden *Schlaf,* Beschäftigung mit dem Schönen in Kunst und Literatur in mäßigen Grenzen dienen dazu. Besonders entspannend wirken regelmäßige Bauch*atmungsübungen,* bewußte Entspannung der Muskeln und Organe. Geistige Entspannung übt bewußt das Ausschalten der Außenwelt und das Insichversenken während völliger körperlicher Entspannung, wie es die *Yoga*lehre vorschreibt, *Autogenes Training, Meditation.*

Entwässernde Diäten: Mehrere probate Formen: *Milchtage* nach Carell: strenge Bettruhe; 1000 ccm Milch werden in vierstündlichen Einzelgaben von 200 ccm gereicht. Nach 4–6 Tagen geht man unter allmählich zu steigernder Zulage von Obst, Gemüse, Brot zu reichlicherer Nahrung über. Wegen des Kochsalzgehaltes der Milch sind diese Milchtage heute durch *Obstsaftfasten* oder *Obsttage* ersetzt.
Kartoffeltage: Es werden nur 5mal tgl. je 200g ohne Kochsalz in der Schale gebakkene Kartoffeln gegeben. Der Kaliumgehalt der Kartoffeln fördert die Entwässerung.
Kürbiskur: In großen Mengen genossen, ist der Kürbis ein überragendes harntreibendes Mittel. Man muß 3–5 Pfund Kürbis tgl. geben. Die Harnausscheidung verläuft gleichlaufend mit der verabreichten Menge. Gewöhnlich bestehen dabei reichliche, flüssige Stühle, die wegen der Entwässerung erwünscht sind. Durch Lagern, Trocknen und Erfrieren büßt der Kürbis seine harntreibenden Eigenschaften ein: Roher Kürbis wird in kleine Stücke geschnitten und mit so viel Wasser, daß gerade der Boden bedeckt ist, zerrührt. Dann kocht er etwa 2 Stunden unter wiederholtem Umrühren auf schwachem Feuer zu einem dickflüssigen Brei. Diesen vermischt der Kranke vor dem Einnehmen mit Butter, Milch oder Reissuppe, da der nur mit Wasser zubereitete Brei wenig schmackhaft ist. Kürbis kann auch in folgender Zubereitung angeboten werden: Kürbisgemüse: geschälten Kürbis ohne Kernhaus in fingerlange Stücke schneiden, 20 Minuten in Öl dämpfen, mit Kräutersalz abschmecken und etwas süße Sahne darübergeben. Gefüllter Kürbis: aus dem geschälten Kürbis die Kerne herausnehmen, ihn mit Curryreis und Kräutern füllen und in Backform 30 Minuten backen. Kürbis-Bratlinge: Roh geraspelten Kürbis mit 1 Eßl. Sojamehl, 2 Eiern, 3 Eßlöffeln Milch, 2 Eßlöffeln Mehl, Hafermark oder Weizenflocken und 1 Eßl. geriebenen Mandeln und etwas Zucker zu einem leichten Teig anrühren. In heißem Fett runde flache Kuchen schön braun herausbacken.
Spargelkur: Man gibt 2mal tgl. 1/2 Pfund in verschiedenster Zubereitungsform.
Reistage: Man gibt am Tage nur Reis als Mahlzeiten. Hirsebrei allein gegeben über den Tag entwässert gut.
Auch Rohkost kann als entwässernde Diätform gegeben werden.

Entzündung ist die an das Gefäßsystem gebundene Regulation der Abwehr (vgl. *Abwehrregulation*) des Körpers gegen äußere und in den Körper eingedrungene *Reize*. Diese können mechanischer, bakterieller, chemischer oder physikalischer Natur sein. Sie äußert sich durch Rötung, Schwellung, Wärme (Fieber) und Schmerz. Es kommt zunächst zu Kreislaufveränderungen. Aktive Blutüberfüllung durch Gefäßerweiterung und Beschleunigung des Blutumlaufs in dem befallenen Gebiet, mit dem Zweck, die Abwehrstoffe des Blutes *(Antikörper)* gesteigert zur Wirkung kommen zu lassen. Doch folgt bald eine passive Blutüberfüllung mit *Stauung* in den kleinen Blutadern (sog. Stase). Die weißen Blutkörperchen fließen langsamer an der Gefäßwand entlang, die roten Blutkörperchen schneller in der Mitte des Blutstroms. Die weißen Blutkörperchen treten nun aus den Gefäßen ins Gewebe, zusammen mit der Blutflüssigkeit, und bei weiterer Durchlässigkeit der Gefäße infolge entzündlicher Schädigung können auch rote Blutkörperchen hindurchtreten. Die Abwehrstoffe des Bluts, in Verbindung mit der Tätigkeit der weißen Blutkörperchen, töten *Bakterien* ab, bauen zugrundegegangenes Gewebe ab, wirken also als Gesundheitspolizei. Es kommt zur Aufsaugung und zum Abtransport der durch die E. gebildeten Abbauprodukte oder zur *Eiter*bildung. Zu der gewebsauflösenden Tätigkeit der E. kommt noch die gewebsaufbauende durch Bildung von *Narben-* oder *Granulationsgewebe,* das die durch den Abbau entstandenen Lücken ausfüllt. Je nach Grad entwickeln sich nur

Teile dieser Abwehrfunktionen. Bei der entzündlichen Blutfülle kommt es nur zu einer vorübergehenden stärkeren Durchblutung, bei der serösen E. tritt nur Blutflüssigkeit, an den Schleimhäuten vermehrt Schleim *(Katarrh)* aus.
Bei der fibrinösen Entzündung kommt es zu Faserstoffbildung an der Oberfläche von Schleimhäuten und mit seriösen Häuten ausgekleideten Körperhöhlen innerhalb des serösen Ergusses; bei der eiterigen Entzündung ist die Ausschwitzung reichlich mit weißen Blutkörperchen und zugrunde gegangenem Gewebe durchsetzt.
Ist *Blut* in seiner Gesamtheit ausgetreten, so spricht man von hämorrhagischer E. Tritt *Fäulnis* hinzu, so kann die Entzündung übel riechen, z.T. mit Gasbildung verändert werden (Jauchige E.). Die *akute* E. verläuft stürmisch, mit besonderem Schwerpunkt auf den Abwehrfunktionen. Die *chronische* E. verläuft langsam, bei ihr überwiegen die Neubildungsvorgänge gegenüber den Abwehrfunktionen. Dies ist teils von der Entzündungsursache und der Art der Einwirkung der *Bakterien* abhängig. *Tuberkulose* und *Lepra* verlaufen z.B. immer in Form der chronischen Entzündung. Die Behandlung versucht die *Abwehr*vorgänge der akuten Entzündung zu stützen, den Blutzulauf zu fördern, die Aufsaugung und *Ableitung* der Entzündungsprodukte zu unterstützen, die allgemeine Abwehrbereitschaft des Körpers zu erhöhen. Bei *chronischen* Entzündungen wird im allgemeinen versucht, ein *akutes* Abwehrstadium herzustellen oder, wo dies nicht möglich oder wünschenswert ist, die Abwehrbereitschaft des Körpers zu erhöhen.

Enuresis, s. *Bettnässen.*

Enzian: in vielen Arten vorkommende Gebirgspflanze. Die Wurzel des Enzians ist *bitterstoff*haltig und wird zur *Magen*funktionsanregung und *Fieber*behandlung verwendet. Als *Abkochung* oder Tinktur. Das alkoholische Destillat aus der Wurzel hat kreislaufanregende und magentonisierende Wirkungen (Gentiana purpurea oder lutea) (Tafel V).

Eosinophilie: Unter den weißen *Blut*körperchen mit gelappten und vielgestaltigen Kernen und gekörntem Zelleib ist ein geringer Prozentsatz, der sich mit dem sauren Eosinfarbstoff gut färbt, indem die Zelleibkörner diesen aufnehmen. Diese Zellen nennt man eosinophil. Normal sind etwa 3–4 v.H. aller weißen Blutkörperchen eosinophil. Ist die Zahl vermehrt – was eine *Überempfindlichkeit* und *Abwehr*bereitschaft gegen gewisse Schädigungen anzeigt –, so spricht man von E. Diese besteht in manchen Abwehrphasen gegen *Infektionskrankheiten,* bei *allergischen* Zuständen *(Asthma, Colitis* membranacea, *Ekzem)* und *Würmern.*

Epidemie: ausgebreitetes und gehäuftes Auftreten von *Infektionskrankheiten,* über die Länder hinwegziehend. Gegensatz: *Endemie* in bestimmten Gegenden heimisch.

Epilepsie, s. *Fallsucht.*

Epithel: Deckzellen, die die obersten Schichten der Haut und der Schleimhäute bilden.

Epithelkörperchen (Nebenschilddrüsen) sind in der Regel 4, je 2 hinter jeder Schilddrüsenseite gelegene linsengroße *Drüsen mit innerer Ausscheidung.* Sie regulieren den *Kalkstoffwechsel* und sind für die Erhaltung einer normalen Erregbarkeit von Nerven und Muskeln von auschlaggebender Bedeutung.

Equisetum arvense, s. *Ackerschachtelhalm.*

Erbanlage: Unser Leben, unsere Gestalt und unser Lebensäußerungsvermögen sind uns durch die Vereinigung der Keimzellen des Elternpaares geschenkt und vermittelt worden. Die menschliche Gesamtverfassung beruht auf der Summe der E., die in der Mehrzahl in den Zellfäden des Kernes, z.T. auch im Zelleib der elterlichen Keimzellen angeordnet sind. Es können uns gesunde und krankhafte Anlagen vererbt werden. Treten die krankhaften Erbanlagen im Erscheinungsbild des Lebens hervor, so liegt eine Erbkrankheit vor; tun sie dies nicht, so ist der Mensch gesund, aber im Erbe krank. Man spricht aber von Erbkrankheit nur dann, wenn solche krankhaften Erbanlagen bei ihrer Entstehung die entscheidende Rolle spielen. Unser Leben ist aber nicht allein von den E. abhängig, sondern entwickelt sich in der Auseinandersetzung mit der *Umwelt*. Es kommt viel darauf an, wie sich die Erbanlagen entwickeln, und zu dieser Entwicklung können wir im positiven und negativen Sinne viel tun.

Erbrechen ist die rückläufige, ruckweise Entleerung des Mageninhalts. Es dient der *Magenentleerung* bei Magenüberfüllung, bei Beginn fieberhafter Erkrankungen, besonders der Kinder, bei mechanischer Behinderung der Magendarmpassage, bei Vergiftungen äußerer und innerer Natur; es hat auch nervöse Ursachen, Gehirnreizungen (Seekrankheit usw.). Unstillbares Erbrechen bei Schwangeren kann so stark werden, daß Lebensgefahr besteht und Entfernung der Frucht notwendig wird. Die Behandlung richtet sich nach der Ursache. *Fasten,* vor allem Teebehandlung, mit Melisse, Tausendgüldenkraut, Kamille, zur Beruhigung der Magennerven. Bch.: Ferrum phosphoricum D6, Natrium muriaticum D6 bei Schwangerschaftserbrechen, Natrium phosphoricum D6, Natrium sulfuricum D6, Kalium chlorarum D6, Kalium phosphoricum D6, Calcium phosphoricum D6, Silicea D12, Magnesium phosphoricum D6.

Erdeessen ist eine bei vielen Naturvölkern beobachtete Gewohnheit. Meist handelt es sich um Tonarten, die, auch geröstet, regelmäßig genossen werden. Hier sind Spuren einer natürlichen Lebensweise, die in direkte Beziehungen zur *Heilerde,* die auch aus Tonerden besteht, führen.

Erdrauch (Fumaria officinalis): blühendes Kraut (Mai–Juni). *Aufguß* und *Abkochung,* 2–3g Einzelgabe als *Bittermittel,* zu *Frühjahrskuren, Wurmkuren* und zum *Schweißtreiben.*

Erdstrahlen, s. *Krebs.*

Erfrieren: Abkühlen des Körpers durch Kälteeinwirkung. Gefäßzusammenziehung mit Unterdurchblutung. Blaurot-violette Verfärbung, Schwellung, Blasenbildung und Absterben des Gewebes sind die örtlichen Folgen, je nach Grad und Dauer der Kälteeinwirkung. Sie treten oft erst Stunden und Tage nach der Einwirkung auf. Bei der allgemeinen Erfrierung muß baldigst Wärme von außen zugeführt werden, und zwar sehr intensiv. Bei der örtlichen Erfrierung darf die Erwärmung nur ganz allmählich erfolgen. Man reibt zunächst mit Schnee oder kaltem Wasser mehrmals hintereinander die befallenen Teile ein und versucht die Wärme vom gesunden Körper her zu entwickeln. *Frostbeulen* und Gefäßschädigungen als Erfrierungsfolge sind örtlich durch *Wechsel*bäder und durch Anregung des *Kreislaufs* vom Gesunden her zu beeinflussen. Bch.: Kalium phosphoricum D6, Silicea D6, Calcium sulfuricum D6, Kalium phosphoricum D6 im Wechsel mit Ferrum phosphoricum D6.

Ergänzungsstoffe sind ernährungswichtige Stoffe, deren Vorhandensein in der Nahrung meist nur in Spuren notwendig ist. *Vitamine, Auxone,* anorganische *Spurenelemente,* Frischstoffe noch unbekannter Art gehören hierher.

Erholung dient der *Entspannung* und Kräftigung durch Ausgleich, Wechsel, Ruhe und Abwechslung. Eine E.-Kur soll Wechsel von Klima, Umgebung, Lebensweise, Ernährung und Tätigkeit bringen. Sie ist angezeigt bei Ermüdungserscheinungen und Nachlassen der Leistungsfähigkeit.

Erica (Glockenheide), s. *Heidekraut.*

Erkältung (Verkühlung) entsteht durch Abkühlung des Körpers oder einzelner Körperteile und hängt mit Störungen in der Durchblutung zusammen. Die *Abwehr*fähigkeit des Körpers wird dadurch gestört, und *Bakterien* können sich ansiedeln und entwickeln. Je verweichlichter der Mensch ist, je weniger die Abwehrregulationen gegen äußere Einwirkungen von Kälte- und Klimaeinwirkungen geübt sind, desto mehr reagiert der Mensch auf Erkältungsschäden mit krankhaften Reaktionen. Vorbeugung durch *Abhärtung.* Behandlung richtet sich nach der Form der Störung. *Schnupfen, Rheuma, Ischias, Nervenentzündung, Blasen-, Nierenentzündung, Magenkatarrh usw.* Bch.: Ferrum phosphoricum D6, Kalium phosphoricum D6 neben den Konstitutionsmitteln Calcium phosphoricum D12, Natrium muriaticum D6–12, Kalium sulfuricum D6, Natrium phosphoricum D6 und Silicea D12.

Ermüdung ist die normale Reaktion des Körpers auf körperliche und geistige Anstrengungen. Sie ist das Zeichen der Natur, das den Körper veranlassen soll, jetzt Ruhe und *Entspannung* zu suchen. Danach sind die Ermüdungserscheinungen verschwunden. Krankhafte Formen, die nicht durch normale Ruhe- und Erholungszeiten auszugleichen sind, nennen wir *Erschöpfung.* Hier ist vorsichtiger Aufbau der Leistungen nach längerer Entspannungszeit notwendig und systematisches Leistungstraining, s. *Streß.*

Ernährung ist für alle lebenden Wesen zur Erhaltung, Entwicklung, Leistung (Arbeit, Bewegung) und Fortpflanzung notwendig. Sie dient dem *Stoffwechsel* und hat den Zweck, dem Körper Rohstoffe zuzuführen, aus denen er durch die *Verdauungs*arbeit die Stoffverbindungen herstellt, die er in den inneren Stoffwechsel aufnehmen und verarbeiten kann. Bei der Verbrennung im Körper entsteht Wärme. Diese ist zur Aufrechterhaltung des Lebens eines Warmblüters (und der Mensch ist ein solcher) notwendig. Drei Stoffgruppen der Nahrungsstoffe machen durch Verbrennungsvorgänge Wärme frei: *Eiweiß* (1 g 4,1 gcal = 17,2 J) *Kohlehydrate* dto. und *Fette* (1 g 9,1 gcal = 38 J.) 1 kal. = 1 g Kalorie ist die Wärmemenge, die benötigt wird, um 1 g Wasser von 15° auf 16° zu erwärmen. Der Bedarf an Wärme ist nach Alter, Größe, Geschlecht, Gewicht und sonstigen Besonderheiten verschieden. Er ist beim ruhenden Menschen kleiner als beim arbeitenden und um so größer, je mehr geleistet werden muß. Der Energieumsatz in der Ruhe, der für Kreislauftätigkeit, Atmung, Wachstum, Erhaltung der Körperwärme usw. notwendig ist, heißt der Erhaltungs- oder *Grundumsatz.* Er liegt zwischen 1500–2000 kal. = 6280–8375 J für den Erwachsenen für 24 Stunden. Durch Arbeit steigt der Bedarf. Der Leistungsumsatz erfordert je nach Tätigkeit Erhöhungen bis zum Doppelten und mehr dieser Beträge. Der Umsatz ist kein absoluter Wert und ist auch abhängig von der Zusammensetzung der energieliefernden Nahrungsmittel. Vgl. *Eiweiß, Fett, Kohlehydrate.* Diese Stoffe müssen untereinander in einem harmonischen Verhältnis stehen. Einseitige Betonung oder Vernachlässigung einer dieser Gruppen führt zu höherem Gesamtkalorienbedarf und unter Umständen zu schweren Stoffwechselstörungen. Neben diesen eigentlichen Kalorienträgern sind noch eine Reihe anderer Stoffe organischer und anorganischer Natur für Leben, Gesunderhaltung und Ausnutzung der Nahrung lebenswichtig. Fehlen sie ganz oder zum Teil, kommt es zu Wachstums- und Gesundheitsstörungen *(Mesotrophie)*. Neben den *Mineralstoffen* und *Spurenelementen* sind es *Vitamine, Auxone,* Frischstoffe usw. Sie sind in den frischen, besonders den ganzen Lebensmitteln aus ihrer unmittelbaren Berührung mit dem Leben her noch voll enthalten, werden aber mit der Zeit durch Abbauvorgänge im Lebendigen, durch Lagerung, Zerkleinerung oder künstlich durch *Konservierungs*maßnahmen oder *Koch*vorgänge, zerstört. Diese sog. *Ergänzungsstoffe* spielen neben den Energiespendern in der Gesunderhaltung eine wichtige Rolle. Die Nahrung muß also neben dem Brennwert auch noch den Frisch- und Lebendwert berücksichtigen. *W. Kollath* teilt daher sinngemäß in Lebens- und Nahrungsmittel ein, um dies sprachlich zum Ausdruck zu bringen. Lebensmittel im Sinne Kollaths ist noch lebendige Nahrung und reich an Ergänzungsstoffen und Lebenskraft; Nahrungsmittel ist tote Nahrung und überwiegender *Kalorienspender,* aber arm oder frei von Ergänzungsstoffen. *Kochen* und Konservierung macht immer aus dem Lebensmittel ein Nahrungsmittel. Deshalb muß ein Teil unserer Nahrung wirkliche Frischkost aus reinen und ungeschädigten Lebensmitteln sein; nur der Energiebedarf kann zum Teil aus Nahrungsmitteln gedeckt werden. Vor allem zur Vitaminbedarfsdeckung und *Hormon*bildung benötigt der Körper Stoffe und Vorstufen, die in den Pflanzen vorgebildet sind, wie andererseits die Pflanze Abbauprodukte der menschlichen und tierischen Hormon- und Vitaminwirtschaft, die mit Harn und Stuhl den Körper verlassen, wenn auch in kleinen Mengen, zum Aufbau ihrer Lebensstoffe benötigt; s. *Düngung.* Es besteht also ein enger Kreislauf zwischen pflanzlichem und tierischem Leben in der Natur. Beide sind zu ihrem Bestand aufeinander angewiesen. Nicht alle Stoffe, die dem Körper mit der Ernährung angeboten werden, kann er aufnehmen und auswerten. Sie gehen mit der Verdauung als Stoffwechselschlacken ab. Aber auch nicht alle

Stoffe und Stoffverbindungen, die er in seinem Stoffwechsel aufnehmen kann, bzw. die dort im Stoffwechsel aus den aufgenommenen Stoffen entstehen, kann er verwerten oder sind ihm zuträglich. Es ist die Aufgabe des Stoffwechsels, das über die Körper*ausscheidungen* wieder hinauszubefördern, was ihm schädlich ist, oder es durch chemische Umwandlung zu entgiften. Verwertbare Stoffe, die nicht unmittelbar gebraucht werden, werden in dazu vorbestimmten Geweben und Organen auf Lager genommen und gespeichert. Neu hereinkommendes Material wird in diesen Fällen auf Lager genommen und gespeichertes zur Bedarfsdeckung frei gemacht. Übermäßige Lagerung macht den Stoffwechsel träge und ist der Gesundheit nicht zuträglich. Aber nicht nur Nährstoffe, sondern auch Ausscheidungsprodukte können gelagert werden, wenn die Ausscheidung nicht ausreicht, weil sie gestört ist oder wegen zu starken Anfalls die auszuscheidenden Stoffwechselschlacken nicht bewältigen kann. Dadurch wird der Grund zu Stoffwechselstörungen und Stoffwechselerkrankungen gelegt. Solange z.B. der Körper in der Lage ist, alle gebildete *Harnsäure* auszuscheiden, scheint er gesund zu sein; wenn er zu speichern anfängt, weil er die Ausscheidung nicht bewältigen kann, beginnt er *gicht*krank zu werden. Bei der E. ist deshalb darauf zu achten, daß alle Stoffe, die zur Energiebildung benötigt werden, in einer Form verabreicht werden, die möglichst wenig Schlacken bildet, die schwer auszuscheiden sind oder im Körper gespeichert werden, und daß sie reichlich Ergänzungsstoffe enthält. Die *Ganzheits*frage und der Frischwert der Nahrung spielen hierbei eine entscheidende Rolle. Der frisch geerntete und unmittelbar genossene Salatkopf ist wertvoller als der erst nach längerer Zeit in die Hände des Verbrauchers gelangte Salatkopf. Dieser ist aber besser als gar keiner. Das Ideal naturgemäßer Ernährung ist das im eigenen Garten gezogene Nahrungsgut (*Schreber*gartenbewegung). In der Zusammensetzung der E. ist auch auf Vermeidung von *Säure*bildnern und *Basen*überschuß zu achten, s. *Berg*sche Ernährungsregel. Neuerdings werden international die Wärmewerte nicht mehr nach Kalorien erfaßt, sondern nach Joule. 1 Joule entspricht 4,1862 Kalorien.

Erregbarkeit: gesteigerte Tätigkeit des *Nervensystems,* die sich im körperlichen und seelischen Verhalten ausdrückt. Neben einer normalen Erregbarkeit haben wir Unter- und Übererregbarkeit zu unterscheiden. Wie ein Mensch reagiert, ist anlagemäßig bedingt und drückt sich im Temperament aus. *Schilddrüsenüberfunktion* steigert die Erregbarkeit, Hopfen und Baldrian setzen sie herab.

Erosion ist ein umschriebener Gewebsausfall an den oberen Schichten von Haut und Schleimhaut.

Erschöpfung ist eine Folge von Überbeanspruchung. Sie tritt ein, wenn die Ermüdung nicht rechtzeitig durch Entspannung ausgeglichen, sondern durch Anregungsmittel, Reizmittel verscheucht wird, s. *Ermüdung* u. *Streß.*

Ersticken ist die Folge der Verminderung des Sauerstoffgehaltes des Blutes. Sie kommt zustande durch Verhinderung der äußeren Luftzufuhr durch die Atemwege (äußere E.) oder wenn durch Gifte oder Zerstörung die Blutkörperchen keinen Sauerstoff mehr aufnehmen können (inneres E.). Behandlung hat bei äußerem E. die Hindernisse für die Luftzufuhr so rasch wie möglich zu beseitigen, Frischluft und Sauerstoff zuzuführen. Bei innerem E. *künstliche Atmung* und Kreislaufanregung.

Erstverschlimmerung, s. *chronisch.*

Erythem: leichteste Form der oberflächlichen *Hautentzündung,* als Folge mechanischer, chemischer oder Strahlenreize. Rötung, Brennen und nach einiger Zeit *Abschuppung.* Der nächste Grad mit Bläschenbildung und evtl. Nässen der geplatzten Bläschen wird als *Hautentzündung* bezeichnet. Beh.: Kalte Umschläge, Einpudern.

Erythrea centaurium, s. *Tausendgüldenkraut.*

Esoterik: Erweckung von innen her, im Gegensatz zur Exoterik, die das äußerliche Informiertwerden bezeichnet. Die echte Geheimlehre wendet sich nach innen demjenigen zu, was von dort her erwachen will. Sie eröffnet sich nur solchen, die willens und fähig sind zu verwirklichen. Solange dieser innere Vorgang nicht vollzogen ist, bleibt alles geheim und unsagbar, und erst wenn er sich abgespielt hat, wird das Geheime zum Insgeheimen. Fälschlicherweise wird E. oft mit *Okkultismus* gleichgesetzt.

Essig ist ein durch *Gärung* mit Essigbakterien aus weingeisthaltigen Flüssigkeiten gewonnenes Erzeugnis. Der gewöhnliche Handelsessig ist Kunstessig, aus Sprit hergestellt und zu höchstens 20 v.H. mit Weinessig verschnitten. Der Weinessig wird durch Essiggärung aus Wein hergestellt und ist mit aromatischen Kräutern ein geschmackverbesserndes Würz- und Konservierungsmittel, von dem aber nur mit Maßen Gebrauch gemacht werden soll. In der Gesundheitsküche macht man von *Obstessig* (besonders Apfelessig) oder Zitronensaft Gebrauch. Apfelessigkuren nach Dr. Jarvis, s. *Obstessig.*

Essigwasser wird zu *Waschungen, Wickel, Auflagen* durch Zusatz von $^{1}/_{3}$ Haushaltessig zum Wasser bereitet. Verstärkt die Wirkung des kalten Wassers.

Estragon (Artemisia dranunculus): Salat- und Essigwürze, angebaut im Garten.

Euphorie: gehobene, erleichterte und von der Erdenschwere befreite Stimmung. Wohlbefinden. Tritt bei Gehirnkrankheiten *(Gehirnerweichung, multiple Sklerose,* Stirnhirngeschwülsten), bei schweren, zu Ende gehenden Allgemeinerkrankungen (*Blutvergiftung,* Schwindsucht), nach *Vergiftungen,* besonders mit *Genußgiften (Alkohol, Nikotin, Koffein, Opium, Kokain,* Heroin u.v.a.m.) auf. E. ist der Grund, weshalb es zur Sucht kommt: der Mensch sucht diesen Zustand, wenn er ihn einmal kennengelernt hat, immer wieder zu erreichen. Die E. spielt aber auch bei allen Heilmaßnahmen insofern eine Rolle, als sie die Heilkraft der Maßnahme verstärkt und unterstützt. Sie tritt bei den meisten Wasseranwendungen auf und ist ein Teil der erwünschten Reaktion.

Euphrasia officinalis, s. *Augentrost.*

Ewerskost, s. *Multiple Sklerose.*

Exkretion: äußere Ausscheidung auf Grund der Tätigkeit von *Drüsen* und *Ausscheidungsorganen.*

Expektoration: Entleerung von *Auswurf* aus den Atmungsorganen. Auswurfsförderung durch *Brusttee,* Tinkturen, ätherische Öle aus auswurffördernden Pflanzen: Seifen, Süßholz, Veilchenwurzel, Anis, Fenchel, Sonnentau, Wollblumen, Isländisches und Irländisches Moos, Eibisch, Huflattich.

Exsudat: Ausschwitzung entzündlicher Natur ins Gewebe oder an der Oberfläche von Schleimhäuten und seriösen Häuten in vorgebildete Höhlen.

Exsudative Diathese: Neigung, auf äußere und innere Reize mit *Ausschlägen* und Schleimhaut*katarrhen* auf Grund einer angeborenen Veranlagung zu reagieren. Häufig kombiniert mit gesteigerter Reaktion des *Lymphknotensystems* (Lymphatismus). Kommt *tuberkulöse* Infektion hinzu, entsteht *Skrofulose.*

Extrakt: Auszug aus Drogen. Wässerige Extrakte sind die Tees als Heiß-, Kalt*aufguß* und *Abkochung.* Sonst sind E. eingedickte Auszüge aus Drogen oder eingedickte Pflanzensäfte. Es gibt dünne, dicke und trockene Extrakte. Sie werden zu Pillen und flüssigen Arzneien verarbeitet.

F

Facialislähmung: Gesichtsnervenlähmung. Bei Entzündungen oder Verletzungen der Gesichtsnerven sowie bei Hirnblutungen im Kerngebiet der Nerven *(Schlaganfall)* kommt es zu meist einseitiger *Lähmung* des Gesichtes. Augenlid, Mundwinkel hängen herab. Falte zwischen Nase und Oberlippe verstreicht und der Mund kann zum Pfeifen nicht mehr gespitzt werden. Kauen und Sprechen können erschwert sein. Meist handelt es sich um rheumatische Entzündungen nach *Erkältungs*schaden; da der Nerv durch das *Felsenbein* in Ohrnähe zieht, können auch

F

Ohrenentzündungen auf ihn übergreifen. Beh.: Erzeugung aktiver Wärme durch häufige kalte *Gesichtswaschungen. Kneipp* empfiehlt Einreibungen mit Malefizöl, die zu Eiterpustelbildung führen, dazu *Ganzwaschungen, Schenkel-Oberguß, Halbbad,* warme Fichtennadelbäder mit kaltem *Abguß*. Heiße *Heu-* oder *Leinsamensäcke, Massage, Bindegewebsmassage, Elektrotherapie.* Hp.: Aconitum D3, Rhus toxicodendron D4–10, Causticum D12 nach Erkältung; nach Traumen Arnica D3–6, Ruta graveolens D1–3, Hypericum D3–6. Bch.: Ferrum phosphoricum D6, Kalium phosphoricum D6.

Fallsucht: Epilepsie. Anfallsweise auftretende *Bewußtlosigkeit* mit *Verkrampfung* der Muskulatur. Die Anfälle melden sich durch Vorzeichen, (Verstimmung, Reizbarkeit, Kopfdruck) Stunden oder Tage vorher an. Kurz vorher oft eigenartige Sinnesempfindungen (sog. Aura), die Gefühl, Gesicht, Geschmack betreffen können. Plötzliches Zusammenstürzen, oft mit einem Schrei in tiefe Bewußtlosigkeit. Krampfhafte Gesichtsverzerrung, Aufeinanderpressen der Kiefer und Stillstand der Atmung mit blauer Verfärbung des Gesichts für etwa 1/2 Minute, dann sich rasch über den Körper ausdehnende Schüttelkrämpfe. Schaum vor dem Mund, meist Zungenbiß und hartes Aufschlagen des Kopfes. Verhütung von Verletzungen durch Einführen eines Knebels in den Mund und Unterstützung des Kopfes. Nach Abklingen der Krämpfe tiefer Schlaf. Echte Fallsucht liegt nur vor, wenn *Gehirnverletzungen* oder -erkrankungen, innere Stoffwechselvergiftungen bei *Nieren*erkrankungen oder *Schwangerschaft* (s. *Eklampsie*) auszuschließen sind. Oft ist eine Anlage zu Nervenkrankheiten familiär festzustellen. Bei manchen Kranken treten an Stelle der Krämpfe andere abwegige Zustände auf: *Dämmerzustände,* Wandertrieb, Zwangshandlungen, Brandstiftung usw. Beh.: Reine Pflanzenkost mit viel *Rohkost,* viel Aufenthalt und Beschäftigung im Freien. Tgl. *Ganzwaschungen, Barfußgehen.* Wöchentlich 2 warme *Heublumen*vollbäder, Halbbäder, 2 Salzwasser*hemden, Bindegewebsmassage.* Innerlich: Beifuß, Baldrian, Mistel, Lavendel, Adonis. Hp.: Acidum hydrocyanicum D6, Absinthium D3, Artemisia D4–6, Agaricus muscarius D6, Argentum nitricum D6, Cuprum D4–10, Cicuta virosa D4, Bufo D10. Bch.: Ferrum phosphoricum D6, Kalium phosphoricum D6, Magnesium phosphoricum D6 im Wechsel mit Kalium phosphoricum D4, Silicea D2.

Fango: Mineralschlamm vulkanischen Ursprungs. Wird zu *Packungen* und *Schlamm*bädern verwendet bei *Entzündungen, Rheumatismus* und *Stoffwechselstörungen.* Eifelfango, Pistyanschlamm usw.

Faradisieren: Behandlung mit niederfrequentem Wechselstrom 40–60 Volt, Reizbehandlung bei Bewegungs- und Empfindungs*lähmungen.*

Färben der Nahrungsmittel: Die für unsere Breiten notwendige *Konservierung* der Nahrungsmittel (Erhitzung und Lagerung) bringt es mit sich, daß sie an Naturfarbe verlieren und deshalb nicht mehr »frisch« aussehen. Die Nahrungsmittelindustrie sucht dies durch Zusatz angeblich unschädlicher Lebensmittelfarben auszugleichen. Ebenso sucht man vorhandene Farben zu beseitigen, z.B. Bleichen des Mehles, um eine bessere Qualität vorzutäuschen. Die Anhänger einer naturgemäßen Lebensweise fordern schon lange, daß, wenn man schon gezwungen ist, durch die Konservierung ein Nahrungsmittel zu entwerten, man es nicht noch überdies durch Chemikalien, die giftige Wirkung auf den Körper besitzen können, zusätzlich belastet. Sowohl Konservierung wie F. durch chemische Zusätze werden mit Recht verworfen. Unser Lebensmittelgesetz hat die zum Färben und Konservieren erlaubten Stoffe stark beschränkt und eine Kennzeichnungspflicht dafür eingeführt. Es bleibt nun dem Verbraucher überlassen, die Lebensmittel zu meiden, die solche Stoffe enthalten. Es ist besser, Lebensmittel, die durch Einmachen die Farbe geändert haben und unansehnlich geworden sind, als natürlich anzusehen und mit diesem natürlichen Zustand vorliebzunehmen als Stoffe mit unnatürlicher Färbung zu sich zu nehmen, die dem Körper nach allen Erfahrungen besonders der neueren Zeit sicher nicht zuträglich sind. Ein gefärbtes, chemisch konserviertes oder gebleichtes Nahrungsmittel ist nicht mehr naturrein und nicht mehr naturnah. Mit der Farbe wird ein Zustand vorgetäuscht, der nicht vorhanden ist. Deshalb werden solche Nahrungsmittel von der Naturheilkunde abgelehnt. Nachdem die Nahrungsmittelindustrie trotz aller Forderungen der modernen Ernährungswissenschaft an der Färbung festhält, gibt heute nur die *Reform*ware die Garantie, daß sie solchen Manipulationen nicht unterworfen war. Heute bekennen sich maßgebende Schulmediziner, wie der Krebsforscher Prof. K. H. Bauer in Heidelberg, zu der Auffassung, daß Zivilisationskrankheiten, wie der Krebs, mit der Unsitte der Lebensmittelfärbung eng zusammenhängen.

Färberröte (Krapp, Rubia tinctorum): Wurzel wird im Herbst geerntet. Einzelgabe 1–2 g frisch oder im Auszug zur Nierensteinauflösung und bei Gicht innerlich. Äußerlich: in Auflagen zur Geschwürsbehandlung.

Fasten ist die völlige Enthaltung von fester Nahrung. Von *Dewey* in die moderne Naturheilkunde eingeführt, von *Just* besonders gepflegt, wurde es von *Buchinger* methodisch ausgebaut. Bei *Verdauungs-* und *Stoffwechsel*störungen, bei schweren *fieber*haften Erkrankungen ist F. bis zum Wiederauftreten des Appetits eine außerordentliche Selbsthilfemaßnahme des Körpers. Unabgelenkt von der Stoffwechseltätigkeit kann der Körper alle Kraft zusammenfassen, um die Krankheit zu überwinden. Strenges Fasten besteht in Teefasten. Hier wird nur schluckweise ein dem Grundleiden angepaßter Kräutertee (Pfefferminz, Melisse, Wermut, Tausendgüldenkraut u. a.) genossen oder eine leere Fastensuppe gereicht. Beim Saftfasten werden nur frische, natürliche Obst- und Gemüsesäfte sowie bestimmte Kräutersäfte genossen. Auch Obsttage stellen eine milde Form des Fastens dar, wenn sie auch strenggenommen keine mehr sind. Fastenkuren sind bis zu mehreren Wochen in dieser Form durchgeführte Kuren. Sie sind tiefgreifende *Umstimmungs*mittel bei schweren akuten und chronischen Stoffwechselerkrankungen, chronischen Entzündungen, Nierenerkrankungen, Kreislaufstörungen, Blutdruckerhöhungen usw. Sie sind möglichst in Abgeschlossenheit in besonderen Fastenheimen und unter Leitung erfahrener Fastenärzte durchzuführen. Milde Fastenkuren mit Saftfasten können von zuverlässigen Patienten im Einzelfall bei nicht zu schwerer körperlicher Arbeit auch ohne Berufsunterbrechung durchgeführt werden; aber auch hier ist ein erfahrener Fastenführer notwendig. Vor und während der Fastenkur ist für regelmäßige Darmreinigung mittels *Darmbad* oder *Darmeinlauf* zu sorgen. Fasteneinteilung: Man geht über einige *Rohkost-* und *Obsttage* zum Fasten über oder beginnt mit einer Reinigungskur unmittelbar. Am Abend Darmreinigung. Morgens werden nüchtern 3 Gläser warmes Wasser, auf die 30 g Glaubersalz verteilt sind, innerhalb ³/₄ Stunden langsam schluckweise getrunken; sonst wird den ganzen Tag, notfalls bei ausreichender Bettruhe, nichts gegessen und getrunken. Am nächsten Tag beginnt das eigentliche Fasten. Beim strengen Fasten werden nur einige Tassen Tee und evtl. mittags eine leere Fastensuppe gereicht; beim Saftfasten werden 750 ccm Obst- und Gemüsesaft, in anregendem Wechsel über den Tag verteilt, schluckweise eingenommen. Es stehen morgens, mittags und abends je 100 g Obstsaft, 100 g Gemüsesaft und 50 g Kräutersaft (Sellerie, Zwiebel, Rettich, Birke) zur Verfügung. Diese Portionen werden nicht auf einen Sitz als Mahlzeit verzehrt, sondern bis zur Ausgabe der nächsten Portion langsam schluckweise, bei Bedarf zur Stillung des Hungergefühls, genossen. Bei einer Fastenkur treten nur in den ersten 3 Tagen, bis sich der Magen an die Leerstellung gewöhnt hat und keine Füllung mehr erwartet, Hungergefühle auf. Es kommt vielmehr zu einem Gefühl der Erleichterung und der Kräftigung, das man manchmal dämpfen muß, damit sich der Fastende nicht verausgabt. Dazwischen treten Heilkrisen auf, die für die heilerische Beeinflussung des Leidens von hohem Wert sind und mit Hilfe des Fastenarztes überwunden werden müssen. Die Dauer der Kur wird vom Arzt bestimmt und richtet sich nach dem laufend überwachten Zustand und dem Heilziel. Wöchentlich 2 *Klistiere* oder *Darmbäder* sorgen für Darmreinigung. Der Fastende ist darauf vorzubereiten, daß er während der Kur stark ausdünstet und vor allem aus dem Munde riecht. Ist das Fasten beendet, kommt das *Fastenbrechen* und der Aufbau zu einer salzarmen *vegetarischen* Kost. Würde der Fastende durch Aufnahme einer kräftigen (besonders fett- und eiweißhaltigen) Mahlzeit willkürlich unterbrechen, würden schwere Gesundheitsstörungen schockartigen Charakters die Folge sein.

Fastenbrechen kann durch Übergang auf Rohkost, dann auf *vegetarische* Kost erfolgen. Dann darf aber nicht vor Ablauf von 2 Wochen tierisches Eiweiß (Fleisch, Eier, Milch, Käse) gereicht werden. Man kann auch so abbrechen, daß man am 1. Tag zu den 3 Hauptmahlzeiten je einen Teller Kohlehydratschleim gibt, am 2. Tag Brei ohne Milch, am 3. Tag mit Milch, dann Rohkost zulegt und nun allmählich zu einer vegetarischen Grundform aufbaut. Bei Tuberkulose, Krebs, Schilddrüsenkrankheiten sind Fastenkuren strikt zu widerraten. Während der Kur wird durch *Luftbäder, Teilwickel* und *-bäder* die *Entgiftung* des Körpers gefördert. Eingreifende Maßnahmen (*Schlenz*bäder) sollen aber vermieden werden. Vgl. *Morgenfasten.*

Fäulnis ist die bakterielle Zersetzung des *Eiweißes.* Sie kommt normal im Darm der Fleischfresser vor, auch im Dickdarm des Menschen *(Darmfäulnis).*

Faulbaum (Rhamnus frangula): gelagerte Rinde (mindestens ein Jahr) als Pulver oder Teeabkochung zum Abführen. Einzelgabe 1–4 g.

Feldthymian s. *Quendel* (Tafel V).

Felke Erdmann Leopold Emanuel, 1856–1926, war evang. Theologe und hatte auch einige Semester Medizin und Naturwissenschaften in Berlin studiert. Er zeigte eine außerordentliche natürliche Begabung in der Krankenbehandlung, so daß er sich gezwungen sah, sein Pfarramt niederzulegen und sich ganz der Krankenbehandlung zu widmen. Er wirkte von 1915 bis zu seinem Tode in Sobernheim an der Nahe. Beeinflußt von Kneipp, Lahmann, Kuhne und Just, entwickelte er eine umfassende natürliche Heilmethode, wobei er besonders die *Lehmbehandlung* mit Umschlägen und Bädern pflegte (Lehmpastor). Das *Lehmsitzbad* wird nach ihm Felkebad genannt. Felke war auch ein berühmter *Augendiagnostiker.*

Fenchel (Foeniculum vulgare): Früchte wirken beruhigend auf die Magendarmbewegungen, blähungswidrig. Aufguß und ätherisches Öl finden Verwendung. Einzelgabe 1–4 g.

Fettähnliche Stoffe (Lipoide) enthalten statt des Glyzerins andere Alkohole, kommen stets mit den natürlichen *Fetten* zusammen vor und verhalten sich ähnlich wie die natürlichen Fette. *Cholesterin, Lezithin,* Sterin sind die wichtigsten Lipoide. Sie spielen im Aufbau der Zellkerne und Zellmembrangerüstsubstanzen eine Rolle. Die Nervensubstanz benötigt sie zu ihrem Aufbau und zu ihrer Funktionserhaltung. Überangebot an Lipoiden kann auch zu Störungen führen, s. *Cholesterin.*

Fette sind chemische Verbindungen von Fettsäuren (Stearin-, Palmitin- und Ölsäure) mit dem Alkohol Glyzerin. Sie bestehen nur aus den Grundelementen Kohlen-, Wasser- und Sauerstoff und werden restlos verbrannt. Dem Körper sollen täglich 0,8–1 g/kg F. zugeführt werden, obwohl er selbst in der Lage ist, aus Kohlehydraten in bestimmem Rahmen F. aufzubauen. F. ist eine wichtige Speicherungsform der Energienahrungsstoffe im Körper. Das Unterhautfettgewebe und das Fettgewebe in den verschiedensten Organen und manche Organe (Leber) selber vermögen F. in gewaltigen Mengen zu speichern. F. ist ein schlechter Wärmeleiter, und deshalb gibt es guten Wärmeschutz. Zu starke Speicherungen führen zu *Stoffwechsel*störungen oder sind durch solche veranlaßt und begründet. Tierische Schlachtfette (Schmalz und Talg) sind schwer verdaulich und insofern ungesund, als sie gleichzeitig Wasser, Salze und tierische Stoffwechselschlacken im Körper binden. Deshalb verlangt eine gesunde, insbesondere eine Heilkost die Vermeidung tierischer Schlachtfette und an ihrer Stelle die Deckung des Bedarfs durch Butter, Pflanzenfette und Öle. Die kalt geschlagenen oder gepreßten Pflanzenfette sind die wertvollsten. Chemisch ausgezogene und raffinierte Fette und Öle sind im Wert erheblich vermindert. Am idealsten und naturnahesten, aber nicht immer durchführbar, wäre der direkte Verzehr von Nüssen, Oliven oder Samen der Ölfrüchte (Sonnenblumenkerne usw.). Der Abbau der Fette im Körper benötigt ein reichliches Vorhandensein von *Kohlehydraten.* »Die

Fette verbrennen nur vollständig im Feuer der Kohlehydrate.« Werden nicht genügend Kohlehydrate angeboten oder im Körper verbrannt, wie bei der *Zuckerkrankheit,* und im Verhältnis dazu zu viel F. zugeführt, dann entstehen im Stoffwechsel giftig wirkende Säuren (Aceton, Acetessigsäure, Oxybuttersäuren usw.), die zur *Säurevergiftung* des Körpers führen. (Diabetisches *Koma*). Diese Säuren werden in Atemluft und Harn ausgeschieden und können dort chemisch nachgewiesen werden. Auch beim *Hunger* können solche Vorgänge sich entwickeln, weil hier der Körper sich vom Depotfett ohne Kohlehydratverbrennung ernähren muß.

Fettgeschwulst (Lipom): gutartige Geschwulst aus Fettgewebe. Magern beim Abmagerung des Trägers nicht mit ab. Kleine F. können durch Einspritzungen von Plenosol (ein Präparat aus Mistel) zur Rückbildung gebracht werden. Große F. müssen operativ entfernt werden. Gewisse Fettgeschwulstformen im Bereich des Unterleibes und der Oberschenkel können außerordentlich schmerzhaft sein.

Fettsäuren sind wichtige Inhaltsstoffe der Fette. Die ungesättigten F. sind sehr reagibel und versuchen sich mit Sauerstoff oder Wasserstoff abzusättigen. Die Qualität eines Fettes ist durch seinen Gehalt an hochungesättigten Fettsäuren bestimmt. Tierische Fette enthalten keine ungesättigten Fettsäuren oder wie die Butter nur wenig. Auch nicht alle pflanzlichen Öle sind reich an solchen, z. B. Oliven-, Sesam- und Erdnußöl. Wertvoll sind Sonnenblumen-, Distel-, Baumwoll-, Leinenöl und alle Keimöle. Dies gilt aber nur für durch Pressen gewonnene, sog. kaltgeschlagene Öle. Im Auszugsverfahren gewonnene Öle haben keine ungesättigten Fettsäuren, weil diese durch das Auszugsverfahren chemisch abgesättigt worden sind.

Fettsucht (Adipositas): Unzweckmäßige Lebensweise, Überangebot an fettreicher Kost, Einschränkung der körperlichen Leistung, Stoffwechselstörungen, von den *inneren Drüsen* gesteuert, führen zu übergroßen Ablagerungen von Fetten in bestimmten oder allen Teilen des Körpers. Erkrankungen der *Schilddrüse, Hirnanhangsdrüse, der Keimdrüsen* kommen dabei in Frage. Krankhafte Fettsucht kann ebenfalls mit heftigen Schmerzen in den befallenen Gebieten einhergehen (schmerzhafte Fettsucht). Die Behandlung hat eine richtige *Ernährungs*behandlung mit der Regelung der gesamten Lebensweise (unter Anwendung allgemein kräftigender Maßnahmen) zu verbinden. Fettsucht geht nach *Kneipp* immer mit einer Körperschwäche einher, der entsprechend entgegengewirkt werden muß, s. *Entfettungskur.* Bch.: Calcium phosphoricum D2, und Natrium muriaticum D6 oder Natrium sulfuricum D 6 und Natrium phosphoricum D 6 im Wechsel je 5mal tgl.

Fibrin: Faserstoff aus dem Blut. Die flüssige Vorstufe, das Fibrinogen, wird durch das Thrombin in den Faserstoff umgewandelt. Wird auch in entzündlichen Ausschwitzungen auf Schleimhäuten (Diphtherie) und serösen Häuten ausgeschieden. Fibrinöse Entzündung.

Fibrom: Bindegewebsgeschwulst. Gutartig, aus Bindegewebe bestehend. Kann durch Einspritzung von Plenosol zur Rückbildung gebracht werden, solange es noch klein ist. Sonst operative Entfernung.

Fichtennadelextrakt ist ein wässeriger Auszug aus Fichtennadeln, der durch Abdampfen eingedickt und dem der größte Teil der ätherischen Öle zu anderer Verwendung entzogen ist. Als Badezusatz beruhigend und milde Hautreizung, je nach Konzentration. Herstellung nach Kneipp; s. *Abkochung von Pflanzenteilen.*

Fieber: Erhöhung der Eigenwärme des Körpers auf Grund einer krankhaften Veränderung des Allgemeinzustandes. Die Körperwärme des Menschen beträgt im Durchschnitt 37° und schwankt morgens und abends innerhalb bestimmter Grenzen. Die Morgentemperatur liegt niedriger als die Abendtemperatur. Die Quelle der Wärmebildung ist der *Stoffwechsel.* Obere Normgrenze bei Achselmessung 37°, bei Mund- oder Aftermessung 37,5°. Bei der Beurteilung des Fiebers kommt es nicht nur auf die Höhe (leichtes, mittleres oder hohes Fieber), sondern auch auf die Verlaufsform an. Es gibt beständiges (kontinuierliches) F., das immer in etwa gleicher Höhe bleibt, regelmäßig wiederkehrendes Fieber (remittierendes F.), bei dem beträchtliche Unterschiede zwischen Morgen- und Abendtemperatur bestehen, und zeitweiliges (intermittierendes F.) oder unterbrochenes Fieber, bei dem Fieberperioden mit normalen Temperaturperioden abwechseln. Fällt die Temperatur im Laufe einer Krankheit schnell auf die Norm, ohne wiederzukehren, so sprechen wir von kritischem Fieberanfall *(Krisis),* geht es in Tagen allmählich zurück, von einem Lösen des Fiebers (Lysis). Aus dem Fieberverlauf kann der erfahrene Arzt auf die zugrundeliegende Krankheitsstörung schließen. Das Fieber ist im Sinne der Naturheilkunde eine Heilmaßnahme der Natur. Auf diesem Heilfieber beruht die Wirkung von *Überwärmungsbädern, Packungen,* künstlichen Fiebererzeugungen durch Infektion mit *Malaria*plasmodien oder *Bakterien, Kurzwellen* usw. Das Fieber muß also vom Naturarzt überwacht, geleitet und unterstützt werden und zur heilenden *Krisis* oder Lysis geführt werden. Wird es durch fieberherabsetzende Mittel gebrochen, so besteht die Gefahr, daß der natürliche *Abwehr-* und Heilungsprozeß vor Beendigung abgeschaltet wird. Die Maßnahmen der Naturheilkunde unterstützen daher das Fieber und suchen den ganzen Krankheitszustand konzentriert einer intensiven Krisis zuzuführen. Anders liegt es bei *chronischen* Fieberzuständen. Hier zeigt es sich, daß der Körper von sich aus nicht in der Lage ist, durch den Fiebermechanismus der Krankheit Herr zu werden. Auch hier kann man versuchen, durch Unterstützung der Fiebererzeugung einen Zustand zu schaffen, den der Körper aus inneren Gründen von sich aus nicht schaffen konnte, obwohl er es anstrebte. Gelingt dies nicht, kann ein weiteres Fiebern den Grund zu unnötiger Schwächung des Körpers darstellen. Hier darf und soll man durch ableitende Maßnahmen sinnvoll eingreifen. Fieberkranke gehören ins Bett und sollen alle Kräfte haushälterisch zusammenhalten und zur Krankheitsabwehr einsetzen. Ernährungsmäßige Entlastung durch *Fasten-,* Saft- und *Obsttage.* Frischer Saft sichert *Vitamin-* und *Ergänzungsstoff*zufuhr, was für die Heilungsprozesse wichtig ist. Gleichzeitig wird durch Flüssigkeitszufuhr der Verlust durch *Schweiß* im Fieber ausgeglichen. Nach der Fieberperiode oder bei zu langem Andauern muß zu einer *vegetarischen,* später milcheiweißreichen Kost übergegangen werden, um keine Eiweißverluste entstehen zu lassen. Die Naturheilkunde gibt im Fieber niemals *Fleisch.* Fröstelnde Fieberkranke erhalten ansteigendes *Halbbad* 35–40° mit heißem Tee oder Saft, anschließend Trokkenpackung mit Wärmeflaschen an Seiten und Füßen oder, wenn Bad nicht durchführbar, *Heublumenhemd, Ganzwickel* oder *Unterwickel* mit heißem Wasser und Wärmeflaschen, wie oben 1–2 Stunden dauernd. Nach dem Schwitzen *Abwaschung* (20°) und mit trockener, vorgewärmter Wäsche nachdunsten lassen. Je nach Kräftezustand tgl. 1–2mal. Bei Frösteln und Schüttelfrost niemals kalte oder laue Anwendungen! Fieberheiße, nicht fröstelnde Kranke werden 3mal tgl. bis stündlich oder halbstündlich mit 20%igem Weinessigwasser von 15–20° rasch abgewaschen; unabgetrocknet im Bett nachdünsten lassen. Es kommen *Ganz-* oder *Teilwaschungen,* evtl. im Wechsel, in Frage. Tgl. kühles *Klistier* zur Darmreinigung. Bei Auftreten von Schweiß wird erst wieder nach Abklingen der Reaktion mit weiteren Maßnahmen fortgefahren. *Mundpflege* durch Spülungen mit Teeaufgüssen oder *Heilerde*aufschwemmungen und Zahnbürste. Bch.: Ferrum phosphoricum D6, Kalium phosphoricum D6, Kalium chloratum D6, Kalium sulfuricum D6, Natrium muriaticum D6.

Fieberbad, s. *Überwärmungsbad.*

Fieberklee, s. *Bitterklee.*

Fingerentzündung: Panaritium. Entzündungserreger sind durch kleine Verletzungen mehr oder weniger tief ins Fingergewebe gelangt. Rötung, Schwellung, Schmerzhaftigkeit und Klopfgefühl, Eiterentwicklung. Tiefe Entzündungen führen je nach den örtlichen Verhältnissen zu *Sehnenscheiden-, Knochenhaut-* und *Knochenentzündungen. Lymphstrangentzündungen,* Entzündungen der regionalen *Lymph*knoten mit *Blutvergiftung* drohen. Beh.: Heiße *Heublumenwickel, Bockshornklee-* oder *Leinsamenumschläge* um Hand und Arm. *Lehm-* und *Heilerdeumschläge,* vor und nach der Eröffnung, die evtl. operativ erfolgen muß. Bäder mit Echinacea, Osterluzeiabkochungen, Kamillen möglichst heiß. Hp.: im Beginn Silicea D3, bei zunehmender Einschmelzung Apis D3 oder Belladonna D4–6, bei drohender Eiterung Mercurius solubilis D3–4, Hepar sulfuris D3 bei beginnender Eiterung, Myristica sebi-

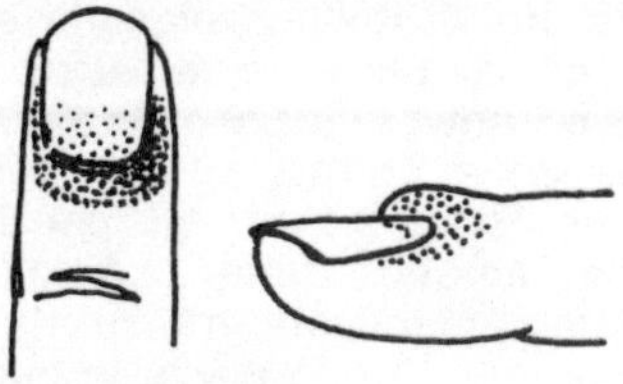

Fingerentzündung (Umlauf)

fera D3 zur raschen Reifung und Eröffnung. Bch.: Calcium fluoratum D2 im Wechsel mit Silicea D12.

Fingerhut, s. *Digitalis.*

Finne: 1. Blasenwurmstadium der *Bandwürmer Echinokokkus, Cysticercus.* 2. *Hautkrankheit* (Akne vulgaris). Befällt meist das Gesicht, dazu oft Brust und Rükken. Vermehrte Bildung von *Mitessern* durch Verhärtung der vermehrten Hauttalgbildung im Ausführungsgang der *Talgdrüsen.* Staub der Außenwelt färbt diese schwarz. Die Mitesser entzünden sich und bilden kleine, gerötete Eiterpusteln. Sie können aufbrechen und mit kleiner *Narben*bildung abheilen. *Entwicklungsjahre* haben diese Neigung zu Finnenbildung und Mitessern verstärkt; sie nimmt etwa vom 30. Lebensjahr an ab. Zusammenhang mit innerem *Stoffwechsel* und *Hormon*zusammenspiel. Arzneiliche oder gewerbliche Vergiftung mit Jod oder Brom kann zu gleichen Bildungen (Jod-, Bromakne) führen. Ähnliche Ausschläge kommen als Gewerbeschädigungen in chemischen Betrieben durch Chlor- und Teerdämpfe, beim Arbeiten mit Teer, Petroleum, Ölen (Ölakne) vor. Der Grund ist zu starke Talgentwicklung, die zu Stauungen in den Drüsen führt. Beh.: Gesunde Lebens- und Ernährungsweise, salz- und gewürzarme Kost, keine tierischen Fette, Sorge für ausreichende Darmentleerung muß die Grundbehandlung darstellen. Reinigung der Haut mit warmem Wasser und alkalifreien Seifen (Tölzer Seife, Keratinseife, Teerschwefelseife usw.), mit verdünnter Hamamelistinktur oder spirituösen Wässern nachreiben. Täglich oder mehrmals wöchentlich *Gesichtsdampfbäder, Lehmauflagen, Sonnenbäder.* Innerlich: *Blutreinigungs*kuren. Hp.: Sulfur D6, Jodum D6, Pulsatilla D4–6, Berberis aquifolia D1, Rhus toxicodendron D4, Sepia D4–10, Bch.: Silicea D6, Calcium phosphoricum D6, Calcium sulfuricum D6.

Fisch ist ein wichtiges *eiweiß*reiches, teilweise auch *fett*reiches Nahrungsmittel mit hohem *Vitamin*gehalt. Seefische sind meist fettreicher als Süßwasserfische und auch etwas schwerer verdaulich. Neigt leichter als Fleisch zur Zersetzung und ist dann der Anlaß zu *Fischvergiftung.*
Fischkonserven sind meist durch chemische Zusätze haltbar gemacht. Hoher künstlicher Salzgehalt ist bei Räucher- und Konservenfischen immer zu berücksichtigen. Frischfisch kann im Rahmen einer gesunden Kost gelegentlich erlaubt sein, muß aber dort, wo tierisches Eiweiß sich verbietet, ebenso streng ausgeschaltet werden wie das Fleisch.

Fischschuppenkrankheit (Ichthyosis), s. *Abschuppung.*

Fischvergiftung: Fische können giftige Stoffe dauernd oder während der Laichzeit entwickeln, andere können *Gifte* durch das Wasser aufgenommen haben und dadurch giftig wirken. Meist handelt es sich aber um Giftbildung durch *bakterielle* Verderbnis. Sofort *Magenentleerung* durch *Brechmittel* oder *Magenspülung. Abführmittel* und *Heilerde* bzw. *Kohle* zur Giftaufsaugung im Darm. *Kreislauf*anregung.

Fissur: Spalt im *Knochen* oder Schleimhauteinriß um Lippen oder After, s. *Afterschrunden.*

Fistel: Verbindung von Organen, die normalerweise voneinander getrennt sind, z.B. Scheide und Mastdarm, oder von Hohlorganen zur Außenhaut, Lunge, Darm, Blase usw. Können meist nur durch operative Maßnahmen zum dauernden Verschluß gebracht werden. Bch.: Calcium fluoratum D12, Silicea D12, Calcium sulfuricum D6.

Flatulenz, s. *Blähungen.*

Flechte: in der Pflanzenwelt Algen und

Moose, die sich gegenseitig ergänzen. Flechten sind reich an *antibiotisch* wirkenden Körpern. Irländisches, Isländisches Moos und Lungenflechte werden in der Teebehandlung bei Lungenleiden zur *Auswurf*förderung verwendet. Sonst versteht man alle schuppenden und krustenbildenden Haut*ausschläge* darunter.

Fleisch und daraus zubereitete Nahrungsmittel (Fleischwaren usw.) werden in der Naturheilkunde mit starker Reserve beurteilt. Es gibt streng vegetarische Richtungen, die es völlig verwerfen und nicht zur naturgemäßen Nahrung rechnen, und andere Richtungen, die hier verschieden begrenzte Kompromisse eingehen. Daß der Mensch entwicklungsgeschichtlich kein Allesfresser, sondern ein Wurzel- und Früchteesser ist, ist beim *Vegetarismus* ausgeführt. Der Kulturmensch ernährt sich aber schon seit 10000 Jahren – mit gewissen Ausnahmen – von einer gemischten, teilweise mit Hilfe des Feuers bereiteten Kost. Damit ist über den gesundheitlichen Wert noch nichts ausgesagt. Hinsichtlich der Zusammensetzung seines *Eiweißes* aus den Grundbaustoffen *(Aminosäuren)* bietet das F. die zu fordernde Vollwertigkeit. Fleisch und Fleischwaren enthalten etwa 15 bis 20 v.H. Ihrer Gewichtsmenge tierisches Eiweiß (getrocknete Ware entsprechend mehr), daneben je nach Art 5–45 v.H. tierisches *Fett, Kohlehydrate* nur in Spuren. Fleisch führt, in größeren Mengen genossen, zu *Säuerung* des Organismus und vermehrt die Schlackenbildung. Wird es ausschließlich genossen, kommt es zu Giftwirkungen. So haben der dänische Ernährungsforscher *Hindhede* und seine Mitarbeiter in Selbstversuchen zeigen können, daß reine Fleischernährung zu Nierenbluten und schweren Nierenschäden führt. Durch die gemischte Kost wird die ungünstige Wirkung der reinen oder der stark überwiegenden Kost ausgeglichen, und zwar um so mehr, je stärker sie zur *vegetarischen* Seite neigt. Überwiegende Fleischkost verursacht *Kreislaufschäden,* Neigung zu *Blutdruck*erhöhung, *Stoffwechselschäden* und fördert die Bereitschaft zu Krankheiten und setzt die Widerstandskraft gegen *Infektionen* stark herab. Fleisch sollte daher nicht die Hauptmahlzeit, sondern die Beilage darstellen und auch nicht täglich genossen werden. Fleisch überträgt auch die Stoffwechselschlacken des Tieres auf den Menschen. Deshalb kommt für die gesundheitliche Wertung des Fleisches auch in Betracht, wie das Tier vorher gelebt hat. Schweinefleisch ist für Stoffwechselgestörte ungeeignet, weil das Schwein selbst stoffwechselkrank ist, sowohl erblich als auch durch die Aufzuchtverhältnisse. Hier wird die krankhafte *Fettsucht* mit Absicht erzeugt. Schweine neigen daher zu allerhand Krankheiten, insbesondere zu rheumatischen Gelenk- und Herzerkrankungen. Ähnlich, wenn auch nicht so schroff liegen die Verhältnisse bei anderen Mastvieharten. Kalbfleisch und Rindfleisch von gesunden Weiderindern weist in dieser Hinsicht einigermaßen erträgliche Voraussetzungen auf. Wurst ist diätetisch immer mit Vorsicht zu genießen. Sie ist schon aus Erhaltungsgründen stark gesalzen und gewürzt und deshalb für eine gesunde Grundkost wenig geeignet. Außerdem kann niemand beurteilen, was hinsichtlich der Qualität des Fleisches in ihr steckt. Gewisse Krankheiten erfordern strenge Abkehr von der Fleischkost und dauernde Durchführung einer harmonisch zusammengesetzten *vegetarischen* Kost: *Blutdruck*erhöhungen, bestimmte *Nieren*leiden, *Asthma, Gicht* und bestimmte *Rheumatismus*formen. *Infekte* und *Entzündungen* verlaufen bei Ernährung mit hochwertiger vegetarischer Kost milder und kürzer als bei gemischter und bei Fleischkost. Der Heilwert der vegetarischen Kostformen ist für die naturheilkundliche Behandlung ein wichtiger Faktor.

Fleischvergiftung: Da immer mehrere Personen von vergiftetem Fleisch gegessen haben, tritt sie in Gruppen auf. Formen, die mit Durchfällen, Erbrechen, Fieber, Kopf- und Leibschmerzen einhergehen, werden meist von *Bakterien* der *Salmonellen*gruppe hervorgerufen, s. *Brechdurchfall.* Formen, die mit Nervenlähmungen einhergehen, werden durch Gifte des Botulismusbazillus erzeugt.

Fletschern: Kau- und Eßtechnik, nach seinem Verfechter, dem amerikanischen Kaufmann und Schriftsteller Horace Fletscher (1849–1919), benannt. Er forderte, daß man nur esse, wenn man Hunger habe; daß man langsam in kleinen Bissen die

Speisen so lange kaue und einspeichele, bis sie verflüssigt sind, dabei sich ganz auf Essen und Kauen konzentrierend. Dadurch werden die Speisen schon im Mund genügend aufgeschlossen, die Tätigkeit der großen Verdauungsdrüsen bereits angeregt, so daß der Speisebrei in Magen und Darm aufnahmebereite Verhältnisse vorfindet. Dadurch findet eine nur geringe Belastung von Magen und Darm statt, die Verdauungsorgane werden geschont, *Gärung* vermieden und die Speisen besser ausgenützt. Das F. verdient bei naturgemäßer Lebensweise sorgfältige Beachtung.

Fliedertee: aus Blüten des Holunders (Sambucus nigra) durch Aufguß hergestellt. Regt die Schweißausscheidung an.

Flimmerepithele sind zylindrisch geformte, einreihige *Deckzellen* mit feinen Flimmerhärchen an der Oberfläche. Diese sind in dauernder Bewegung und befördern kleine Fremdkörper und Staubpartikel in Richtung auf die Körperöffnung. Auf ihnen beruht die Dauerreinigung der *Luftröhre.*

Flohsamen: Samen von Wegericharten. Schleimiges Mittel bei Durchfällen, Luftröhrenkatarrhen, Keuchhusten; leichtes Abführmittel für Säuglinge. 2–4 g Aufguß oder Kaltauszug. Äußerlich wie *Leinsamen* zu verwenden.

Flores: Rezepturbezeichnung für die Blüten einer Pflanze.

Fluor albus, s. *Weißfluß.*

Föhn ist ein trockener Wind, der beim Übersteigen höherer Gebirge entsteht. Beim Aufsteigen verliert der Luftstrom durch Niederschlag und Wolkenbildung seine Feuchtigkeit, beim Herabsteigen jenseits des Gebirgskammes erwärmt sich die Luft und beeinflußt das Vorgelände des Gebirges. Er wirkt sehr stark auf das Wohlbefinden der Menschen ein. Kopfschmerzen, Arbeitsunlust, Gereiztheit, Streitsucht, Schlaflosigkeit, Magenschmerzen, seelische Verstimmung, Niedergeschlagenheit kann er als Föhnkrankheit bewirken. Herzkranke leiden besonders unter ihm. *Schlaganfälle, Embolien, epileptische* Anfälle treten gehäuft an Föhntagen auf.

Fokaler Infekt, s. *Herdinfektion.*

Folia: getrocknete Blätter der *Heilpflanzen.*

Foeniculum vulgare, s. *Fenchel.*

Fontanelle: die häutigen Zwischenräume auf dem *Schädeldach* des Säuglings und Kleinkindes zwischen Hinterhauptbein und beiden Scheitelbeinen (kleine F.) und beiden Stirn- und Scheitelbeinen (große F.). Die F. verkleinern sich allmählich durch das Wachstum und sind nach 15–18 Monaten knöchern verschlossen. In der Naturheilkunde versteht man unter F. das Setzen und Unterhalten einer Hauteiterung als eine Art Aderlaß am *Lymphsystem.* Anzeichen dazu sind Kopfschmerzen, schwere Nervenentzündungen, besonders Gesichtsnervenneuralgie *(Trigeminus), Schwerhörigkeit, Ohrensausen, Angina pectoris,* Kehlkopf*tuberkulose,* chronische *Kehlkopfentzündung,* nicht mehr zu operierende bösartige *Geschwülste Endokarditis* lenta. Folgende 3 Verfahrensformen kommen in Frage:

1. Auflegen eines briefmarkengroßen *Canthdaridenpflasters,* Abreiben der entstehenden Blase, Auflegen eines Wattebausches mit 10 v.H. Novokainlösung und anschließend Verschorfung durch konzentrierte Salpetersäure. Bei empfindlichen Patienten Unterspritzen von Novokain statt Auflegen der hochprozentigen Novokainlösung (dafür kommen aber nur höchstens 1–2-v.H.-Lösungen in Frage). Der entstehende Schorf stößt sich nach einigen Tagen ab, und die Wundfläche eitert stark. Legt man einen dicht liegenden Heftpflasterverband über die angeätzte Stelle, so wird die Eiterung verstärkt. Um sie zu unterhalten, wird, wenn sie zu versiegen droht, entweder 20%ige Brechweinsteinsalbe oder Terpentinsalbe aufgestrichen. Auch Einlegen von Glasperlen oder Silberdrahtspiralen unterhält als Fremdkörperwirkung die Eiterung.
2. Ein Hammer wird mit dem Stiel in kochendes Wasser gelegt, die Behandlungsstelle mit Novokain unterspritzt (s. 1.) und der Hammer mit der breiten Fläche auf die Haut aufgelegt. Die Brandblase wird wie bei 1. weiter behandelt.
3. Hochheben einer Hautfalte. Durchstechen mit einer sterilen Packnadel, an die

Operationsseide geknüpft ist. In die Seide ist eine Glasperle geknüpft. Glasperle und Seide werden mit Terpentinsalbe eingeschmiert und das Ganze mehrmals durch die Wunde gezogen. Bei Nachlassen der Eiterung wird die Glasperle herausgezogen und neue Salbe aufgelegt. Diese auch Haarseile genannte Art der F. wird im allgemeinen nur am Genick angelegt. Abdecken mit Verbandmull und Zellstoff.
Die F. haben ableitende und umstimmende Wirkung.

Foenugraecum, s. *Bockshornklee.*

Frangula, s. *Faulbaum.*

Frauenmilch ist die natürliche Nahrung des heranwachsenden *Säuglings.* Sie wird in den *Brustdrüsen* nach der Geburt gebildet.

Freibad: kaltes *Bad* in natürlichen fließenden oder stehenden Gewässern. Vereinigt die Wirkung des Kaltbades mit den Wirkungen der Körperbewegung (Schwimmen) und eines *Luft-* und *Sonnenbades.* Die Reize sind sehr eingreifend und erfordern eine langsam steigernde Gewöhnung auch beim Gesunden. Leidende, Genesende, Schwächliche, zarte Kinder und alte Menschen sind für Freibäder nicht ohne weiteres geeignet, auch Herzkranke vertragen sie nicht. Sie sollen sich alle mit Luftbädern begnügen. Beim F. muß immer wieder für Wiedererwärmung des Körpers durch Bewegung, Frottieren, Sonnenbad gesorgt werden. Baden mit vollem Magen oder in überhitztem und abgehetztem Zustand kann zu *Ohnmachten* und Unglücksfällen führen.

Freiluftbehandlung im *Luftbad* dient der *Abhärtung.* Zweckdienliche Bewegung (*Gymnastik,* Bewegungsspiele) dienen der Wiedererwärmung. Auch beim bettlägerigen Kranken kann eine F. durchgeführt werden, wenn er gut eingepackt ist und eine Wärmequelle (Wärmeflasche) für laufende Erwärmung sorgt. Das Bett des Kranken wird auch im Winter ins Freie gestellt oder in ein Zimmer mit weit geöffneten Fenstern. *Keuchhusten, Lungenentzündungen* reagieren auf F. besonders gut. Wind und Zug ist aber strikt zu vermeiden. Säuglinge kühlen leicht aus, sie können aber trotzdem einer F. unterzogen werden, wenn sie gut überwacht werden. Solange der Säugling gut schläft und warme Füße hat, besteht keine Auskühlungsgefahr. Die F. des Keuchhustens junger Säuglinge ist die wirksamste natürliche Form der Behandlung dieser nicht ungefährlichen Krankheit.

Freud, Sigmund, Dr. med. (1856–1939), Nervenarzt in Wien. Begründer der *Psychoanalyse.*

Fressende Flechte (*Wolf,* Lupus vulgaris), s. *Hauttuberkulose.*

Frigidität: Geschlechtskälte der Frau. Unfähigkeit, beim Beischlaf den Orgasmus zu erleben. Seelische Störung, die häufig der *Psychotherapie* bedarf, um sie zu klären und zu beseitigen.

Frischkornbrei (Kollath) ist eine Modifikation des *Bircher-Müsli.* Statt der Haferflokkengrundlage wird hier frisch geschroteter Weizen genommen, der den *Auxon*gehalt der Speise gewährleistet. Für 1 Person jeden Abend 50 g Weizen mit Schrotmühle oder grobgestellter Kaffeemühle mahlen, mit 5 Eßlöffeln frischem Wasser (nie mit Milch!) unter Umrühren einweichen und bei Zimmertemperatur stehenlassen. Daneben 15 g Trockenfrüchte (Rosinen, zerkleinerte Feigen, Datteln) für 12 Stunden einweichen. Am anderen Morgen beides mit Einweichwasser zusammen vermischen, einen Apfel mit Schale und Kern auf Bircherraffel schnell hineinreiben, mit 10 g geriebenen Nüssen oder Mandeln überstreuen und servieren. An Stelle der Trockenfrüchte kann man 1 Teelöffel Honig, an Stelle des Apfels jedes andere Obst der Jahreszeit, auch vollreife Beerenfrüchte, beimischen. Auf nüchternen Magen als Frühstück genießen.

Frostbeulen treten häufig schon bei geringgradiger, wiederholter Kälteeinwirkung auf. Rote, blaurote, juckende Flecken, die sich teigig verdicken. F. können geschwürig zerfallen. Beh.: *Heiße* oder *Wechselbäder* von Eichenrinden- oder Zinnkrautabkochung. Besserung des Blutumlaufs. Bei *Eiterung Heilerdeaufschläge, Waschungen* mit Kamillen- oder Osterluzeiaufguß. Hp.: Abrotanum ∅-D2, Agaricus muscarius D4, Petroleum D3, Acidum nitricum D3. Bch.: Kalium phosphoricum D6 im stündlichen Wechsel mit Ferrum phosphoricum D6.

Frottieren: Reiben der Haut mit Händen, Bürsten, Luffaschwamm, Frottiertüchern während und nach dem Bade. Zur Steigerung der Blutzirkulation der Haut, Anregung des Nervensystems und Erweichung der Oberhautschichten.

Frühinfiltrat: ist eine mit den Erscheinungen einer Grippe einhergehende entzündliche, umschriebene Gewebsverdichtung im Lungenoberfeld, mit dem die Erwachsenentuberkulose vielfach beginnt. Das F. neigt zum Zerfall und zur Höhlenbildung. Vgl. *Lungentuberkulose.*

Frühjahrskatarrh: in den Entwicklungsjahren zu Beginn der warmen Jahreszeit auftretende *Bindehautentzündung.* Schutzbrille. Behandlung s. *Augenentzündungen, Bindehautentzündung.*

Frühjahrskuren: Um die Schlacken, die der Winter im Körper aufgehäuft hat, auszuscheiden, den Körper mit den fehlenden Frisch- und *Ergänzungsstoffen* zu überschütten, werden *Blutreinigungs*kuren gerne ohne besondere äußere Veranlassung im Frühjahr als vorbeugende Maßnahme durchgeführt.

Frühjahrsmüdigkeit: eine im Frühjahr aus Mangel an Frischstoffen und *Ergänzungsstoffen* auftretende Leistungsunfähigkeit und Müdigkeit. Sie sollte Veranlassung zu einer *Frühjahrskur* sein.

Frühstückstees sind *Blutreinigungstees,* die so zusammengesetzt sind, daß sie geschmacklich die gewohnten Tagesgetränke ersetzen können. Daneben haben sie eine die Gewichtsabnahme anstrebende Wirkung. Sie sind aus Pflanzen zusammengesetzt, die auf Nieren, Schweißdrüsen, Magen, Darm, Bronchialschleimhaut, Leber und Gallenwege wirken und ihre Ausscheidungen anregen. Sandseggenwurzel, Wegwartewurzel, Löwenzahnwurzel je 6T., Anis und Fenchel je 1T. 1 Teelöffel mit einer Tasse Wasser abkochen. Früh und abends 1 Tasse nehmen. Brombeerblätter $2^1/_2$T., Pfefferminzblätter 1T., Fenchel $1^1/_2$T., Blasentang, Irländisches Moos je 2T. 1 Teelöffel auf 1 Tasse Wasser kalt 6–8 Stunden stehenlassen, dann die Hälfte abgießen, Rest kurz aufkochen und beide Hälften kurz vor dem Genuß zusammenschütten. Wacholderbeeren 1T., Brombeerblätter, Erdbeerblätter, Johanniskraut je 2T., Quendel $^1/_2$T. 1 Teelöffel mit einer Tasse heißem Wasser übergießen und einige Stunden stehenlassen.

Fucus vesiculosus, s. *Blasentang.*

Fünftagefieber: Wolhynisches Fieber, durch Läuse übertragen. Mit Fieberanstieg wiederholt in 5tägigen Abständen, auch mit uncharakteristischem an- und absteigendem Fieber verlaufende Infektionskrankheit mit *rheumatischen* Beschwerden an Muskeln, Nerven und Knochen und mit Milzschwellung. Beh.: *Bettruhe, Fasten, Schlenz*bäder.

Funktionell: betrifft nur die Leistungsstörung eines Organs, ohne daß das Organ sicht- und nachweisbar verändert zu sein braucht. Gegensatz: *organisch.* Es handelt sich um eine echte Störung. Bei längerdauernden funktionellen Störungen treten auch organische Veränderungen nicht selten auf.

Funktionsprüfungen dienen der Krankheitserkennung. Sie sollen beurteilen lassen, ob ein Organ oder Organgebiet normal arbeitet oder ob eine Störung seiner Tätigkeit im Sinne eines Zuviel oder Zuwenig vorliegt. F. geben oft frühzeitig Aufschluß über krankhafte Störungen, wenn die Organe selbst noch nicht nachweisbar verändert sind. Dabei wird dem Organismus eine bestimmt genormte Aufgabe gestellt, ihr Ablauf gemessen und die Ergebnisse untereinander verglichen.
Nur im Rahmen einer *Ganzheits*betrachtung auch bei der Krankheitserforschung und -erkennung können F. richtig ausgewertet werden und vor unrichtigen Schlüssen schützen.

Furunkel sind begrenzte Eiterungen in einem Haarbalg der *Haut.* Durch Eindringen von Eitererregern können sie einzeln oder in mehreren Exemplaren an verschiedenen Körperstellen zu gleicher Zeit auftreten. Dann und auch wenn sie häufig nacheinander beim selben Menschen als Einzelfurunkel auftreten, spricht man von Furunkulose. Wird nicht ein einzelner Haarbalg, sondern werden mehrere nebeneinanderliegende befallen und in ein gemeinsames Schwellungs- und Entzündungsgebiet einbezogen, so nennen wir dies *Karbunkel.* Neben dem Eitererreger ist auch eine besondere allgemeine und örtliche Bereitschaft zur Erkrankung notwendig. So begünstigt die Stoffwechselveränderung bei *Zuckerkrankheit* das Entstehen von Furunkeln oder Karbunkeln. Beh.: *Fasten,* gesunde *Ernährung, Rohkost, Hefe (Vitamin B), Stuhlgangregelung, Blutreinigung.* Hautkräftigung durch *Ganzwaschung, Halbbäder, Heublumenvollbäder, Güsse, Luft-* und *Sonnenbäder.* Örtlich: *Leinsamen-, Bockshornkleeauflagen, Andampfungen* zur schnelleren Reifung, *Lehmauflagen. Schlenz*bäder. Innerlich: Heilerde, Knoblauch. Hp.: Arnica D3, Hepar sulfuris D10, Calcium sulfuricum D3–6, Silicea D 6–12, Echinacea Ø. Bch.: s. *Abszeß.*

Fußbad müßte eigentlich Unterschenkelbad heißen. Im Oberbayrischen und im Allgäu versteht man unter Fuß das ganze Bein, und da Kneipp Allgäuer war, hat sich dieser Provinzialismus, der irreführend werden kann, eingebürgert. Es soll in möglichst hoch über die Mitte der Wade reichenden Gefäßen durchgeführt werden. Kaltes F. wird nur kurz bis zum Auftreten eines Wärmegefühls oder einer schneidend schmerzhaften Empfindung durchgeführt (einige Sekunden) und dient der *Ableitung* und *Abhärtung.* Warmes F. 35–39° von 10–15 Minuten Dauer schließt mit kalter Anwendung (*Knieguß* oder -waschung). Zusätze: Heublumen, Zinnkraut, Kamillen, Holzasche-Salz, Senfmehl. Es dient der allgemeinen Erwärmung, Beseitigung der *kalten Füße,* der *Schweißfüße* und der Vorbereitung empfindlicher Patienten auf kalte oder *Wechselfußbäder.* Wechselfußbad wechselt 2–3mal zwischen warm und kalt. Beginnt stets warm (5–10 Minuten) und endet kalt. Ableitung vom Kopf und Herzen auf den Fuß. Zirkulationsregulierung. Bei örtlichen Entzündungen, Geschwüren, Verletzungen, Schwächezuständen der Muskeln und Sehnen, Senk- und Spreizfuß, entzündlichen Erkrankungen der Beckenorgane, Blasenkatarrh bei kalten Füßen, Nierenentzündungen. Ansteigendes F. mit 37° beginnen, langsam auf 40–41° steigern bis zum Schweißausbruch. Anschließend Trocken*packung* oder Bettruhe. Nach 1–2 Stunden kalte *Abwaschung.* Ableitung vom Brustkorb. Bei fieberhaften Erkrankungen wie Halsentzündung, Lungen-, Nierenentzündung, Bronchitis. Bei Asthma, Gicht, Rheuma, Arteriosklerose.

Fußbekleidung dient außer dem Schutz des Fußes vor Verletzung, Schmutz und Kälte heute leider auch modischen Gesichtspunkten. Den natürlichsten Forderungen am nächsten kommt die Sandale, die weder die Beweglichkeit des Fußes noch seine Ausdünstung behindert. Zur Erhaltung der Gesundheit des Fußes dient das Sandalentragen; das *Barfußgehen* aber ist von entscheidender Bedeutung. Kneipp hat diesem Punkt seine besondere Aufmerksamkeit geschenkt, und das Laufen in Kneippsandalen gehört zu den Kennzeichen der *Kneippkur* und der Kneippanhänger.

Fußdampf (s. *Dampf*): Entkleidung des Unterkörpers. Wolldecke und Zwischentuch werden auf einen Stuhl gelegt, so daß die Tücher vorne am Boden aufliegen. Patient setzt sich. Vor ihn kommt der Topf zu ste-

Fußdampf

hen. Füße und Unterschenkel werden in der Weise umschlungen, daß die Tücher von den Knien abwärts locker aufliegen, damit die Bedampfung bis über die Knie ungehindert erfolgen kann. Langsames Lüpfen des Deckels unter leichter Lüftung der Einpackung. Auf den Topf wird ein Lattenrost gelegt, damit Patient die Füße bequem aufstützen kann. Wirkt wie warme *Fußbäder.* Zur Ausleitung bei starkem oder unterdrücktem Fußschweiß, schlecht heilenden Wunden, zur Ableitung bei Stauungszuständen im kleinen Becken. Bei kalten Füßen und gleichzeitiger Schwellung des Hautgewebes.

Fußdeformität: Verunstaltung des Fußes, angeboren oder entstanden durch Lähmung oder Verletzung der Fuß- und Wadenmuskeln und durch schlechtes, beengendes Schuhwerk. Klumpfuß, Spitzfuß, Hackenfuß, Hohlfuß, Senkfuß, Spreizfuß, Zehenverkrümmungen kommen als F. vor. Klumpfuß ist meist angeboren. Die meisten F. entstehen durch Schwäche oder Lähmung der Muskulatur. Vorbeugung und Behandlung. Kräftigung der Füße durch *Barfußlaufen, Fußgymnastik* und *-massage, Fußbäder. Lehmtreten,* Tragen geeigneten Schuhwerkes (s. rechte Abb.).

Fußgymnastik: Barfußlaufen auf Wiesen und dünnem Kies. Laufen auf Hacken, Zehen, äußerer und innerer Kante im Wechsel. Abrollen von Hacken auf Zehen. Greifübungen mit den Zehen, Laufen auf Rundholz. Fußrollen. Strecken und Beugen des Fußes.

Fußpflege: *Barfußlaufen, Wassertreten, Lehmtreten, Fußbäder, Fußgymnastik.* Pflege der Fuß*nägel* durch regelmäßiges Beschneiden.

Fußschmerzen haben meist ihre Ursache in entzündlichen oder rheumatischen Veränderungen der Muskeln, Nerven und Gelenke des Fußes oder in Schwäche der Fußmuskulatur. Dadurch werden *Fußdeformitäten* bedingt (s. d.). Ballen- und Schwielenbildungen, *Hühneraugen* sind die Folge von nicht passendem und Druck verursachendem Schuhwerk. Behandlung richtet sich nach der Ursache. *Fußpflege. Einlagen* nicht als Heil-, sondern als Stützmittel.

Fußschweiß wird in der Naturheilkunde als *Ausleitung* bei Selbstvergiftung des Körpers angesehen. Sehr häufig bei Blutarmut, Nervosität und anderen Stoffwechselstörungen. Schweiß daher nicht unterdrücken, sondern Körper zu stärkerer Ausleitung anregen. Im Sommer *Barfußlaufen,* sonst warme *Holzasche-Salz-Fußbäder* mit nachfolgendem *Knieguß* tgl. und bei Besserung auf 2 bis 3 Tage abbauend durch Kaltanwendungen ersetzen. *Fußdampfbäder, Kurzwickel, Spanischer Mantel* zur allgemeinen Ausleitung. Reizlose Kost, Be-

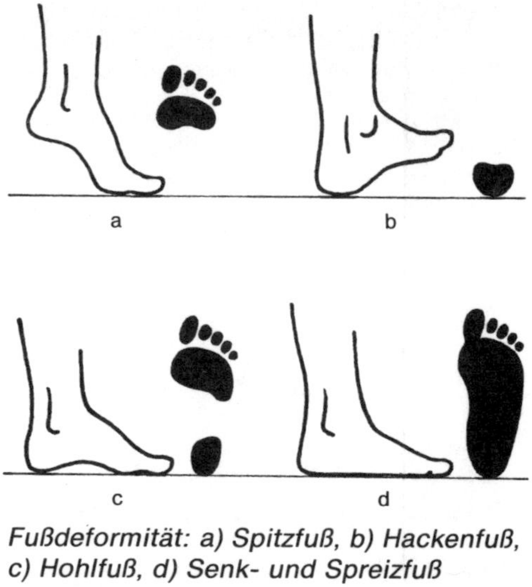

Fußdeformität: a) Spitzfuß, b) Hackenfuß, c) Hohlfuß, d) Senk- und Spreizfuß

wegung, *Luftbäder.* Im Winter Wollstrümpfe, die tgl. gewechselt werden müssen. Innerlich: Salbeitee, Schafgarben-, Holundersaft. Hp.: Lycopodium D10, Graphites D3–10, Silicea D6–12. Bch.: Silicea D12, Natrium phosphoricum D6, Kalium phosphoricum D6.

Fußsenkung entsteht durch Einsinken des Fußgewölbes infolge Fußschwäche. Ist zu vermeiden durch Tragen gesunder Fußbekleidung und frühzeitig begonnene *Fußpflege.*

Fußwickel: Umwicklung der Füße bis über die Knöchel. Viereckige Tücher werden einzeln im Dreieck zusammengelegt. Der mittlere Zipfel wird über die Zehen gelegt,

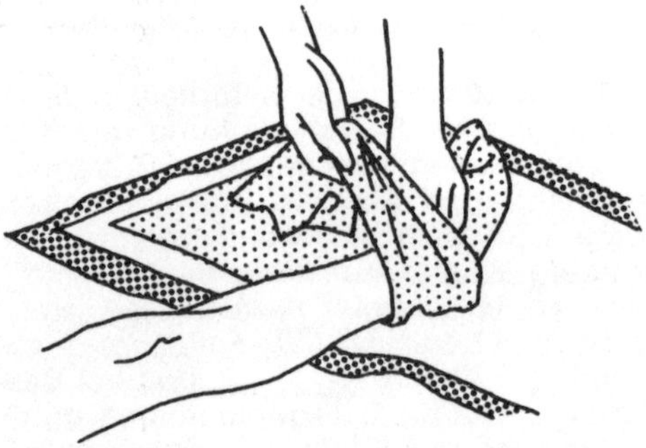

Fußwickel

und von der Gegenseite her wird das Wikkeltuch durch Legen einer tiefen Falte straff über den Fußrücken und den Knöchel gezogen und eingesteckt. In gleicher Weise wird mit der anderen Seite verfahren und der restliche Zipfel um den Fuß gewickelt. Zwischentuch und Wolltuch werden jedes für sich in gleicher Weise gewickelt. Fußwickel, heiß nach *Schlenz,* s. unter *Ganzwickel.*

G

Gähnen ist eine besondere Form des Einatmens und wird reflektorisch durch Blutleere des Gehirns hervorgerufen. Das tiefe Einatmen erniedrigt den Druck im Brustraum und löst durch Rückwirkung auf die größeren Körperadern und das Herz eine bessere Durchblutung des Gehirnkreislaufs aus. Gähnen ist ein Zeichen der *Ermüdung* und sollte Veranlassung geben, das Bett aufzusuchen.

Galega officinalis, s. *Geißraute.*

Galeopsis ochroleuca, s. *Hohlzahn.*

Galle ist ein von den *Leberzellen* ausgeschiedener *Verdauungs*saft von grünlicher Farbe und außerordentlich bitterem Geschmack. *Gallensäuren, Gallenfarbstoffe, Cholesterin, Lecithin, Schleim,* organische und anorganische Substanzen bilden sie. Die Lebergalle gelangt über die Gallengangskapillaren in die *Gallengänge* und von dort in die *Gallenblase* oder in den *Zwölffingerdarm.* In der Gallenblase wird durch Wasserentzug die Galle eingedickt, und es entsteht dunklere Blasengalle. Ein Schließmuskel am Eintritt des Gallengangs in den Dünndarm hindert im allgemeinen den Gallenzufluß. Wird dieser durch Reflexe von der Darmwand im Zuge der Verdauungsarbeit geöffnet, so zieht sich gleichzeitig die Gallenblase zusammen und entleert ihren Inhalt in den Darm. Die Gallenbildung in der Leber findet dauernd statt, nur im Hunger vermindert, bei Nahrungsaufnahme vermehrt. Es gibt Stoffe, die die Gallenabsonderung fördern. Die Galle fördert die Arbeit der fettspaltenden Fermente und ist für die Aufschließung der *Fette* unentbehrlich.

Gallenanfall, s. *Gallenblasenerkrankungen.*

Gallenblasenerkrankungen: Die *Gallenblase* ist besonders häufig Funktionsstörungen ausgesetzt. Da die *Galle* ein günstiger Nährboden für Krankheitskeime ist, sind Entzündungen der Gallenblase häufig. Sie können schleimig, wässerig und eiterig sein. *Gallensteine* begünstigen die Entzündungsbereitschaft. Die hohe Konzentration der Galle in der Gallenblase gibt Gelegenheit zur Ausfällung fester chemischer Verbindungen und damit zur *Grieß-* oder Steinbildung, s. *Gallensteine.* Diese können Anlaß zu *Entzündungen* und zu Abflußstörungen werden, wenn sie sich in den

Abflußwegen festklemmen. Störungen in der Funktion der Gallenblase und Gallenwege tragen häufig anfallsweisen Charakter und sind sehr schmerzhaft. Es handelt sich um *Verkrampfungen* der glatten Muskulatur. Auch um Steine herum bilden sich solche Verkrampfungen (Gallenkolik). Kommt es durch Verlegung oder Verschwellung der Gallenwege oder -blase zu Gallenrückstauungen, so treten *Verdauungs*störungen durch Fehlen der Galle im Speisebrei auf, und Gallenfarbstoff tritt vermehrt ins Blut und ins Gewebe. Grauweiße Verfärbung des Stuhls (tonfarben) und *Gelbsucht* sind die Folgen. Bei einer bestimmten Höhe im Blut macht sich eine grüngelbe oder rötlichgelbe Verfärbung der Haut und der Lederhaut des Auges geltend. Erst wenn das Hindernis beseitigt ist, geht die Gelbsucht zurück. Entzündungen, die nicht zu Behinderung des Gallenflusses führen, haben Verfärbung des Stuhles oder *Gelbsucht* nicht im Gefolge. Schmerzen im rechten Oberbauch, in der Gallenblasengegend, Druckschmerzhaftigkeit und tastbare Vergrößerung der Gallenblase, Störungen des Allgemeinbefindens und der Verdauung kennzeichnen das Krankheitsbild. Fieber, auch mit Schüttelfrost, kann auftreten. Durchbruch oder Platzen der eitrig angeschwollenen Gallenblase mit *Bauchfellentzündung* kann drohen. *Gallensteine* stellt man im allgemeinen erst fest, wenn Entzündungen oder Stauungen durch sie veranlaßt werden. Viele Menschen haben Gallensteine, ohne es je im Leben zu erfahren. Es ist also der Gallenstein an sich noch kein Beweis, daß er an der Erkrankung allein schuld ist, wenn er auch wahrscheinlich immer ein Zeichen einer Leberstoffwechselstörung ist. Grundbehandlung hat Schutz der Leber und Beseitigung der Stauungs- und Krampfzustände zu verfolgen. Vgl. *Gelbsucht.* Bei Gallenkoliken heiße *Aufschläge* (Heublumen, Haferstroh), *Dampfkompressen* auf Leber- und Gallengegend. Bei Frösteln Wärmeflasche an die Füße. Tee*fasten* (Wermut, Pfefferminz, Tausendgüldenkraut), Chelidonium, Berberis, Carduus marianus, Podophyllum in Tinkturform und zweckmäßiger Zusammensetzung (Pavochol der Pfau-Apotheke Mainz). Nur bei starken Schmerzen muß man mit Morphium nachhelfen. Austreibung der Gallensteine kann durch *Ölkur* versucht werden. *Vegetarische* Kost, mehrmals tgl. Olivenöl eßlöffelweise, reichlicher Genuß von frischem Obst oder Dörrpflaumen sorgt für geregelten Stuhl. Wechsel*kompressen* auf den Leib, *Oberaufschläger, Halbbäder.* Dazu reichlich Bewegung im Freien. *Darmbäder.* Bei drohendem Durchbruch, bei zu lange bestehendem Verschluß muß rechtzeitig die Operation in Erwägung gezogen werden. Hp.: Bryonia D3–4, Colocynthis D3–4, Natrium choleinicum D3, Chelidonium D2, Carduus marianus ∅, Natrium sulfuricum D6, Podophyllum D2, Atropinum sulfuricum D3–4, Berberis D2–3. Bch.: Ferrum phosphoricum D6 im stündlichen Wechsel mit Natrium sulfuricum D6, Kalium chloratum D6 und phosphoricum D6; Natrium sulfuricum D6, wenn das akute Stadium vorüber ist. Bei Gallenkolik: Magnesium phosphoricum D6 und Natrium sulfuricum D6 im Wechsel, nach Abklingen der heftigsten Schmerzen Ferrum phosphoricum D 6.

Gallenfarbstoffe sind *Bilirubin* und *Biliverdin* und entstehen aus Resten des Blutfarbstoffabbaus. Sie werden im Darm weiter zerlegt, und diese Zerlegungsprodukte werden wiederaufgenommen und zum Neuaufbau des Blutfarbstoffes verwendet. Auch der gelbe Harnfarbstoff entsteht im Rahmen dieser Stoffumwandlungen.

Gallengrieß: kleine sand- und grießkorngroße Konkrementbildungen in der Gallenblase, die ohne Schwierigkeiten mit *Ölkuren* entleert werden können.

Gallensäuren spielen als Gallenbestandteil in der Fettverdauung eine Rolle. Bei *Gelbsucht* vermehrt im Blut verursachen sie Juckreiz. In der Galle halten sie zusammen mit Lecithin das *Cholesterin* in Lösung.

Gallensteine von Sandkorn- bis Eigröße können die Gallenblase ganz ausfüllen. Ausfällung von *Cholesterin* erzeugt reine Cholesterinsteine. Auch andere Ausfällungen von Kalk, Phosphaten und Bilirubin treten auf. Sie haben aber als Kristallisationskern immer einen Cholesterinkern. Durch Einklemmungen und Reizungen können sie Koliken und Gallenverschlüsse hervorrufen. Das ist jedoch nicht immer der Fall. Gallensteinträger brauchen also keine

G

Gallensteinkranken zu sein. Verhinderung der Bildung durch cholesterinfreie und fettarme Kost. Vegetarische Kost ist cholesterinfrei. Austreibung der Gallensteine kann durch *Ölkur* versucht werden. Vgl. *Gallenblasenerkrankungen.*

Galvanisieren: Anwendung eines niedergespannten (40–60 Volt) Gleichstroms zur Beruhigung der Empfindungsnerven, zur Schmerzstillung und zur Erregung der Bewegungsnerven sowie zur Reizung der Haut mittels Elektroden oder elektrischer Bäder. Man kann auch in Bädern gelöste Ionen durch diesen Strom zur Einwanderung ins Gewebe veranlassen (Iontophorese).

Gang ist die mehr oder weniger langsame Vorwärtsbewegung des Menschen in aufrechter Haltung. Er entsteht aus dem harmonischen Wechsel von Stütz- und Schwungbewegung der Beine, die rhythmisch aufeinander folgen. Störungen im Ablauf einzelner Muskelbewegungen sowie im Zusammenspiel der Muskeln auf Grund von *Nervenlähmungen, Rückenmarks-* und *Gehirnerkrankungen* führen zu merkbaren Gangstörungen und -veränderungen, die für die Erkennung der zugrunde liegenden Störungen sehr charakteristisch sein können. Aber auch Veränderungen im *Knochen*gerüst und den *Gelenken* von der Hüfte bis zur Zehe wirken sich auf den Gang störend aus.

Gangliom, s. *Überbein.*

Gangrän, s. *Brand.*

Gänseblümchen (Bellis perennis): Blüten als Husten- und Blutreinigungsdroge, zur innerlichen Blutstillung bei *Bluthusten.* 2–4g im Aufguß.

Gänsefingerkraut (Potentilla anserina): Kraut und Wurzel (Mai bis Juli) 2–4g in leichter Abkochung. Zur Blutstillung, *Krampf*lösung, bei Schleimhautkatarrhen, *Asthma, Keuchhusten, Fallsucht,* schmerzhaften *Menstruationsstörungen, Darm*koliken.

Gänsehaut ist das Aufstellen der *Haare* bei Frostgefühl, mechanischer oder elektrischer Reizung. Dadurch treten die Haarbalgränder aus der Haut heraus, so daß diese nicht mehr glatt, sondern rauh und höckerig, wie ein Reibeisen, erscheint.

Ganzanwendung betrifft im Gegensatz zu Teilanwendung den ganzen Körper. *Ganzwaschung, Ganzwickel, Vollbad, Vollmassage, Vollguß, Vollblitz, Volldampf.*

Ganzheit ist ein in der Naturbetrachtung wichtiger Begriff. Nicht aus der Einzelbetrachtung können die Lebensvorgänge verstanden werden, sondern aus ihrer Zusammengehörigkeit in der G. Jeder, auch der unwichtig erscheinende Teil hat im Gefüge der G. seinen Platz und kann nicht weggelassen werden, ohne die G. zu beeinträchtigen. Die G. steht vor den Teilen (Aristoteles). Sie ist auch nicht einfach Summe der Teile, sondern mehr als dies, sie hat höheren Plan und Sinn. Eine abgehauene Hand, selbst wenn sie weiterleben und sich bewegen könnte, wäre sinnlos, nur im Zusammenhang mit dem Körper hat sie Sinn. Die Atmung hat nur in der Ganzheit des Stoffwechsels ihren Sinn. Auch unsere Lebensweise muß in der Ganzheit gesehen werden. Wer viel Gemüse ißt, braucht noch lange nicht naturgemäß zu leben. Jemand, der sonst nach irgendeinem System streng naturgemäß zu leben glaubt und sich dabei jeden Tag betrinkt, lebt eben nicht naturgemäß. Auch in der Krankheitsauffassung spielt die G. eine Rolle. Die Naturheilkunde kennt keine örtlichen Erkrankungen, sondern sieht in ihnen nur den örtlichen Ausdruck einer Allgemeinerkrankung. So ist die *Mandelentzündung* der örtliche Ausdruck einer Allgemeininfektion, der *Magenkrebs* der einer allgemeinen *Krebs*krankheit. Die Beurteilung des kranken Menschen muß vom ganzen Menschen ausgehen und nicht von seinen Teilen. Ein Mensch mit gesundem Herzen und gesundem Kreislauf braucht noch lange nicht gesund zu sein, ein *Magen*kranker ist nicht bloß im Magen krank, sondern eben im ganzen ein kranker Mensch. Daraus ergibt sich auch, daß die Behandlung Ganzheitsbehandlung sein muß. Sie muß am ganzen Körper, an allen seinen Teilen und Tätigkeiten angreifen und nicht nur an einzelnen Organen herumkurieren. Naturheilkunde ist Ganzheitsmedizin. Auch in der *Ernährung* spielt die Ganzheitsfrage eine erhebliche Rolle. So ist beispielsweise nur der Vollreis (unpoliert) gesund, während der ausschließliche Genuß von poliertem Reis zu *Beri-Beri* führt, auch das Vollkornbrot hat gegenüber dem Feinbrot entscheidende gesundheitliche Vorteile. Die Frucht als ein Ganzes enthält Wuchsstoffe (*Auxone,* nach *Kollath*), die sie am Leben erhalten und vor dem Verderben schützen. Zerstört man die Frucht, werden sie rasch abgebaut, und sofort tritt die Zersetzung ein. So kann ein unverletzter Apfel monatelang aufbewahrt werden, während er bei geringer Verletzung der Oberfläche in Fäulnis übergeht. Auf diesen Gedankengängen beruht der Ersatz des *Bircher-Müsli* aus fertigen Haferflocken durch frisch geschroteten Weizen im Kollathschen *Frischkornbrei.* Auch bei der *Heilpflanzen*wirkung spielt in der Anwendung die G. der Pflanze im Vergleich zu der der isolierten Wirkstoffe eine überlegene Rolle. In der G. ist die Harmonie der Natur aufs beste durchgeführt. Die Naturheilkunde lehnt *Teilanwendungen* und aufs Örtliche gerichtete Maßnahmen keineswegs ab, macht auch reichlich Gebrauch von ihnen, aber nur im Hinblick auf die G. Auch die Teilanwendung will den ganzen Körper beeinflussen und wird erst dadurch sinnvoll. In der naturgemäßen Lebensführung kann nur der Ganzheitsgedanke herrschen. Hier gibt es kein Teils-Teils. Wer zwar naturgemäß lebt, aber sonst naturwidrigen Gewohnheiten frönt (z. B. *Genußgiften*), verstößt gegen das Prinzip der G.

Ganzwaschung betrifft den ganzen Körper mit Ausnahme von Kopf und Gesicht. Wenn es der Zustand des Kranken erlaubt, soll sie stehend außerhalb des Bettes durchgeführt werden. Beginn re. Arm außen über Handrücken zur Schulter und innen zurück. Dann Handinnenfläche, Arminnenseite, Achselhöhle. Tuch frisch eintauchen. Halswaschung, dann in großen Längsstrichen von der re. Schulter bis zum Fuß die Rückseite, dann an der Beininnenseite aufwärts bis zur Brust. Handtuch wenden, dann linke Seite, anschließend Rückseite, zum Schluß Fußsohlen. Bei Bettlägerigen zunächst *Oberkörperwaschung* bei bedecktem Unterkörper, dann bei bedecktem Oberkörper *Unterkörperwaschung* anfügen. Wirkt anregend auf Kreislauf und Hautstoffwechsel. Bei Infektionen Vermehrung der Abwehrstoffe, *Abhärtung.*

Ganzwickel, Ganzpackung: Umwicklung des Körpers vom Hals bis zu den Füßen. Zwei Wolldecken, eine der Breite, die andere der Länge nach, und ein Trockentuch werden zunächst ins Bett gelegt und darauf das nasse Tuch gebreitet. Die Tücher müssen bis zur Mitte des Hinterkopfes reichen, werden oben an der Querseite handbreit eingeschlagen, damit die Wicklung am Hals gut abschließt. Nun wird der Patient aufgelegt. Ein feuchtes Handtuch wird über die Brust gelegt und zu beiden Seiten zwischen Arm und Rumpf gesteckt, damit auch die Seitenflächen feucht werden. Die Wicklung beginnt am Hals. Durch zweifache Faltenlegung wird ein guter Abschluß erzielt. Das feuchte Tuch wird dabei über die Schulter geführt und dort untergesteckt. Nun werden Rumpf und Beine gewickelt. Mit der längs liegenden Wolldecke werden zunächst die Beine fertig gepackt, die oben

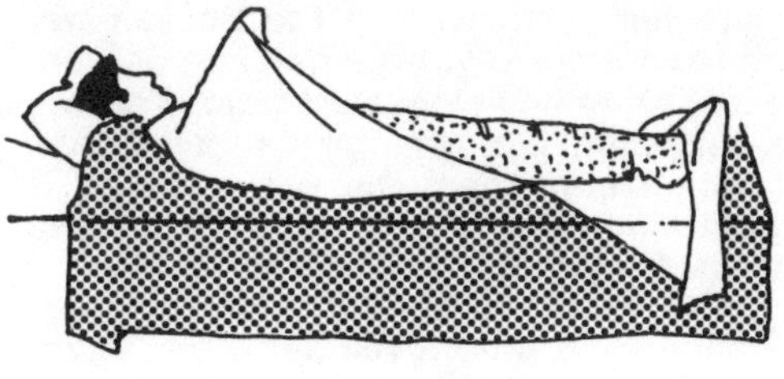

Ganzwickel

querliegende Decke gibt den vollständigen Abschluß über den Oberkörper. Um das Kratzen der Wolldecken zu vermeiden, wird am Hals ein kleines Leintuch eingeschlagen. Diese Form des G. wird für den kalten feuchten und für den trockenen G. verwendet. Im letzteren Fall wird ein trockenes Leinentuch an Stelle des nassen gelegt.
Der heiße G. nach Maria *Schlenz* wird an Stelle des *Schlenz*bades zur Fieberbehandlung bei schwächlichen Patienten oder bei schweren akuten Krankheiten verwendet. Er wird aus *Kopfwickel, Oberwikkel* und *Fußwickel* zusammengesetzt. Es werden zwei Wolldecken der Breite nach über das Bett gebreitet, darüber ein Frottier- oder Baumwolltuch. Es kommen Wärmeflaschen hinein, und die Decken werden von beiden Seiten darübergeschlagen, und alles wird zum Erwärmen gut zugedeckt.

G

Nachdem alles gut gewärmt ist, werden die Decken ausgebreitet. Das Wickeltuch muß aus Frottierstoff sein und doppelt genommen werden, damit es besser warm bleibt. Es wird in Wickelwasser von 60–70° getaucht und mittelstark ausgewrungen. Die eine Hälfte des Oberwickeltuches wird auf die Decke gelegt, der Patient legt sich auf, und die andere Hälfte wird um den Körper geschlagen, so daß sich die beiden Enden an der Körperseite rechts oder links treffen. Dann werden die Baumwollhüllen darüber gezogen und die Wolldecken nacheinander straff gezogen und unter den Patienten gesteckt. Über den ganzen Patienten kommt nun Frottier- oder anderes Tuch, darüber drei wollene Bettdecken oder Federbett, an den Seiten fest eingesteckt. Zur Anlegung der Fußwickel werden die Decken unten aufgehoben. Zum Fußwickel nimmt man zwei Paar Baumwollstrümpfe als nasse Wickel, darüber kommen doppelte Wollstrümpfe als Hüllen, oder es wird mit Wikkeltüchern eingewickelt. Die Decken werden dann wieder von allen Seiten darübergeschlagen und eingesteckt. Der Kopfwikkel besteht aus drei ineinandergelegten Doppelkopfhauben. Die nasse Haube ist aus Baumwollgarn gestrickt oder aus Frotteestoff gefertigt, reicht über die Augen, umschließt den Kopf, bedeckt möglichst die Wangen, der untere Teil den Hals, so daß nur Nase und Mund hervorsehen. Die zweite Haube muß aus weicher Wolle gefertigt und größer als die nasse Haube sein. Auch die äußere Haube ist aus Wolle. Die heißen Schlenzwickel werden nach der ersten halben Stunde gewechselt. Die Wickel werden rasch nur so weit geöffnet, daß die Tücher herausgezogen werden können. Nach raschem Eintauchen und Auswringen werden die Wickel wieder angelegt. Es wird noch 2–3mal gewechselt. Zwei Stunden nach Beginn werden Wickeltücher und Umhüllungen entfernt, der Patient in das im Bett befindliche äußere Frottiertuch gehüllt und zugedeckt; nachdünsten lassen. Nach einer Stunde wird ein warmes Nachthemd angezogen.

Gartenthymian, s. *Thymian*

Gärung: Manche niedere Lebewesen (*Bakterien, Hefe*pilze) vermögen ohne freien *Sauerstoff* zu leben, weil sie durch Gärung aus organischen Stoffen gebundenen Sauerstoff frei machen können. Je nach den entstehenden Stoffen sprechen wir von alkoholischer G., Buttersäureg., Milchsäureg., *Essig*säureg. Alle organischen Stoffe können vergoren werden. Die Eiweißg. nennt man Fäulnis. Zu den Nahrungsaufschließungsprozessen gehört die Darmgärung durch die *Darmflora* im Dickdarm.

Gärungsdyspepsie entsteht, wenn *Kohlehydrate,* ungenügend verdaut, reichlich in den Dickdarm gelangen und hier im Übermaß der Darmgärung anheimfallen. Durchfälle, helle, säuerlich riechende Stühle, starke Gasbildung und Auftreibung des Leibes, Kollern, Leibschmerzen sind die Folge. Beh.: *Darmbad,* Darmspülung, *Abführmittel, Apfeltage, Heilerde.* Vgl. *Durchfall.*

Gastrektasie, s. *Magenerweiterung.*

Gastritis, s. *Magenkatarrh.*

Gastroptose, s. *Magensenkung.*

Gaswechsel ist der Wechsel zwischen Sauerstoffaufnahme durch Einatmen und Kohlensäureabgabe durch Ausatmen. Er geht in der Lunge vor sich (äußere *Atmung*) und im Körperinnern in den Zellen (innere Atmung). Das *Blut* ist nur das Transportorgan. Der Bedarf an *Sauerstoff* und die entstehende *Kohlensäure* richten sich nach dem Bedarf des Grundumsatzes und des Leistungsumsatzes. Aus Einnahme- und Ausgabemessungen lassen sich der Grundumsatz und der Leistungsverbrauch errechnen.

Gaumensegellähmung verhindert den Abschluß von *Mund-* und *Nasenhöhle.* Beim Schlucken tritt Flüssigkeit aus der Nase, und beim Sprechen bekommt die Sprache nasale Nebentöne. G. kommt als Giftwirkung der Diphtheriebazillen während oder nach Abschluß einer *Diphtherie*erkrankung vor. Ausgedehnte Lähmungen können den Schluckakt unmöglich machen und Ernährung mit Schlundsonde erfordern. G. gehen fast immer restlos zurück, wenn das Gift ausgeschieden ist. Beh.: *Ausleitung.*

Gebärmutterentzündung (Endometritis): Einfache schleimige G. nennt man *Katarrh.* G. ist meist auf die Schleimhaut beschränkt, seltener wird die Muskulatur befallen. Leib- und Kreuzschmerzen, Stuhlträgheit, *Regelstörungen* und weißlicher, gelblicher bis eitrig grüner Ausfluß zeigen G. an. Nicht selten sind Eileiter und *Eierstöcke* einer Seite oder beider Seiten gleichzeitig erkrankt *(Adnexitis)* oder das Beckenbindegewebe der Nachbarschaft mitbeteiligt. Beh.: Gesunde Kost. *Halbbäder*, Zinnkraut*sitzbäder*, *Wechselsitzbäder*, *Leib-* und *Lendenwickel* in der blutungsfreien Zeit. Bei Blutung Essigwasser*auflage* kalt; innerlich: Zinnkraut, Kreuzkraut, Hirtentäschelkraut, Anserine als Tee schluckweise. Hp.: Apis D3, Belladonna D3–4, Acidum nitricum D3, Pulsatilla D3–4, Mercurius solubilis D4, Sepia D3–6, Cantharis D6, Lachesis D10, Echinacea ∅.

Gebärmuttergeschwülste: Als gutartige G. kommen solche der glatten Muskulatur (Myome) in Frage. Sie können enorme Größe erreichen und durch Druck auf die Umgebung Beschwerden machen. Verstärkte, verlängerte und gehäufte Monatsblutungen, Schwäche, Rückenschmerzen, Schwindel, Kopfschmerzen treten auf. In den *Wechseljahren* pflegen die Myome im allgemeinen zu schrumpfen, so daß man, wenn man die Patienten bis in diese Zeit betreut hat, der weiteren Sorge enthoben ist. Mit dem Rat zur Operation sei man besonders bei jüngeren Frauen zurückhaltend. Da meist die Gebärmutter mit entfernt werden muß, kommt es zu besonders starken Ausfallserscheinungen bei jüngeren Frauen, wie wir sie von den Wechseljahren her kennen. Ist aber wegen Einklemmung im Becken und Druckerscheinungen die Operation nicht zu umgehen, so soll nach Möglichkeit eine Ausschälung der behinderten Geschwülste unter Erhaltung der Gebärmutter versucht werden. Im allgemeinen kann durch zielstrebige Naturheilbehandlung die Operation vermieden werden. Zur *Blutstillung* kalte Essig*auflagen* auf den Leib, alle 1/4 Std. erneuern. Innerlich: Tee von Zinnkraut, Mistel, Hirtentäschelkraut, Anserine, Kreuzkraut, Senecio, Conium maculatum als Tropfen. HP.: Calcium carbonicum Hahnemanni D4 im Wechsel mit Kalium carbonicum D4, Hydrastis ∅–D2 im Wechsel mit Hamamelis ∅–D2, Trillium pendulum D1–3. Bei nicht blutendem Myom Allgemeinbehandlung: *Ganzwaschung*, *Halbbäder* und ableitend *Lendenwickel*, *Sitzbäder*, *Wechselfußbäder*. Hp.: Aurum D4, Conium D4.

Gebärmutterkrebs: Abnorme oder unregelmäßige Blutungen, Ausfluß und Schmerzen, besonders das Wiederauftreten der Blutungen nach den Wechseljahren sind verdächtig. Genaue Kontrolle durch den Arzt ist in solchen Fällen durchzuführen. Bei frühzeitiger Erkennung ist Operation und *Röntgenbestrahlung* aussichtsreich. Behandlung, s. *Krebs* und *Vorsorge*. Regelmäßige Vorsorgeuntersuchungen bes. in höherem Alter.

Gebärmutterpolyp: gutartiger Auswuchs der Schleimhaut, bei chronischen entzündlichen Reizen *(Weißfluß)* entstehend. Blutungsneigung und unregelmäßige Blutungen vortäuschend. Entfernung ratsam. Dabei aber Behandlung der zugrunde liegenden chronischen Entzündung notwendig, damit nicht neue Gebilde entstehen.

Gebärmutterverlagerung: Erschlaffen Beckenboden oder Mutterbänder, die die Gebärmutter in ihrer normalen Lage halten, kann die Gebärmutter sich verlagern und nach unten treten. Sind auch die Wände der Scheide erschlafft, so können Teile der Scheidenwand aus den Schamlippen heraustreten (Vorfall, Prolaps). Der Vorfall kann so hochgradig werden, daß auch der Muttermund und die Gebärmutter heraustreten.
Kräftigung der Beckenmuskulatur durch *Thure-Brandt-Massage*. In schweren Fällen ist operative Beseitigung des Zustandes nicht zu umgehen; wo diese nicht möglich ist, den Vorfall zurückhalten durch ringförmige Stützen, die in die Scheide eingelegt werden (Pessare). Gymnastik, Allgemeinkräftigung.

Gedankenlesen, Gedankenübertragung, s. *Telepathie*.

Gefäßerweiterung kommt vorübergehend auf dem Wege über die *Gefäßnerven* bei seelischen Regungen (Scham, Zorn usw.) vor, bei entzündlichen Reizungen der Haut oder des Unterhautgewebes, als *Reaktion* bei Wasseranwendungen, dauernd infolge Wandschwäche oder -veränderung *(Aneurysma, Krampfadern)* oder als *Geschwulst* (Feuermal, Blutschwamm).

G

Gefäßhaut: Aderhaut des *Auges.*

Gefäßinnenhaut (Endothel): zartes *Deckzellen*gewebe, das – wenn unverletzt und unverändert – die Gerinnung des fließenden Blutes verhindert.

Gefäßkrampf: krampfartige Zusammenziehung der feinen Muskulatur der Gefäße über die *Gefäßnerven* und das *Lebensnervensystem.* Verengung der Blutbahn bis zu völliger Unterbrechung der Blutversorgung. Teilauswirkung allgemeiner *Verkrampfung. Angina pectoris, Raynaudsche Krankheit* usw. Beh.: *Ansteigende-* und *Wechselbäder, Bindegewebsmassage, Entspannung.* Hp.: Secale D2–6.

Gefäßnerven: vasomotorische Nerven, regeln die Blutverteilung im Körper. Sie gehören zum sympathischen Teil des *Lebensnervensystems.* Wir unterscheiden Gefäßverengerer (Vasokonstriktoren) und Gefäßerweiterer (Vasodilatatoren). Sie werden vom Gefäßzentrum im verlängerten Mark zentral gesteuert.

Gehirnabszeß: Durch Verletzungen, Übergang von *Eiterungen* aus der Umgebung (Ohr, Stirnhöhle usw.) oder Verschleppung von Eitererregern auf dem Blutweg können sich umschriebene Eiterungen im Gehirn bilden. Kopfschmerzen, Benommenheit, Erbrechen, zunehmender körperlicher Verfall, manchmal auch Fieber. Operative Eröffnung und *antibiotische* Behandlung sind hier notwendig.

Gehirnblutung: Durch Zerreißen oder Durchlässigkeit von Blutgefäßen kann es zu Blutungen in die Gehirnsubstanz, die Hirnhöhlen oder in die Hirnhäute kommen. Blutungen in die Gehirnsubstanz, s. *Schlaganfall.* Zerreißung der mittleren Hirnhautader nach Unfällen kann an zunehmender Bewußtlosigkeit mit Pulsverlangsamung erkannt und durch rechtzeitige Unterbindung beherrscht werden, sonst sind Blutungen in Gehirnhöhlen und zwischen die Hirnhäute ernste Ereignisse, die oft zum Tode führen. Wichtig ist Behandlung und Vorbeugung der Risikofaktoren *Zuckerkrankheit, Blutdruckerhöhung,* Fettsucht.

Gehirnentzündung bei Infektionskrankheiten und Vergiftungen, bei Kopfgrippe oder Kinderlähmung ist epidemisch. Kopfschmerz, Erbrechen, Bewußtseinstrübung, Schlafsucht, Doppeltsehen, zuweilen Krämpfe zeigen G. an. Echte Kopfgrippe hinterläßt Bild der *Schüttellähmung* aufgrund von Narbendefekten in den großen Stammhirnkernen. *Fieber*behandlung, *Ableitung* vom Kopf.

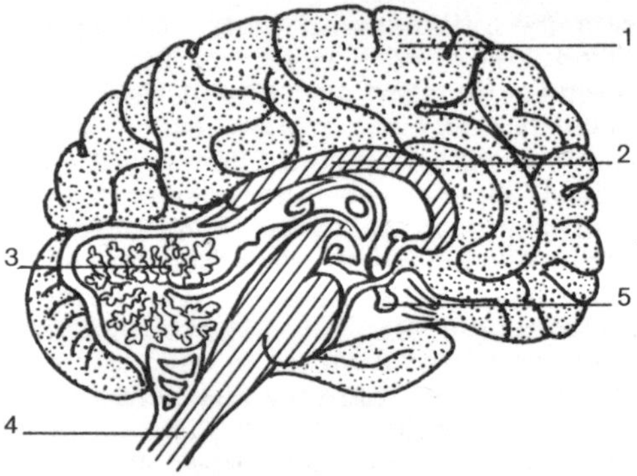

Gehirn (Durchschnitt): 1. Großhirn, 2. Mittelhirn (Zwischenhirn), 3. Kleinhirn, 4. verlängertes Mark, 5. Hirnanhangdrüse

Gehirnerschütterung (Commotio): Daß das Gehirn durch die starke knöcherne *Schädel*kapsel und in ihr durch Lagerung in einer Flüssigkeitsschicht vor Gewalteinwirkungen besonders geschützt ist, hat seinen Grund darin, daß es gegen Erschütterungen außerordentlich empfindlich ist. Tritt trotzdem eine Erschütterung ein, die von den vorgesehenen Einrichtungen nicht ausgeglichen werden kann, so tritt *Bewußtlosigkeit* von mehr oder weniger langer Dauer ein. Dazu kommt meist Erbrechen und eine Gedächtnislücke für alle von einem bestimmten Zeitpunkt an bis zum Unfall erlebten Dinge (retrograde Amnesie). Aus der Länge dieser Zeitspanne kann man gewisse Rückschlüsse auf Grad und Schwere der Gehirnerschütterung ziehen, ebenso aus der Dauer der *Bewußtlosigkeit,* die Minuten, aber auch Tage andauern kann. Treten noch Blutungen aus Nase und Ohr hinzu, so spricht dies für Vorliegen eines *Schädelbruchs.* Beh.: Flache Lagerung und absolute körperliche und geistige Ruhe möglichst für 6 Wochen. Erwärmung durch Wärmeflaschen an Füßen und Seiten. Kalte Stirn*kompressen* und Nacken*aufschläger.* Nach Erwärmung des Körpers *Wadenwickel,* kalte *Leibaufschläger, Ober-* und *Unteraufschläger.* Anfangs Säfte, später *Rohkost* und *vegetarische* Kost. Hp.: Arnica D3, Belladonna D4–6, Hypericum D2. Bch.: Kalium phosphoricum D6 im Wechsel mit Ferrum phosphoricum D6, später Magnesium phosphoricum D6, Natrium sulfuricum D6.

Gehirnerweichung (Paralyse): Spätfolge einer vor 5–10 Jahren durchgemachten *syphilitischen* Erkrankung. Spielt sich in der grauen Großhirnrinde ab. Sprachstörungen, Gedächtnisschwund, Charakterveränderungen, wie Energieschwund, Verschwendungssucht, zänkisches Wesen, zynisches, gemütsrohes Verhalten bei einem vorher normalen Menschen, deuten darauf hin. Die Kranken bekommen Wahnvorstellungen in Form des Größenwahns, verlieren das Gefühl für anständiges Betragen in Gesellschaft und fallen in jeder Weise auf. Möglichst frühzeitige Behandlung, bevor größere Teile des Gehirns zerstört sind. Fieberbehandlung durch *Überwärmungsbäder* bringt den Prozeß zur Abheilung und zum Stillstand. Die Fieberbäder müssen hohe Temperaturen erzeugen und lange durchgeführt werden. Daneben Allgemeinkräftigung.

Gehirngeschwulst: Schwellungen und Vergrößerungen einzelner Teile im Gehirn führen zu Raumbeengung in der geschlossenen *Schädel*kapsel. Kopfschmerz, Erbrechen, Sehstörungen, Pulsverlangsamung sind die Folge des übermäßigen Hirndrucks. Dazu kommen je nach dem Sitz der G. sogenannte Herdsymptome, wenn wichtige Funktionen der grauen Hirnrinde ausfallen und so auf den Sitz der Störung hinweisen. Außer *Geschwülsten,* die im Gehirn oft von der Stützsubstanz (Glia) ausgehen und daher Gliome heißen, kommen auch Gefäßerweiterungen *(Aneurysma)* oder *Bandwurm*blasen *(Echinokokken, Cysticerken)* in Frage. Im Gehirn können auch ihrer Struktur nach gutartige G. lebensgefährlich werden. Operative Entfernung oder, wo dies nicht möglich ist, Druckentlastung durch Schädeleröffnung. Bei bestimmten Formen kann durch *Röntgenstrahlen* Einfluß auf die Geschwulst gewonnen werden.

Gehirnhautentzündung (Meningitis): Wir unterscheiden eine weiche Hirnhaut, die das ganze Gehirn außen umzieht und der grauen Hirnrinde unmittelbar aufliegt, und eine harte Hirnhaut, die die Schädelkapsel auskleidet. Im Zwischenraum zwischen beiden fließt die Gehirnrückenmarksflüssigkeit. G. entstehen durch unmittelbares Übergreifen aus der Nachbarschaft bei Eiterungen der Stirn- und Kieferhöhlen oder des Ohres durch Verschleppung auf dem Blut- und Lymphwege, bei Nasen- und Oberlippen*furunkel, Gesichtsrose, Influenza, Lungenentzündung, Typhus, Blutvergiftung* und *Tuberkulose.* Bei direkter Sonnenbestrahlung des ungeschützten Kopfes kann es zu einer sterilen entzündlichen Hirnhautreizung kommen *(Sonnenstich).* Kopfschmerzen, Benommenheit und Nackensteifigkeit zeigen sie an. Die epidemische G. oder Genickstarre wird durch einen eigenen Erreger (Meningococcus) hervorgerufen. Schüttelfrost, hohes Fieber, abnorme Schmerzempfindlichkeit treten zu den aufgeführten Zeichen hinzu. Eingezogener Leib, steife Haltung der Wirbelsäule, Muskelzuckungen über den ganzen Körper können vorhanden sein. Beh.: Während des Fiebers *Fasten* (Tee-, Saft- oder Obstfasten). Ableitung vom Kopf: Kalte *Fußwickel* mit Essigwasser, bei Erwärmung wechseln. Bei kalten Füßen vorher heiße, trockene Fußwickel, dazu *Ober-, Unteraufschläger* oder *Lendenwickel,* kalte *Kompressen* auf Kopf und Nacken, bei hohem Fieber stündl. Wechsel mit *Ganz-* und *Teilwaschungen.* Innerlich: 3mal tgl. Olivenöl.

Gehirn-Rückenmarksflüssigkeit dient der mechanischen Pufferung der Gehirnsubstanz und dem Stoffwechsel des Gehirns. Sie befindet sich in den Hirnhöhlen und zwischen den Hirnhäuten. Sie kann zur Krankheitserkennung durch Rückenmarks- und Hinterhauptspunktion entnommen werden. Normal ist sie klar und enthält nur höchstens 3 weiße Blutkörperchen im ccm sowie Eiweiß, Zucker und andere Stoffe in Spuren. Ist der Druck erhöht, die G. trübe oder blutig verfärbt, sind die Zellelemente vermehrt oder Bakterien nachweisbar, so kann man auf bestimmte Entzündungen schließen, Gehirnblutungen nachweisen oder durch bestimmte Reaktionen Nervensyphilis feststellen.

Gehirnverletzungen durch stumpfe Gewalt setzen nur Weichteilverletzung der Kopfschwarte, können aber mit *Gehirnerschütterung* oder *Quetschung* einhergehen. Wundversorgung. Behandlung wie *Gehirnerschütterung.* Spitze Verletzungen verletzen das Gehirn unmittelbar und müssen spezialchirurgisch versorgt werden.

Gehschule ist speziell die Ausbildung der Beinamputierten im Gehen mit einem Kunstbein, ist aber auch jede, den Gang beeinflussende Gymnastik.

Geißraute (Galega officinalis): Kraut vom Frühsommer mit Samen zusammen bei *Zuckerkrankheit* (blutzuckersenkend) 0,5–4g im Aufguß. Harn- und schweißtreibend, milchsekretionsfördernd. Bei *Haut*leiden und *Stoffwechsel*störungen.

Geisteskrankheiten ist der etwas irreführende deutsche Ausdruck für seelische Krankheiten. Sie beruhen teils auf einer besonderen angeborenen oder erworbenen Anlage und führen zu seelischen Abweichungen von der Norm. Zu den erworbenen G. zählen die *Gehirnerweichung* als späte Folge der Syphilis, die Altersabnutzung des Gehirns sowie die Störungen durch akute oder abgelaufene Entzündungen (Fieberdelirien, Folgen von *Gehirn*- und Hirnhaut*entzündungen*). Die meisten G. entstehen aber im Laufe des Lebens auf Grund erblicher Veranlagung, wenn auch manchmal durch einzelne seelische Erlebnisse oder eine Kette von seelischen Erlebnissen ausgelöst. Da der Geisteskranke des Gebrauchs seines Verstandes nicht sicher ist, sind sein Verhalten und seine Reaktion auf äußere Einwirkungen nicht berechenbar. Auch ist es nicht möglich, auf dem Wege der Vernunft ihn zu beeinflussen. Es ist also aussichtslos, durch gutes Zureden ihn von der Irrigkeit seiner Wahnvorstellungen und Sinnestäuschungen überzeugen zu wollen, zumal der Geisteskranke seiner Umgebung gegenüber von einem starken Mißtrauen beherrscht ist. Soweit sich die Naturheilkunde mit der Behandlung der G. befaßt, betrachtet sie dieselben als Folgeerscheinungen körperlicher Störungen und Krankheiten. Kneipp strebte eine Harmonie der Körperfunktionen an durch Anregung und Besserung des Blutumlaufs, durch Ableitung vom Kopf. Anregung des Gliedmaßenkreislaufs, der Hauttätigkeit, des Appetits und der Verdauungstätigkeit, *Ausleitung* aller Krankheits- und Giftstoffe aus dem Körper. Er versuchte vom Körper auf den Geist zu wirken. Kein schroffes Vorgehen, daher Beginn mit leichten und einfachen Anwendungen, z.B. *Holzasche-Fußbädern, Fußdämpfen, Heublumenhemden.* Von da Übergang zu Ganzwaschungen mit Essigwasser, *Unterwickel, Kurzwickel, Ober*- und *Unteraufschläger,* Salz- und Essigwasser*hemden, Spanischen Mänteln. Schal,* gleichzeitig mit *Fußwickeln, nassen Socken* oder *Fußbädern,* wirkt gut ableitend vom Kopf. *Barfußlaufen, Tau-, Wassertreten* ließ er regelmäßig durchführen. Laue *Halb*- und *Fichtennadelbäder* mit späterem Übergang zu kalten *Bädern* und *Güssen.* Gesunde *Grundkost,* Verdauungsregelung, Bewegung und leichte Arbeit an der frischen Luft. Dazu Tees von Wermut, Tausendgüldenkraut, Zinnkraut, Angelicawurzel. Naturgemäße Behandlungen Geisteskranker sind schwer durchführbar, da die Patienten uneinsichtig sind.

Gelbkörper (Corpus luteum): bildet sich aus dem *Follikel* im *Eierstock* nach dem *Eisprung* und wirkt durch Gelbkörper*hormon*bildung als innersekretorische *Drüse.* Mit Wiederauftreten der *Menstruation* bildet sich der G. zurück, bleibt aber bei eingetretener Befruchtung in Tätigkeit und schützt durch sein Hormon die *Schwangerschaft.*

Gelbsucht (Icterus): Wird der Abfluß der *Galle* durch Gallenwegsverschluß gehindert, erkrankt das Lebergewebe oder findet ein stärkerer Blutzerfall im Körper statt, so tritt Galle ins Blut über, was sich bei Überschreiten eines bestimmten Blutspiegels in Gelbfärbung der Haut, der Schleimhäute, Gewebe und Organe äußert. Der *Gallensäure*gehalt verursacht *Hautjucken.* Bei Gallenwegsverschluß gelangt kein Gallenfarbstoff mehr in den Darm. Der Stuhl bekommt grauweißes, tonfarbenes Aussehen. Aber auch bei schweren entzündlichen Lebererkrankungen kann die Erzeugung der Lebergalle ausfallen und *Gallenfarbstoff* im Stuhl fehlen, ohne daß ein mechanischer Verschluß vorhanden ist. Durch *Verkrampfung* der Gallenwege auf seelischer Grundlage (Ärger, Kummer) kann G. auftreten. Die übertragbare G., zu der auch die epidemisch auftretende G. gehört, beruht auf einer Virusinfektion der Leber (Hepatitis). Es gibt Viren, die durch Lebensmittel, und solche, die durch Instrumente oder direkte Übertragung von Blut zu Blut (auch beim Geschlechtsverkehr) übertragen werden. Da sie hohe Temperaturen und lange Einwirkungen derselben zum Abtöten brauchen, können sie durch nicht ausreichend entkeimte Instrumente übertragen werden. Auch durch Giftwirkung erzeugte Leberschäden können zur Gelbsucht führen, s. *Leberatrophie.* Beh.: *Fasten,* Saftfasten, *Rohkost,* später *vegetarische* Kost mit reichlich Milcheiweiß und zuckerreichen Obstsorten. Strenge Schonung des Lebergewebes durch Fernhaltung tierischer Fette, scharfer *Gewürze,* der *Genußgifte* und chemischer Medikamente. Tee: Pfefferminz, Mariendistelsamen, Löwenzahnkraut und -wurzel, Zichorienwurzel, weißer Andorn, Odermennig, Schöllkraut. Pavochol (Pfau-Apotheke Mainz) zum Leberschutz. *Ganzwaschungen* mit Essigwasser oder Zitronenscheiben zur Juckreizmilderung. Heublumen*vollbäder,* Kleievollbäder mit anschließender kalter Waschung. Heiße *Kompressen, Heublumen-,* Haferstroh- und *Kartoffelsäcke* auf Lebergegend. *Lendenwickel, Oberaufschläger.* Bch.: Natrium sulfuricum D6, Ferrum phosphoricum D6, Kalium chloratum D6, Natrium muriaticum D6, Natrium phosphoricum D6, Kalium phosphoricum D6.

Gelenke sind bewegliche Verbindungen zweier *Knochen.* Die verbindenden Knochenteile zeigen eine Verdickung und sind mit elastischer Knorpelschicht überzogen. Das eine Ende ist mehr oder weniger ausgehöhlt als »Pfanne«, das andere, der Höhlung angepaßt, als erhabener »Kopf« entwickelt. Die Form ist sehr verschieden und richtet sich nach den für das Gelenk typischen und notwendigen Bewegungen. Die Knochen werden durch eine bindegewebige, mit Bandzügen verstärkte Kapsel zusammengehalten. Innen ist das Gelenk mit Schleimhaut ausgekleidet, die eine in sich geschlossene, mit Gelenkschmiere mäßig gefüllte Gelenkhöhle bildet. In der Umgebung der G. sind *Schleimbeutel* zum Schutze des Gelenkes und der Sehnenbewegung manchmal angeordnet. Die Tätigkeit der Gelenke ist die Bewegung. Wird diese nicht ausgeübt oder künstlich verhindert, so bildet sich das G. zurück und versteift. Die Bewegung gehört zur Gesunderhaltung jeden Gelenkes. Zu lange Ruhigstellung führt zwangsläufig zu chronischen *Gelenksveränderungen.*

Gelenkentzündung: Die Gelenkinnenhaut der Kapsel, das umliegende Bindegewebe führen bei Gewalteinwirkungen, Überanstrengungen, Gifteinwirkungen von Bakterien außerordentlich leicht zu Entzündungserscheinungen, die sich durch außerordentliche Schmerzhaftigkeit, Schwellung, Bewegungseinschränkung auszeichnen. Ähnlich der *Augen*bindehaut, der Schleimhaut der Atemwege und des Verdauungsapparates kann auch die Gelenkinnenhaut im Verlauf von Überempfindlichkeitserscheinungen (s. *Allergie*) mit *Entzündung* reagieren, wenn artfremdes Eiweiß, vor allem Bakteriengifte im Körper eine Überempfindlichkeitsreaktion erzeugen. Die meisten G. sind also nicht durch örtliche *Bakterien*einwirkungen bedingt, obwohl auch dies vorkommt, besonders bei *Blutvergiftung* und direkter Verletzung. An die Möglichkeit einer *Tripper*erkrankung bei akuter G. muß man ebenso denken wie bei chronischer G. an eine *Tuberkulose.* Beh.: s. *Gelenkrheumatismus.*

Gelenkerguß: Krankhaft vermehrte Gelenkflüssigkeit führt zu Gelenkschwellung und entsteht bei Gewalteinwirkungen *(Knochenbrüchen, Verstauchungen, Verrenkungen, Arbeiten mit Preßluftwerkzeugen) und als Begleiterscheinungen von Entzündungen.* Bei Infektion der Flüssigkeit und *Eiter*bildung spricht man von eitrigem G. oder Gelenkeiterung. Beh.: Ruhigstellung bis zur Aufsaugung. Behandlung des Grundleidens. Örtlich: zur Aufsaugung *Lehmwickel, Blutegel.* Bch.: Kalium chloratum D6, Calcium phosphoricum D6–12, Natrium muriaticum D6.

Gelenkmäuse: freie Gelenkkörper, weich oder hart, aus Knochen- und Knorpelgewebe, die sich bei Unfällen aus Absprengungen gebildet haben. Sie entstehen aber auch bei deformierenden Gelenkerkrankungen. Plötzlicher Schmerz im Gelenk führt zu einer Zwangshaltung. Häufig Erguß. Operative Entfernung notwendig.

G

Gelenkrheumatismus in akuter Form ist wahrscheinlich eine *Virus*erkrankung. Befällt oft auf einmal oder hintereinander in Abständen mehrere oder fast alle Gelenke (Polyrheumatismus, von poly = viel). Immer ist eine *Mandelentzündung* vorausgegangen oder besteht gleichzeitig. *Erkältungs*schäden sind oft auslösende Ursache. Manchmal sind die Gelenkerscheinungen nur Überempfindlichkeitsreaktionen gegen den allgemeinen Infekt im Körper *(Allergie).* Fieber ansteigend und wechselnd, *Herz* und *Herzinnenhaut* häufig gleichzeitig erkrankt. Bei narbiger Ausheilung der Herzinnenhautentzündung entsteht ein *Herzklappenfehler.* Beh.: *Fasten,* Saftfasten, *Obsttage, Rohkost, vegetarische* Kost. Essigwasser*waschungen, Güsse* der betroffenen Gelenke. *Fieber*behandlung. Innerlich: Weidenrinde, Pappelrinde, Mädesüßkraut, Sandseggenwurzel, Binsen- und Schilfwurzel im Auszug. Hp.: Aconitum D3–4, Chininum sulfuricum D1, Spiraea ulmaria∅, Ferrum phosphoricum D6, Bryonia D1–3, Rhus toxicodendron D4–6, Dulcamara D2–3, Acidum benzoicum D2, Pusatilla D4–6, Mercurius solubilis D4, Apis D3, Colchicum D3–4, Caulophyllum D2–6. Bch.: Ferrum phosphoricum D6, Kalium chloratum D6, Kalium sulfuricum D6, Natrium muriaticum D6, Silicea D12, Natrium phosphoricum D6, Magnesium phosphoricum D6 bei unerträglichen Schmerzen; Kalium phosphoricum D6 bei hohem Fieber und Herzbeteiligung; Calcium phosphoricum D6 zur Nachbehandlung und bei chronischen Fällen. Chronische Formen spielen sich überwiegend in Einzelgelenken ab, nur seltener liegt Vielgelenkbefall vor. Hier kommt es zu abbauenden und umbauenden Veränderungen der Gelenke. Beh.: Rohkost, vegetarische Kost. *Ausleitende* Tees, dazu als gelenkwirksam Wasserpfeffer, Binsen-, Schilf-, Riedgras-, Sandseggenwurzel, Mädesüßkraut, Stiefmütterchenkraut. Essigwasser*waschungen, Heublumenbäder, Heublumenhemden, Haferstrohbäder, Heusäcke, Lehmauflagen* um die Gelenke. *Schlenz*bäder, *Moor-, Fango-Schlamm-Packungen,* kalte Essig- oder Öl*wickel. Umstimmungsbehandlung: Eigenblut, Blutegel, Eigenurin, Bienengift,* Mistel, Ameisensäure. Hp.: Antimonium crudum D4–6, Lycopodium D6, Calcium carbonicum Hahnemanni D10–15, Giseng∅. Bch.: Ferrum phosphoricum D6, Kalium chloratum D6, Natrium muraticum D6, Silicea D12, Natrium phosphoricum D6, Magnesium phosphoricum D6 bei unerträglichen Schmerzen; Kalium phosphoricum D6 bei hohem Fieber und Herzbeteiligung; Calcium phosphoricum D6 zur Nachbehandlung und bei chronischen Fällen; s. auch *Rheumatismus.*

Gelenktuberkulose entsteht entweder durch *Bazillen*aussaat auf Blut- und Lymphweg oder durch unmittelbares Übergreifen einer *Knochentuberkulose* auf das Gelenk. Im jugendlichen Alter häufiger. Langsamer Verlauf mit Gelenkergüssen, Kapselverdickung, spindliger Auftreibung der Gelenke, Knochen*zerstörung.* Beh.: Vorübergehende Ruhigstellung. *Stauungs*behandlung, salzarme, *vegetarische, vitamin*reiche Kost, *Lebertran*zusatz. *Licht,* natürliche *Höhensonne* in hohen Gebirgslagen (2000 m), *Luft*behandlung. Essigwasser*waschungen, Salzhemden, Salzwickel.* Tees von Schachtelhalm, Hohlzahn, Vogelknöterich. Bch.: Calcium phosphoricum D 6–12, Silicea D 12, Natrium phosphoricum D6, Magnesium phosphoricum D6.

Gemüse: Sammelbezeichnung für Pflanzen oder ihre Teile, die roh oder zubereitet der *Ernährung* dienen und die in Garten- oder Feldkultur angebaut werden. Zu Nahrungszwecken verwendete nicht angebaute Pflanzen werden als Wildgemüse bezeichnet. Bestimmte Blattpflanzen werden als Salate, Früchte als *Obst* (Beeren- und Steinobst), Samen als *Nüsse* gesondert zusammengefaßt. Die Abtrennung ist nicht immer scharf. Blattgemüse: Spinat, Weißkohl, Rotkohl, Sauerampfer zur *Rohkost* geeignet, Mangold, Wirsing, Spitzkohl, Grünkohl besser gekocht verwendbar. Salate: Chicorée, Kopfsalat, Endivie, Escariol, Pflücksalat, Rapunzel zur Rohkost geeignet. Stengelgemüse: Kohlrabi, Fenchel, Rhabarber, Mangoldstiele, Stengelsellerie roh oder gekocht geeignet. Sprossengemüse: Spargel, Hopfen, Bambus nur teilweise zur Rohkost geeignet. Blütengemüse: Blumenkohl, Artischocke roh und gekocht. Knospengemüse: Rosenkohl nur gekocht geeignet. Samengemüse: Erbsen, Zuckererbsen, Zuckermais, in unreifem Zustand gekocht bekömmlich. Hülsenfrüchte: Erbsen, Bohnen, Linsen, Puffbohnen nur

im reifen Zustand gekocht bekömmlich. Fruchtgemüse: Tomate, Gurke, Paprikaschote zur Rohkost geeignet; Eierfrucht, Zucchini, Melonen, Kürbis nur gekocht verwendbar. Zwiebelgemüse: Lauch, Zwiebel, Knoblauch, Schnittlauch, Schalotte roh und gekocht verwertbar. Wurzelgemüse: Möhren, Karotten, Pastinake, rote, weiße, gelbe Rüben, Sellerie, Schwarzwurzel, Petersilienwurzel, Rettich, Radieschen, Meerrettich, Zuckerrübe roh und gekocht verwertbar. Knollengemüse: Kartoffeln, Topinambur gekocht verwertbar. Keimgemüse aus frischen Samenkeimlingen. Gemüse und Getreidesamen sind, mit Obst ergänzt, vollwertige, gesunde Nahrung, wenn sie abwechslungsreich und möglichst in frischem, rohem Zustand genossen werden. Der *Kohlehydrat*bedarf muß aus Getreide und Wurzelgemüse, der *Eiweiß*bedarf aus Blattpflanzen, Samen und Getreide gedeckt werden, der *Öl*bedarf aus Samengemüse, *Mineralstoffe, Ergänzungsstoffe, Vitamine, Auxone* sind reichlich enthalten und gewährleisten einen gesunden *Stoffwechsel.*
Wichtig ist eine einwandfreie *Düngung* für den gesundheitlichen Wert der Gemüsepflanzen. Vgl. *Vegetarismus.*

Genesung (Rekonvaleszenz) ist die Zeit vom Überstehen der akuten Krankheit bis zur Wiederherstellung der normalen, gesunden Verhältnisse.
Hier soll eine systematische körperliche, geistige und seelische Belastung einsetzen, um durch *Übung* die alte Spannkraft wiederzuerlangen.
Geht man zu schroff vor, können schwierige *Rückfälle* die Folge sein; geht man zu behutsam vor, können die Genesungsbereitschaft und der Genesungswille Schaden leiden.
Die Wiederherstellung der Arbeitsfähigkeit, besonders im vorher ausgeübten Beruf oder wenn dies nicht möglich, die Umschulung zu Berufen, die für den Genesenen geeignet sind, führt über die *Rehabilitation.*

Genickstarre, s. *Gehirnhautentzündung.*

Genista, s. *Ginster.*

Genitaltuberkulose: *Tuberkulose* der *Geschlechtsorgane* von Mann und Frau, meist im Rahmen einer Allgemeintuberkulose. Beim Mann erkranken *Nebenhoden, Vorsteherdrüse* und Samenblasen, bei der Frau vornehmlich die Eileiter. Allgemeinbehandlung der *Tuberkulose.*

Gentiana, s. *Enzian.*

Genußmittel sind Stoffe, die nicht aus dem Ernährungsbedürfnis heraus genommen werden, sondern weil sie angenehme Wirkungen auf das *Nervensystem* hervorrufen. So können raffiniert zubereitete Speisen und Getränke zu Genußmitteln werden. Genußmittel sind im Hinblick auf die Wirkung auf das Nervensystem *Reiz*mittel, die anfangs erregen, aber auch mit Lähmung antworten können. Hierher rechnen die Gefäßsystem und Gehirnleistung erregenden Getränke mit *Koffein-* und Theobromingehalt (*Bohnenkaffee, Tee,* Kakao, *Kola,* Mate). Was man durch Gebrauch solcher Genußmittel an angeblicher Leistungsfähigkeit bei Überwindung der Ermüdung gewinnt, muß man eines Tages zurückzahlen in Form eines vorzeitigen Verschleißes der Kräfte. *Alkohol* führt über anfängliche Erregung meist zur *Lähmung* und führt bei chronischem Genuß zu schweren körperlichen Veränderungen und Gesundheitsstörungen. *Nikotin* wirkt durch Genuß von *Tabak*waren besonders ungünstig auf die Gefäße und den Stoffwechsel und ist ein krebsbegünstigender Faktor. Ganz schwere Gesundheitsstörungen rufen die gefährlichen, die Persönlichkeit in ihrer Struktur auflösenden G. Kokain, Heroin, Opium, *Morphium,* Haschisch, Pejottel, Fliegenpilzgift hervor. Daher ist der Genuß dieser Mittel staatlich verboten bzw. ihr Verkauf zu Genußzwekken unter Strafe gestellt. G. erzeugen *Sucht,* d.h. eine zwingende Gewöhnung des Körpers an diese Reizmittel. *Entziehungskur.* Naturgemäßes Leben lehnt alle Reiz- und Genußmittel, auch die harmlosen, ab.

Germer, weißer (Veratrum album). Giftig. Tinktur aus dem Wurzelstock (5 Tropfen) bei Schmerzen, Lähmungen, Rheuma, Gicht (Tafel VI)

Gerstenkorn (Hordeulum): eitrige Entzündung eines Haarbalgs der *Augen*lider. Rötung des Lidrandes mit Schwellung, Juckreiz. Heiße *Aufschläge (Leinsamen, Bockshornklee*samen, *Kartoffelbrei).* Dazu besonders nach Eröffnung *Augenbäder* mit *Augentrost*tee. Hp.: Pulsatilla D3–4, Hepar sulfuris D3, Mercurius Solubilis D4, Staphisagria D3–4, Calcium fluoratum D3–6, Silicea D6. Bch.: Ferrum phosphoricum D6, Silicea D12 und Calcium fluoratum D6 im Wechsel.

Geruch, Geruchssinn, Riechen: Das Geruchsorgan liegt in Form einer besonders gebauten Schleimhaut im Bereich der oberen *Nasen*muschel und der Nasenscheidewand. Ihre Riechzellen gehen fadenförmig unmittelbar in die Riechnervenfasern über. Der Riechnerv ist beim Menschen nicht besonders entwickelt und dementsprechend auch der Geruchssinn. Er spielt für das Wohlbefinden und auch im natürlichen Leben eine bestimmte Rolle.

Geschlechtshormone (Sexualhormone): *Hormone* der *Keimdrüsen.* Weibliche G. sind das *Follikel*hormon, das in den reifenden Eibläschen, und das *Gelbkörper*hormon, das in dem nach dem Eisprung entstehenden Gelbkörper sich bildet. Das Follikelhormon ist für die Entwicklung der weiblichen Geschlechtsorgane und der *Gebärmutterschleimhaut* von Wichtigkeit, das Gelbkörperhormon schützt die eingetretene *Schwangerschaft* und verhindert die Wirkung des Follikelhormons für diese Zeit. Das männliche G. ist das Testisteron, das in den Zwischenzellen der Samenkanälchen der *Hoden* gebildet wird.

Geschlechtskrankheiten sind *Infektionskrankheiten,* die durch besondere Erreger vorwiegend durch den Geschlechtsverkehr übertragen werden. *Tripper* (Gonorrhoe) und *Syphilis* (Lues) sind die verbreitetsten von ihnen, der sogenannte weiche *Schanker* und die vierte G. sind seltener und spielen nur eine untergeordnete Rolle. Erkrankungen an den Geschlechtsorganen und insbesondere G. dürfen in Deutschland nur von approbierten Ärzten behandelt werden. Es besteht für die Erkrankten eine gesetzliche Pflicht, sich behandeln zu lassen, was im Unterlassungsfall polizeilich erzwungen werden kann. Frühzeitige, sachgemäße Behandlung ermöglicht eine gründliche Heilung und vor allem eine Beseitigung der Ansteckungsfähigkeit. Wer an einer G. erkrankt und ansteckungsfähig ist und trotzdem andere ansteckt, macht sich der Körperverletzung schuldig und wird straf- und zivilrechtlich belangt.
Heute sind durch Geschlechtsverkehr übertragene Pilz-, Virus- und mit einzelligen Lebewesen erzeugte (Trichomonaden-)Infektionen hinzugekommen, die zu Ausfluß und Entzündungen von Harnröhre, Scheide, Vorhautsack führen und schwer zu beseitigen sind.

Geschmack wird durch die Geschmacksknospen in Zunge und Mundschleimhaut vermittelt. Sie können nur sauer, süß, salzig und bitter unterscheiden, alle Geschmacksfeinheiten werden mit Hilfe des *Geruchssinns* wahrgenommen. Außer dem Geschmacksapparat gehört die seelische Bereitschaft dazu. Abnorme körperliche und seelische Verfassungen ändern den G. *(Schwangerschaften, Gehirn*krankheiten, *seelische Krankheiten).* Der G. ist sehr von der Stimmung abhängig.

Geschwulst (Tumor) kann durch Stauung von Gewebswasser, Blutwasser oder Blut im Gewebe hervorgerufen werden (Beule, *Geburtsgeschwulst, entzündliche* Schwellung). Meist handelt es sich aber um Gewebsneubildungen, die selbständig von jeder Körperzellenart hervorgebracht werden können. Man nennt sie, da es sich um Wachstumsvorgänge handelt, besser Gewächse, also *Fettgewebs-, Bindegewebs-, Gefäß- und Knochengewächse* usw. Sie sind gutartig, wachsen langsam und bleiben auf den Ort der Entstehung beschränkt. G. aus unreifem Gewebe oder aus *Deckzellen,* die in die Tiefe wachsen und wuchern, zeigen in Struktur und Aufbau keine Gleichheit mit normalem Gewebe. Gehen sie aus Deckzellengewebe hervor, nennt man sie *Krebs* (Carcinom) und aus *Bindegewebszellen,* Fleischgeschwülste *(Sarkome).* Sie haben ungehemmtes, die Umgebung zerstörendes Wachstum, kehren nach operativer Entfernung häufig an der gleichen Stelle wieder *(Rezidiv)* und verbreiten sich auf dem Lymph- und Blutweg auch in andere Körpergebiete (*Tochtergeschwülste,* Metastasen). Wie im Kapitel *Krebs* ausgeführt, ist die G. nur der örtliche Ausdruck einer Allgemeinerkrankung, der Krebskrankheit.

Geschwür (Ulcus): Oberflächenzerstörung durch Gewebszerfall an *Haut* und *Schleimhaut*, die tiefer als die *Deckzellen*schicht reicht. Schlechte örtliche Durchblutung, chemische und physikalische Einwirkung (Verätzung), Verletzungen können einzeln und im Zusammenwirken G. verursachen. Zur Anregung der Eigenheilung des Körpers ist es dringend notwendig, die örtlichen Blutumlaufverhältnisse zu bessern und die Heilentzündung zu unterstützen. Beh.: *Fasten, Obstkur, Rohkost. Bäder* und *Auflagen* von Zinnkraut, Osterluzeiabkochungen. Heublumen-, Kamille-, *Bockshornklee*samenabkochungen. *Lehmauflagen.* Bei *Tuberkulose*geschwüren sind Abkochungen von Walnußblättern angezeigt. Dazu Allgemeinbehandlung nach der Grundkrankheit.

Gesicht ist die vordere, vom Haupthaar freie Hälfte des *Kopfes.* Das G. ist der Träger des menschlichen Ausdrucks. Aus diesem kann man Schlüsse auf *Konstitution,* Charakter, Veranlagung und Krankheiten ziehen (Physiognomik). Im engeren Sinne wird der Gesichtssinn als Tätigkeit des *Auges* mit G. bezeichnet sowie die innere Schau beim *Hellsehen.*

Gesichtsbad: Man taucht das Gesicht in eine Waschschüssel unter Vermeidung eines Druckes auf die Halsgefäße (Kragen!). Im Wasser werden die Augen mehrmals geöffnet und geschlossen und dann das Gesicht kurz zum Atemholen aus dem Wasser gehoben. 2–3 mal wiederholen. Man kann auch durch feines Leinentuch geseihte Kräuterabsude (Zinnkraut, Wermut, Fenchel, Augentrost, grüne Holunderrinde oder Alaun) verwenden. Vgl. *Augenbad.*

Gesichtsdampf wie *Kopfdampf,* nur wird ausschließlich das Gesicht der Dampfwirkung ausgesetzt. Zur Durchblutung des Gesichts, Verflüssigung und Schleimlösung in den oberen und mittleren Atemwegen. Bei entzündlichen Nasen-, Nebenhöhlen- und Bronchialerkrankungen, Mittelohrentzündungen, Augenentzündungen, Ekzemen und Geschwüren der Kopfschwarte, Rheuma an Nacken und Hinterhaupt, Halsdrüsenschwellungen. Danach kühle Gesichtswaschung.

Gesichtsguß: Man beginnt rechts unterhalb der Schläfe, umkreist langsam das Gesicht und führt den Strahl in Querstrichen über die Stirne, begießt das Gesicht in Längsstrichen von der Stirn bis zum Kinn von rechts nach links fortschreitend und endet durch eine ovale Begießung des Gesichts. Während des Gusses Gelegenheit zum Atmen geben und anschließend abtrocknen. Anregung der Gesichtshautdurchblutung bei schlaffer Haut, Gesichtsneuralgien, Migräne, Zahnschmerzen, Augenmüdigkeit.

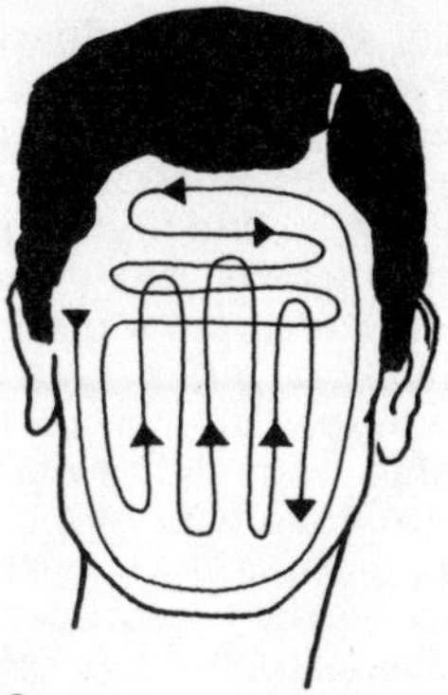

Gesichtsguß

Gesichtshautpflege: Großporige, fettige Haut reibt man mit frisch gepreßtem Gurken-, Tomaten-, Erdbeer- und Zitronensaft ab. Man preßt die Früchte aus, seiht den Saft durch ein Mulltuch, tränkt einen Wattebausch mit dem Saft und reibt Gesicht und Hals damit ein. Nachdem man 10 Minuten hat einwirken lassen, wäscht man mit lauwarmem Wasser ab. Man behandelt zunächst drei Tage hintereinander, dann genügt einmal in der Woche. Statt des Saftes kann man auch Gurken-, Tomaten-, Erdbeer- und rohe Kartoffelscheiben in etwa Messerrückendicke direkt als Maske auf Gesicht und Hals legen und 20 Minuten einwirken lassen. Um Reizungen zu vermeiden, fettet man vorher leicht mit Lanolin ein. Auch hier wird mit lauwarmem Wasser abgewaschen. – Unterernährte, leicht schilfernde oder zu übermäßiger Trockenheit neigende Haut soll im Sommer statt mit Wasser mit etwas frischer Vollmilch (ein paar Löffel) gereinigt werden. Dazu legt man 2mal wöchentlich eine Kräuterkompresse nach folgender Vorschrift auf: Je eine Handvoll Erdbeerblätter, Lindenblü-

G ten, Kamille, Salbei und junge Fichtensprossen werden zerhackt und mit einem Liter kochendem Wasser überbrüht. Man läßt die Flüssigkeit 10 Minuten auf schwachem Feuer ziehen und fügt zum Schluß einen Löffel Borax zu. Nach dem Erkalten gießt man sie durch ein Mulltuch. Je 5 Eßlöffel des Extraktes nimmt man für eine Gesichtskompresse. Gut verkorkt kann der Extrakt einige Tage aufbewahrt werden. Ein reines Mulltuch wird in die Flüssigkeit getaucht und, so heiß es vertragen wird, fest auf das Gesicht gedrückt. Dann ein trockenes Flanelltuch darüberlegen. Man wechselt die Kompresse 3–4mal. Das heiße Gesicht wird rasch mit sehr kaltem Wasser abgewaschen, getrocknet und reines Olivenöl reichlich in die Haut geklopft.

Gesichtsrose (Erysipel): Infektionskrankheit, durch einen besonderen Erreger (Streptokokkus) erzeugt. Meist von einer Haut*schrunde* ausgehend. Unregelmäßig begrenzte Rötung, Schwellung und Spannungsgefühl der Haut, Fieber und Schüttelfrost.Kann von jeder Stelle des Körpers ausgehen und ist deshalb eine ernste Erkrankung, weil von hier aus auf dem Blut- und Lymphwege eine *Gehirnhautentzündung* oder eine *Eiterung* der *Augenhöhle* sich entwickeln kann. Vgl. *Wundrose.*

Gesichtsschmerzen beruhen auf einer *neuralgischen* Erkrankung des dreiteiligen Gesichtsnerven *(Trigeminus).* Seelische Regungen, *Erkältungen,* Magenverstimmungen können auslösend wirken. Beh.: Örtlich: Einreibungen mit Melissengeist, *Dampfkompressen, Gesichtsdampf,* später *Gesichtsgüsse. Ableitung* vom Kopf. Gesamtberuhigung. *Ausleitung, Stuhlgang*regelung. Hp.: Aconitum D3–6, Magnesium phosphoricum D6, Belladonna D3–6, Colocynthis D6–12, Cedron D4–6, Cimicifuga D3–6, Spigelia D3–6, Verbascum D2, Argentum nitricum D 4. Boh.: Ferrum phosphoricum D 6, Kalium phosphoricum D 6, Magnesium phosphoricum D6, Natrium muriaticum D6, Natrium sulfuricum D6, Calcium phosphoricum D6, Silicea D12.

Gesundheit ist ein schwer eindeutig zu umreißender Begriff. Er umfaßt körperliche, geistige und seelische Unversehrtheit, Leistungsfähigkeit und das Wohlbefinden im Gegensatz zur Krankheit.

Getreide: Körner verschiedener kultivierter Grasarten, die roh, gekocht oder verbacken als Brei oder *Brot* der Ernährung dienen. Man unterscheidet Brot- und Breigetreide: Roggen, Weizen, Hafer, Gerste, Reis, Mais, Hirse usw. Sie werden grob geschrotet, gequetscht oder vermahlen verwendet.

Gewebe ist die Verbindung gleichartiger *Zellen* zu Zellverbänden.

Gewebeatmung: innere *Atmung.* Aufnahme des Sauerstoffs aus dem Blut in die Zellen und Abgabe von Kohlensäure an das Blut. Nach Warburg ist die innere Atmung beim Krebs durch Milchsäuregärung ersetzt.

Gewebshormone sind Stoffe, die im Körper entstehen, am *Lebensnervensystem* angreifen und den Spannungszustand des Gefäßsystems beeinflussen. Histamin und Cholin sind die wichtigsten dieser Stoffe. Histamin spielt bei allergischen Krankheiten ursächlich eine gewisse Rolle. Es führt zu Hautüberempfindlichkeitsreaktionen wie *Quaddeln* und *Nesselsucht.* G. werden von bestimmten Fermenten im Organismus wieder abgebaut.

Gewebsverschlackung und fehlerhafte Zusammensetzung der Gewebssäfte sind Folgen einer unzweckmäßigen Ernährungsweise. Vgl. *Mineralstoffwechsel.* Kann durch *Umstimmung* in der *Ernährung* und Förderung der *Ausleitung* beseitig werden. *Blutreinigungskur.*

Gewebswäsche: Durchspülung und Ausleitung zur Beseitigung der *Gewebsverschlackung* bei einer *Blutreinigungskur.*

Gewürze sind mit Ausnahme des *Kochsalzes* pflanzliche Stoffe, die dazu dienen, die Speisen schmackhaft und bekömmlich zu machen. Die Kräuter werden frisch oder getrocknet, fein zerschnitten oder gepulvert zum Würzen verwendet. Zu starkes und übermäßiges Würzen, Verwendung scharfer G. (Pfeffer, Senf) machen das Essen zur Reizkost. G. sind in *Rohkost* und Salatküche unentbehrlich, müssen aber sparsam verwendet werden, um den Eigengeschmack nicht zu stören oder zu verdecken. Sie sind dann meist gesundheitlich wertvoll, weil sie die Verdauungsarbeit unterstützen. – Einheimische Küchenkräuter und G.: Alant, Anis, Basilicum, Beifuß, Bohnenkraut, Borretsch, Dill, Engelwurz, Estragon, Fenchel, Kümmel, Knoblauch, Kerbel, Majoran, Meerrettich, Melisse, Petersilie, Pimpinelle, Porree, Raute, Rosmarin, Salbei, Sauerampfer, Schnittlauch, Sellerie, Senfkörner, Thymian, Wermut, Zwiebel. – Ausländische G. (meist sehr scharfe Reizgewürze): Curry, Gewürzkörner (Cardamom), Gewürznelken, Kapern, Lorbeerblätter, Muskatnuß, Paprika, Pfeffer, Safran, Vanille, Zimt.

Gicht (Arthritis urica): durch Harnsäureablagerungen erzeugte Gelenkerkrankungen stehen dabei im Vordergrund. Unter den Stoffwechselschlacken, die hier im Gewebe abgelagert werden, spielt *Harnsäure* eine bestimmende Rolle. Die Harnsäure entsteht vermehrt durch hohes Angebot von Harnstoffbildnern oder durch Mangel an abbauenden Fermenten. Bei Fettstoffwechselstörungen werden diese Fermente z.T. abgeblockt durch die im Blut kreisenden Fettfraktionen. Der Harnsäurespiegel im Blut ist dabei erhöht. Die Naturheilkunde betrachtet die Harnsäure nur als einen besonders nachweisbaren Anteil der Stoffwechselschlacken, nimmt aber auch andere, nicht im einzelnen nachweisbare Schlacken anorganischer und organischer Natur an, wie sie bei allen *Stoffwechsel*störungen eine Rolle spielen. Die Harnsäure wird vorzugsweise im Knorpel und dessen Nähe aufgespeichert. Es kommt zu Knotenbildungen in Gelenknähe und Ohrknorpel, die aus reiner, chemisch leicht nachweisbarer Harnsäure bestehen (Tophi). G. ist bei bestimmter erblicher Veranlagung Folge unzweckmäßiger und unnatürlicher Lebensweise. Vor allem *Fleisch*kost ist die Quelle überreichlicher Harnsäurebildung, *Alkohol*genuß begünstigt das Geschehen. Beginn mit heftigen Schmerzen in einem kleinen Gelenk, Großzehengelenk: Podagra, Handgelenk: Chiragra. Rötung, Schwellung, Schmerz. Dabei oft Fieber, Abgeschlagenheit, Appetitmangel. Bei längerem Bestehen Versteifungen und Verdickungen der Gelenke. Nieren neigen zu Schrumpfung, und der *Blutdruck* steigt. Beh.: *Vegetarische* Kost unter Ausschluß von Spargel, Spinat, Hülsenfrüchten, Kohlgemüse, Pilzen, Schwarzbrot und Zitrusfrüchten. Im Anfall heiße Anwendungen. *Heublumen-, Haferstroh-, Kartoffelsäcke.* Heublumen- oder Hafterstroh*vollbäder* mit *Packung. Ganzdampf-, Schlenz*bäder, *Heublumenhemden,* Heublumen*wechselfußbäder.* Später Übergang zu kalten Anwendungen. *Ganz-* und *Oberkörperwaschungen, Güsse, Halbbäder, Wassertreten, Spanischer Mantel.* Innerlich: Herbstzeitlosentinktur oder -wein 3mal 10–40 Tropfen steigernd bis zum Auftreten der ersten Durchfälle. Walnußschalentee. Hp.: Aconitum D3, Belladonna D3–4, Apis D3, Colchicum D–4 Bryonia D3–6, Mercurius solubilis D4, Abrotanum D1–2. Boh.: Ferrum phosphoricum D6 im Wechsel mit Natrium phosphoricum D6, Silicea D12, Calcium phosphoricum D6, Calcium fluoratum D12, Natrium muriaticum D6.

Gift ist jeder chemische Stoff, der im Körper schwere Störungen der *Ernährung,* der Funktion der *Zellen* und bestimmter Organe hervorruft und damit Krankheit oder Tod zur Folge hat. Die giftige Wirkung ist von der Menge und der persönlichen Empfänglichkeit abhängig. Der Körper versucht zunächst mit Hilfe der *Leber* alle G. im Körper zu entgiften; auch das *Blut* führt *Antikörper* gegen G.

Giftpflanzen enthalten *Alkaloide,* Glykoside oder ätherische Öle mit giftiger Wirkung in solchen Mengen, daß sie bei Genuß dem Menschen gefährlich werden können. Manche G. sind wichtige *Heilpflanzen,* wenn sie richtig dosiert werden.

Ginster (Genista tinctoria): blühendes Kraut, 2–5g tgl. in wassertreibenden Teemischungen, als standardisierter Auszug bei Herz- und Gefäßleiden, Blutdruckerniedrigung, Pulsstörungen.

Glanzauge kommt mit dem Glotzauge zusammen als Zeichen der *Schilddrüsenübertätigkeit* vor. Vgl. *Basedowsche* Krankheit.

Glasmacherstar: *Grauer Star,* der nach langjähriger Tätigkeit am Glasschmelzofen sich entwickelt und bei rechtzeitigem Arbeitsplatzwechsel sich wieder zurückbildet.

Glaubersalz (Natriumsulfat): ein mildes *Abführ-* und Entwässerungsmittel, das den

G

Darminhalt durch Wasseranziehung aus dem Darm verflüssigt, ohne den Darm zu reizen. Etwa 1 Teelöffel G. in warmem Wasser gelöst und nüchtern getrunken kommt bereits nach 1–1½ Stunden zur vollen Wirkung.

Glaukom, s. *Grüner Star.*

Gliederreißen, s. *Rheumatismus.*

Glossitis, s. *Zungenentzündung.*

Glotzauge (Exophthalmus): Hervortreten der Augäpfel, für Überfunktion der *Schilddrüse* charakteristisch, s. *Basedow.*

Glycyrrhizza glabra, s. *Süßholz.*

Glykogen: tierische *Stärke.* Wird vornehmlich in der *Leber,* teilweis auch im Muskel unter *Insulin*einwirkung gespeichert. Bei Bedarf wird *Traubenzucker* daraus abgebaut und durch das Blut den Muskeln für den *Stoffwechsel* zugeführt.

Goldrute (Solidago virgaurea): Kraut (Juli–Oktober), 2–4g Aufguß oder leichte Abkochung zur *Ausscheidung.* Auch harntreibend.

Gonorrhoe, s. *Tripper, Geschlechtskrankheiten.*

Grahambrot: Vollkorn*brot* aus Weizenschrot mit Hefelockerung.

Granatapfelbaum (Punica granatum): heimisch in Asien und im Mittelmeergebiet. Rinde wird in Abkochung und einmaliger Gabe von 50g zum Austreiben von *Bandwürmern* verwendet. Gegen Madenwürmer nicht geeignet.

Granulationsgewebe: junges, gefäßreiches *Bindegewebe,* das aus Knospen der Haargefäße und Umwandlung von weißen Blutkörperchen zu bindegewebsbildenden Zellen sich entwickelt und überall, wo durch Verletzungen oder Gewebszerfall, z.B. Geschwüre eine Gewebslücke entstanden ist, sich bildet. Es wird zunächst übermäßig gebildet und wegen des Gefäßreichtums rot gefärbt (wildes Fleisch). Mit der Zeit überwiegen die Bindegewebszellen, die Gefäße bilden sich zurück, das Gewebe schrumpft und sieht nun weißlich aus. *Narbengewebe.*

Granulom ist eine Bildung aus *Granulationsgewebe* mit *geschwulst*artigem Charakter. Fremdkörper und Infektionen geben den Reiz zur Entstehung. Bilden sich häufig bei *chronischen Eiterungen* an der Wurzelspitze eines *Zahnes* als Zahngranulom. Durch das Granulationsgewebe wird der Knochen allmählich aufgelöst. Von den Zahngranulomen gehen viele *Herdinfektionen* aus, und die Suche nach Herden an den Zähnen ist bei Verdacht auf Herdinfektion unerläßlich. Ausheilung durch Ausziehen des kranken Zahnes oder Wurzelspitzenresektion.

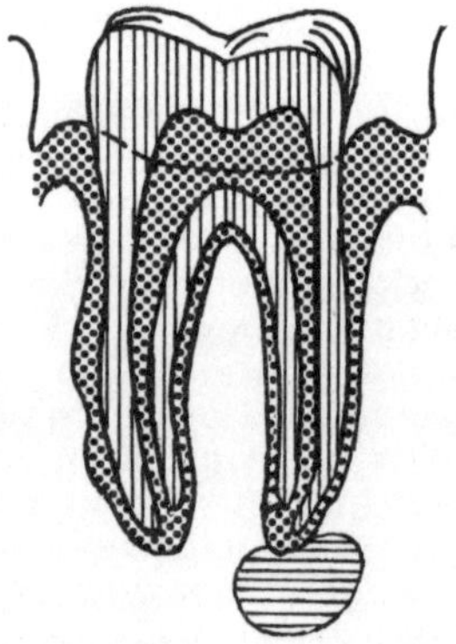

Granulom am Zahn

Graphologie (Handschriftdeutung) dient der Ausdrucksserforschung und ist zur psychologischen Erkennung geeignet. Auch *konstitutionelle* Feststellungen können an Hand der G. gewonnen werden; dagegen ist die G. zur genauen Erkennung körperlicher Erkrankungen bisher nicht geeignet.

Grauer Star (Katarakt): Trübung der Linse, die zu grauer Verfärbung der Pupille führt. Setzt je nach Ausdehnung die Sehschärfe herab und kann zu teilweiser Erblindung führen. Hell- und Dunkelunterschiede können jedoch noch wahrgenommen werden. Kann angeboren und erworben sein. Auftreten in jedem Lebensalter möglich, gehäuft im Alter. Alters*stoffwechsel*veränderungen, *Zuckerkrankheit,* Störungen der *inneren Ausscheidung,* bestimmte *Vergiftungen* führen ebenso zu G. St. wie Verletzungen des Auges (Wundstar), schwere innere Augenleiden und berufsmäßig die langandauernde Infrarotbestrahlung der Glasmacher aus der heißen, glühenden Schmelzmasse heraus, s. *Glasmacherstar.* In letzterem Falle Wechsel des Arbeitsplatzes. Beh.: *Augenwaschungen,* bis 4mal tgl. mit *Augentrosttee, Halbbäder, Kurzwickel, Schenkelgüsse, Lehmwasserhemden, Obergüsse* im Wechsel, *Barfußlaufen* und *Wassertreten,* gesunde *Grundkost* kann in beginnenden Fällen die Entwicklung aufhalten; Weizenkeimöl oder Vitamin E-Präparate. Hp.: Causticum D4, Naphthalinum D6, Natrium muriaticum D6, Secale D3–4. Bch.: Calcium fluoratum D12, Silicea D12, Kalium phosphoricum D6 2–3mal tgl. Ist der Star reif: Operation und Brillenkorrektur.

Grippe (Influenza): Epidemische durch wechselnde, verschiedenartige *Viren* erzeugte Krankheit, mit wechselndem Krankheitsbild. Fieber, Abgeschlagenheit, Appetitlosigkeit, Kopfschmerzen, Katarrhe, Magen-, Darmbeschwerden stehen je nach Charakter der Epidemie im Vordergrund. Kopf-, Brust-, Bauchgrippe, allgemeine G. Beh.: Bettruhe, *Fasten. Fieber*behandlung. Innerlich: Wermut, Zinnkraut, Spitzwegerich, ausleitende Pflanzen. Hp.: Camphora D1, Eukalyptus D2, Aconitum D3–4, Ferrum phosphoricum D6, Bryonia D3, Gelsemium D3–6, Eupatorium perfoliatum D2, Belladonna D4, Glonoinum D6, Avena Sativa ∅. Bch.: Kalium phosphoricum D6, Natrium sulfuricum D6, Ferrum phosphoricum D6, Kalium chloratum D6.

Grundbehandlung: Da die Naturheilkunde von dem Gedanken ausgeht, daß eine gesunde, naturgemäße Lebensweise die Krankheiten fernhält und beseitigen hilft und außerdem die Behandlung eine *Ganzheits*behandlung ist, findet sich bei der Behandlung aller Krankheiten ein immer wiederkehrendes Behandlungsschema, das nur durch die Bedürfnisse des Einzelfalles verändert wird. *Ernährung* ist eine naturgemäße *Grundkost,* wenn nicht besondere Kostformen *(Fasten, Obstkur, vegetarisch usw.)* vorgeschrieben sind. Zu den wesentlichen *Reizen* der Naturheilkunde gehört die Bewegung. *Bettruhe* ist nur ein Notbehelf, der nur so lang bemessen wird, wie unbedingt notwendig ist. *Atemgymnastik* als wesentliche *Entspannungs*übung sollte auch dort geübt werden, wo keine besonders dringliche Anzeige dafür vorliegt. *Gymnastik* wird sobald wie möglich in den Behandlungsplan eingebaut. Wenn selbsttätige Bewegung nicht möglich ist, wird Bewegung durch Fremdhilfe (passive Bewegung) so lange durchgeführt, bis ausreichende aktive Bewegung möglich ist. Hier kann *Massage* die Lücke wesentlich ausfüllen. Regelmäßig und frühzeitig wird von den Wasserreizen in verschiedenen Formen und Ausmaßen Gebrauch gemacht. *Lehm, Moor, Schlamm,* Kräuter und Kräuterauszüge werden als äußere Reizformen bei den verschiedensten Heilaufgaben mit den *Wasseranwendungen* zusammen gebraucht. Luft- und Sonneneinwirkung stellen tiefgreifende und wichtige äußere Einflußnahmen auf den Körper dar und sind je nachdem bewußt in den Heilplan einzubauen. Meist kommen *Luftbad* und *Freiluftbehandlung* in Frage, *Sonnenbestrahlungen* nur bei besonderen Anzeigen und bei Fehlen von Gegenanzeigen. Spezielle *blutentziehende* und *umstimmende* Maßnahmen werden je nach der Heilaufgabe in einzelnen Fällen zu Hilfe genommen. Arzneilich wirkt die Naturheilkunde besonders auf dem Wege über die natürlichen *Heilpflanzen* ein. Diese werden getrocknet, als Droge, oder frisch, als Saft, oder als Auszüge aus Droge oder Frischpflanze verwendet. Vielfach geschieht die arzneiliche Umstimmung durch pflanzliche und chemische Mittel nach den Grundsätzen der *homöopathischen* (seltener der *biochemischen*) Heilweise in entsprechenden Verdünnungen.

Grundkost: salzarm, ohne scharfe *Gewürze* (Senf, Essig, Pfeffer). Frische und getrocknete Gewürzkräuter und deren Samen sind sonst erlaubt. Viel *Gemüse,* Salate, *Obst* (am besten in Form der *Rohkost*), Kartoffeln, Reis bilden den Schwerpunkt der Ernährung. *Milch* und Milchprodukte, hin und wieder ein *Ei* decken den *Eiweiß*bedarf, pflanzliche *Fette* und *Öle* sowie *Butter* den Fettbedarf. Als *Brot* grundsätzlich Vollkornbrot, aber niemals frisch, sondern gut abgelagert. Bei empfindlichem Magen gibt man zunächst Knäkkebrot und geht dann erst später zu anderen Vollkornbrotsorten über. Vorteilhaft ist es, *Frischkornbrei* oder das Bircher-Müsli in den Speiseplan aufzunehmen. *Genußmittel* haben Kranke selbstverständlich zu meiden. Will man *Fleisch* nicht ganz ausschalten, so nehme man, wenn nicht ausdrücklich *vegetarische* Kost vorgeschrieben, 2–3mal wöchentlich etwas Kalb- oder mageres Rindfleisch. Alles, was vom Schwein kommt, gehört nicht in die gesunde G. Schweinefleisch zählt nach naturheilkundlicher Auffassung zu den *Genußmitteln.* Regelmäßige Einnahme der Mahlzeiten, ohne Hast, bei gutem *Kauen,* gehört zu den Erfordernissen der naturgemäßen G.

Grundumsatz, s. *Gaswechsel.*

Grüner Star: schwere Augenerkrankung durch Steigerung des *Augen*innendrucks. Anfallsweises und chronisches Auftreten. Heftiger, plötzlicher Schmerz im Bereich eines Auges, Sehstörungen, Erbrechen. Durch den dauernd erhöhten Druck kommt es zu *Sehnerven*schädigung und schließlich zur Erblindung. Beh.: Wichtig sind *Schlenzbäder* zur Herabsetzung des Augeninnendrucks. *Trockenkost, Kurzwickel, Lehmwasserhemd, Wadenwickel, nasse Socken, Fußdampf* zur Ableitung. Mehrmals tgl. *Ganzwaschungen.* Hp.: Atropinum D8–12, Aurum D4–6, Glonoinum D4–6, Phosphorus D6–15. Rechtzeitig Facharzt zuziehen, um bleibende Schäden zu vermeiden.

Grützbeutel, s. *Atherom.*

Gurgeln ist die Aufnahme von Flüssigkeit in die Mundhöhle, ohne sie zu verschlucken, und das Durchblasen von Luft durch Ausatmung durch die Mundhöhle. Das G. ist mehr eine Massage des Rachenringes, als daß es sich zur *Desinfektion* eignet. Die *Gaumen*mandeln werden jedenfalls kaum benetzt. Die Hauptwirkung richtet sich gegen den Rachenring. Kamille, Salbei, Schotendotter, Heilerdeaufschwemmungen werden zum G. benutzt. Lauwarm.

Gürtelrose (Herpes zoster): *Nervenentzündung* mit Rötung und Bläschenbildung der Haut im Verlaufsgebiet des Nervs. *Nervenschmerz* geht oft dem *Ausschlag* voraus. Fieber möglich. Bläschen platzen, vertrocknen, können auch gelegentlich vereitern. Im Anfang wird man manchmal gezwungen sein, schmerzstillende und schlafbringende Mittel zu geben. Beh.: *Rohkost, vegetarische Heilkost.* Tgl. Darmentleerung durch *Klistiere,* zu Beginn energische *Schlenzbehandlung, Heublumenbäder, Lehmwasserhemd* wechselnd, 5–6mal tgl. *Essigwasserwaschungen,* Lehm- und Quarkauflagen. Hp.: Mezereum D3, Apis D3, Rhus toxicodendron D6–10, Ranunculus bulbosus D2–4, Mercurius solubilis D4. Bch.: Natrium muriaticum D6 zweistündlich.

Güsse: von *Kneipp* in die *Kaltwasser*behandlung eingeführte, eine individualisiertes Vorgehen in jedem einzelnen Fall ermöglichende Form der Wasserbehandlung. Dauer, Stärke und Umfang der G. sind abhängig vom Nervensystem des einzelnen Behandelten. Nur den gut durchwärmten Körper begießen, bei Frösteln oder *kalten Füßen* für Vorerwärmung sorgen! Niemals bei vollem Magen einen G. nehmen! Stets in warmem Raum, unter Vermeidung von Zugluft gießen. Gießrichtung zum Herzen hin. Nach Eintritt der *Reaktion* (leichte deutliche Rötung der begossenen Stelle) G. beenden, niemals über die Reaktion hinaus begießen. Ohne Abtrocknen, rasche Wiederbekleidung mit trockner Kleidung und durch Bewegung für Wiedererwärmung sorgen. Der G. wird mit kaltem Wasser in drucklosem Strahl in der für den einzelnen G. genau festgelegten Linienführung langsam, ruhig und stetig durchgeführt. Der Wasserstrahl soll bei senkrechter Schlauchhaltung nicht mehr, als der Mittelfinger lang ist, hervorsprudeln. Die Schlauchmündung nicht mehr als 10 cm vom Körper entfernt und stets nach unten halten. Beim Begießen ist auf richtige Bildung eines fließenden Wassermantels um den begossenen Körperteil zu achten. Je breiter und geschlossener der Wassermantel, desto rascher und kräftiger die Reaktion. Macht die Erwärmung durch Reaktion Schwierigkeiten, so wendet man den *Wechselguß* an. Aus den Teilgüssen: *Knieguß, Schenkelguß, Unterguß, Armguß, Oberguß, Rückenguß,* baut man zum *Vollguß* auf. Außerdem *Kopfguß, Augenguß, Gesichtsguß, Ohrenguß*.

Gymnakolon, s. *Darmbad.*

Gymnastik. Rhythmische G. ist eine zur

harmonischen Durchbildung des Körpers nach verschiedenen Systemen ausgeführte Form der Leibesübungen ohne Gerät. Sie ist mehr auf Lockerung und harmonisches Zusammenspiel der Bewegungen ausgerichtet und hat in einzelnen Systemen oft mehr Beziehungen zum Tanz als zum Sport. Sie dient der Beseitigung der Körperschwäche, der Ausbildung eines gesunden kräftigen Körpers sowie der *Entspannung.* Die *Krankengymnastik* dient als *Übungsbehandlung* der Krankenheilung, indem die den einzelnen Leiden zweckentsprechenden Übungen aktiv und passiv durchgeführt werden. G. soll entspannen und nicht zu *Verkrampfung* führen. Die Anforderungen müssen daher dem Vermögen des einzelnen angepaßt werden. Besonders *atemgymnastische* Übungen werden zur Entspannung herangezogen. Zur *Entspannung* geeignete Lockerungsübungen:

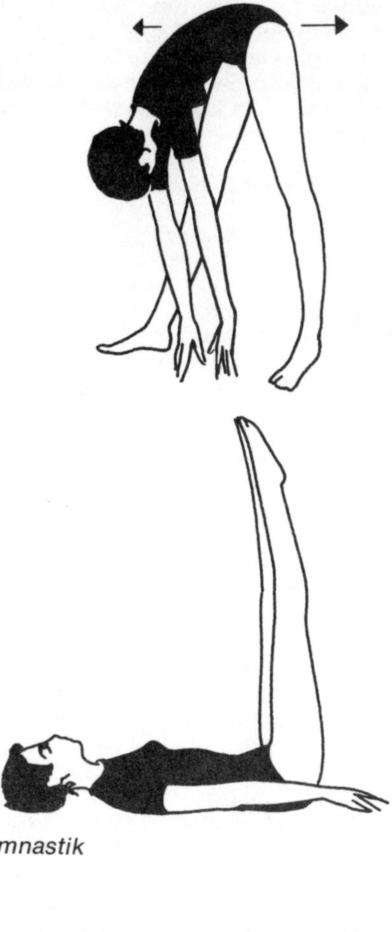

Gymnastik

Kopfrollen, Kopfnicken, Kopfwenden, Schulterrollen, Unterarmrollen, Handgelenkrollen, Fingerdehn- und Lockerungsübungen, Armabbiegen in allen Gelenken, Rumpfkreisen, Rumpfbeugen nach vorne, nach den Seiten und nach hinten, Drehen in den Hüftgelenken, Schwingen der Arme und Beine, Rollen und Beugen der Unterschenkel und Füße. Die Übungen werden am besten je dreimal nach beiden Seiten durchgeführt, dazwischen werden Pausen mit Auslockerung der Muskeln und Gelenke eingelegt.

H

Haarausfall: Krankheiten wie *Grippe, Typhus, Syphilis,* Störungen der *Schilddrüsen-* und *Keimdrüsen*tätigkeit können zu H. führen. Störungen in der Kopfhautausscheidung, zu trockene oder fettige Kopfhaut können vorzeitigen H. begünstigen. Bei den meisten Menschen, besonders Männern, ist der H. auch der Form nach erbmäßig bedingt (Geheimratsecken, Glatze). Kreisrunder Haarausfall unsymmetrisch am Kopf ist eine Störung für sich. Durch Zusammenwirken mehrerer solcher Herde kann auch eine Glatze entstehen – Ursache sind *Stoffwechsel*störungen und Kreislaufstörungen, auch bestehen gleichzeitig Zeichen allgemeiner Nervosität, Schlaflosigkeit und Kopfschmerzen. Beh.: örtlich: tgl. kalte *Kopfwaschungen,* anschließend Frottieren. Jeden 2. Tag mit Brennesselabkochung (eine Handvoll Brennesseln in 1 l Essig und Wasser, halb und halb, 5 Minuten kochen) waschen, frottieren und einige Tropfen Klettenwurzelöl in den Haarboden reiben. Abends Kopf*massage,* barhaupt gehen. Naturgemäße Lebensweise, Stuhlgangregelung, Ableitung durch Ganzbehandlung durch tgl. Essigwasser*ganzwaschungen,* tgl. wechselndes *Halbbad, Schenkel-, Oberguß,* nachmittags *Armguß, Wassertreten. Schilddrüsen-* und *Keimdrüsen*störungen beachten und mit behandeln. Innerlich: Zinnkrautsaft, Zinnkrauttee, Heilerde. Hp.: Thallium aceticum D6, Arsenicum D4, Lycopodium D3–10, Graphites D6–12, Silicea

D6–12, Acidum phosphoricum D3, Kalium phosphoricum D6. Bch.: Kalium phosphoricum D12 im Wechsel mit Natrium sulfuricum D6 5mal tgl. bei kreisförmigem Haarausfall; Natrium muriaticum D6 im Wechsel mit Silicea D12 bei Schuppen der Kopfhaut; Silicea D12 bei Kopfjucken.

Haare: Mit Ausnahme der Hand- und Fußflächen ist der ganze Körper bei der Geburt mit Flaumhärchen bedeckt, aus denen sich erst an der Kopfhaut und in den Entwicklungsjahren ein nach Geschlecht und Einzelveranlagung verschieden starker Haarwuchs in der Schamgegend, den Achselhöhlen und beim Mann im Gesicht und am übrigen Körper (Brust, Beine, Arme) entwickelt. Die H. stehen schräg in der Haut und richten sich bei Kälte oder Schreckeinwirkung senkrecht auf *(Gänsehaut)*. Das H. steckt mit einem knollig verdickten Ende in der Haut, im Haarbalg. Der Boden des Haarbalgs ist etwas vorgewölbt und als kleines, mit feinsten Blutgefäßen und Nerven reichlich versehenes Wärzchen entwikkelt. Das knollige Ende des Haarschafts, die Haarzwiebel, ist etwas eingedellt und sitzt mit der Delle der Haarpapille genau auf. Dadurch ist der Stoffaustausch zwischen Haarpapille und H. gewährleistet. In der gelblich bis rötlichen Rindenschicht des Haarschafts finden sich Farbstoffkörnchen, die das Haar mehr oder weniger dunkel färben. Das H. erneuert sich von der Papille her. Wird von hier aus wenig oder kein Farbstoff mehr gebildet und dringen zugleich kleine Luftbläschen in das neugebildete H. mit ein, so entsteht ein graues H. Der Farbstoffgehalt des H. nimmt in den ersten Lebensjahren laufend zu; daher das Nachdunkeln ursprünglich heller H. Solange die Haarpapillen gesund und tätig sind, bilden sich die täglich ausfallenden Haare immer wieder neu.

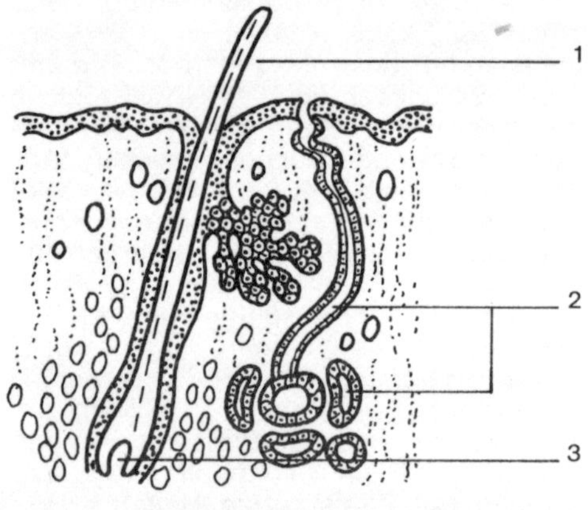

Haar: 1. Haar, 2. Talg- und Schweißdrüsen, 3. Haarwurzel

Haarpflege: Haarwäsche einmal wöchentlich bis monatlich, je nach Fettgehalt des Haarbodens. Brennessel, Kamille (bei blonden Haaren römische Kamille) in Aufguß oder kurzer Abkochung. Waschen mit alkalifreien Seifen, am besten Abkochung mit Seifenrinde, Quillajarinde, Nachspülen mit Boraxwasser (1 Teelöffel Borax auf 1 Schüssel Wasser). Bei nicht alkalifreien Seifen mit Essigwasser nachspülen. Bei fettarmem Haar Klettenwurzelöl in die Kopfhaut einreiben. Regelmäßiges Bürsten der Haare erhöht den Glanz, doch muß man beim Bürsten die Richtung wechseln, um keinen einseitigen Zug am Haar auszuüben. Kopf*massage* soll nicht die Haare, sondern die Kopfhaut über der Schädelkapsel lockern. Dadurch wird die Durchblutung gefördert.

Haarseile, s. *Fontanelle.*

Hackenfuß, s. *Fußdeformität.*

Haferstroh, gehäckselt, wird als Abkochung als Bade- und Wickelwasserzusatz bei schwächlichen und empfindlichen Personen und bei den gleichen Anzeigen wie das *Zinnkraut* in der Kneippbehandlung verwendet.

Hahn, Siegmund, Dr. med., 1664 bis 1742, Stadtarzt in Liegnitz (Schlesien), trat im »Peterswalder Gesundbrunnen« 1732 für die *Kaltwasserkur* ein. Sein Sohn, Johann Siegmund H., 1696–1773, ebenfalls Stadtarzt in Liegnitz, brachte mit seinem Buch »Unterricht von Krafft und Würckung des frischen Wassers in die Leiber der Menschen«, 1738, die Kaltwasserbehandlung zur Anerkennung und Anwendung. *Prießnitz* und *Kneipp* kamen unabhängig voneinander durch diese Schrift auf den Gedanken, das kalte Wasser zu Heilzwecken zu nützen und ihre Systeme aufzubauen. Beide, Vater und Sohn, sind in die Literatur der Wasser- und Naturheilbehandlung als die Liegnitzer »Wasserhähne« eingegangen.

Hahn, Theodor, 1824–1883, aus Ludwigslust i. M., ursprünglich Apotheker, wurde mit der *Wasserkur* bekannt; Schüler von *Rauße,* Leiter verschiedener Wasserheilanstalten, zuletzt in Oberwaid bei St. Gallen. Er war der erste Begründer des *Vegetarismus:* In seinem Buch »Das Paradies der Gesundheit, das verlorene und wiedergewonnene«, 1879, versucht er zu beweisen, daß die fleischfreie Kost der gemischten Kost überlegen und die dem Menschen von der Natur bestimmte Nahrung sei. Er brachte die erste wissenschaftliche Begründung des Vegetarismus.

Hahnemann, Samuel, 1755–1843, Dr. med., geb. in Meißen. Begründer der *Homöopathie,* deren Grundsätze zuerst 1796 in dem Aufsatz »Versuch über ein neues Prinzip zur Auffindung der Heilkräfte der Arzneisubstanzen« veröffentlicht und deren ausgebaute Lehre 1810 im »Organon der rationellen Heilkunde« zusammengefaßt wurden. H. wirkte als Arzt und Lehrer in Leipzig und Köthen und die letzten Lebensjahre in Paris.

Haig, Alexander, Dr. med., Arzt am Metropolitan Hospital und Royal Hospital für Kinder und Frauen in London, führte die *vegetarische* und *harnsäure*freie Kost zur Krankenbehandlung ein. 1892 erschien sein Buch »Harnsäure als ein Faktor bei der Entstehung von Krankheiten«. H. sah Harnsäure, Xanthin und Hypoxanthin als die entscheidenden Stoffwechselschlacken an.

Halbbad: Der Körper taucht mit den Beinen bis zur Nabelgegend ein. Man kann beim kalten H., um Wärmeverluste zu vermeiden, das Hemd anbehalten und hochheben oder während des Bades mit Hilfe einer Badehilfe eine Oberkörperwaschung, Übergießung oder Bürstung des Oberkörpers durchführen. Dauer ohne Badehilfe 6–10 Sekunden, sonst einige Minuten. Danach rasches Ankleiden und Bewegung. Nach kurzer Gefäßzusammenziehung kräftige reaktive Erwärmung, gute Durchblutung der Beine, der Bauchhöhle und der inneren Organe. Zur *Abhärtung,* Kräftigung, Bekkenmuskulatur-, Kreislauf- und Nervensystemkräftigung bei *Blutdruck*senkung. Bei *Magen-Darmerkrankungen,* Darmschwäche, *Verstopfung, Bläh*sucht, *Leberschwellung,* Unterleibssenkung bei Frauen. Ableitend bei *Fallsucht, Basedow, Lungen-* und *Herzerkrankungen, Schlaflosigkeit.* Warmes H. kommt als Ersatz für *Vollbäder* in Frage, wenn dieselben nicht vertragen werden. Aufsteigendes H. zur Behandlung der *Gicht* der unteren Gliedmaßen, zur Schweißerzeugung bei eingewickeltem Oberkörper. Anschließend Trokken*packung.*

Halbdampf wird wie der *Volldampf* durchgeführt, nur daß die Umhüllung bis zur Hüfte angelegt wird, während der Oberkörper bekleidet bleibt.

Halbdampf

Halbseitenlähmung (Hemiplegie): Da die Nervenbahnen in *Rückenmark* und *Gehirn* seitenmäßig zusammengefaßt nach oben ziehen, können durch Störungen im Gehirn alle Fasern einer Seite unterbrochen werden und zu einer H. führen. Da die Bahnen sich kreuzen, führen Unterbrechungen in der linken Gehirnhälfte zu rechtsseitiger *Lähmung* und umgekehrt. Vgl. *Schlaganfall.*

Halbwickel, s. *Kurzwickel.*

Halluzinationen sind Sinnestäuschungen, die allein im Inneren des Menschen entstehen wie bei einem Traum. Sie können Ge-

H fühl, *Geschmack*, Gehör und *Gesicht* betreffen und haben keine reale Ursache. Sinnestäuschungen, die nur auf einer falschen Beurteilung äußerer Wahrnehmungen beruhen, nennt man *Illusionen*. Sie haben also einen mißdeuteten realen Anlaß. H. kommen vor unter der Einwirkung von *Giften* (*Alkohol*, Rausch-, *Bakterien*giften), bei *fieber*haften Krankheiten (*Fieber*phantasien). Auch innere, im einzelnen nicht geklärte Ursachen führen bei vielen *Geisteskrankheiten* zu H.

Halsentzündung, s. *Mandelentzündung.*

Halsbräune, s. *Diphtherie.*

Halswickel: nasses Tuch etwa handbreit und so lang, daß es zweimal um den Hals reicht. Darüber Trocken- und Wolltuch oder Flanellbinde. Auf guten Abschluß achten. Man kann auch, wie beim *Wadenwickel* beschrieben, mit einem langen Handtuch das nur halb befeuchtet ist, arbeiten. Katarrhalische und nicht heiß entzündliche Zustände erlauben, ihn längere Zeit, auch nachts, liegenzulassen. Heiß entzündliche Zustände und Stauungen fordern Entfernung und Wechsel, bevor er durchwärmt ist, weil sonst zu viel Hitze zum Hals geleitet würde. *Lehm* und *Quark* nimmt Hitze gut heraus.

Haltung ist durch das *Knochen*gerüst gegeben. Auf der Stützfläche des *Fuß*gewölbes ruhend, stehen die aus Oberschenkel- und Unterschenkelknochen gebildeten Beine aufrecht. Das *Becken* bildet mit dem Kreuzbein die Grundlage für den Wirbelsäulenaufbau. Da das *Kreuzbein* nach vorne geneigt ist, gibt eine Rückwärtsbiegung der unteren *Wirbelsäule* im Bereich der Lendenwirbelkörper den Ausgleich. Im Brustteil ist die Wirbelsäule nach vorne, der Hals wieder leicht nach rückwärts gebogen. Die H. wird von der Muskulatur beherrscht, und da die Muskulatur unserem Willen unterworfen ist, kann die H. Ausdruck unserer Geisteshaltung und Gesamtpersönlichkeit sein. Stolz, Demut, Schlaffheit, Willenskraft können sich in der körperlichen Haltung zeigen.

Haltungsfehler werden von Mängeln der *Wirbelsäule* stark beeinflußt. Das Hohlkreuz (Lordose) ist eine übermäßige Rückwärtsbeugung der unteren Wirbelsäule und kann durch eine übergroße Beckenneigung bedingt sein. Der *Buckel* (Kyphose) ist u.a. die verstärkte Wölbung der Brustwirbelsäule, und die Skoliose ist die seitliche Verbiegung. Vorbeugung besonders im *Entwicklungsalter*. Verhinderung von *Knochenerweichung* durch gesunde Lebensweise, *Gymnastik*, Kräftigung der Muskulatur und Lockerung der Wirbelsäulenbeweglichkeit.

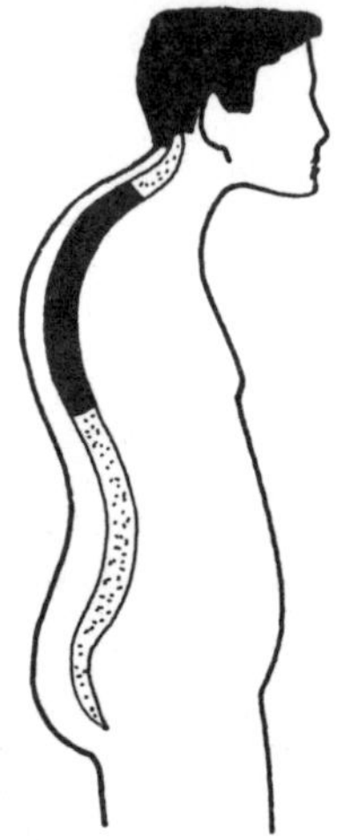

Kyphose

Hamamelis virginiana: virginischer Zauberstrauch. Nordamerikanischer Strauch, aus dessen Blättern, seltener Rinde, Extrakte als Blutadermittel mit blutstillender Wirkung hergestellt werden. *Hämorrhoidal*mittel in der Homöopathie.

Hämangiom, s. *Blutgefäßmale.*

Hämatemesis, s. *Blutbrechen.*

Hämatom, s. *Bluterguß.*

Hämaturie, s. *Blutharnen.*

Hämoglobin: der rote, eisenhaltige *Blut*farbstoff, der für den *Gaswechsel* von ausschlaggebender Bedeutung ist.

Hämoglobinurie: Ausscheidung von *Blut*farbstoff durch den *Harn*, wenn vorher rote Blutkörperchen in der Blutbahn zerfallen sind. Kann durch *Blutübertragung* mit nicht geeigneten Blutgruppen, Blutgifte und *Infektionskrankheiten,* z.B. bei *Malaria* (Schwarzwasserfieber), entstehen. Bei bestimmter persönlicher Veranlagung kann H. durch Kälteeinwirkung oder anstrengende Marschleistungen ausgelöst werden (Kälte- und Marschhämoglobinurie).

Hämophilie, s. *Bluterkrankheit.*

Hämoptoe, s. *Bluthusten.*

Hämorrhagie, s. *Blutung.*

Hämorrhoiden: knotenförmige Erweiterung der Mastdarmblutadern. Es bilden sich bläuliche Knoten, die leicht bluten, teils innerhalb des Afters (innere H.), teils außerhalb, am Afterring (äußere H.). Anzeige: Brennen, Jucken, Fremdkörpergefühl. Entzündungsneigung. Dann starke Schmerzen, Schwellung, Rötung. Innere H. können aus dem After treten und eingeklemmt werden. Wegen großer Schmerzen Angst vor Stuhlentleerung und daher Stuhlverstopfung. Begünstigt durch sitzende Lebensweise, einseitige, an tierischen Eiweißen reiche Kost. Beh.: Umstellung auf naturgemäße Ernährung, *Stuhlgang*regelung, Ausgleichs*gymnastik* und *-bewegung, Sitzen auf nassem Tuch, Unteraufschläger* und *kalte Sitzbäder* in tgl. Wechsel. In schweren Fällen können Sitzbäder wiederholt tgl. gegeben werden, dann 14 Tage lang tgl. wechselnd *Schenkel-* und *Kniegüsse* und morgens *Oberkörperwaschung,* darauf 14 Tage lang *Halbbäder, Schenkel-* und *Rückenwaschungen,* dann anschließend *Schenkelgüsse* und *Halbbäder.* Innerlich: Tee trinken, abwechselnd: 1. Angelikawurzel mit Wermut, 2. Brennessel mit Huflattich, 3. Zinnkraut oder Attichwurzel mit Wacholderbeeren und Spitzwegerich. Dazu Knoblauchsaft, Heilerde. Örtlich: Salbe und Zäpfchen mit Hamamelis. *Blutegel.* Hp.: Hamamelis D2, Millefolium D2, Aloe D3–6, Nux vomica D4, Aesculus hippocastanum D2, Graphites D3–6, Lycopodium D6–12, Collinsonia D2, Carduus marianus ∅, Arsenicum D4–6, Calcium fluoratum D6. Bch.: Calcium fluoratum D12, Silicea D12 je 3mal tgl. im Wechsel, Ferrum phosphoricum D6, Magnesium phosphoricum D6, Silicea D12, Natrium sulfuricum D6, Natrium muriaticum D6, Natrium phosphoricum D6, Calcium phosphoricum D6 besonders im Alter.

Handwickel: Umwicklung der Hände, einschließlich des Handgelenks. Wie beim *Fußwickel* mit dreieckig gelegten Tüchern. Der Wickel muß am Handgelenk festsitzen und gut abschließen, die Hand bequem im Wickel ruhen.

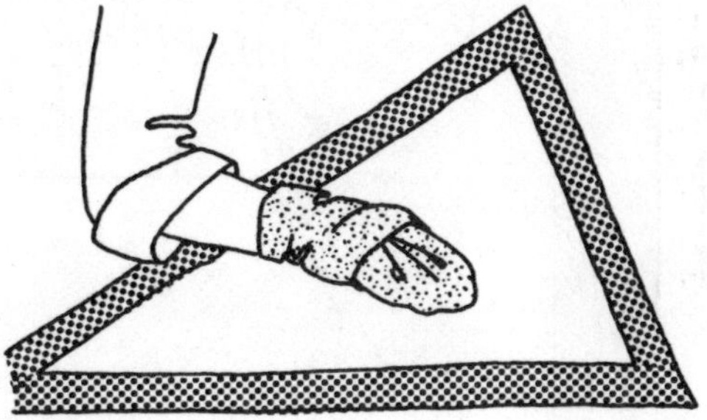

Handwickel

Hängebauch: Überhängen des *Bauches* bei *Eingeweidesenkung,* Erschlaffung und Überdehnung der Bauchmuskulatur nach *Schwangerschaft,* bei *Fettsucht.* Vorbeugung durch *Wickel* und *Gymnastik* im *Wochenbett. Gymnastik* und *Massage* bei bestehendem H.

Hängebrust: schlaffe Brust bei allgemeiner Bindegewebsschwäche oder zu fetter und schwerer Brust. Sport, *Massage* und Stützung der Brust. Allgemeinbehandlung.

Harn (Urin): Ausscheidungsprodukt, von beiden *Nieren* gebildet, im Nierenbecken tropfenweise gesammelt und dann durch die Harnleiter der Blase zugeführt. Ist die *Harnblase* gefüllt (etwa 400 ccm), so meldet sich der Harndrang, der zur Entleerung der Blase führt. Die tägliche Harnmenge entspricht der Flüssigkeitsaufnahme und beträgt in der Norm 1 bis 1 1/2 l. Erfolgt eine stärkere Wasserabgabe über andere Organe als die Nieren (Haut, Lungen, Darm), so vermindert sich die Harnmenge. Der H. enthält außer Wasser die Endprodukte des *Eiweiß*stoffwechsels in Form von *Harnstoff* und *Harnsäure,* überschüssige Salze, andere organische Stoffe und Harnfarbstoff,

Harnwege

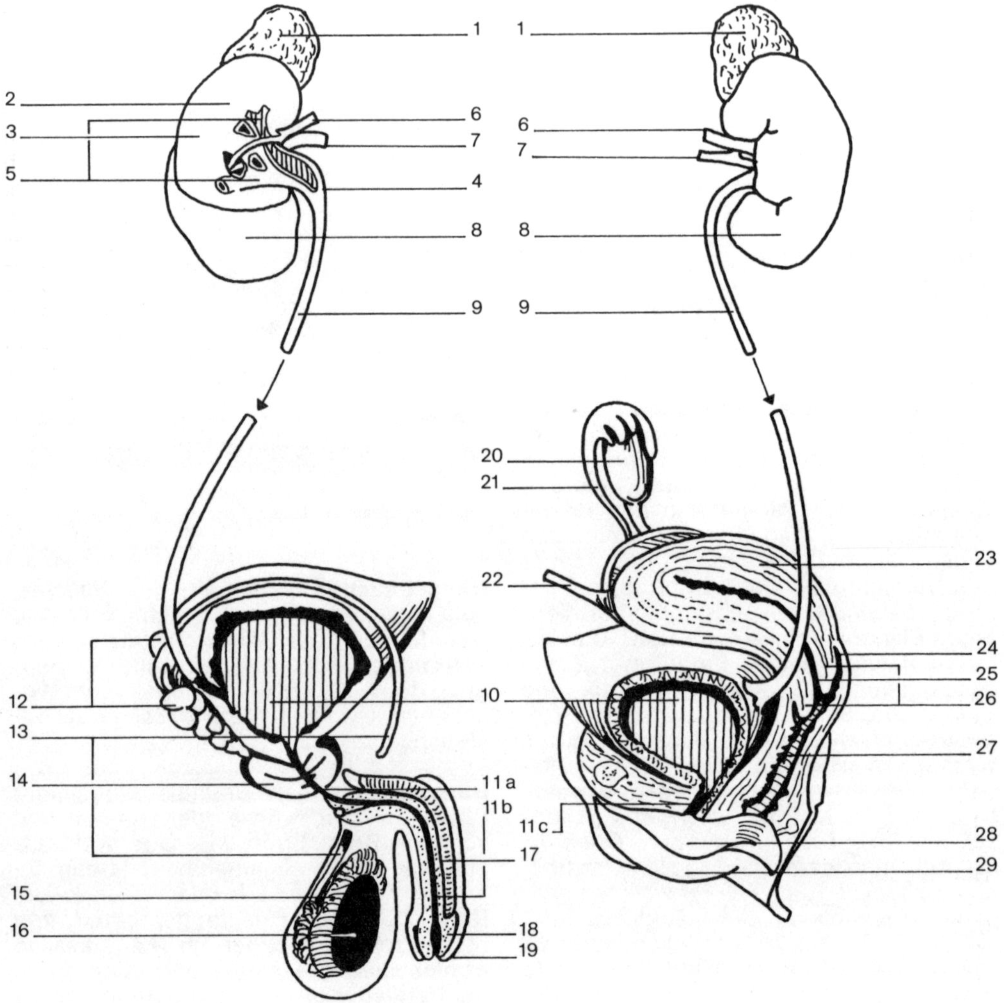

1. Nebenniere
2. Nierenmark
3. Nierenrinde
4. Nierenbecken
5. Nierenkelch
6. Nierenschlagader
7. Nierenblutader
8. Niere
9. Harnleiter (Ureter)
10. Harnblase
11a. Hintere Harnröhre
11b. Vordere Harnröhre
11c. Harnröhre
12. Samenblasen
13. Samenleiter (unterbrochen)
14. Vorsteherdrüse (Prostata)
15. Nebenhoden
16. Hoden
17. Glied
18. Eichel
19. Vorhaut
20. Eierstock
21. Eileiter
22. Mutterband
23. Gebärmutter
24. Hinteres Scheidengewölbe
25. Muttermund
26. Portio
27. Scheide
28. Kleine Schamlippe
29. Große Schamlippe

der aus *Blut-* und *Gallenfarbstoff* entstanden ist. Die Farbe richtet sich im allgemeinen nach dem Gehalt an gelösten Bestandteilen. Ist der H. konzentriert, d.h. wasserarm und salzreich mit hohem spezifischem Gewicht, so ist er dunkel gefärbt, ist dies nicht der Fall, so zeigt er helle Farbe. Nur wenn *Zucker* ausgeschieden wird, kann ein sonst wenig konzentrierter Harn schwer und zugleich hell sein. Der H. ist im allgemeinen klar. Wenn er stark konzentriert ist, können beim Kaltwerden Salze ausfällen und einen Bodensatz bilden. Bei Gelbsucht wird der H. durch *Gallenfarbstoff* gelbbraun bis bierbraun gefärbt, auch durch Arzneimittel aufgenommene Farbstoffe können die Harnfarbe beeinflussen. *Eiter, Blut, Zellreste* können bei Entzündungen der Nieren- und Harnwege beigemischt werden und Trübung und Verfärbung verursachen. Der H. reagiert sauer, bei Pflanzenkost alkalisch. Frischer H. riecht aromatisch, älterer H. zersetzt sich und riecht unangenehm. Bei vorwiegender *Fleisch*kost kann er stechend nach Ammoniak riechen. Bei krankhaften Veränderungen der *Nieren* und Harnwege, bei Stoffwechsel-, Leberkrankheiten und Fieber können abnorme Harnbestandteile im H. auftreten. Diese können chemisch und teilweise auch durch mikroskopische Betrachtung des Schleudersatzes festgestellt werden. Eiweiß (s. *Albuminurie*), Zucker, Gallenfarbstoffe und ihre Teilprodukte, Blutkörperchen, Harnkanälchenausgüsse (sog. Zylinder) und *Deckzellen*reste sind die wichtigsten.

Harnblase: An der H. finden sich oft Entwicklungsfehler, am häufigsten Ausstülpungen der Wand, sog. Divertikel. Muß die Blase ständig gegen Widerstand entleert werden, so wird das Muskelgeflecht *hypertrophisch* und springt reliefartig hervor (Balkenblase). Es können sich Schleimhautausstülpungen bilden (erworbene Divertikel). *Schleimhautpolypen* sind die häufigsten gutartigen Geschwülste, Blasen*krebs* die häufigste bösartige Neubildung. Geschwüre sind meist tuberkulöser Natur. *Blasenkatarrh* und -entzündung sowie *Blasensteine* kommen häufig besonders bei Frauen vor.

Harnleiter (Ureter): Dünne, aus glatter Muskulatur und Schleimhaut gebildete Röhren führen vom Nierenbecken zur Harnblase. Der H. kann sich aktiv zusammenziehen; bei Reizung durch Fremdkörper (Steine, Blutgerinnsel) kann es zu *Kolik* kommen. Harnsteine können sich festklemmen und rückläufige Stauung mit Erweiterung der Nierenbecken verursachen.

Harnröhrenentzündung (Urethritis): Entzündung mit schleimigem oder eitrigem Ausfluß, Brennen, Harndrang. Kann durch verschiedene Eitererreger erzeugt werden. Mikroskopische Untersuchung muß klären, ob die häufigste Ursache, der *Tripper*erreger, vorliegt oder ob es nur eine unspezifische Entzündung ist. Fachärztliche Klärung und Behandlung notwendig. Vgl. *Geschlechtskrankheiten, Tripper.* Unspez. Entzündungen beruhen auf Virus- oder Trichomonadeninfekten.

Harnröhrenerkrankung: Beh.: warme Anwendungen: *Sitz-* und *Vollbäder* mit Haferstroh. Über Nacht kalter *Lendenwickel,* 1–2mal erneuern. Nach 3–5 Tagen kalte *Sitz-* und *Halbbäder.* Als Tee: Ginster, Zinnkraut. Saft*fasten, Obsttage.*

Harnsäure entsteht im *Eiweiß*stoffwechsel und ist stickstoffhaltig. H. bildet sich besonders aus den *Zell*kernen der Tiere (Fleisch, Fisch) in der Leber und wird mit dem Harn ausgeschieden. Bei zu reicher Bildung bei überwiegender *Fleisch*kost wird sie nicht völlig ausgeschieden; Reste werden besonders gern in *Knorpel*nähe gespeichert, s. *Gicht.*

Harnsediment: Schleudersatz des Urins, der, mikroskopisch untersucht, Aufschlüsse über Erkrankungen der Harnorgane gibt.

Harnsteine: bilden sich durch Ausfällung konzentrierter Harnlösungen innerhalb der *Harnorgane.* Je nach Sitz spricht man von Nierensteinen, Harnleitersteinen, Blasensteinen, s. *Nierensteine.*

Harnstoff entsteht als Endprodukt des Abbaus der *Eiweiß*körper und ist stickstoffhaltig. Er wird in der *Leber* gebildet und etwa in einer Menge von 30 g tgl. ausgeschieden. Die Ausscheidungsmenge richtet sich aber nach dem Eiweißgehalt in der *Nahrung.*

H

Harnträufeln (Blasenschwäche): Unwillkürlicher Harnabfluß findet bei Verletzungen des Harnblasenmuskels (Geburt) und bei Blasenlähmung statt. *Rückenmarkserkrankungen,* aber auch Blasenkatarrh können die Blasenmuskelwirkung herabsetzen. Vergrößerungen der Vorsteherdrüsen können auch zu H. führen. Beh.: Leibstuhldampf mit Zinnkraut, *Dampfkompresse, Wechselsitzbad, Wechselfußbad. Ganzwaschung* vom Bett aus. Später zu kalter Anwendung übergehen: *Sitzbad, Halbbad, Kurzwickel, Schenkelguß. Barfußlaufen, Wassertreten.* Bewegung im Freien. Innerlich: Cystokapseln, Johanniskraut, Schafgarbe, Bärentraubenblätter. Hp.: Acidum phosphoricum D2, Aloe C4–6, Atropinum sulfuricum D4. Bch.: Natrium sulfuricum D6, Natrium phosphoricum D6, Kalium phosphoricum D6, Calcium fluoricum D12.

Harntreibende Mittel (Diuretika) wirken auf die Wasser*ausscheidung* des Körpers durch Erzeugung reichlichen Harns: Besenginster, Spargel, Petersilie, Sellerie, Zwiebel, Wacholderbeeren, Liebstöckel, Birkenblätter, Seifenkrautwurzel, Goldrutenblätter, Hauhechelwurzel, Brennessel, Zinnkraut, Flatterbinsenwurzel, Schilfrohrwurzel, Sandriedgraswurzel, Attichwurzel, Bohnenschalen, Hagebuttenkerne, Süßholz. Z.B.: Liebstöckelwurzel, Hauhechelwurzel, Süßholzwurzel, Wacholderbeeren zu gleichen Teilen. Kalt einige Stunden ziehen lassen und 10–20 Minuten aufkochen. Auch *Bohnenkaffee* und chin. *Tee* besitzen harntreibende Wirkung.

Harnvergiftung (Urämie): Werden durch Herabsetzung oder Erlöschen der *Nieren*tätigkeit die harnfähigen Stoffe nicht mehr genügend ausgeschieden, so bleiben sie im Blut zurück und führen zu schweren Vergiftungserscheinungen wie Bewußtlosigkeit, Kopfschmerz, Atemnot (Asthma), Erbrechen, krampfartige Zukkungen, Krampfanfälle, Sehstörungen, Blässe, zunehmender Verfall. Schweiß, Atemluft, Erbrochenes riechen nach Harn. Beh.: *Obst-* und *Milch*tage, *Rohkost, Aderlaß.* Warme *Bäder* mit kalten Übergießungen, *Ganzwaschungen,* wiederholt am Tage. *Harntreibende* Tees. Sarsaparillwurzel gepulvert oder in Abkochung. Durch die künstliche Niere ist es heute möglich, das Blut von den zurückgehaltenen harnpflichtigen Stoffen zu reinigen und die H. zeitweilig rückgängig zu machen, bis eine neue Reinigung des Blutes erforderlich wird. Hp.: Apocynum cannabium ∅, Cuprum arsenicosum D4, Acidum hydrocyanicum D4. Tee: Sarsaparillwurzel, Sandseggenwurzel je 3 T., Liebstöckelwurzel, Goldrutenkraut je 2 T., 2 Eßlöffel auf 1 Tasse Wasser 15 Minuten einkochen. Tgl. 2–3 Tassen nehmen.

Harnverhaltung (Anurie, Ischurie): Aufhören der Harnbildung *(Nierenentzündung, Schrumpfniere, Sublimatvergiftung),* Verlegung der ableitenden Harnwege *(Vorsteherdrüsenvergrößerung, Blasensteine,* Blasenlähmung, Schließmuskelkrampf, Blasenhalsquetschung bei der Geburt). Beseitigung der Ursache. Vorübergehender oder dauernder *Katheder.* Bei Aufhören der Harnbildung *Ableitung* auf Haut, Darm. *Hunger-, Dursttage,* später Flüssigkeitseinschränkung. Behandlung des Grundleidens.

Harnzwang (Dysurie): ununterbrochener Harndrang, nur tropfenweise Entleerung unter Brennen bei Blasenkatarrh, *Blasensteinen,* Harnröhrenverengung, *Vorhautverengung* (Phimose), Vergrößerung der *Vorsteherdrüse.* Beh.: reizlose, vegetarische Kost, keine kalten Getränke, kein Alkohol, sonst Behandlung wie *Blasenentzündung.*

Hartspann: Muskelhärten bei *Muskelrheumatismus.* Behandlung s. *Rheumatismus.*

Haselwurz (Asarum europaeum): Wurzelstock, Frühjahr oder August. 0,5–1g im Aufguß, als leichte Abkochung oder als Frischpulver zur Brecherregung.

Hauhechel (Ononis spinosa): Wurzel, März bis Oktober, 2–4g als Aufguß oder leichte Abkochung. Harntreibend zur Ausscheidung (Tafel VI).

Haut: wichtiges Organ, das gerade in der Naturheilkunde für viele Heilvorgänge eine überragende Rolle spielt. Sie besteht aus 3 Schichten: der Oberhaut (Epidermis), die aus der Tiefe heraus immer neue Zellen bildet, die oben verhornen und allmählich durch *Abschuppung* sich abstoßen, der Lederhaut aus einem dichten Netz von Binde- gewebs- und elastischen Fasern, außergewöhnlich reich mit *Haargefäßen* und Nerven ausgestattet, und dem Unterhautzellgewebe aus lockerem Binde- und Fettgewebe. Die Oberhaut dient vor allem dem Schutz des Körpers nach außen, die Lederhaut ist durch das Haargefäßnetz unmittelbar in den *Blutkreislauf* einbezogen und dient der Wärmeregulation, der Blutverteilung, dem *Stoffwechsel* und wichtigen *hormonalen* Vorgängen. In ihr sind an der Grenze zum Unterhautzellgewebe viele Schweißdrüsen eingebettet, die mit lan-

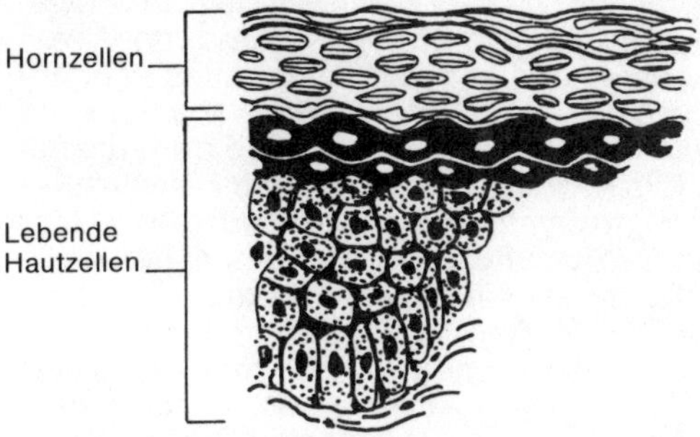

Haut (Querschnitt durch die Deckschicht)

gem, gewundenem Gang durch die Oberhaut hindurch mit der Außenwelt in Verbindung stehen, sowie Talgdrüsen, die mit den Haaren zusammen nach außen treten und Öl- und Fettsäuren zum Hautschutz absondern. Durch die Schweißdrüsen ist die H. ein wichtiges *Ausscheidungs-* und *Ableitungs*organ, das ähnlich wie die *Niere* arbeitet und diese teilweise vertreten und ersetzen kann. Man hat die H. auch als Vorniere bezeichnet. Schwere Störungen des Stoffwechsels und der inneren Ausscheidung verändern die H., so daß sie in der Krankheitserkennung Bedeutung haben kann. Sowohl das zentrale wie das *Lebensnervensystem* ist innig mit ihr verbunden. Das Lebensnervensystem hat eigene feinste Nervenendigungsorgane entwikkelt, die der Tast-, Wärme- und Schmerzwahrnehmung dienen und die H. zu einem Sinnesorgan für Gefühlswahrnehmungen machen. Die H. ist ein lebenswichtiges Organ. Wird über die Hälfte ihrer Fläche zerstört, so ist das Leben nicht mehr zu erhalten, jeder größere Ausfall ist mit Lebensgefahr verbunden. Ihre Gesunderhaltung ist eine wichtige biologische Aufgabe. Viele naturheilkundliche Anwendungen greifen am Hautorgan an (Wasser, Luft, Licht, Massage, *Umstimmungs*maßnahmen), so daß dieses immer in den Heilplan einbezogen ist. Die Beeinflussung von der H. aus ist wichtig bei *Stoffwechsel-*, *Kreislauf-* und *Infektionskrankheiten. Abhärtung* besteht in der Hauptsache aus Kräftigung, Beanspruchung und Übung des Hautorgans.

Hautatmung ist kein *Gaswechsel* im Sinne der *Atmung,* sondern ein Abdunstungsvorgang. Das Offenhalten der Poren zur *Ausleitung* ist eine wichtige Aufgabe der an der Haut angreifenden Naturheilmaßnahmen.

Hautausschlag (Exanthem), s. *Ausschlag.*

Hautentzündung (Dermatitis): Rötung, Schwellung, Schmerzhaftigkeit, Bläschenbildung, Abstoßen der Hautbedeckung, Nässen, Schuppung sind die in den verschiedenen Graden der H. auftretenden Erscheinungen. Ihre Ursachen sind mechanische, chemische, physikalische Reizungen von außen und von innen. Sie kann umschrieben oder allgemein verbreitet auftreten. Bei Entzündung größerer Hautflächen ist das Allgemeinbefinden in Mitleidenschaft gezogen. Fieber, Schüttelfrost. Übergänge zum akuten Ekzem sind fließend. Beh.: Feststellung der Ursache und Ausschalten des *Reizes. Auflagen* von Zinnkrautabkochung, *Lehm, Quark.* Bei Nässen trockene Heilerde, Oliven-, Leinölverbände. Allgemein: *Ganzwaschungen, Halbbäder, Güsse,* je nach der Konstitution. *Obst*kuren, *Rohkosttage, vegetarische* Ernährung, *Blutreinigungstees. Ausschlag* verstärkt sich am Anfang oftmals, doch muß mit der Behandlung konsequent fortgefahren werden.

Hautfinne, s. *Akne* und *Finne.*

Hautgeschwülste: Von allen Teilen und Geweben der Haut können *Geschwülste* ausgehen. Gutartig sind die von der Grund- und Deckschicht der Oberhaut sich entwikkelnden *Warzen* und *Papillome* sowie die von der Leder- und Unterhaut ausgehenden *Bindegewebs-*, *Fettgewebs-* und *Nerven*geschwülste. Letztere treten über den Körper zerstreut an vielen Stellen gleich-

H zeitig auf als sog. Recklinghausensche Krankheit. Aber auch *krebs*artige Neubildungen entwickeln sich von den *Deckzellen* der Haut aus. Die Hautkrebse neigen zu geschwürigem Zerfall und zur *Geschwürbildung*. Die Balggeschwülste *(Atherome)* sind verstopfte Talgdrüsen und Zystenbildungen. Bindegewebs- und Fettgeschwülste lassen sich, wenn sie nicht zu umfangreich sind, durch Einspritzungen von Mistelpräparaten (Plenosol) zum Schwinden bringen. Hautkrebse können örtlich durch Pulver aus Sadebaumspitzen zur Rückbildung gebracht werden, ebenso Papillome und Warzen. Verätzungen mit Säuren, Kalt- und Galvanokaustik oder *Röntgenbestrahlung* sind möglich. Allgemeinbehandlung s. *Krebs.*

Hautjucken beruht meist auf inneren und *hormonalen* Störungen oder auf Bildung von *Gewebshormonen* (Histamin). *Zuckerkrankheit, Gicht,* Schwangerschaft, *Nierenleiden, Krebs, Gelbsucht, Stuhlverstopfung, Wechseljahre,* Alters*stoffwechsel, Entzündungen* der Haut, Nesselsucht, Ekzeme sind von oft heftigem, quälendem Juckreiz begleitet. Beh.: Stoffwechselumstellung. Reizlose (salz- und gewürzfreie) Kost, harnsäurefreie Kost. *Rohkost, vegetarisch* Grundkost, *Stuhlgang*regelung. Haferstroh-, Weizenkleie-, Zinnkraut*bäder, Lehmwasserhemden, Kurzwickel, Spanischer Mantel, Güsse* zur Anregung der *Ausleitung. Blutreinigende* Tees. Hp.: Radium bromatum D 12–15, Dolichos pruriens D3, Alumina D6–12, Oleander D2–6, Agaricus muscarius D4–6. Bch.: Magnesium phosphoricum D6, Silicea D12 im Wechsel mit Natrium phosphoricum D6, Calcium phosphoricum D12, Calcium fluoratum D12.

Hautpflege: Waschen mit warmem oder kaltem, nicht zu hartem Wasser. Regenwasser oder enthärtetes Wasser mit milden, nicht überfetteten Seifen. Bei empfindlicher Haut müssen alkalifreie Seifen (Tölzer Seife, Keratinseife, Teerschwefelseifen) genommen werden, nach dem Waschen Einfetten mit natürlichen Pflanzenfetten. Tägliche Kaltwaschung des Körpers und Trockenbürsten härten ab und kräftigen die Haut. *Luft-* und vorsichtige *Sonnenbestrahlung steigern die Leistung der Haut als Stoffwechsel- und Abwehrorgan.*

Hautpilzerkrankungen: Fadenpilze breiten sich entweder auf der Oberfläche aus oder dringen durch Talg- und Schweißdrüsen in die Tiefe und erzeugen hier *Eiter*reaktionen. Behandlung s. *Bartflechte.*

Hautreizung: wirkt über die Hautnerven auf das *Lebensnervensystem* und dadurch auf den *Kreislauf,* vor allem im Sinne einer Belebung. Mechanisch durch Abreibungen, Frottieren, Bürsten, Schlagen, *Schröpfen,* chemisch durch Einreibungen, *Pflaster* oder Umschläge. *Senf*öl, Seidelbast, Spanische Fliege *(Cantharis),* Hahnenfußgewächse, Pfeffer, *Arnica,* Ameisenspiritus, Bienengift usw. kommen hier in Frage. Kälte und Wärme bei Anwendungen von *Wasser* und anderen organischen oder anorganischen Stoffen wirken ebenfalls auf die Haut als Reiz, ebenso die Strahlung der *Höhensonne,* der *Sonne* und künstlich erzeugte *Strahlen.* Es kommt durch die H. zu einer Beeinflussung des Lebensnervensystems, des Kreislaufs und des *Haut*stoffwechsels. *Gewebshormone* entstehen dabei und kommen zur Wirkung. Auf dem Weg über die *Headschen Zonen* kann es zu einer Beeinflussung innerer Organe durch H. in den entsprechenden Zonen kommen.

Hautschrift (Dermographismus): Nach Darüberstreichen mit einem stumpfen Gegenstand tritt eine etwas erhabene rötliche oder weiße Verfärbung der Haut durch Erschlaffung oder *Verkrampfung* der mechanisch gereizten Hautgefäße auf. Normal erregbare Menschen zeigen nur eine flüchtige Rötung, übererregbare lassen die Veränderung längere Zeit andauern.

Hautschwiele: gelbliche, hornartige Verdickung der Oberhaut an Händen und Füßen als Druckfolge. *Hühneraugen* sind besonders stark entwickelte Verhornungen mit Reizung der Papillenunterfläche an den Zehen. Gehen durch *Barfußlaufen* und *Wassertreten* bei Tragen gesunden Schuhwerks (Sandalen usw.) meist von selbst zurück. Sonst Erweichung mit Salizylsalben oder operative Entfernung. Schutz vor Druck durch Ringe.

Hautschwund (Hautatrophie): gehört normalerweise zu den Alterungsprozessen und beginnt mit Schwund der elastischen

Fasern. Haut wird dünn, trocken, welk, blaß und faltig. Später Neigung zu Rauhigkeit und *Warzen*bildung (Altersatrophie). Kann auch die Folge langdauernder *Hautentzündungen* sein.

Hauttalg sind Fette, die von den Talgdrüsen ausgeschieden werden und der natürlichen Pflege der Haut dienen. Zu starke Ausscheidung kann zu Störungen und Entzündungen der Haut führen, s. *Akne, Mitesser, Abschuppung.*

Hauttuberkulose, fressende *Flechte, Wolf,* Lupus: Auf dem Blutwege in die Haut verschleppte *Tuberkulose*bazillen können dort Knötchenbildungen und chronische Entzündungen mit Geschwürsbildungen bewirken. Die Gewebszerstörungen werden durch tuberkulöses *Narben*gewebe aufgefüllt. Wegen dieser »fressenden Wirkung« auf die Haut spricht man von fressender *Flechte* oder *Wolf* (lat. Lupus). Ähnliche Veränderungen kann auch der *Lepra*bazillus hervorrufen. Beh.: Salzlose, *vegetarische* Kost, *Rohkost, Vitamin* D in Form von *Lebertran.* Örtlich: Waschungen und Auflagen von *Walnußblätterabkochungen, Bockshornkleepflaster, Heilerde. Kneipp* ließ eine Salbe von Klettenkraut mit Schweineschmalz über Nacht aufstreichen. *Sonnen*bestrahlung, mit Brennglaswirkung verstärkt. Allgemein: Anregung der Hauttätigkeit, des Blutkreislaufs und Stoffwechsels durch *Oberkörperwaschungen, Halbbäder, Heublumenhemden, Spanische Mäntel,* über die Woche verteilt, *Luft-* und *Sonnenbäder.* Stoffwechsel richtig einstellen. Gesunde, vitaminreiche *Grundkost* und regelmäßige *Hautpflege* verhindern Entwicklung und rasches Fortschreiten.

Hautwolf ist eine Hautentzündung durch Schweiß-, Urin- und Kotzersetzung bei mechanischer Reizung (Reiten, Marsch usw.) in der *Damm*gegend und um den *After.* Beh.: Kühle Waschungen mit Zinnkrautabkochung. Heilerdeumschlag. Einpudern mit Heilerde. Auch die fressende *Hauttuberkulose* wird als *Wolf* bezeichnet.

Headsche Zone (Henry Head): Die Hauptempfindung geht über die Empfindungsnerven, die im *Rückenmark* entspringen, und wird von dort zum Gehirn weitergeleitet. Zu jedem *Wirbel*körper gehört ein Nervenpaar, das jeweils rechts oder links einen Teilabschnitt der *Haut* versorgt. Die Empfindung der inneren Organe läuft über den Sympathicus des *Lebensnervensystems.* Im Rückenmark bestehen nun Querverbindungen von den Hautempfindungsnerven zu den Sympathicusganglien. So können sich Schmerzreize der inneren Organe in bestimmten Hautbezirken durch Schmerzüberempfindlichkeit äußern. Diese Zonen nennt man H. Z. Man kann auch durch Einwirkung von diesen Zonen aus *(Reflexmassage, Bindegewebsmassage, Wasseranwendungen,* mechanische, entzündliche, arzneiliche *Reize)* auf innere Organe einwirken.

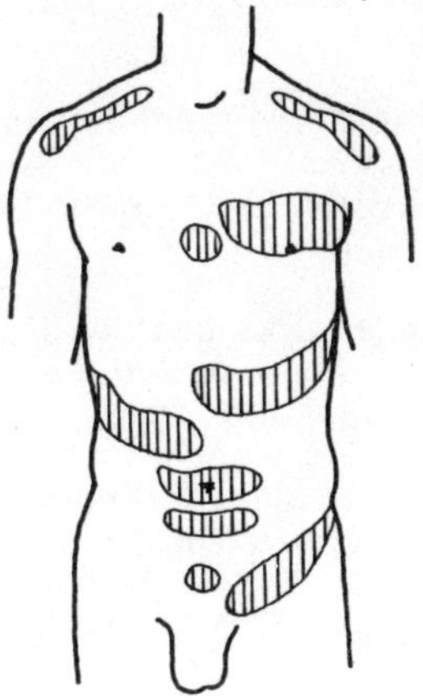

Headsche Zonen

Hefebad als *Kohlensäurebad* für Herzkranke, die die üblichen Kohlensäurebäder nicht vertragen können. Badewanne mit Wasser von 40° füllen und 4 kg Melasse (oder 1,5 kg Zucker, teurer!) einrühren, 1 Eimer (= 8 l) frische Bierhefe oder $^3/_4$ kg gut verrührte Preß- oder Bäckerhefe zusetzen. Wenn sich nach etwa $^3/_4$ Stunden die Badeflüssigkeit in starker Gärung befindet, bringt man ihre Temperatur auf 35° und badet etwa 20 Minuten. Man vermeide eine Abkühlung unter 30°, weil sonst die Gärung gehemmt wird.

Hefen, Sproßpilze, sind Kleinstlebewesen, die *Kohlehydrate* zu *Alkohol* und *Kohlensäure* vergären. Sie bilden dabei *Vitamine, Auxine* und *Auxone.* H. wird daher als Vit-

H amin-B-Träger und Auxonspender zusätzlich zur Nahrung gegeben. Bei *Hautleiden, Furunkulose* ist sie besonders angezeigt.

Hefepilze kommen als Erreger entzündlicher Erkrankungen der Scheide und des Gebärmutterhalses und als Erzeuger eines weißlichen tropfigen Ausflusses in Frage. Am häufigsten ist Candida albicans. Es werden auch die Haut und innere Organe befallen (Candida-Mykosen). Speiseröhre, Magen, Bronchien, Mund, Scheide und Eichel sowie Harnröhre werden besonders betroffen. Auch *Soor* gehört dazu. Örtliche Behandlung mit Boraxglycerin oder Triphenylmethanfarbstofflösungen, Bäder mit Kalium-Permanganat. Innerliche Behandlung mit Myco-Antibiotica, s. *Pilzerkrankungen.*

Heidekraut (Calluna vulgaris): blühendes Kraut. 2–4 g als Aufguß bei Steinleiden und Blüten allein als Beruhigungsmittel, zur Schlafförderung.

Heidelbeere (Fructus Myrtilli): Die Beeren von Vaccinium Myrtillus werden wegen ihres Gerbsäuregehaltes frisch, getrocknet, als Saft oder auch als Wein zur Durchfallsbekämpfung gegeben. Die Blätter in Abkochung wirken blutzuckersenkend, entzündungswidrig auf die Harnwege. Bei *Zukkerkrankheit, Blasenentzündung, Harnsteinen* (Tafel VII).

Heilbad ist jedes zu Heilzwecken genommene Bad; insbesondere bezeichnet man als H. einen mit natürlichen Heilquellen oder sonstigen ortsgebundenen Heilmitteln ausgestatteten Kurort, der ganz oder vorwiegend der Heilbehandlung bestimmter Krankheiten dient.

Heilerde: feingesiebte, pulverisierte Tonerden (seltener Moorerden), die äußerlich zu Umschlägen bei Entzündungen, Schwellungen, Ergüssen und zu *Auflagen* und *Packungen* verwendet werden, aber auch innerlich in etwas Wasser aufgeschwemmt bei Störungen der Magen- und Darmfunktion, Entzündungen, Fäulnis und Gärung gegeben werden. H. für den äußeren Gebrauch ist sterilisiert und wird entweder trocken aufgepudert oder mit Wasser, Essigwasser, Pflanzenabsuden zu einem Brei verrührt, der zur Auflage oder zum Packungswickel dient. Man läßt die Packung bis zum Trockenwerden liegen. H. entzieht dem Körper Hitze und Flüssigkeit, entlastet den Kreislauf und regt ihn an.

Heilfieber, s. *Fieber.* Zu Heilzwecken wird Fieber in *Überwärmungsbädern, Packungen,* durch *Kurzwellenbestrahlungen,* durch Einbringen von Krankheitserregern oder bestimmten körperfremden Substanzen (Milch, Schwefel, Terpentin) in dem Körper erzeugt.

Heilgymnastik, s. auch *Gymnastik.* Der Einsatz von *Entspannung* und Bewegung zu Heilzwecken ist wesentliches Gut der Naturheilbehandlung. Bei Lähmungen, Formveränderungen des Knochengerüstes, der Gelenke, und nach Verletzungen muß die Bewegung neben den allgemeinen Übungen dem besonderen Heilzweck angepaßt werden und bedarf der Leitung und Führung durch erfahrene Behandler. Auch bei inneren Erkrankungen, wie Lungenblähung, Emphysem, kann H. durch *Übung* und Entspannung wirken.

Heilkrisis ist der Höhepunkt der Abwehranstrengungen des Körpers im Ablauf des krankhaften Geschehens, der von der *Genesung* abgelöst wird. Die H. ist mit Zunahme und Verstärkung der Krankheitszeichen verbunden. Die meisten Heilungen erfolgen nur über die Krisis. Die Heilaufgabe besteht darin, ihren Eintritt zu fördern und nicht (etwa durch Fiebermittel) abzustoppen.

Heilnahrung, Heilkost, Diät: bestimmte *Ernährungs*formen, die zur Entlastung oder Umstimmung des Stoffwechsels bei bestimmten Heilaufgaben dienen. Sie sind im allgemeinen nicht als Dauerernährung gedacht. Gebräuchlichste H. der Naturheilkunde: *Rohkost, Obst-* und Saftkuren, *Fasten-* und *Schroth*kuren.

Heilpersönlichkeit: Von der Persönlichkeit des Behandlers gehen oft entscheidende Heilkräfte aus, die manchmal unabhängig von seinen Maßnahmen bereits die Heilung einleiten oder bewirken. Man muß bei der Beurteilung des Erfolges bestimmter Maßnahmen diese Tatsache in Rechnung ziehen, um nicht Fehlschlüssen zu unterliegen. Die Heilkraft der H. ist meist an die

Person und ihre besonderen Eigenschaften gebunden. Es gibt aber auch H., die eine Zwischenstufe zwischen echter H. und Heilsymbol darstellen. Das sind Personen, die ein bestimmtes Amt bekleiden und in diesem Amte Heilkräfte besitzen. Seit dem 14. Jahrhundert ist von den französischen Königen bekannt, daß sie nach ihrer Salbung mit dem heiligen Öl in Reims die Fähigkeit bekamen, durch Handauflegen zu heilen. Die französischen Staatsarchive bergen zahlreiche amtliche Protokolle über nachgewiesene Heilungen durch die französischen Könige, bis zu Ludwig XVI. Auch die englischen Könige sollen eine Zeitlang diese Gabe besessen und angewendet haben, und es bestanden zu gewissen Zeiten unter den Anhängern beider Höfe erhebliche Meinungsverschiedenheiten darüber, welcher Souverän die besseren Heilerfolge aufzuweisen hätte. Hier ist schon der Übergang zum Heilsymbol zu erkennen, obwohl hier das *Symbol* noch eine echte Persönlichkeit ist.

Heilpflanzen werden entweder ganz oder in ihren einzelnen Teilen als natürliche *Heilmittel* verwendet. Frisch werden sie zu Säften, festen oder flüssigen Frischpräparaten verarbeitet. Vielfach werden sie aber getrocknet in Drogenform angewendet. *Tees* sind wässerige Auszüge aus Drogen und Drogenmischungen. Sie werden aber auch zu Pulvern, Pillen, Tabletten, alkoholischen Auszügen (Tinkturen) verarbeitet und so verordnet.
Für das Sammeln spielt der Zeitpunkt der Ernte eine Rolle. Viel verwendete Pflanzen werden im Garten- und Feldbau gezogen. Man kann auch die Einzelwirkstoffe aus den Pflanzen ausziehen und arzneilich verwenden. Dadurch werden aber die Stoffe ihrer natürlichen Verbindung beraubt und einseitig und schroff in ihrer Wirkung. Die Naturheilkunde zieht es daher vor, die Ganzpflanzenwirkung zu pflegen, und lehnt die Verwendung der Reinwirkstoffe weitgehend ab.

Heilpflanzensammelzeiten: *März – April:* Baldrianwurzel, Bärenlauch (Kraut), Bibernelle (Wurzeln), Brunnenkresse (Frischkraut), Faulbaumrinde, Gänseblümchen (Kraut), Geißfuß (Kraut), Huflattich (Blüten), Kalmuswurzel, Klettenwurzel, Löwenzahn (Kraut mit Wurzel), Lungenkrautblätter, Queckenwurzeln, Weidenrinde, Seifenkrautwurzeln, Veilchenblüten, Wegwartewurzeln, Eichenrinde;
Mai – Juni: Bärentraubenblätter, Birkenblätter, Bitterkleeblätter, Brennesselkraut, Brombeerblätter, Dost (Kraut), Enzian, gelber (Wurzeln), Erdrauchkraut, Eschenrinde, Gänsefingerkraut, Gundelrebe (Kraut), Himbeerblätter, Hirtentäschelkraut, Huflattichblätter, Isländisch Moos, Blätter der schwarzen Johannisbeere, Kamillenblüten, Kastanienblätter, Katzenpfötchenblüten, Löffelkraut, Odermennig (Kraut), Sauerampferkraut, Schachtelhalm (Kraut), Schafgarbe (Kraut), Schlüsselblumenblüten, Schöllkraut (blühend), Sonnentaukraut, Spitzwegerichblätter, Stiefmütterchenkraut, Taubnesselblüten, Waldmeisterkraut (ohne Blüten), Walnußblätter, Breitwegerichblätter, Weißdornblüten;
Juli – August: Andornkraut, Arnicablüten, Augentrostkraut (blühend), Beifuß (blühendes Kraut), Ehrenpreiskraut, Ginster (blühendes Kraut), Goldrutenkraut, Heidekraut (blühendes Kraut), Heidelbeerenblätter, Herzgespannkraut, Hohlzahnkraut, Holunderblüten, Hopfenzapfen, Johanniskraut (blühend), Königskerzenblüten, Kümmel, Lindenblüten, Mädesüßblüten, wilde Malvenblüten, Mistelzweige, Quendel (Kraut), Rainfarnblüten, Ringelblumenblüten, Tausendgüldenkraut, Wermutkraut;
September – Oktober: Engelswurzwurzel, Eberwurzwurzel, Hauhechelwurzel, Hagebutten (Früchte und Samen), Kreuzdornfrüchte, Preiselbeerblätter, Schwarzwurzeln, Vogelbeeren, Vogelknöterichkraut, Wacholderbeeren, Weißdornfrüchte, Zwergholunderwurzeln.

Heilquellen: natürliche Quellwässer, die als Bad, als Trinkkur oder zerstäubt und verdunstet als Einatmungskur in *Heilbädern* zur Heilung verabfolgt werden. Zu Trinkkuren werden sie auch als Quellwässer versandt. Ihre Heilanzeigen richten sich nach der chemischen Zusammensetzung, nach der sie auch eingeteilt werden. Sie sind als natürliche Heilmittel anzusehen.

Heilschlaf. Schlaf ist ein Zustand, der den Heilvorgängen im Körper förderlich ist und sie unterstützt. Heilkrisen finden oft im Schlaf über Nacht statt. Schon die altgrie-

H chische Medizin nützte den Tempelschlaf an den religiösen Heilstätten zu Heilzwekken. Heute werden Heilschlafkuren durchgeführt, bei der der Schlafzustand durch chemische Schlafmittel über Tage und Wochen unterhalten wird. Sie dienen vor allem dem Abbau seelisch bedingter Krankheitszustände und auch damit zusammenhängender organischer Krankheiten. Weil der Schlaf nur durch chemische Mittel unterhalten werden kann, gehören diese Kuren nicht in den Bereich der Naturheilkunde, sondern zählen zu den *außerschulischen Heilmethoden.*

Heilung: Wiederherstellung der *Gesundheit* durch Überwindung der *Krankheit.* Die Naturheilkunde erreicht dies Ziel durch Unterstützung der natürlichen *Abwehrkräfte,* die den Körper befähigen, der Störung Herr zu werden.
H. kann vollkommene Wiederherstellung sein oder Narben und Funktionsstörungen hinterlassen. In diesem Fall muß versucht werden, die Funktionsausfälle durch Mehrleistung des Gesundgebliebenen zu ersetzen und auszugleichen.

Heiserkeit: Stimmveränderung (rauh, klanglos, hauchend) durch Überanstrengung, entzündliche Reizung des Kehlkopfes, Lähmung der Stimmbandnerven sowie Geschwülste des Kehlkopfs und der Stimmbänder. Beh.: Gurgeln mit Arnicawasser. *Ableitung* zu den Füßen. Behandlung des Grundleidens. Sprech- und Rauchverbot. Hp.: Belladonna D4–6, Arnica D3–10, Jodum D3–4, Bromum D3–4, Ammonium bromatum D3. Boh.: Ferrum phosphoricum D6, Kalium chloratum D6, Kalium phosphoricum D6, Magnesium phosphoricum D6.

Heißaufguß, s. *Aufguß.*

Heißhunger: Überfunktion der *Schilddrüse, Zuckerkrankheit, Gehirnstörungen,* Reizungen der *Magen*nerven führen zu einem ungewöhnlich heftigen Verlangen nach Nahrungsaufnahme. Kopfschmerzen, Ohnmacht, Angstzustände können dabei bestehen. Sie schwinden nach Nahrungsaufnahme.

Heißluftbad: Schwitzbad, bei dem heiße trockene Luft den Körper oder einzelne Teile umspült. Treibt den Schweiß, der jedoch sofort verdunstet. Kann hohe Temperaturen (bis 100°) an den Körper heranbringen. Anregung der Hauttätigkeit und des Stoffwechsels. *Gicht, Rheuma, Fettsucht,* Katarrhe der *Luftwege.* Irisch-römisches Bad besteht aus Kombination zwischen Heißluft- und *Dampf*wirkung und wird in Räumen, die mehreren Kranken den Aufenthalt ermöglichen, durchgeführt. 1. Warmluftraum (40 bis 50°) 20 Minuten, 2. Heißluftraum (60 bis 70°) 10 Minuten, 3. Dampfraum (45 bis 50°) 20 Minuten. Danach Abkühlung durch kalten Abguß oder Tauchbad, mindestens 1/2 Stunde Bettruhe. *Sauna* ist ein Einraumbad mit trokkener Hitze; während des Bades wird durch Begießen der heißen Steine mit Wasser ein Dampfstoß erzeugt. Starke Dampfentwicklung soll aber vermieden werden, da sonst zu starke Herzwirkung. Durch Unterbrechung mit Abkühlung (Abguß, Tauchbad) kann Wechselreiz Heiß-Kalt erzeugt werden. Schädlich bei Herz-, Kreislaufstörungen, Blutdruckerhöhungen, -erniedrigungen, Nierenerkrankungen, Arterienverkalkung, Lungentuberkulose, Thrombose. Kastenbad ermöglicht Ausschluß des Kopfes, Teilbäder werden in gesonderten Kästen durchgeführt. Erzeugung der Heißluft kann auch durch Glühlampen erfolgen.

Heißwasserblitze. Besonders in Form des H.-Rückenblitzes in der modernen Kneippbehandlung als Segmentbehandlung der inneren Organe: Magenkrankheiten, besonders Magengeschwür, Darmspasmen, Leberentzündung, Unterleibsleiden. Mit Vollbädern im Wechsel als *Blitzgußmassagebad.*

Heizkissen: ein durch elektrischen Strom erwärmtes Kissen zur örtlichen Erwärmung mit trockener Hitze.

Helichrysum arenarium, s. *Katzenpfötchen.*

Heliotherapie, s. *Sonnenbehandlung.*

Hellsehen (Clairvoyance): eine die natürlichen Grenzen überschreitende, von der sinnlichen völlig verschiedene Wahrnehmung, die nur bestimmten Menschen, »Hellsehern«, von Natur aus gegeben ist. Der Hellseher kann Vergangenes sehen

oder Künftiges erkennen (Prophetie). H. ist von *Telepathie* streng zu trennen. H. liegt nur vor, wenn die wahrgenommenen Vorgänge niemand bekannt sind. Die meisten Hellseher arbeiten mit Telepathie. H. kann bei der Krankheitserkennung eine Rolle spielen. Es gibt gelegentlich einmal Behandler, die sich zur Krankheitserkennung eigener oder *medialer* hellseherischer Fähigkeiten bedienen.

Hemd: *Kneippsche Wickel*anwendung, bei der ein langes bis zu den Waden oder Knöcheln reichendes Hemd mit langen Ärmeln als inneres Tuch angelegt wird, nachdem es in die Wickelflüssigkeit getaucht wurde. Es ist der Form nach ein gekürzter *Spanischer Mantel.* Hände und Füße bleiben vom nassen Tuch unbedeckt. Man muß beim Anlegen darauf achten, daß es an den Innenseiten der Beine gut angelegt wird. Die Einpackung in Trockentuch und Wolldekken erfolgt wie beim Spanischen Mantel und bei der *Ganzpackung.* Hemden werden fast immer nur mit Zusätzen verwendet. Heublumenh.: Hemd wird zusammengerollt in heißen Heublumenabsud getaucht. Muß rasch angelegt werden, da das entfaltete Hemd rasch abkühlt. Sorgfältig einwikkeln. Anwendung: Infektionskrankheiten, besonders Kinderkrankheiten, Skrofulose, Rachitis, Gicht, Stoffwechselstörungen. Salzwasserh.: wird bei Frösteln und Schüttelfrost warm, sonst kalt angelegt. Auf 1 l Wasser 20 g Kochsalz. Technik wie Heublumenhemd. Anwendung: Skrofulose, lymphatische Konstitution, asthmatische Zustände, Ausschlag- und Hautkrankheiten, besonders der Kinder. Lehmhemd: aus Lehm- oder Heilerde dünnflüssige Brühe bereiten. Kalt anlegen. Anwendung: Hautkrankheiten, Schuppenflechte. Zur Juckreizmilderung. Stark angreifend, nur 1–2mal wöchentlich anlegen.

Hemiplegie, s. *Halbseitenlähmung.*

Hepatitis, s. *Leberentzündung* und *Gelbsucht.*

Herba: Rezepturbezeichnung für das ganze Kraut.

Herbstzeitlose (Colchicum autumnale): giftige Heilpflanze. Alkoholische Auszüge (Tinktur, Wein) aus den Samen werden in Gaben von 10–40 Tropfen bis zur Durchfallerzeugung gegeben und wirken *harnsäure*ausscheidend auf den Darm. Gegen Gicht und Nierensteine (Tafel VII).

Herdinfektion (Fokalinfekt): Von chronischen *Eiter*herden, die an sich keine oder kaum Erscheinungen hervorrufen, an Zähnen, in Mandeln, Gallenblase, Vorsteherdrüse, Adnexen usw. können laufend *Bakterien*gifte in den Blutkreislauf gelangen und Rheumatismus, Nervenentzündungen, chronische Gelenkentzündungen, Nierenleiden und Allgemeinbeschwerden, Kopfschmerzen, Müdigkeit, Leistungsunfähigkeit, Temperatursteigerung hervorrufen. Am häufigsten sind Zähne und Gaumenmandeln die Ursache. Nach Beseitigung der in Frage kommenden Herde schwinden auch die dadurch ausgelösten Krankheiten und Beschwerden. Um festzustellen, ob ein Eiterherd wirklich als Herderkrankung in diesem Sinne in Frage kommt, wird er nach Huneke mit Impletol umspritzt. Wenn dann schlagartig die Beschwerden verschwinden, so spricht das dafür, daß der Herd mit der Erkrankung zusammenhängt (Sekundenphänomen).

Herdnephritis: *Nierenentzündung,* an der nur Teile der Niere beteiligt sind und zahlreiche Gefäßknäuel noch normal arbeiten. Blutdrucksteigerung fehlt, leichte Eiweißausscheidung und einige rote Blutkörperchen im Harn. Entsteht meist durch Bakterienaussaat in einigen Gefäßknäueln bei Infektionskrankheiten. Die Grundkrankheit beherrscht das Bild. Beh.: Saft*fasten,* *Obst*tage, *vegetarische* Kost. Warme *Voll-* und *Sitzbäder.* Hp.: s. *Nierenentzündung.*

Hernie, s. *Bruch.*

Herpes: kleine Bläschen mit wasserheller Flüssigkeit, meist durch ein *Virus* erregt, treten am Körper, herdförmig zusammenliegend, mit Vorliebe an den Übergängen von Haut und Schleimhaut, an den Geschlechtsorganen, am Auge auf. Verursachen vorher leichtes Brennen und Jucken, trocknen bald ein. Im Verlauf entzündlicher, fieberhafter Erkrankungen, mit Auftreten der Regel, bei Sonnenbrand. Beh.: Einpudern mit *Heilerde.* Bch.: Natrium muriaticum D 6, Natrium sulfuricum D 6, Kalium phosphoricum D 6, Silicea D 12.

H

Herpes zoster, s. *Gürtelrose.*

Herz: Es besteht größtenteils aus quergestreifter *Muskulatur* und ist innen in seinen Hohlräumen mit einer *Deckzellen*schicht, der Herzinnenhaut, ausgekleidet. An den Übergängen von den Vorhöfen zu den Kammern und an den Ausgängen zu den großen Gefäßen hat sich die Herzinnenhaut durch Bildung verstärkter Falten zu Klappen entwickelt. Außen ist der Herzmuskel vom *Herzbeutel* überzogen, der in sich geschlossen und mittels geringer Flüssigkeit in seinem Spalt schlüpfrig gehalten wird. Das H. ist etwa faustgroß. Es liegt mit der Hauptmasse direkt hinter dem *Brustbein;* der rechte Rand schneidet ungefähr mit dem rechten Brustbeinrand ab, links unten reicht das H. mit seiner Spitze etwa bis zu einer Linie, die man von der Mitte des Schlüsselbeins lotrecht bis zum 5. Zwischenrippenraum nach unten ziehen kann. Bei Vergrößerung oder Erweiterung des H. wird diese Linie meist überschritten. Das H. ist durch eine Muskelscheidewand in eine linke und eine rechte Hälfte geteilt. Die linke Hälfte ist durch eine zweizipflige, die rechte durch eine dreizipflige Klappe in einen nach oben zu gelegenen Vorhof und eine nach unten gelegene Kammer geteilt. In den rechten Vorhof fließt das Blut aus dem Körperkreislauf mit Kohlensäure beladen und verbraucht durch die obere und untere *Hohlvene* hinein, kommt in die rechte Kammer und wird von dieser in den Lungenkreislauf durch die Lungenschlagader weitergeleitet. Aus dem Lungenkreislauf kommt das beatmete, sauerstoffreiche Blut durch die Lungenblutader in den linken Vorhof, von dort in die linke Kammer und wird aus dieser durch die große Körperschlagader *(Aorta)* dem Körper wieder zugeführt. Das H. ist ein Pumpwerk, das mit jedem Herzschlag, beim Erwachsenen 60–70 ccm, in der Minute durchschnittlich 4 l Blut befördert. Es besitzt darüber hinaus eine große Reservekraft und kann bei übergewöhnlichen Anforderungen diese Durchschnittsleistung auf das 7–8fache erhöhen. Das Blut kreist bei so erhöhter Arbeitsleistung in der Minute 5–6mal durch den ganzen Körper. Obwohl der Herzmuskel aus quergestreifter Muskulatur besteht, ist seine Tätigkeit nicht dem Willen unterworfen. Die Muskulatur der einzelnen Herzabschnitte ist je nach ihrer Aufgabe verschieden entwickelt, am geringsten die Vorhofs-, am stärksten die Kammermuskulatur besonders der linken Kammer wegen der hohen Arbeitsleistung, die von ihr bewältigt werden muß. Wächst durch *Stauung* im Kreislauf die Belastung, so nimmt die Muskulatur an Stärke zu; bei Stauung im Lungenkreislauf die des rechten H. Der Herzmuskel muß wegen seiner hohen Leistung reichlich mit Blut versorgt werden. Dies geschieht durch die Herzkranzgefäße, die unmittelbar aus der Hauptschlagader bei ihrem Austritt aus der linken Kammer, noch im Klappenbereich, in einer linken und rechten Kranzader entspringen. 10 v. H. der Blutmenge werden zur Versorgung des Herzmuskels benötigt. Das H. hat sein eigenes Nervensystem, das sogenannte Reizleitungssystem; es wird aber vom Lebensnervensystem im Sinne der Beschleunigung oder der Hemmung gezügelt. Das H. ist besonders empfindlich gegen nervöse Einflüsse, Einschränkungen der Blutversorgung und Entzündungen.

Herzbeutel (Pericard): Er überzieht den Herzmuskel als Außenhaut und besteht aus einer schlüpfrigen *Deckzellen*haut. Die Herzaußenhaut schlägt an der Gefäßwurzel am oberen Herzteil um und umschließt noch einmal als äußeres Herzbeutelblatt das *Herz.* Zwischen dem inneren und äußeren Blatt der Herzaußenhaut ist ein Spalt, der mit etwa einem Eßlöffel Gewebewasser gefüllt ist. Bei entzündlichen Herz-, Rippenfell- und Lungenerkrankungen kann die Entzündung auch auf den H. übergreifen (Pericarditis). Dann entwickelt sich mehr Flüssigkeit, die auch eitrig sein kann, oder es kommt zu trockener Entzündung mit Faserstoffausscheidung. Die Ausheilung führt selten zur Wiederherstellung des alten Zustandes, sondern meist zu narbigen Verwachsungen der beiden Herzbeutelblätter. Lagern sich Kalksalze in die *Narben*schwarten ein, so kann das Herz von einer harten Kalkschale wie von einem Panzer umfaßt und an seiner Tätigkeit gehindert werden. Druckempfindlichkeit, Schmerzempfindung hinter dem Brustbein, Atemnot, hörbares Reiben über der Herzgegend sind die Hauptzeichen dieser Erkrankung. Beh.: Es muß immer das Grundleiden in der Behandlung berücksichtigt werden. *Fasten, Obst*tage während des Fiebers, sonst *vegetarische Kost. Wa-*

Herz

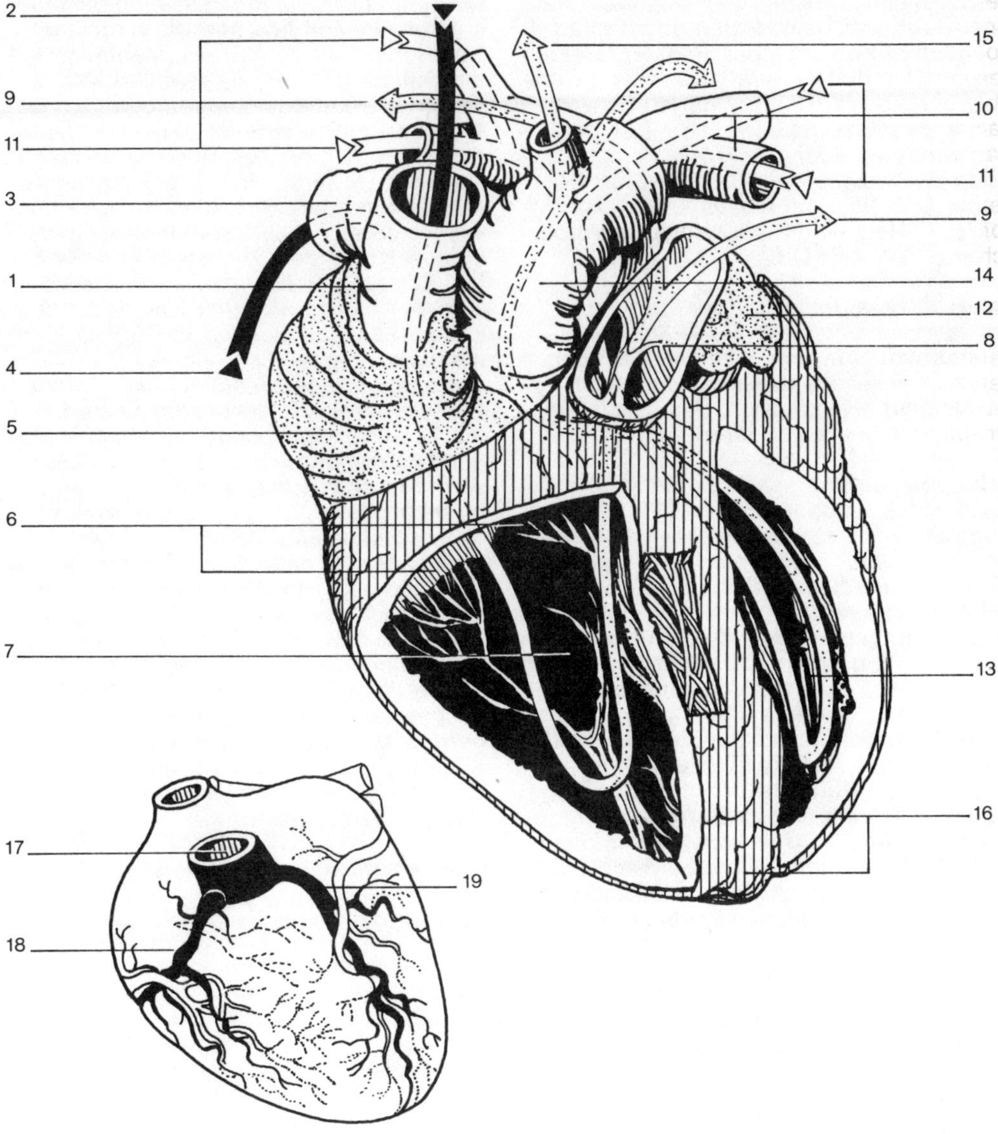

1. Obere Hohlvene
2. Blut aus dem Körper
3. Untere Hohlvene
4. Blut aus dem Körper
5. Rechter Vorhof
6. Klappensegel der dreizipfligen Kammer
7. Rechte Kammer
8. Klappen der Lungenschlagader
9. Blut zur Lunge
10. Lungenvenen
11. Blut aus der Lunge
12. Linker Vorhof
13. Linke Kammer
14. Hauptkörperschlagader
15. Blut zum Körper
16. Herzmuskel

Herzkranzader

17. Hauptschlagader (Aorta)
18. Rechte Kranzader
19. Linke Kranzader

denwickel, Lendenwickel, Leibauflagen zur *Ableitung.* Kalte *Kompressen* aufs Herz, niemals Eisbeutel! Reizbehandlung der Haut über dem Herzen durch pflanzliche Einreibungen oder Pflaster (Seidelbast, Senfpflaster usw.). Bei Herzbeutelwassersucht Ableitung durch Schwitzen oder Harnausscheidung. Hp.: Herzbeutelentzündung: Aconitum D3–6, Veratrum viride F1–3, Spigelia D3–6, Bryonia D3–6, Apis D3, Naja tripudians D10, Lachesis D10. Herzbeutelwassersucht: Apocynum∅-D2, Apis D3.

Herzblock, s. *Reizleitungsstörungen.*

Herzentzündungen können das ganze Herz oder seine einzelnen Teile, also Herzinnenhaut, Herzmuskel und Herzaußenhaut *(Herzbeutel)* erfassen.

Herzerweiterung: Wird eine Herzhöhle wegen eines Klappenfehlers oder eines erhöhten Widerstandes nicht vollkommen entleert, dann erhöht sich die Blutmenge jeweils um diesen Restbetrag, und die Höhle erweitert sich mit der Zeit. Auch wenn ein Herzmuskel durch übermäßige Anstrengung sich zunächst verstärkt, dann aber eines Tages mit den Anforderungen nicht mehr Schritt halten kann und erschlafft, erweitert sich das Herz. Herzklopfen, Atemnot, Angstgefühle und Störungen der Blutverteilung im Körper sind die Folge. Beh.: Salzarme, *vegetarische* Kost. *Ganzwaschungen, Oberkörperwaschungen,* leichte *Güsse* und *Teilbäder, Wechselfußbäder* und *Wassertreten* zur Kreislaufanregung. Weißdorn, Maiglöckchen, Frühlingsteufelsauge, Fingerhut zur Kräftigung des Herzmuskels, harnausscheidende Pflanzen zur Entlastung. Hp.: Arnica D6–10, Aconitum D6, Rhus toxicodendron D4–6, Arsenicum D 4–10, Arsenum jodatum D 4, Phosphorus D 8–10. Bch.: Calcium phosphoricum D12, Kalium phosphoricum D6.

Herzfehler (Vitium cordis) muß eigentlich Herzklappenfehler heißen. Nicht jede Störung und Erkrankung des Herzens bezeichnet man als H., sondern nur eine Schädigung der Klappen. Diese kann angeboren oder durch Entzündungen erworben sein. *Herzinnenhautentzündungen* heilen narbig ab und verengen die Herzklappen oder machen sie schlußunfähig (Insuffizienz), so daß Blut zurückfließt. Der der erkrankten Klappe vorgelagerte Herzteil muß vermehrte Arbeit leisten. Die Muskulatur verstärkt sich, oder die vorgelagerte Herzhöhle muß mehr Blut aufnehmen, weil ein Teil zurückfließt, sie erweitert sich. Erweiterungen und Veränderungen des Herzens sind die Folge. Solange der Herzfehler durch Mehrarbeit des Herzens ausgeglichen werden kann, wird er gar nicht als störend empfunden. Nur kann bei erhöhten Anforderungen nicht die volle Reservekraft eingesetzt werden, weil sie schon für die Mehrleistung verwendet wird. Erschöpft sich der Herzmuskel mit der Zeit, dann kommt es zu *Stauungen* im Kreislauf, zu *wassersüchtigen* Schwellungen im Gewebe und Wasseransammlungen in freien Höhlen. Der Herzfehler dekompensiert. Das macht sich in Atembeengung, Husten, Magenverstimmung, Magenkatarrh, Lebervergrößerung, Schwere in den Beinen bemerkbar. Beh.: Entlastung des Kreislaufs durch Ruhe und geregelte Bewegung. Haushalten mit den Kräften. Entlastung des *Stoffwechsels* durch *Fasten,* Saftfasten, salzarme, *vegetarische* Kost. Leichte *Güsse* und *Wickel* zur Anregung, Vermeidung stärkerer Güsse und Vollbäder. Kräftigung des Herzmuskels durch *Weißdorn, Maiglöckchen,* Frühlingsteufelsauge, *Fingerhut*präparate, genau dosiert und individuell angepaßt. Förderung der Wasserausscheidung durch *harntreibende* Pflanzen. Hp.: s. *Herzerweiterung.* Bch.: Calcium fluoratum D12, Kalium phosphoricum D6, Calcium phosphoricum D6, Silicea D12.

Herzinfarkt: Werden die Herzkranzgefäße durch Krämpfe o. Gerinnsel verschlossen, so wird die Blutversorgung in einem Muskelbezirk unterbrochen u. dieser stirbt ab. Ist der ausgeschaltete Bezirk nicht zu groß und liegt er in einem Gebiet, das für die Herztätigkeit nicht von ausschlaggebender Bedeutung ist, dann kann man durch entsprechende Behandlung den H. zur Vernarbung bringen u. abheilen. Meist ist intensive klinische Behandlung nötig; nur in Fällen kleiner H. kann man unter Einhaltung von Bettruhe den Infarkt behandeln, s. *Angina pectoris.* Sind größere Gebiete o. solche betroffen, nach deren Ausfall das Herz nicht mehr weiterarbeiten kann, dann kommt es zum plötzlichen Herztod *(Herzschlag).*

Herzinnenhautentzündungen spielen sich vorwiegend an den Klappen als Herzklappenentzündungen ab. Sie sind Begleiterkrankungen schwerer allgemeiner *Infektionserkrankungen,* z. B. *Gelenkrheumatismus, Scharlach, Mandelentzündungen, Blutvergiftung.* Es gibt eine besondere Form der Blutvergiftung (Lentasepsis, Endocarditis lenta), bei der spezielle Erreger sich an den Herzklappen ansiedeln, diese zerstören und sich jeder Heilabwehr entziehen. Behandlung des Grundleidens. Beh.: *Fasten.* Salzarme, *vegetarische* Kost, *Rohkost, Bettruhe, Ableitung* vom Herzen durch *Waschungen, Kurzwickel, Beinwikkel, Leibauflagen.* Hp.: Aconitum D3–6, Veratrum viride D3, Spigelia D3–6, Bryonia D3, Phosphorus D5–10, Kalium carbonicum D4–6, Arsenicum D5–10, Lachesis D10, Naja tripudians D10.

Herzkrämpfe: Absperrung oder Minderung der Blutversorgung einzelner Teile des Herzens führen zu krampfartigen Schmerzen in der Herzgegend, die teilweise in den Arm ausstrahlen, s. *Angina pectoris.*

Herzkranzgefäße dienen der Deckung des großen Blutbedarfs des Herzmuskels zur Eigenversorgung, s. *Herz.*

Herzmuskelentzündung kommt allein oder in Verbindung mit *Herzinnenhautentzündung* vor. Begleit- oder Nachkrankheit vieler *Infektionskrankheiten (Rheumatismus, Scharlach, Diphtherie, Typhus* usw.). *Chronischer* Verlauf möglich mit Blässe, Atemnot, Beklemmungsgefühlen und unregelmäßiger Herztätigkeit. Behandlung des Grundleidens, s. *Herzerweiterung.* Bch.: Kalium phosphoricum D6, Natrium muriaticum D6, Calcium phosphoricum D6.

Herzneurose: auf das Herz hindeutende Beschwerden, ohne daß *organische* Zeichen einer Herzerkrankung nachweisbar sind. Es sind meist durch seelische Einwirkungen ausgelöste *funktionelle* Störungen, die aber die Vorläufer von organischen Herzschäden sein können, wenn sie nicht beachtet und beseitigt werden. Bch.: Magnesium phosphoricum D 6, Kalium phosphoricum D 6, Calcium phosphoricum D6–12, Ferrum phosphoricum D6, Natrium muriaticum D6, Natrium sulfuricum D6, Kalium sulfuricum D6, Kalium chloratum D6, Natrium phosphoricum D6.

Herzschlag ist der plötzliche Tod durch Versagen des Herzens (Herztod). *Herzinfarkt* und Flattern der Vorhöfe an Stelle des regelmäßigen Zusammenziehens können dazu führen. Kräftige Gewalteinwirkung, elektrische Unfälle, Schreck können ihn auslösen.

Herzschwäche: dauernde oder vorübergehende *Kreislaufstörungen* auf Grund einer Herzmuskelschwäche infolge körperlicher Anstrengungen, Ernährungsstörungen des Herzmuskels, Überbelastung des Herzens durch *Alkohol*mißbrauch, besonders bei Herzmuskelschädigung. Kurzatmigkeit, Herzklopfen, Schwindelanfälle, bläuliche Verfärbung von Gesicht und Lippen, Schwellungen an den Füßen, Verminderung der Harnmenge, Husten, asthmaähnliche Anfälle von Atemnot (Herzasthma), Beklemmung und Schmerzen in der Herzgegend zeigen H. an.
Beh.: Entlastung des Kreislaufes durch *Fasten, Obst-* und Safttage, salzarme *vegetarische* Kost. *Atemgymnastik.* Häufige kalte *Teil*waschungen (Arme, Beine, Brust, Leib), *Armbäder, Armgüsse, Schenkelgüsse, Wassertreten, Oberguß.* In schweren Fällen *Senfwickel* an Waden oder Rücken. Präparate von *Maiglöckchen, Weißdorn,* Frühlingsteufelsauge, *Fingerhut*; in schweren Fällen sind auch Einspritzungen notwendig, um den Kreislauf über die kritische Zeit zu unterhalten. Vgl. *Herzmuskelentzündung.* Bch.: Kalium phosphoricum D 6, Natrium muriaticum D 6, Calcium phosphoricum D 6.

Herzunregelmäßigkeit ist meist Folge einer *Reizleitungsstörung.* Infolge erhöhter Reizbarkeit des Herzmuskels treten zusätzliche Schläge und Zusammenziehungen auf, die die Schlagfolge unregelmäßig machen; entzündliche und narbige Veränderungen der Vorhöfe führen zu einer unregelmäßigen Reizweitergabe, solche im Kammergebiet zu Ausfällen bestimmter Schläge. Anfallsweises Herzjagen ist Ausdruck nervöser Überreizung des Herzmuskels; Beschleunigungen des Pulses werden durch Anstrengungen, Fieber, Stoffwechselgifte *(Schilddrüsenüberfunktion)* hervorgerufen, ebenso Verlangsamungen

H durch *Gallensäuren* im Blut. Behandlung richtet sich nach der Grundursache.

Herzvergrößerung kommt durch Verstärkung des Herzmuskels oder Erweiterung einzelner Teile zustande, s. *Herzerweiterung, Herzfehler.* Bei Verstärkung des Herzmuskels verstärkter Spitzenstoß.

Heublumen sind die Abfälle der Heulagerung, die sich infolge ihrer Schwere am Boden sammeln. Sie bestehen aus Samen, Blüten und Blättern verschiedener Wiesengräser und -blumen und haben je nach Herkunft wechselnde Zusammensetzung. Kräftig aromatisch riechende H. sind die besten, da die Wirkung wesentlich vom Gehalt an ätherischen Ölen bestimmt wird. Starkes Hautreizungsmittel, auflösend und ausleitend.

Heublumensack: einen entsprechend großen Sack trocken zu etwa 2/3 mit Heublumen füllen, verschlossen mit kochendem Wasser übergießen, das Gefäß zugedeckt 5–10 Minuten stehen lassen. Dann den Sack in einer Presse oder zwischen zwei Brettern kräftig ausdrücken und in ein Woll- oder Gummituch einschlagen. Richtige Temperatur zwischen 38 und 40°.

Anlegen eines Heublumensackes

Bei Betasten mit dem Handrücken darf man das Gefühl einer guten Wärme, nicht einer scharfen Hitze haben. Den Sack auflegen, die Tücher lose darübergeben, dann den Sack mit breiter Fläche stramm auf den Körperteil wickeln. Es darf keine Dunstwärme entweichen können. Soll im Durchschnitt 1–1 1/2 Stunden, bei sehr schwächlichen Personen nicht über 3/4 Stunden liegenbleiben. Nach Abnahme des Sackes wird der Patient noch gut eingepackt 1/2 bis 1 Stunde im Bett gelassen, bevor die Behandlung mit einer Kaltanwendung (Ganzwaschung oder Guß) beendet wird. Man kann den H. auch mit etwas heißem Wasser anfeuchten und in einen Dampftopf legen. Durch die Erhitzung mit Wasserdampf erspart man sich das Auspressen. H. immer stramm anlegen, so daß sich am oberen und unteren Rand kein lufthaltiger Raum bilden kann. Die Augenhöhlen müssen mit einem Wattebausch vor einer Berührung mit dem H. geschützt werden. Die Umwicklung geschieht mit der an dem behandelten Körperteil üblichen *Wickel*technik.

Heuschnupfen ist eine *Überempfindlichkeits*reaktion gegen den Blütenstaub von Gräsern und Blüten. Tritt nur im Mai, Juni, Juli während des Blühens der Wiesen und der Heuernte auf. Äußert sich in *Bindehautkatarrh* und *Schnupfen,* auch *Bronchitis* und Atemnot durch Schleimhautschwellung in den Atemwegen. Gehört zu den *allergischen* Krankheiten. Beh.: *Obst, vegetarische* Kost, möglichst *Trockenkost. Umstimmung* mit *Eigenblut, Eigenharn,* Quaddelbehandlung mit homöopath. Verdünnungen bestimmter tierischer oder pflanzlicher Stoffe. Spezifische *Desensibilisierung* mit Pollenauszügen. Spülungen der Nase mit Zinnkrautabkochung. *Ableitung: Barfußgehen, Wassertreten, Schenkelguß, Halbbad, Kurzwickel, Ganzwaschung, Schlenzbad.* Hp.: Arsenicum D6–10, Silicea D12, Sabadilla D4, Chininum arsenicosum D4, Gelsemium D3–6, Sinapis nigra D3, Aralia racemosa D3. Bch.: Ferrum phosphoricum D6 im viertelstündlichen Wechsel mit Natrium muriaticum D6. In hartnäckigen Fällen statt Ferrum phosphoricum Kalium phosphoricum. Magnesium phosphoricum D6.

Hexenschuß (Lumbago): plötzlich auftretender Schmerz im Lendenmuskelgebiet. In den meisten Fällen handelt es sich um Nerveneinklemmung durch Wirbelsäulengelenkverrenkungen. Durch chiropraktische Einrenkung erfolgt sofortige Heilung. Es kann auch ein Muskelschmerz sein durch Ab- o. Einreißen von Muskelfasern mit Blutung im verletzten Muskel oder ein *Hartspann* im Verlauf von *Erkältungen* oder *rheum. Erkrankungen.* Steifhaltung, weil die geringste Bewegung schmerzt.

Beh.: heiße *Aufschläge, Heublumensäcke, Dampfkompressen*. Essigwasser*waschungen*. Bei Besserung außerdem zu *Lenden-, Schenkel-, Rücken-, Obergüssen, Kurzwickel* und *Halbbädern* übergehen. Bei *rheumatischer* Ursache *ansteigende Heublumenbäder, Schlenz*bäder, *Packungen*, anschließend *Abhärtung* durch *Güsse*. Örtlich: *Baunscheidtismus, Blutegel, Schröpfen*, Einreibungen mit Arnica. Rheuma-Tees. Hp.: Arnica D3, Sulfur D4, Nux vomica D 1, Tartarus emeticus D 4, Rhus toxicocendron D 4–10. Bch.: Calcium phosphoricum D 6, Calcium fluoratum D 12, s. auch *Muskelrheumatismus*.

Hilus ist an sich die Bezeichnung für jede Einbuchtung eines Organs, aus der Gefäße und Nerven austreten. Gewöhnlich versteht man unter H. die *Lungen*wurzel, also die Stelle, wo die Luftröhre hinter Brustbein und Herzgefäßen sich in zwei Äste gabelt und mit den Gefäßen auf jeder Seite in einen Lungenflügel eintritt. Hier sammeln sich die Lymphbahnen aus den Lungen in Lymphknoten, die bei Lungenerkrankungen anschwellen und auch infiziert werden können. So entsteht die *Bronchialdrüsen*tuberkulose.

Hindhede, Mikkel, Dr. med., 1862–1945, dänischer Ernährungsforscher und -politiker. Machte mit seinen Mitarbeitern entscheidende Selbstversuche zur wissenschaftlichen Begründung der vegetarischen Kostform und modernen Ernährung. Wies auf die harnsäureauflösende Wirkung von Kartoffeln und Kartoffelwasser (s. *Waerland)* bereits 1912 hin.

Hinken: Gangstörung, bei der ein Bein nur flüchtig als Standbein belastet wird und deshalb kürzer auf der Erde bleibt. Verkürzung eines Beines nach Verletzung, Operation oder Wachstumsstörung, Wunden, schmerzhaften Erkrankungen des Beins, *Nervenentzündungen, Gelenkentzündungen,* Veränderungen im Hüftgelenk, Veränderungen der *Wirbelsäule,* die eine Schrägstellung des Beckens bewirken, *Thrombosen* und Verkalkungen der Gefäße können H. im Gefolge haben. Bei der *Arterienverkalkung* kommt es infolge Durchblutungsstörungen zu Schmerzen im Bein und zu vorübergehendem H. (intermittierendes H.). Vgl. *Arterienverkalkung*. Bei H. durch einseitige Beinverkürzung Ausgleich durch erhöhtes Schuhwerk erforderlich.

Hippokrates, geb. 460 v. Chr. auf der griechischen Insel Kos, gilt als Begründer der Heilkunst. Er sah in der Anregung der Selbstheilkräfte der Natur die Grundlage der Heilkunst und hielt fehlerhafte Mischung der Körpersäfte für die Ursache der Krankheit. Die ihm zugeschriebenen Schriften zeigen uns, daß seine Krankheitsbetrachtung und Behandlungsweise sich in den Grundsätzen der modernen biologischen Heilkunde erhalten hat. Der Eid des H. legt auch heute noch die Pflichten des Arztes in ethischer Beziehung fest.

Hirn, s. *Gehirn*.

Hirnanhangdrüse (Hypophyse).: An der unteren Seite des *Gehirns,* etwa in der Mitte, hängt, durch einen kleinen Stiel mit ihm verbunden und in einer besonderen knöchernen Höhle der Schädelbasis geschützt, eine kirschkerngroße Drüse, die wichtige Aufgaben im Gesamtsystem der *Drüsen mit innerer Ausscheidung* erfüllt. Man kann einen drüsig gebauten Vorderlappen und einen vorwiegend aus Nervengewebe gebildeten Hinterlappen unterscheiden. Wichtige und mannigfache Hormone werden von dieser winzigen Drüse gebildet. Ein Vorderlappenhormon wirkt auf die anderen Drüsen der inneren Ausscheidung *(Schilddrüse, Nebenschilddrüsen, Bauchspeicheldrüse, Nebennierenrinde, Keimdrüsen)* regulierend, andere Vorderlappenhormone sind am Wachstum, am *Fett-* und *Kohlehydratstoffwechsel* und an der *Milchbildung* in der Stillzeit beteiligt.
Hinterlappenhormone haben Einfluß auf den *Wasserhaushalt,* den *Blutdruck* und die Zusammenziehung der Gebärmuttermuskulatur in der Schwangerschaft *(Wehen)*. Erkrankungen der H. können sich daher auf allen diesen Gebieten in krankhaften Störungen äußern. Die gegensätzlichsten Zustände können sich durch ihre Erkrankung entwickeln, sowohl hochgradige *Fettsucht,* als auch völlige *Abmagerung* mit Kräfteverfall.

Hirschsprungsche Krankheit: Seltene angeborene Störung, die sich im Kindesalter

H

zuerst bemerkbar macht. Meist besteht eine Erweiterung des Dickdarms mit völliger Erschlaffung an der Einmündung in den Mastdarm oder seltener in seinem ganzen Verlauf. Die Störung äußert sich in hartnäckiger Stuhlverstopfung und oft schmerzhafter Auftreibung des Leibes. Behandlung s. *Verstopfung.*

Hirtentäschelkraut (Capsella bursa pastoris): Blutstillungsmittel, das von einem auf der Pflanze schmarotzenden Pilz (Cystopus candidus) aus bewirkt wird. Wird als Tee, Tinktur oder Extrakt verwendet. 2–4 g Einzelgabe der Droge (Tafel VII).

Histamin, s. *Gewebshormone.*

Hitzeanwendungen liegen vor, wenn Temperaturen 39° überschreiten. Blutgefäßerweiterung, Anregung der Schweißdrüsentätigkeit, Erwärmung des Körpers bis zur *Fieber*bildung kann je nach Umfang und Dauer der Anwendungen erzielt werden. Anregung des *Stoffwechsels* und der *Entzündungs*vorgänge können mit solchen Maßnahmen verbunden sein. Hitze wird als *heiße Luft* oder *Dampf,* als erwärmte *Umschläge, Schlenz*wickel oder Bäder von *Sand, Moor, Schlamm,* Schlick, *Fango, Heublumen,* Haferstroh, Wasser usw. an den Körper gebracht.

Hitzschlag: Entsteht durch unzweckmäßige *Kleidung* bei großer Hitze, durch Aufenthalt in höherer Temperatur bei feuchter Luft oder in einer größeren Menschenansammlung eine Wärmestauung im Körper, weil der Körper an der Schweißverdunstung oder Wärmeausstrahlung gehindert ist, dann kommt es zum H. Starke Kopfschmerzen, Beschleunigung der Herztätigkeit, Herzschwäche, Bewußtlosigkeit bei tiefgerötetem Gesicht. Auch *Krämpfe.* Sofort entkleiden, mit erhöhtem Oberkörper in frischer Luft im Schatten hinlegen. Kalte *Aufschläge* auf Kopf, Brust und Leib. Kalter Einlauf ($^1/_2$–$^3/_4$ l). Reiben von Armen und Beinen, *Künstliche Atmung.* Nach Erholung *kaltes Fußbad, Wassertreten.*

Hochfrequenzbehandlung: Behandlung mit Strömen mit 1 Million und mehr Schwingungen. Erzeugung von Wärme im Körper. Man unterscheidet *Langwellen-* und *Kurzwellen*diathermie, s. *Diathermie.*

Höhenklima: Hochgebirgsklima, 1200 bis 2000 m Höhe, Absinken des Luftdrucks, des Wasserdampfdrucks und der Sauerstoffspannung der Luft, der Lufttemperatur und der Temperaturschwankungen sowie Ansteigen der Sonnenstrahlungsintensität charakterisieren das Höhenklima.

Höhensonne ist biologisch wirksamer als die in tieferen Lagen durch Dunst-, Nebel- und Staubschichten aufgesaugte (absorbierte) Strahlung der *Sonne.* Ultraviolettstrahlung und besondere elektrische Aufladung (s. *Aran*) zeichnen die H. aus. Rasche Rötung und Blasenbildung, starke Bräunung der Haut, Anregung des Stoffwechsels und Beeinflussung des Lebensnervensystems sind Folgen solch starker Einstrahlung. Tiefgreifend und intensiv ist die biologische Einwirkung auf die Haut. Man muß beim Kranken langsam Größe der Bestrahlungsfläche erhöhen und ihn allmählich an längere und ausgedehntere Höhenbestrahlung gewöhnen, um Schädigungen zu vermeiden. Bei bestimmten Konstitutionen und bei manchen chronischen Krankheiten ist äußerste Vorsicht geboten, um den Prozeß nicht anzufachen und zu verschlimmern. Das gleiche gilt für künstliche H., deren Strahlung durch Quecksilberdampflampen erzeugt wird. Bei *Knochen-* und *Gelenktuberkulose* ist die Sonnenbehandlung mit natürlicher H. sehr aussichtsreich.

Hohlzahn (Galeopsis ochroleuca): blühendes Kraut. 2–6 g als leichte Abkochung. Kieselsäuredroge. Wassertreibend bei *Arterienverkalkung.*

Hollywoodkur: Ernährungssystem nach *Cooley.* Stellt besonders die *Eiweiß*stoffe in den Vordergrund und leugnet die wissenschaftlich erwiesenen Schäden der Eiweißüberfütterung und der *Darmfäulnis.* Nach den Erfahrungen der Naturheilkunde und der modernen biologischen Ernährungswissenschaft ist die H. abzulehnen. Den Ausgleich für seine Fleisch- und Eiweißüberfütterung glaubt Cooley mit der besonderen Berücksichtigung der *Vitamine* und *Mineralstoffe* in der Ernährung zu geben. Die Kur soll nicht länger als 10 Tage durchgeführt werden. Der *Azidose* wird durch tgl. Gabe von 1 Teelöffel doppeltkohlensaurem Natron vorgebeugt.

Es werden tgl. 120–240 g Fleisch oder 120 g Fleisch und 2 Eier gegeben. Fettes Fleisch ist verboten, Eier und Fleisch dürfen nicht gebraten werden. Kochen, Dünsten und Grillen sind die Zubereitungsformen, die erlaubt sind. Der Saft des Büchsenkompotts, Öle und Mayonnaisen dürfen zur Salatbereitung und auch sonst nicht verwendet werden. Dafür empfiehlt Cooley chemisch reines Paraffinöl (!!). Zucker, Butter, Rahm oder Fett sind in keiner Form zum Kochen erlaubt.
Zum Kochen so wenig Wasser wie möglich nehmen. In zugedeckten Töpfen so kurze Zeit wie möglich kochen, das Umrühren vermeiden, Gemüse mit heißem Wasser ansetzen, Verwendung des Kochwassers für Suppen, Reinigen des Gemüses mit einer Bürste statt des Messers, Kochen im natürlichen Zustand, z. B. Kartoffeln in der Schale, wird zur Erhaltung der Vitamine vorgeschrieben.
Zur Vitaminzufuhr wird folgender Vitamincocktail empfohlen: 1/2 Glas Tomatensaft, 1 Eßlöffel Nährhefe (Hefeflocken), 5 Tropfen Viosterol (oder anderes Vitamin A und D-Konzentrat). Statt Tomatensaft kann auch anderer Fruchtsaft oder Milch gewählt werden. Man darf so viel Wasser, Kaffee, Tee trinken, wie man will, kann die Salzzufuhr einschränken oder nicht, falls keine Wasserspeicherung vorliegt, dem Tee Orangen- und Zitronensaft beifügen, den Salat mit Salz, Pfeffer und Essig anmachen, die Milchration mit Kaffee und Tee zu sich nehmen, den Eierspeisen noch das Eiklar eines zweiten Eies hinzufügen, um sich zu sättigen, und statt Magermilch Buttermilch nehmen.
Vom Standpunkt der Naturheilkunde ist diese Kostform abzulehnen, da sie den Grunderkenntnissen der modernen Ernährungswissenschaft widerspricht. Mit naturgemäßer Kost kommt man genauso weit.

Holunder (Sambucus nigra): Blüten, Blätter, Rinde, Wurzel, Beeren finden Verwendung. Schweiß- und harntreibend, abführend, blutreinigend. Einzelgabe 2 g (Tafel VII).

Holzasche-Salz-Fußbäder: Holzasche aus verbranntem Hartholz (Buchenholz) wird dem Bade zugesetzt. Auf ein Fußbad einige Handvoll, dazu mehrere Eßlöffel Salz. Die warmen H. werden zur Ausleitung auf die Füße und zur Erwärmung der Füße angewendet und meist nicht kalt abgegossen.

Homöopathie, richtiger Homöotherapie, ist die arzneiliche Behandlung nach der Ähnlichkeitsregel. Samuel *Hahnemann* ist ihr Begründer. Ein Mittel, das, in größeren Mengen genommen, beim Gesunden Krankheitserscheinungen erzeugt, kann, in kleinen Mengen gegeben, eine Krankheit, die in ähnlichen Erscheinungen verläuft, heilen. Durch Prüfung aller Arzneimittel am Gesunden werden alle objektiven und subjektiven Wahrnehmungen aufgezeichnet, und durch den Vergleich größerer Reihen wird aus den immer wiederkehrenden Erscheinungen das Arzneimittelbild gefunden. Etwa 2500 Arzneimittelbilder von naturgegebenen Substanzen sind heute genau bekannt. Aufgabe des homöopathischen Behandlers ist es nun, aus den Beschwerden und Krankheitserscheinungen des Kranken dasjenige Arzneimittelbild herauszufinden, das diesem am ähnlichsten ist. Dieses wird nun in homöopathischer Verdünnung gegeben. Aus den Arzneipflanzen werden frische Essenzen, aus den getrockneten (Drogen) und löslichen Stoffen Urtinkturen hergestellt, die durch Alkohol verdünnt werden; aus den nicht löslichen Metallen, organischen und anorganischen Stoffen werden Verreibungen mit *Milchzucker* hergestellt, um die Verdünnung zu erhalten. Die Verdünnung erfolgt in immer steigendem Verhältnis, in sogenannten »Potenzen«. Gewöhnlich wird in Dezimalpotenzen verdünnt, d. h. 1:10 = D1, 1:100 = D2, 1:1000 = D3, 1:10000 = D4 usf. Bei höherer Verdünnung kann man auch von der Centesimalpotenz Gebrauch machen, d.h. 1:100 = C1, 1:10000 = C2 usf. Flüssige Verdünnungen werden tropfenweise 3–4 mal tgl. 5 Tropfen, Verreibungen als Pulver messerspitzenweise oder als Tabletten 3–4 mal tgl. 1 gegeben. Im Bereich bis etwa D6 spricht man von tiefen Potenzen, bis D12 von mittleren Potenzen, darüber von Hochpotenzen. Die H. gehört zu den biologischen Methoden, weil sie gleichsinnig in Richtung der Verlaufstendenz der Krankheit arbeitet und sie durch eine in ähnlicher Richtung verlaufende Arzneikrankheit anfacht. Sie will also die Krankheit durch die Krankheit überwinden und entspricht insofern dem Naturheilprinzip. Die H. kennt daher auch die *Erstverschlimmerung,* d.h. ein Stärkerwerden der Krankheitserscheinungen und Beschwerden bald nach Beginn der Behandlung, die dann erst in die Heilungsphase übergeht. Die Einwände gegen die H. richten sich zunächst gegen den Totalitätsanspruch als Heilprinzip. Sie sind insofern berechtigt, als die H. nur da Aussicht auf Erfolg bietet, wo die Krankheit als Heil- und Funktionsmechanismus anläuft. Wo dies nicht oder nicht mehr möglich ist, weil nicht zurückbildungsfähige Leiden bestehen, kann die H. nichts erreichen. Die kritische Richtung der H. bestreitet dies auch nicht und beschränkt sich auf ihren großen Wirkungsbereich, in dessen Rahmen der Nutzen der H. unbestritten ist. Die Naturheilkunde, wenn sie überhaupt von arzneilichen Hilfen Gebrauch machen will, zieht es immer vor, die Möglichkeiten der H. auszuschöpfen. Der andere Einwand richtet sich gegen die Verdünnung. Die tiefen und mittleren Potenzen sind mit den herrschenden chemisch-naturwissenschaftlichen Erkenntnissen noch einigermaßen in Einklang zu bringen, dagegen sind die Hochpotenzen von einer bestimmten Größe an für eine stoffliche Betrachtungsweise nicht mehr zu fassen. In diesen Verdünnungen ist es nur noch Zufall, wenn in einem Fläschchen noch ein einziges Molekül des verdünnten Stoffes vorhanden ist. Nun geht aber die Lehre der H. dahin, daß die Verdünnung die Arzneikraft steigert (Doppelsinn der Potenzierung). Die tiefen Potenzen, also die chemisch konzentrierten, seien weniger wirksam als die hohen Potenzen. Hier scheiden sich häufig die Geister. Diejenigen, die sich von dem Einfluß des naturwissenschaftlichen Denkens nicht frei machen können, lehnen die Hochpotenz ab und verwenden nur die reichen Möglichkeiten der H. im Bereich der tiefen und mittleren Potenzen (Tiefpotenzler). Diejenigen, die mehr von der Erfahrungslehre der H. ausgehen, sind vielfach auch Hochpotenzler, unbekümmert um wissenschaftliche Einwände. Es gibt immerhin zu denken, daß auch kritische Homöopathen sich im Laufe der Jahre allmählich entgegen ihrer ursprünglichen Meinung zu Hochpotenzlern entwickelt haben. Die praktischen Erfolge der H. haben es trotz aller theoretischen Einwände nicht zugelassen, daß die H. wissenschaftlich vernichtet wurde. Viele moderne wissenschaftliche Erkenntnisse geben manchen Auffassungen der H. recht. Über 150 Jahre hat sie sich bewährt und die Heilkunde vor Einseitigkeit bewahrt.

Die bei den einzelnen Krankheitsbildern für die Homöopathie (Hp.) angeführten Mittel mit Potenzierungsangaben müssen nach dem Arzneimittelbild für den betreffenden Kranken und seinen Zustand ausgewählt werden.

Homotoxinlehre v. H.–H. Reckeweg. Krankheit ist danach Ausdruck des Kampfes des Organismus gegen Gifte (gegen den Menschen = Homotoxine). Dieser Giftabwehrvorgang ist also Selbstheilung in Richtung auf Entgiftung. Dies geschieht durch Einsatz homöopathischer Mittel bei einer biologisch richtigen Diät, die frei sein muß von Giften, wie chemischen Färbe- und Konservierungsmitteln und von Genußmitteln. Die homöopathischen Mittel werden nach besonderen diagnostischen Einteilungen ausgewählt und verordnet.

Honigwein empfiehlt *Kneipp* als lösend, reinigend, nährend und stärkend. Er gibt folgende Bereitungsvorschrift: In einem sauberen großen Kupferkessel werden 60–65 l weiches Wasser gewärmt und dann 6 l Honig dazugerührt. Dann läßt man die Mischung recht gelinde 1 1/2 Stunden sieden. Der schmutzige Schleim, der sich an der Oberfläche bildet, wird dabei weggeschöpft. Nach Beendigung des Sudes schöpft man das Honigwasser in saubere blecherne oder irdene Geschirre ab und läßt es abkühlen. Ist es auf die Temperatur von an der Sonnenhitze erwärmtem Wasser (etwa 20°) abgekühlt, wird es in ein sorgfältig gereinigtes Faß gebracht. In warmem Keller setzt die Gärung nach 5–10 Tagen ein. – Nach 14 Tagen Gärungszeit wird der junge Honigwein in ein anderes Faß abgezogen. Die Hefe bleibt dabei weg. Im zweiten Faß dauert die Gärung 10–14 Tage; ist der Wein ruhig, wird das Spundloch geschlossen. Nach 3–4 Wochen ist er hell und trinkbar. Er wird auf Flaschen abgezogen, gut verkorkt und in kaltem Sand aufbewahrt. In einigen Tagen moussiert er sehr stark und gibt ein kühlendes Getränk, das aber nur in kleinen Portionen getrunken werden darf, weil es sonst auch leicht widersteht.

Hopfen (Humulus lupulus): Blüten 2–4g im Aufguß als Schlaf- und Beruhigungsmittel, s. *Bittermittel.*

Hordeolum, s. *Gerstenkorn.*

Hormone: Ausscheidungen der *Drüsen innerer Ausscheidung.* Ohne Ausführungsgang werden sie direkt in den Blutkreislauf abgegeben. Sie sind mit den Lebensvorgängen innig verbunden, ihr Fehlen oder ihre mangelhafte Bildung führt zu schweren Störungen im *Wachstum, Stoffwechsel* und Entwicklung von Mensch und Tier. Sie wirken fördernd oder hemmend auf Funktionen und Stoffwechselvorgänge ein. Von den möglicherweise vorhandenen H. ist nur ein Teil bisher erkannt. Z. T. steht ihr chemischer Aufbau fest, ist ihre künstliche Darstellung aus Einzelelementen möglich oder ist es gelungen, sie aus tierischen Organen freizumachen. Die Abbaustufen der H. werden vorwiegend mit Harn und Stuhl ausgeschieden. Darauf beruht z. B. die Möglichkeit, aus Veränderungen der Hormonausscheidungen die Schwangerschaft frühzeitig zu erkennen. Die Ausscheidungen der Tiere gelangen in den Boden, von dort in die Pflanzen, die diese Abbaustoffe zum Aufbau der *Vitamine* und Pflanzenhormone benötigen. Aus der pflanzlichen Nahrung und diesen Stoffen baut der tierische Körper seine H. wieder auf und ab. Es besteht hier also ein Kreislauf, der die enge Verbundenheit von Pflanzen- und Tierwelt in der Natur bekundet. Nicht nur in den Drüsen innerer Ausscheidung, auch in Geweben, Dünndarm usw. können H. gebildet werden. Über das *Lebensnervensystem* sind die Drüsen innerer Ausscheidung eng mit dem Stoffwechsel verbunden.

Hornhautentzündung: Die Hornhaut des *Auges* wird von der Bindehaut aus ernährt, da sie keine Gefäße führt. Ihre Abwehrmöglichkeiten gegen *Entzündungen* sind daher eingeschränkt. Es kommt dabei leicht zu Gewebszerfall, der sich in Geschwürsbildung äußert. Da die *Geschwüre* nur über *Narbengewebe* abheilen, besteht die Gefahr der Sehstörung und Erblindung. Daher meist fachärztliche Behandlung notwendig. Beh. s. *Augenentzündung.* Hp.: Belladonna D3–4, Aconitum D3–4, Hepar sulfuris D4–6, Pulsatilla D3–4, Mercurius corrosivus D6, Graphites D4–10. Bch.: Kalium phosphoricum D6, Kalium chloratum D6, Natrium phosphoricum D6, Magnesium phosphoricum D6, Calcium sulfuricum D6, Natrium muriaticum D6, Silicea D12, Calcium fluoratum D12.

Horoskop ist die astronomische Grundlage der Sterndeutung *(Astrologie).* Es zeigt die Stellung von Sonne, Mond und Planeten im Augenblick der Geburt mit dem Geburtsort als Mittelpunkt.

Hufeland, Christoph Wilhelm, 1762–1836, Prof. der inneren Medizin an der Charité in Berlin, verstand die Naturheilmethoden mit den Forschungsergebnissen der Wissenschaft zu vereinigen. Er förderte die *Homöopathie,* den *Mesmerismus* und die Schutzpocken*impfung* und verschaffte ihnen wissenschaftliche Beachtung. Das Vorbild für den modernen biologischen Arzt.

Huflattich (Tussilago Farfara): Die Blätter enthalten vorwiegend Schleim, Bitterstoffe, ätherische Öle und Gallussäuren und werden abgekocht oder in Brusttees im Aufguß bei entzündlichen Erkrankungen der Luftwege, Lungen, zur Auswurfförderung, auch bei Nieren- und Blasenreizungen verwendet. 2–4g Einzelgabe Aufguß oder Abkochung (Tafel VII).

Hüftgelenkserkrankungen: Das Hüftgelenk kann wie jedes andere Gelenk entzündlich erkranken, s. *Gelenksentzündung.* Meist aber liegt eine *Arthrose* vor (Coxarthrose). Behandlung wie *Arthrose.* Bei hochgradiger Versteifung werden heute Kunststoffgelenke eingesetzt.

Hüftgelenksverrenkung ist ein angeborenes Leiden; meist erblich bedingte Entwicklungsstörungen lassen ein Mißverhältnis zwischen Gelenkpfanne und Gelenkkopf entstehen oder verhindern, daß der Gelenkkopf in der Pfanne liegt. Man erkennt sie an Gangstörungen, die zu einem charakteristischen Watschelgang der Kinder führen. Je früher die Störung erkannt wird, desto günstiger sind die Heilungsmöglichkeiten. Das Bein wird eingerenkt und einige Zeit künstlich durch Gipsverband in dieser Lage gehalten; wenn sich der Zustand gefestigt hat, wird die Hüfte durch Bewegungsübungen beweglich gemacht. Auch bei *Stoffwechsel-* und *innersekretorischen* Störungen kommen Hüftgelenksveränderungen vor. Behandlung wie *Gelenkerkrankungen.* Örtlich: *Kurz-* und *Lendenwickel* zur Unterstützung der Durchblutung.

Hühnerauge (Leichdorn): umschriebene *Hornhautbildungen,* Verdickung der obersten Hornhautschichten, hervorgerufen durch Druck. Ist durch einen Hornkegel mit der Papillenschicht verbunden und erhält durch diesen Dorn seine Ernährung. Enges Schuhwerk, *Fußdeformität* begünstigen die Entstehung an den Stellen der stärksten Belastung. Beh.: *Barfußlaufen,* Sandalengehen, *Wassertreten, Tautreten* bringen nach einiger Zeit die H. von selbst zum Schwinden. Starke Hornbildungen werden mit 10%igem Salizylcollodium bepinselt und aufgeweicht, oder das Hühnerauge mit dem Dorn wird operativ entfernt. Bch.: Calcium fluoratum D6, Silicea D12 in zweistündlichem Wechsel.

Hühnerbrust, s. *englische Krankheit.*

Humulus lupulus, s. *Hopfen.*

Hunger tritt auf, wenn die Grundstoffe des *Stoffwechsels* nicht in gehöriger Menge und Form geliefert werden. Der H. und das durch ihn ausgelöste Hungergefühl zwingt das Lebewesen, ihn auf jede Weise zu stillen. H. kann total sein, sich aber auch auf Teilgebiete erstrecken. Deckt die Ernährung den Bedarf nur unvollkommen, so entsteht ein teilweiser H. Diesen Zustand nennt man *Unterernährung.* Zunächst paßt sich der Körper dem H. an, er schränkt den Verbrauch des *Stoffwechsels* ein und greift auf die angelegten Körperspeicher zurück. Reichen diese nicht aus oder sind sie verbraucht, so greift er die Körpersubstanz an, so daß der Körper immer mehr entkräftet wird. Daneben treten seelische und charakterliche Veränderungen auf, die schließlich zu einer völligen Gleichgültigkeit führen. Der Tod tritt etwa 45 Tage nach Beginn des vollständigen H. ein. Dem H. verwandt ist der Zustand des *Fastens*. Doch hier tritt durch die positive seelische Einstellung und die Freiwilligkeit des Zustandes eine Veränderung im Ablauf ein. Hat sich der Körper in den ersten 3 Fastentagen umgestellt, so tritt eine innere Leichtigkeit und seelische Aufgeschlossenheit und Losgelöstheit ein. Auf Grund der inneren Umstellung empfindet man in den ersten 3 Fastenwochen kaum etwas von Hungerqualen, wie beim echten unfreiwilligen H. In der Fastenperiode ist der Mensch besonders leicht seelisch beeinflußbar und in sich gewendet. Daraus ergibt sich die Notwendigkeit einer richtigen seelischen Führung während der Fastenkur. Wie beim Fastenbrechen muß der Hungerzustand durch langsames Aufbauen der Nahrung beendet werden. Überfütterung würde zu schweren Schwächeerscheinungen und Verdauungsstörungen führen. Man beginnt mit Kohlehydratschleimen und -breien, geht zu Obst und Gemüsekost über, baut dann Eiweiße und Milch ein und läßt erst zuletzt die Fette folgen.

Hungerödem: *Eiweißmangel* in der Ernährung führt zu Eiweißmangel im Blut. Infolgedessen kommt es zu Ansammlungen von eiweißarmem Gewebswasser unter der Haut und in Körperhöhlen. Dadurch kann trotz Substanzabnahme Gewichtszunahme vorgetäuscht werden. Blasses und gedunsenes Gesicht. Behandlung erfolgt durch langsame Zufuhr ausreichender hochwertiger *Aminosäuren* in der Nahrung. Es kommt durch Wasserausschwemmung zunächst zu Gewichtsabnahmen. Oft dauert es bis zu 2 Jahren, bis der Ausgleich vollkommen hergestellt und die letzten *Ödeme* geschwunden sind.

Husten dient der Herausbeförderung von *Auswurf* oder Fremdkörpern aus den unteren Atemwegen und ist in diesem Fall ein Zweckhusten. Er wird selbsttätig durch den Reiz der störenden Bestandteile ausgelöst. Zur Erleichterung der Herausbeförderung zäher Massen wird durch schleimlösende Mittel der Auswurf verflüssigt, s. *Expektoration.* Beim Reizhusten entsteht der Hustenreiz nicht durch auszuwerfende Bestandteile, sondern durch Reizung der Atemwege infolge Entzündung oder Nervenreizung. H. kann auch als Gewohnheitsreaktion zurückbleiben und ist dann pädagogisch zu behandeln. Der Zweckhusten wird durch Beseitigung der Ursache und durch Expektorantien bekämpft, der Reizhusten durch hustenhemmende Maßnahmen. Bei jedem H. muß die Ursache ergründet und danach die Allgemeinbehandlung durchgeführt werden. Bei einem durch Kreislaufstörung ausgelösten H. müssen Herz und Kreislauf gekräftigt und geregelt werden, bei entzündlichen Erkrankungen der Atemwege muß die Entzündung vom ganzen Körper aus behandelt werden. Hustenmittel sind im Rahmen solcher Ganzheitsbehandlung nur unterstützende, nie Alleinmaßnahmen. Bch.: Bei trockenem Husten ohne Auswurf: Ferrum phosphoricum D6, Natrium muriaticum D6; bei Krampfhusten: Magnesium phosphoricum D6; bei zähem Auswurf: Kalium chloratum D6, Kalium sulfuricum D6, Calcium phosphoricum D6; bei eitrigem Auswurf: Natrium phosphoricum und sulfuricum, Silicea D6; bei blutigem Auswurf: Calcium sulfuricum D6, Kalium phosphoricum D12, Calcium fluoratum D6.

Huter, Carl (1861–1912), Schöpfer der Naturell-Lehre. Er stellte auf gesunde Grundtypen bezogene *Konstruktions*typen auf.
Die 3 Grundnaturelle sind auf die 3 Keimblätter (Außen-, Mittel- und Innenkeimblatt) bezogen.
1. Überwiegen des Außenkeimblattes (Nerven-, Haut- und Sinnesorgane): sog. Empfindungsnaturell. Großer Hirnschädel bei kleinem Gesichtsschädel, Rumpf und Gliedmaßen zartschlank, zarte, feingetönte Haut und betonte Entwicklung der Sinnesorgane. Schwerpunkt liegt auf der Wahrnehmung von Reizen und nicht in der Entfaltung von Kraft und Masse. Der Schwerpunkt der Tätigkeit liegt auf seelischem Gebiet. Menschen der Idee.
2. Überwiegen des Mittelkeimblattes (Muskel, Knorpel, Knochen, Sehnen, Bänder, Herz und Kreislaufsystem): sog. Bewegungsnaturell. Muskelstarke, lange Gliedmaßen und Rumpf, sehnige, knochenfeste Gelenke, Brustumfang größer als Bauchumfang, langer und großer Gesichtsschädel gegenüber mittelhoher Stirn-Schädelwölbung, Vorspringen des Nasenrückens, der Unterstirn, des Kinns und des Unterkieferbogens. Entfaltung der Muskelkraft steht im Vordergrund. Tatmenschen.
3. Überwiegen des Innenkeimblattes (Drüsen, Magen, Darm, Leber, Lunge usw.): sog. Ernährungsnaturell. Vollsaftige, weiche Rundformen: volle Wangen, Lippen, Nasenspitze. Doppelkinn. Schädel-Stirne mittelhoch, rundlich. Seitenhaupt breit, Hals kurz, gedrungen. Brustumfang kleiner als Bauchumfang, Gliedmaßen kurz, leicht kegelförmig zulaufend, mit schwachen Gelenken. Entwicklung von Masse und Stoffsammlung. Sucht Ruhe, Wohlstand. Lebensbehagen, wirtschaftliche Klugheit.
Neben diesen Grundnaturellen unterscheidet Huter noch 3 sekundäre Naturelle: 1. Ernährungs-Bewegungs-Naturell, Typ des erfolgreichen Unternehmers, 2. Ernährungs-Empfindungs-Naturell, Typ des erfolgreichen Diplomaten und Bürokraten, 3. Empfindungs-Bewegungs-Naturell, Typ des erfolgreichen Gelehrten. Außerdem kennt er harmonische und disharmonische tertiäre und neutrale Naturelle. Hinsichtlich der Behandlung werden für die einzelnen Typen verschiedene Forderungen gestellt.
Das Bewegungsnaturell mit straffem, hartem Gewebe erfordert harte durchgreifende Maßnahmen: Schrothkur, Dampfbäder, Packungen, Gymnastik, Fieberbäder. Das Ernährungsnaturell fordert milde Ausscheidungs- und Ableitungsmaßnahmen, wechselwarme und Teil-Wasseranwendungen nach Kneipp sowie Kräutertee, homöopathische Tiefpotenzen, biochemische Präparate. Das Empfindungsnaturell fordert linde, sich allmählich steigernde Wasser-, Luft- und Sonnenanwendung, Entspannung, rhythmische Gymnastik, Mittel- und Hochpotenzen, leichte Massage, Magnetismus und Lebenskraftübertragung.

Hydronephrose, s. *Sackniere.*

Hydrops, s. *Wassersucht.*

Hydrotherapie, s. *Wasserbehandlung.*

Hydrothorax, s. *Brustwassersucht.*

Hydrozele, s. *Wasserbruch des Hodens.*

Hygiene ist die Lehre vom gesunden Leben. Sie dient besonders der *Vorbeugung.* Neben dem Schutz des einzelnen vor Krankheiten durch falsche Lebensweise, äußere Einflüsse und Beruf ist ihre Aufgabe, die Krankheiten, die durch das Zusammenleben der Menschen vermehrt entstehen, zu bekämpfen und insbesondere die *Infektionskrankheiten* zu verhindern und einzudämmen. Die H. legt sowohl dem einzelnen, als auch der Gesamtheit Verpflichtungen auf. Ihr Schwerpunkt liegt auf der Erfüllung von Gemeinschaftsaufgaben und der Volksaufklärung.

Hygrom: Schleimansammlung in Sehnenscheiden und Schleimbeutel, als Folge chronischer Entzündungen, nicht selten tuberkulöser Natur, s. *Schleimbeutelentzündung.*

Hyoscyamus niger, s. *Bilsenkraut*

Hypazidität, s. *Untersäuerung des Magens.*

Hyperämie: Überfüllung mit *Blut,* gute Durchblutung.

Hyperazidität, s. *Übersäuerung des Magens.*

Hyperemesis, s. *Erbrechen.*

Hyperhidrosis: übermäßige *Schweiß*bildung.

Hypericum perforatum, s. *Johanniskraut.*

Hyperthyreose, s. *Überfunktion der Schilddrüse.*

Hypertonie: Blutdruckerhöhung, s. *Blutdruck.*

Hypertrophie: Größen- und Gewichtszunahme eines Organs durch Vergrößerung der Einzelzellen infolge gesteigerter Inanspruchnahme. Die Vergrößerung durch Vermehrung der Einzelheiten ist keine echte H., sondern eine Hyperplasie.

Hypnose, eine Sonderform der *Suggestion,* dient der Beeinflussung auf seelischem Wege und kann zu Heilzwecken verwendet werden. Sie wird als Einzelhypnose und als Massenhypnose durchgeführt. Bei der H. wird der zu Beeinflussende in einen Zustand versetzt, der für die Aufnahme der Suggestion besonders geeignet ist. Er muß zur H. bereit und mit ihr einverstanden sein, sonst gelingt sie nicht. Niemand kann also in der H. gegen seinen inneren Willen verleitet werden, etwas zu tun. In der Verwendung der H. für die Krankenbehandlung wird das Bewußtsein nur so weit ausgeschaltet, daß es Sinnesreize der Außenwelt nicht mehr voll aufnimmt, aber für Worteinredung besonders empfänglich bleibt. Durch die Macht der Einrede wird im Kranken dann eine gewisse für den Heilvorgang wesentliche Überzeugung aufgebaut. *Wetterstrand,* der der hypnotischen Behandlung in der Medizin zum Durchbruch verholfen hat, hat in Einzel- und Massenbehandlung vom hypnotischen Schlaf ohne Einrede Gebrauch gemacht. Er sagte vorher dem Patienten, daß der Schlaf seine Krankheit wahrscheinlich kurieren würde, und versetzte die Patienten in den Schlaf.

Hypochondrie ist die dauernde Selbstbeobachtung des körperlichen Gesundheitszustandes und des Befindens, wobei selbst normale und unwesentliche Vorgänge als krankhaft gedeutet werden und das Gesamtbefinden beeinträchtigen. Kommt sowohl bei *Neurosen* als auch bei echten Geistesstörungen vor *(Melancholie, Depressionen).*

Hypoglykämie: Absinken des Blutzuckers unter die Norm, s. *Blutzucker.*

Hypotonie: Unterblutdruck, s. *Blutdruck.*

Hypotonische Bäder: Während die meisten Badewässer Zusätze an Mineralstoffen und organischen Stoffen aufweisen und selbst das zusatzfreie Badewasser natürliche Mineralstoffe enthält, verwendet man auch Wässer, die praktisch frei von solchen Stoffen sind. Es sind dies das Kondenswasser des Wasserdampfs (praktisch destilliertes Wasser) und die natürlichen Meteorwässer (Regen- und Schneewasser). Sie haben also geringeres osmotisches Gefälle als die Körpersäfte. Daher die Bezeichnung hypotonische Wässer; fast sind es schon, praktisch gesehen, atonische Wässer. Aus der Erfahrung heraus werden diesen Kondenswässern, im Gegensatz zu den gewöhnlichen Quellwässern, eigentümliche Wirkungen zugesprochen. Es kommt zu einer erhöhten Hauterregbarkeit und gesteigerter Ausscheidung und einer verstärkten Allgemeinwirkung im Sinne verstärkter Badereaktionen und Erstverschlimmerungen. Wasserausscheidung wird verstärkt, ruhende Entzündungsherde und rheumatische Erscheinungen flammen auf und gehen über die Verschlimmerung bei Fortsetzung der Behandlung in die Heilung über. Atonische Wässer werden als *Ganz-* und

*Teilanwendungen, meist in Form heißer (36–40°) Bäder mit und ohne Radium*emanationszusatz gegeben.

Hysterie ist ein Zustand, bei dem sich seelische Erregung durch körperliche Veränderungen oder Funktionsstörungen äußert. Durchfälle, Krampfanfälle, Erbrechen, Lähmungen, Blutungen usw. Die hysterische Reaktion läuft über das Unterbewußtsein ab, ist keineswegs immer zweckmäßig ausgerichtet und das Zeichen seelischer Ratlosigkeit. Über die H. sind die verschiedensten und widersprechendsten Auffassungen verbreitet und einheitliche befriedigende Erklärungen nicht vorhanden. H. wird meistens mit *Simulation* verwechselt, d.h. mit der Vortäuschung ernster Krankheitserscheinungen und Krankheitsbilder, um Mitleid zu erregen oder einen sonstigen Vorteil zu erreichen. Simulation ist unserem Willen unterworfen und wird durch den Willen erzeugt. Sie ist eine amoralische Handlung, für die der Täter moralisch voll verantwortlich ist. H. dagegen ist nicht dem Willen unterworfen, sondern entsteht ohne Mitwirkung desselben im *Unterbewußtsein.* H. ist eine krankhafte *seelische Störung,* die auch nur durch seelische Beeinflussung, die sich an das Unterbewußtsein wendet, wieder behoben werden kann *(Suggestion, Hypnose).*

I

Ichthyosis: Fischschuppenkrankheit, s. *Abschuppung.*

Idiosynkrasie: angeborene oder erworbene Empfindlichkeit des Körpers gegen gewisse Stoffe, vor allem Eiweißkörper, gegen die er sich mit besonderen (allergischen) Abwehrvorgängen wehrt. Diese werden als außergewöhnlich und daher krankhaft empfunden; s. *Allergie.*

Idiotie: schwerste Form des *Schwachsinns,* meist angeboren.

Ignipunktur: Ausbrennung und Behandlung mit dem glühenden Eisen. In moderner Form mit dem galvanischen Strom *(Galvanokaustik).*

Ikterus, s. *Gelbsucht.*

Ileus, s. *Darmverschluß.*

Illusion: Sinnestäuschung, der eine normale Sinneswahrnehmung zugrunde liegt. Meist nach seelischen Bedürfnissen umgewandelte Wirklichkeit. Vgl. *Halluzination.*

Immunität: Unempfindlichkeit des Körpers gegen Krankheitserreger oder deren *Gift*stoffe und gegen andere in den Körper eingebrachte Giftstoffe. Angeboren (von der Mutter ererbt) oder erworben. Der Körper wehrt sich gegen die Stoffe durch Gegenkörper, die er im Blut bildet. Es gibt Gegenkörper, die die Giftstoffe zusammenballen, auflösen oder die Giftstoffe entgiften und unschädlich machen. Die im Abwehrkampf nicht verbrauchten und zuviel gebildeten Gegenkörper und Gegengifte bleiben im Körper, und so vermag er sich gleich beim Eindringen gleichartiger *Bakterien* so gegen diese zu wehren, daß sie sich gar nicht erst entwickeln können. Der Körper bleibt unempfindlich gegen die betreffende Infektionskrankheit (immun). Da diese Körper aus dem Blute der Mutter dem Neugeborenen mitgegeben werden können, bleibt es zunächst gegen bestimmte Infektionskrankheiten unempfindlich, und erst später, wenn die Körper verbraucht sind, reagiert es auf entsprechende Infektionen. Man kann diese Vorgänge künstlich zu Heilzwecken lenken und verwenden. Hierbei unterscheidet man eine aktive und eine passive Immunisierung. Zur aktiven Immunisierung vgl. *Impfung.* Bei der passiven Immunisierung werden in einem Menschen oder Tier durch natürliches oder künstliches Überstehen einer Krankheit gebildete Abwehrkörper mit dem Blut oder Blutwasser (Serum) dieser Lebewesen dem Kranken zugeführt, um ihn im Kampf gegen die Infektion zu unterstützen. Vgl. *Impfung, Serumbehandlung.*

Impetigo, Eitergrind, entsteht durch Übertragung von Streptokokken oder Staphylokokken auf die Haut, einschließlich Kopfhaut. Kleine Eiterbläschen, die zusammenfließen und verkrusten. Die Herde heilen ohne Behandlung in der Mitte ab und entwickeln sich ring- oder bogenförmig nach außen weiter. Wird, besonders häufig bei Kindern, auf andere Körpergebiete, aber auch von Mensch zu Mensch übertragen. Beh.: Bei kleineren Kindern ist es zweckmäßig, bis zur Abheilung einzubinden, um Weiterübertragung durch Kratzen oder Reiben zu vermeiden. Kalte *Auflagen* mit Abkochung von Osterluzei, Zinnkraut, Kamille, Schafgarbe bis zur Einweichung der Krusten, dann Auftragen von 5–10%igen Schwefelsalben. Hp.: Rhus toxicodendron D6, Mecereum D3, Mercurius solubilis D4, Viola tricolor D2. Bch.: Silicea D12, Natrium phosphoricum D6. In hartnäckigen Fällen *Eigenblut-* oder *Penicillin*behandlung.

Impfung beruht auf dem Vorgang der Immunisierung. Durch abgeschwächte Erreger wird eine Form der Krankheit erzeugt, die harmlos und milde verläuft, aber für längere Zeit *Immunität* hinterläßt. Man spricht dann von Impfschutz. Die Abschwächung der Erreger wird durch Kulturmaßnahmen – Zucht auf bestimmten Tierarten oder auf besonderen Nährböden – erreicht. Bei der *Pocken*impfung wird z. B. der Inhalt der Kuhpockenblase auf den Menschen übertragen und dadurch eine leichte, mit Fieber und Unpäßlichkeit ablaufende und kleine Pusteln an der Impfstelle bildende Impfkrankheit erzeugt, die ihn unempfindlich gegen die echten Pocken macht. Die Calmetteimpfung gegen *Tuberkulose* verwendet gezüchtete Tuberkulosebazillen aus bestimmten Stämmen, die nicht mehr schwer krankmachend für den Menschen sind, ihm aber einen Schutz gegen die gewöhnliche Tuberkulose verleihen. Weite Kreise von Anhängern der Naturheilkunde lehnen die I. und auch die passive Immunisierung aus grundsätzlichen Erwägungen ab und laufen vor allem Sturm gegen den staatlichen *Impfzwang,* der sich aus diesen Erkenntnissen und ihrer praktischen Bewährung herleitet. Der naturheilkundliche Einwand gegen die passive Immunisierung durch *Serumbehandlung* entspringt der grundsätzlichen Einstellung gegen die Contrariaauffassung (Heilung durch Gegensätzliches). Die Naturheilkunde erstrebt auch in diesen Fällen die Überwindung der Krankheit durch den Körper selbst und versucht den Körper in höchste *Abwehr*bereitschaft zu bringen.

Impfzwang. Der durch Reichsgesetz v. 8. 4. 1874 eingeführte Zwang zur Pockenerst- und Wiederholungsimpfung, gegen den besonders die Naturheilbewegung immer Sturm lief und die Impfgegnerbewegung aufgebaut hatte, ist heute gefallen. Er besteht nur noch für bestimmte Personengruppen. Allerdings ist die Wiederimpfpflicht der Zwölfjährigen, sofern sie erfolgreich erstgeimpft sind, bestehen geblieben. Neu eingeführt wurde die Impfpflicht für Krankenhauspersonal, sofern es Umgang mit Patienten hat, Laborpersonal in Laboratorien, die mit Viren der Poxgrippe arbeiten oder in denen pockenverdächtiges Material untersucht wird und Personen, die innerhalb eines Pockenalarmplans zum Einsatz vorgesehen sind, soweit ihre Aufgaben nicht ausschließen, daß sie mit Pokkenkranken oder -verdächtigen oder mit Gegenständen in Berührung kommen, die mit Pockenviren behaftet sind.
Wer in ein Land, das ein gültiges Pockenimpfzeugnis zur Einreise verlangt, einreisen will, muß sich impfen lassen, um dieses Zeugnis zu erlangen. Doch haben schon viele Staaten auf die Vorlage solcher Zeugnisse verzichtet.

Impotenz: Unfähigkeit, den Beischlaf zu vollziehen und zur Lösung (Orgasmus) zu kommen. Gewöhnlich versteht man unter I. nur die Unfähigkeit des Mannes, den Beischlaf zu vollziehen oder zum Samenerguß zu kommen. Die weibliche I. führt nicht zur Störung des mechanischen Ablaufs des Beischlafs und wird oft nicht als I. empfunden und erkannt. Ihr liegen seelische Störungen des Empfindungslebens zugrunde, die man als Geschlechtskälte *(Frigidität)* bezeichnet. Bei der I. kommt es zum Geschlechtsbegehren (Libido) nur unter bestimmten Voraussetzungen, die Steifung des Gliedes (Erektion) kommt nicht oder nicht ausreichend zustande, so daß die technische Durchführung des Beischlafes gestört wird (I. coeundi). Andernfalls kommt es trotz technischer Durchführung des Beischlafes nicht zur Auslösung des Samenergusses (I. generandi), oder der ausgestoßene Samen hat keine befruchtungsfähigen Samenzellen (Sterilität, *Unfruchtbarkeit).* Diesen Störungen liegen in den allermeisten Fällen seelische Ursachen zugrunde, die nur tiefenpsychologisch aufgedeckt und durch Psychotherapie geheilt werden können. Organische Störungen am Geschlechtsapparat, Versagen der Keimdrüsen können aber auch zu solchen Geschehnissen führen und müssen aufgedeckt und im Behandlungsplan berücksichtigt werden.

Inaktivitätsatrophie: Gewebeschwund durch Nichtgebrauch, Gegensatz zur *Hypertrophie.* Besonders auffallend tritt bei *Lähmungen,* aber auch bei allzu großer *Schonung*, bei Tragen von Gipsverbänden I. auf. Die Organfunktion geht gleichlaufend damit zurück.
Durch Übung der Organe und ihrer Funktionen durch Belastung wird der I. entgegengewirkt. Aktive, passive Bewegungsübungen, *Massage, Elektrotherapie* für Muskeln, gesunde, kräftige *Ernährung* für Magen und Darm usw. kommen als Belastung in Frage.

Indifferenzpunkt ist in der Wasserheilkunde derjenige Temperaturgrad, bei dem eine Badeanwendung weder warm noch kalt empfunden wird und bei dem fast kein Einfluß auf Gefäß-, Nervensystem und Stoffwechsel ausgeübt wird. Für Wasser liegt der I. für den Menschen bei 35°, für kohlensaures Wasser etwa bei 33°, für Luft bei 18–20°. Indifferente, laue Bäder dienen nur zu Reinigungszwecken oder als Grundlage für die *Unterwasserbehandlung.*

Indikation: Anzeige für Heilmittel und Heilmaßnahmen auf Grund der vorliegenden Krankheitserscheinungen und der individuellen Reaktionslage, *Konstitution* usw. Kontraindikation (=Gegenanzeige) ist ein Zustand, der die Anwendung einer sonst in Frage kommenden Heilmaßnahme verbietet. Ist eine Heilmaßnahme lebensnotwendig (vitale I.), so muß sie trotz bestehender Gegenanzeige gewagt werden, um das Leben zu retten.

Individuum: Einzelwesen. In der naturheilkundlichen Behandlung wird die *Reaktion* und Reaktionsmöglichkeit des Einzelwesens stark beachtet. Die Heilmittel und Heilmaßnahmen werden so eingesetzt, daß sie dem I. angepaßt sind. Man kennt keine Krankheiten, sondern kranke Menschen. In der Homöopathie ist die Anpassung der Behandlung mit Arzneimitteln an das I. am stärksten entwickelt. Dieselbe Krankheit wird bei einem Kranken mit diesem, beim anderen mit einem anderen Ähnlichkeitsmittel angegangen, je nach den individuellen Reaktionen.

Individualpsychologie: Alfred Adler, ursprünglich Schüler Siegmund *Freuds*, trennte sich von Freud und der *Psychoanalyse* und ersetzte sie durch seine Lehre von der I. Danach versucht der Ehrgeiz, die eingeborenen Minderwertigkeits*komplexe* auszugleichen. Minderwertigkeitsgefühle entstehen aus negativen Erfahrungen in der Auseinandersetzung mit der Umwelt; es wird versucht, sie durch wirkliche oder scheinbare Erfolge im Leben auszugleichen. Dabei unterscheidet man unnütze und nützliche Ausgleiche. Die unnützen Ausgleiche werden mit Ursachen von Neurosen gleichgesetzt. Man sucht sie aufzudecken und abzubauen, um die *Neurosen* zu heilen. Die Erziehung soll darauf abgestellt werden, das Aufkommen von Minderwertigkeitsgefühlen zu vermeiden und Lebensmut und Leistung zu steigern. Die I. stellt einen wichtigen Baustein in der Entwicklung der ursprünglichen Freudschen Lehre zum modernen Gebäude der *Tiefenpsychologie* dar, als gesonderte Lehre ist sie aber, da zu beschränkt und einseitig, überholt.

Infantilismus: Zurückbleiben der Entwicklung des Körpers oder einzelner Organe und der Seele auf einer kindlichen Stufe. Dies beruht meist auf ungenügender Tätigkeit der *Geschlechtsdrüsen* und der *Hirnanhangdrüse*. Die Behandlung hat für systematische Kräftigung und Entwicklung der zurückgebliebenen Organe und ihrer Funktionen zu sorgen; seelischer I. ist eine Behandlungsaufgabe der *Psychotherapie.*

Infarkt: Verschluß einer Schlagader, meist durch *Embolie.* Häufig in Herz, Lunge, Niere, Milz, Gehirn usw. Der von der gesperrten Ader versorgte Gewebebezirk stirbt ab und wird durch *Narben*gewebe aufgefüllt *(Schwiele).*

Infektion: Ansteckung, Hineintragen von lebenden Erregern in den Körper, die sich dort entwickeln und eine *Infektionskrankheit* oder eine *Entzündung* verursachen.

Infektionskrankheiten: ansteckende Krankheiten. Durch *Infektion* bei bestehender Empfänglichkeit entstanden. Haut, Schleimhaut, Atmungsorgane, Magendarmkanal, Harn- und Geschlechtsorgane können durch Berührung, Einatmung, Nahrung, Insektenstiche die Eintrittspforte für die I. bilden. Von der Eintrittspforte können die Erreger auch ins Blut übergehen und von dort in andere Organe verschleppt werden. *Blutvergiftung* usw. Die Zeit von der Infektion bis zum Ausbrechen der Krankheit nennen wir die *Inkubationszeit.* Die uncharakteristischen Krankheitszeichen bis zum Ausbruch der charakteristischen Krankheit, die manchmal vorausgehen, nennt man Vorläufer (Prodrome). *Fieber*reaktion mit entsprechendem Verlauf ist charakteristisch, Reizung des Kreislaufs und des Lymphapparates (Lymphdrüsen- und Milzschwellungen) häufig. Die Heilung vollzieht sich mit Hilfe dieser *Abwehr*systeme durch völlige Vernichtung der eingedrungenen Bakterien und ihrer Gifte oder durch Abkapselung und Unschädlichmachung der Krankheitserreger in Gewebe und Lymphknoten. Grundbehandlung ist die *Fieber*behandlung, die darauf abgestellt ist, alle Kräfte für die Fieberreaktion frei zu machen und diese der *Krisis* zuzutreiben. Vgl. einzelne Krankheiten. Da die I. meist seuchenartig *(epidemisch)* verlaufen, ist ihre Bekämpfung gesetzlich geregelt. Die Erfassung aller Fälle der bei uns nicht heimischen gemeingefährlichen Krankheiten: *Aussatz, Cholera, Fleckfieber, Gelbfieber, Papageienkrankheit, Pest* und *Pocken,* und der bei uns in Deutschland dauernd vorkommenden übertragbaren Krankheiten: *Bangsche Krankheit, Diphtherie,* übertragbare *Gehirnentzündung,* übertragbare *Genickstarre, Keuchhusten, Kindbettfieber,* übertragbare *Kinderlähmung,* Trachom, bakterielle *Lebensmittelvergiftung (Botulismus), Malaria, Milzbrand, Rotz, Rückfallfieber,* übertragbare *Ruhr, Salmonellen, Scharlach, Tollwut, Trichinose, Tuberkulose,* Tularämie, *Typhus* und *Weilsche Krankheit* ist in besonderen Gesetzen und Verordnungen vorgeschrieben. Jeder Verdacht, jede Erkrankung und jeder Todesfall einer gemeingefährlichen Erkrankung und von Typhus, Salmonellen, Ruhr, Kinderlähmung, Genickstarre, Kindbettfieber, bakterieller Lebensmittelvergiftung, Rotz, Milzbrand, Tollwut, Tularämie, Tuberkulose muß innerhalb 24 Stunden dem zuständigen Gesundheitsamt angezeigt werden; von den übrigen Krankheiten nur die erkannte Erkrankung und der Todesfall. Außerdem müssen alle Personen, die, ohne krank zu sein, Erreger der bakteriellen Lebensmittelvergiftung, der Salmonellosen, der Ruhr und des Typhus ausscheiden, gemeldet werden. Jeder Wohnungswechsel, jede Krankenhausaufnahme und -entlassung muß mitgeteilt werden. Zur Meldung verpflichtet sind der Reihe nach Arzt, Haushaltsvorstand, jede mit der Pflege oder Behandlung beauftragte Person, Wohnungsinhaber und Leichenbeschauer. *Berufliche* Infektionskrankheiten im Gesundheitswesen und bei der gewerblichen Tierhaltung und -pflege sind den zuständigen Berufsgenossenschaften zu melden und entschädigungspflichtig.

Infiltrat, Infiltration: Einwandern von entzündlichen Zellen und Flüssigkeiten in Gewebe oder Organe oder Einlagerung fremdartiger Gewebselemente bei *geschwulst*artigem Wachstum.

Influenza, s. *Grippe.*

Infusum, Mz. Infusa, s. *Aufguß.*

Inhalation: Einatmung. 1. Schädliche Substanzen (Staub, Gase, Bakterien) führen zu Inhalationskrankheiten, besonders an den Atemwegen. 2. Heilmittel in atembarer Form (Gase, Dämpfe, zerstäubte Flüssigkeiten).
Rauminhalation: Aufenthalt in einer mit dem einzuatmenden Stoff angereicherten Atmosphäre. Einzelinhalation: durch Maske oder einen gezielten Strahl werden die Heilstoffe zugeführt. I. durch Kopfdampf, Bronchitiskessel, Dampfinhalationsapparat, Zerstäuberinhalation. Mit neueren Apparaturen ist eine rasche Aufnahme von Heilmitteln ins Blut erreichbar, die intravenöse *Infektionen* erspart.

Injektion, s. *Einspritzung.*

Inkarzeration: Einklemmung eines *Bruchs.*

Inkret: direkt ins Blut, ohne Vermittlung eines Drüsenausführungsgangs, abgegebene *Ausscheidung* einer *Drüse der inneren Ausscheidung.*

Inkubationszeit: Zeitraum, der von der Ansteckung bis zum Ausbruch der Krankheit vergeht. Ist für die einzelnen *Infektionskrankheiten* verschieden lang und charakteristisch:
Aussatz mehrere Jahre; Cholera 1 Tag; Diphtherie 2–5 Tage; Epidemische Genickstarre 1–4 Tage; Fleckfieber 9–14 Tage; Gelbfieber 4–6 Tage; Grippe 1–3 Tage; Keuchhusten 7–14 Tage; Kinderlähmung 2–10 Tage; Malaria 10–20 Tage; Masern 9–14 Tage; Milzbrand 1–3 Tage; Papageienkrankheit 8–14 Tage; Rotz 3–8 Tage; Ruhr 2–7 Tage; Salmonellose wenige bis 21 Tage; Scharlach 4–7 Tage; Syphilis 14–21 Tage; Tollwut 14 Monate; Tripper 3–4 Tage; Typhus 8–21 Tage; Windpocken 14–21 Tage; Wundrose 1–3 Tage; Wundstarrkrampf 6–14 Tage; Ziegenpeter (Mumps) 18–20 Tage; Fleisch-, Fischvergiftung 8–48 Stunden.

Innere Sekretion: Tätigkeit der *Drüsen der innern Ausscheidung* einzelner Organe und Gewebe, die dem *Hormon*stoffwechsel dient.
Durch das *Lebensnervensystem* sind die Organe der I. S. untereinander und mit den Trägern des *Stoffwechsels* und anderen wichtigen Lebensvorgängen verbunden. Die Drüsen wirken teilweise einander entgegen und halten sich im Gleichgewicht. Unterfunktion der einen führt automatisch zur Überfunktion der anderen und umgekehrt. Die Drüsen der I. S. sind als *Ganzheits*organismus zu betrachten und entsprechend zu behandeln. Nur die harmonische Abstimmung des Gesamtvorgangs der I. S. führt zu einer gesunden Verfassung des ganzen Körpers. Man kann über die Beeinflussung der *Drüsen* auf den Stoffwechsel und umgekehrt einwirken.

Insektenstiche führen an der Stichstelle zu *Überempfindlichkeits-* und *Abwehr*erscheinungen gegen bestimmte Tiergifte. Schwellung, Spannung, Rötung, Jucken der Haut an der Stichstelle sind die häufigsten Zeichen. Es kann aber auch zu allergischen Allgemeinreaktionen (s. *Allergie*) oder auch zu *Infektionen* kommen. Beh.: Kalte *Aufschläge, Lehmaufschläge,* bei stärkeren Anschwellungen heiße *Heublumenwickel.* Bekämpfung auftretender *Herzschwäche* in schweren Fällen notwendig. Bch.: Natrium muriaticum D3–6, Kalium phosphoricum D6.

Insuffizienz: Unvermögen, Nichtausreichen zu einer Leistung, z. B. der Herz- oder anderer Muskelkraft, der Drüsentätigkeit, des Klappenschlusses.

Insulin: *Hormon* der Langerhansschen Inseln der *Bauchspeicheldrüse.* Wichtig für die *Zucker*verbrennung im Körper. Bei Mangel *Zuckerkrankheit.*

Interkostalneuralgie: schmerzende Reizung der Zwischenrippennerven.

Intertrigo: Wundsein der Haut durch zu scharfe *Ausscheidungen,* besonders an Stellen natürlicher Faltenbildung (Brust der Frau, Schenkelbeuge, *Anal*falte), s. *Hautwolf.*

Intestinum, s. *Eingeweide.*

Intoxikation: im Körper durch *Bakterien, Ernährung* und *Stoffwechsel* entstandene *Vergiftung.*

Intrakutan: in die Schichten der *Haut* hinein.

Intravenös: in eine *Blutader* hinein.

Intuition ist die aus der Lage unmittelbar, ohne zergliedernde Überlegung, geflossene Erkenntnis und die daraus gezogene Folgerung. Die I. kommt aus der Genialität, aus der angeborenen Begabung, und ist für die künstlerische Schöpfung bedeutungsvoll. Auch in der Heilkunst spielt sie eine bedeutende Rolle.

Inula helenium, s. *Alant*

Inzision ist der Einschnitt in lebendes Gewebe zur Entfernung von Fremdkörpern, Eröffnung von Körperhöhlen oder Krankheitsherden.

Ionen: elektrisch geladene Atome, Atomgruppen, Moleküle oder Molekülgruppen. Sie spielen für die naturwissenschaftliche Beurteilung von Stoffumwandlungen im Körper eine bedeutsame Rolle. Mit Hilfe des elektrischen Gleichstromes kann man I. durch Haut und Schleimhäute in den Körper einwandern lassen (Iontophorese).

Ipecacuanhawurzel: Brechwurzel (Uragoga Ipecacuanha), in Brasilien heimisch. In kleinen Gaben hustenfördernd und darmanregend, in großen Gaben als *Brechmittel* wirkend. Das Hauptalkaloid Emetin wirkt spezifisch bei der Amöben*ruhr.*

Iris, s. *Regenbogenhaut, Auge.*

Irrigator: Einlaufgerät, ein etwa 1 l fassender Behälter aus Glas, Emaille oder Gummi (oft graduiert), das aufgehängt oder aufgestellt werden kann und am Boden einen Abfluß besitzt, der mit einem etwa 1 m langen Gummischlauch verbunden ist, an dessen Ende ein Einlaufrohr (Glas, Hartgummi) oder Darmrohr befestigt ist.

Ischias: schmerzhafte, meist entzündliche Reizung des großen Beinnerven (Nervus Ischiadicus). Ursache: Kälte, Stoß- und Druckwirkung (z.B. *Schwangerschaft),* Blut*stauung* im Becken, *Entzündung* durch verschiedene Erreger und Bakteriengifte, *Stoffwechsel*störungen *(Zuckerkrankheit),* Druck auf die Nervenwurzeln durch Verengung der Austrittsöffnungen an den Wirbelkörpern infolge *Bandscheibenvorfalls* oder Veränderungen der Wirbelgelenke. Starke Schmerzen in Hüfte und Bein im Verlauf des Nerven, der gegen Druck stellenweise empfindlich ist. Ein- und doppelseitiges Vorkommen. Schiefhaltung der *Wirbelsäule* (Skoliose) zur Entlastung des schmerzenden Beins. Behandlung nach der Ursache. *Fasten, Rohkost, vegetarische, harnsäure*freie Kost. Regelung des *Stuhlgangs.* Bei Schmerzanfällen heiße *Auflagen, Dämpfe.* Tgl. warme *Holzasche-Fußbäder,* wöchentlich ein *Fußbad.* Dazu kalte *Fuß-* und *Wadenwickel, Beinwickel* mit Salzwasser, bei vorher warmem Bein. Nach Besserung Übergang zu *Wechselanwendungen.* Wechselfuß- und -sitzbad, *Halbbad* mit *Schenkelguß,* später *Schenkelguß, Halbbad, Schenkelblitz, Schlenzbäder, Heusäcke, Eigenblutbehandlung,* Bewegung, *Massage.* Bei Wirbelsäulenbeteiligung *chiropraktische* Behandlung. *Rheuma*tees. Hp.: Arnica D3, Aconitum D4–6, Belladonna D3, Colocynthis D3, Gnaphalium polycephalum D2–6, Ammonium muriaticum D3, Rhus toxicodendron D4–10, Lycopodium D6–12, Cimicifuga D2. Bch.: Magnesium phosphoricum D6, Kalium phosphoricum D6, Calcium phosphoricum D6, Kalium chloratum D6, Natrium sulfuricum D6, Silicea D12.

Ischurie, s. *Harnverhaltung.*

Isländisches Moos (Cetraria islandica): *Flechte* der Gebirge und des Nordens. Zur Milderung gegen *Husten* und Hustenreiz in Teeaufgüssen oder Abkochungen (Tafel VIII).

Isolieren: Abtrennung der Kranken zum Schutze der Mitmenschen. Bei *Infektionskrankheiten* und *Geisteskrankheiten* notwendig. Vgl. *Quarantäne.*

J

Jejunum: oberer Teil des Dünn*darms.*

Jochbein: Gesichts- oder Backenknochen, der auf beiden Seiten der oberen Wangenbegrenzung vorspringt.

Jod: in geringer Menge für die *Stoffwechsel*vorgänge notwendig. Bei Mangel kommt es zu Unterfunktion der *Schilddrüse,* bei Jodmißbrauch zu Überfunktion *(Basedow),* zu *Überempfindlichkeits*erscheinungen: Jodakne, Schnupfen, Magen-Darm-Erscheinungen, *Bindehautentzündungen.*

Jodhaltige Heilpflanzen eignen sich zur reaktionslosen Zufuhr von geringen Jodmengen zu Heilzwecken: Blasentang (Fucus vesiculosus), Irländisches Moos (Carageen), Strandgrasnelke (Armeria maritima).

Jodakne, s. *Akne.*

Johanniskraut (Hypericum perforatum): blühendes Kraut 2–4 g im Aufguß. Nerven-, Leber- und Magenmittel. Bei Menstruationsstörungen. Johanniskrautöl, s. *Verbrennung* (Tafel VIII).

Joule: internationale Wärmeeinheit. 1 J entspricht der Arbeit, die verrichtet wird, wenn der Angriffspunkt der Kraft 1 N(ewton) in Richtung der Kraft um 1 m verschoben wird. 1 N ist die Kraft, die einen Körper der Masse 1 kg die Beschleunigung 1 m/s^2 erteilt. N = kg m/s^2. 1 gcal + 4,1862 J. Danach ist der Energiebedarf für 1 Stunde bei einem 70 kg schweren Menschen nach Zuntz:

Absolute Bettruhe	293 J
Strammes Stehen	335 J
Gehen	880 J
Bergsteigen	1495–2095 J
Radfahren	1590 J
Schwimmen	2850 J

Jucken, s. *Hautjucken.*

Juglans regia, s. *Walnuß.*

Juniperus communis, s. *Wacholder.*

Just, Adolf, 1859–1936, Buchhändler und Naturheilkundiger, Begründer des Jungborn bei Blankenburg i. Harz und der Jungbornbewegung.

K

Kachexie: Kräfteverfall. Letztes Stadium schwerer chronischer Krankheiten, wie *Krebs* oder *Tuberkulose.* Im Verlauf der fortschreitenden Altersschwäche kommt es zur Alterskachexie.

Kaffee, s. *Bohnenkaffee.*

Kalkstoffwechsel: Kalk spielt in Form seiner Salze, besonders des kohlensauren und phosphorsauren Kalks, eine wichtige Rolle im *Mineralstoffwechsel.* Er ist wichtig für den normalen Knochenaufbau, die nervöse Muskelerregbarkeit, die Herztätigkeit, die Blutgerinnung und die Gefäßabdichtung. Die *Hormone* der Epithelkörperchen, Nebennierenrinde und des Vorderlappens der *Hirnanhangdrüse* steuern den K. *Vitamin-*D-Gegenwart fördert viele Aufgaben des K. Während *Schwangerschaft, Stillzeit* und *Säuglingsalter* besteht erhöhter Kalkbedarf. In diesen Zeiten kommt es leicht zu Kalkmangel und als Folge zu *Rachitis* und *Knochenerweichung* sowie *Tetanie.*
Bei *Allergien* spielt der K. ebenfalls eine wichtige Rolle. Bei gesunder, gemüsereicher *Grundkost* wird der Kalkbedarf aus der Nahrung ausreichend gedeckt. Vitamin-D-Zufuhr durch *Lebertran* ist manchmal notwendig.

Kallus, Kallusbildung: *Narben*gewebe des *Knochens.* Zunächst wird wie bei der gewöhnlichen Narbe Bindegewebe gebildet, das sich dann über knorpel- und knochenähnliches Gewebe zu Knochengewebe umwandelt. Der beim *Knochenbruch* entstehende *Bluterguß* mit den durch die Zertrümmerung des Knochens frei gewordenen Zellenelementen des Knochens, besonders aus der Knochenhaut, bildet die Grundlage. Bei stark zersplitterten Brüchen ist die Kb. oft stärker und rascher als bei glatten Querbrüchen. Das Festwerden des K. und damit des Bruches hängt mit dem *Kalkstoffwechsel* und der inneren Sekretion zusammen. In der *Schwangerschaft* bleibt es manchmal aus, um nach Ende der Schwangerschaft einzutreten, mit zunehmendem Alter gibt es hier ebenfalls Schwierigkeiten. Förderung der Kb. durch gesunde Ernährung mit Frischkost (rohes Obst, Gemüse, Sauerkraut). Bleibt die Verkalkung aus, so entsteht eine Beweglichkeit der zusammengeheilten Knochenteile (Pseudarthrose).

Kalmus (Acorus calamus): verbreitete schilfartige Pflanze, deren Wurzelstock würzig und bitter schmeckt, ätherische Öle und Bitterstoff Acorin enthält und bei Verdauungsstörungen und Blähsucht im Teeaufguß (1–4 g), als Extrakt und Tinktur verwendet wird. K.-Abkochungen werden auch als Badezusätze verwendet (Tafel VIII).

Kalorie: Bisherige Maßeinheit für Wärmemenge, seit 1977 durch Joule ersetzt. 1 gcal = 4, 1862 J.
Pro g haben einen Brennwert:
Eiweiß = 4,1 gcal = 17,2 J
Fett = 9,1 gcal = 38 J
Kohlehydrate = 4,1 gcal = 17,2 J

Kalte Bäder: Die Dauer richtet sich nach dem Eintritt der *Reaktion.* Im Durchschnitt 4–20 Sekunden. Das erste Kältegefühl macht rasch einem angenehmen, gleichmäßigen Erwärmungsgefühl Platz. Manchmal kommt das Wärmegefühl durch eine etwas schneidende Schmerzempfindung nicht zum Ausdruck. In diesen Fällen gilt diese als Reaktion und Zeichen zur Beendigung des Bades; das notwendige Wärmegefühl tritt erst nach Abschluß des Bades ein. Je kürzer das Bad, desto besser die Wirkung. Temperatur soll brunnenfrisch und nicht höher als 15° sein. Beigabe von Schnee zum Badewasser führt zu rascherer Erwärmung. Voraussetzung, wie bei jeder Kaltanwendung, ist ein vollkommen warmer Körper. Daher am besten morgens aus der Bettwärme heraus zu nehmen. Wirkt anregend auf *Stoffwechsel, Nerven-* und *Gefäßsystem.*

Kalte Füße können sowohl Ausdruck mangelnder Blutversorgung bei *Blutarmut, Gefäß*erkrankungen und *Kreislaufstörungen* oder Folge einer krampfhaften Zusammenziehung der Blutgefäße sein. Die Kreislaufstörungen können durch *Herzschwäche* und durch Störungen der *inneren Ausscheidung (Schilddrüse, Keimdrüsen)* bedingt sein. Schilddrüsen- und *Wechseljahr*störungen sind fast immer mit kalten Füßen verbunden. Folge sind *Blutandrang* zum Kopf, Kopfschmerzen, Schlaflosigkeit, Brust-, Herzbeschwerden, Katarrhe, bei der Frau Unterleibskatarrhe. Beseitigung der kalten Füße ist besonders im Anfang der *Kneippkur* eine wichtige Aufgabe, um normale Kreislaufverhältnisse zur Gewährleistung normaler *Reaktionen* herzustellen. Anfangs tgl. warme *Fußbäder* mit *Holzasche und Salz,* anschließend *Knieguß.* Vor dem Spaziergang kurzes *Wassertreten.* Später Übergang zu *Wechselfußbädern. Barfußlaufen* und Wassertreten im Sommer. Bewegung im Freien. Dazu tgl. *Ganzwaschungen* oder *Halbbad* morgens.

Kaltwasserkur geht auf die Arbeiten der beiden Liegnitzer Stadtärzte *Hahn,* Vater und Sohn, zurück. Da sich die wissenschaftliche Medizin nicht sehr um diese Fragen bemühte, beschäftigten sich Laien mit den großartigen Wirkungen des kalten Wassers und erzielten bis dahin unbekannte Heilerfolge. Der Bauer *Prießnitz* in Gräfenberg und der Pfarrer *Kneipp* in Wörishofen entwickelten auf Grund der Anregungen der *Hahnschen* Arbeiten unabhängig voneinander ihre Kuren mit dem kalten Wasser. Kneipp hat vor allem das Verdienst, durch eine immer stärker herausgearbeitete Individualisierung seiner Anwendungen die Kaltwassertherapie für alle krankhaften Vorgänge, aber auch für alle Körperzustände anwendbar gemacht zu haben. Erst durch die Arbeiten und Erfolge dieser beiden Laien angeregt, befaßte sich die moderne Wissenschaft mit den Fragen der Wasserheilkunde und entwickelte die Lehren der *Hydrotherapie* (Winternitz, Matthes, Straßburger). Die Angst vor dem kalten Wasser, die in vielen Kreisen herrscht, ist unbegründet, und die freudige Enttäuschung über die angenehmen Wirkungen der Anwendungen bei solchen Angsthasen ist immer groß. Es soll nämlich mit dem kalten Wasser keinesfalls Kälte, sondern immer Wärme erzeugt werden. Nur die Wärme ist heilsam, niemals die Kälte. Voraussetzung ist, daß der Körper und der Körperteil, der kalt behandelt werden soll, vorher warm ist. Sonst muß er durch Bewegung oder künstliche Zufuhr von Wärme (Bett, warmes Bad usw.) erst erwärmt werden. Bei Frösteln und Frieren niemals kalt behandeln! – Die Kaltanwendung selbst darf nur kurz, bis zum Beginn der *Reaktion,* durchgeführt werden. Nach der Anwendung muß für Wiedererwärmung durch Bewegung oder im Bett gesorgt werden. Je kälter die Anwendung ist, desto wirksamer, aber auch desto angreifender ist sie. Vgl. *Bad, Güsse, Wickel.*

Kamille (Matricaria chamomillae): Die Blüten werden im Aufguß bei Entzündungen, zu *Gurgelungen, Waschungen, Inhalationen, Umschlägen* und auch innerlich zur Behebung von krampfartigen Verdauungsstörungen und Regelstörungen verwendet. Das Kamillenöl wirkt entzündungs- und krampfwidrig. Die römische K. (Anthemis nobilis) dient im Aufguß zu Waschungen und zur Pflege blonden Haares. Die Blüten müssen im Mai und Juni kurz unter dem Blütenköpfchen abgeschnitten und in dünnen Schichten im Schatten möglichst rasch getrocknet werden (Tafel IX).

Kamillendampf, s. *Kopfdampf.*

Kampfer wird aus dem Holz des Kampferbaumes durch Destillation gewonnen. Regt Gehirn, Kreislauf und Atmung an, wirkt reizend auf Haut und Schleimhäute. Lösungen in Öl werden bei *Herzschwächen* und schweren Kreislaufzusammenbrüchen in den Muskel eingespritzt, um den Kreislauf zu erhalten. Innerlich: in kleinen Mengen wirkt es reinigend und hemmend auf Bronchialausscheidung, Milchausscheidung und Geschlechtstätigkeit.

Kampferöl zur Einreibung bei Rheumatismus, Gicht und Rückenschmerzen wird nach *Kneipp* durch Verreibung eines Stükkes *Kampfer* mit pflanzlichem Öl hergestellt. Man reibt so lange, bis sich der Kampfer aufgelöst hat.

Kampferspiritus zur Einreibung bei Quetschungen, Verrenkungen, rheumatischen und krampfhaften Zuständen, zur Kräftigung und Stärkung der Glieder, zur Haut- und Körperpflege, bei Bettlägerigen zur Verhinderung des Aufliegens. Wird nach *Kneipp* durch Auflösung eines haselnußgroßen Stückes *Kampfer* in $^1/_4$ l Spiritus bereitet. Nur äußerlich!

Kapillargefäße, s. *Haargefäße.*

Karbunkel entsteht, wenn mehrere kleine, nebeneinanderstehende Furunkel zu einem Entzündungsherd zusammenfließen. *Zuckerkranke* und ältere Leute mit geringen Abwehrkräften neigen besonders zur Karbunkelbildung. Die *Milzbrand*infektion der Haut erzeugt ebenfalls bösartig verlaufende K. Am häufigsten treten sie am Nakken und Rücken, an Wangen und Lippen auf. K. sind oft mit schweren Allgemeinerscheinungen, Fieber, großer allgemeiner Schwäche verbunden, so daß meist Bettruhe notwendig ist. Beh.: Tgl. 5–7 Essigwasser*waschungen.* Erweichung des Karbunkels durch *Bockshornkleepflaster.* Zieht sich die Eröffnung zu lange hin, so ist u. U. rechtzeitige *Inzision* notwendig. *Fasten, Obstsaft* und *Obstdiät.* Hp. s. *Furunkel.*

Kardiospasmus: Krampf der *Speiseröhre* am Mageneingang.

Karies, s. *Zahnfäule.*

Karminativa besitzen auf Grund ihres Gehaltes an bestimmten ätherischen Ölen eine beruhigende Wirkung auf die Zusammenziehungen des Darms und des Magens. Bei Blähungen wirken sie der abnormen Gasbildung entgegen und vermindern dadurch die kolikartigen Leibbeschwerden (Leibschneiden). Sie wirken auch direkt schmerzberuhigend und entzündungswidrig. Vgl. *Blähungen, blähungswidrige Tees.* Karminativ wirken Samen von Koriander, *Kümmel, Anis, Fenchel, Dill,* Kraut des Dost (Origanum vulgare), *Majoran* (Origanum majorana), *Schafgarbe* sowie der Wurzelstock des *Kalmus, Kamillenblüten, Lavendelblüten,* Blätter der *Pfefferminze,* der *Bitterklees.* Die Pflanzen werden in Aufguß oder Abkochung als Tee einzeln und gemischt, aber auch pulverisiert gegeben. Auch ihre ätherischen Öle können einzeln oder gemischt tropfenweise genommen werden.

Karotin kommt in drei Formen in grünen Gemüsen, Wurzelgemüsen und Beerenfrüchten in der Natur vor. Sie werden in der Leber in *Vitamin* A umgewandelt und deshalb als Vorvitamine bezeichnet. Der tgl. Bedarf von 1–5 mg wird durch reichliche Frischkostaufnahme (Karotten oder Möhren sind das ganze Jahr zu haben) zugeführt.

Kartoffel: Knolle der Kartoffelpflanze (Solanum tuberosum), eines Nachtschattengewächses. Die K. enthält reichlich *Stärke* (18 v. H.), dazu 1,8 v. H. Eiweiß und 1,2 v. H. Fett, *Mineralstoff-* und *Vitamin*gehalt (besonders Vitamin C) ist hoch, ebenso der Kaliumgehalt, aber niedriger der Calciumgehalt. Durch ungeeignete Zubereitung wird der Vitamingehalt zerstört. Gedämpft in der Schale oder roh in Öl gebraten wird er am besten erhalten. Rohgenuß ist nur beschränkt möglich.

Kartoffelkochwasser: von *Hindehede* als besonders harnsäurewidrig für die Diät empfohlen, neuerdings auf Empfehlung von *Waerland* als erster Morgentrank vielfach wieder eingeführt. K. ist reich an Vitaminen C, natürlichen Säften und Salzen der Kartoffel. Unter Zugabe von gehackter Zwiebel wird es auf Körpertemperatur gebracht und der Saft einer halben Zitrone oder ganzen Orange (wenn vorhanden) zugefügt. Werden Zwiebeln nicht vertragen oder besteht Darmträgheit, dann werden am Vorabend 2 Eßlöffel Leinsamen und zwei Eßlöffel Weizenkleie dem K. hinzugefügt und das Ganze am anderen Morgen schluckweise verzehrt.

Kartoffelsaft wird bei *Magen-* und *Zwölffingerdarmgeschwür* kurmäßig vor dem Essen teelöffelweise genommen. Bei Überdosierung, die von der Kartoffelsorte und ihrem Solaningehalt abhängen kann, treten Schlucklähmungen auf. Der Saft wird frisch gepreßt.

Kartoffelbreisack nach *Kneipp:* In der Schale gekochte Kartoffeln werden in Säckchen gefüllt oder in ein Tuch eingeschlagen und zerquetscht, so daß keine Knollen mehr fühlbar sind. Wird angelegt wie *Heublumensack* zur Schmerzstillung, Krampflösung im Magen-Darm-Kanal, bei Schwellungen und Flüssigkeitsansammlungen, Ergüssen, Entzündungen, Verrenkungen, Drüsenschwäche, chronischen Entzündungen und Katarrhen der oberen Luftwege, des Magen-Darm-Kanals, bei Rippenfellentzündungen, Gelenkentzündungen, Sehnenscheidenentzündungen, Entzündungen des Beckenbindegewebes (aber erst nach Temperaturabfall), bei Ischias, Hexenschuß, Bechterew, Gicht, Arthritis, Hautentzündungen, Furunkel, Fettsucht.

Karzinom, s. *Krebs.*

Käse ist eine Sammelbezeichnung für Produkte aus Milch*eiweiß.* Der Käsestoff wird aus der Süßmilch durch *Labferment,* aus der Sauermilch durch Milchsäure*gärung* ausgefällt. Die dabei sich abtrennende Molke mit den Salzen und dem größten Teil des Milchzuckers wird entfernt. Dem natürlichen Zustand des Käsestoffes entsprechen der Weichkäse aus Süßmilch und der *Quark* aus Sauermilch. Alle anderen Käsesorten werden durch Würzzusätze und durch Tätigkeit der verschiedenen Käsebakterien Zersetzungs- und Fäulnisprozessen ausgeliefert. Sie sind vor allem mehr oder minder stark salzhaltig. Der Fettgehalt schwankt, man unterscheidet Mager- und Vollfettkäse, je nach der Grundmilch, die den Käsestoff geliefert hat. Scharfe K. sind starke Reizmittel. Quark ist ein gesundes Nahrungsmittel und wird auch in Form von *Auflagen* und *Wickel* als Heilmittel verwendet.

Kataplasma: *Breiumschlag* mit erwärmten Breien.

Katarakt: Linsentrübung, s. *Grauer Star.*

Katarrh: einfache, mit vermehrter *Schleim*absonderung und *Deckzellen* abschilferung einhergehende Form der *Entzündung* von *Schleimhäuten.* Blutüberfüllung, Schwellung, Auflockerung und Durchfeuchtung der erkrankten Schleimhaut, brennende Empfindung und andere nervöse Reizerscheinungen, z.B. beim Auge Lichtscheu, bei der Nase Niesen usw., treten auf. Beh. s. *Entzündung* und die jeweils örtlichen Erkrankungen.

Kater: Zustand der Magenverstimmung. Übelkeit, Würgen, Brechen, Kopfschmerzen, Zerschlagensein, Niedergeschlagenheit besonders nach Genuß von *Alkohol*; ähnliche Zustände treten auch nach *Röntgenstrahlungen* auf (Röntgenkater). Beh.: *Fasten,* Getränkezufuhr, *Kochsalz*zufuhr. Die Bezeichnung dieses Zustandes als K. leitet sich vom Wort *Magenkatarrh* ab.

Katzenpfötchen (Gnaphalium dioecum): rote Blüten, zur Hustenmilderung und Schleimlösung; Gn. arenarium, gelbe Blüten, gegen Blasenleiden, Wassersucht, Leberleiden. 2–4 g im Aufguß.

Kauen: Gutes K. gewährleistet eine vollkommene Ausnutzung der Nahrung und gehört zur gesunden Ernährung, vgl. *Fletschern.*

Kefir: Vergärung der Süßmilch (im Balkan Stutenmilch) durch Kefirkörner (Hefe-Bakterien-Gemisch) ergibt ein rahmartiges Sauermilchgetränk.

Kehlkopf ist die Eingangspforte zur *Luftröhre,* die durch den Kehldeckel verschließbar ist. Dadurch wird beim Schluckakt der Eintritt von Fremdkörpern und Flüssigkeiten in die Atemwege verhindert. Geraten trotzdem Teile in den K., so werden diese selbsttätig durch starke Reizhustenstöße wieder nach außen befördert. Der K. wird vom Ring- und Schildknorpel gebildet und von zwei Muskelwülsten innen quer durchzogen. Diese können durch zwei Stellenknorpel, die hinten dem Ringknorpel aufsitzen, mehr oder weniger gespannt werden. Durch Spannungsänderungen dieser Stimmbänder werden Töne gebildet, die dem Sprechen und Singen dienen. Hier, zwischen den Stimmbändern, ist die engste Stelle des K. Innen ist der K. von Schleimhaut ausgekleidet. Entzündliche Schwellungen und Auflagerungen, auch Fremdkörper an dieser Stelle können zu Atembehinderung führen. Notfalls muß die Atmung durch einen Luftröhrenschnitt unterhalb des K. und Offenhalten desselben durch eine Kanüle gewährleistet werden, bis das Hindernis beseitigt ist.

Kehlkopfkatarrh und -entzündung (Laryngitis): Schleimhautentzündung durch Erkältung, Staub, Rauch, Chemikalien, Bakterienwirkung. Beh.: Bei *Fieber* und *Erkältung* Bettruhe. 5–7 Essigwasser*ganzwaschungen,* kalte *Halswickel* bei Erwärmung erneuern, *Heilerde-* und *Lehmumschläge, nasse Socken.* Innerlich: Tee von Schotendotter, Huflattich, Königskerze, Eibisch, Süßholzwurzel. Hp.: Aconitum D3–4, Belladonna D3–4, Ammonium bromatum D3, Mercurius solubilis D4, Hepar sulfuris D3, Tartarus emeticus D4–6, Arnica D3–10, Sanguinaria D3. Bch.: Ferrum phosphoricum D6 im Wechsel mit Kalium chloratum D6. *Chronische* Entzündungen erfordern genaue Untersuchung, um *Tuberkulose* und *Krebs* auszuschließen. Täglich Ganzwaschung, wöchentlich *Schenkelgüsse, Obergüsse, Halbbäder* im Wechsel. *Gurgeln* mit Arnica, Rauchverbot. Tees und Hp. wie oben. Säuretherapie nach v. Kapff.

Kehlkopfkrebs: Allgemeinbehandlung der *Krebs*krankheit. Örtlich: oftmals gewechselte kalte *Halswickel* mit *Lehmwasser. Gurgeln* mit Salbei und Zinnkraut.

Kehlkopfödem: Bei heftigen Entzündungen, Überempfindlichkeitsreaktion, nach Einatmen ätzender Dämpfe, bei Stauungen durch Fremdkörper und Geschwülste kann es zu hochgradiger Schwellung der Kehlkopfschleimhaut und dadurch zu bedrohlichen Erstickungserscheinungen kommen. Beh.: *Halswickel* kalt, nach Erwärmen ständig erneuern, *Wadenwickel,* kalte *Leibauflagen,* Essigwasserwaschungen zur *Ableitung. Blutegel* an beiden Seiten des Kehlkopfes. In Notfällen Luftröhrenschnitt.

Kehlkopfpolypen: kleine gestielte oder breit aufsitzende Gewebsknoten, aus verschiedenen Schleimhautzellen bestehend, entwickeln sich bei dauernden Reizungen an den Stimmbändern. Heiserkeit, manchmal Stimmlosigkeit sind die Folgen. Gutartig. Behandlung der Grundursache *(Kehlkopfkatarrh)* bringt die Polypen zur Rückbildung. Manchmal ist operative Entfernung notwendig.

Kehlkopfschwindsucht: Bei offener *Lungentuberkulose* können sich tuberkulöse Entzündungen und *Geschwüre* auf der Kehlkopfschleimhaut durch direkte Bazillenwirkung entwickeln. Rötung und Knötchenbildung sind charakteristisch sowie Heiserkeit, Husten, Kräfteverfall. Beh.: örtlich: *Halswickel* mit Zinnkrautabsud, *Gurgeln* mit Zinnkrauttee, bei Heiserkeit mit Arnicatinktur (40 Tr. auf 5 Eßlöffel Wasser). Allgemeinbehandlung s. *Tuberkulose.*

Keimdiät (Keimöl, Keimspeisen): Wenn das ruhende Getreide in den Zustand der Keimung übergeht, entstehen zu Beginn in den Keimen Stoffe, die den *Vitamin-* und *Hormon*gruppen zugehören und den *Trephonen* im Embryonalsaft der angebrüteten Eier entsprechen. Sie sind zur Behandlung von Krankheiten, die auf Mangelzuständen beruhen, sehr gut geeignet. Man genießt die Keime entweder in frischem Zustand oder gebraucht die daraus gewonnenen Öle zur Speisenbereitung. Weizenkeimöl besonders zur Vorbeugung und Behandlung der *Rachitis,* als »pflanzlicher *Lebertran*« oder zur Vitamin-E-Zufuhr bei Herzleiden und Störungen der Fruchtbarkeit. In der *Ewers*diät spielen die Frischkeime eine wichtige Rolle.

Keimgetreide nach Dr. Will Kraft: Auf großer, flacher Schale weicht man in dünner Schicht die Körner mit der doppelten Menge Wasser bei kühler, unter 15° liegender Temperatur ein. Nach 36 Stunden ist im Quellvorgang das Wasser aufgesogen. Dann kommt das Korn auf einen mit Mull bespannten Rahmen, nicht mehr als

2–3 Körner übereinander. Möglichst bei 17° läßt man das Korn an der Luft 2–3 Tage keimen, bespritzt es öfter mit einem Zerstäuber, so daß immer die genügende Feuchtigkeit vorhanden ist. Ergiebiger ist es, wenn man es 4–5 Tage keimen läßt. Man ißt es roh, ohne oder mit Zusatz von Honig, Marmelade und frischen Kräutern in beliebiger Form. – K. nach Dr. *Ewers s. Multiple Sklerose.*

Kerbel (Anthriscus cerefolium): blühendes Kraut, 2–4 g im Aufguß, wirkt wassertreibend. Auch Küchen- und Suppengewürz.

Keuchhusten (Pertussis): ansteckende *Kinderkrankheit,* durch den Keuchhusten*bazillus* übertragen. Befällt vor allem die oberen *Luftwege* und verläuft um so schwerer, je jünger die befallenen Kinder sind. Beginnt mit leichten Krankheitserscheinungen und *Katarrh* der oberen Luftwege. Nach 1–2 Wochen tritt das Keuch- oder Krampfhustenstadium hinzu. Oft sich wiederholende Hustenanfälle, die besonders nachts auftreten. Entleerung großer Schleimmengen, es kann auch zu Blutungen aus Nase und Mund sowie infolge der Gewalt der Hustenstöße zu Blutungen unter die Augenbindehaut kommen. Im Laufe der Wochen läßt das Hustenstadium nach und geht in ein allgemein katarrhalisches Stadium über. *Lungen-* und *Mittelohrentzündungen* können sich dabei entwickeln. Manchmal treten *Masern* hinzu; Ansteckung ist vor allem in den ersten 5–6 Wochen der Erkrankung möglich. In *Epidemie*zeiten ist zu bedenken, daß nicht bei jedem K. die typischen Hustenanfälle auftreten; jede katarrhalische Erkrankung kann ein versteckter, übertragungsfähiger K. sein. Säuglinge und Kinder bis zum 3. Lebensjahr leiden unter der Krankheit besonders und sind möglichst vor Ansteckung zu schützen. Beh.: Lüftung der Zimmer, *Freiluftbehandlung, Sonnenbehandlung.* Alle 2 Stunden *Ganzwaschungen,* zur *Ableitung Lendenwickel* früh, nachmittags und nachts. Nachts *Wickel* nach jedem Anfall erneuern. Bei *Appetitlosigkeit fasten.* Sonst Gemüse, Obst, Magermilch in der Kost bevorzugen, Fett und Süßigkeiten ausschalten. Tee aus Blättern der echten Kastanie, Kraut des Thymian, Quendel, Sonnentau, Sumpfporst, Mannstreu. Tee: Sonnentau 1 T., Thymian 1 1/2 T., Holunderblüten, Eibischwurzel je 2 T., Anis 1 T., 1 Teel. auf 1 Tasse Wasser, 6–12 Stunden kalt stehenlassen und kurz vorher aufkochen. 3mal tgl. 1 Tasse. Hp.: Belladonna D 3–6, Magnesium phosphoricum D 6, Hepar sulfuris D 3, Coccus cacti D 2, Kalium bichromicum D 4, Ipecacuanha D 1–6, Arnica D 3, Drosera D 2–10, Tartarus emeticus D 4–6, Veratrum D 3–6. Bch.: Kalium phosphoricum D 6, Ferrum phosphoricum D 6, Kalium chloratum D 6, Magnesium phosphoricum D 6, Calcium phosphoricum D 6, Silicea D 12 im Wechsel mit Natrium sulfuricum D 6.

Kieferhöhle: Größte der Nebenhöhlen, beiderseits neben der Nase doppelt angelegt, wie alle Nebenhöhlen mit Schleimhaut ausgekleidet und durch je einen Ausführungsgang mit der benachbarten Nasenseite verbunden. Die Unterseite grenzt an Oberkiefer und harten Gaumen, die Oberseite an die Augenhöhle. Akute und chronische Entzündungen, von Nase oder Zähnen ausgehend, können sich entwickeln. Chronische Eiterungen führen nicht selten zur Bildung von Schleimhautpolypen. Dabei entsteht Druckgefühl und teilweise übelriechender Ausfluß aus der Nase. Vgl. Nebenhöhlenentzündung.

Kieferveränderungen: Der Oberkiefer, weniger der Unterkiefer, ist nicht selten der Ort von Entwicklungsstörungen, die sich als Hasenscharte, Wolfsrachen und Gaumenspalte zeigen und meist nur operativ beseitigt werden können. Außerdem sind Abweichungen der beiden Kiefer in der Stellung zueinander, die die Beißarbeit beeinträchtigen, von Bedeutung. Diese Stellungsveränderungen sind seltener angeboren, sondern häufig Ausfluß *rachitischer* Störungen im Wachstumsalter; *Fingerlutschen* und Lippenbeißen fördern solche Fehlentwicklungen. Die Stellungsunregelmäßigkeiten der Kiefer werden durch Schienung ausgeglichen. Nach erfolgter Zurechtstellung wird eine Behandlung durch den Kauapparat belastende Kost angeschlossen.

Kieselsäure spielt als pflanzliche Kieselsäure in der Pflanzenheilkunde eine vielseitige Rolle. Die K. wirkt gegen *Arterienverkalkung*, indem sie die Elastizität der Blutgefäße erhält oder wiederherstellt, auf die *Ausscheidung* durch die Nieren und entfaltet eine starke Allgemeinwirkung auf die *entzündlichen Abwehrregulationen.* Die Vernarbungsvorgänge bei der *Tuberkulose* werden durch Kieselsäurezufuhr gefördert. Außerdem wirkt sie schleimlösend und auswurffördernd. Ackerschachtelhalm, Hohlzahn, Vogelknöterich, Sandriedgras, Schilfrohr, Kanariengras sind die wichtigsten Kieselsäuredrogen. Zur Verwendung als Tee müssen sie abgekocht werden.

Kindbettfieber tritt auf, wenn bestimmte Krankheitserreger, meist aus der Gruppe der Kettenkokken, durch den wunden Geburtskanal im Laufe oder unmittelbar im Anschluß an die Geburt eindringen und von den Geschlechtsteilen in den allgemeinen Blutkreislauf gelangen. Es ist immer eine besondere Form der *Blutvergiftung.* In leichten Fällen mäßiges Fieber, *Geschwür*bildungen an der Eintrittstelle der Erreger, übelriechender Wochenfluß und Schmerzhaftigkeit des Unterleibs.
In sehr schweren Fällen kommt es zu *Bauchfellentzündung* und allgemeiner *Blutvergiftung* (Sepsis) mit all ihren Folgen und Erscheinungen. Hohes, zeitweise zurückgehendes, aber immer wiederkehrendes Fieber. Beh.: *Fieber*behandlung nach *Kneipp*. Dazu *Darmeinläufe* mit physiologischer Kochsalzlösung, mehrere Liter. *Wechselsitzbäder* mit Zinnkrautabkochung. Kalte *Kompressen* auf Stirn, Herz und Leib, bei Erwärmung erneuern. *Essigwasserwaschungen* alle 2 Stunden. *Lenden-* und *Kurzwickel* zur Aufsaugung von Ausschwitzungen im Unterleib. *Ableitung* durch *Blutegel, Eigenblutbehandlung. Antibiotika. Fasten, Obstsaft-* und *Obsttage* während des Fiebers. Hp.: Veratrum viride D 1–3, Echinacea ∅, Lachesis D 10, Pyrogenium D 12, Baptisia D 1–3, Carbo vegetabilis D 10, Chininum arsenicosum D 4, Arsenicum D 4–10.

Kinderkrankheiten sind die dem Kindesalter vorbehaltenen sowie die sich durch besonderen Verlauf im Kindesalter auszeichnenden Krankheiten. Hohe Empfindlichkeit gegen Ernährungsstörungen, Wachstumsstörungen, besonders im *Knochen*wachstum (Rachitis), Neigung zu *Katarrhen* der oberen Luftwege, Empfindlichkeit und stärkere Reaktionsbereitschaft der *Haut, Krampf*bereitschaft zeichnen das Kindesalter aus. Unter K. im engeren Sinne versteht man die *ansteckenden Krankheiten,* die den, der sie überstanden hat, vor Wiederansteckung schützen und daher in der Mehrzahl aller Fälle nur im Kindesalter auftreten. Sie können natürlich, wenn sie im Kindesalter nicht durchgemacht wurden, auch beim Erwachsenen vorkommen (*Scharlach, Masern, Diphtherie, Keuchhusten, Kinderlähmung* usw.)

Kinderlähmung (Poliomyelitis epidemica, Heine-Medinsche Kr.): eine epidemische Viruskrankheit, die vorwiegend Kinder befällt. Mehr als *Tröpfcheninfektion* ist die Berührungsinfektion über Lebensmittel (durch Fliegen) gefürchtet. Nicht alle Infizierten sind empfänglich und erkranken, kommen aber als Zwischenträger in Epidemiezeiten in Frage. *Mandelentzündung, Katarrhe,* körperliche Überanstrengungen, Unfälle, Durchnässungen können für die Krankheit empfänglich machen. Vermeiden dieser Vorschäden kann zur Verhütung beitragen. Mandelentzündung, *Appetitlosigkeit.* Darmträgheit, *Verstopfung,* Unpäßlichkeit gehen meist kurz voraus. Dann kommt es zur *Rückenmarks*infektion. Es werden die grauen Vorderhörner, aus denen die Bewegungsnerven entspringen, befallen. Bewegungs*lähmung* der befallenen Teile ist die Folge. Hochgradige Schweiße und Berührungsempfindlichkeit. Von der *Lähmung* können die Gliedmaßen einzeln, paarweise oder alle zusammen befallen werden. Geht die Lähmung auf Zwerchfell und Atmungsmuskulatur über, so ist *künstliche Atmung* über längere Zeit notwendig (eiserne oder elektrische Lunge). Nervenlähmungen gehen in 60 v. H. der Fälle zurück, in den übrigen Fällen kommt es zu Dauerlähmungen. *Epidemien* hauptsächlich im Hochsommer und Herbst. Einzelfälle im ganzen Jahr möglich. Durch die Schluckimpfung ist die K. heute fast ganz geschwunden, so daß sie kaum noch ein heilerisches Problem wird. Nur dort, wo Impfungen nicht vollkommen durchgeführt sind, treten noch gelegentlich Fälle auf.
Beh.: *Fieber*behandlung. *Fasten, Obstsaft, Obstdiät.* Tgl. Kaltwasser*klistiere* 1/4–1/2 l. Vormittags und nachmittags *Kurzwickel* bis zur Dunstentwicklung. Nachwaschen mit kaltem Wasser oder milden (1–2stündlich) *Essigwasserganzwaschungen* bis zur Schweißbildung. Tgl. nur einmal Schweiß

erzeugen. Kalte *Leib-* und *Wadenwickel,* bei Fiebersteigerung oder, wenn sich der Leib warm anfühlt, mehrmals tgl. Im nichtfieberhaften Lähmungsstadium wird die Behandlung auf Reinigung und Stärkung des Körpers zur Überwindung der Lähmung eingestellt. Tgl. *Kurzwickel, Heublumenhemd, Essigwasserwaschungen, Salzbäder* mit kalter *Abwaschung* 1- bis 2mal wöchentlich. *Essigwickel* an die gelähmten Glieder, später Übergang zu *Güssen,* daneben kurze kalte *Halbbäder, Blitzgüsse.* Bewegungsübungen, *Unterwassermassage, Bindegewebsmassage, Massage.* Kräftige gesunde Kost. Hp.: Veratrum viride D1–3, Aconitum D3–6 und Belladonna D3–6 im Wechsel, Rhus toxicodendron D6–30, Strychninum phosphoricum D5–6, Causticum D12–30, Plumbum D6–30, Curare D6–30. Beh.: Kalium phosphoricum D6–12, Calcium phosphoricum D6–12, Silicea D12, Calcium fluoratum D12.

Kleber: Eiweißstoff in manchen Getreidesorten, der die Verbackmöglichkeit derselben gewährleistet. Getreidesorten ohne Kleber können nur zur Breibereitung Verwendung finden.

Kleidung ist die vom Menschen erdachte und geschaffene Umhüllung des Körpers zum Schutze vor den Unbilden der Witterung. Sie verleiht Wärmeschutz, saugt Schweiß und Ausdünstung auf. In unzweckmäßiger Form und bei Verwendung ungeeigneten Materials ist sie Anlaß zur Verweichlichung und führt zu ungesunder Wärmestauung und Kreislaufbehinderung. Eine gesunde Kleidung soll alle diese Schädigungsmöglichkeiten ausschalten. Ober- und Unterkleidung soll luftig und porös sein und darf nicht beengen. Die Reform der Kleidung, an der Lahmann, Jäger, aber auch die Vorweltkriegsjugendbewegung und *Lebensreform* maßgebend beteiligt waren, konnte sich gegen die herrschende Mode jeweils nur schwer durchsetzen und ist häufig selbst auch gewissen Modeansichten unterworfen gewesen.

Kleienpilzflechte (Pityriasis versicolor): Auf stark schwitzender *Haut* siedelt sich ein Hautpilz (Mikrosporon furfur) an und erscheint in gelb- bis dunkelbraunen, schmutzigen, unregelmäßigen Flecken besonders auf der Brust.

Klette, große (Arctium lappa): harn- und schweißtreibende Wurzel. Blutreinigungsmittel besonders für Hauterkrankungen (5–10 g), auch äußerlich aufgelegt. Öl aus der Wurzel zur Haarbodenpflege und zur Anregung des Haarwachstums (Tafel IX).

Klima ist die Gesamtheit der für eine bestimmte Jahreszeit und einen bestimmten Ort maßgebenden Wetterbestandteile und Strahlungsverhältnisse. Es ist im großen abhängig von der geographischen Breite, der Lage zu den großen Meeren und Landmassen (Festländern), der Höhe über dem Meeresspiegel, der Lage an den großen Meeresströmungen oder Zugstraßen der großen Luftströmungen, im einzelnen von örtlichen Bedingungen. Für die Krankenbehandlung ist vor allem die biologische Wirkung eines K. maßgebend. Durch die wechselnde Inanspruchnahme der Körperregulationen steigert ein Reizklima die Aktivität des Gesamtorganismus, insbesondere den Stoffwechsel, während ein Schonklima beides dämpft und kaum in Anspruch nimmt. Ein Belastungsklima beansprucht dauernd bestimmte Funktionen und kann zu Gesundheitsschäden führen (Tropen). Heilklima soll die für Heilaufgaben günstigen Klimafaktoren aufweisen und Belastungsfaktoren vermissen lassen. Heilklimatische Kurorte sind solche Orte, die Bädern mit ortsgebundenen Heilmitteln entsprechen.

Klimakterium, s. *Wechseljahre.*

Klimatischer Kurort: vom deutschen Bäderverband nach besonderen Richtlinien anerkannter Kurort, dessen wesentlicher örtlicher Heilfaktor sein günstiges *Klima* ist.

Klinik: wissenschaftlich geleitetes, der Forschung und Ausbildung dienendes Krankenhaus. Die Naturheilkunde und die biologische Medizin leiden zur Zeit noch Mangel an K. Ihre Arbeit ist mangels ausreichender Unterstützung durch die öffentliche Hand meist auf private Sanatorien und Heilstätten angewiesen. Die Einrichtungen biologischer K. ist eine nachdrückliche Forderung aller naturheilkundlich ausgerichteten Kreise.

Klistier, s. *Darmeinlauf.*

Klumpfuß, s. *Fußdeformität.*

Klysma, s. *Darmeinlauf.*

Knäckebrot: in Fladenform gebackenes Roggenschrot*brot*, ohne *Gärung,* nur mittels Luftzufuhr durch Schlagen des Teiges gelockert und gebacken. Brüchig, hart, stellt es gute Anforderungen an die Kautätigkeit. Gut verträglich.

Kneipp, Sebastian, geb. 1821 in Stefansried, gest. 1897 in Wörishofen, Pfarrer, Reformator der *Kaltwasserbehandlung,* Begründer der modernen Wasserbehandlung überhaupt, Erfinder der Kneippschen *Güsse, Lebensreformer* und Naturheilbehandler. Die Naturkraft des Menschen ist der Träger seiner Gesundheit. Diese ist nur durch eine natürliche Ernährungs- und Lebensweise zu erhalten. Krankheit entsteht durch eine Schwächung dieser Naturkraft als Ganzes oder in einzelnen Teilen. Wiederherstellung der Naturkraft und der Gesamtleistung ist die Aufgabe bei der Krankheitsbehandlung. Ohne Mitwirkung der Natur ist die Heilung einer Krankheit nicht möglich. Grundlegende Schriften: Meine Wasserkur, 1886; So sollt Ihr leben, 1888.

Kneippkur: Behandlungssystem, das gesunde Lebensweise, *Abhärtung, Wasseranwendungen,* Bewegungsreize und natürliche *Heilkräuter* nach dem Vorbild von Seb. Kneipp zu einer *Ganzheits*behandlung nach natürlichen Grundsätzen zusammenfaßt und von ausgebildeten Fachkräften in den *Kneippkurorten* und -sanatorien, aber auch in der ärztlichen Praxis angewendet wird.

Kneippkurorte sind staatlich anerkannte Orte geeigneten Klimas mit der Möglichkeit zur Durchführung von Kneippkuren. Sie sind eingeteilt in Kneippheilbäder und Kneippkurorte. Daneben gibt es Felke-, Prießnitz- und Schrothkurorte. Es sind dort alle Einrichtungen und geschultes ärztliches Personal sowie die entsprechenden Ärzte vorhanden. Außerdem sind Kurheime und Sanatorien vorhanden, in denen die entsprechende Therapie auch klinisch durchgeführt wird. Die Orte sind vom Kneipp-, Felke- oder Prießnitzbund zu erfragen.

Kneippstrümpfe, s. *nasse Socken.*

Knickfuß, s. *Fußdeformität.*

Knieblitz: Patient steht 4–5 m vom Gießenden entfernt und wendet ihm den Rücken zu. Beginn als Sprühregen, langsam von den Füßen zur Kniekehle steigend. Dann mit vollem Strahl an der Wadenmuskulatur seitlich aufwärts bis oberhalb der Kniekehle und von dort zur Innenseite des Unterschenkels bis zur Ferse zurück. Li. wie re. einmal wiederholen. Abpeitschen beider Unterschenkel durch rasches Auf- und Abwärtsstreichen des Wasserstrahls über die begossenen Teile. Der Patient wendet sich. Vorne am re. Fuß beginnend seitlich der Wade bis zur Kniescheibe aufwärts, 2–3mal Umkreisen des Kniegelenks, Innenseite zurück zum Ausgangspunkt. Dabei Schienbein nicht mit vollem Strahl treffen, sondern beim Abwärtsgehen Strahl durch Fingerdruck abschwächen. Li. Unterschenkel in gleicher Weise behandeln. Wiederholung der Gießung und Abpeitschung. Wendung des Patienten in Schrittstellung, wobei dem Gießenden die re. Seite zugewendet wird. Hierbei wird die Außenseite des re. Unterschenkels mit vollem, die Innenseite des li. Unterschenkels mit abgeschwächtem Strahl gespritzt und dann gepeitscht. Ebenso wird die andere Seite behandelt. Zum Schluß werden die Fußsohlen abwechselnd geblitzt. Beendigung mit Sprühregen, während sich der Behandelte langsam im Kreise dreht.

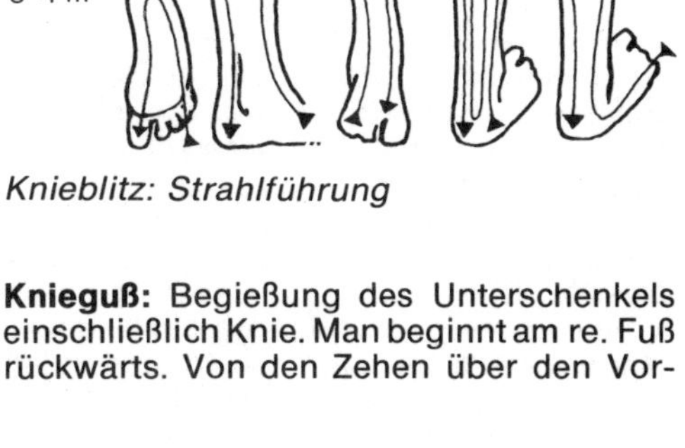

Knieblitz: Strahlführung

Knieguß: Begießung des Unterschenkels einschließlich Knie. Man beginnt am re. Fuß rückwärts. Von den Zehen über den Vor-

K derfuß 3mal hin und zurück, dann langsam die Waden aufwärts bis zur Kniekehle, verweilt hier etwa 10 Sekunden und geht an der Innenseite des Unterschenkels bis zur Ferse zurück. Am li. Fuß geht man wieder bis zur Kniekehle hoch, und nachdem man etwa 10 Sekunden verweilt hat, wechselt man auf die re. Kniekehle und geht nach Eintritt der Reaktion wieder li. zurück an der Innenseite bis zur Ferse. Die Zeitangaben ändern sich individuell nach Maßgabe der Reaktion. Sobald diese eintritt, ist der Guß zu beenden. Vorne wird der Wasserstrahl bis zur Kniescheibe geführt und verweilt hier bis zur Reaktion. Sobald diese eintritt, ist der Guß zu beenden. Vorne wird der Wasserstrahl bis zur Kniescheibe geführt und verweilt hier bis zur Reaktion. Direkte Begießung des Schienbeins soll vermieden werden, der Wasserstrahl muß sich auf die Muskulatur konzentrieren. Wirkung: örtliche Durchblutung von Haut, Muskulatur, Knochensystem des Unterschenkels, reflektorische Kreislaufwirkung auf Organe des kleinen Beckens (Harn- und Geschlechtsorgane, Dickdarm), ableitend auf Durchblutung von Magen, Leber, Kopf-, Hals- und Brustorganen. *Abhärtung* und Beseitigung von *Stauungen* in den genannten Organen.

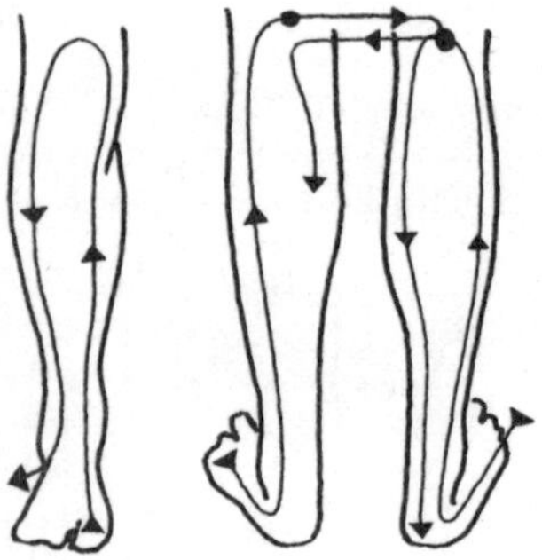

Knieguß

Kniekehle ist der in Kniehöhe gelegene hintere Muskelspalt, in dem die großen, zum Unterschenkel ziehenden Nerven und Gefäße liegen.

Knoblauch (Allium sativum): angebautes Zwiebelgewächs. Zwiebel wird als Saft, Tinktur, Teebestandteil, aber auch roh, in Verreibung mit Milch, arzneilich verwendet. Bei Verdauungsstörungen, Erkrankungen der Luftwege, Hochdruck, *Arterienverkalkung*. Regelt die Verdauung und wirkt sowohl bei *Verstopfung* wie bei *Durchfällen*. Atmungsluft nimmt unangenehmen Geruch an. Knoblauchabkochungen als Darmeinläufe bei der Wurmkur. Wilder K. oder Bärenlauch (Allium ursinum) kann ebenfalls verwendet werden (Tafel IX).

Knochen: Das Knochengerüst, aus der Gesamtheit der mit Bändern und Kapseln verbundenen K. gebildet, dient dem Halt, der Beweglichkeit des Körpers und dem Schutze innerer Organe (Gehirn, Brust- und Beckenorgane). Neben Festigkeit besitzt der K. einen hohen Grad von Elastizität. Der K. ist lebendes Gewebe, durch laufenden Ab- und Aufbau erhält er sich. Der K. kann sich auf diese Weise jederzeit Änderungen in der Belastung anpassen und sich umformen. Das *Knochengerüst* (Skelett) ist aus Röhren- und platten K. zusammengesetzt. Die K. des Stammes sind die *Schädel*- und Kopfknochen, die Wirbel, die Brustkorbknochen; die Gliedmaßengürtel bestehen aus dem Schultergürtel und den Armknochen, dem *Becken* und den Beinknochen. Das Kopfgerüst besteht aus 15 Schädelknochen und 18 Gesichtsknochen; die *Wirbelsäule* aus 7 Hals-, 12 Brust- und 5 Lendenwirbeln; der Schultergürtel aus 2 Schlüsselbeinen und 2 Schulterblättern; die Arme aus je 1 Oberarmknochen, Elle, Speiche, 8 Handwurzelk., 5 Mittelhandk., 5 Grundgliedern, 4 Mittelgliedern und 5 Endgliedern der Finger auf jeder Seite (Daumen hat kein Mittelglied); das Becken besteht aus den beiden Hüftknochen, dem Kreuzbein mit dem Steißbein und den Beinknochen; die Beine aus je 1 Oberschenkelknochen, Schien- und Wadenbein, 7 Fußwurzelk., 5 Mittelfußk., 5 Grundgliedern, 4 Mittelgliedern und 5 Endgliedern der Zehen (Großzehe hat kein Mittelglied). Der K. ist außen von Knochenhaut (Periost) umzogen, das außerordentlich feine Nervenfasern enthält und sehr schmerzempfindlich ist. Von der Knochenhaut geht die Ernährung und die Wiederherstellung nach Verletzungen aus. In inneren Hohlräumen befindet sich das *Knochenmark*. Rotes Knochenmark dient der Blutneubildung, gelbes, verfettetes Knochenmarkt ruht und kann im Bedarfsfall in rotes Knochenmark umgebildet werden.

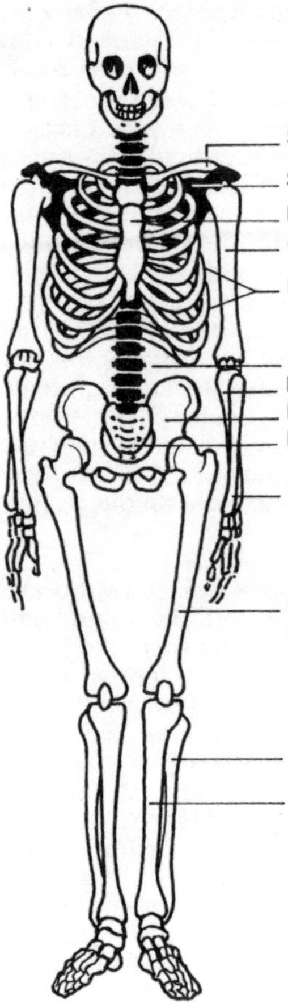

Skelett des Menschen

Erkrankungen und Versagen des Knochenmarks führen zu *Blutarmut* und *Abwehr*unfähigkeit gegen *Infektionen* und Gerinnungsstörungen.

Knochenabszeß: Von Knochenmarksinfektionen aus kann es zu *Eiter-* und *Abszeß*bildungen innerhalb des *Knochens* kommen. Der *Eiter* versucht an die Oberfläche zu treten und sammelt sich unter der Knochenhaut. In Gelenknähe kann er ins *Gelenk* durchbrechen. Schmerzhafte Schwellungen der befallenen Stellen deuten auf die Erkrankung. Beh.: kalte *Wickel* mit Zinnkrautabsud oder *Lehmwasser,* öfters erneuern. Operative Eröffnung manchmal unvermeidlich. *Tuberkulöse* Knocheneiterungen erfordern *Diät-* und *Höhensonnen*behandlung unter Vermeidung operativen Vorgehens. Hp.: Arnica D3, Ruta D2, Symphytum D2, Mercurius solubilis D4, Kalium jodatum D1–2, Hepar sulfuris D3, Calcium jodatum D3. Bch.: Ferrum phosphoricum D6, Kalium phosphoricum D6, Calcium phosphoricum D6, Silicea D12, Calcium fluoratum D12.

Knochenbruch (Fraktur): Wird die Elastizitätsgrenze des *Knochens* durch Gewalteinwirkung überschritten, so kommt es zum Bruch. Durch Blutung und Gewebszertrümmerung bildet sich an der Bruchstelle eine schmerzhafte Schwellung. Über das *Kallus*gewebe wird zwischen den gebrochenen Knochenteilen die neue knöcherne Verbindung hergestellt. Während so das Zusammenwachsen der getrennten Knochenteile durch einen natürlichen Vorgang gesichert ist, stellt sich von Natur aus der Knochen nicht in eine Lage, die eine ideale Heilung gewährleistet. Während die Förderung der Naturheilung über die Kallusbildung durch Versorgung mit Nährstoffen und Vitaminen und Regelung des Blutumlaufs im betroffenen Gebiet sinnvoll ist, wäre es nicht sinnvoll, die Stellung, in der der Knochen zusammenheilen soll, den natürlichen Kräften zu überlassen. Er würde in der Stellung zusammenwachsen, die durch den Zufall, durch Muskelzugwirkung und Schwerkraft bedingt ist; Verkürzungen, Verdrehungen und Abwinkelungen des geheilten Knochens mit bleibenden Funktionsstörungen wären die Folge. Die Naturheilkraft ist also nur auf die Festigung gerichtet, hat aber kein Organ für die richtige und zweckmäßige Stellung der Bruchenden und ihre Lagerung. Will man störende Fehlheilungen vermeiden, so muß man die Erfahrung des fachlich gebildeten Menschen nutzen, die Knochen und ihre Enden in die richtige Lage bringen und hier festhalten lassen, bis die Knochenfestigung über die Naturheilung erfolgt ist.
Heute wird durch die moderne Unfallchirurgie der Knochen unter Röntgenkontrolle chirurgisch in die richtige Lage gebracht, durch Nagelung, Platten bzw. Silberdrähte befestigt, so daß fast immer ein idealer Heilablauf gesichert ist. Nach der Knochenheilung systematische Massage und Bewegungsübungen, um die Beweglichkeit der Gelenke und die Kraft der Muskulatur, die

durch die erzwungene Untätigkeit gelitten haben, wieder auszugleichen. Beh.: Zur Unterstützung der Heilung Ferrum phosphoricum D 6, Calcium phosphoricum D 6, Kalium chloratum D6. Nach der Knochenheilung ist es notwendig, durch systematische *Massage* und Bewegungsübungen die Beweglichkeit der Gelenke und die Kraft der Muskeln, die durch die Ruhestellung erzwungene Untätigkeit gelitten haben, wieder auszugleichen.

Knochenentzündung: meist nicht von Knochenmark- und *Knochenhautentzündung* zu trennen. *Chronisch* bei *Rheuma* und *Syphilis.* Nachts bohrende Schmerzen. Örtliche Knochenverdickungen, *Knochenabszesse* können dabei entstehen. Beh. s. *Knochenabszeß.* Örtliche *Wickel* mit *Lehm* oder *Lehmwasser.*

Knochenerweichung (Osteomalacie): allgemeine Erweichung des Knochens durch Kalkverlust und mangelnde Kalkwiederanlage. Verbiegungen, Spontanbrüche können dann auftreten, ähnlich wie bei der *Rachitis.* Allmählicher Beginn mit Kreuzschmerzen, Rückenschmerzen, Rückenverkrümmung durch Kleinerwerden des Körpers, Formveränderungen des Beckens und der Beine. Häufig bei Frauen in *Schwangerschaft,* in den *Wechseljahren,* aber auch sonst bei Schwäche der *inneren Sekretion,* insbesondere der weiblichen *Keimdrüsen.* Bei Männern im allgemeinen seltener. Beh.: Kräftigung der Unterleibsorgane durch *Lendenwickel, Sitz-* und *Halbbäder.* Gesunde *Grundkost, Lebertran, Keimöl.* Knochenmehl.

Knochengeschwulst (Osteom): Auswüchse der Knochen, an sich gutartig, entstehen oft durch Reizung der *Knochenhaut,* manchmal auch ohne sichtlichen Grund. Beschwerden bei Druck auf Nerven, Gefäße und Gelenke. Zur Beseitigung der Beschwerden kalte *Lehm-* oder *Lehmwasserwickel, Güsse* auf die erkrankten Glieder. Beseitigung nur durch operative Abtragung möglich.

Knochenhautentzündungen können auch durch mechanische Reizungen begünstigt werden. Entstehen sowohl durch Verletzungen als auf dem Blut- und Lymphwege. Beh. s. *Knochenabszeß.*

Knochenmehl nach *Kneipp:* 1. Schwarzes Knochenmehl: aus Tierknochen durch Ausglühen hergestellte medizinische *Kohle* (Tierkohle). 2. Weißes K.: Tierknochen werden so lange gebrannt, bis sie das Aussehen von frisch gebranntem Kalk haben. Durch Vermahlen erhält man ein weißes, wie Kreidemehl aussehendes Pulver. 3. Graues K.: eine Mischung von schwarzem und weißem K. und weißen fein zerstoßenen Weihrauchkörnern, zu gleichen Teilen. K. wurde von Kneipp besonders bei allgemeiner Schwäche im Körper- und Knochenbau und bei Unterernährung gegeben und empfohlen. An seiner Stelle empfiehlt er auch Kreidemehl (pulverisierte Kreide), betont aber ausdrücklich, daß das Kreidemehl in der Wirkung nicht an das K. herankommt.

Knochentuberkulose: Verschleppung der *Tuberkulose*bazillen auf Blut- und Lymphweg in den Knochen. Vornehmlich die gelenknahen Endstücke der langen Röhrenknochen oder die kurzen Markknochen werden befallen. Übergreifen auf *Gelenke* und *Fistel*bildungen sind häufig. *Eiter*bildungen verlaufen weniger stürmisch als akute Prozesse. Daher der Name »kalter *Abszeß*«. Fieber nur geringgradig. Abgeschlagenheit, leichte Störungen des Allgemeinbefindens, geringe örtliche Schmerzen. *Wirbelsäulentuberkulose* führt bei kalter Abszeßbildung zu einem Herabsinken des Abszesses entlang der am Rücken ansetzenden Muskulatur, so daß derselbe an anderen als der Entstehungsstelle erscheint, z. B. in der Leistenbeuge (Senkungsabszeß). Zerstörungen eines oder mehrerer Wirbel durch den tuberkulösen Prozeß führt zu Abknickung in Form eines scharfen *Buckels* (Gibbus). Beh.: Allgemeinbehandlung der Tuberkulose. Örtlich: *Wickel* mit *Lehm,* Lehmwasser oder Essigwasser. Gesunde salzfreie Kost, *Sonnenbehandlung* möglichst *Höhensonne.*

Knorpel: elastische, weichere Substanz als der *Knochen.* Zur Abfederung der Gelenke oder zu elastischen Verbindungen im Skelettbau verwendet; dient zur Festigung der Luftröhre, der *Ohren* usw. als Stützsubstanz. Neigung zur Verkalkung und zum Anziehen von *Harnsäure.*

Knorpelgeschwulst: gutartige Neubildung

aus *Knorpel*gewebe mit langsamem Wachstum. Heilung nur durch operative Entfernung möglich.

Knöterich: eine Pflanzengruppe, die als kieselsäurehaltige Heilpflanze viel verwendet wird. Vogelknöterich (Polygonum aviculare) und Wasserpfeffer (Polygonum hydropiper) sind in *Kieselsäure*tees enthalten. Sie wirken günstig auf die Beeinflussung chronisch rheumatischer Gelenkerkrankungen in Abkochung.

Kochen: Nahrungsbereitung mit Hilfe der Hitze. K. soll die Nahrung aufschließen, schmackhafter und verträglicher machen, sowie Spaltpilze abtöten. Dies wird erkauft mit einer Entfernung der Nahrung von ihrem natürlichen Zustand. Jedes *Lebensmittel* im Sinne Kollaths wird durch K. in ein *Nahrungsmittel* verwandelt und dadurch im Wert vermindert; s. *Ordnung der Nahrung.* Die natürlichen Aroma- und Frischstoffe, die hitzeempfindlichen Vitamine sowie die Fermente werden zerstört. Ausschließliche Ernährung mit Kochkost führt zu Fehlernährung, meist im Sinne einer Mesothrophie. Kochkost muß im Rahmen einer gesunden naturgemäßen Ernährung durch *Rohkost* ergänzt werden. Das gebräuchliche Kochen im Wasser geht immer mit einem starken Verlust an löslichen Mineralien und *Vitaminen* einher und sollte aus der modernen Reformküche und den Krankenhausküchen gänzlich verschwinden. Es wäre durch das schonendere Dünsten oder Dämpfen zu ersetzen. Beim *Dünsten* wird mit geringem Fettzusatz im eigenen Saft gar gekocht, beim *Dämpfen* geschieht dasselbe in besonderen Dämpftöpfen oder Dämpfhauben im strömenden Wasserdampf. Das Dämpfen im Potinschen Dampftopf unter höherem Druck zerstört die Vitamine und viele wichtige Inhaltsstoffe. Das *Schmoren* beginnt wie das Dünsten mit wenig Fett, später wird dann aber Wasser zugesetzt und so gar gekocht. *Braten* wird bei hoher Hitze mit wenig, aber sehr heißem Fett durchgeführt. Die sich dabei bildende Kruste vermeidet Saftverluste und schont einen Teil der nicht hitzeempfindlichen Vitamine. *Rösten* oder *Grillen* nennt man ein rasches Erhitzen auf Metall; es ist noch schonender als das Braten. *Bakken* ist das Erhitzen in abgeschlossener heißer Luft oder heißem Fett. Hierbei bleiben die löslichen Nährstoffe zum großen Teil erhalten. Wenn man zur Erhitzung als Aufschließungsprozeß seine Zuflucht nimmt, so muß die Dauer jeweils so bemessen werden, daß sie gerade für den Zweck ausreicht. Zu langes und zu langsames Erhitzen zerstört wichtigste Nährstoffe.

Kochsalz (Natriumchlorid) als Steinsalz, durch Verdunsten von natürlichen Lösungen (Sole) oder von Meerwasser gewonnen. Gereinigtes K. wird als Speisesalz als einziges und gebräuchlichstes mineralisches *Gewürz* zugeführt.
In der naturheilkundlichen Küche werden an Stelle von K. Meersalz o. Mischungen von Hefe mit Meersalz, auch Kräutersalze verwendet, wie Selleriesalz etc. Die Kräutersalze sind Mischungen von Kräutern und Meersalz (auch Kochsalz, daher Vorsicht und erst erkundigen) im Verhältnis 1:1.

Kochsalzhaushalt: Das Blut hat einen gleichbleibenden Gehalt von 570–620 mg% *Kochsalz.* Überschüssiges Kochsalz wird in die Gewebe gelagert und bindet dort Wasser. Kochsalz wird laufend durch die *Nieren* und im *Schweiß* ausgeschieden. Der normale Kochsalzgehalt des Blutes ist für die Harnbildung wichtig; sinkt er, so kommt es zu Zurückhaltung von harnfähigen Substanzen *(Harnvergiftung).* Der tägliche Kochsalzbedarf liegt bei etwa 2g und wird durch den Salzgehalt der Nahrung allein vollkommen gedeckt. Daher salzarme Ernährung. Beim üblichen Würzen mit Kochsalz wird dem Körper zuviel Kochsalz zugeführt (10–15g), das ist in dieser Menge schädlich wie jedes *Genußmittel* wirkt, da das Bindegewebe als Speicher chronisch mit Kochsalz überladen wird. Kochsalzfreie Diät, bei der auch kochsalzhaltige Nahrungsmittel ausgeschieden und nur kochsalzfreie verwendet werden, ist eine ausgesprochene Heilkost und ist vorübergehend bei *Nierenkrankheiten* oder *Herzkrankheiten* angezeigt. Ohne Unterbrechung soll sie nicht länger als 3–4 Wochen durchgeführt werden. Vergiftung des Körpers mit Kochsalz in hohen Gaben führt zu Fieber, Kopfschmerzen, *Haarausfall,* Hautentzündungen, Schleimhautentzündungen von Mund, Magen-Darm-Kanal und der Atemwege. Verwendung von Meersalz, das die anderen für den Körper notwendigen Salze und auch *Spurenelemente* enthält, hebt die

Giftwirkung des Kochsalzes weitgehend auf.

Koffein: *Alkaloid* in *Bohnenkaffee* und chinesischem *Tee.* Kreislauf- und Nervenreizmittel.

Kohle, medizinische, wird durch Verbrennen von Lindenholz unter Luftabschluß hergestellt, auch als Tierkohle aus Fleischabfällen und Blut. Kaffeekohle nach Heisler aus Bohnenkaffee. Unlösliches Pulver mit aufsaugenden Eigenschaften bei akuten Magen-Darm-Katarrhen, Ruhr, Cholera, Typhus und Vergiftungen, zur Aufsaugung und Bindung der Giftstoffe, innerlich, in etwas Wasser aufgeschwemmt. Die Kaffeekohle hat sich bei Entzündungen der *Mandeln* (auch *Diphtherie*) aufgepudert bewährt. Hierbei zeigt sich die Herz- und Kreislaufwirkung der noch in der K. enthaltenen geringen *Koffein*spuren vorteilhaft.

Kohlehydrate sind chemische Verbindungen aus Kohlenstoff, Wasserstoff und Sauerstoff. Ihre Grundverbindungen sind die einfachen *Zucker:* Trauben-, Frucht- und Milchzucker. Treten zwei dieser Zucker zu einer Verbindung zusammen, dann entstehen Doppelzucker, z. B. Rohrzucker. Höhere Zucker entstehen, wenn mehrere zu einer Verbindung zusammentreten. *Stärke, Glykogen, Zellulose,* Dextrin sind die wichtigsten von ihnen. Zur Aufnahme in den Stoffwechsel müssen sie durch die Verdauung in einfache Zucker zerlegt werden, die ins Blut übergehen können. Der *Traubenzucker* (Glukose, Dextrose) ist für alle Lebensvorgänge, vornehmlich für die Energiebildung im Muskel, notwendig. *Hormone* der *Nebenniere* und der *Bauchspeicheldrüse* sorgen für die Aufspeicherung neu angekommenen Zuckers als Glykogen in der *Leber* und für die Abgabe gespeicherten Zuckers für die Stoffwechselprozesse aus der Leber an den *Stoffwechsel.* Der *Blutzucker*umlauf wird dadurch auf bestimmter Höhe gehalten (100 mg%). Wird durch Minderleistung der Hormone nicht genügend Zucker abgebaut und dadurch der Blutzuckergehalt erhöht, so wird der Überschuß im Harn ausgeschieden, s. *Zuckerkrankheit.* Überschüssiger *Traubenzucker* wird unter normalen Verhältnissen als tierische *Stärke (Glykogen)* in *Leber* und *Muskel* gespeichert oder bei reichlicher Kohlehydratzufuhr in *Fett* umgewandelt und als solches gespeichert. Da besonders Weißmehl und weißer Zucker zu Fetten gebildet werden, sollen sie in der naturgemäßen Kost gemieden werden. Bei Nahrungsmangel werden aus den Fetten wieder K. gebildet und für die *Ernährung* verwendet. Kartoffeln, Getreidekörner und alle sich daraus ableitenden Nahrungsmittel, wie die Mehle und Backwaren, sowie Zucker sind die Hauptkohlehydratträger der Nahrung. Reichlich finden sie sich in Früchten und Wurzeln, in geringerem Maße in den Blättern unserer Gemüse. In einer gesunden Ernährung sollen die K. überwiegen und im harmonischen Verhältnis zu Eiweiß und Fetten in der Nahrung stehen.

Kohlensäurebad: In Wasser übersättigt gelöste *Kohlensäure* erzeugt einen leichten Hautreiz und ein prickelndes Gefühl. Aufsaugen der Kohlensäure durch die Haut führt zu Erweiterung der *Haargefäße,* dadurch wird die Herzarbeit verringert und erleichtert. *Blutdruck* und Pulszahl sinken. Das Herz arbeitet zweckmäßiger und nachhaltiger. Niedrigere Temperaturen werden wärmer empfunden, und die Körpertemperatur sinkt nicht ab, da der Stoffwechsel gesteigert ist und ausgleicht. Man verwendet K. hauptsächlich zur Behandlung von Herz- und Kreislaufkranken als *Übungsbehandlung.* Es gibt natürliche K. (Nauheim, Orb, Oeynhausen) oder künstliche K., bei denen im Wasser Natriumbicarbonat gelöst und dann durch Wein- oder Ameisensäure Kohlensäure frei gemacht oder Kohlensäuregas aus einer Bombe durch Düsen im Wasser fein verteilt wird. (Abb. 17).

Kohlensäureschnee: Wird Kohlensäure aus der Bombe in einem kleinen Behälter (Handschuhfinger) aufgefangen, so bildet sich infolge der Verdunstungskälte K., der bei –80° örtliche Gewebserfrierung bewirkt, die zur Gewebszerstörung verwendet wird. Gegen *Muttermale, Feuermale* usw.

Kolasamen, Kolanüsse: *koffein*- und theobrominhaltige Früchte tropischer Bäume, die als *Reiz*mittel gegen Müdigkeit wirken und in Tabletten und Getränken als *Genußmittel* genommen werden.

Kolik: krampfartiges Zusammenziehen der glatten Muskulatur von Hohlorganen im

Leib oder ihre zu starke Dehnung. Spielen sich am *Darm,* den *Harn-* und *Gallen* wegen ab. Der Kranke ist unruhig. Kalter Schweiß an Händen und Füßen, Erbrechen, Bewußtlosigkeit kommt vor. Beh.: Wärmezufuhr. Bettruhe. *Vierfachtuch* in heißen Essig getaucht auf den Leib. *Klister. Fasten,* Fenchel, Kümmel, Gänsefingerkraut als Tee. Behandlung der Grundursache. *Gallen-* und *Nierenkolik* Hp.: Colocynthis D4, Chamomilla D3, Dioscorea D2, Magnesium phosphoricum D3, Plumbum D4–6, Nux vomica D4–6. Bch.: Magnesium phosphoricum D6, Natrium sulfuricum D6, Natrium muriaticum D6, Kalium phosphoricum D6, Calcium phosphoricum D6, Silicea D12.

Kollaps: Kreislaufverfall bei Schädigung der lebenswichtigen Gehirnzentren, bei versagender Herzkraft oder mangelnder Blutfüllung. Patient ist müde, abgespannt, bewußtlos und hat eingefallene Augen, Schweiß auf der Stirne, kühle Hände und Füße, oberflächliche Atmung, kleinen, beschleunigten Puls. Auftreten nach schweren Operationen, fieberhaften Erkrankungen, Blutverlusten usw. Beh.: Einhüllen der Gliedmaßen in trockene, heiße Tücher. Heiße Tücher als *Leibauflage.* Nach Erwärmung der Glieder kalte *Teilwaschungen. Senfwickel* um Waden und Brust. Innerlich: Kampfereinspritzungen, starken Bohnenkaffee, Herzmittel, Arnicawurzelabkochung schluckweise. Hp.: Ammonium carbonicum D1–3, Lachesis D8–10, Veratrum album D3.

Kollath, Werner (1892–1970), Prof. der Hygiene Breslau u. Rostock, Ernährungsforscher, hat in Fortsetzung der Arbeit von *Bircher-Benner* die moderne naturwissenschaftliche Ernährungslehre wissenschaftlich untermauert und sich besonders der Ernährungsreform zur Krankheitsverhütung gewidmet. Schuf den Begriff der *Mesotrophie* und wies die Vorgänge im Tierversuch nach, entdeckte die *Auxone* und deckte den Bedarf daran in der tgl. Ernährung durch Einführung des *Frischkornbreis.*

Kolloide (leimähnliche Körper) nennt man in der organischen Chemie nichtkristallisierende Körper, die schwer oder gar nicht durch tierische oder pflanzliche Zellwände und Membranen hindurchtreten (dialysieren). Sie sind nicht löslich und nehmen zwischen den löslichen Stoffen und den Aufschwemmungen *(Suspensionen)* eine Mittelstellung ein. Fast die gesamte lebende Substanz besteht aus Kolloiden, und die Stoffwechselchemie spielt sich vorwiegend nach den Gesetzen der Kolloidchemie ab.

Koma: Bewußtlosigkeit bei *Zuckerkrankheit, Harnvergiftung, Schlaganfall, Epilepsie, Vergiftungen.* Beh. der Grundursache.

Komplex heißt eigentlich »zusammengefaßt«. In der Psychoanalyse versteht man unter K. ein ins Unterbewußte verdrängtes, stark gefühlsbetontes Erlebnis oder durch einen Affekt zusammengehaltene, verdrängte Vorstellungsgruppen, die einen dauernden Einfluß auf die Seele ausüben. Aufgabe der Psychoanalyse ist es, diese K. aufzudecken und sie dem Träger zur Kenntnis zu bringen. Dadurch kommt es fast immer zur Lösung von diesem K. und dem Schwinden der damit zusammenhängenden körperlichen und funktionellen Erscheinungen *(Psychotherapie).*

Komplexhomöopathie: Je nach der individuellen Reaktion ist bei den einzelnen Krankheitsbildern von einer Reihe möglicher Mittel nur eines das ähnlichste und nach der *homöopathischen* Lehre im Einzelfall angezeigte. Die K. faßt nun für einzelne Krankheitskomplexe die hierfür in Frage kommenden Mittel in ihren gebräuchlichen Potenzen zu einem Komplexmittel zusammen, weil sie damit rechnet, daß dann in jedem Falle das treffende Mittel dabei ist und zur Wirkung kommen kann. Sie erspart sich dadurch das oft anfangs notwendige Wechseln und Suchen nach dem Ähnlichkeitsmittel. Die K. widerspricht aber den Grundsätzen der reinen homöopathischen Lehre, die *Hahnemann* aufgestellt hat. Er ist gerade von der Unübersichtlichkeit der damals üblichen Komplexmittel der Schule ausgegangen und hat solche Maßnahmen in der Arzneiverordnung bekämpft. Durch das Zusammengeben einzelner Mittel entsteht ein neuer Komplex, der, streng homöopathisch gedacht, als solcher einer Arzneiprüfung am Gesunden unterzogen werden müßte und nach diesem Ergebnis als Ähnlichkeitsmittel verwendet werden müßte. Durch das

Zusammengeben bleibt die Einzelwirkung nicht erhalten. Trotzdem kann man mit Komplexen nach der Erfahrung erfolgreich arbeiten.

Kompressen, Auflagen, Aufschläger werden auf die verschiedensten Körperteile aufgelegt. Sie werden kalt oder warm, mit reinem Wasser oder mit Zusätzen (Arnikatinktur, Hamamelistinktur, Zinnkrautabkochung, Lehm usw.) versehen aufgelegt und müssen allseits nach außen gut mit einem Wolltuch abgeschlossen werden. Kalt dienen sie vorwiegend der Wärmeentziehung. Sie müssen dann öfters gewechselt werden, bevor sie Körpertemperatur erlangt haben. Am gebräuchlichsten ist die Herz- und Stirnauflage (Kompresse). Bei Verstauchungen und Prellungen wird Arnikatinktur zugesetzt. Heiß (Dampfkompressen) wirken sie schmerzlindernd und krampflösend. Je energischer sie ausgepreßt werden, desto länger bleiben sie warm. Zunächst werden dem Patienten Trockentuch und Wolldecke zur Vorerwärmung untergelegt und ein Stück dampfdurchlässigen Wollflanells bereitgelegt. Leinentuch wird sechs- bis achtfach auf die entsprechende Größe zusammengelegt, eingerollt und einige Minuten in kochendes Wasser gelegt. Beim Herausnehmen umwickelt man das heiße Tuch mit einem trokkenen Handtuch und drückt es von oben beginnend kräftig aus. Dann wird die mehrfache Leinenauflage in den bereitliegenden Wollflanell zu einem Päckchen eingeschlagen. Unten darf sich der Flanell nur in einfacher Lage befinden. Mit dieser Seite wird die K. vorsichtig aufgelegt und eingepackt. Man kann eine Wärmflasche oder Heizkissen auflegen.

Kondensation: Verdichtung von Gasen durch Druck oder Abkühlung.

Kondurangorinde: Rinde von einem südamerikanischen Strauch. Wein und Abkochung als Magenmittel zur Appetitanregung und Verdauungsförderung. Galt früher als Mittel gegen *Magenkrebs.*

Kongestion, s. *Blutandrang* (zum Kopf).

Königskerzenblüten (Wollblumen): hustenfördernd. Als *Brusttee*beimischung (Tafel IX).

Konkremente: durch gegenseitige Verkittung fester, meist ausgefällter Bestandteile entstandene Körper: *Gallensteine, Kotsteine, Nieren-, Blasensteine* usw.

Konservieren: Haltbarmachen von Nahrungsmitteln und Arzneimitteln vor allem durch Vermeidung der bakteriellen Zersetzung. K. ist ein Notbehelf, um eine dem Verderb ausgesetzte Nahrung zu erhalten. Sie geht immer mit Verlust an lebenswichtigen Stoffen einher, deshalb darf nie eine *Ernährung* vorwiegend mit konservierter Nahrung durchgeführt werden. Die alten Verfahren beruhen auf trockener Lagerung (von Samen, Samenknollen und Wurzeln). Trocknen (von Pflanzen, Gemüsen, Früchten), Einsalzen, Einzuckern und Milchsäuregärungsverfahren (Sauerkraut), die neueren auf Anwendung von Kälte oder von Hitze (Kühlräume, Kühlschränke, Gefrierverfahren, Tiefkühlung); Dörren von Pflanzen und Früchten in der Hitze (Pasteurisieren und Sterilisation), Zusatz von Chemikalien (Salizylsäure, Oxybenzoesäure, Hexamethylentetramin, Borsäure). Chemische Konservierung wird von der Naturheilkunde aus grundsätzlichen Bedenken abgelehnt, es gelten hier die gleichen Gründe, die z. T. gegen die Lebensmittel*färbung* mit chemischen Farben sprechen. Alle anderen Konservierungsmaßnahmen werden nicht abgelehnt; es wird nur gefordert, daß man im Einzelfall mit der Methode auszukommen sucht, die die geringste Entwertung der Nahrung zur Folge hat.

Konstitution: Körperverfassung und seelische Verfassung. K. umfaßt die für das einzelne Lebewesen charakteristischen Körpermerkmale und *Reaktions*weisen ebenso wie die seelischen Merkmale und Reaktionsweisen. Sie sind teilweise ererbt, zum Teil aber auch durch das Leben erworben. Die K. umfaßt also die *Erb*masse, das Erbbild sowie das Erscheinungsbild dieser Reaktionsweisen. Alle Versuche, die jedem Menschen eigenen Eigenschaften in Gruppen zu erfassen, können nur im groben gelingen. Es gehört eben zum Wesen der K., daß sie *individuell* ist, weil nie zwei Wesen in der Welt sich völlig gleichen können. Gruppenbildung kann also nur durch Einteilung nach einem oder mehreren zusammengehörigen Merkmalen geschehen.

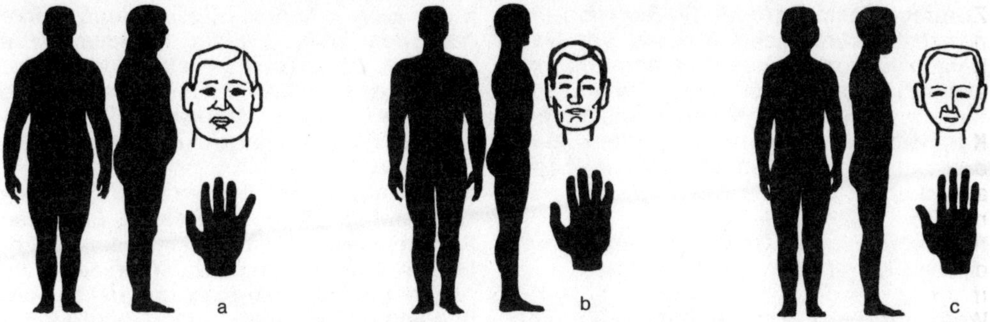

Konstitutionstypen: a) Pykniker, b) athletischer Typ, c) asthenischer, leptosomer Typ

Man kann nach äußeren und inneren Merkmalen einteilen. Die Einteilung nach äußeren Merkmalen unter Betrachtung der erblichen Zusammenhänge führt zur Einteilung nach Rassen. Es ist aber zweckmäßiger, nach Konstitutionsgruppen einzuteilen. Prof. Kretschmer unterscheidet den gedrungenen, rundlichen Typ mit zartem Knochenbau und schwacher Muskulatur, den *Pykniker,* den schlanken, lang- und starkknochigen, muskelstarken Typ, den *Athletiker,* und den schlanken, langknochigen, aber in Körperbau, Muskulatur und Leistung schwachen Typ, den *Astheniker* oder *Leptosomen.* Nach der seelischen Reaktionsweise unterscheidet man Einzelgänger mit sprunghaftem Temperament, die zum Entweder-Oder neigen und nach außen schroff in Erscheinung treten, mit empfindlicher, kühler Stimmungslage, ohne tiefgehende Erlebnismöglichkeiten, die *Schizothymen,* von den *Zyklothymen,* deren Stimmungslage, bei beweglichem bis behäbigem Temperament, zwischen heiter und traurig schwingt, die die Geselligkeit lieben, verträglich sind, den Ausgleich suchen, natürlich und weich in der Erregung sind, tief erleben und empfinden können. Nach der Lehre Kretschmers besteht eine ziemliche Übereinstimmung zwischen dem Pykniker und dem zyklothymen Typ, dem Astheniker und dem schizothymen Typ, so daß man die seelische Anlage und Reaktionsweise schon nach dem äußeren Erscheinungsbild erschließen kann. Das ist nur bedingt richtig, d. h. nur in der Mehrzahl der Fälle besteht diese Übereinstimmung, so daß es nicht möglich ist, unfehlbar allein aus dem Äußeren auf die seelische Veranlagung zu schließen. Es gibt auch Einteilungen nach körperlichen *Reaktionsweisen.* So kann man schwache, normale und starke Naturen, reizbare und weniger stark reagierende K. unterscheiden. Die alten Ärzte unterschieden nach den vier klassischen *Temperamenten,* die sie durch fehlerhafte Mischung der Säfte erklären. Hatte einer zuviel »Blut«, dann sprachen sie vom *Sanguiniker,* zuviel »Galle«, vom *Choleriker,* zuviel »Schleim«, vom *Phlegmatiker,* zuviel »schwarze Galle«, vom *Melancholiker.* Heute erklärt man die Temperamente nicht mehr mit dem Zuviel eines einzelnen Körpersaftes. Nach der Reaktionsform des *Lebensnervensystems* teilt man in Typen ein, bei denen das sympathische *Nervensystem* überwiegt (Sympathicotoniker), und solche, bei denen der Nervus *vagus* (Vagotoniker) überwiegt. Auch die *Homöopathie* hat schon seit *Hahnemann* die K. in ihre Lehre eingebaut. Sie kennt ausgesprochene Konstitutionsmittel, die nur bei bestimmten Menschentypen, dann aber ganz besonders wirksam sind. Die Typen werden nach dem Mittel bezeichnet. So spricht man vom Pulsatilla- oder Sepia-Weibchen, Nux-vomica-Typ u. a.; s. auch Huter u. Mayr-Kur.

Kontaktinfektion: Ansteckung durch Berührung eines Kranken oder mit diesem in Berührung gekommener Personen und Gegenstände.

Kontraktur: Einschränkung der Beweglichkeit eines *Gelenks.*

Kontrast ist in der Wasserheilkunde der Reiz, der durch den Unterschied zwischen kalt und warm ausgeübt wird. Je größer der

Kontrast, desto kräftiger die *Reaktion* und damit die körperliche Wirkung der Maßnahme. Es kommt darauf an, unter Berücksichtigung der Konstitution des Kranken den Kontrast möglichst gut herauszuarbeiten. *Wechselanwendungen* arbeiten darauf hin, besonders wirksame Kontraste zu erzielen.

Konvulsion: durch Gehirnschädigung ausgelöste *Krämpfe.*

Konzentration: Zusammenfassung körperlicher und geistiger Kräfte auf ein Ziel. Seelische K. im *autogenen Training.*

Kopfdampf: Der geschlossene Topf (s. *Dampf*) steht auf einem Stuhl oder Hocker. Der Patient sitzt mit entblößtem Oberkörper übergebeugt davor. Ein Lein- oder Wolltuch wird lose über Topf und Patient gelegt, der Topf allmählich und langsam geöffnet, am besten durch den Patienten selbst. Während der Dampf ausströmt, ausgiebig durch Mund und Nase atmen. Will man die örtliche Schweißwirkung ausnutzen, so läßt man anschließend im vorgewärmten Bett nachdünsten, sonst unmittelbar danach Abwaschung des Gesichtes, *Oberguß* oder *Ganzwaschung.*

Kopfgrippe, s. *Grippe, Gehirnentzündung.*

Kopfguß, s. *Güsse:* Beginn hinter dem re. Ohr, an der Stirnhaargrenze, über das li. Ohr und die Stirne vorbeiführen in immer enger werdenden Spiralen bis zum Scheitel kreisend; hier einige Sekunden das Wasser gleichmäßig über den Kopf fließen lassen und den gleichen Weg zurück. Dauer nicht mehr als 1/2 Minute. Gesicht und Haare nach dem Guß sorgfältig trocknen. Wird subjektiv unangenehm empfunden und deshalb nur selten verordnet. Anwendung gelegentlich bei starken Mittelohrkatarrhen, Sehnervenatrophie, Kopfekzem.

Kopflichtbad: *Heißluft*behandlung durch Glühlampen (40–45°) in einem über den Kopf stülpbaren Kasten. Schutz der Augenhöhlen durch Wattebäusche. 20 Minuten, gegebenenfalls mehrmals tgl., bei Nebenhöhlenentzündungen, Tuben- und Mittelohrkatarrh, Mittelohrentzündung.

Kopfschmerzen können verschiedenste Ursachen haben. Ungleichmäßige Blutverteilung, Blutüberfüllung, Blutleere im Kopf, entzündliche Reizungen, Giftwirkungen (Bakterien, Stoffwechsel-, Genußgifte usw.). Überanstrengungen des Nervensystems, Gefäßkrämpfe, Augenerkrankungen, Ohren- und Gehirnerkrankungen, Hirndruck. Behandlung nach der Ursache verschieden. *Ableitung* vom Kopf: warmes *Fußbad* mit kaltem *Knie-* oder *Schenkelguß, Wechselfußbäder, Halbbäder, Sitzbäder, Schenkelguß, Barfußlaufen, Wassertreten, Tautreten.* Bei Bettlägerigen über Nacht *Lendenwickel, Wadenwickel, nasse Socken, Unterkörperwaschungen.* Kalte *Kopfkompressen, Atemübungen, Nasenübungen* mit Atmung. Viel Bewegung im Freien, Regelung der Kost, eventuell einleitend *Fasten.* Hp.: Aconitum D3–6, Belladonna D3–6, Calcium phosphoricum D3–6, Colocynthis D3–6, Gelsemium D3–6, Glonoinum D6, Ignatia D6, Nux vomica D4–6, Pulsatilla D3–4, Silicea D6–12, Spigelia D3–6. Bch.: Ferrum phosphoricum D6, Kalium phosphoricum D6, Magnesium pho-

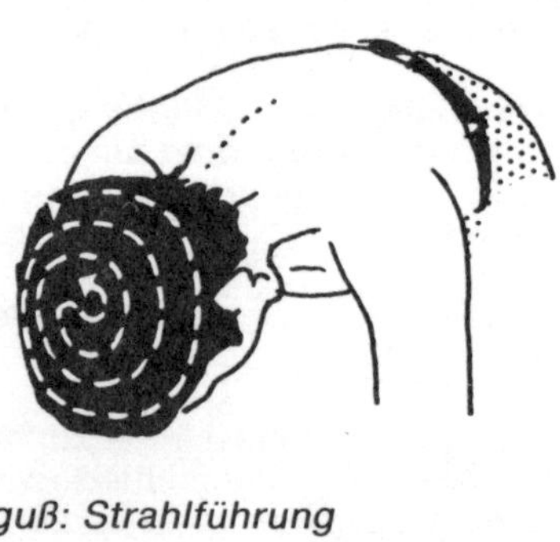

 Kopfguß: Strahlführung

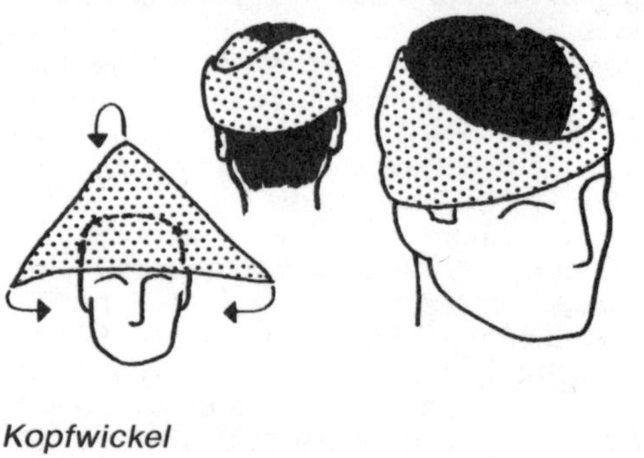

Kopfwickel

Acker-
schachtelhalm
Equisetum arvense

Adonisröschen
(giftig)
Adonis vernalis

Alant, echter
Inula helenium

Andorn, weißer
Marrubium vulgare

TAFEL II

Arnika
Arnica montana

Augentrost
Euphrasia officinalis

Baldrian
Valeriana officinalis

Bärentraube
Arctostaphylos uva ursi

Benediktenkraut
Cnicus benedictus

Bilsenkraut (giftig)
Hyoscyamus niger

Birke
Betula alba

Chinesischer Rhabarber
Rheum palmatum

TAFEL IV

Dost
Origanum vulgare

Eibisch
Althaea officinalis

Eiche
Quercus robur

Eisenhut, blauer (giftig)
Aconitum napellus

TAFEL V

Engelwurz
Archangelica officinalis

Enzian, gelber
Gentiana lutea

Feldthymian (Quendel)
Thymus serpyllum

Fieberklee
Menyanthes trifoliata

TAFEL VI

Fingerhut (giftig)
Digitalis purpurea

Gartenthymian
Thymus vulgaris

Germer, weißer (giftig)
Veratrum album

Hauhechel
Ononis spinosa

Heidelbeere
Vaccinium myrtillus

Herbstzeitlose
(giftig)
Colchicum autumnale

Hirtentäschelkraut
Capsella bursa pastoris

Holunder
Sambucus nigra

TAFEL VIII

Huflattich
Tussilago farfara

Isländisches Moos
Cetraria islandica

Johanniskraut
Hypericum perforatum

Kalmus
Acorus calamus

Kamille
Matricaria chamomilla

Klette, große
Arctium lappa

Knoblauch
Allium sativum

Königskerze
Verbascum thapsiforme

TAFEL X

Kümmel
Carum carvi

Lavendel
Lavandula officinalis

Lein
Linum usitatissimum

Linde
Tilia platyphyllos

TAFEL XI

Maiglöckchen (giftig)
Convallaria majalis

Malve
Malva silvestris

Melisse
Melissa officinalis

Mistel
Viscum album

TAFEL XII

Mutterkorn (giftig)
Secale cornutum

Odermennig
Agrimonia eupatoria

Pfefferminze
Mentha piperita

Primel (Schlüsselblu
Primula officinalis

Rosmarin
Rosmarinus officinalis

Roßkastanie
Aesculus hippocastanum

Salbei
Salvia officinalis

Schafgarbe
Achillea millefolium

TAFEL XIV

Schlafmohn (giftig)
Papaver somniferum

Schöllkraut (giftig)
Chelidonium majus

Sonnentau
Drosera rotundifolia

Spitzwegerich
Plantago lanceolata

Stechapfel (giftig)
Daturus stramonium

Taubnessel, weiße
Lamium album

Tausendgüldenkraut
Erythrea centaurium

Tollkirsche (giftig)
Atropa belladonna

TAFEL XVI

Veilchen
Viola odorata

Wacholder
Juniperus communis

Weißdorn
Crataegus oxyacantha

Ysop
Hyssopus officinalis

sphoricum D6, Natrium muriaticum D6, Calcium phosphoricum D6, Silicea D12, Natrium phosphoricum D6, Kalium chloratum D6.

Kopfwickel: Umwicklung des *Schädels,* ohne Gesicht. Dreieckig gefaltete Tücher mit der langen Seite vom unteren Stirnrand an beiderseits nach hinten führen, kreuzen und beiderseits nach vorn einstecken. Bei langem Haar wird das benäßte Haar als nasses Tuch genommen und dieses weggelassen, es wird also nur mit trockenem Zwischen- und Wolltuch gewickelt. Nach Abnahme Haar sorgfältig trocknen.

Kornea, s. *Hornhaut.*

Koronararterien, Kranzgefäße, s. *Herz.*

Körperbautypen, s. *Konstitution.*

Körpergewicht: abhängig von Größe, Alter, Geschlecht, Ernährungszustand und *Konstitution.* Zu achten ist besonders auf langsame oder plötzliche Veränderungen (Abnahme, Zunahme), weil sie auf Veränderungen des *Stoffwechsels* hinweisen, deren Ursache geklärt werden muß.

Körpergröße ist Ergebnis des *Wachstums*prozesses und ist *konstitutionell,* teilweise durch *erb*liche Faktoren festgelegt. Im Alter nimmt die nach Abschluß der Entwicklung erreichte Größe durch Schrumpfen der *Zwischenwirbelscheiben* ab. *Haltungs*veränderungen und -verkrümmungen der *Wirbelsäule* haben den meisten Einfluß auf Größenveränderungen nach Beendigung des Wachstums.
Die K. der jungen Generation hat durch Veränderungen in den Erbanlagen der Zellen außerordentlich zugenommen (Akzeleration).

Körperpflege gehört zur allgemeinen Gesundheitspflege. Sie dient neben der Reinigung des Körpers von Schmutz, Staub, Bakterien, Schweiß und Ausscheidungsresten der *Abhärtung* und Kräftigung des Körpers. Waschungen, Bäder, *Haut-, Mund-, Zahn-, Nagel-* und *Schönheitspflege* gehören ebenso hierher wie *Atemgymnastik, Gymnastik,* Leibesübungen, *Luft-* und *Sonnenbäder.* Vgl. die einzelnen Stichwörter.

Körpertemperatur: Der Mensch ist ein Warmblütler und hält eine mit 37° nach oben und etwa 36° nach unten begrenzte K. durch den Energieumsatz und die Wärmeregulation des Körpers aufrecht. Die K. ist von der Umgebungstemperatur mehr oder weniger unabhängig. Störungen der Wärmeregulation, z.B. *Erkältungen,* setzen die *Abwehrbereitschaft* des Körpers herab und begünstigen die Entwicklung von *Infektionen.*
Erhöhungen der K. nennt man *Fieber.* Dieses dient der Abwehr von Infektionen oder ist Folge von Wärmestauung.

Korpulenz, s. *Fettsucht.*

Kosmetik, s. *Schönheitspflege.* Ärztliche K. ist die operative Beseitigung körperlicher Entstellungen, Schlaffheitserscheinungen d. Haut u. des Gewebes oder übermäßiger Fettpolster.

Kot (Stuhl, Faeces, Fäkalien): besteht aus nichtverdauten Nahrungsresten, Bakterien und unverbrauchten Magen- und Darmsäften sowie Galle. Je nach der Eindickung durch Wasserentziehung im Dickdarm entwickelt sich aus den Speisebreiresten eine mehr oder weniger feste und geformte Kotsäule oder eine breiige, auch flüssige *(Durchfall)* ungeformte Masse. Die Farbe entsteht aus Veränderungen des *Gallenfarbstoffs,* bei Fehlen wird der Stuhl weiß bis tonerdefarben. Schwarzer, teerfarbener Stuhl (Pechstuhl) rührt entweder von verändertem Blutfarbstoff aus den Magen- und oberen Darmpartien, von Heidelbeergenuß oder Einnahme von Eisen- oder Wismutpräparaten her. Bei krankhaften Störungen im Darm kann *Eiter, Schleim, Blut* beigemischt sein. Aus Beschaffenheit des Stuhls kann der Arzt wichtige Krankheitshinweise entnehmen.

Kotbrechen (Miserere): Erbrechen von Kotmassen bei *Darmverschluß.* Äußerst ungünstiges Krankheitszeichen. Wenn es nicht gelingt, den Darmverschluß schnell operativ zu beseitigen, ist ein ungünstiger Ausgang nicht abzuwenden.

Kotstein: eingedickte Stuhlmassen mit Einlagerung von kohlen- und phosphorsauren Salzen. Im *Wurmfortsatz* können sie Reizungen hervorrufen.

K **Krampf** ist die bleibende und sich nicht regelrecht lösende Zusammenziehung von glatter oder quergestreifter Muskulatur oder ihre raschere und ungewollte Wiederkehr. K. glatter Muskulatur der Hohlorgane führen zu *Koliken,* die der Blutgefäße zu Gefäßkrämpfen mit Störungen der Blutversorgung. Die quergestreifte Muskulatur kennt neben der dauernden Zusammenziehung (tonischer K.) auch den schnellen Wechsel zwischen Zusammenziehung und Erschlaffung, den klonischen K., ohne daß beide dem Willen unterworfen sind. Klonische K. der gesamten Skelettmuskulatur sind charakteristisch für *Fallsucht* (Epilepsie), tonische K. der Muskulatur für Wund*starrkrampf.* Das Krampfen der Kinder (Fraisen) zeigt beide Formen gemischt. K. der Muskulatur bei übertriebener einseitiger Beanspruchung *(Schreibkrampf)* oder zwanghafte Erscheinungen, wie Zwangsgähnen, -lachen, -weinen, bezeichnet man auch als K., obwohl sie nicht absolut alle Voraussetzungen des K. erfüllen. Die Neigung zu Verkrampfungen, besonders der glatten Muskulatur, ist häufig seelisch bedingt, und *Verkrampfungen* in bestimmten Organgebieten spielen bei vielen Krankheitserscheinungen eine wesentliche Rolle. Beh.: Durch betonte *Entspannung* muß man in solchen Fällen den Ausgleich anstreben. Gesunde Ernährung, *Lebertran,* kühle Waschungen, *Wadenwickel, Licht, Luft, Sonne,* Entspannung durch *Atemübungen, autogenes Training, Bindegewebsmassage.* Hp.: Aconitum D3–4, Gelsemium D4, Ignatia D6, Zinkum valerianum D4, Sepia D6. Bch.: Magnesium phosphoricum D6, Calcium phosphoricum D6–12, Kalium phosphoricum D6–12, Silicea D12. Kinder reagieren sehr leicht mit K. (Fraisen). Daher sind K. im Kindesalter nicht sehr beunruhigend. Fieberhafte Krankheiten, Verdauungsstörungen, Stoffwechselstörungen können Ursache sein. Besonders bei *Rachitis* und ihren Vorstufen besteht bei Säuglingen und Kleinkindern eine besondere Krampfbereitschaft *(Spasmophilie).* Beh.: gesunde Ernährung, *Lebertran, Keimöl,* kühle *Waschungen, Wadenwickel, Licht, Luft- und Sonnenbehandlung.*

Krampfadern (Venenerweiterungen, Varicen); krankhafte Schlängelung und Erweiterung von *Blutader*strängen, infolge Schwinden der elastischen Fasern. Grundlage ist eine vererbbare Bereitschaft auf dem Boden einer Organminderwertigkeit. Dazu kommen als auslösendes Moment Stauungen in bestimmten Abflußgebieten. Vor allem stehende Berufe oder Schwangerschaft. Fortschreitend kommt es zu einer allmählichen Verdünnung der Venenwand, was zum Platzen und zur K.-blutung führen kann. Störungen in der Blutversorgung der Beine durch die K. führt zunächst zu Jucken u. oft krampfhaften Schmerzen, woher sich der Name ableitet. Es kann zum Absterben der gestörten Versorgungsgebiete u. zur Geschwürsbildung (Unterschenkelgeschwür) kommen. Das zeigt sich durch Jucken, Schuppen, Pigmentbildung u. entzündliche Hautveränderungen, auch Ekzeme in dem Bereich an. Im Bereich der unteren Mastdarmgegend entwickeln sich solche Bildungen innerhalb oder außerhalb des Afters. Man nennt sie *Hämorrhoiden.* Erweiterungen der Samenstrangvenen führen zum Krampfaderbruch (Varicocele), der oberflächlichen Bauchvenen bei Leberstauungen infolge Pfortaderthrombose zum Medusenhaupt und zu inneren Krampfadern in der Speiseröhre. K. in den Beinen machen Schweregefühl, ziehende und krampfartige Schmerzen *(Wadenkrämpfe),* Anschwellungen der Füße und Gelenke. Bei den krampfschmerzbildenden und auch bei den zu Geschwüren führenden K. handelt es sich meist um tiefliegende, oft durch Blutpfröpfe verschlossene K. Beh.: Beseitigung der Stauungen, wozu oft *Blutegel* notwendig sind. Lehmpackungen zur Entwässerung u. Entlastung und Wiederherstellung der Elastizität der Venen. Dazu *Schenkelgüsse, Wechselfußbäder, Halbbäder.* Wenn Blutpfropfbildungen vermutet werden können, keine Wechselfußbäder, sondern kalte Anwendungen *Wassertreten.* Beseitigung der Unterleibstauung und *Stuhlregelung.* Tragen von Wickeln oder Gummistrümpfen wird von der Naturheilkunde abgelehnt, weil dadurch die Venen nicht gekräftigt, sondern ihre weitere Erschlaffung und Rückbildung begünstigt wird. Salzarme, gesunde Kost mit reichlich *Rohkost,* um die Entwässerung zu begünstigen, evtl. mit Einlage *entwässernder Diättage* und Berücksichtigung des Gesamtkreislaufs. Hp: Hamamelis D2, Arnica D6–10, Carduus marianus ∅-D I, Lycopodium D3–10. Bch.: Calcium fluoratum D 12, Silicea D 12, Ferrum phosphoricum D 6, Kalium phosphoricum D 6, Natrium muriaticum D6, Natrium sulfuricum D6. Bei K.-blutung Druckverband mit Hochlagerung der Beine.

Krampfadergeschwür (offenes Bein, Ulcus cruris). Zerfall der Haut und des Unterhautgewebes im Krampfaderbereich durch Ernährungsstörungen infolge *Krampfaderbildung* meist mit Pfropfbildungen. Oft tiefgreifend, schmierig, dauernd nässend und schwer heilend. Die Behandlung hat zunächst bei den *Krampfadern* zu beginnen. Ausreichende Blutegelbehandlung. Dann nachts einwickeln in Tücher, die mit Heublumenabsud oder Zinnkraut getränkt sind oder entsprechende Auflagen im Geschwürsbereich. Lehmpackungen, Quark- und Bockshornkleeauflagen. Bei schmierigen Geschwüren und Ekzemen Auflagen mit Osterluzeiabkochungen. *Wechselfußbäder* mit Zinnkrautabkochung, Leibentlastung durch Essigtuchauflagen, leichte Güsse, Förderung der allgemeinen *Ausscheidung, Ableitung auf Haut und Nieren.* Kreislaufentlastung.
Hp.: Arnica D6–10, Carbo vegetabilis D6–10, Hepar sulfuris D3–6, Carduus marianum ∅, Calcium fluoratum D6, Acidum hydrofluoricum D6–10, Lycopodium D3–6, Sulfur jodatum D3–6, Lachesis D8–10, Arsenicum D4 bis 12. Bch.: Natrium sulfuricum D6, Natrium muriaticum D6, Silicea D12, Calcium fluoratum D12, Kalium phosphoricum D6, Natrium phosphoricum D6.

Krankenernährung: Die Naturheilkunde steht auf dem Standpunkt, daß alles, was den Menschen gesund erhält, sich auch für den Kranken am besten eignet, um wieder gesund zu werden. Sie kennt daher nicht so viele einzelne Diätformen wie die Schulmedizin.
Ihre Heilkost beschränkt sich auf einzelne Formen wie *Fasten, Obst-*, Gemüse*saft*kuren, *Obst*kuren, *Rohkost*kuren. Die Grundkost für die Krankenbehandlung stellt die salzarme (vorübergehend auch salzfreie) *vegetarische* Kost mit Rohkost dar. Nur wenn sie nicht vertragen wird, wird die Kost individuell angepaßt, und nur solange es nötig ist. Das Ziel jeder individuellen K. muß sein, möglichst bald eine gesunde Grundkost zu erreichen und diese auf die Dauer durchzuführen.
Nur bei bestimmten Krankheiten, meist des Stoffwechsels, sind besondere Kostformen notwendig, z. B. bei der Zuckerkrankheit. S. *Ernährung.*

Krankengymnastik ist die auf den Kranken eingestellte und für einzelne Krankheiten besonders entwickelte Form der *Heilgymnastik.*

Krankenhaus, s. *Klinik.*

Krankenpflege umfaßt alle zur Unterbringung und Betreuung eines Kranken, insbesondere eines bettlägerigen Kranken, notwendigen Maßnahmen. Sie betrifft die Wahl des Krankenzimmers, bei dem auf sonnige, ruhige Lage und gute Lüftungsmöglichkeit zu sehen ist. Die Temperatur soll um 18° betragen. Das Bett soll so aufgestellt sein, daß man von beiden Seiten herantreten kann. Die Matratze soll nicht zu hart und nicht zu weich sein, das Laken muß straff gespannt aufliegen. Bei unreinlichen Kranken muß ein Gummituch unterlegt werden, das in der Gesäßgegend mit aufsaugendem Zellstoff oder Barchent abgedeckt wird. Auch diese Lagen müssen glatt liegen. Die Kissen müssen öfters aufgeschüttelt, das Bett gegebenenfalls öfters glattgestrichen werden. Durch Einschieben von Kissen, Sandsäcken oder kleinen Kistchen kann die Lage des Oberkörpers zweckentsprechend verändert werden. Kranken mit schlaffe Bauchdecken soll durch ein am Fußende befestigtes Seil Gelegenheit zur Unterstützung beim Aufrichten gegeben werden. Ein gut erreichbarer Nachttisch soll Uringlas und Spucknapf leicht erreichbar halten. Sonst soll möglichst wenig Mobiliar im Krankenzimmer stehen, alles ordentlich gehalten und aufgeräumt sein. Die Pflegemaßnahmen bestehen in Unterstützung des Kranken beim Waschen und in der *Hautpflege,* die besonders dem Durchliegen vorbeugen soll, beim Wechseln der Wäsche und Umbetten. Anbieten und appetitliches Anrichten der Speisen, Erleichterung der Harn- und Stuhlentleerung durch Bettschüssel, Nachtstuhl und Harnflasche und Reinigung der benützten Geräte, dauernde Beobachtung des Kranken, Puls- und Fiebermessung, Durchführung der angeordneten Heilmaßnahmen, Waschungen, Wickel, Packungen, Arzneiverordnungen, soweit sie im Bett oder vom Bett aus genommen werden. Bei ansteckenden Krankheiten ist die *Desinfektion* aller aus dem Zimmer gebrachten Gegenstände und der *Ausscheidungen* durchzuführen oder zu veranlassen und darauf zu achten, daß Personen, die die Zimmer betreten, die vorgeschriebenen Desinfektionsmaßnahmen durchführen und sich zweckmäßig und infektionsverhütend verhalten.

Krankheit ist der Zustand, in den der Körper gerät, wenn er auf eine von außen an ihn herangetragene Schädigung reagiert. Auf Grund selbsttätiger Regelungen vermag der Körper ihm schädliche Einflüsse abzuriegeln, auszugleichen und unschädlich zu machen (s. *Abwehrregulationen). Blutgerinnung, Wundheilung, Entzündung* sind solche Vorgänge. K. geht über die Heilung entweder in den Gesundheitszustand über, oder es bleiben durch Defektheilung Funktionsstörungen zurück. Diese können durch natürliche Heilvorgänge nicht mehr geändert werden. Hier ist es möglich, durch haushälterisches Umgehen mit dem Verbliebenen auszukommen und durch *Übung* und Kräftigung die gesunden Funktionen so zu verbessern, daß sie die Lücke ausfüllen können. Ein solcher Zustand ist ein »Leiden« und unterscheidet sich von der K. dadurch, daß er nicht beseitigt, sondern nur durch Anpassungsvorgänge überwunden werden kann. Die wichtigste Aufgabe der Gesundheitspflege ist daher, K. durch eine gesunde Lebensweise und *Abhärtung* zu vermeiden. In der Krankenbehandlung ist es wichtig, Störungen frühzeitig zu erkennen und sie auszugleichen, solange sie noch nicht zu Gewebszerstörungen geführt haben, d. h. zu verhindern, daß sich durch Defekte und Funktionsausfälle überhaupt erst ein Leiden entwickelt, also insbesondere das *Chronisch*werden eines *akuten* Krankheitszustandes zu vermeiden. Alle Kräfte, die die Abwehrvorgänge auslösen, sind in der Lebenskraft zusammengefaßt, die die natürliche Heilkraft an sich ist. Die Aufgabe der naturheilkundlichen Behandlung ist es, sie sinnvoll zu stärken und zu unterstützen, damit die zur K. führende Störung überwunden wird. Beim Leiden versucht man durch Kräftigung des Gesamtkörpers und der Restorgane den Funktionsausfall auszugleichen. Die Lebenskraft in diesem Sinne ist mit der Natur (Physis) und der vis mediatrix der Ärzte des Altertums und dem »inneren Arzt« des *Paracelsus* wesensgleich.

Kranzgefäße, Koronargefäße, s. *Herz.*

Krapp, s. *Färberröte.*

Krätze (Scabies): Erreger sind Hautmilben, die sich Gänge in die Haut bohren. In der Bettwärme Jucken, das zum Kratzen zwingt. Die Hautreizung kann so stark werden, daß es zur Entzündung *(Ekzem*bildung) kommt.
Die Krätzemilben bevorzugen besonders die warme und weiche Haut in Handbeugen, Achselfalten und die Haut des männlichen Gliedes. Beh.: Einreiben des Körpers tgl. mit Perubalsam oder einem chemischen Krätzemittel, 3 Tage hintereinander, am 4. Tage warmes Vollbad, mit grüner Seife gut einreiben und kalt abgießen. Neue Wäsche anziehen und die alte Wäsche auskochen. Auch auf Kleider und Bettwäsche achten!

Kräuterbäder: warme Bäder mit Zusatz von Absuden und Abkochungen von Pflanzen oder Pflanzenteilen, s. *Abkochung. Kneipp* verordnet warme Bäder grundsätzlich mit Pflanzenzusätzen. Es gibt auch fertige Extrakte, die an Stelle der Abkochungen zugesetzt werden können. Die Art der Kräuter und Pflanzen richtet sich nach den *Indikationen.*

Krebs (Carcinom), s. *Geschwulst.* K. ist ein häufiges Leiden, das mit Fortschreiten der Zivilisation immer mehr zunimmt. Heute stirbt jeder 5. Mensch an K. Da er häufig ist, kommt er in Familien vermehrt vor, ohne daß von Erblichkeit gesprochen werden kann. K. ist auch nicht direkt ansteckend. K. entsteht vor allem durch langdauernde chronische Einwirkungen von Reizen verschiedener Art. Chemisch: Wir kennen heute über 500 Stoffe, die sicher krebserzeugend wirken. Sie werden häufig mit der Nahrung aufgenommen. Die Naturheilkunde *(Lebensreform)* hat sich daher schon immer dem Gebrauch von Chemikalien zur *Färbung, Konservierung* der Nahrung widersetzt und der übermäßigen Verwendung von Chemikalien als Arzneimittel widersprochen. Ihre Auffassung ist erst in neuester Zeit angenommen worden und hat sich, wenn auch nicht konsequent, mit zugelassenen Ausnahmen, in der neueren Lebensmittelgesetzgebung stark niedergeschlagen. Auch die beim Rauchen entstehenden Teerprodukte können zu Lippen-, Zungen-, Lungen- und Magenkrebs führen. Röstprodukte, hocherhitzte tierische Fette, konzentrierte Alkohole können bei langdauerndem Genuß zur Krebsentwicklung im Verdauungskanal beitragen. Krebs bei Schornsteinfegern u. Anilinarbeitern gehören zu den anerkannten Berufserkrankungen. Physikalisch kann örtlicher Krebs durch langdauernde immerwährende mechanische Reizung ebenso entstehen wie durch Einwirkung von Strahlungen kleinster Wellenlängen (Röntgen-, Radium-Atomzerfallsstrahlung). Kurzwellige Strahlungen sind bei kleinsten Wellenlängen krebserzeugend. Die Behauptungen mancher Biologen, gewisse Erdstrahlenfrequenzen seien für den K. verantwortlich, stehen nicht ohne weiteres im Gegensatz zu unseren allgemeinwissenschaftlichen Erkenntnissen. Der Widerspruch der Wissenschaft richtet sich vor allem gegen ungenügend belegte Behauptungen über das Auftreten von Erdstrahlen und ihre angebliche Beseitigung durch Abschirmapparate. Daß hier oft bodenloser Schwindel getrieben wird, kann nicht bestritten werden. Chronische Einwirkungen bakterieller Reize und vor allem auch von *Viren* können K. verursachen. Körpereigene Stoffe, wie die Sexualhormone, können in einzelnen Fraktionen zur Krebsentwicklung im Bereich der Geschlechtsorgane führen, wozu bei der Frau auch die Brust gehört. K. entsteht auf Grund solcher Einwirkungen erst nach längerer Dauer, wenn es sich nicht um massive Strahlenschäden handelt, wie bei den Atomstrahlen. Bei Personen im jugendlichen Alter kommt er daher nur ganz vereinzelt vor. Bei Kindern handelt es sich meist um Entstehung aus Resten embryonalen Entwicklungsgewebes, das sich nicht voll zurückgebildet hat. K. ist keine ausschließliche Alterskrankheit, kommt aber in höherem Alter gehäufter vor. Bei Frauen häuft sich das Auftreten nach dem 30., bei Männern nach dem 40. Lebensjahr. Grundsätzlich kommt K. in jedem Alter aber vor. K. ist eine Zellwucherung, ein Gewächs oder, wie er meist bezeichnet wird, eine *Geschwulst*. Die Deckzellen (Epithelien) der Haut und Schleimhäute, Drüsenzellen und das Endothel wuchern so, daß sie die ihnen von der Natur gezogenen Grenzen überschreiten und in Gewebeschichten vordringen, in denen sie von Natur aus nicht vorkommen und auch nichts zu suchen haben. Sie vermehren sich unregelmäßig u. unbegrenzt u. zerstören alles Gewebe, das sich ihnen in den Weg stellt. Bei einem so ungeordneten Wachstum ist die Ernährung der neugebildeten Zellen nicht immer gewährleistet. Gewebszerfall und Blutungen in der Geschwulst sind daher möglich. Auf Blut- und Lymphwegen kann der K. in entfernte Körpergebiete verschleppt werden und sich dort selbständig machen. Diese ausgesäten Kolonien nennt man Tochtergeschwülste (Metastasen). Die dabei entstehenden giftigen Stoffwechselprodukte führen zu *Blutarmut* und Kräfteverfall (Kachexie). K. verursacht nur Schmerzen, wenn er schmerzleitende Nerven erreicht. Nach Auffassung der Naturheilkunde ist der K. kein örtliches Leiden, sondern nur der örtliche Ausdruck der allgemeinen Krebserkrankung, d.h. der Neigung des Körpers, auf Reize mit Krebsbildung zu reagieren. Wenn die örtliche Geschwulst operativ entfernt ist, kommt es oft zur Neubildung an dieser Stelle, dem sogen. Rezidiv, ein sichtbares Zeichen, daß die Allgemeinkrankheit das Geschehen bestimmt. Nur bei frühzeitiger Erkennung (Frühdiagnose) ist eine Operation aussichtsreich. Ist dies nicht der Fall, so tragen Totalherausnahmen der Geschwulst, da ein Einbruch ins Nachbargewebe und Verschleppung von Krebszellen schon stattgefunden hat, vielfach zu einer Beschleunigung des Ablaufs bei. Für bestimmte K.formen kommen *Röntgen-Radium*-Kobaltstrahlen in Frage. Die naturheilkundliche Behandlung legt Gewicht auf Maßnahmen, die die Abwehrleistung des Organismus steigern. Vitaminreiche, rohkostergänzte Grundkost, eiweißreich. Tgl. milchsaurer Rote-Bete-Saft, Linusitsuppe, streng chemisch freie Nahrungsmittel sollen den Mineralhaushalt normalisieren und Abwehrkräfte aufbauen. Überwärmungsbäder mit hohen Temperaturen (über 40°), über längere Zeit in kurzen Abständen verabreicht, wirken hemmend auf das Krebswachstum. Diese Behandlung wird in der Ardenne-Behandlung mit Einspritzungen von Säurepräparaten in die Blutbahn kombiniert. Einspritzungen von Mistelpräparaten in der *Plenosol*- und Iscadorbehandlung sind neben Serumeinspritzungen etc. üblich. Wichtiger ist die Förderung aller natürlichen Funktionen, wie Atmung, Bewegung, Stoffwechsel. Wichtig ist Frühoperation, die Früherkennung voraussetzt. Wahrnehmung der gebotenen Vorsorgeuntersuchungen im höheren Alter ist dringend geboten. Andere bösartige Gewächse sind zwar im wissenschaftlichen Sinne kein Krebs, doch verhalten sie sich ebenso wie der Krebs, z.B. *Sarkom* (Fleischgeschwulst), bei dem unreife Binde- und Stützgewebszellen ins bösartige Wuchern geraten. Die *Leukämie* wird als Blutkrebs bezeichnet. Bei ihr spielen Viren ursächlich eine Rolle.

Krebsdiagnose. Es wird immer nach einer einheitlichen Methode zur Krebsdiagnostik gesucht, weil man davon ausgeht, daß der Krebs ein einheitliches Geschehen ist. Es gibt weder eine diagnostische noch therapeutische Methode, die einheitlich für alle Krebsformen verbindlich sein kann. Auch in der Außenseitermedizin sind solche diagnostischen Verfahren im Schwange. Der Blutparasit Siphonophora polymorpha soll nach von Brehmer in Verbindung mit dem Blut-ph-Wert Beziehungen zum Krebs- und Rheumageschehen haben, ohne daß es sich um einen Krebserreger handelt. Andere Verfahren versetzen das Blut mit einem Biokatalysator und werten papierchromatographisch das Kapillarsteigbild zur Diagnose aus. Die Bilder sind aber nicht krebsspezifisch und können sich auch auf andere Krankheiten beziehen. Sie geben nicht nur Auskunft über Krebs, sondern auch Anhaltspunkte für Organerkrankungen. Mit der gleichen Methode kapillarchromatisch getestete Arzneien werden bei ähnlichem Kapillarbild zur Arzneimittelfindung herangezogen. Andere Verfahren werten Blutanalysen mit dem Spektroskop aus und erfassen dabei hauptsächlich die Mineralien und den Mineralhaushalt. Aus den Ergebnissen werden Schlüsse auf Art und Sitz der Krankheit gezogen und Mängel im Mineralhaushalt festgestellt, die dann heilend ausgeglichen werden müssen.

Krebsdiät. Groß ist die Zahl der zur Vorbeugung und Behandlung von K. angegebenen Diätformen. *Rohkost, Quark-Leinöl*-Speisen gehören ebenso dazu, wie die *milchsaure Kost* von Kuhl. Sie können im Einzelfall im Rahmen der Ganzheitsbehandlung sich bewähren. Aber generell kann dies nicht gesagt werden. Es gibt keine einheitliche krebsfeindliche Kost. Kostbewährte Gesichtspunkte sind unter dem Stichwort *Krebs* bereits ausgeführt. Grundsätzlich ist zu sagen, daß die Ernährung in der Naturheilkunde nur im Rahmen der Ganzheit der Behandlung wirkt. Es ist nicht möglich, nur mit der Diät allein auf den Krebs vorbeugend oder heilend einzuwirken.

Kreislauf, s. *Blutkreislauf.*

Kreislaufschwäche, s. *Kollaps.*

Kreislaufstörung: Neigung zu Schwindel, Ohnmacht, Herzbeschwerden, schwankender, wechselnder, meist erniedrigter Blutdruck, ohne nachweisbare organische Schädigungen an Herz und Gefäßsystem. Sei treten vorwiegend bei Menschen auf, die in den Jahren des Krieges und nach dem Krieg seelisch und körperlich sehr gelitten haben und lange Zeit auch Fehlernährungen ausgesetzt waren. Es handelt sich vorwiegend um Umschaltstörungen im *Lebensnervensystem.* Auch die Zeit der innersekretorischen Umstellung in *Pubertät* und *Klimakterium* ist besonders betroffen. Beh.: Gesunde, *vitamin*-B-reiche, salzarme, reizlose Kost, *Ganzwaschungen,* kalte Tauchbäder, *Halbbäder, Güsse, Wechselfußbäder, kalte Armbäder* zur Anregung des Kreislaufs. Besenginster-Präparate, Maiglöckchen-Präparate. Hp.: Lachesis D8 bis 10, Veratrum album D3, Ammonium carbonicum D1–3. Bch.: Kalium phosphoricum D6, Natrium muriaticum D6, Calcium phosphoricum D6.

Kreuzbein (Os sacrum): Knochen, der die Hinterwand des *Beckens* bildet und durch Verschmelzung von 5 Wirbelkörpern entstanden ist. Auf ihm baut sich die *Wirbelsäule* auf.

Kreuzdorn (Rhamnus catharticus): mildes, sicher wirkendes Abführmittel; 2–6g Beeren als Einzelgabe.

Kreuzschmerzen gehen auf Erkrankungen der *Wirbelsäule,* des *Kreuzbeins,* der Lendenmuskulatur, Frauenleiden, Störungen der *Menstruation*, *Geschwülste* im *Becken* oder am *Darm*, Krankheiten der *Harnorgane* zurück und bedürfen erst genauer Klärung, bevor man mit der Behandlung beginnt, die sich nach dem Grundleiden richtet. Örtlich: heiße *Heublumensäcke*, An*dampfungen*, *Massage* und Einreibungen zur Linderung. Hp.: Arnica D3, Kalium phosphoricum D6–12, Natrium muriaticum D6–12, Ledum D2, Helonias D2, Sepia D6–10. Bch.: Ferrum phosphoricum D6–12, Magnesium phosphoricum D6, Kalium phosphoricum D6. Plötzliche K. s. *Hexenschuß*.

Kreuzwickel: für solche, die das Einpacken der Arme beim *Schal* als Beengung empfinden. 30–40 cm breites, $1^{1}/_{2}$–2 m langes Leinentuch. Man legt die Mitte des nassen Tuches auf die Brust und zieht dann die li. Hälfte unter dem li. Arm hindurch zur rechten Schulter nach vorn zurück, die re. Hälfte wird auf der anderen Seite entsprechend geführt. Über das nasse Tuch in gleicher Form ein trockenes Leinentuch und ein Wolltuch schlingen. In Ermangelung eines geeigneten Tuchs kann man den K. auch mit drei Handtüchern legen: eins als *Brustwickel* und die beiden anderen jeweils über eine Schulter.

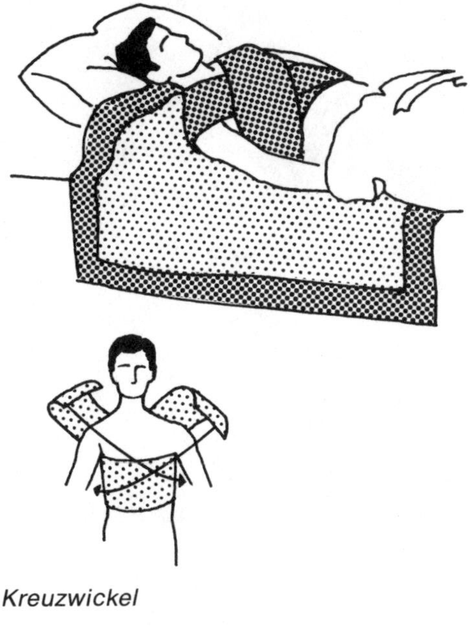

Kreuzwickel

Krise, Krisis ist der über eine heftige Zusammenballung und Anstrengung der verfügbaren Widerstandskräfte erreichte Rückgang eines Krankheitsvorgangs, z. B. der plötzliche, rasche Abfall der Temperatur.

Kropf (Struma): mehr oder minder starke Vergrößerung der *Schilddrüse*. Im allgemeinen gleichmäßig weiche Vergrößerung oder durch mehr oder minder zahlreiche, verschieden große, derbere Knoten gebildete Vergrößerung. Schmerzlos. Durch *Jod*mangel in Nahrung und Wasser wird die Schilddrüse zur Wucherung angeregt. Jodgaben tragen zur Rückbildung bei, führen aber bald zu schweren Krankheitserscheinungen durch Überfunktion der Schilddrüse *(Basedow)*. Zu reichliche Jodgaben können ebenfalls Vergrößerungen der Schilddrüse hervorrufen. Der K. kann sich auch unterhalb des Schlüsselbeins im Brustkorb als innerer K. entwickeln und durch Verengerung der Luftröhre zu Atembeschwerden und Erstickungsanfällen führen. In diesen Fällen kann Operation lebensnotwendig werden. Äußerlich: kalte *Umschläge* mit Eichenrindenabkochung und *Lehm*. *Ableitung* durch *Kurzwickel*, *Schenkelguß*, *Halbbad*, *Barfußlaufen*, *Wassertreten*. Innerlich: gebranntes Meereichen- oder Meerschwammpulver (von Fucus vesiculosus), 1 T. mit 2 T. pulverisierten Eierschalen und 1 T. Kandiszucker, tgl. 1 Kaffeelöffel. Hp.: Spongia D2–4, Thyreoidinum D3–12, Jodum D6–3, Kalium fluoratum D4–6, Calcium jodatum D3–4, Bromum D4, Ammonium bromatum D3. Bch.: Magnesium phosphoricum D6, Calcium phosporicum D6–12, Ferrum phosphoricum D6, Calcium fluoratum D12.

Krotonöl: Öl aus den Samen von Croton tiglium. Stark hautreizend, abführend und entzündungserregend. Tropfenweise als starkes Abführmittel; in einzelnen Fällen, zur Hautreizung und Entzündungserregung, in *Baunscheidt*öl oder Kneippschem *Malefizöl*.

Krupp (Bräune, Halsbräune): Entzündung des *Kehlkopfs* und der *Luftröhre*, mit Faserstoffbelag wie bei *Diphtherie*, doch nicht von Diphtheriebazillen hervorgerufen. Plötzlicher Beginn mit heiserem, bellendem Husten. Wiederholt sich öfter bei

Kindern, die dazu neigen. Beh.: Feuchter, heißer *Halswickel,* häufig wechseln. Erhöhung der Luftfeuchtigkeit durch Aufhängen feuchter Tücher, s. *Luftröhrenentzündung.*

Kruska: spezielle Getreidebreispeise der *Waerland*kost aus Weizen, Roggen, Gerste und Hafer (neuerdings auch mit Hirsezusatz). Hafer und Gerste müssen für die K.-Bereitung erst entspelzt werden. Als Trokkenfruchtbeimengung dienen meist Rosinen. Die ungeschrotete Vierkornkruska kann zur Bereitung des *Frischkornbreis* nach *Kollath* verwendet werden, um die Einseitigkeit der Weizengrundlage zu vermeiden. Sie wird frisch geschrotet und zum Frischkornbrei weiterverarbeitet. Die Originalkruska nach Waerland ist deshalb kein reiner Frischkornbrei mehr, weil sie gekocht wird. Man nimmt von der ungeschroteten Vierkornkruska 5 Eßlöffel Körner für einen Teller, schrotet sie und gibt eine Handvoll Rosinen hinzu. Mit 3 Tassen Wasser läßt man den Brei unter ständigem Umrühren 5–8 Minuten kochen. Kurz vor Beendigung der Kochzeit gibt man zur Geschmacksverfeinerung etwas geriebene Apfelsinen- oder Zitronenschale hinzu. Anschließend wird das Kochgut mindestens 2 Stunden zur Weiterquellung warm gehalten (Kochkiste usw.). Beim Herausnehmen soll die K. dampfend heiß sein. K. wird warm oder erkaltet gegessen. Erkaltete K. kann wie Kuchen geschnitten werden. Milch, Marmelade oder eingeweichtes Trockenobst schmecken als Beilagen vorzüglich. Vitamin-, mineralstoff- und kalorienreiche Nahrung, die, an Grobstoffen reich, die Darmbewegungen stark anregt. Hitzeempfindliche Stoffe gehen allerdings verloren, nicht aber bei der Frischkornbereitung.

Kuhl, Dr. J. s. *milchsaure Ernährung*

Kümmel (Carum carvi): Samen des Doldenblütlers als Tee oder in Teemischungen, zerstoßen als Pulver. Einzelgabe 1–5 g. Ätherisches Oel daraus tropfenweise 5–20 Tropfen zur Magenregulierung und zur Bekämpfung der Gasbildung *(Meteorismus)* Gewürz (Tafel X).

Künstliche Atmung: Man sorge zunächst dafür, daß die Atmungswege frei sind, und überzeugte sich davon. Die Zunge wird

Künstliche Atmung:

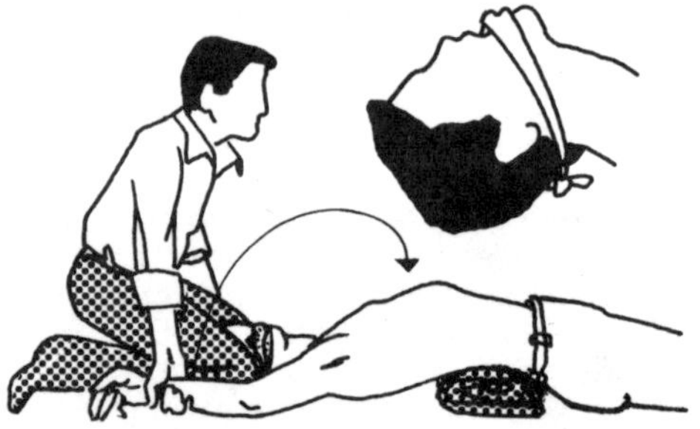

1. Lagerung des Rückens über Rolle, Festbinden der Zunge und Zurückschlagen der Arme neben den Kopf

2. Vorführen der Arme auf den Brustkorb

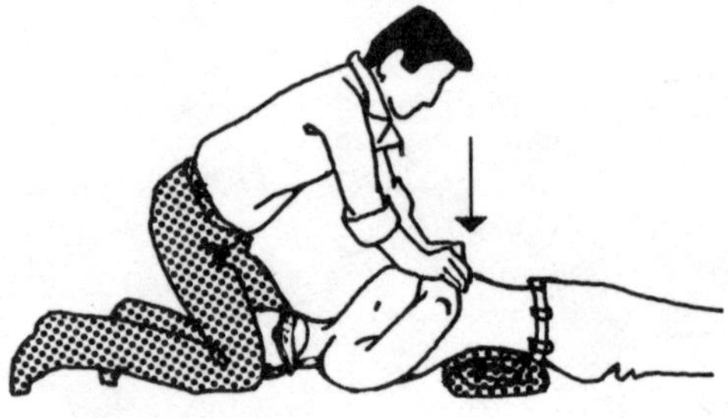

3. Druck auf den Brustkorb

4. Zurückführen der Arme in Ausgangsstellung (1)

herausgezogen und am besten festgebunden, damit der Zungengrund nicht zurücksinken und die Atemwege versperren kann. Rückenlage: Vom Kopfende aus erfaßt man beide Unterarme und führt die Arme weit nach oben und außen. Dann Arme wieder nach vorne führen, über der Brust kreuzen und auf den Brustkorb pressen. Oder Bauchlage mit Seitendrehung des Kopfes, damit die Atemwege frei werden: Arme zu beiden Seiten des Kopfes nach vorne schlagen. Helfer sitzt rittlings in Lendenhöhe und drückt mit flachen Händen seitlich den Brustkorb mit seinem vollen Körpergewicht zusammen und läßt ihn dann aus Eigenelastizität wieder auseinandergehen. Ein- und Ausatmungsbewegungen sollen je 2 Sekunden dauern, was 16 Atemzügen in der Minute entspricht. Für Ablösung muß gesorgt werden, da die K.A. den Helfer ermüdet und, wenn sie Erfolg haben soll, ausreichend lange durchgeführt werden muß. An Stelle der K.A. von Hand kann auch die Atmung durch die Eiserne Lunge oder den Biomotor maschinell durchgeführt werden, falls man solche Apparate zur Verfügung hat.
In der Ersten Hilfe kann man auch von der Mund-zu-Mund-Beatmung Gebrauch machen. Dabei atmet der Helfer direkt oder mittels eines Mundstücks direkt in den Patienten.

Künstliche Ernährung erfolgt, wenn der Kranke nicht mehr schlucken kann oder die Speiseröhre nicht mehr durchgängig ist. Einführung von *Obstsäften, Milch, Traubenzucker* mittels Magensonde. Bei Verschluß Anlegung einer *Magenfistel* und Einführung unmittelbar durch diese in den Magen. Man kann Nahrung auch durch *Klistier* zuführen, doch werden nur Wasser, Traubenzucker und Salze aufgenommen (Milch, Eier, Bouillon auf diesem Wege zuzuführen ist daher zwecklos).

Kupferrose (Kupferfinne, Akne Rosacea): Rötung der Nase und der mittleren Wangenpartien, seltener an Stirn und Kinn (fettige Hautpartien) mit Erweiterung und Schlängelung der Hauthaargefäße. In diesem Bereich kommt es zu Knötchenbildung, seltener zu juckendem *Ekzem.* Vereiterung der Knötchen und Abheilung mit *Narben*bildung möglich. Magen-, Darmstörungen, Keimdrüsenstörungen (Verschlimmerung während der *Schwangerschaft*), Genuß gefäßerweiternder Getränke *(Alkohol, Bohnenkaffee)* sind ursächlich beteiligt. Beh.: Ausschaltung der Reizgifte, *vegetarische* Kost, kein Salz, keine Gewürze. Regelung des *Stuhlgangs. Zur Ableitung* vom Gesicht tgl. *Ganzwaschungen, Schenkelguß, Halbbad, Barfußlaufen, Wassertreten, Wechselfußbäder.* Örtlich: *Zinnkrautaufschläge, Lehmmasken.* Innerlich: *Blutreinigende* Tees. Hp.: Carbo animalis D3–6, Nux vomica D6, Agaricus muscarius D6. Bch.: Silicea D12, Natrium phosphoricum D6, Calcium sulfuricum D6.

Kurorte: durch Heilklima s. *Klimatischer K.* und durch besondere Kuranwendungen ausgezeichnete Orte für Heilungsuchende. *Kneippkurorte* und *-heilbäder, Felke-Prießnitz-* und *Schrothkurorte.*

Kurzatmigkeit (Atemnot, Dyspnoe): dauernd bestehend oder anfallsweise *(Asthma).*

Kurzsichtigkeit, oft erblich, beruht auf einer Verlängerung der Augenachse oder fehlerhafter (zu starker) Wölbung der Linse. Die von der Linse gebrochenen Strahlen vereinigen sich daher schon vor dem Auftreffen auf der Netzhaut. Das Sehen auf kurze Entfernung ist unbehindert, dagegen wird das Bild auf normale und weitere Abstände unklar. Beh.: Durch Konkavgläser wird der Brechungsfehler des Auges so korrigiert, daß damit auf alle Entfernungen richtig gesehen werden kann. Die Sehschulung nach Bates versucht durch systematische Übungen die Beweglichkeit der Linse und damit ihre Brechungsfähigkeit zu steigern, damit ohne Brille richtig gesehen werden kann. Wasseranwendungen haben durch Besserung des Blutzuflusses auf die Augen großen Einfluß. Kneipp empfiehlt daher Kurzsichtigen, tgl. *Ganzwaschungen* oder im Wechsel *Halbbäder, Schenkel-* und *Obergüsse* zu nehmen, dazu *Barfußlaufen* und *Wassertreten.* Örtlich: *Waschungen* mit *Augentrosttee* und *Gesichtsgüsse* zur Kräftigung der Augen. Bewegung und *Sport.*

Kurzwellen und Ultrakurzwellen sind kleinwellige elektrische Strahlungen hoher

Frequenz, die zur Erzeugung von Wärme im Körper dienen und wesentlich durchdringungsfähiger als die *Diathermie*strahlen sind.

Kurzwickel (Halbwickel): Umwicklung des Körpers von den Achselhöhlen bis zu den Knien. Beine müssen eng aneinanderliegen. Auf guten Abschluß nach oben und unten achten. Zur *Ableitung* auf die Haut.

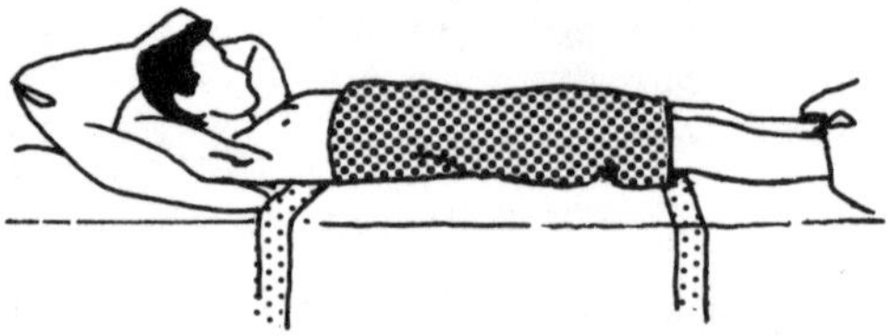

Kurzwickel

Kyphose: Verbiegung der *Wirbelsäule* nach hinten; s. *Haltungsfehler.*

L

Labferment: Ausscheidung der Magendrüsen, die den *Käse*stoff der *Milch* zur Ausflockung bringt.

Lahmann, Heinrich, Dr. med., 1860–1905. Vorkämpfer einer *biologischen Medizin,* Kleidungs- und Ernährungsreformer. Gründete das Sanatorium Weißer Hirsch bei Dresden, wo er die Naturheilkunde konsequent durchführte und um die Schaffung einer wissenschaftlichen Grundlage für sie bemüht war. Seine Schriften verschafften dem naturheilkundlichen Gedankengut auch in Ärztekreisen Widerhall.

Lähmung äußert sich in Bewegungslosigkeit (schlaffe L.) oder überstarker Erregbarkeit (spastische L.) oder als *Empfindungslähmung.* Bei der schlaffen L. kommt es zur Rückbildung des gelähmten Muskels, zum Schwund und eventuell zum Ersatz durch minderwertiges Fettgewebe. Schlaffe L. und Empfindungslähmung treten bei Störungen im Bereich der peripheren *Nerven* und der *Rückenmarks*segmente, spastische bei Störungen in den höher gelegenen Rückenmarksteilen und im *Gehirn* auf. Die Naturheilbehandlung sucht den Blutumlauf in den gelähmten Teilen sowie im ganzen Körper durch *Wasseranwendungen* zu fördern. *Ganz-* und *Teilwaschungen, Teil-, Halb-* und *Vollbäder, Holzasche-Fußbäder,* Handbäder, *Heublumenwickel, Essigwasserwickel* dienen hierzu. Systematische *Guß*behandlung, dazu *Massage,* aktive und passive Bewegungsübungen. Bei spastischen L. erzielt *Bindegewebsmassage* gute Erfolge. Örtliche Behandlung mit *Baunscheidtismus,* Kneippschem *Malefizöl.* Behandlung mit *galvanischem* oder *faradischem* Strom. Hp.: Arnica D3–6, Barium carbonicum D10, Plumbum aceticum D4–6. Bch.: Kalium phosphoricum D6–12, Magnesium D6, Calcium phosphoricum D6–12, Silicea D12.

Lakenbad: Der Körper wird in ein feuchtes Laken eingeschlagen und abgerieben, bis er trocken ist.

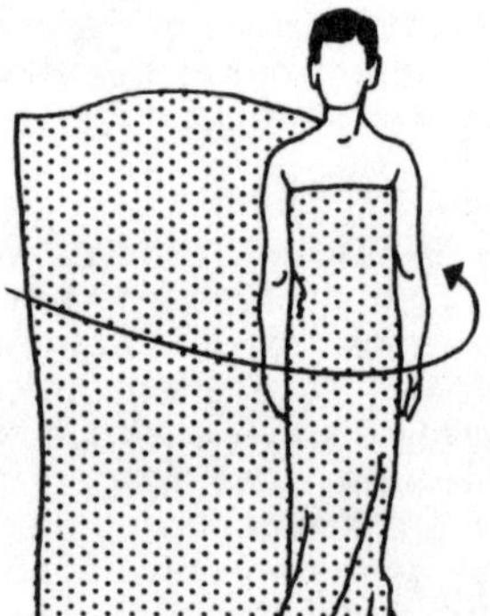

Lakenbad

Lakritze (Succus liquiritiae) wird durch Einkochen aus der Süßholzwurzel gewonnen. Kommt in Stangen in den Handel und dient vor allem als *Expectorans* zur *Husten*förderung. *Magengeschwürs*behandlung durch tgl. Einnahme von 20–40g L. unter Innehaltung einer salzarmen Kost ist auch bei veralteten Geschwüren recht erfolgreich.

Laktagoga: Mittel zur Förderung der Milchbildung während der *Still*zeit. Samen von Mönchspfeffer, Anis, Kerbel, Dill, Koriander, Kümmel, Kraut der Geißraute, Basilikenkraut, Bibernelle, Majoran, Sumpfporst, Wasserhanf, Blätter der Melisse in Teeform.

Laktation: Bereitung der *Milch* in den *Brustdrüsen* während der *Still*zeit.

Lamium album, s. *Taubnessel.*

Lärm ist jedes störende Geräusch und keineswegs an die Lautstärke gebunden. Die Lärmempfindlichkeit ist ein Zeichen von Reizbarkeit. Kranke, besonders solche mit *Nerven*schwäche und Nervenstörungen, empfinden L. besonders unangenehm. Er muß bei der Ruhebehandlung unbedingt vermieden werden.
Dauernder hochgradiger Lärm ist ein wichtiger *Streß*faktor.

Laryngitis, s. *Kehlkopfentzündung.*

Laryngospasmus: Stimmritzen*krampf* bei *spasmophilen* Kindern. Durch helles ziehendes Geräusch gekennzeichnet. Hp.: Magnesium phosphoricum D6, Cuprum D4–6, Ipecacuanha D3. Bch.: Magnesium phosphoricum D6, Silicea D12.

Larynx, s. *Kehlkopf.*

Latenzzeit: *Inkubationszeit* einer *Infektionskrankheit.*

Lauge führt wie die Säure zu *Verätzungen.* Diese werden durch Zufuhr verdünnter Milch- oder Zitronensäure in *Magen*spülungen oder Milch bekämpft. Bei der Wundbehandlung der Speiseröhre muß durch Drainagen ein narbiges Verwachsen der Lichtung vermieden werden. L. reagieren alkalisch und geben mit *Säuren* Salze.

Lavandula officinalis, L. spica, s. *Lavendel.*

Lavendel *(Lavandula officinalis* und *spica):* Die Blüten enthalten ein ätherisches Öl, das Gallenfluß hervorruft und beruhigend auf die Nerven wirkt. Die Blüten werden Beruhigungs- und Gallentees zugesetzt (Tafel X).

Lebenskraft ist die Kraft, die unseren Körper zusammenhält und gegen alle Angriffe und Unbilden von außen durch die natürlichen *Abwehrregulationen* verteidigt. Sie ist die natürliche Heilkraft schlechthin und mit der Natur (Physis) und der vis mediatrix (soviel wie Selbstheilkraft) der alten Ärzte wesensgleich. Auch *Paracelsus* hat dieselbe Kraft gemeint, wenn er vom »inneren Arzt« spricht. Noch heute spricht man von einer kräftigen oder schwachen Natur und meint damit die L. im Sinne der alten Ärzte. Die Aufgabe der naturheilkundlichen Behandlung ist es, durch ihre Maßnahmen die L. sinnvoll zu stärken und zu unterstützen, damit die zur Krankheit führende Störung überwunden wird.

Lebensmittel: Als L. bezeichnet man in der Reformkost im Sinne *Kollaths* alle Nahrungsstoffe, die noch unmittelbare Beziehung zum Leben und Lebenskräfte in sich haben. Sie sind besonders reich an *Ergänzungsstoffen* und *Vitaminen* und besitzen den höchsten gesundheitlichen Wert. Hierher gehören frische *Gemüse,* ganze keimfähige und gekeimte *Getreide*körner, *Obst, Säfte, Nüsse.* Durch Verarbeitung wird der Frischzustand beeinträchtigt. *Koch*zubereitung durch Hitzeverfahren, *Konservierung* töten die Lebensmittel ab und machen sie zu *Nahrungsmitteln,* vgl. *Nahrung.* Zerkleinern erhält aber noch die Lebensmitteleigenschaft. Auch frisches *Fleisch* hat Lebensmitteleigenschaft.

Lebensnerven (vegetatives Nervensystem) sorgen vor allem für das selbsttätige Arbeiten der nicht dem Willen unterliegenden inneren Organe, des *Kreislaufs,* der *Wärme*regulation, der *Entzündung* anderer lebenswichtiger selbsttätiger Körperfunktionen. Man unterscheidet *sympathische* und *parasympathische* Lebensnerven.
Das *sympathische* Nervensystem gliedert sich in Nervenzellgeflechte, die im *Zwischenhirn* liegen und als Gehirnzentren die Lebensfunktionen regeln (Wasserhaushalt, Kohlehydratstoffwechsel, Körperwärme, Geschlechtsfähigkeit, Körpergestalt usw.), die graue Seitenhornkette im *Rückenmark,* den beiderseits vor der *Wirbelsäule* verlaufenden sog. sympathischen Grenzstrang, der aus einer Ansammlung von *Ganglienknoten* besteht, die miteinander strangförmig verbunden sind, und die in Kopf-,

Lebensnerven

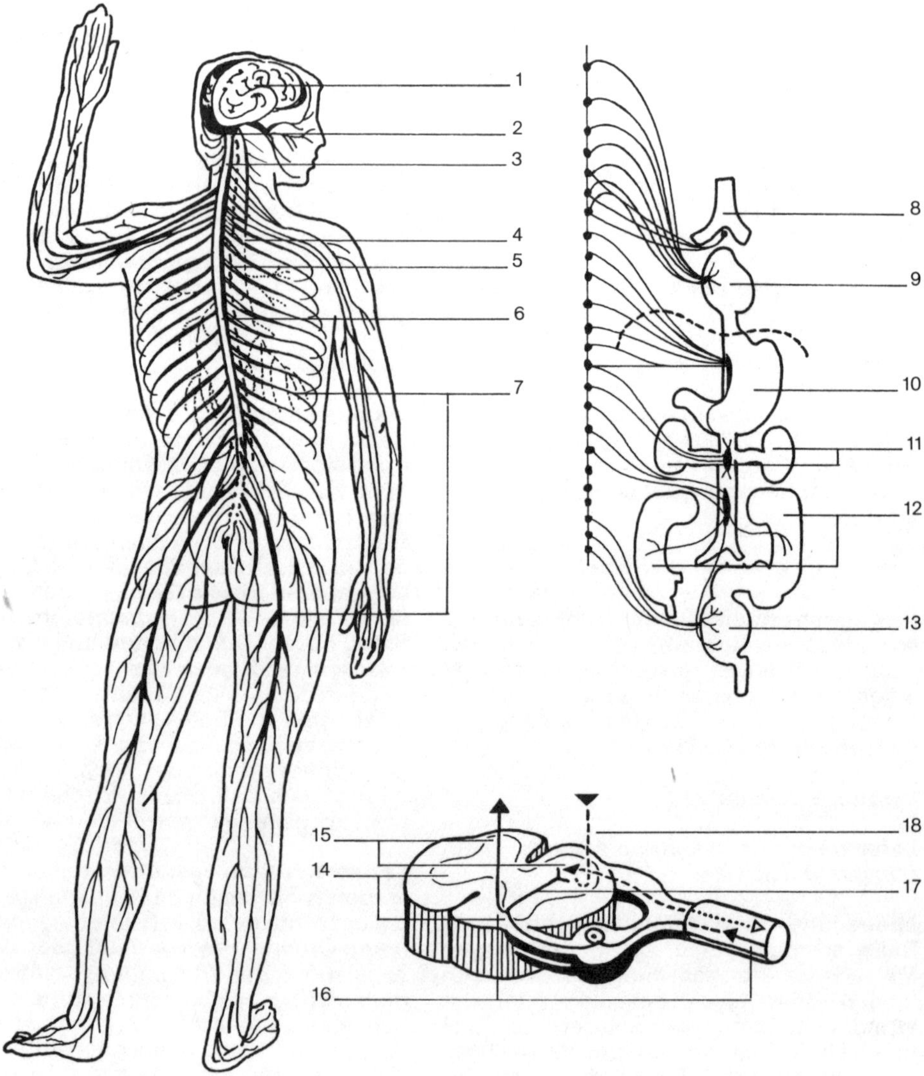

Beziehung des Lebensnervensystems zu den inneren Organen:

Rückenmarkquerschnitt mit Nervenbahnen:

1. Gehirn
2. Verlängertes Mark
3. Halsmark
4. Parasympathikus
5. Grenzstrang des Sympathikus
6. Rückenmark
7. Periphere Nerven
8. Luftröhre
9. Herz
10. Magen
11. Nieren
12. Darm
13. Harn- und Geschlechtsorgane
14. Vorderhorn
15. Hinterhorn
16. Empfindungsleitende Faser zum Gehirn hin
17. Reflexbogen
18. Bewegungsleitende Faser vom Gehirn weg

Hals-, Brust- und Bauchgebiet eingelagerten sowie in den Organwänden zerstreuten peripheren Ganglien. Von ihnen ist das *Sonnengeflecht* das größte und liegt dicht unter dem Zwerchfell auf der Vorderseite der Hauptschlagader. In ihm fließen die sympathischen Fasern aus den Bauchorganen zusammen. Zusammenhang mit den Hautregionen s. *Headsche Zonen.*
Das *parasympathische* Nervensystem ist im oberen Teil eng mit den *Gehirnnerven* (III, VII–X, besonders mit dem Vagus X) verbunden. Er besorgt die Regelung von Lidspalten- und Pupillenweite, Tränen- und Speichelfluß. Vom unteren Abschnitt im Endteil des Rückenmarks aus werden Geschlechtsorgane, Harnblase und Mastdarm versorgt. Das Lebensnervensystem ist mit dem peripheren und zentralen Nervensystem eng verbunden. Es ist der Vermittler zwischen Seele und Körper. Alle körperlichen Begleiterscheinungen des seelischen Erlebens gehen über das Lebensnervensystem, auch der *Stoffwechsel* hat enge Beziehungen zu ihm.

Lebensreform ist das Programm und der Name einer Bewegung, die eine grundsätzliche Erneuerung der gesamten Lebensführung, einschließlich der *Ernährung,* erstrebt, um der fortschreitenden Gesundheitsminderung des modernen Menschen durch *Zivilisationsschäden* entgegenzutreten. Sie fordert naturgemäßen Landbau und naturgemäße Tierhaltung und verwirft Massenerzeugung auf Kosten der Qualität und der Gesundheitswerte. Sie kämpft gegen Entwertung der Nahrungsmittel durch schädliche *Konservierungs*maßnahmen, Raffinierungen, chemische Zusätze und *Färbung.* Sie erstrebt eine den Erkenntnissen der modernen Ernährungswissenschaft entsprechende Reform unserer Ernährungsweise. Zurückdrängen der Kochkost gegenüber der Frischkost, des *Fleisches, Fettes, Kochsalzes, Zuckers* und industrieller Nahrungsmittel gegenüber einer naturgemäß zusammengesetzten Ernährung: Obst, Gemüse, Vollkornerzeugnisse, frisches Trinkwasser ohne Chlor u. Fluor. Erhaltung der Natur und der natürlichen Umwelt. Umweltschutz. Kampf gegen Umweltvergiftung und Umweltverschmutzung.
Die Lebensreform fordert naturgemäße Behandlung der Krankheiten und Gleichberechtigung der Naturheilmethoden mit den übrigen und eine entsprechende Reform der Krankenhäuser und Krankenversicherungen. Auch alle übrigen Lebensfunktionen (Bewegung, Atmung, Schlaf, Erholung, Kleidung, Wohnung, sexuelles Leben) müssen naturgemäß geordnet und vor Schädigungen durch die Zivilisation bewahrt werden. Bekämpfung des *Genußmittel*mißbrauchs. Die L. besitzt eigene Unternehmungen der Nahrungs- und Heilmittelindustrie, Verlage, Speisehäuser, Sanatorien und Reformhäuser.
Zeitschriften: Reform-Rundschau, Neuformkurier.

Leber: als Filter und zur Entgiftung in den *Verdauungs*kreislauf eingeschaltetes Organ; dient als Drüse zur Herstellung der *Galle,* die in den *Gallengängen* zur *Gallenblase* und von dort zum *Zwölffingerdarm* geleitet wird. Die L. ist ein großes Organ, das hinter dem rechten Rippenbogen in der vom *Zwerchfell* bedeckten Kuppel des Leibes so liegt, daß ihr unterer Rand mit dem unteren rechten Rippenbogen ziemlich genau abschneidet. Sie wiegt beim Erwachsenen etwa $1^1/_2$ kg. Die Drüsenzellen der L. sind zwischen zwei große Haargefäßsysteme gelagert. Das aus den Blutadern des Dünndarms und der vorderen Dickdarmabschnitte sich bildende *Pfortader*system bringt das mit Nahrungsstoffen aus der Verdauung überladene Blut. Die Nahrungsstoffe werden entgiftet, verarbeitet und gespeichert, und dann erst werden die Stoffe zur Verarbeitung für den Körper weitergegeben, und zwar an das körperwärts angeschlossene Haargefäßsystem. Dazwischen liegen noch die Gallengangskapillaren, die sich in Gallengängen sammeln. Die L. erzeugt tgl. etwa $^3/_4$ l Galle aus dem Blutfarbstoff der dauernd in der L. zum Abbau kommenden, verbrauchten roten Blutkörperchen. Zugrunde gegangene Leberläppchen werden nach Möglichkeit aus Leberzellen wieder ersetzt, zum Teil tritt aber *Narben*gewebe an ihre Stelle, das mit der Zeit schrumpft. Wird also die L. durch Giftstoffe oder schwere Entzündungen überlastet, so bildet sich vermehrt Bindegewebe, sie büßt an Leistungsfähigkeit ein und schrumpft.

Leberabszesse sind häufig Komplikationen der tropischen Amöben*ruhr* und beruhen auf Blutvergiftungen, Übergreifen von *Eiterungen* aus der Umgebung (Gallenblase, Zwerchfell, Lunge), Verletzungen oder vereiterten *Echinokokkenblasen.* Beh.: meist Operation notwendig. Vgl. *Abszesse.*

Leberatrophie (akute, gelbe): Zugrundegehen der Leberzellen unter Verfettung und Bindegewebsentwicklung. Schwere Stoffwechselstörungen sind die Folge. Entsteht infolge starker Gifteinwirkung *(Phosphor,* Chloroform, *Pilz*gifte), durch Bakteriengifte *(Sepsis, Typhus),* während der *Schwangerschaft* gebildete Gifte (sehr selten). Magen-, Darmstörungen, leichte *Gelbsucht* gehen in Erbrechen, Durchfälle, Auftreibung des Leibes, Blutungen in Haut und Organen, Fieber, Benommenheit, Delirien über. Bei weniger schweren Erscheinungen kann chronischer Verlauf bestehen und Teilheilung sich anbahnen, bei schwerem Verlauf führt die Schädigung innerhalb weniger Tage zum Tode. Beh.: *Traubenzucker* intravenös und *Insulin* intramuskulär. Sonst wie *Gelbsucht.*

Leberbehandlung: spezifische Behandlung der primären *Blutarmut* mit roher Leber oder Leberextrakten.

Leberentzündungen (Hepatitis): Am häufigsten durch ein *Virus* übertragene ansteckende L. Virus A überträgt über den Magen-Darm-Kanal, Virus B überwiegend durch Blutserum kranker Personen mittels ungenügend sterilisierter Instrumente und Spritzen. Auch durch Geschlechtsverkehr ist Übertragung möglich (Serumhepatitis). Daneben unspezifische L. durch aufsteigende Magen-, Darm- u. Gallenwegentzündung. Beim chron. Gelenksrheumatismus als Form des Eingeweiderheumatismus. Bei Herzinnenhautentzündung, Blutvergiftung, Nahrungsmittelvergiftung *(Salmonellosen)* u. Tuberkulose. Durch Gifte wie Alkohol, Drogen, chemische Arzneimittel etc. Geht mit oder ohne *Gelbsucht* einher. Übergang zu chronischem Verlauf möglich. *Schrumpfleber* kann die Folge sein in etwa 1/3 der Fälle. Beh.: Knappe, aber eiweißreiche Kost. 80–100 g Eiweiß in Form von Milcheiweiß. Tagesfett anfangs stark reduziert (20–40 g), später auf 60 g erweitert. Nur hochwertige Pflanzenöle. Keine erhitzten Fette. Weißen Zucker meiden und durch Honig, Trockenfrüchte und süßes Obst ersetzen. Frischkost in Form von Säften, weichen Obstsorten und zarten Blattsalaten. Streng kochsalzarm. Ausgleich von Fermentmangel. Leberschutzstoffe in Form des Pavochols (Pfau-Apotheke Mainz) oder Legalon zuführen. Wechselsitzbäder, Heißrückenblitze, Heusäcke auf die Leber zur Förderung der Leberarbeit und Ausheilung; s. *Gelbsucht.*

Leberfleck: Gewöhnlich bezeichnet man Anhäufungen von braunen Farbstoffen oder Zellen wegen der Farbbeziehung zur Leber als L. Häufig sind es von Geburt an bestehende oder sich im Laufe des Lebens entwickelnde *Muttermale.* Im höheren Alter treten sie als Altersflecken auf. Es kann aber auch bei Störungen der *inneren Ausscheidungen,* oft während der *Schwangerschaft,* zu gelbbraunen Farbflecken in der Haut, besonders im Gesicht, kommen, die nach Beseitigung der Störung ganz von selbst wieder verschwinden. Diese L. werden als Chloasma bezeichnet.

Leberkrebs ist fast immer eine Bildung von Tochtergeschwülsten (Metastasen) anderer Organ*krebse* in der Leber. Beh.: s. *Leberschrumpfung* und *Krebs.*

Leberschrumpfung, Leberverhärtung: Tritt infolge Zerstörung der Leberzellen durch chronische *Gift*einwirkung *(Alkohol, Infektions*gifte, wie bei *Tuberkulose, Syphilis, Malaria* usw.) eine vermehrte Zerstörung der Leberzellen auf, so werden sie teilweise nur durch *Narben*bindegewebe ersetzt. Dadurch vergrößert sich zunächst die Leber und verhärtet. Verdauungsstörungen, Völlegefühl, Übelkeit, Appetitlosigkeit treten ein. Mit der Zeit schrumpft das Bindegewebe, die Leber wird kleiner und verschwindet ganz untastbar unter dem Rippenbogen. Jetzt entstehen *Pfortader*stauungen mit Bildungen von Speiseröhrenvenenerweiterungen und *Hämorrhoiden,* Wasseransammlungen im Bauch. Stauungen in Beinen und unteren Organen. Bluterbrechen bei Platzen der Speiseröhrenvenenerweiterungen. Beh.: Absolute Schonung der Leber durch streng reizlose Kost, am besten *Rohkost* mit *Quark*zulagen, strenge Vermeidung von *Genuß-* und Arzneimittelgiften und chemischen Medikamenten. Leberanregung durch *Lenden-*

und *Kurzwickel, Essigtuchauflage.* Tgl. *Ganzwaschung* und *Halbbad.* Innerlich: *Kohle* zur *Entgiftung,* Mariendistelsamen. Hp.: Aurum D4–6, Carduus marianus∅, Plumbum D6, Quassia∅–D3. Bch.: Kalium phosphoricum D6, Kalium sulfuricum D6 und Natrium sulfuricum D6 in stündlichem Wechsel, Natrium muriaticum D6 bei Verstopfung, Kalium chloratum D6, Silicea D12, Calcium fluoratum D12.

Leberschwellung zeigt sich an durch dumpfen Druck und durch Überragen der *Leber* über den rechten Rippenrand. Meist Zeichen einer Blut*stauung* im Lebergebiet bei *Kreislauf*versagen. Auch bei *Entzündungen* und *Geschwulst*bildungen schwillt die Leber an, doch sie ist dann meist unregelmäßig tastbar. Die Behandlung richtet sich im wesentlichen nach der Grundkrankheit. Salatkuren, vornehmlich mit Rettichsalat, im Frühjahr und Sommer, *Obst*kuren, *vegetarische* Kost, viel Bewegung. Leber*ableitung s. Leberschrumpfung.* Innerlich: Tees von Johanniskraut, Aloe, Wacholderbeeren, Tausendgüldenkraut, Bitterklee, Schafgarbe, Zinnkraut, Wegwarte, Schlehenblüten. Hp.: Magnesium muriaticum D3, Chelidonium D2, Bryonia D3–6, Podophyllum D2, Sulfur D4–6. Bch.: Natrium sulfuricum D6, Kalium sulfuricum D6, Kalium phosphoricum D6.

Leberschwund, s. *Leberatrophie.*

Lebertran: aus frischer Leber des Dorsches und Kabeljaus gewonnenes Öl, starker *Vitamin*-D-, aber auch beachtlicher Vitamin-A-Gehalt. L.-Emulsionen sind Zubereitungen mit geschmacksverbessernden Zusätzen.
Zur Behandlung von *Rachitis, Tuberkulose, Drüsen*erkrankungen, *Blutarmut, Knochen*wachstumsstörungen hervorragend geeignet. Weizen*keimöl* wird wegen seines ebenfalls hohen antirachitischen Vitamingehalts als pflanzlicher Lebertran bezeichnet.

Lehm: durch einen hohen Kieselsäuregehalt ausgezeichnete Erde mit altbewährter Heilwirkung. In der Naturheilkunde viel gebraucht. Man muß aber immer tiefgegrabenen Lehm, niemals Ackerlehm, benutzen. Innerlich wird er als *Heilerde,* äußerlich in Form von Pulver, Pflaster, Wasseraufschwemmungen zu *Wickeln, Auflagen* und *Bädern* verwendet. Man kann den Lehm vor Gebrauch auf folgende Weise sterilisieren: Der Naturlehm wird auf heißer Herdplatte ausgebreitet und auf über 100° erhitzt. Die einzelnen Lehmstücke dürfen dabei nicht zu groß sein. Nach dem Trocknen wird der Lehm fein durchgesiebt. Dieser Lehmstaub wird innerlich nach Aufschwemmung in etwas Wasser eingenommen. Äußerlich kann er trocken aufgepudert oder nach Zusatz von kaltem Wasser, auch mit Essig- oder Kräuterzusätzen, zu einem dicken salbenartigen Brei angerührt, zu Pflastern, Auflagen und Wickeln verarbeitet werden. Man kann Lehm als *Heilerde* für inneren oder äußeren Gebrauch in Apotheken, Drogerien und *Reformhäusern* kaufen.

Lehmbad, Lehmsitzbad, Felkebad: soll möglichst im Freien und am späten Vormittag genommen werden. Man hebt eine Grube von 1,20 m Länge, 65 cm Breite und 60 cm Tiefe aus und füllt sie etwa 40 cm hoch mit Lehm, der mit kaltem Wasser zu einem schlammartigen Brei angerührt wurde. Darin setzt sich der Kranke so, daß der Brei bis etwas oberhalb des Nabels reicht. Der Kopf wird durch einen breitkrempigen Sonnenhut oder Bestreichen von Gesicht und Nacken mit Lehm vor der Sonne geschützt. Das L. wird bei warmem Wetter 1/2, bei kühlem 1/4 Stunde durchgeführt. Bei sonnigem Wetter kann man den Lehm nach Beendigung des Bades am Körper antrocknen lassen. Danach wird er durch in der Sonne erwärmtes Wasser mit der Falldusche abgewaschen. Besondere Anzeigen sind Stoffwechselstörungen, Unterleibserkrankungen, Hautleiden, Verstopfung, Nervenschwäche. Die Lehmgrube kann am folgenden Tag wieder benutzt werden, nachdem Wasser zugesetzt und der Lehm erneut verrührt worden ist.

Lehmtreten ist zur Gesundhaltung der Füße, besonders bei *Fußdeformitäten* zur Vorbeugung und Behandlung ein hervorragendes Mittel. Es verbindet die Wirkung des kalten Wassers beim *Wassertreten* mit den Wirkungen des Lehms. Da vor allem gegen den Widerstand des zähen Lehms getreten wird, kommt eine massierende und kräftigende Wirkung den Füßen zugute. Kann in den gleichen Gruben wie das Felkebad durchgeführt werden.

Lehmpackung, Lehmwickel: Der kalt angerührte Brei wird fingerdick aufgetragen, mit Zwischentuch und Wolltuch in der dem betreffenden Körperteil entsprechenden *Wickel*technik nach außen fest abgeschlossen. Der Lehm bleibt bis zur Trocknung, gelegentlich nur bis zur gründlichen Erwärmung liegen. Bei empfindlicher Haut wird eine dünne Verbandmullschicht zwischen Lehm und Haut gelegt. L. wirken stark entfettend; bei häufiger Behandlung empfiehlt es sich daher, die behandelten Körperpartien mit Hautöl einzufetten. Der Lehm bleibt zunächst lange kühl und entzieht daher viel Wärme. Bei beginnender Trocknung entfaltet er eine kräftige Saugwirkung und wirkt stark ausleitend auf Flüssigkeiten. Lehm wirkt, unmittelbar auf Wunden gebracht, reinigend und entgiftend, er bindet Krankheitserreger und Giftstoffe durch Aufsaugen. Grundsätzlich haben L. die gleichen Anzeigen wie die Wasserwickel, daneben bestehen aber besondere Anzeigen bei *eitrigen Wunden, Verbrennungen,* örtlichen *Entzündungsprozessen,* wie *Lymphstrangentzündungen, Venenentzündungen, Knochen-* und *Nagelbetteiterungen, Furunkeln, Karbunkeln* usw. Gewebs- und Gelenkschwellungen nach *Verletzungen (Knochenbrüchen, Verstauchungen, Verrenkungen, Gewebsblutungen);* mit *Essig* angerührte Lehmauflagen sind bei *Insektenstichen* besonders wirksam.

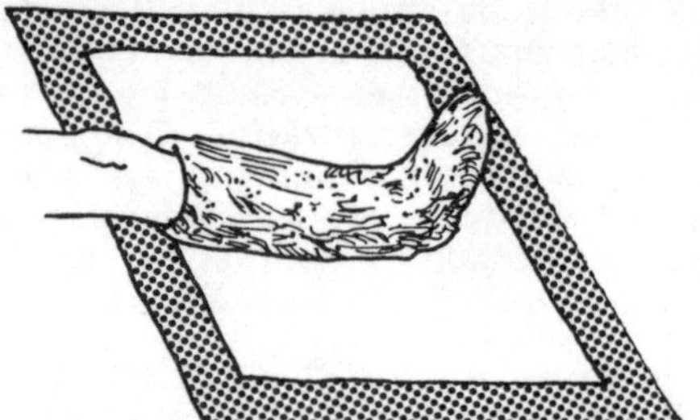

Lehmpackung des Unterschenkels

Lehmwasser ist eine weitere starke Verdünnung des Lehmbreis. Es wird ebenfalls zur Bereitung von Wickeln und *Packungen* verwendet, besonders aber zur Bereitung des Lehmwasserhemds. Vgl. *Hemd.*

Leib (Abdomen), s. *Bauch.*

Leibauflage: zwei-, vier- bis sechsfache Auflagen auf den Leib vom Rippenbogen bis zu den Oberschenkeln. Mit Zwischentuch und Wolldecke straff einwickeln. Kalt wie *Lendenwickel* bei *Eingeweide-* und *Magensenkung, Ableitung* vom Kopf bei *Blutungsneigung* und *Schlaganfall,* warm bei *Magengeschwür, Blasenkatarrh, Gebärmutterkrämpfen* und *Magen-, Darmkrämpfen.*

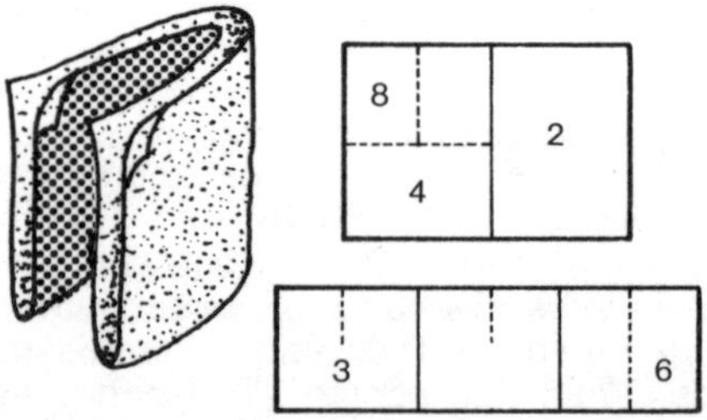

Falten eines Vierfachtuches

Leibschneiden, s. *Koliken.*

Leibstuhldampf, s. *Unterleibsdampf.*

Leinöl: aus Leinsamen geschlagenes Öl (Oleum Lini), das sich allein oder mit *Quark* vermischt gut nehmen läßt und bei reduziertem *Stoffwechsel* zur Förderung des Stoffansatzes, bei *Verstopfungen* als Darmgleitmittel sich bewährt hat.

Leinsamen: Der stark ölhaltige Samen des Lein (Linum usatissimum). (Tafel X). Es gibt zwei Sorten. Der gewöhnliche ist ein Abfallprodukt der Leinfasergewinnung und steht in der Qualität dem extra gezogenen Speiseleinsamen nach (z. B. Linusit). In der Naturheilkunde innerlich und äußerlich viel angewendet. Kann als Frischschrotbrei als Müsli angemacht oder mit heißem Wasser übergossen und aufgequollen an Stelle des Leinöls zur Darmregelung und als ansatzförderndes Nährmittel regelmäßig genommen werden. Wird auch auf das *Kollath*- oder *Bircher*müsli aufgestreut genossen. Als Tee rein oder in Beimischung verwen-

det. Die bekömmlichste und vielfach in der Heilkunde verwertbare Form ist die *Linusitschleimsuppe.* Man bereitet aus 50g (3 gehäufte Eßlöffel) Linusit mit 1 l Wasser kalt aufgesetzt in einem hohen Topf den Schleim. Man läßt unter Umrühren, damit nichts überschäumt, das Ganze nach dem Blasenspringen genau 7–10 Min. kochen und schlägt alles durch ein feinmaschiges Sieb. Man gewinnt so $^{3}/_{4}$ l Schleim, der kühl aufbewahrt werden muß. Zur Bereitung der Suppe nimmt man $^{1}/_{8}$ l Schleim und verrührt ihn mit $^{1}/_{8}$ l Magermilch mittels eines Rührgeräts oder Schneebesens. Es muß so lange gerührt werden, bis die Suppe keine Fäden mehr zieht. Auf 37° erwärmen (nicht erhitzen!) und dann vor jeder Mahlzeit trinken oder löffeln. Anstelle der Milch kann auch jeder Obst- oder Gemüsesaft verrührt werden.
Die Suppe ist ein hervorragendes, die Magenschleimhaut schützendes Diätmittel. Sie hat krampf-, schmerz- und reizmildernde Wirkung und wirkt dem Erbrechen entgegen. Sie hat hochwertige Amino- und Linolsäuren und fördert den Stoffansatz. Sie kann bei Gallenkolik mit Erfolg zur Schmerzstillung verwendet werden. Äußerlich wird der Leinsamen als Leinsamensäckchen angewendet. Man kocht einen dicken öligen Brei und schlägt ihn wie beim *Bockshornkleepflaster* in ein Leintuch ein oder füllt Leinsamen in ein Säckchen und kocht dieses kurz auf. Möglichst warm auf die schmerzhaften und entzündeten Stellen auflegen, mit Zwischentuch abdecken und in Wolltuch einschlagen. Nach Erkalten evtl. erneuern.

Leistenbruch, s. *Bruch.*

Leistengegend: Übergang vom Bauch zum Oberschenkel in der Schenkelbeuge. Hat ihren Namen von dem querdurchziehenden Leistenband, an dem ein Teil der Bauchmuskeln ansetzt. Hier verläuft der Leistenkanal, in dem beim Manne der *Samen*strang, bei der Frau das runde *Mutterband* aus dem Becken in den Hoden bzw. in die große Schamlippe zieht. Treten in diesen Kanal auch Baucheingeweide, so spricht man von Leisten*bruch.* Bei Knaben kann sich auch der Hoden bei gewissen Entwicklungsstörungen im Leistenkanal befinden und erst in den Entwicklungsjahren in den Hodensack hinabwandern. Schmerzhafte Einklemmungserscheinungen erfordern manchmal frühzeitigere Operation, sonst kann man bis nach dem 12. Lebensjahr warten, ob der Abstieg des Hodens nicht noch erfolgt. Doch setzt sich heute die Frühoperation immer mehr durch.

Lende: hinterer und seitlicher, aus Muskeln bestehender Teil der Bauchwand. Auf ihr liegen Nieren sowie auf- und absteigender Dickdarm.

Lendenwickel (Unterleibswickel): Umwicklung des Körpers vom unteren Rippenbogen bis zur Mitte des Oberschenkels. Der Wickel muß in der Gürtellinie durch entsprechende Ausgleichsfalten glatt zum Anliegen kommen.

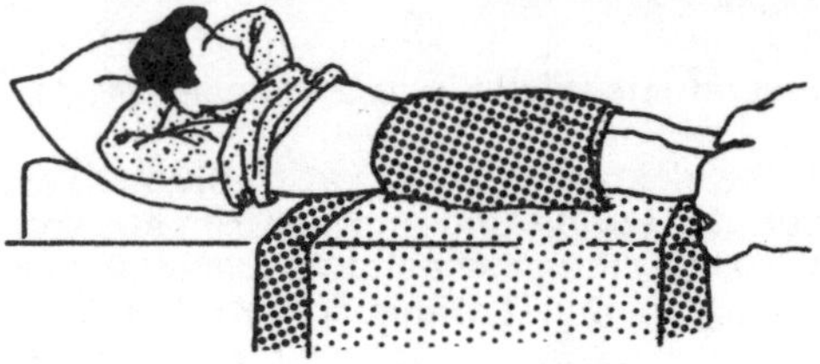

Lendenwickel

Leptosomer Körperbau, s. *Konstitution.*

Leukämie: Weißblütigkeit. Schwere, durch Vermehrung der weißen *Blut*körperchen gekennzeichnete Erkrankung. Beruht sie auf Vermehrung der in Milz und Lymphknoten gebildeten Lymphozyten, so spricht man von *lymphatischer L.,* auf Vermehrung der im *Knochen*mark gebildeten Leukozyten, von *myeloischer* (d.h. Knochenmarkszellen-) L. Starkes Gefühl der Abgespanntheit, Müdigkeit, Blutarmut, Milzvergrößerung, Schweißneigung begleiten sie; bei der lymphatischen L. weisen Drüsenschwellungen auf die Krankheit. Seltener beginnt die an sich *chronisch* verlaufende Krankheit *akut* mit Fieber, Halsschwellungen, Blutungen in Schleimhaut und Unterhautzellgewebe, Lymphknoten-, Milzschwellung mit schwerem allgemeinem Krankheitsgefühl. Ursächlich handelt es sich wohl in vielen Fällen um eine *Virus*krankheit. Sie wird auch als Blutkrebs bezeichnet. Sie muß klinisch behandelt werden.

Levisticum officinale, s. *Liebstöckel.*

Lezithin: *Lipoide,* die im Gehirn und den Nerven und in Galle, Milch, Eigelb, Fetten und Pflanzensamen vorkommen. Für den Nervenaufbau u. den Stoffwechsel wichtig.

Lichen: Flechte. Pflanzlich versteht man darunter Zusammenleben von Moosen und Algen. *Isländisches Moos* und Irländisches Moos (Carrageen) sind Schleimdrogen, letztere mit Jodgehalt, und werden für Lungentees verwendet. Als *Hautkrankheit* faßt man unter Flechten verschiedenartige knötchenbildende Hautkrankheiten zusammen.

Lichen Irlandicus, Irländisches Moos, Carrageen, s. *Lichen.*

Lichen Islandicus, s. *Isländisches Moos.*

Licht: elektromagnetische Strahlungen, die von der *Sonne* und anderen Himmelskörpern oder künstlichen Lichtquellen ausgestrahlt werden. L. führt dem Körper außer Wärme auch Strahlungsenergie zu, die zum vollen, gesunden Leben mindestens der höheren Lebewesen notwendig ist. Der Stoffaufbau in der Pflanzenwelt *(Chlorophyll, Eiweiß, Kohlehydrate)* geht vielfach nur mit Hilfe der Lichtenergie vor sich. Auch der Blutfarbstoffaufbau wird von L. begünstigt. Langwelliges L. und Ultrarotstrahlen geben Wärme ab, kurzwelliges L. und *Ultraviolett*strahlen haben lichtchemische Wirkungen im Hautstoffwechsel. Der Aufbau der Eiweiße, *Lipoide, Fette* und *Vitamine* geht unter seinem Einfluß vor sich. Zu starke Einwirkungen sind gewebszerstörend und bakterientötend. *Verbrennung* der Haut aller 3 Grade ist die Folge. Die Haut schützt sich durch Farbstoffeinlagerung *(Pigment*bildung).

Lichtbäder: natürliche *Sonnenbäder,* künstlich: *Höhensonne,* Glühlichtbäder, *Kopflichtbad.*

Lichtbehandlung benutzt die *Sonne* oder künstliche *Licht*strahlenquellen zu Heilzwecken. Die Naturheilkunde zieht die Sonnenbestrahlung vor.

Lichtscheu: Folge von entzündlichen Erkrankungen der *Bindehaut* und des *Auges* oder von zu großer *Pupille* oder starker Lichtdurchlässigkeit der *Regenbogenhaut.* Schutzbrille, abgedunkelte Zimmer.

Lichtschutz des Auges, s. *Lichtscheu,* der Haut durch Bedeckung mit Stoffen, die *ultraviolette* Strahlung abfangen (Tannin, fettähnliche Stoffe, Lichtschutzsalben).

Lidrandentzündung: *akut* und *chronisch* verlaufende Rötung, zum Teil mit Eiterpünktchen am Lidrand *(Gerstenkorn).* Vermeidung von Staub, Rauch, strahlender Hitze, scharfem Licht. Meist besteht gleichzeitig *Bindehautkatarrh.* Beh. s.d.

Liebstöckel (Levisticum officinale): Wurzel und Kraut, 1–3g Aufguß oder Abkochung, als harntreibendes Mittel. Gewürzkraut.

Liegekur zur Entlastung von *Kreislauf* und *Stoffwechsel,* nach Möglichkeit im Freien, aber nicht zu lange durchzuführen, weil sie zu Erschlaffung führt. Bauchlage durch entsprechende Kissenlagerung in einem verlängerten Bett erlaubt freie Bewegung beim Stützen auf den Ellbogen sowie Beschäftigung und kräftigt gleichzeitig die Rückenmuskulatur. Wird von *Rollier* bei seinen Gebirgs*höhensonnen*kuren verwendet. Rückenlage, wo Bauchlage nicht in Frage kommt. Vermeiden von *Aufliegen* und Abkühlung.

Liek, Erwin, Chirurg, 1878–1935, Vorkämpfer für die natürlichen Heilweisen und eine Reform der Sozialversicherung.

Linde (Tilia cordala u.a. L.-Arten): 3–5g Blüten im Aufguß zu *Ausleitung* und Schweißtreiben. Aus dem Holz wird medizinische *Kohle* bereitet (Tafel X).

Ling, Per Henrik, 1776–1836, Dichter und Begründer der schwedischen *Gymnastik* und der Krankengymnastik überhaupt.

Liniment: dickflüssiges, aus Ölen, Fetten und Seifen bestehendes Einreibungsmittel zur Reizung und Erweichung der Haut.

Linum usatissimum, Linusitsuppe, s. *Leinsamen.*

Lipoide, s. *Fettähnliche Stoffe.*

Lipom, s. *Fettgeschwulst.*

Lippenkrebs: häufig bei Pfeifenrauchern, kann aber auch bei Nichtrauchern entstehen, denn Tabak ist nur einer der möglichen Reizstoffe. Örtlich: kalte *Auflagen* von Zinnkraut-, Angelikawurzel-, Spitzwegerichabsud oder *Bockshornkleesamen, Quark, Lehm* mit Zinnkrautwasser angerührt. Allgemeine Behandlung s. *Krebs.*

Liquor (Flüssigkeit): Speziell versteht man darunter die *Gehirn-Rückenmark-Flüssigkeit.*

Lohtanninbäder: warme Bäder mit Gerbsäurezusatz. In der Naturheilkunde als Eichenrindenbäder verwendet, s. *Abkochung,* s. auch *Stangerbad.*

Lorbeer: Blätter als Gewürz. Aus den Früchten wird Lorbeeröl gewonnen, das zum Schutz gegen Insekten und als Hautreizmittel bei Rheumatismus in die Haut eingerieben, auch als Mittel gegen Nervenreizungen in Salben oder Einreibungen verwendet wird.

Lordose (Hohlkreuz), s. *Haltungsfehler.*

Löwenzahn (Taraxacum officinale). Wurzel (Frühjahr und Herbst) u. Kraut (März–Mai). Harntreibend. Bei Störungen der Leber- und der Gallentätigkeit, Zuckerkrankheit und zur Blutreinigung. 2–4g im Aufguß.

Luft: Unsere Erde ist von einer gasförmigen Schicht umgeben, in deren untersten Teilen sich unser Leben abspielt. L. ist ein lebensnotwendiges Element. Sie dient der Atmung als Rohstoffbasis. Sie besteht zu etwa 76 v.H. aus Stickstoff, 22 v.H. Sauerstoff, dazu aus veränderlichen Mengen von Kohlensäure, Argon, Spuren anderer Gase, Wasserdampf und festen Bestandteilen wie Staub, Ruß usw. Auf die Lüftung der Räume ist besonders zu achten, um Ansammlungen von Kohlensäure und Wasserdampf in der Atemluft zu vermeiden, da sie Unbehagen und gesundheitliche Störungen hervorrufen können. Das gilt besonders auch für Baderäume, die fast immer mit Wasserdampf übersättigt sind. Nicht nur die Zusammensetzung des Luftgemisches, auch die Lufttemperatur, der Luftdruck und die Luftfeuchtigkeit wirken auf den Körper ein. Der Körper schützt sich durch seine natürlichen Abwehrvorrichtungen, besonders die Wärmeregulation, gegen den Einfluß ihrer Schwankungen, der Kulturmensch durch die Kleidung. Um die dadurch bedingte Verweichlichung auszugleichen, gehört ein regelmäßiger Aufenthalt in frischer, bewegter Luft im *Luftbad* zu den wichtigen Gesundheitsfaktoren.

Luftbad: gehört zu den wesentlichsten *Abhärtungs*maßnahmen und *Reizmitteln* der Naturheilkunde sowie zur regelmäßigen *Haut-* und *Körperpflege.* Blutzirkulation, Hautstoffwechsel, aber auch der Gesamtstoffwechsel werden angeregt und *Ausleitung* und Ausdünstung gefördert. Die L. sind besonders von *Rikli, Lahmann* und *Just* der Krankheitsbehandlung nutzbar gemacht worden. Störungen der *Drüsen mit innerer Ausscheidung* und nervöse Störungen werden durch L. günstig beeinflußt, aber auch Kreislauferkrankungen werden dadurch gebessert. Praktisch gibt es keine Krankheiten, bei denen das Luftbad nicht von Nutzen wäre. L. ist kein *Sonnenbad,* deshalb soll es an schattigen Orten genommen werden. Im Sommer kann man mit dem L. gleich im Freien anfangen, in kühleren Zeiten nimmt man die ersten L. im geheizten Zimmer. Man setzt tgl. zweimal je 15–30 Minuten den unbekleideten Körper der Luft aus und steigert allmählich, indem man vom L. im geheizten zum gut gelüfteten Zimmer übergeht und schließlich das L. bei offenen Fenstern und dann das Freiluftbad anschließt. Während des L. soll Bewegung für Wärmeerzeugung im Körper sorgen. Man treibt Sport oder *Gymnastik.* Neigt man zum Frösteln, so ist es zweckmäßig, durch Hautbürsten für Hauterwärmung zu sorgen, dauert das Frösteln an, so muß das L. abgebrochen werden. Man muß sich im L. dauernd wohl fühlen. Im Sommer wird das L. am besten frühmorgens und am späten Nachmittag genommen, die sommerliche Mittagshitze ist nicht so geeignet. Bei Training kann auch ein L. bei Temperaturen unter 0°, insbesondere auch im Schnee vertragen werden. Namentlich als Abkühlungsmaßnahme nach Erwärmungsmaßnahmen, wie der Sauna, kommen diese in Frage. Mit dem L. können auch *Sonnenbäder* genommen werden. Man wechselt dabei zwischen Sonne und Schatten ab, um die Wirkung der Abkühlung nach Erwärmung auszunützen. Das L. wird entweder völlig unbekleidet oder in geeigneter leichter, luftiger Bekleidung, je nach Umständen und Möglichkeiten, genommen.

Luftdruckkrankheiten: Der Körper ist gegen größere Schwankungen des Luftdrucks äußerst empfindlich. Vgl. *Föhnkrankheit.* Durch Aufenthalt in großen Höhen bei stark vermindertem Luftdruck kommt es zur Höhenkrankheit, durch Aufenthalt in großen Tiefen oder in Räumen, die unter stark erhöhten Luftdruckverhältnissen stehen, zur Druckluftkrankheit. Die Erscheinungen gehen in normalen Druckverhältnissen wieder zurück, nur muß unter Umständen die Rückführung langsam geschehen, damit keine Schädigungen entstehen.

Luftembolie: Unterbrechung der Blutbahn durch Eindringen von Luft in die Blutbahn und Ansammlung an einer für die Versorgung wichtigen Stelle, s. *Embolie.*

Luftkurorte, s. *Klimatische Kurorte.*

Luftperlbad wirkt wie *Sauerstoffbad.* Wird ähnlich wie dieses aus zusammengepreßter Luft (aus Bomben) durch einen Verteiler im Wasser bereitet. Anzeigen wie beim *Sauerstoff-* und *Kohlensäurebad.* Kann auch mit Hilfe des Ärothermgerätes hergestellt werden. Dabei wird nach dem Prinzip des Wasserstrahlgebläses angesaugte Luft durch den Druck des Wassers komprimiert und ebenso wie die Luft aus Bomben durch einen Verteiler in die Wanne geleitet und mit dem Wasser gemischt. Fügt man *saponin*reiche Badezusätze hinzu, so entsteht ein besonders feinperliger Schaum, der sich längere Zeit hält (Schaumbad).

Luftröhrenentzündung, -katarrh (Tracheitis und Bronchitis): *Erkältung,* Reizung durch Staub, Rauch, chemische Dämpfe, bei Infektionskrankheiten *(Masern, Typhus, Keuchhusten, Grippe* usw.). Akuter Bronchialkatarrh mit *Schnupfen, Stirnhöhlen-, Augen-* und *Kehlkopf*beteiligung zeigt sich durch trockenen Reizhusten, durch trockene Luft und Rauch verstärkt, Auswurf schleimig-eitriger Massen, mit und ohne Fieber, allgemeine Krankheitszeichen. Beh.: *Fasten, Bettruhe,* mehrmals tgl. 5–10 *Essigwasserwaschungen, Heublumenhemd, Brustwickel* zur *Schweiß*bildung, *Schlenz*bäder. Innerlich: *Brusttee* und *husten*fördernde Mittel. Säfte: Huflattich, Knoblauch, Spitzwegerich. Hp.: Aconitum D3–4, Belladonna D3–4, Bryonia D3, Hepar sulfuris D4, Tartarus emeticus D4–6. *Chronischer* Bronchialkatarrh, aus verschleppter akuter L. entwickelt, bei Raucherkatarrh, *Asthma,* Herzstauung mit trockenem Husten und spärlichem Auswurf, quälender Atemnot. Beh.: *kalte Füße* erwärmen. Tgl. *Holzasche-Fußbäder,* dazu *Kurzwickel, Schenkelguß, Oberguß* in tgl. Wechsel, *Haferstrohvollbäder* mit *Ganzwaschung, Schlenz*bäder. *Kreislauf*behandlung. Innerlich: Schafgarbe, Huflattich, Wollblumen, Lungenkraut, Spitzwegerich, Johanniskraut usw. Hp.: Antimonium sulfuratum aurantiacum D3, Ammonium muriaticum D2, Mercurius solubilis D 4, Hyoscyamus D 3–4. Bch.: Ferrum phosphoricum D 6, Magnesium phosphoricum D6, Calcium fluoratum D6.

Luftröhrenkrankheiten sind meist Teilerscheinungen bei *Lungen-* und *Kehlkopferkrankungen.* Schmerzen auf der Brust, quälender, bellender Husten weisen auf sie hin. Zu kalte Luft, Rauch und Staub reizen die Luftröhrenschleimhaut. Bei *Diphtherie* oder *Krupp* kommt es zu Faserstoffausschwitzungen auf der Schleimhaut. Die Membranen können schwere Atembehinderungen hervorrufen. Ebenso können *Schilddrüsen*vergrößerungen *(Kropf)* durch Zusammendrücken der Luftröhre zu Atembehinderung führen. *Kehlkopftuberkulose* kann auf die Luftröhre übergreifen und auch dort *Geschwüre* bilden. Fremdkörper können *Entzündungen* und Geschwüre bilden. Behandlung richtet sich nach dem Grundleiden.

Luftschlucken: Nicht alle Luft, die sich im Magen bildet und ansammelt und durch Aufblähung des Magens Verdrängungserscheinungen zu den Brustorganen und vor allem zum Herzen auslöst, stammt aus dem Verdauungsprozeß, s. *Blähungen.* Es gibt Menschen, die aus Angewohnheit, Hast, innerer Unruhe während des Sprechens, Essens oder auch sonst unwillkürlich Luft verschlucken. Hier muß durch *Entspannungs*übungen und Schlucken bei tiefster Ausatmung oder durch eine längere pädagogische Leitung des Kranken das Übel an der Wurzel beseitigt werden.

Lumbago, s. *Hexenschuß.*

Lunge (Pulmo): Wichtigstes Atmungsorgan des Menschen. Die in der *Nase* vom Staub gereinigte, befeuchtete und vorgewärmte Luft wird über *Rachen, Kehlkopf* und *Luftröhre* mit den Bronchien der L. zugeführt. Die Bronchien teilen sich in immer kleinere Äste, die dann in den Lungenbläschen blind enden. Sie sitzen wie kleine Trauben den Reben auf. Die einzelnen Bläschen werden in Läppchen und Lappen zusammengefaßt. Die re. Lunge besteht aus 3, die li. aus 2 Lappen. Die Zahl der Lungenbläschen beträgt ungefähr 300 Millionen. Die atmende Fläche der L. beträgt etwa 100 qm. Die einzelnen Lungenlappen sind vom Lungenfell überzogen und untereinander verschiebbar. An der Lungenwurzel *(Hilus)* treten mit den Bronchien zugleich die Blut- und Lymphgefäße in die L. ein. Die Lungenschlagader aus der re. Herzkammer verteilt sich in das die einzelnen Bläschen umspannende *Haargefäß*system, aus dem die Gefäße sich wieder zu Ästen gesammelt in der zum li. Herzvorhof führenden Lungenvene vereinigen. An der Lungenwurzel schlägt das *Lungenfell* um und kleidet als Rippenfell das Innere des Brustkorbes aus. Zwischen den beiden Blättern des Lungen- und des Rippenfells, im sogen. Pleuraraum, befindet sich eine geringe Menge Flüssigkeit, die ausreicht, um die Bewegung geschmeidig zu erhalten. Beide Blätter liegen eng aufeinander, solange keine Verbindung zur Außenluft besteht. Nur wenn eine solche über die Luftwege durch einen Lungenriß oder durch eine Verletzung von außen entsteht, kann sich der Raum mit Luft füllen. Die L. wird zusammengedrückt, es besteht eine sogenannte Gasbrust *(Pneumothorax).* Solange dieser Zustand besteht, wird die Lungenbewegung dieser Seite behindert und eingeschränkt. Man legt eine solche Gasbrust künstlich an, um die L. auszuschalten und ruhigzustellen, wenn der Heilvorgang dies erfordert. Für das richtige Arbeiten der L. ist die Elastizität entscheidend. Da die Atemfläche so überaus groß ist, kommt der Mensch im allgemeinen mit einem Bruchteil der zur Verfügung stehenden Atemfläche aus. Er kann also große Ausfälle, z.B. bei doppelseitiger Lungenentzündung, überstehen. Die meisten Menschen begnügen sich mit einer eben ausreichenden Atmung. Darunter leidet die Elastizität der L. und des Brustkorbs sowie die Atemtätigkeit großer Flächen der Lungenbläschen, sie bleiben nicht in Übung und verfallen der Untätigkeit und werden abgebaut. Starrheit von Brustkorb, Wirbelsäule und Lungenerweiterung entstehen daraus. Durchblutungsstörungen sind die weitere Folge, sowie Darniederliegen des Stoffwechsels. Richtige *Atem*technik und Atempflege ist daher eine Hauptforderung gesunder Lebensweise. Das Beseitigen einer einmal eingetretenen *Lungenerweiterung* ist schwerer als das Verhüten durch regelmäßige *Atemübungen,* Ausgleichssport bei ruhiger und sitzender Tätigkeit.

Lungenabszeß: Nach Verletzungen, durch Einatmen von Fremdkörpern, von Eiter aus eitrigen Rachenprozessen, Verschleppung von Eitererregern auf dem Blut- und Lymphweg kann es zu Einschmelzung von Lungengewebe mit umschriebener *Abszeß*bildung kommen. Schweres Krankheitsbild mit unregelmäßig ansteigendem Fieber und Schüttelfrost. Bricht der Eiter in die Luftröhre durch, dann wird er in Mengen ausgehustet. Beh.: Saft*fasten, Obst*kost, *vegetarische* und *Rohkost. Waschungen* von Brust, Leib, Beinen und Armen mit Essigwasser bei Fieber, bis halbstündig im Beginn. Antibiotika u. in bestimmten Fällen Operation. Hp.: Phellandrium D3, Kreosotum D4, Arsenicum D4, Arsenum jodatum D4, Lachesis D10. Bch. vgl. *Lungenentzündung.*

Lungenatelektase: Verdichtung des Lungengewebes in mehr oder weniger großen Teilen durch Zusammenfallen und Luftleerwerden der Bläschen durch Bronchusverstopfung oder Druck durch Rippenfellflüssigkeit. Beh.: Beseitigung des Grundleidens.

Lungenblutung: strenge *Bettruhe,* kalte *Aufschläger* auf Brust und Leib, nach Erwärmen erneuern. *Wadenwickel,* wenn Beine warm sind, gegebenenfalls durch heiße, trockene Tücher vorher erwärmen. Innerlich: Tee von Gänseblümchen, Sandelholz, Mistel. Hp.: Hamamelis D2, Arnica D3, Acalypha indica D3–6, Erigeron canadiensis D2, Ipecacuanha D2–4. Bch.: Calcium sulfuricum D6, Natrium phosphoricum D6.

Lungenbrand: dem *Lungenabszeß* ähnliche, aber mit *Fäulnis*bakterien gemischte eitrige *Lungenentzündung,* die aber meist nicht umschrieben ist. Auswurf und Atemluft übelriechend, neben sonstigen Zeichen des Lungenabszesses. Beh.: Verbesserung der Blut- und Lymphzirkulation der Lunge durch *Kreuz-* und *Kurzwickel. Obergüsse* nur bei gutem Kräftezustand, sonst *ableitende* leichte Güsse, wie *Arm-* und *Kniegüsse.* Morgendliche *Ganzwaschungen* mit Essigwasser. Sorge für *Stuhl*entleerung. Tee: Bockshornklee, Spitzwegerich, Fenchel. Hp.: Arsenicum D4, Arsenum jodatum D4, Capsicum D3–6, Lachesis D10. Bch.: Kalium phosphoricum D6. Antibiotika, in bestimmten Fällen Operation.

Lungenentzündung (Pneumonie): *Katarrhalische* L. entsteht hauptsächlich durch Ausdehnung eines *Bronchialkatarrhs* von den Luftröhrenästen auf das umgebende Lungengewebe. Man spricht daher auch von Bronchopneumonie oder, weil nur einzelne Herde im Lungenlappen befallen sind, von Herdpneumonie. Befällt hauptsächlich zarte Kinder und schwächliche ältere Menschen und dabei vornehmlich die unteren hinteren Partien der Lunge, kommt als Komplikation bei *Masern, Keuchhusten, Typhus, Scharlach, Grippe* vor. Schleichender Beginn, nicht hohes Fieber, Frösteln, zunehmende Atemnot, quälender, oft schmerzhafter Husten, eitriger Auswurf. Pneumokokkeninfektion, neuerdings sind auch innere Pilzinfektionen häufig Ursache. Beh.: Antibiotische Behandlung, wie sie heute üblich ist, hat nur Erfolgsaussichten, wenn es sich nicht um einen Pilzinfekt handelt. In leichteren Fällen 4–6mal zu erneuernde *Auflagen* von *Quark* auf die stechenden und brennenden Stellen. Innerlich: Olivenöl. *Unter-* und *Beinwickel, nasse Socken* zur *Ableitung.* Tgl. häufige *Ganzwaschungen, Ober-* und *Unteraufschläge* im Wechsel. *Fasten, Obst*diät. Tee: Lungenkraut, Spitzwegerich, Eibisch, Huflattich, Süßholz. Hp.: Aconitum D3–4, Belladonna D3–4, Bryonia D3, Jodum D3–4, Tartarus emeticus D4–6, Phosphorus D5, Arsenum jodatum D4, Chelidonium D2–4, Lycopodium D6–10. Bch.: Ferrum phosphoricum D6, Kalium phosphoricum D6, Kalium chloratum D6, Kalium sulfuricum D6, Calcium phosphoricum D6–12, Natrium muriaticum D6.
Kruppöse L.: durch *Erkältung,* Einatmung reizender Gase. Plötzlicher Beginn, Schüttelfrost, hohes Fieber, Seitenstechen. Erreger: Pneumokokken. Lappenabschnitte oder Lappen werden zugleich befallen. Die erkrankten Bläschen füllen sich mit Faserstoff, werden luftleer. Dazu treten rote Blutkörperchen, so daß neben starker Atemnot heftiger Husten mit blutigem (rostbraunem) Auswurf besteht. Das Herz wird durch dabei entstehende Giftstoffe und die Überanstrengung bei Einengung des Lungenkreislaufs durch die Erkrankung geschädigt. Versagen mit Todesfolge ist möglich. Starke Störung des Allgemeinbefindens, Benommenheit, Kopfschmerz, beschleunigte Herz- und Pulstätigkeit. Das Fieber bleibt hoch und pflegt am 5., 7., 9. oder 11. Tag kritisch abzufallen. Die L. kann ohne Folgen unter Wiederherstellung des alten Zustandes abheilen, kann aber auch eine *Rippenfellentzündung* im Gefolge haben und unter Verwachsungen und Schwarten abheilen. Beh.: *Antibiotika.* anfangs häufige Waschungen von Brust, Leib, Armen und Beinen; bei Bruststechen *Quarkauflagen* (bei Erwärmung erneuern), später wie bei katarrhalischer Pneumonie.

Lungenerweiterung (Emphysem): Mangelhafte Atmungspflege, geringe Lungenbetätigung, aber auch Anstrengungen über das natürliche Maß hinaus (bei Glasbläsern, Musikern) führen zu einem Schwund der elastischen Fasern in den Lungenbläschen und dadurch zu einem Nachlassen der Elastizität der Lunge. Dies ist gekennzeichnet durch Erweiterung der Lungenbläschen, die in extremen Fällen wie Fischblasen von Karpfen aussehen. Außerordentliche Erschwerung des Lungenkreislaufs und Belastung des rechten Herzens ist die Folge, weil die Lungenbewegung den Kreislauf nicht mehr saugend und pumpend unterstützt. Jede körperliche Anstrengung ist daher mit schwerer Atemnot verbunden. Der Kranke kann nicht mehr genügend ausatmen, und der Brustkorb erstarrt in Einatmungsstellung. *Bronchitis* und *Kreislaufstörungen* entwickeln sich. Beh.: Atemübungen, *Atemgymnastik,* viel Bewegung im Freien. *Fußbäder mit Holz-*

asche und Salz und *Kniegüß*. Morgens *Oberschenkelwaschung. Oberaufschläger, Lendenwickel,* später *Halbbäder.* Tees o. Präparate aus Kieselsäuredrogen. Hp.: Naphthalinum D3–6, Grindelia D3. Bch.: Calcium fluoratum D12 im Wechsel mit Silicea D12.

Lungenfell ist der Teil der Pleurablätter, der die Oberfläche der Lungenlappen überzieht.

Lungengangrän, s. *Lungenbrand.*

Lungenkollaps: Zusammensinken der Lungen bei Verbindung des Pleuraraumes mit der Außenluft, s. *Lunge.*

Lungenkraut (Pulmonaria officinalis): Rauhhaargewächs. Das Kraut ohne Wurzel wird während und nach der Blütezeit als Lungen- und Hustenmittel verwendet. Schleim- und Kieselsäuregehalt sind dabei maßgebend. Etwa 4g als Einzelgabe, meist in Teemischungen.

Lungenkrebs geht meist von den *Bronchien* aus. Nach dem *Magenkrebs* der häufigste *Krebs.* Tritt vorwiegend bei Rauchern auf. Beh. s. *Krebs.*

Lungenödem (Stickfluß): Bei hochgradiger *Stauung* im Lungenkreislauf, mit Versagen besonders des rechten Herzens kommt es zu Flüssigkeitsaustritt aus den *Haargefäßen.* Hochgradige Atemnot, lautes rasselndes Atmen. Der Kranke droht im eigenen Blutwasser zu ertrinken. Quälender Husten, reichlich dünnflüssiger, seltener blutiger Auswurf. Beh.: *Aderlaß,* Strophantin, Kampfer, *Essigwasser-* und *Senfwickel* der Beine. Essigtuch auf den Leib. Hp.: Arsen D5–12, Antimonium arsenicosum D3, Digitalis D1, Strophanthus ∅, Camphora ∅, Lachesis D30.

Lungentuberkulose: *chronisch* verlaufende *Infektionskrankheit.* Erreger Kochsches *Tuberkulose*stäbchen. Dieses erzeugt als Reaktion des Körpergewebes Knötchen von typischem Aufbau (lat.: Tuberculum, das Knötchen). Da schwere Formen zu Auszehrung und Kräfteverfall führen, nennt man sie auch Schwindsucht oder Phthise. Für den Menschen sind der Menschen-, Rinder- und Hühnertyp des *Bazillus* krank machend. Die Ansteckung erfolgt durch *Tröpfcheninfektion* beim Sprechen, Husten, Niesen, durch Staubinfektion auf dem Atemweg, durch Schmierinfektion oder durch Nahrungsmittel auf dem Verdauungswege (Fütterungsinfektion). Die Milch tuberkulosekranker Kühe ist eine wichtige Infektionsquelle. Die L. ist die häufigste Form der Tuberkulose, doch kann sich an allen Organen des Körpers eine Tuberkulose entwickeln. Kommt es auf dem Blutwege zu einer Aussaat von Bazillen und Knötchenbildung in großen Körpergebieten, so entsteht eine Art *Blutvergiftung,* die sogenannte *Miliartuberkulose.* Wie bei allen Ansteckungen genügt der Bazillus zum Erkranken nicht, sondern der Betroffene muß im Zeitpunkt der Ansteckung der Infektion gegenüber anfällig sein. Die Anfälligkeit kann konstitutionell erworben sein, aber auch durch Hunger, Überanstrengung, seelische Bedrängnis usw. entstehen. Gewisse Lebensalter zeigen besondere Anfälligkeit. So sind der Säugling und der Mensch in der Geschlechtsreife besonders anfällig; in der Zwischenzeit ist die Anfälligkeit nicht besonders ausgeprägt. An der Stelle der ersten Infektion bildet sich der sog. Erstherd und durch Infektion der dazugehörigen Drüsen der Erstkomplex (Primärherd und -komplex). Die Erstinfektion ist in der Lunge am häufigsten, findet sich aber auch im *Darm* und anderen Organen. Sie wird meist durch die Abwehrkräfte des Körpers überwunden, die Infektionsstelle vernarbt und verkalkt. Fast jeder Mensch macht in seiner Frühzeit eine solche Erstinfektion durch. Im jugendlichen Erwachsenenalter kommt es nicht selten zum Wiederaufleben des abgeheilten oder verkapselten Herdes oder zu einer Zweitinfektion. Diese führt dann meist zu fortschreitenden Prozessen mit geringer Heilungstendenz. Das Lungengewebe schmilzt ein, es kann zu Höhlenbildungen (Kavernen), aber auch durch bindegewebige Neubildungen zu Verkapselungen kommen. Werden dabei Bazillen ausgehustet, spricht man von offener, im anderen Falle von geschlossener L. Jede Krankheit, die fortschreitet und nicht zur Ruhe gekommen ist, nennt man aktiv, sonst spricht man von ruhender, inaktiver L. Letztere ist praktisch ein Heilungsstadium, kann aber jederzeit wieder aktiv werden und muß dauernd beobachtet werden.

L. kann akut wie eine Grippe beginnen, mit *Blutsturz,* leichtem, seltener hohem Fieber, Abgeschlagenheit, Müdigkeit, Brust-, Rükkenschmerzen, leichtem oder hartnäckigem Husten. Schleichender Beginn macht sich mit schlechtem Appetit, verminderter Leistungsfähigkeit, Gewichtsabnahme, schlechtem Aussehen, Neigung zu Nachtschweißen bemerkbar. Bei Kleinkindern kann man durch eine Hautimpfung (Tuberkulinprobe) feststellen, ob eine Tuberkulose zugrunde liegt. Man spritzt eine hochverdünnte Lösung von Tuberkelbazillengift in die Haut oder reibt es mit Salbe ein. Schwellung und Rötung an der Impfstelle zeigen einen tuberkulösen Prozeß im Körper an, bzw. daß der Körper einmal mit dem Tuberkelbazillus zu tun hatte. Beim älteren Menschen ist die Probe fast immer positiv und erlaubt also keine Schlüsse mehr. Grundlage der Krankheitserkennung und -beurteilung ist neben der Röntgenuntersuchung der Klopf- und Horchbefund des geschulten und erfahrenen Arztes. Röntgenreihenuntersuchungen ermöglichen heute eine Durchuntersuchung großer Bevölkerungsteile und die Auffindung von L., die bisher keine Erscheinungen gezeigt haben und nicht erkannt wurden. Die frühzeitige Erkennung ist für die Behandlung und die Verhinderung der Weiterübertragung von großer Bedeutung. Heute ist die Behandlung mit Tuberkulostatika, die sofort energisch durchgeführt werden muß, das sicherste Mittel, das schnell zu einer Abtötung der Bazillen und zur Vernarbung und Abheilung der erkrankten Teile führt. Beh.: Naturgemäße *Grundkost,* Bewegung und Aufenthalt im Freien, *Luftbäder.* Vorsichtig beginnende *abhärtende* Maßnahmen: *Tautreten, Arm-, Kniegüsse.* Erst allmählich steigert man zu *Schenkelgüssen, Halbbädern, Oberaufschlägern* und *Kreuzwickeln.* Bei Kindern öfters wiederholte *Schmierseifenkur, Salzbäder, Ganzwaschungen.* Innerlich: Schleimlösende Tees: Wollblumen, Veilchenblätter, Bockshornklee. Kieselsäurehaltige Tees: Schachtelhalm, Hohlzahn, Knöterich. Hp.: Arsenum jodatum D4–8, Phosphorus D4–10, Calcium carbonicum Hahnemanni D3–12, Calcium phosphoricum D3–6, Silicea D3–6, Pulsatilla D4, Stannum oder Stannum jodatum D4–6, Kalium carbonicum D6, Acidum nitricum D3–6. Bch.: Calcium phosphoricum D6, Calcium sulfuricum D6–12, Silicea D12 als Grundmittel. In akuten Stadien dazu Ferrum phosphoricum D6 und Natrium phosphoricum D6; bei verkäsenden Prozessen Magnesium phosphoricum D6 und Natrium muriaticum D6.

Lupulinum (Hopfendrüsen): Aus den Blütenschuppen der Dolden des Hopfens wird *Bitterstoff* und ätherisches Öl gewonnen. Beruhigende Wirkung, auch auf geschlechtliche Erregung. Als Pulver 0,05–0,1 g als Einzelgabe.

Lupus, s. *Hauttuberkulose.*

Lymphdrainage, manuelle (Vodder). Die Bewegung der Lymphgefäßzirkulation wird durch Atmung und Muskeldruck unterstützt. In der heutigen bewegungsarmen Zeit fällt diese Unterstützung weitgehend aus und die Lymphzirkulation leidet Not. Gesundheit und Heilung hängen auch von einer guten Lymphzirkulation ab, denn auch die Infektabwehr wird z.B. wesentlich davon getragen. Hier sucht die L. abzuhelfen. Mit einer langsamen und einförmigen Bewegung wird von Hand und besonders mit dem Daumen mit an- und abschwellendem Druck auf die Haut eingewirkt. Die Bewegung ist leicht und wird angenehm empfunden. Langzeitbehandlung erforderlich. Rheumatismus, Hauterkrankungen, Ödeme, Unfallfolgen und Regeneration sind wesentliche Anzeigen für ihre Anwendung.

Lymphdrüsen- und Lymphgefäßentzündung: Entstehung und Verlauf s. *Lymphe.* Beide sind ernste Krankheitszeichen. Die Lymphknoten können vereitern und aufbrechen. Besonders bei chronischer L. *(Tuberkulose)* oft der Fall. Im Bereich der Halsgegend entstehen oft solche Drüsenvergrößerungen mit *Geschwüren,* z.B. *Skrofulose.* Beh.: Bettruhe, laufende Temperaturmessung und -beobachtung notwendig. Örtlich: kalte *Auflagen* oder *Wikkel* mit Zinnkrautabsud, bei Erwärmen erneuern. Bei Fieber s. *Fieber*behandlung. An der Eintrittsstelle der Infektion heiße *Heusäcke* oder *Bockshornkleeauflagen* oder *Eiter*abfluß durch *Inzision.* Hp.: Im Anfang Belladonna D3, Mercurius solubilis D3–4, bei Eiterung Hepar sulfuris D3, Myristica sebifera D6, danach Silicea D6–12.

Bei chron. Entzündung Graphites D6–12 und Baryum carbonicum D6–12. Bch.: Kalium phosphoricum D6, Silicea D12, Calcium sulfuricum D12, Calcium fluoratum D12.

Lymphe und Lymphgefäßsystem: Lymphe besteht aus Blutflüssigkeit mit weißen Blutkörperchen. Sie wird in den Haargefäßen aus dem Blut abfiltriert. Sie umspült die Zellen der Gewebe, führt ihnen Nahrungsstoffe zu und leitet Abfallstoffe ab und wird von zarten, feinen Röhren wieder eingesammelt. Diese Lymphröhren durchziehen das ganze Gewebe wie ein Drainagesystem, sammeln sich in größeren Lymphgefäßen, die die Lymphe wieder dem Blutkreislauf zuführen. In dieses System sind zahlreiche Lymphknoten als Filterstationen eingebaut, an besonderen Stellen finden wir sie gehäuft, z.B. in den Achselhöhlen, Schenkelbeugen, Ellenbogen, der Lungenwurzel usw. In den Körper eingedrungene Gifte und Bakterien werden von den der Einbruchstelle am nächsten gelegenen Lymphknoten aufgefangen, um durch weiße Blutkörperchen unschädlich gemacht zu werden. Die Lymphknoten schwellen an, entzünden sich und werden schmerzhaft. Wird das Filter überschritten, dann entzünden sich die Lymphbahnen, die sich als schmerzhafte rote Streifen abzeichnen, und schließlich gehen Erreger oder Gifte ins Blut über, so daß es zu allgemeiner *Blutvergiftung* kommt. Alle Lymphgefäße vereinigen sich zu einem großen Lymphgefäßstrang, der in die Unterschlüsselbeinblutader einmündet und hier die Lymphe wieder dem Blut zuführt.

Lymphogranulomatose (Hodgkinsche Krankheit): Erkrankung des lymphatischen Systems, der Lymphknoten und Lymphgewebe mit Fieber, Blutarmut, Hautjucken, Schweißen, Durchfällen, Abmagerung, Drüsen- und Milzschwellungen. Beh.: Hier ist klinische Behandlung mit Bestrahlung und Cytostatika notwendig. Auf natürlichem Weg ist der Zustand nicht mehr zu beeinflußen.

M

Madenwürmer (Oxyuren): weißlicher Fadenwurm, 1/2 bis 1,2 cm lang. Dickdarmschmarotzer. Aufnahme der Eier mit Salat und Rohgemüse, das mit Fäkalien kopfgedüngt war. Weibchen kriechen meist nachts aus dem After und legen dort in der Umgebung die Eier. Juckreiz. Bei Mädchen können sie in die Scheide gelangen und *Ekzeme* hervorrufen. Beim Jucken gelangen die Eier unter Fingernägel und können so wieder in den Darm gelangen und Neuinfektionen hervorrufen. Kuren haben nur Erfolg, wenn alle Familienmitglieder gleichzeitig behandelt werden, um gegenseitige Neuinfektionen auszuschalten. Einlegen der Salate und Rohgemüse in Salzwasser, bevor sie verarbeitet werden, gut waschen. Fingernägel kurz halten, Kindern nachts Höschen anziehen, um Jucken und Infektion der Hände zu vermeiden. Kur muß 5–6 Tage durchgeführt und dann nach 14 Tagen wiederholt werden. Beim Kurbeginn werden am 1. Tag nur rohe geschälte und geriebene Möhren gegessen, dann mit Rizinusöl abgeführt, dann tgl. 1 Mahlzeit mit geriebenen Möhren. Abends Knoblauch*klistiere:* 1 Zwiebel auf 1 l Wasser 20 Minuten abkochen. Abends After mit grauer Salbe einreiben. Blüten des Rainfarn 1/2–1 g, Weinrautesamen 0,05–2 g, je nach Alter und Größe, und Koriandersamen als Pulver oder in abführenden Tees dienen der Wurmabtötung. Vom Saft des Erdrauchs einige Eßlöffel tgl. Hp.: Cuprum oxydantum nigrum D2, Abrotanum D1, Cina D3–4. Waschen und Kochen der Leib- und Bettwäsche gegen Neuansteckung. Morgens *Wechselsitzbad* mit Zinnkraut. Madenwurmtee: Kamillenblüten, Sennesblätter je 1T., Rainfarnblüten 2T., Wermut 6T., 1 Eßlöffel auf 1 Tasse abkochen. Früh und abends 1 Tasse trinken.

Magen: Der M. ist eine Erweiterung des *Verdauungskanals,* die je nach dem Füllungszustand in der Größe wechselt. Er ist nur am Eingang (Kardia) und am Ausgang (Pylorus = Pförtner) mit der Umgebung fest verbunden. In leerem Zustand hat er annähernd die Form eines Stierhorns, dessen

Spitze am Magenausgang etwa 1–2 Querfinger re. von der Mittellinie liegt und von dort nach li. oben bis zum Zwerchfell im li. Oberbauch verläuft. Die große untere Begrenzung (große Kurvatur) liegt einige Querfinger oberhalb des Nabels, bei Füllung auch unterhalb des Nabels. Bei langaufgeschossenen Menschen mit angeborener konstitutioneller Bindegewebsschwäche liegt der untere Magenpol noch tiefer, reicht oft bis ins kleine Becken (Senkmagen). Der M. hat dann Angelhakenform. Er faßt im Durchschnitt 2,5 l und besteht aus mehreren Schichten längs, quer und schräg verlaufender glatter Muskelfasern und ist innen von einer sehr drüsenreichen Magenschleimhaut ausgekleidet. Die glatte Muskulatur arbeitet selbsttätig und gewährleistet durch pendelnde und walkende, nach dem Magenausgang gerichtete Bewegung die Durchmischung und Vorwärtsbewegung des Mageninhalts. Die Schleimhaut liefert aus ihren verschiedenen Drüsen die Säfte für Aufbereitung und Verdauung der Speisen, das *Labferment* zur Eiweißgerinnung, das *Pepsin* zur Eiweißverdauung und die Magensalzsäure (0,3 v. H.) zur Aktivierung der Verdauungssäfte und Unschädlichmachung der in den Magen eingebrachten Kleinlebewesen (Bakterien, Hefe usw.). 1 qcm M.-Schleimhaut enthält etwa 100 Drüsen, für den ganzen M. müssen wir also mit 5 Millionen rechnen. Die Drüsen sondern tgl. 3–5 l Magensaft ab, je nach der Menge und dem Bedarf der genossenen Speisen. Muskeltätigkeit und Drüsentätigkeit werden von Ganglien des Lebensnervensystems in der Magenwand reguliert. Sie schalten auch, wenn es aus inneren Gründen notwendig ist, bei ungeeigneten Speisen, zu großer Nahrungsaufnahme, Krankheitszuständen im Körper, die eine Hemmung des Nahrungsumsatzes wünschenswert erscheinen lassen, auf das Brechzentrum im Gehirn über, und dieses schaltet eine Reihe von glatten und quergestreiften Muskeln im Sinne einer rückläufigen Bewegung *(Brechakt)* um, wodurch die Speisen wieder aus dem M. herausbefördert werden. Durch das *Lebensnerven*system ist der M. eng mit seelischen Vorgängen verbunden. Ekel, Unwille, Unbehagen, Unruhe übertragen sich ebenso auf die Magenfunktionen im störenden Sinne, wie Wohlbehagen, Ruhe, Ausgeglichenheit sich fördernd auswirken. Der M. kann als ein Spiegel der Seele betrachtet werden.

Magenblutung, s. *Blutstillung.*

Magen-Darm-Katarrh, vgl. *Darmkatarrh:* meist bei Vergiftung durch Spaltpilzzersetzungen, aber auch bei anderen in der Nahrung vorhandenen oder entstehenden Giften. Beh.: Bettruhe. Solange Fieber und Durchfälle bestehen, *Fasten* mit Pfefferminztee, Kamille oder Melisse. Zu Beginn 1–2 Eßlöffel Rizinusöl, *Linusitsuppe.* Tgl. Kamilleneinläufe 38°. 3–4mal tgl. heiße *Heublumen-* oder *Kartoffelsackauflage.* 1–2mal ansteigendes *Fußbad,* abends *Lendenwickel.* Innerlich: *Heilerde,* Kaffee*kohle,* Bohnenkrauttee, Lindenkohle. Man kann auch *Apfeltage* nach August Heisler durchführen: geschabter roher Apfel (ohne Kernhaus) wird 1–2 Tage lang in beliebiger Menge gegessen. Dabei hat jede andere Verabreichung von Kost oder Getränken zu unterbleiben. An Stelle des Apfels kann man jede andere Obstsorte, aber stets nur eine Sorte und nur roh und ungezuckert geben. Heidelbeeren sind sehr geeignet. Beruht der Durchfall auf Störungen der Säfteausscheidung des Magens und der Bauchspeicheldrüse, so muß diese angeregt werden. Hp. s. *Darmkatarrh.*

Magenentleerung: Die künstliche M. wird entweder durch den *Brechakt,* der provoziert wird, oder durch den Magenschlauch vorgenommen. Der Brechakt kann durch Kitzeln des Zäpfchens, durch Brechmittel über die Magenschleimhautnerven oder zentral über das Brechzentrum ausgelöst werden. Man gibt Haselwurz (Asarum europaeum), Brechwurz (Radix Ipecacuanha) oder Senfsamen (Semen sinapis) bis zur Wirkung. Von *Brechmitteln* macht man vor allem dann Gebrauch, wenn man gleichzeitig eine Schockwirkung auf das *Lebensnervensystem* erzielen will, z. B. beim Asthmaanfall. Sonst geschieht die M. schonender durch den Magenschlauch. Man hat bei *Vergiftungen* zudem die Möglichkeit, an die Entleerung eine Spülung und Waschung des Magens anzuschließen. Zur Magensaftuntersuchung kann man auch nach einem Tee-Semmelfrühstück nach 1/2 Stunde den Mageninhalt entnehmen. Diese Methode ist aber in den Ergebnissen nicht zufriedenstellend, so daß man heute mit der *Duodenalsonde* arbeitet, die einige Stunden im Magen liegenbleibt. Nachdem man nüchtern den Magen entleert hat, gibt man einen Reiztrunk, 300 ccm Koffein- oder Alkohollösung, und entnimmt dem Magen 2–3 Stunden lang alle 10–15 Minuten eine Probe.

Magenerweiterung bei ständiger Magenüberfüllung (Vielesser und -trinker). Verengerungen des Magenausgangs durch *Geschwülste* haben erst eine Verstärkung der Magenmuskulatur zur Überwindung des Hindernisses, bald aber eine Erschlaffung mit M. zur Folge, *Magensenkungen* im Rahmen allgemeiner Bindegewebsschwäche werden ebenfalls von M. begleitet. Verdauungsstörungen durch zu langes Verweilen der Speisen im Magen, abnorme Gärungen, Gasbildung, Aufstoßen, Völlegefühl, Spannung und Druck in der Magengegend sind die Folge. Bei Ausgangsverengerung auch Austrocknungserscheinungen. Beh.: Kost aus *Obst*- und Gemüse*säften,* langsam aufbauen. *Gymnastik,* Leib*massage, Essigtuchauflage. Ganz-* und *Oberkörperwaschungen, Knie-, Arm-, Schenkel-, Oberguß, Halbbad, Wechselfußbad, Wassertreten.* Verminderung der Menge der Getränke.

Magengeschwür (Ulcus ventriculi) und *Zwölffingerdarmgeschwür* (U. duodeni): Häufigste Stellen der M. ist die Magenstraße in der kleinen Krümmung vor dem Ausgang oder jenseits vom Pförtner im Zwölffingerdarm. Magensaftstörungen und *Magenkatarrh* sind meist gleichzeitig vorhanden. Hauptursache: Durchblutungsstörungen im Gefäßnetz der Schleimhaut auf gefäßnervöser, krampfender Grundlage. Dadurch fällt der aus der Blutversorgung ausgeschlossene Schleimhautbezirk der Selbstverdauung anheim. Beschwerden stimmen mit denen der Magenentzündung überein. *Aufstoßen, Sodbrennen, Appetitlosigkeit* wechseln mit Heißhunger, Auftreten von Schmerzen bei gefülltem oder leerem Magen (Nüchternschmerz). Behandlung hat vor allem Beruhigung und Disziplinierung des gesamten Menschen ins Auge zu fassen. Diätetisch wird wie bei *Magenkatarrh* vorgegangen, doch muß man die Gemüse- und Obstsorten sorgfältig individuell auswählen. Salz, *Gewürze,* Backen in Fett, tierische *Fette* mit Ausnahme der Butter streng meiden. Für gutes Kauen sorgen oder anfangs die Speisen püriert geben, auch Kartoffeln in Breiform. Innerlich: *Kartoffelsaft,* aus frischen Kartoffeln gepreßt, etwa 1 Teelöffel vor dem Essen, oder tgl. 20–40 g *Lakritzen* bei streng salzfreier Kost. T. Cheny (Stanford University) hat die Einnahme von tgl. bis zu 250 ccm durch hochtourige Zentrifikation gewonnenen Weißkohlsaft aus biologisch angebauter Ware zur Ulcusbehandlung empfohlen, was sich ausgezeichnet bewährt hat.
Jede Mahlzeit mit *Linusitsuppe* beginnen. Bei Magen*blutung: Fasten,* nur geringe Menge eisgekühlter Getränke. Einläufe zur Stuhlentleerung. Kalte *Aufschläge,* öfter wechseln, beim nicht blutenden M. Wärme*auflagen,* zur Nachbehandlung heiße Auflagen. Im Anfang Ruhebehandlung, Bettruhe notwendig. *Wasser*behandlung wie bei *Magenkatarrh.* Hp. Atropinum sulfuricum D4, Argentum nitricum D4, Hydrastis canadensis D2–3, Kalium bichromicum D4, Kreosot D4–6, Phosphorus D5; bei Ulcus duodeni: Anacardium orientale D6–12, Robinia pseudacacia D3, Uranium nitricum D4. Bch.: Kalium phosphoricum D6, Calcium fluoratum D12, Magnesium phosphoricum D6, Calcium phosphoricum D6.

Magenkatarrh (Magenschleimhautentzündung, Gastritis): Entzündung der Magenschleimhaut verschiedenen Grades. Von der vermehrten Schleimabsonderung bis zur hochroten, mit Blutungen durchsetzten Anschwellung der Schleimhaut gibt es alle Übergänge. Durch mechanische Reizung bei Überladen mit Speisen und Getränken, schlecht gekaute Speisen (mangelhaftes Gebiß), Gifte (auch durch Spaltpilze im Magen entstandene), zu kalte, zu heiße Speisen, verschluckten Tabakspeichel als örtliche Einwirkung. Als Teilerscheinung allgemeiner Infektionen und Vergiftungen, z. B. der *Harnvergiftung.* Auch nervöser Reizmagen bei nervöser Überbelastung. Akuter M. (Magenverstimmung, Dyspepsie) äußert sich in stark belegter Zunge, üblem Mundgeruch, Völlegefühl, Druck in der Magengegend, Widerwillen gegen jede Nahrung, Aufstoßen, Erbrechen, Störungen der Stuhlentleerung *(Durchfälle, Verstopfung),* Störung des Allgemeinbefindens sind die Folge. Chronischer M. kann sich aus dem nicht abgeklungenen oder sich wiederholenden akuten M. entwickeln und geht mit Abbau der Magenschleimhaut und ihrer Funktion einher. Erlöschen der Drüsentätigkeit. In schweren Formen beeinflußt er die Bluterneuerung, führt zu *Blutarmut.* Geht immer mit Ausscheidungsstörungen und Fehlen wichtiger Stoffe im Magensaft einher. Beh.: Beim akuten M. *Fasten* bis zum Schwinden der Erscheinungen, anschließend Aufbau über *Obst, Gemüse*säfte zu *vegetarischer* und später zur *Grundkost.* Jede Mahlzeit mit *Linusitsuppe* beginnen. Tee: Pfefferminze, Schafgarbe, Kamille, Melisse. Beim chronischen M. Regelung der Lebensweise, Beseitigung der Schädigungsursachen *(Alkohol, Nikotin).* Kurze *Fasten*periode, in eine reizlose *vegetarische* Kost übergehend. Als Tee Wermut, Tausendgüldenkraut. Zum Ersatz der Verdauungsfermente Präparate aus Früchten und Blättern des Melonenbaums (Carica papaya). Morgens: *Ganzwaschung, Tiefatmung.* Vormittags: *Knie-, Schenkel-, Oberguß,* später *Halbbäder.* Nach dem Essen *Leibauflage,* bei Magensaftmangel 1/2 Stunde vor dem Tisch und nach dem Essen *Heusack* oder heiße *Auflage.* Abends: Tief*atmung,* leichte Bewegung und *Gymnastik.* Hp.: Antimonium crudum D6, Arsenicum D4–12, Belladonna D4, Bismutum subnitricum D3–6, Bryonia D3–12, Chamomilla D3–12, Ferrum phosphoricum D3–6, Graphites D 6–12, Gratiola D 2–6, Magnesium phosphoricum D 3–12, Nux vomica D 3–12, Pulsatilla D3–6, Sepia D4–12, Sulfur D4–12, je nach dem Symptomenbild. Bch.: Ferrum phosphoricum D6, Natrium phosphoricum D6, Natrium muriaticum D6, Magnesium phosphoricum D6, Kalium chloratum D6, Kalium sulfuricum D6, Natrium sulfuricum D6, Kalium phosphoricum D6, Calcium phosphoricum D6, Silicea D12.

Magenkrebs gehört zu den häufigsten örtlichen Erscheinungen der *Krebs*krankheit. Es erkranken meist Menschen über 50 Jahre; M. kann aber auch in jüngeren Jahren auftreten. *Appetitlosigkeit,* Widerwillen gegen Fleisch, Druck und Schmerzen nach dem Essen, Erbrechen, *Abmagerung, Blutarmut,* verbunden mit allen Beschwerden eines *Magenkatarrhs,* können vorkommen. Die ersten beunruhigenden Beschwerden machen den Kranken meist erst aufmerksam, wenn die Krankheit schon sehr fortgeschritten ist. Wenn nach Auffassung der Naturheilkunde der M. nur eine Teilerscheinung der allgemeinen Krebserkrankung ist, so sieht sie trotzdem in schädigenden Reizen, die durch unzweckmäßige Lebensweise, besonders mit der Nahrung, durch Verschlucken von Speichel mit Verbrennungsrückständen bei Rauchern usw. an den Magen direkt herangetragen werden, die besondere Ursache für die örtliche Entwicklung. Sie bemüht sich, durch ihre Maßnahmen den M. in seiner weiteren Entwicklung aufzuhalten und ihn womöglich zur Rückbildung zu bringen. Allgemeinbehandlung s. *Krebs*krankheit. Verbesserung der Magendarmtätigkeit und des Blutumlaufs im Leib durch *Kurz-, Lendenwickel, Halbbäder. Darmbäder* oder *Klistiere* zur Anregung des Darms und *Entgiftung.* Gesunde *Grundkost.* Behandlung des meist bestehenden *Magenkatarrhs. Linusitsuppe,* Rote-Beete-Saft

Magenmittel: *Bittermittel* fördern Magenverdauung und Magenabsonderung. Durch Reizung der Mundschleimhaut fördern sie reflektorisch die Salzsäureausscheidung im Magen. Sie werden als *Gewürze* zur Appetitanregung verwendet. Pfeffer, Senf, Meerrettich, Ingwer, Zimt, Muskatnuß. Zur Magenanregung verwendet man als Tee Wermut, Tausendgüldenkraut, Koriandersamen, zur Beruhigung Melisse, Anis, Basilikenkraut, Kamille, Weinraute usw.

Magenschleimhautentzündung, s. *Magenkatarrh.*

Magenschmerzen (Gastralgie) beruhen auf krankhaften Zuständen des Magens selbst *(Schleimhaut*entzündung, *Geschwüre)* oder auf Reizung der Magennerven. *Krämpfe* der glatten Magenmuskulatur, Reizung der Nerven bei *Rückenmarksschwindsucht* (Tabes).
Behandlung nach der Grundursache. *Fasten,* Linusitsuppe wirkt magenberuhigend u. schmerzstillend. Wärme*auflagen,* Melissengeist oder -tee schluckweise. Bch.: Magnesium phosphoricum D 6, Kalium phosphoricum D 6.

Magensenkung: Tiefe Lage des *Magens* durch Erschlaffung der aufgehängten Bänder bei allgemeiner *Eingeweidesenkung.* Kann mit *Magenerweiterung* einhergehen.

Angelhakenform des Magens. Unterer Magenpol kann bis ins Becken reichen. Behandlung s. *Eingeweidesenkung* und *Magenerweiterung.*

Magerkeit: Zustand, der durch geringe oder fehlende Fettpolster und schwach entwickelte Muskulatur gekennzeichnet ist. Kann als Dauerzustand durch die *Konstitution* oder durch abnormen *Stoffwechsel,* vor allem Störungen der inneren Drüsen *(Schilddrüse, Hirnanhangsdrüse),* oder durch *Hunger,* zehrende Krankheiten und *Unterernährung* bedingt sein. Beh.: Gesunde Kost mit besonders gut verwertbaren Zulagen. *Linusitsuppe, Quarkleinölspeisen.* Mastkur. Anregung der Blutbildung und Blutverteilung durch *Waschungen* und *Güsse. Ganzwaschungen* tgl., vormittags abwechselnd *Knieguß, Armguß, Schenkelguß,* nachmittags: *Armbad* und *Wassertreten.* Anregung des Appetits durch *Bittertees:* Wermut, Tausendgüldenkraut, Enzianwurzel.

Magie (griechisch: Zauberei): Die Anwendung geheimer Kräfte zur Herrschaft über die Natur. Die schwarze M. ruft dämonische oder böse Geister, die weiße himmlische oder gute Geister und Kräfte zur Hilfe. Geheimnisvolle Riten, Besprechungen, Segnungen, Amulette und Talismane gehören in das Gebiet der M. Siehe *okkulte Heilverfahren.*

Magnetismus, tierischer (Mesmerismus): Kräfte, die von der Person ausgehen und durch Bestreichen oder Berühren mit den Händen auf andere übergehen. Nach dem Arzt Franz Anton *Mesmer* (1734–1815), der ihn in die Heilkunde eingeführt hat, große Erfolge hatte, aber auch viel Verfolgung erdulden mußte, wird die systematische Anwendung dieser Kräfte zur Heilung von Krankheiten auch Mesmerismus genannt. Zweifellos können mit solchen Kräften begabte Menschen Wirkungen am peripheren, Gefäß- und *Lebensnervensystem* erzielen, die, sinnvoll angewandt, zu Heilungen führen können. Da man diese Kräfte nicht messen und wägen, sondern nur erleben und erfahren kann, werden sie von der exakten Wissenschaft nicht als wirklich vorhanden angesehen und die tatsächlich nachweisbaren Wirkungen als versteckte *Suggestion* gedeutet.

Maiglöckchen (Convallaria majalis): Blätter, Blüten und Blütenstengel. Herzglykosidpflanze. Bei Herzschwäche nur in guten, standardisierten Präparaten verwenden! Wird in der biologischen Medizin weitgehend an Stelle von *Fingerhut* und *Strophanthus* gebraucht (Tafel XI).

Mais, türkischer Weizen, aus Amerika stammend, aber auch in Europa, vorzüglich Südosteuropa, viel angebaute Getreidefrucht. Wird hauptsächlich als Breigetreide und zur Stärke- und Zuckerherstellung (Traubenzucker) verwendet. Überalterter Mais enthält Stoffe, die die Wirkung des *Nikotinsäureamids* aus dem *Vitamin*-B-Komplex aufheben, so daß ausschließlicher Maisgenuß zu Mangelschäden führt, die besonders an der *Haut* unter dem Bild der Pellagra ablaufen. Die unbestäubten Narben der weiblichen Maisstauden werden in Abkochung zur Behandlung von Nieren- und Blasenleiden, von Nierensteinen und der Zuckerkrankheit verwendet. Es soll ein blutzuckerwirkender Stoff darin enthalten sein, was aber nicht allgemein anerkannt ist.

Majoran (Origanum majorana): Kraut zur Blütezeit als Magenmittel und bei chronischen Katarrhen in Aufguß, 2–4g als Einzelgabe. Küchen- und Wurst*gewürz.*

Malaria (Wechsel- oder Sumpffieber) wird übertragen durch den Stich der Anophelesmücke. Erreger sind einzellige Lebewesen (Plasmodien), die im menschlichen *Blut* ein Entwicklungsstadium durchmachen. Sie befallen die roten Blutkörperchen, vermehren sich im Innern und bringen sie zum Zerfall. Dieser ist jedesmal von hohem *Fieber* und Schüttelfrost begleitet. Das Entwicklungsstadium dauert je nach der Plasmodienart 3–4 Tage. Es werden 3- und 4-Tage-Fieber unterschieden. Verschiedene Arten oder Reifestadien nebeneinander können im gleichen Menschen tägliche oder auch unregelmäßige Fieber erzeugen. Bei der M. besteht die Aufgabe nicht nur im Heilen, sondern vor allem auch in der Vorbeugung. Austrocknen sumpfiger Gelände, Einsetzen bestimmter Fische in die Tümpel, die die Larven der Mücken fressen, Abdecken der Gewässer mit Ölfilm, um die Vermehrung der Mücken zu hindern. Schutz der Menschen vor Stichen

(Moskitonetze), vorsorgliche Gaben von plasmodientötenden Mitteln. Chinarinde.

Malefizöl nach Kneipp, s. *Ausscheidungsöl.*

Maltafieber: Infektionskrankheit in den Küstengebieten des Mittelmeers, durch Ziegenmilch übertragen. Kopfschmerzen, Schlaflosigkeit, Erbrechen, rasch einsetzendes Fieber, das 3–4 Wochen andauert und zu starken Schweißausbrüchen führt. Fieberrückfälle nach wochenlangen Pausen. Ähnlichkeit des Bildes mit *Typhus.* Beh.: *Fasten, Fieber*behandlung ähnlich wie bei *Typhus.*

Malva silvestris, s. *Malve.*

Malve (schwarze und wilde M., Althaea rosea, Malva silvestris): Blüten und Blätter als Schleimdroge, wie *Eibisch* verwendet. 2–4g als Einzelgabe (Tafel XI).

Malz: angekeimte *Getreide*körner (Gerste, Roggen, Weizen). *Auxon-* und *vitamin*reich. Zur Bierherstellung und als Backhilfsmittel verwendet.

Malzextrakt: durch Diastase verzuckertes *Malz,* das im Vakuum eingedampft worden ist. Kräftigungsmittel. Stuhlfördernde Kindernahrung.

Mandelabszeß entwickelt sich aus der eitrigen *Mandelentzündung,* in der Regel einseitig. Schwellung der Mandel und des umgebenden Gewebes. Schluck- und Atembehinderung, nasale Sprache. Schluckschmerz zu den Ohren ausstrahlend. Übler Mundgeruch, belegte Zunge. Abheilung nach Durchbruch oder Eröffnung und *Eiter*entleerung. Greift manchmal nach Abheilen der einen Seite auf die andere über. Große Neigung zum Wiederkehren. Beh.: Bettruhe, *Fasten. Bockshornkleeaufschläge* auf die erkrankte Seite. Tgl. mehrere *Ganzwaschungen* bis zum Schweißausbruch. *Gurgeln* mit Bockshornkleesamentee, Zinnkrauttee, Kamillentee. Gegebenenfalls Entlastung durch Einschnitt notwendig. Hp.: Baryum muriaticum D4, Hepar sulfuris D3, Calcium sulfuricum D3–6, Silicea D6–12. Bch.: Magnesium phosphoricum D6, Silicea D6, Calcium sulfuricum D6.

Mandelentzündung (Angina, Halsbräune) äußert sich in entzündlicher Schwellung des sog. lymphatischen Rachenrings, der aus den beiden Gaumenmandeln, 1 Rachenmandel, 2 Tubenmandeln und Zungenbalgdrüsen besteht. Nur die beiden Gaumenmandeln sind direkt, ohne Zuhilfenahme von Spiegeln, sichtbar zu machen. Örtlich äußert sich die Schwellung in Schluckbeschwerden, Engigkeit, Stechen im Hals, dazu kommen noch allgemeine Krankheitserscheinungen einer fieberhaften Erkrankung wie Fieber, Mattigkeit, Kopfschmerz usw. Die M. ist wohl kaum eine Krankheit für sich, sondern nur der Ausdruck einer entzündlichen Allgemeinerkrankung. Man sieht und unterscheidet verschiedene Grade der örtlichen Entzündung: 1. Schwellung und Rötung der Mandeln und der umgebenden Gaumenbögen, ohne Beläge oder Ausschwitzungen. Einfache oder katarrhalische M. (A. simplex). 2. Außer der Schwellung und Rötung noch Ausschwitzung auf den Mandeln: a) kleine, gelbe Pfröpfe in den sog. Lakunen der Mandeloberfläche (A. lacunaris oder follicularis). Meist liegen Kettenkokken der Infektion zugrunde, die auch in den Allgemeinerscheinungen mit hohem Fieber und schwerem Krankheitsgefühl verläuft. Bei vielen Infektionskrankheiten *(Gelenkrheumatismus, Scharlach, Typhus* usw.) tritt sie in dieser Form auf. b) Die Pfröpfe fließen zusammen und bilden abwischbare Beläge, die einen häutigen Belag vortäuschen (A. pseudomembranacea). Abstrich machen, um *Diphtherie* auszuschließen, die sich dahinter verbergen kann. c) Eine weißgelbe, festhaftende und nur unter Blutung wegziehbare Haut von süßlichem Geruch deutet auf Diphtherie hin. 3. Geschwürige Veränderungen auf den Mandeln haben besondere Erreger zur Grundlage (A. ulcerosa). Harmlos ist die *Plaut-Vinzenzsche M.* Aber nicht übersehen werden darf die Möglichkeit einer *syphilitischen* Erkrankung; auch schwere *Bluterkrankungen (Agranulozytose)* äußern sich durch brandig-geschwürigen Mandelzerfall. Die M. ist also, so harmlos sie als katarrhalische M. auftreten kann, immer ein Krankheitsbild, das den Verdacht auf eine schwere Erkrankung nahelegt. Schwere Krankheiten können sich hinter ihr verbergen, und ein unvollkommenes Ausheilen kann zu entzündlichen Erkrankungen der Nieren, der

Gelenke, des Herzens, der Nerven usw. führen, s. *Herdinfektion.* Nach jeder M. Harn auf Eiweiß untersuchen, Herz und Kreislauf noch für einige Zeit beobachten! Beh.: *Fieber*behandlung. *Fasten, Obsttage,* später vegetarische *Grundkost.* Im Beginn *Heublumenhemd* oder ansteigendes *Heublumenbad* mit Bürsten, *Oberguß,* Schwitz*packung. Essigwasserwaschungen* oder *Teilwaschungen* während des Fiebers. *Gurgeln* mit Kamille, Salbei, Pfefferminz, Zitronensaft, Symbioflor I, Einstäuben der Mandeln mit *Heilerde* oder Heislerscher Kaffee*kohle.* Örtlich: *Halswikkel* (Essig 1/2stdl. oder Lehm 3mal tgl. wechselnd). Hp.: Belladonna D3–4, Apis D3, Gujacum D3, Gelsemium D3, Mercurius solubilis D4–6, Calcium sulfuricum D3–6, Silicea D6–12, Echinacea ∅, Lachesis D10. Bch.: Ferrum phosphoricum D6 im Wechsel mit Kalium chloratum D6, Kalium phosphoricum D6, Natrium muriaticum D6, Calcium fluoratum D12, Calcium phosphoricum D6–12, Natrium phosphoricum D6, Natrium sulfuricum D 6, Magnesium phosphoricum D 6, Silicea D 6–12, Calcium sulfuricum D6.

Chronische M. macht wenig Beschwerden. Auf Druck lassen sich Eiterpfröpfe aus den Gaumenmandeln entleeren. *Roederbehandlung* 1–2mal wöchentlich, Einstäuben mit *Heilerde* oder Kaffee*kohle, Lehmumschläge.* Beh. mit Symbioflor I.

Mandelmilch, s. *Pflanzenmilch.* Herstellung: 30 g geschälte süße Mandeln werden einige Stunden in kaltes Wasser gelegt, abgetrocknet und in einem Mörser zu einem feinen Brei zerstoßen. Dann rührt man mit 150–200 g kaltem Wasser sehr langsam an und preßt die Masse durch ein Leinentuch. Zum Süßen kann 1/2 Teelöffel Honig genommen werden.

Mandelvergrößerungen sind nur im Kindesalter *konstitutionell* bedingt. Häufig Ausdruck chronischer Entzündungen. Beh.: s. chronische *Mandelentzündung.* Nur wenn die Mandeln vollkommen zerstört sind und die Entzündungsherde sich nicht anders beeinflussen lassen (z. B. durch *Roedern*), soll man an eine Herausnahme denken. Vergrößerung der Rachenmandel führt im Kindesalter zu den sog. adenoiden Wucherungen oder Vegetationen. Behandlung wie chronische Mandelentzündung. *Trockenkost.* Nasenspülungen s. *Nasenkatarrh.* Bch.: Calcium phosphoricum D6–12, Magnesium phosphoricum D6.

Mangelkrankheiten entstehen durch Fehlen lebenswichtiger anorganischer *(Spurenelemente)* oder *organischer (Vitamine, Eiweiß)* Stoffe in der Ernährung, aber auch bei Störungen in der Harmonie der kalorienliefernden Nahrungsstoffe (Eiweiß. *Fett* und *Kohlehydrate.*) Bei Fehlen der Stoffe besteht der *Hunger,* der eine Sonderform der M. ist. Sie gehen mit Gewichtsabfall und Gewebeverlust (Auszehrung), langsam oder ziemlich rasch auftretenden Gewebsveränderungen *(Mesotrophie)* oder sogar mit scheinbarer, aber fehlerhaft-veränderter Gewebszunahme einher. Gesunde Ernährung, unter besonderer Berücksichtigung der *Vitamine* und *Ergänzungsstoffe,* harmonische Zusammensetzung und richtige Auswahl der Nahrung verhindern M. und können sie wieder ausgleichen, s. *Ernährung.*

Margarine: butterähnliches Gebrauchsfett, das künstlich aus gehärteten pflanzlichen und tierischen Ölen hergestellt wird. Gewöhnliche Margarine ist im allgemeinen arm an natürlichen Vitaminen oder praktisch frei von Vitaminen, wenn diese nicht künstlich zugesetzt sind. Die Reformindustrie bemüht sich, für die vegetarische Küche eine reine Pflanzenmargarine herzustellen, die geschmacklich und inhaltlich als vollwertiger Ersatz für die Butter dienen kann. Dazu werden ungehärtete Öle, vor allem solche mit reichlich hochungesättigten Fettsäuren, Keimöle usw. verwendet, um das Produkt durch Vitaminanreicherung zu einem in jeder Beziehung vollwertigen Ersatz der Butter zu machen.

Mariendistel (Carduus marianus): Der reife Samen wird als Tee oder in Auszügen als Lebermittel, Leberschutzstoff zur Behandlung der Gelbsucht und Zuckerkrankheit verwendet. 2,5 g Samen als Einzelgabe. Der Wirkstoff ist als Legalon im Handel und ein ausgezeichnetes Leberschutzmittel.

Marrubium vulgare, s. *Andorn.*

Masern (Morbillen): *Infektionskrankheit,* durch *Virus* von Mensch zu Mensch über-

M tragen. Fast nur im Kindesalter, bei Erwachsenen selten vorkommend. Charakteristischer *Ausschlag* von begrenzten, unregelmäßigen, roten Flecken, die zu größeren Flecken zusammenfließen können. Dem Ausschlag gehen 3–4 Tage Schnupfen, Husten, Augenbindehautentzündungen, Mattigkeit, Appetitlosigkeit und hohes Fieber voraus. Bei Ausbruch des Ausschlags steigt das Fieber erneut, fällt nach 5–7 Tagen ab. Der den ganzen Körper befallende Ausschlag blaßt ab und schuppt kleienförmig ab. M.-Kranke sind für *Diphtherie, Keuchhusten* und *Tuberkulose* besonders empfänglich. Sie neigen zu *Mittelohr-* und *Lungenentzündungen.* Beh.: *Fasten, Obsttage,* später *vegetarische Kost.* Kalte *Salzwasserkurzwickel* oder *-hemden,* bis der Ausschlag klar erkennbar ist, dann häufige tgl. *Ganzwaschungen. Freiluftbehandlung.* Warme *Vollbäder* mit kaltem *Abguß. Säuglinge* werden wie bisher ernährt, nur gibt man Flaschenkindern statt Vollmilch Magermilch und Fencheltee. Sonst Tee von Veilchenblättern und Spitzwegerich. Hp.: Aconitum D 3, Ferrum phosphoricum D 6, Belladonna D 3–4, Bryonia D 4, Pulsatilla D 4, Hepar sulfuris D 3–6, Mercurius solubilis D 4, Sulfur D 10. Bch.: Ferrum phosphoricum D 6, im Wechsel mit Kalium chloratum D 6, Kalium phosphoricum im Wechsel mit Natrium muriaticum D 6, Kalium sulfuricum D 6, Calcium phosphoricum D 6, Magnesium phosphoricum D6, Calcium phosphoricum D6, wenn Komplikationen (Lungenentzündung usw.) drohen.

Massage: Einwirkung auf Körpergewebe und Organe durch bestimmte Handgriffe. Sie wird in der Krankenbehandlung meist als Teilanwendung durchgeführt, in der *Körperpflege* und beim Sport, aber auch zur Behandlung z.B. bei *Fettsucht,* als Vollmassage. Die M. beginnt mit Streichung, geht dann zur Knetung und Walkung über. Reibung und lockere Schüttelung beendigt sie. Das Streichen (Effleurage) findet stets in Richtung des Blutstroms zum Herzen hin statt mit leichtem oder stärkerem Druck, je nach der gewünschten Wirkung. Es fördert den Abfluß des Blutes und der Säfte zum Herzen hin und wirkt beruhigend auf die Hautnerven. Durch das Kneten (Pétrissage) werden die Weichteile bis auf den Knochen hin durch-

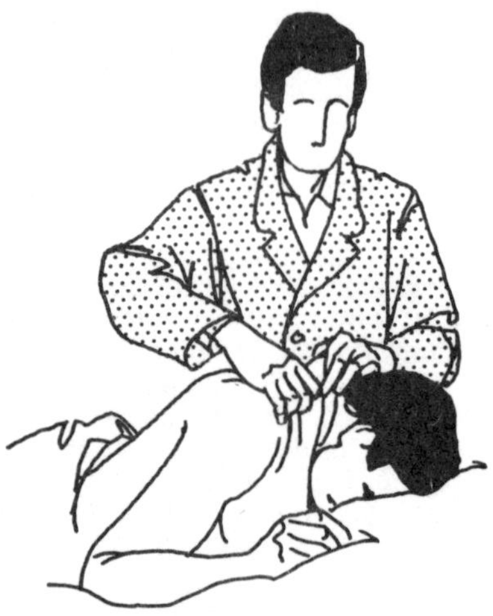

Massage

gearbeitet. Stauungen und Muskelhärten werden dabei beseitigt. Walken unterstützt diese Wirkung. Man versteht darunter eine gegenseitige Verschiebung der Weichteile, indem die eine Hand in der entgegengesetzten Richtung der anderen sich bewegt und die Weichteile dehnt. Reibungen (Friktionen) werden kreisförmig mit Handballen, Handkante oder Fingerspitzen vorgenommen. Sie werden auch als Zirkelungen bezeichnet. Sie dienen der Beseitigung von Schmerzen, Muskelhärten, der Verteilung und Ausleitung von Stoffwechselschlacken in den Geweben. Zur Kräftigung der Durchblutung der Haut und der Weichteile dient das Tapotement, das als Klatschen mit Handrücken oder Handinnenfläche oder Klopfen mit der Kleinfingerseite der Hand rasch hintereinander durchgeführt wird. Vibrationen, Erschütterungen und Punktionen (Einwirkungen auf umschränkte Punkte) werden bei der Bauchmassage zur Behandlung der Stuhlverstopfung und bei der Nervenmassage, besonders der Nervenpunktmassage (s. *Akupunktur*) verwendet. Die Periostmassage – an den großen Knochen ausgeübt – greift von der Knochenhaut aus an. Vorausgehende Wärmebehandlung unterstützt die Wirkung der nachfolgenden Massage. Die Massage kann zur Behandlung der Bewegungsorgane, aber auch der inneren Organe herangezogen werden. Dort, wo man von Körperöffnungen ins Innere eindringen kann, sind Massagen mit dem Finger möglich, z.B. Prostatamassage, *Thure-Brand-Massage,* Mandelmassage usw. Eine besondere Form der Massage ist die über das Lebensnervensystem auf den Körper wirkende *Bindegewebsmassage,* die die Erlernung einer besonderen Technik erfordert. Bei Störungen und Erkrankungen der Bewegungsorgane wird an die Massage meist eine passive *Gymnastik* durch den Masseur angefügt, die der Lockerung der Gelenke und Kräftigung der Muskulatur dienen soll. Die Sportmassage dient sowohl der Vorbereitung zu Wettkämpfen (bei Mehrkämpfen auch zwischen den Kämpfen) als auch als Abschluß der Kämpfe. Sie hat u.a. den Zweck, die Ermüdungsstoffe abzuleiten.

Mastdarm (Rektum) ist der letzte, etwas erweiterte Dickdarmabschnitt, der durch den *After* mit der Außenwelt verbunden ist und durch den Afterschließmuskel verschlossen gehalten wird.

Mastdarmkrebs: häufige Form des *Darmkrebs,* s. *Darmkrebs.*

Mastdarmvorfall: Durch kräftiges Pressen kann bei Kindern, bei Frauen, die häufig geboren haben, und auch bei älteren schwächlichen Personen die Schleimhaut des Afters aus dem After hervortreten. Es kann zu *Entzündungen* und durch Abschnürung der Blutzirkulation durch den Druck des Afterschließmuskels zu Durchblutungsstörungen bis zum *Brand* kommen. Beh.: Der M. wird am besten im warmen *Sitzbad* von Hand zurückgebracht. Dann Behandlung gegen weiteres Vorfallen anschließen. *Vegetarische,* leichte Kost zur Regelung des Stuhlgangs und der Verdauungsverhältnisse, Behandlung der *Verstopfung.* Keine blähenden Speisen. Pressen beim Stuhlgang vermeiden. *Sitzen auf kaltem Tuch,* kaltes *Sitz-* oder *Halbbad, Gymnastik,* Spaziergänge. Bei Frauen *Thure-Brandt-Massage.*

Mastkur wird in der Naturheilkunde nicht mit einseitiger Vermehrung von *Eiweiß, Fett* oder *Kohlehydraten* durchgeführt, sondern durch eine gesunde, harmonisch abgestimmte *Vollkost.*. Zur Anregung des Stoffansatzes eignen sich besonders Leinsamenmüsli oder Leinsamenölquarkspeisen. Etwa 1/4–1/2 Pfd. Quark, mit 2–3 Löffel Leinöl verrührt, als Frühstückszulage essen.

Matricaria chamomillae, s. *Kamillenblüten.*

Mazeration: Kaltwasserauszug aus Drogen. Die mit Wasser überschütteten Drogen mehrere Stunden stehen lassen und dann abseihen.

Mayr, Franz Xaver (1875–1965), österreichischer Arzt, entwickelte mit seiner Mayr-Kur ein Diätverfahren, das davon ausgeht, daß die meisten Krankheiten von Darmleiden sich herleiten. Dazu schuf er zunächst ein besonderes diagnostisches Vorgehen. Dabei werden dem Zustand der Körpersäfte, dem Zustand der Haut und Schleimhäute, der Zunge, Fingernägel und Haare besondere Aufmerksamkeit gewidmet. Im aufrechten Zustand werden Halslänge, Schulterblattabstand, Schulterhöhe, Brust- und Bauchumfang, im liegenden Zustand Bauchgröße, Dünndarm, Leistenhöhe gemessen (die sogen. Mayr-Maße). Im Stehen wird die Haltung beurteilt und in 7 Haupttypen gegliedert. Die üblichen klinischen Untersuchungen schließen sich an, wobei besonders der Zustand von Magen, Leber und Darm ermittelt wird. Die Haltungstypen sind Normalhaltung, Habachtstellung, Anlaufhaltung, Entenhaltung, lässige Haltung, Sämannhaltung und Großtrommelträgerhaltung. Mayr betrachtet diese als Ausweichhaltungen des Körpers, die durch Darmschädigungen bedingt sind. Daran schließt sich erst die Aufnahme der Vorgeschichte an. Nun wird daraus ermittelt, welche Leiden durch die Mayr-Kur rückbildungsfähig sind.
Die Behandlung beginnt mit einem Teefasten, das von wenigen Tagen bis auf 3 Wochen ausgedehnt werden kann. Unterstützt wird diese Kur durch tgl. Darmmassage durch die Bauchdecken hindurch. Dann schließt sich die Kur mit Milch und altbakkenen Semmeln an. Diese sind in Scheiben geschnitten und werden durch Kauen im Mund einzeln mit Speichel innig vermischt (Prinzip des *Fletscherns*). Dazu wird von einem Teelöffel etwas Milch abgesaugt und der Kaubrei sorgfältig weitervermischt. Der Patient soll das sorgfältige Essen erst wieder lernen. Abends gibt es Tee, der auch

löffelweise zu sich genommen wird. Ziel ist Darmreinigung, und nur wer unter Aufsicht eines in dieser Kur ausgebildeten Arztes Diät- und Eßfehler vermeidet und die Dauer des Teefastens und der Semmelkur richtig bestimmt hat, kann mit Erfolg rechnen.

Meditation: Lebensprogramm personaler Selbstverwirklichung, das über Zucht, Selbstdisziplin und besondere Regeln zu einem Daseinserlebnis führen soll. Der Meditierende sucht in täglicher Übung einen Entspannungszustand zu erreichen, in dem nichts mehr seine Versenkung stört. Tiefe Entspannung mit starker geistiger Konzentration schirmt den Meditierenden gegen die Außenreize ab. Innere Konzentration führt ihn zu Besinnung u. Betrachtung (Kontemplation), Verinnerlichung und innerem Frieden als eigentliches Ziel der M. und darüber hinaus in äußerste Versenkung, die zur Erleuchtung (Enstase) oder zur Ekstase führt. Die M. stammt aus östlichen Religionen, vor allem dem Buddhismus, ist aber auch dem Christentum und Islam nicht fremd. Sie wird als *Yoga,* Transzendentale, christliche M. in zahlreichen, im einzelnen abweichenden Schulen, meist in Klostergemeinschaften geübt. Im Westen werden sie, meist ihrer religiösen Zielsetzung entkleidet, dazu benutzt, um mit Hilfe körperlicher Übungen, Atemübungen und innerer Konzentration Entspannung zu erreichen. *Autogenes Training, Entspannungs*übungen, aber auch *Yoga, Zen,* Transzendentale M. in einer den westlichen Anschauungen und Bedürfnissen angepaßten Form.

Medium: Person, die im Okkultismus eine Verbindung zwischen der diesseitigen und der Geisterwelt herstellen kann. Dies geschieht in einem schlafähnlichen Zustand (Trance) oder durch okkulte Praktiken. In der *okkulten* Medizin werden gelegentlich M. zur Krankheitserkennung oder Arzneimittelwahl für den Einzelfall verwendet. Die medialen Fähigkeiten muß man aber in diesen Fällen beim *Hellsehen* und *Gedankenlesen* einreihen.

Medizinball: Wie sein Name schon ausdrückt: ein in vielen Fällen zur *Krankengymnastik* geeignetes Gerät. Der M. gehört zur Belastungsgymnastik, daher ist er für viele Kranke im Beginn nicht geeignet. Sein

Medizinball

Einsatz muß vom Arzt aus bestimmt und geleitet werden. Es sind große, weiche Bälle, von einem bestimmten Gewicht, das zwischen 2–3 kg liegt. Die M.-Übungen greifen an allen Bewegungsmuskeln an, wenn sie geordnet durchgeführt werden. Man spielt am besten im Kreis, wobei der eine Partner wirft, der andere fängt.
1. Übung: Schwungball mit beiden Händen mit Wurf nach rechts, dann nach links.
2. Übung: Stoßball mit dem rechten, dann mit dem linken Arm.
3. Übung: Abwerfen des Balles bei geschlossenen Beinen vor der Brust.
4. Übung: Schwungball mit gegrätschten Beinen. Von vorne oben wird Schwung geholt und von unten geworfen.
5. Übung: Schwungball mit geschlossenen Beinen. Von unten wird Schwung geholt und von oben geworfen.
6. Übung: Werfen mit Schwung nach rückwärts über den Kopf.
7. Übung: Werfen in gebückter Stellung durch die gegrätschten Beine.
8. Übung: Werfen über den Rücken. Arme nach hinten halten, der Ball liegt in den Händen etwa in Gesäßhöhe und wird nach vorne über den Kopf geworfen. Das linke Bein ist leicht nach vorne gestellt.
Der M. kann darüber hinaus zu Wettspielen und Stafettenwürfen verwendet werden, um im Spiel die durch Übungen gewonnene Fertigkeit im Umgang mit dem Ball zu überprüfen.

Meerrettich (Cochlearia armoracia): Wurzel. Innerliche und äußerliche (Krenpflaster) Anwendung bei Gicht, Rheumatismus, Wassersucht, Skorbut. Roh und gekocht als *Gewürz* und *Gemüse.*

Meersalz enthält viele gelöste Salze und *Spurenelemente,* die für den gesunden Mineralstoffwechsel benötigt werden. Zum Genuß muß es von bitter schmeckenden Substanzen gereinigt werden und eignet sich als *kochsalz*haltige Würze für die gesunde Ernährung.

Meerzwiebel (Scilla maritima): Liliengewächs, das *fingerhut*ähnliche Stoffe (Glykoside) enthält, mit Wirkung aufs Herz und die Harnausscheidung. Kann in geringen Mengen wassertreibenden Tees beigemischt werden.

Mehl: Feinzerriebene Pflanzensamen, speziell *Getreide*körner. Die Zerkleinerung darf nicht übertrieben werden, damit die einzelnen Stärkekörner noch erhalten bleiben. Sie werden nach dem Ausmahlgrad bezeichnet: Mehlgewicht in v. H. des zur Erzeugung verwendeten Getreidegewichts. Durch Sieben und Bleichen versucht man ein besonders weißes M. herzustellen. Doch wird das M. der *Vitamine* und *Ergänzungsstoffe* beraubt und mit Chemikalien versetzt und dadurch gesundheitlich entwertet. Alleinige Feinmehlernährung führt zu *Mangelkrankheiten (Mesotrophie).* Vollkornmehle und Schrotmehle sind dagegen gesundheitlich wertvoll und sollten in der gesunden Küche überwiegend verwendet werden. Vollkornbrot.

Melasse ist der braune, zähflüssige Rückstand bei der Rübenzuckerdestillation, ist arm an *Vitaminen* und *Auxonen* und wird, mit Rübenschnitzeln vermischt, als Viehfutter verwendet. Rohrzuckermelasse ist ein ähnliches Nebenprodukt bei der Rohrzuckerherstellung. Es ist keineswegs gesundheitlich so zu empfehlen, wie es *Hauser* propagiert. Der natürliche Vitamin-B-Gehalt ist problematisch, außerdem finden sich Reste von Fremdchemikalien aus der Rohrzuckerraffinade. Jedenfalls ist M. kein Ersatz für den natürlichen Rübensirup oder den Blütenhonig.

Melisse (Melissa officinalis) wirkt beruhigend bei Magen- und Darmentzündungen und -katarrh. Blätter im Aufguß als Tee. Das ätherische Öl dient zur Bereitung des Karmelitergeistes (Tafel XI).

Menarche: Zeitpunkt des Auftretens der ersten *Menstruation.*

Menièresche Krankheit: Auftreten von Drehschwindel, Erbrechen, Ohrensausen und einseitiger Schwerhörigkeit oder Taubheit in Anfällen, die Minuten bis Stunden dauern können. *Labyrinth*erkrankung, möglicherweise mit *Arterienverkalkung* zusammenhängend. Hp.: Acidum bencoicum D2–3, Arnica D3, Chininum sulfuricum D3, Glonoinum D3–4, Melilotus D3.

Meningitis, s. *Gehirnhautentzündung.*

Meningitis epidemica, s. *Epidemische Gehirnhautentzündung.*

Menopause: Zeitpunkt des Aufhörens der *Menstruation* (Regel), fällt in den Zeitabschnitt der *Wechseljahre.*

Menorrhagie: verstärktes Auftreten der *Menstruation* (Regel); daneben werden aber auch die verlängerte und die zu häufig auftretende Regel als M. bezeichnet. Beruht häufig auf Schwäche der Gebärmuttermuskulatur, die sich nicht genügend zusammenzieht und dadurch die Blutgefäße verschließt. Sie kann anlagemäßig bedingt sein oder als Aufbrauchserscheinung bei älteren Frauen in Erscheinung treten. Auch Störungen der inneren Ausscheidung kommen als Ursache in Frage. Meist ist aber eine durch *Entzündungen* der *Unterleibs-* oder Beckenorgane hervorgerufene Stauung die Ursache. Auch *Myome* können die Zusammenziehung der Gebärmutter verhindern und zu vermehrter Blutung führen. Der starke und häufige Blutverlust kann zur Entstehung einer *Blutarmut* Anlaß geben. Behandlung s. *Menstruationsstörungen* und jeweiliges Grundleiden.

Mensendieck, Bess: Begründerin der Mensendieck-*Gymnastik,* die besonders den Erfordernissen des weiblichen Körpers angepaßt ist. Auf ihrem System bauen sich die meisten für die Frau bestimmten Gymnastikrichtungen auf.

Menstruation (Unwohlsein, Regel, Periode) ist die in regelmäßigen monatlichen

Abständen erfolgende Blutung aus der *Gebärmutter* bei der geschlechtsreifen Frau. Sie erfolgt in individuell verschiedenen Abständen von 21–31 Tagen. Überwiegend liegt sie bei 28 Tagen. Ihre Dauer beträgt durchschnittlich 4–6 Tage. Ihre Stärke ist ebenfalls individuell verschieden. Der Beginn der Regel, die *Menarche,* erfolgt zwischen dem 11. bis 16. Lebensjahr. Die M. sind die »blutigen Tränen, die die Natur über das Absterben eines nicht befruchteten Eis weint«. Die Gebärmutter ist zur Aufnahme des befruchteten Eis bestimmt. In ihr soll die *Fruchtentwicklung* vor sich gehen. Genau zwischen zwei Perioden erfolgt

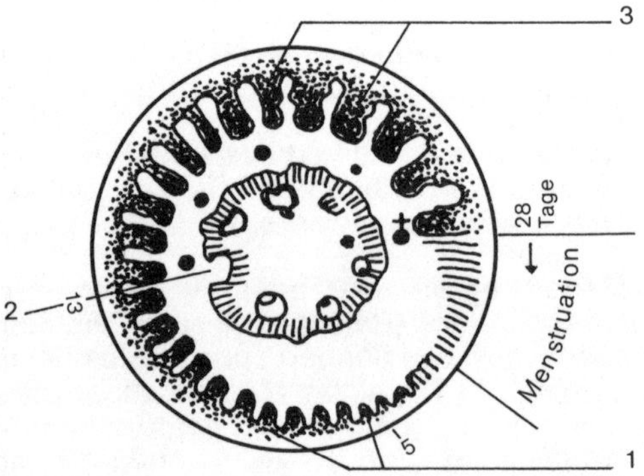

Menstruation: 1. Aufbau der Schleimhaut, 2. Eisprung, 3. Schleimhaut zur Aufnahme des befruchteten Eis bereit

der *Eisprung* durch Platzen eines reifen Eibläschens *(Follikel)* im *Eierstock.* Das Ei wird von den Fangarmen des Eileiters aufgefangen und über Eileiter und Gebärmutter weitertransportiert. In das leere geplatzte Bläschen blutet es, und daraus bildet sich der *Gelbkörper.* Das Hormon des Gelbkörpers übt einen Reiz auf die Gebärmutterschleimhaut aus, und diese wächst und macht sich zur Ansiedlung des Eies bereit. Kommt die *Befruchtung* zustande, bleibt der Gelbkörper über die *Schwangerschaft* hinaus bis nach Beendigung der *Stillzeit* bestehen und hindert die nachfolgenden Eier des Eierstocks am Heranreifen. Kommt es nicht zur Befruchtung oder ist die Stillzeit beendet, so stirbt der Gelbkörper ab, das heranreifende Eibläschen gibt das *Follikelhormon* ab. Mit Absterben des Gelbkörpers stößt sich die Schleimhaut der Gebärmutter ab und zeigt an, daß das Ei in dieser Periode unbefruchtet geblieben ist. Das Follikelhormon bereitet nun den Aufbau einer neuen Schleimhaut vor. Da dieses ganze Geschehen ablaufsmäßig in einem Kreis dargestellt werden kann, spricht man auch von Monatszyklus (Zyklus = Kreis). Die Hormoneinwirkungen innerhalb des aufgezeigten Geschehens bleiben nicht ohne Einfluß auf das geistige und seelische Befinden. Es kann aber auch durch seelische Einwirkungen umgekehrt zu einer Beeinflussung des hormonalen Geschehens kommen. Angst, Sorge, Schreck, Ortsveränderung, Klimawechsel können so die zeitlichen Abläufe der Regel stören und verändern. Krankhafte Veränderungen der M. sollten immer Anlaß zur Befragung des Arztes geben.

Menstruationsstörungen:

1. *Aussetzen (Amenorrhö)* kann außer durch Schwangerschaft und *Menopause* durch seelische Einflüsse, Orts- und Milieuveränderungen, aber auch durch schwächende Allgemeinerkrankungen *(Blutarmut, Tuberkulose)* sowie durch mangelnde Entwicklung der Eierstöcke bedingt sein. Beh.: viel Bewegung im Freien. Kaltes *Sitzbad, Halbbad* morgens vom Bett aus, *Wechselsitzbäder, Lendenwickel, Fußbäder, nasse Socken.* Gesunde Kost, *Stuhlgang*regelung. Hp.: Aconitum D4, Bryonia D3, Belladonna D4, Dulcamara D2, Pulsatilla D2–4, Calcium carbonicum Hahnemanni D3–6, Apis D3, Helonias D2, Antimonum crudum D4, Aristolochia D1–3.

2. *Geringe und schmerzhafte Blutung* bei allgemeiner Körperschwäche, *Blutarmut,* Unterentwicklung, Lageveränderungen der Eierstöcke, chronischer *Verstopfung, Entzündungen* und *Stauungen* im Unterleib, Frauen mit sitzender Lebensweise. Schmerzen zum Kreuz und Leib ziehend, Kopfschmerzen, *Migräne, Neuralgien,* Kopfdruck, seelische Verstimmungen. Beh.: Ruhe. Heiße *Leibaufschläge,* kalte *Kopfkompressen, Fußbäder, Sitzbäder.* Beseitigung der *Stuhlträgheit.* Hp.: Belladonna D3–6, Caulophyllum D2–4, Chamomilla D2–3, Cimicifuga D2–4, Lilium tigrinum D2–3, Platinum D4–6, Pulsatilla D4–6, Sabina D6, Sepia D6–10.

3. *Zu starke Monatsblutung* (s. *Menorrhagie*). Zur Blutstillung: Essigtuchauflage.

Innerlich: Zinnkrauttee, Kreuzkraut, Hirtentäschelkraut, Seneciotropfen. *Bindegewebsmassage, Blutegelbehandlung, Eigenblutbehandlung.* Hp.: Belladonna D3–4, Secale cornutum D1–3, Sabina D3–6, Hamamelis∅, Erigeron canadensis D2, Ipecacuanha D3–4, Millefolium D2, Platinum D4–6, Acidum sulfuricum D1–3.

Mentha piperita, s. *Pfefferminze.*

Menyanthes trifoliata, s. *Bitterklee.*

Mesmer, Friedrich Anton, 1734 bis 1815, Arzt in Wien und Paris, später in Frauenfeld und Meersburg, führte den tierischen *Magnetismus* in die Heilbehandlung ein, der nach ihm Mesmerismus genannt wurde.

Mesotrophie (Halbernährung). Ernährung mit gesundheitlich nicht vollwertiger Nahrung macht es zwar möglich, das Leben zu fristen, führt aber zu allerhand Gesundheits- und Gewebestörungen infolge chronischen Mangels an wichtigen Lebensstoffen. Die meisten *Zivilisationskrankheiten* und Alterserkrankungen entwickeln sich auf dem Boden einer M. Nur Ausgleich durch *ergänzungsstoff*reiche gesunde natürliche Frischkost kann die Heilung anbahnen. Gesunde Grundkost hilft sie verhüten.

Metastase: Tochtergeschwulst. Bei Krebs u. a. bösartigen Geschwülsten entfernt von der Hauptgeschwulst entstehende Geschwulstherde durch Zellverschleppung auf Blut- und Lymphwegen.

Meteorismus (Blähsucht), s. *Blähungen.*

Metrorrhagie: unabhängig von der Menstruation auftretende Gebärmutterblutungen. Genaue Klärung der Ursache ist notwendig, um vor allem bösartige Geschwülste rechtzeitig erkennen oder ausschließen zu können. Krebs, aber auch gutartige Geschwüre, entzündliche Erkrankungen der Gebärmutterschleimhaut, Myome, Polypen, Fehlgeburten, Schwangerschaftsstörungen, Kreislaufkrankheiten, wie Blutdruckerhöhungen, seelische Einflüsse können auslösend wirken. Behandlung richtet sich nach der Ursache, s. *Menstruationsstörungen.*

Migräne: anfallweiser, bohrender, meist halbseitiger Kopfschmerz, häufig nach einem Vorstadium mit Müdigkeit, Schlafsucht, Frösteln, allgemeinem Unbehagen, Reizempfindlichkeit gegen Licht. Beruht auf Gehirngefäßverkrampfung. Beh.: Regelung der Lebensweise, Ruhe, *vegetarische* Ernährung. *Ableitung* vom Kopf. Hp.: Iris D3, Digitalis D1–6, Nux vomica D6–12, Belladonna D6–12, Glonoinum D6, Kalium carbonicum D6, Aconitum D3, Gelsemium D3–6, Ignatia D6, Spigelia D4–6, Pulsatilla D4, Colocynthis D3–6, Sanguinaria D3, je nach Konstitution und Einzelverlauf. Bch.: Ferrum phosphoricum D6, Magnesium phosphoricum D6, Natrium muriaticum D6.

Mikroorganismen: tierische oder pflanzliche, meist aus nur einer *Zelle* bestehende Lebewesen, die nicht mit bloßem Auge zu sehen sind und überall in der belebten Welt vorkommen. Sie können zum Teil als Krankheitserreger wirken, s. *Bakterien.*

Milch: Absonderung der *Brustdrüsen* des Menschen und des Säugetiers zur Aufzucht der heranwachsenden Jungen. Das *Eiweiß* der Milch ist arteigen. Für den Menschen ist die M. der eigenen Mutter oder auch die M. fremder Frauen die natürliche Nahrung. Ersatz durch M. von Tieren bringt Schwierigkeiten wegen der andersartigen Eiweißzusammensetzung und des anderen Nährstoff- und Mineralgehaltes. Der Gesundheitswert der M. vom Tier hängt sehr von der Haltung des Tieres ab. Grünfutter und Weidefütterung geben eine wertvollere M. als Trocken- und Stallfütterung, besonders hinsichtlich des *Vitamin*gehalts. M. gehört zu den wertvollsten Nahrungsspendern. Ihr Eiweiß, insbesondere der Käsestoff, enthält alle wichtigen *Aminosäuren. Ultraviolett*bestrahlung erhöht den anti*rachitischen* Wirkstoffgehalt durch Umwandlung der in ihr enthaltenen Vorstufen. Magermilch enthält außer dem Milchfett alle Eiweiß-, Mineral- und Ergänzungsstoffe der M. Sie ist ein wertvolles Nahrungsmittel für den Erwachsenen, besonders der Käsestoff *(Quark)* ist wertvoll. M. ist leicht verdaulich und gibt hohes Sättigungsgefühl. Deshalb soll man bei Appetitschwachen die M. erst nach dem Essen reichen. Der Erwachsene soll überhaupt nicht mehr als 1/2 l Vollmilch am Tage zu sich nehmen. Quark und *Dick-*

milch kann in größeren Mengen genommen werden. *Überempfindlichkeit* gegen Fremdmilch kommt bei Kindern häufig, seltener bei Erwachsenen vor und äußert sich in *allergischen* Erscheinungen *(Durchfällen,* Haut*ausschlägen).* Durch M. können Krankheitserreger übertragen werden. M. soll daher vor dem Genuß abgekocht werden, obwohl sie dadurch an Wert verliert. *Pasteurisierte* M. braucht nicht mehr abgekocht zu werden. Vorzugsmilch kann unbedenklich roh genossen werden.

Milchfluß entsteht bei zu reichlicher Milchbildung oder mangelhaftem Schluß der Milchkanälchen. Beh.: kalte Abwaschung. Innerlich: Salbei und Walnußblätterabkochung.

Milchsaure Ernährung nach Kuhl. Der Nobelpreisträger Warburg hat festgestellt, daß die *Zellatmung* beim Krebs in eine Milchsäuregärung entartet ist. Dr. Kuhl vermeidet daher in seiner Kost alle Nahrungsmittel, die Milchsäure im Organismus bilden. Kohlehydrate wie Stärke (Mehl), Zucker, auch Kartoffel werden eingeschränkt. Die bereits in den Geweben lagernde Milchsäure wird durch milchsaure Lebensmittel, Buttermilch, Sauerkraut, Sauermilch, milchsaure Säfte und Gemüse ausgeleitet. Dies alles wird in eine aus biologischem Anbau stammende Rohkost eingebaut. Naturreine Öle, reich an Linolsäure, werden verwendet. Diese kommen in Maiskörnern, Leinsamen, Walnüssen, Sonnenblumenkernen und den aus ihnen bereiteten Ölen vor. Milchsaurer Rote-Bete-Saft spielt eine große Rolle und wird tgl. gegeben, da sein günstiger Einfluß für Krebskranke sicher erwiesen ist. Kuhl sucht das *Zellatmungs*system zu stützen, weil ein intaktes System nicht krebsanfällig sei. Die Kost wird zur Vorbeugung bei Krebsgefährdeten und zur Behandlung vorgeschlagen, s. *Krebsdiät.*

Milchtreibende Mittel, s. *Laktagoga.*

Milchzucker (Laktose): ein Doppelzucker aus *Traubenzucker* und Hirnzucker, Hauptbestandteil der Milch (5 v. H. der Kuhmilch). Bei Säuglingen wirkt er, teelöffelweise gegeben, als leichtes Abführmittel, bei Erwachsenen in größeren Mengen harntreibend. Molkenkuren. Dient in der *Homöopathie* zur Verreibung nichtlöslicher Arzneimittel und zur Herstellung homöopathischer Pulver und Tabletten. Milchzucker wird auch messerspitzenweise bei Darmstörungen zur Darmregulierung gegeben.

Miliartuberkulose: Aussaat von Tuberkulosebazillen (vgl. *Lungentuberkulose*) in die Blutbahn und Bildung von Knötchen im Streuungsgebiet (Milium = das Hirsekorn). Aussaat ins Gehirn führt zu Zeichen einer schweren *Gehirnhautentzündung,* Aussaat in die Lunge zeitigt ein der *Lungenentzündung* ähnliches Bild. Die Milz ist meist geschwollen, das Fieber bleibt hoch. Beh.: *Fieber*behandlung, dazu Sondermaßnahmen wie bei *Gehirnhautentzündung, Lungenentzündung* oder *Typhus,* s. auch *Lungentuberkulose.*

Milz: Länglich ovales, als Filter in Blut- und Lymphbahnen eingeschaltetes Organ, dient als Blutspeicher. Liegt unter dem linken Rippenbogen und ist nur bei Vergrößerungen durch Stauung, Schwellung oder geschwulstartiges Wachstum zu tasten. Kann außerordentliche Größen annehmen. Die M. baut vor allem die verbrauchten roten Blutkörperchen ab und bildet in ihren Lymphknötchen neue weiße Blutkörperchen. Durch Zusammenziehen ihrer glatten Muskulatur kann sich die Milz wie ein Schwamm zusammendrücken und Blut in den Kreislauf abgeben, wenn es bei plötzlichen Blutverlusten oder körperlichen Anstrengungen dort gebraucht wird. Das Zusammenziehen kann als Seitenstechen empfunden werden. Die Milz spielt in den natürlichen *Abwehrregulationen* gegen *Infektionen* eine wichtige Rolle.

Milzbrand (Anthrax): Infektionskrankheit durch Milzbrandbazillus. Übertragung durch krankes Vieh, Häute, Borsten. Hautmilzbrand als Berufskrankheit bei Schlachtern, Landwirten, Viehhaltern, Bürstenarbeitern. Bei Milzbrand*karbunkel* mit Milzbrand*rose* Gefahr der *Sepsis.* Beh.: s. *Karbunkel, Fieber*behandlung. Bei Lungenmilzbrand durch Einatmung Beh.: s. *Lungenbrand.* Darmmilzbrand durch Genuß verseuchten Fleisches oder verseuchter Milch ist selten und verläuft fast immer tödlich.

Mineralstoffwechsel: An Aufbau, Wachstum und Erhaltung der Körpergewebe ist eine große Anzahl von Mineralstoffen, wie Natrium, Kalium, Calcium, Phosphor, Fluor, Eisen, Kobalt usw., beteiligt. Sie werden laufend in Harn, Schweiß und Stuhl ausgeschieden und müssen durch die Nahrung wieder ersetzt werden. Besonders Pflanzenkost sichert unseren Mineralstoffbedarf, wenn sie richtig zubereitet ist. Kein Auslaugen der Gemüse durch *Kochen,* sondern Erhaltung der Mineralstoffe durch Dämpfen und Dünsten. Bei Erhaltung der natürlichen Mineralien erübrigt sich auch das Salzen der Speisen aus Geschmacksgründen. Die Mineralstoffe kommen in den Nahrungsmitteln als *Säuren* und *Basen* vor, allerdings nicht in freier Form, sondern sie werden nur für Augenblicke während des Stoffwechsels in den Zellen frei und müssen dann sofort durch Bindung neutralisiert werden, da sie in freiem Zustand giftig wirken. Säuren sind Sauerstoff-Metalloidverbindungen (bis auf die Salzsäure, die eine Wasserstoff-Chlorverbindung darstellt), Basen Sauerstoff-Metallverbindungen. Auch der Ammoniak, eine Stickstoff-Wasserstoffverbindung, kann im Körper die Rolle einer Base spielen. Die Basen können im Körper durch die dauernd vorhandene Kohlensäure immer wieder abgesättigt werden. Ein Basenüberschuß der Nahrung ist daher für den inneren Stoffwechsel immer zu bewältigen. Die Absättigung der Säuren ist wesentlich schwieriger. Zunächst werden die mit der Nahrung aufgenommenen Basen zur Absättigung verwendet; wenn sie nicht ausreichen, greifen die freien Säuren das Eiweiß des Körpers an und bauen es zu *Aminosäuren,* Ammoniak und Ammoniakabkömmlingen ab. Das entstehende Ammoniak wird dann zur Absättigung der Säuren verwendet. Dabei entstehen Eiweißbruchstücke, die als Stoffwechselschlacken wirken, die Ausscheidung belasten oder im Körper gespeichert werden. Es kommt zur *Gewebsverschlackung* und zu fehlerhafter Zusammensetzung von Gewebssäften, eine Grundlage für viele *Stoffwechsel*störungen.
Die Kost ist für den Körper desto gesünder und zuträglicher, je basenreicher sie ist, und desto krankheitsträchtiger, je säureüberschüssiger sie ist.

Mineraltherapie: Durch Spektralanalyse des Blutes werden die Beziehungen der Elemente zueinander festgestellt und daraus auf das Krankheitsgeschehen geschlossen. Durch gezielte Zufuhr der fehlenden Mineralien sollen die normalen Verhältnisse wiederhergestellt und damit die Heilung erzielt werden, s. *Krebsdiagnostik.*

Mineralwasser: Wasser aus natürlichen *Heilquellen,* dessen Mineralgehalt bestimmte Mindestforderungen erfüllt. Es dient zu Trink-, Bade- und Inhalationskuren, je nach seiner Zusammensetzung, auch als Tafelwasser. Aus manchen M. werden durch Eindampfungen die natürlichen Mineralsalze gewonnen und als Pulver oder Tabletten verordnet. Künstliche, nach den Analysen der Originalbrunnen zusammengesetzte Salze und Wässer erreichen nie die Wirkung des natürlichen Brunnens und seiner Salze.

Mischinfektion: wenn mehrere Bakterienarten an einer Vereiterung beteiligt sind oder mehrere Infektionskrankheiten zugleich ablaufen: Scharlach und Diphtherie, Windpocken und Keuchhusten usw.

Mistel (Viscum album): Kraut. *Kreislauf*wirksam. *Blutdruck*erniedrigend, *Arterienverkalkung* verhütend. Zur Anregung des *Stoffwechsels* und der *Drüsen*ausscheidung 3–6 g im Aufguß oder als Frischpräparat (Tafel XI).

Mitesser (Komedonen): eingedickter Talg, der den Ausführungsgang der Hauttalgdrüse verstopft und sich durch Staub an der Oberfläche schwarz färbt. Beh.: Einzelne große M. werden ausgedrückt. Behandlung mit *Gesichtsdampf*bad, *Lehmmaske,* Waschungen mit alkalifreier Seife, Abreibung mit Zinnkrautabkochung oder alkoholischen Wässern. Bch.: Natrium phosphoricum D 6, Natrium muriaticum D 6, Silicea D 12, Calcium fluoratum D 12.

Mitralfehler: Narbenbildung an der zweizipfligen Herzklappe zwischen linkem Vorhof und Kammer als Folge einer meist *rheumatischen Entzündung* im Klappenbereich.

Mittelohrentzündung (Otitis media): Der

Mittelohrraum kann direkt durch Verletzung des Trommelfells, vom Rachen aus über die *Ohrtrompete*, meist aber auf dem Blutwege bei vielen Infektionskrankheiten (*Scharlach, Masern* usw.) entzündlich erkranken. Wird der sich bildende Eiter nicht aufgesaugt, so versucht er sich Ausgang zu verschaffen. Das Trommelfell wölbt sich vor, kann aber meist nicht durchbrochen werden. Der Eiter preßt sich daher in die Hohlräume des *Warzenfortsatzes*. Hier kann er nach außen oder in Richtung Hirnhaut–Gehirn durchbrechen. Gelingt es nicht, die Eiterbildung zum Stillstand zu bringen, dann muß man dem Eiter durch einen Einschnitt ins Trommelfell *(Parazentese)* einen Ausweg schaffen, bevor er den Warzenfortsatz befällt.
Ist der Warzenfortsatz erkrankt, pflegt man die Zellen aufzumeißeln, um den Eiter abfließen zu lassen, bevor er zum Gehirn vordringt und dort lebensgefährliche Entzündungen hervorruft. Der Trommelfelleinschnitt heilt wieder zu, wenn die Entzündung abgeklungen ist. Nur bei chronischer Entzündung bleibt das Loch als Abflußventil für den Eiter offen. Fieber, heftige Ohrenschmerzen, Rötung und Schwellung des Trommelfells. Beh.: Bei Fieber häufige *Ganzwaschungen* vom Bett aus. Örtlich: *Heublumensäcke, Bockshornkleeauflagen, Blutegel. Fasten, vegetarische* Kost. Hp.: Belladonna D 4, Ferrum phosphoricum D 6, Pulsatilla D 4–6, Mercurius solubilis D 6, Hepar sulfuris D 3–4, Capsicum D 3, Silicea D 6–12, Acidum hydrofluoricum D 6, Cinnabaris D 3. Bch.: Ferrum phosphoricum D 6, Kalium chloratum D 6, Kalium phosphoricum D 6, Kalium sulfuricum D 6, Natrium phosphoricum D 6, Silicea D 12, Calcium phosphoricum D 6–12.

Möller-Barlowsche Erkrankung: Säuglingsskorbut bei Mangel an *Vitamin* C, s. *Skorbut.*

Mondsucht (Nachtwandeln): Schlaftrunkenheit, selten *Dämmerzustände,* in denen Bewegungserscheinungen nicht zur Ruhe gekommen sind (Sprechen im Schlaf, Bewegung der Gliedmaßen).
Durch Lichtreiz (Vollmond) wird der Bewegungsdrang ausgelöst. Daneben bestehen Zeichen allgemeiner nervöser Schwäche und Übererregbarkeit. Beh.: Morgens: *Ganzwaschung* oder *Halbbad* vom Bett aus. *Barfußlaufen.* Abends: Anlegen *nasser Socken.*

Moorbäder: Aufschwemmung von zerkleinertem, gesiebtem Moor in Wasser oder Mineralwasser. Moor besteht aus wasserdurchtränkter Erde und Verwesungsprodukten von Pflanzen, die unter Wasser abgestorben sind. Im M. können höhere Temperaturen vertragen werden, da Moor ein schlechter Wärmeleiter ist; kühle M. werden weniger kalt empfunden, als ihrer Temperatur entspricht. Im Moor finden sich meist den weiblichen *Sexualhormonen* nahestehende Pflanzenhormone, daher der günstige Einfluß bei Frauenleiden. Gleichmäßige und dauernde Wärmezufuhr und dadurch gute, tiefgehende Durchblutung wirken vor allem entzündungswidrig. Anzeigen: *Rheumatische* Leiden, *Gelenks-* und *Muskelentzündungen, Unterleibsleiden,* besonders bei Frauen. Ärztliche Überwachung des Kreislaufs ist notwendig, da M. den Kreislauf stark angreift. Moorlaugen und Moorsalze für Bäder im Hause reichen in der Wirkung nicht an das natürliche M. heran.
Moorschlamm kann auch in Form von Teilpackungen und *Auflagen* angewendet werden.

Moortrinkkuren nützen die entzündungshemmende Wirkung des Moors bei Magen-Darmentzündungen aus.

Morgenfasten: Der amerikanische Fastenarzt Edward Hooker Dewey (1840–1904) in Meadville in Pennsylvanien empfahl neben dem Vollfasten besonders das M. Er empfahl, das morgendliche Frühstück ausfallen zu lassen und dafür die Mittagsmahlzeit 1 bis 2 Stunden früher einzunehmen als gewohnt. Man trinkt nur kleine Mengen Wasser, Obst-, Gemüsesaft oder Tee zur Stillung des Durstes in den Morgenstunden. Fettsüchtige nehmen an Fettgewebe durch das M. ab und an Muskelgewebe zu, auch bei Magenkranken ist das M. von ausgezeichneter Heilwirkung. Je größer der morgendliche Hunger, desto mehr sei ein Grund zum M. gegeben, um gesund zu bleiben, lehrte D. Durch das Frühstück werden die über Nacht angelaufenen Abbauvorgänge im Körper unterbrochen, bevor sie beendet sind, weil der Körper sich erneut auf die Verdauungsarbeit umstellen muß. Läßt man das Frühstück fort, so bessert sich Aussehen, Stimmung und Arbeitskraft. Beim Halbmorgenfasten wird an Stelle des ersten Frühstücks Tee eingenommen und als zweites Frühstück Obst, Müsli oder Dickmilch. Es ist natürlich nicht so wirksam wie das richtige M., wie alle Methoden, die auf Kompromissen beruhen.

Müdigkeit kündet Ruhebedürftigkeit von Körper und Seele an. In der natürlichen Lebensweise soll man ihr nachgeben, um sie zu überwinden. Sie kann aber auch der Ausdruck körperlicher *(Blutarmut, Stoffwechsel*störungen, *Mangelkrankheiten)* oder seelischer Störungen *(Neurosen, Melancholie)* sein. Das Verscheuchen der M. durch Reizmittel *(Koffein, Kola)* führt, gewohnheitsmäßig fortgesetzt, zu *Schlafstörungen.* Will man die M. einmal vertreiben, so hilft ein kurzes heißes Bad mit kaltem Abguß. Theorien, die Ermüdungsstoffe verantwortlich machen wollen, haben sich bisher nicht durchsetzen können, da sich solche Stoffe nicht nachweisen ließen. Wahrscheinlich wird die M. vom *Lebensnervensystem* aus zentral gesteuert.

Multiple Sklerose: Erkrankung des Nervensystems. In *Gehirn* und *Rückenmark* treten Herde aus gewucherter Nerven- und Gehirnstützsubstanz (Glia) auf, und zwar schubweise. Möglicherweise liegt eine Infektion durch ein *Virus* zugrunde. *Sehnerventzündungen,* Augenmuskelstörungen, *Lähmungen, Empfindungs*störungen weisen auf die Krankheit hin. Frühzeitige Erkennung ist für den Erfolg der Behandlung wichtig. Naturheilkundliche Behandlung nach Dr. Ewers-Hachen: Der Schwerpunkt liegt auf einer streng natürlichen Rohkost. Folgende Nahrungsmittel sind dabei erlaubt: rohe Früchte, rohe Wurzeln, rohe Milch, rohe Haferflocken, rohes Ei, Butter, Vollkornbrot, Bienenhonig und Wasser. Zu den Früchten gehören: Körnerfrüchte (Weizen, Roggen, Hafer, Gerste), Äpfel, Birnen, Pflaumen, Tomaten, Stachel-, Johannis-, Him-, Erd-, Wald-, Brombeeren, Hasel-, Walnüsse, Mohn, Bucheckern, Leinsamen, Sonnenblumenkerne, grüne junge Erbsen, Kirschen, Weintrauben, Pfirsiche, Apfelsinen, Bananen, Mandeln, Para- und Kokosnüsse, Korinthen, Rosinen, Feigen, Datteln. Zu den Wurzeln: Möhren (Karotten), Schwarzwurzeln, Kohlrabi, Steckrüben. Je natürlicher das Nahrungsmittel ist, desto wertvoller. Früchte und Wurzeln nach Möglichkeit kauen, sonst erst kurz vor dem Essen reiben. Milch kuhwarm oder kalt, niemals über 37° erwärmen. Keine Molkereimilch, da sie *pasteurisiert* ist, sondern Vorzugsmilch oder direkt vom Erzeuger bezogene Milch. Nur Bauern- oder Ziegenbutter, da der Rahm der Molkereibutter pasteurisiert ist. Nur reiner Blütenhonig kommt in Frage. Eier möglichst von Hühnern, die im Freien gehalten werden, je frischer, desto besser. Roh trinken oder geschlagen, mit Honig und Haferflocken vermischt. Körnerfrüchte als gekeimten Roggen und Weizen, grobe Haferflocken und Vollkornbrot essen. Gekeimte Körnerfrüchte: gereinigten einheimischen Roggen und Weizen der letzten Ernte zu gleichen Teilen mischen und abends in Dessertschüsselchen oder Tellerchen mit Wasser übergießen, so daß alles bedeckt ist. Am anderen Morgen Wasser ganz abgießen und Körner tagsüber ohne Wasser stehen lassen. Abends wieder mit frischem Wasser begießen. Dies wird so lange fortgesetzt, bis der Keimling deutlich sichtbar ist, mit einer Länge von etwa ½ cm. Die Keimlinge sollen nicht überlang werden. Die Körner stehen am besten zugedeckt bei 10–14°. Der Keimungsprozeß soll 3–4 Tage dauern, damit die Körner weich werden und sich gut kauen lassen. Morgens und abends werden die Körner auf einem Sieb mit frischem Wasser gut abgespült. Weizen keimt langsamer und wird schon 24 Stunden vor den Roggenkörnern angesetzt. Man ißt die Keimkörner in mehreren Partien über den Tag verteilt und kann sie mit roher Milch, Honig und Haferflocken als Müsli zubereiten. Wichtig ist es, gut zu kauen und sich Zeit zum Essen zu lassen. Kaubehinderte drehen die Körner kurz vor dem Essen durch die Fleischmaschine, speicheln aber gut ein, s. *Kauen.* Haferflocken müssen grob sein und trokken oder in Milch eingeweicht gegessen werden; sie können durch grobe Weizen-, Roggen- und Gerstenflocken ersetzt werden. Vollkornbrot muß abgelagert sein und trocken gegessen werden, d.h., es darf nichts dazu getrunken werden. Regelmäßig fetthaltige *Nüsse* und Samenkerne zu sich nehmen. Das Ideal ist, jedes Nahrungsmittel für sich und nicht in Mischungen zu nehmen. Verboten sind: moderne Rohkostplatten, wie rohes Blatt-Stengel-Kräutergemüse mit Naturgewürzen, Kartoffeln in jeder Form, Salate, Rhabarber, Spargel, Blumenkohl; alle Genußmittel (*Alkohol, Nikotin, Bohnenkaffee,* auch Kaffeeersatz, *Malzkaffee,* Kakao, Tee); Zucker, Salz, Senf, Essig, Pfeffer. Folgende tgl. Mengen sollen genommen werden: gekeimte Früchte 50–250 g, Vollkornbrot nicht über 125 g, Haferflocken nicht über 70 g (5 gehäufte Eßlöffel), Obst und Wurzeln 500 g und mehr, Milch ungefähr 1 l, Butter 20–60 g, Nüsse und Ölkerne 50–100 g. Nicht erforderlich, aber zulässig sind tgl. 1 Ei, 1–3 Teelöffel Honig. Man kann ruhig weniger essen, aber auch von den Nahrungsmitteln, für die keine Einschränkung angegeben ist, mehr, da nicht gehungert werden soll. Drei Mahlzeiten am Tag sollen nicht überschritten werden. Bei Widerwillen ein bis mehrere Tage nichts essen und nur den Durst mit klarem Wasser löschen. Vor dem Ankleiden jeden Morgen – auch während der Regel – kalte *Abreibung* aus der Bettwärme. Folge: Gesicht, Nacken, Hals, Brust, Bauch, Arme, Rücken, Beine hinten, Beine vorne, Füße. Gerstenkornhandtuch zwischendurch neu anfeuchten. Die Abreibung wird im kalten Zimmer durchgeführt. *Barfußlaufen, Luftbäder (Sonnenbäder* vermeiden!). Bewegung, aber aufhören, wenn Ermüdung in einem Körperteil eintritt. *Überwärmungsbäder* nach Lampert oder Schlenz. *Bulgarische Kur* mit Belladonna-Wurzel. Hp.: Acidum picronitricum D6, Nux vomica D6–12, Secale D3–10, Silicea D6–12, Sulfur D10–15.

Mumps (Ziegenpeter, Parotitis epidemica): Erreger unbekannt. *Epidemische Infektionskrankheit,* besonders im Kindesalter. Befallen werden *Ohrspeicheldrüse, Bauchspeicheldrüse, Hoden.* Fieber, Kopfschmerzen, Mattigkeit, schmerzhafte Schwellung der Ohrspeicheldrüse. Nach 1 Woche kritische Entfieberung. Beh.: Bettruhe. *Heublumenaufschläge* oder *Bockshornkleeaufschläge* auf Ohrspeicheldrüse und Hoden. Hochlagerung des Hodens. *Ganzwaschungen* mehrmals tgl. *Kurz-, Lendenwickel. Fasten, Obstsaft-* und *Obsttage. Stuhlgang*regelung. Hp.: Plumbum D4–6, Aconitum D3–4, Mercurius solubilis D4. Bch.: Kalium phosphoricum D6, Ferrum phosphoricum D6, Kalium chloratum D6, Natrium muriaticum D6.

Mundbad: einen Schluck Wasser von 15–25° in den Mund nehmen, Kopf nach hinten neigen und Wasser möglichst weit nach hinten laufen lassen, ohne zu gurgeln. Ausspucken und neuen Schluck nehmen, im ganzen etwa 1/3 l. Bei geschlossenem Mund auch das Wasser kräftig durch die Zähne drücken. Frischer Zitronensaft kann zugesetzt werden. Man führt das M. je nach Bedarf 2–8mal tgl. durch bei akuten und chronischen Katarrhen der Mundhöhle und des Rachens sowie bei Reizhusten. Kühlende, reinigende und anregende Wirkung.

Mundflora hat wohl ähnliche Bedeutung wie die *Darmflora.* Die gesunde M. besitzt eine Reihe von unschädlichen Bakterienstämmen. Bei Erkrankung können schädlich wirkende Arten das Übergewicht bekommen. Behandlung mit Symbioflor I.

Mundgeruch tritt auf bei Veränderungen in der *Mundflora,* bei akuten und chronischen Entzündungen und Zersetzungen in Mund, Rachen, Magen, bei schlechten Zähnen und Mandeln. Behandlung der Grundursache. Zahnbehandlung, *Roeder*behandlung, Spülungen und *Gurgelungen* mit Kamillen, Salbei, Schotendotter, Pfefferminz.

Mundhöhle: der vorne durch *Lippen* und *Zahn*reihen, nach hinten durch den Rachenring und den weichen Gaumen, nach unten durch Zunge und Mundboden und nach oben durch den harten Gaumen, seitlich durch die Wangen begrenzte Raum. Die M. ist mit Mundschleimhaut ausgekleidet. In ihr befinden sich auf den Kiefern aufsitzend die Zähne, die bewegliche Zunge und in den Gaumentaschen beiderseits die Gaumenmandeln. Seitlich münden die *Ohrspeicheldrüsen* durch einen besonderen Ausführungsgang und unter der Zunge die Unterzungendrüsen. Die M. dient dem Kauen und Einspeicheln zur Verdauung der *Kohlehydrate.*

Mundpflege soll regelmäßig durchgeführt werden, aber nicht so, daß die *Mundflora* und ihre natürliche Entwicklung gestört wird. Reinigung der Zähne mit Bürste und Mundspülen mit warmem Wasser, *Gurgeln* zur Mandelmassage. Entfernen von Speiseresten zwischen den Zähnen. Salbei, Kamillenabkochung, Schotendotter eignen sich zum Spülen. Biologische Zahnpulver, Mundwässer oder Pasten sind ohne schädliche chemische Zusätze und Farbstoffe. Massage des Zahnfleisches mit Zitronenschale.

Mundschleimhautentzündung (Stomatitis) entsteht durch örtliche chemische Reize, z. B. Rauchen, Ausscheidung von Medikamenten durch die Mundschleimhaut *(Blei, Quecksilber),* Fehlernährung (besonders *Vitamin-*A- und -C-Mangel). Rötung, Schwellung und Blutung der Mundschleimhaut und des Zahnfleisches, vermehrte Speichelabsonderung. Bläschenbildung meist bei Vitamin-C-Mangel. Beh.: *Obstsaft, Obst*kost, *vitamin*reiche Kost. Zinnkraut, Salbei, Kamille zur Mundspülung. Zitronenwasser. Mundhöhle mit Poniglösung bestreichen und die Lösung auch in die Nasenhöhlen geben. Dazu werden 1 Eßlöffel Honig in Milch gelöst. Davon wird zweimal tgl. auch eine Tasse getrunken. Hp.: Mercurius corrosivus D6–10, Acidum nitricum D3, Belladonna D4, Apis D3, Natrium muriaticum D3–6, Kalium chloratum D3–6, Kalium bichromicum D4–6. Bch.: Ferrum phosphoricum D6, Kalium phosphoricum D6, Natrium muriaticum D6, Kalium chloratum D6.

Muschelvergiftung: besondere Form der *Fischvergiftung.* Übertragung von Hepatitisviren.

Muskel: Die Muskulatur, das *»Fleisch«,* besteht aus Bündeln von Muskelfasern, die zu verschieden großen Gruppen, den Skelettmuskeln, zusammengefaßt sind. Unter dem *Mikroskop* erscheinen die Fasern *quergestreift.* Ihre Befehle bekommen sie durch die *motorischen Nerven,* die sie veranlassen, sich zusammenzuziehen oder zu erschlaffen; diese Funktionen sind willkürlich, d. h. der Lenkung durch den Willen unterworfen, mit Ausnahme der quergestreiften Muskeln des Herzens, die unwillkürlich arbeiten, dem Willen nicht unterworfen sind und vom Lebensnervensystem gesteuert werden. Die Kraft für die Bewegung der Körpermuskulatur wird aus der Verbrennung des Zucker*stoffwechsels* entwickelt; dabei entsteht Wärme, die durch die selbsttätige Wärmeregulation aus dem Körper entfernt wird, sofern sie nicht zur Aufrechterhaltung der Körpertemperatur gebraucht wird.
Außer den quergestreiften Skelettmuskeln finden sich in den Organen Muskelfasern, die im Mikroskop keine Querstreifung zeigen und daher glatt erscheinen. Die *glatten M.* arbeiten unwillkürlich, d. h., sie sind dem Willen nicht unterworfen. Sie erhalten ihre Antriebe vom *Lebensnervensystem.* Wird der M. nicht gebraucht, dann nimmt er ab und wird schwach; wir sprechen dann von *Atrophie.* Wird er übermäßig gebraucht, dann nimmt er zu und wird überkräftig *(Hypertrophie).* Krämpfe und Lähmungen haben im Nervensystem ihre Ursache. *Trichinen* und *Bandwurm*finnen nisten gerne in der Muskulatur. Die häufigste Muskelerkrankung ist die Muskelentzündung, meist auf *rheumatischer* Basis.

Muskelkater beruht wahrscheinlich auf Ansammlung von Stoffwechselschlacken im Muskelgewebe. Es fühlt sich derb an und ist schmerzhaft. Sinnvolles Training und Ausschalten von Überanstrengungen beugt dem M. vor. Behandlung: Sauna, heiße Bäder mit anschließender Massage.

Muskelkrampf: Meist Folge von Überanstrengung und Übermüdung. Befällt vorwiegend Fuß- und Beinmuskulatur *(Wadenkrampf).* M. bei Gehirn- und Rückenmarksstörungen s. *Krämpfe.*

Muskelrheumatismus: Anfälligkeit vererblich. Witterungsschädlichkeiten (Kälte, Nässe, Zugluft) wirken auslösend. Fernwirkung von Giftstoffen aus chronischen Eiterherden (Mandeln, Zähne, s. *Herdinfektion*) spielen dabei ebenso eine Rolle wie giftige Stoffwechselschlacken, die durch übermäßige oder unzweckmäßige *Ernährung* im Körper abgelagert werden. Plötzlicher Beginn mit starken Schmerzen, die zur Bewegungsunfähigkeit der betroffenen Muskelgruppe führen können. *Hexenschuß* (Lumbago) bei Befallen der Lenden- und Kreuzmuskulatur, Schiefhals bei Halsmuskulatur. Spannung der Muskeln führt zu *Hartspann.* Beh.: Beseitigung von Herden. Im Beginn warme Anwendungen: *Heublumenvoll-* oder *Dampfbäder,* Andampfungen, *Dampfkompressen, Schlenz*bäder. Bald Übergang zu kalten Anwendungen zur Förderung der Durchblutung: Essigwasser*ganzwaschungen,*

M *Heublumenhemd, Kurzwickel, Spanischer Mantel, Guß*behandlung. Gesunde *vegetarische* Kost, *Rohkost, Fasten.* Teebehandlung mit Weidenrinde, Pappelrinde, Eschenrinde, Sandseggenwurzel, Schilf-, Riedgraswurzel, *harn-* und *schweißtreibenden* Drogen. *Eigenblut, Blutegel, Schröpfen, Baunscheidtismus,* Einreibungen, *Pflaster* zur *Umstimmung* und örtlichen Reizung. Hp.: Aconitum D3–6, Belladonna D3–6, Bryonia D3, Chamomilla D3, Cimicifuga D2–6, Dulcamara D2–3, Ferrum D2, Ferrum phosphoricum D6, Gelsemium ∅–D 3, Mercurius solubilis D 3–4, Nux moschata D3, Nux vomica∅, Ranunculus bulbosus D2, Rhus toxicodendron D4–10, Staphysagria D3–4, Tartarus emeticus D4–6. Bch.: Ferrum phosphoricum D6, Kalium chloratum D6, Natrium phosphoricum D6, Calcium phosphoricum D6, Calcium fluoratum D12, Natrium muriaticum D6, Magnesium phosphoricum D6, Kalium sulfuricum D6.

Muskelschwäche: Die Muskelkraft ist individuell verschieden. Nimmt ab bei erschöpfenden Krankheiten, mangelnder Ernährung und im Alter sowie bei Nichtgebrauch *(Atrophie).* Beh.: Beseitigung der Ursachen, gesunde Ernährung, Training, regelmäßiger Gebrauch.

Mutterkorn (Secale cornutum): Dauerform eines Pilzes (roter Keulenkopf), der auf dem Roggen wächst. Die schwarzen, hornartigen Körper werden gesammelt und arzneilich verwendet. M.-Präparate werden zu Zusammenziehungen der blutenden und schlaffen Gebärmutter verabreicht. In der *Homöopathie* ist es ein wichtiges Mittel gegen Gefäßkrämpfe und Durchblutungsstörungen in der Peripherie (Tafel XII).

Muttermal (Naevus): angeborene Hautflekken aus Farbstoffzellen, behaarten Zellen, Gefäßzellen *(Feuermal)* in verschiedener Größe. Können nur durch künstliche Eingriffe (Ätzungen mit Chemikalien, Strom, Röntgenstrahlen) beseitigt werden. Beh.: Ferrum phosphoricum D 6–12, Kalium sulfuricum D 6, Calcium fluoratum D 12 im Wechsel mit Silicea D12.

Muttermilch, s. *Frauenmilch.*

Myelitis, s. *Rückenmarkskrankheiten.*

Myelome: selten im Knochenmark bei älteren Erwachsenen auftretende *Geschwülste.* Führen zu *Knochen*einschmelzungen, -verbiegungen und *-brüchen.*

Mykosen, s. *Pilzerkrankungen.*

Myokard, s. *Herzmuskel.*

Myokarditis, s. *Herzmuskelentzündung.*

Myokardschaden: Herzmuskelschaden. Als Folge von Entzündungen oder mangelhafter Ernährung bei Durchblutungsstörungen aufgetretene *Narben*bildung schwächt die Reservekraft des Herzmuskels und beeinträchtigt die Herz- und Kreislaufleistung. Beh.: s. *Herzerweiterung* und *Herzschwäche.*

Myom: *Geschwülste* der Muskulatur der *Gebärmutter* von Kirschkern- bis Kindskopfgröße, einzeln oder zahlreich zu gleicher Zeit auftretend. Äußert sich meist durch unregelmäßige, stärkere oder verlängerte *Blutungen.* Kann Ursache von schwerer *Blutarmut* werden. Dazu Rükkenschmerzen, Schwindel, Kopfschmerzen, Kreislaufstörungen. Beh.: Man soll mit der operativen Entfernung der M. sehr zurückhaltend sein. Man kann damit rechnen, daß sie in den *Wechseljahren* schrumpfen. Bei Operationen entwickeln sich, besonders bei jungen Frauen, oft schwere Ausfallserscheinungen, ähnlich den Wechseljahrbeschwerden. Blutstillung durch kalte Essigwasser*auflage,* halbstündlich zu erneuern. Innerlich: Zinnkraut, Mistel, Hirtentäschelkraut, Gänsefingerkraut als Tee schluckweise. *Ganzwaschungen* oder *Halbbad* vom Bett aus. Hp.: Aurum D4, Calcium carbonicum Hahnemanni D4, Kalium carbonicum D4, Calcium stibiato-sulfuratum D2–3, Hydrastis ∅ D–2 (im Wechsel mit Hamamelis–∅–D2), Trillium pendulum D1–3.

Myositis, Muskelentzündung, s. *Muskelrheumatismus.*

Myrrhe: Gummiharz aus tropischen Holzgewächsen. Tinktur als Mundwasser bei Entzündung von Zahn- und Mundschleimhaut.

Mystik ist als Streben die christlich-abendländische Parallele des *Yoga*weges. Sie sucht das unmittelbare Einswerden der eigenen Seele mit Gott zu verwirklichen. Die mystischen Stufen sind ähnlich wie bei der Yoga *Entspannung*, Reinigung von Körper und Seele, Erleuchtung, Ekstase und schließlich die mystische Vereinigung mit Gott.

Myxoedem: Unterfunktion der *Schilddrüse* führt zu einem eigenartigen Gedunsensein der Haut durch eine schleimige Veränderung des Unterhautbindegewebes. Haarausfall, körperliche Schwäche, geistige und seelische Schwerfälligkeit, bei Jugendlichen *Wachstums*störungen und Unterentwicklung in körperlicher und geistiger Hinsicht (Kretin) kennzeichnen die Störung. Kann von innen heraus durch mangelnde Anlage, Entartung der Schilddrüse oder nach Schilddrüsenoperation entstehen, wenn zu viel herausgenommen worden oder der verbliebene Rest abgestorben ist. Erfordert laufend Zufuhr des fehlenden Schilddrüsenhormons.

N

Nabel: Der *Blutkreislauf* der Leibesfrucht wird über die vom N. durch die Nabelschnur zum *Mutterkuchen* ziehenden Nabelgefäße unterhalten. Nach der Geburt wird das Kind abgenabelt, indem nach Unterbindung der Nabelschnur nach beiden Seiten hin die Nabelschnur durchtrennt wird. Der am Neugeborenen zurückbleibende Rest der Nabelschnur trocknet innerhalb von 6–8 Tagen ein, stößt sich am N. ab, die Nabelwunde vernarbt und zieht sich ein. Bei Unreinlichkeit in dieser Zeit kann es zur Nabelentzündung mit Schwellung, Rötung, Abszeßbildung, Blutvergiftung kommen. Behandlung bei einfacher Entzündung: kalte Zinnkraut- oder Osterluzei*auflagen*, bei Abszeßbildung *Bockshornkleeauflagen*, nötigenfalls *Inzision*. Der N. ist eine Narbe und daher eine schwache Stelle in der Bauchwand.

Nabelbruch: Bei Schreien und Pressen kann sich beim Säugling ein N. bilden, beim Erwachsenen nach großer Anstrengung. Vorwölbung der Nabelgegend. Bei Kindern besteht die Behandlung in Eindrücken der Nabelgegend in eine Falte der Bauchmittellinie und Zusammenkleben mittels Heftpflasterverbandes. Beim Erwachsenen müssen N., wenn sie lästig werden, operiert werden.

Nachtblindheit ist eine Störung in der Sehpurpurbildung, die die Unterscheidung von Grautönen in der Dämmerung nicht mehr zuläßt. Meist *Vitamin*-A-Mangelerscheinung, die durch entsprechende Ernährungsumstellung behoben werden kann. Der Nachtblinde kann am Tage sehen, von der Dämmerung ab ist es vollkommene Nacht für ihn. Beh.: Vitaminreiche Kost.

Nachtwandeln (vgl. *Mondsucht*): erhöhte seelische Reizbarkeit. Normal arbeiten *Atmung, Kreislauf* und andere wichtige Organfunktionen im tiefen Schlafe weiter, die übrigen Funktionen gehen zur Ruhe über. Bei manchen Menschen bleiben Sprechfunktion und Gehbewegung im Schlaf erhalten. Als Reiz wirkt Lichtschein, z.B. Vollmond, auslösend. Tiefe körperliche Unruhe kommt in solchen Störungen zum Ausdruck.

Nackenstarre: Steifhalten des Nackens bei Entzündungen der Gehirnhäute, s. *Gehirnhautentzündung.*

Nagel: Hornschutzplatte an den Enden der Finger und Zehen. Ruht auf dem Nagelbett und wächst von der Nagelwurzel aus, die man als halbmondförmige helle Platte durch den Falz hindurchschimmern sieht. Von der Nagelwurzel bis zum vorderen freien Rand benötigt der N. eine Wachstumszeit von 5–6 Monaten. Bis auf den vorderen schmalen Rand ist der N. mit dem Nagelbett eng verbunden. Man darf bei der *Nagelpflege* daher nicht zu tief mit dem Instrument eingehen und den Nagel nicht von der Unterlage abheben, da sonst Spalten sich bilden, die nicht mehr verwachsen. *Hauterkrankungen, Ekzeme, Schuppenflechte* können vom Nagelfalz aus auf den N. übergreifen und dort Eindellungen und Fleckbildungen verursachen. *Ernährungs*störungen und Störungen der *inneren Ausscheidungen* können ebenfalls zu Fleckbildungen und Nagelveränderungen

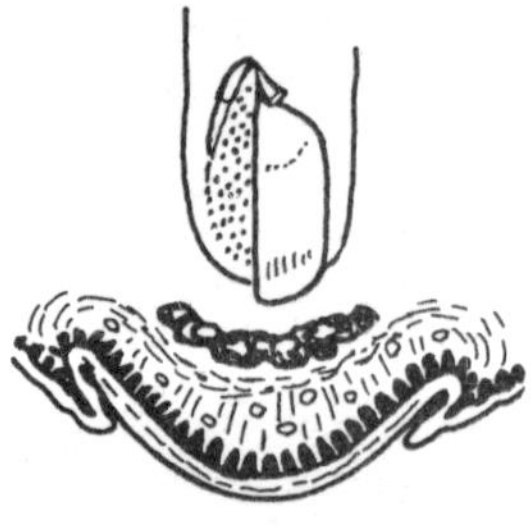

Nagel und Nagelbett

führen. *Pilze* und *Bakterien* können im Nagelfalz sich ausbreiten und zu *Umlauf* und Nagelbettvereiterung führen. Manchmal ist man gezwungen, den N. zu entfernen und die Neubildung abzuwarten.

Nagelbettvereiterung, s. *Fingerentzündung.*

Nagelkauen: Angewohnheit, ähnlich dem *Fingerlutschen* und manchmal mit ihm verbunden. Entspringt primitiven Trieben. Behandlung ist eine Frage der Erziehung. Sie hat vor allem die *Ganzheits*behandlung einer allgemeinen Körper- und *Nervenschwäche* ins Auge zu fassen.

Nagelpflege: Natürliche N. erstreckt sich auf Reinhaltung durch Waschen, Bürsten und Kürzung der ständig wachsenden *Nägel.* Vorsichtige Reinigung der vorderen Ränder auf mechanischem Wege. Sorge für richtige Nagelentwicklung durch gesunde und *vitamin-* und *mineralstoff*reiche Ernährung. Die Bearbeitung mit Farben und Lacken usw. gehört nicht in das Gebiet einer naturgemäßen Lebensweise. Auch die Fußnägel bedürfen der laufenden Pflege, vor allem wenn Schwierigkeiten mit dem Schuhwerk bestehen. Sonst kommt es zum Einwachsen der Nägel in Haut und Nagelbett oder zu Wucherungen der überstehenden Hornschichten, besonders bei alten Leuten. Beh.: Heiße Hand- und *Fußbäder* mit Heublumen, bei Eiterungen *Bockshornkleeauflagen,* wenn nach 24 Stunden kein Erfolg, Nagelentfernung. Bei spröden, leicht brüchigen Nägeln heiße *Bäder* mit kaltem *Abguß,* zur Nacht *Heilerde-, Lehm-, Zinnkrautumschläge* im Wechsel, Schwarzwurzel*brei.* Zum Erweichen der Nägel warme Bäder mit Essig und Salzzusatz 15 Minuten, danach kalt abgießen. Vgl. *Eingewachsener Nagel.*

Nährhefe, s. *Hefe.*

Nährklistier, s. *künstliche Ernährung.*

Nährsalze: Künstliche Gemische zum Ausgleich des *Mineralmangels* der *Zivilisationskost* sind bei einer naturgemäßen Nahrung überflüssig.

Nährschäden sind durch falsche Ernährung bedingte Erkrankungen. Bei *Säuglingen* und Kindern als Milch- und Mehlnährschäden bekannt, bei Erwachsenen als *Mangelkrankheiten.*

Nährstoffe sind die organischen und anorganischen Stoffe, aus denen Lebewesen Körpergewebe aufbauen und die laufenden Verluste ergänzen, s. *Ernährung.*

Nahrung sind die Naturerzeugnisse, die der *Ernährung* dienen. Durch das Bedürfnis nach N. sind alle tierischen und pflanzlichen Lebewesen auf der Erde zu einer großen Gemeinschaft verbunden. Wir unterscheiden in der naturheilkundlichen Reformkost im Sinne *Kollaths: Lebens-* und *Nahrungsmittel.*

Nahrungsmittel: *Kollath* bezeichnet alle zur Ernährung dienenden, ursprünglich lebenden Stoffe, die durch Lagerung oder bestimmte Zubereitung *(Kochen, Konservieren)* ihrer Lebensfähigkeit beraubt sind und nur als *Kalorien*lieferanten in Frage kommen, weil ihnen Lebens- und *Ergänzungsstoffe* weitgehend fehlen, als N. und stellt ihnen die noch lebendige Nahrung als *Lebensmittel* gegenüber.

Nahrungsmittelvergiftung: Von Natur aus giftige Nahrungsmittel oder durch bakterielle Umsetzungen entstandene *Gifte* können zu spezifischen Vergiftungen führen, s. *Muschel-, Fisch-, Fleischvergiftung, Botulismus.*

Nahrungsreform, s. *Lebensreform.*

Narbe: Überall, wo durch Verletzung oder entzündlichen Zerfall am Körper Gewebe zerstört worden ist, versucht die Natur den Schaden wieder zu ersetzen. Nur in weni-

Nahrungsmitteltabelle
Kaloriengehalt bezieht sich auf 100 g zubereitungsfertige Ware. Eiweiß-, Fett- und Kohlehydrate in Prozent Anteilen.

Stärketräger:	Joule	Kalorien	Eiweiß %	Fett %	Kohlehydrate %	Vitamine
Pflanzliche Nahrungsmittel						
Mehle:						
Roggen (80% ausgemahlen)	1460	349	7,7	1,3	74,5	B_1, B_2, PP, Pa, E
Roggen (Vollkornschrot)	1442	346	9,0	1,5	72,1	
Weizen (78% ausgemahlen)	1475	354	10,5	1,6	72,3	B_1, B_2, E
Weizen (85% ausgemahlen)	1467	352	10,9	1,7	71,1	
Stärkemehl	1435	344	1,0	–	83,0	
Hafermehl, -flocken	1638	393	14,4	6,8	66,5	
Sojamehl (Vollsoja)	1905	457	42,0	20,0	24,0	B_6, PP, K
Kindernährmittel	1717	412	17,0	6,0	70,0	
Grütze (Buchweizen)	1430	343	10,6	1,3	70,1	
Grütze (Hafer)	1603	383	13,4	5,9	67,0	
Maisgries	1533	366	8,8	1,1	78,0	
Weizengrieß	1480	354	9,4	1,0	74,6	
Reis	1490	356	7,9	0,5	77,8	PP, B_1
Nudeln	1507	360	9,6	1,0	75,9	B_1
Backwaren:						
Roggenbrot	1046	250	6,4	1,0	52,2	B_1, B_2, PP, Pa, E
Roggenvollkornbrot	1034	247	7,4	1,1	50,4	
Knäckebrot	1616	386	11,4	1,8	78,6	
Weizenzwieback	1716	410	9,9	5,2	78,2	
Weizenbrot	1021	244	8,2	1,2	48,6	
Zucker:						
Zucker	1712	409	–	–	99,8	
Traubenzucker	1695	405	–	–	99,0	
Sirup	1268	303	9,5	–	64,5	
Honig	1398	334	0,4	–	81,0	
Kunsthonig	1264	302	0,2	–	73,5	
Pflaumenmus	1228	232	1,5	–	55,0	
Marmelade (Durchschnitt)	1122	268	0,5	–	63,0	
Gelee	1340	320	0,3	–	75,0	
Obst:						
Kernobst	243	58	0,4	–	13,0	Ca, B_6, Pa, C
Apfelsaft	216	66	0,3	–	16,0	Ca, B_6, Pa, C
Steinobst	285	68	0,8	–	14,9	Ca, B_6, PP, Pa, C
Beerenobst (Durchschnitt)	205	49	1,1	–	9,5	Ca, PP, C
Weintrauben	322	77	0,7	–	17,3	C
Traubensaft	368	88	0,7	–	20,9	C
Apfelsinen	180	43	0,6	–	9,0	B_6, Pa, C
Bananen	284	68	0,9	–	15,5	PP, C, H
Obstkonserven (mit Zucker)	381	91	0,5	0,3	20,9	
Trockenobst:						
Rosinen, Sultaninen	1235	293	1,6	1,2	66,2	
Datteln	1285	307	1,9	–	72,4	
Feigen	1130	270	3,3	1,3	58,5	
Backpflaumen	963	230	1,9	1,2	66,2	
Haselnüsse	1428	341	8,7	31,3	3,6	B_1
Walnüsse	1117	267	6,7	23,5	5,2	
Gemüse:						
Grünkohl, Winterkohl	134	32	2,2	0,4	4,6	Ca, B_1, B_2, B_6, PP, C, E

Stärketräger:	Joule	Kalorien	Eiweiß %	Fett %	Kohlehydrate %	Vitamine
Rosenkohl	196	47	4,7	0,4	5,9	Ca, B_1, B_2, B_6,
Spinat	67	16	1,8	0,2	1,6	B_{10}, B_{11}, C, E,
						PP, K
Kopfsalat	42	10	0,9	0,2	1,2	Ca, B_1, B_6, C, E
Weißkohl	84	20	1,2	0,2	3,2	Pa, C
Sauerkraut	109	26	1,4	0,3	4,3	Ca, C
Wirsingkohl	109	26	1,9	0,4	3,6	C
Rotkohl	96	23	1,3	0,2	3,8	Ca, C
Kohlrabi	97	24	1,7	0,1	4,0	Ca, Pa, C
Blumenkohl	84	20	1,5	0,2	2,8	Pa, C
Bohnen, grüne	155	37	2,3	0,2	6,1	Ca, C
Puffbohnen, Pferdebohnen	92	22	3,0	0,2	1,9	
Gurken	33	8	0,6	0,2	1,0	C
Tomaten	88	21	0,9	0,2	3,4	Ca, B_1, B_6, Pa,
						C, H, K
Mohrrüben, gelbe Rüben	138	33	0,9	0,2	6,7	Ca, C, K
Karotten	80	19	0,5	0,1	3,9	Ca, B_1, PP, C, K
Kohlrüben	113	27	1,0	0,1	5,3	Ca, C, K
Schwarzwurzeln	205	49	0,6	0,3	8,4	
Teltower Rübchen	205	49	2,8	0,1	8,9	
Sellerieknollen	117	28	0,9	0,2	5,4	
Rote Beete	113	27	1,0	0,1	5,4	Ca
Rettich	134	32	1,4	0,1	6,1	B_1
Spargel	54	13	1,3	0,1	1,6	
Kartoffeln, frisch	360	86	1,8	0,2	18,6	B_1, Pa, PP, E,
Kartoffeln, gekocht	301	72	1,5	0,2	15,7	B_2, B_6, C, H,
Kartoffeln, gelagert	330	79	1,6	0,2	17,1	Ca, K
Kartoffeln, gekocht	246	59	1,2	0,1	13,0	
Gemüsekonserven (Gemischt)	117	28	1,8	0,2	4,7	
Pilze:						
Champignons	80	19	2,6	0,1	1,9	D
Steinpilze	159	38	4,3	0,3	4,2	D
Pfifferlinge	100	24	2,1	0,3	3,0	D
Speisemorcheln	88	21	2,0	0,2	2,6	
Bäckerhefe						B_1, B_2, B_6, B_{10},
Bierhefe						B_{11}, Pa, H
Speiseöl	3872	925	–	99,5	–	
Tierische Nahrungsmittel						
Fleisch:						
Rind, mager	515	123	21,0	4,0	–	B_1, B_2, B_6, PP,
Rind, fett	1050	251	18,0	19,0	–	Pa, C, E, H
Schwein, mager	615	147	20,0	7,0	–	B_1, PP, Pa
Schwein, fett	1620	387	15,0	35,0	–	
Kalbfleisch	586	140	18,0	7,0	–	B_1, Pa
Hammelfleisch	1097	262	14,0	22,0	–	
Geflügel	460	110	18–35	4,0	0,4	
Wild	377	90	19,0	1,0	0,4	
Leber	636	152	19,4	4,4	2,9	A, B_1, B_2, B_6,
						B_{12}, C, D, K, H
Nieren	498	119	18,4	4,5	0,4	A, PP, C, H
Fische:						
Seefische	147	35	8,3	0,1	–	PP, D
Räucherfische	268	64	16,0	1,0	–	D
Süßwasserfische	167	40	10,0	0,5–1	–	
Karpfen	301	72	7,5	4,4	–	A, C
Aal, geräuchert	1101	263	13,2	22,4	0,2	A

Stärketräger:	Joule	Kalorien	Eiweiß %	Fett %	Kohlehydrate %	Vitamine
Milch und Milcherzeugnisse:						
Kuhmilch	260	62	3,4	3,1	4,8	A, Ca, B_1, B_2, B_6, PP, C, D, E, K
Ziegenmilch	293	70	3,6	3,9	4,7	
Schlagsahne	1264	302	2,7	30,0	3,0	–
Kaffeesahne	519	124	3,5	10,0	4,0	–
Yoghurt	247	59	3,3	2,8	4,0	A, Ca, $B_{1, 2, 6}$, D, E, K
Magermilch	150	36	3,7	0,1	4,8	A, Ca, PP
Kondensmilch, gesüßt	1432	342	9,0	9,5	53,0	–
Trockenmilch, voll	2110	504	25,0	26,0	37,0	PP
Trockenmilch, mager	1494	357	33,5	1,6	50,0	PP
Butter	3148	752	1,0	80,0	1,0	A, Ca, C, D, E
Quark	398	95	17,0	1,0	4,0	B_2, C, PP
Halbfettkäse	1059	253	36,0	9,9	3,0	$B_{1, 2, 6}$, PP, E
Vollfettkäse	1511	361	25,6	26,6	2,1	$B_{1, 2, 6}$, PP, E
Eier:						
Hühnerei 1 Stück	364	87	7,0	6,1	0,3	B_2
Eidotter 1 Stück	289	69	3,1	6,0	0,1	A, Ca, Pa, D, E
Trockenei 100 g	2369	566	43,2	40,9	2,0	–
Fette:						
Margarine	1862	752	1,0	80,0	1,0	–
Butterschmalz	3889	929	0,1	99,8	0,1	–
Lebertran	3881	927	–	99,7	–	A

Abkürzungen für die Vitaminspalte: Ca = Carotin, PP = Nikotinsäure und Nikotinsäureamid, Pellegrafaktor, Pa = Pantothensäure; alle anderen Viramine sind mit ihren Buchstaben A, B_{1-12}, C, D, E, H, K, bezeichnet.

gen Fällen ist sie in der Lage, gleichwertiges Gewebe zu schaffen und den vorherigen Zustand voll wiederherzustellen. Meist muß sie sich mit Bindegewebszellen begnügen, die *Granulationsgewebe* bilden. Daraus entwickelt sich später die N. Anfänglich durch reiche Gefäßbildung rot, wird sie nach Schwinden der Gefäße weiß. Starke Schrumpfungsneigung schließt sich an. Narbenheilungen führen daher oft zu Narbenschrumpfungen. Bei engen Röhren kommt es zu Verengerungen und Verschlüssen *(Strikturen),* z.B. bei Harnröhre, Speiseröhre, Darm. N. zwischen Brustfell und Bauchfellblättern führen zu Strangbildungen und Verwachsungen. Narbengewebe ist funktionell minderwertig und kann die Funktion des zugrunde gegangenen Gewebes nicht voll ersetzen. Hornhautnarben führen zu Sehstörungen oder Erblindung, Operationsnarben am Leib infolge Dehnung zu *Narbenbrüchen,* im Nervensystem zu Leitungsunterbrechungen.

Narbenbruch: Entstehung s. *Narbe.* Beseitigung durch Operation, wobei allerdings die Gefahr einer erneuten Bildung besteht.

Narkose (Betäubung): künstlich durch chemische Mittel herbeigeführter schlafähnlicher Zustand, in dem Bewußtsein und Schmerzempfindung aufgehoben sind. Die Mittel werden entweder durch Einatmung, Einlauf, Einspritzung in die Blutbahn, oder auch außerhalb derselben, sowie durch Einnehmen verabfolgt. Als eigentliche N. dient sie zur Ausführung von chirurgischen Eingriffen, als Schlafmittel zur Erzeugung eines künstlichen *Schlafes,* der aber nicht mit dem natürlichen identisch ist, da ihm wesentliche Eigenschaften desselben fehlen.

Narkotische Mittel lähmen das *Nervensystem* und dienen der *Narkose,* der Schmerzstillung, zur *örtlichen Betäubung* und als Schlafmittel. Wegen der mit ihrer Verwendung verbundenen Gefahren stehen sie unter strenger Rezepturpflicht und dürfen nur von approbierten Ärzten angewendet und verordnet werden. Zur Schmerzstillung auch für chirurgische Eingriffe wird heute vielfach von der schmerzstillenden Wirkung der *Akupunktur* Gebrauch gemacht.

Nasenbluten: Ursachen sind Verletzungen durch Stoß, Fall, Schlag, Instrumente, Fremdkörper, *Blutandrang* zum Kopf bei *Hochdruck, Nieren-* und *Herzleiden, Geschwüre* in der Nase, *Blutkrankheiten (Bluterkrankheit, Leukämie).* Beh.: Grundbehandlung nach der Ursache. Stillung durch kalte Nacken*auflagen,* Nacken*guß.* Mundatmung in aufrecht sitzender oder stehender Haltung. In heißes Wasser getauchter Wattepfropf in die Nase. *Ableitung* vom Kopf durch *Wechselfußbäder, Barfußlaufen, Wassertreten, Tautreten, Nasendusche* mit frischem Wasser. Wenn nicht stillbar, Tamponade mit blutstillenden Lösungen durch den Arzt. Hp.: Natrium nitricum D3 oder Hamamelis D2, alle 5–10 Minuten 5Tr., Bryonia D3, Crocus D3, Aconitum D6, Carbo vegetabilis D3–6, Melilotus D3, Sepia D6, Millefolium D2, Lachesis D10. Bch.: Calcium fluoratum D12, Kalium phosphoricum D12, Natrium sulfuricum D6.

Nasenduschen, Nasenspülungen können mit einem Nasengießer oder einer Nasendusche vorgenommen werden. Man kann sie aber auch durch Eingießen mit einem Teelöffel oder Schnauzkännchen bei zurückgelegtem Kopf durchführen. Man läßt die Flüssigkeit nach hinten fließen und spuckt sie dann aus. Kochsalzspülungen: 1/2 Teelöffel Kochsalz auf 3/4 l Wasser; kann auch mittels Nasenspray durchgeführt werden, wobei zerstäubte Flüssigkeit durch die Nasenlöcher eindringt.

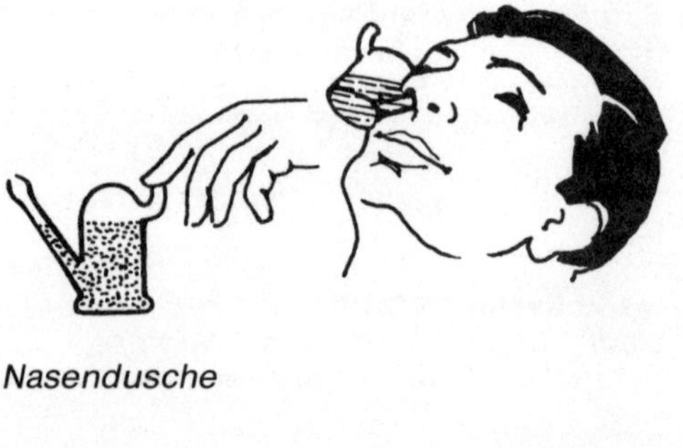

Nasendusche

Nasenkatarrh (Schnupfen): Ursache *Erkältung,* chronisch *kalte Füße,* chemische Reize, unbekannte Erreger. Bei verschiedenen *Infektionskrankheiten* wie *Masern, Diphtherie, Grippe* und *Lungenentzündung* kommt er begleitend vor. Brennen, Kratzen im Rachen, Mandelschwellung, Niesreiz, wässerige Sekretion, Schleimhautschwellung, Atem- und Sprechbehinderung, Beeinträchtigung von Geruch und Geschmack, Kopfschmerzen, Mattigkeit und Gliederziehen. Höheres Fieber und starker Kopfschmerz sprechen für *Nebenhöhlen*beteiligung. Beh.: Schnupfen darf durch Pinselungen nicht unterdrückt werden. Der Körper muß zur Ausscheidung angeregt werden.
Essigwasser*ganzwaschungen, Kurzwikkel, Volldampf* mit anschließender Ganzwaschung, häufige kalte Gesichtswaschungen. *Fasten,* Flüssigkeitseinschränkung, Spülen der Nase mit Zinnkrauttee, Gurgeln mit Wermut, Salbei, Schotendotter. Hp.: Jodum D 4, Camphora D 1, Camphora Rubini D 1, Aconitum D 3–4, Kaium jodatum D 2, Arsenum jodatum D 4, Gelsemium D4–6, Ammonium carbonicum D3, Nux vomica D4, Eupatorium perfoliatum D2. Chronischer N. mit Wucherung der Schleimhaut (Stockschnupfen): schleimig-eitrige Absonderung, Behinderung der Nasenatmung, Neigung zu *Nasenbluten,* Schwund der Schleimhaut. Oft *Nebenhöhlen*eiterungen, *Blutarmut* und *Skrofulose* als Grundlage. Zersetzung führt zu *Stinknase* und Schwinden des Geruchsvermögens. Dabei Behandlung des *Kaltfußes, Ableitung* vom Kopf durch Essigwasser*ganzwaschungen, Halbbäder, Schenkelgüsse, Kopfdämpfe* mit Heublumen, *Kamillen,* Nasenspülungen mit Zinnkrauttee. *Nasenübungen* mit Jaminz, *Trockenkost,* salzlos und *vegetarisch.* Hp.: Lemna minor D 3; bei Stinknase: Kalium bichromicum D 3–4, Mercurius auratus D 4, Acidum nitricum D 3, Asa foetida D 3. Bch.: Natrium muriaticum D 6 viertelstündlich im Wechsel mit Ferrum phosphoricum D 6, Kalium chloratum D6, Silicea D 12 im Wechsel mit Natrium phosphoricum D 6; Kalium phosphoricum und sulfuricum D6, Natrium sulfuricum D 6, Calcium phosphoricum D 6–12, Magnesium phosphoricum D 6.

Nasenpolypen: gestielte Wucherungen der *Nasen*schleimhaut auf Grund lange einwirkender entzündlicher und chemischer Reize. Behandlung wie chronischer *Schnupfen.* Operative Beseitigung. Hp.: Calcium carbonicum Hahnemanni D6–12, Sanguinarium nitricum D1, Teucrium marum verum D1–3. Bch.: Calcium phosphoricum D6–12, Kalium phosphoricum D6–12, Natrium muriaticum D6–12, Natrium phosphoricum D6, Silicea D12, Calcium fluoratum D12, Kalium sulfuricum D6.

Nasenrachenraum ist der oberste Teil des *Rachens,* der nach oben und hinten blind endet, nach vorne mit der *Nasenhöhle* in Verbindung steht. Nach unten setzt er sich in den eigentlichen Rachen fort. An der Decke des N. liegt die Rachenmandel. Der N. ist von der Nasenhöhle und vom Munde her zugänglich und kann durch Spiegelung besichtigt werden. Beiderseits münden die *Ohrtrompeten* in den N.

Nasenübung: Man schließe mit dem Zeigefinger der einen Hand ein Nasenloch und atme langsam durch das freie Nasenloch ein. Dann schließt man dieses und atmet

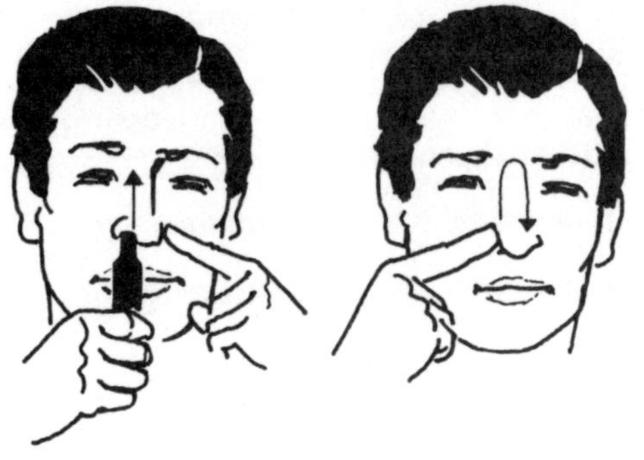

Nasenübung

durch das andere aus, zieht wieder ein, schließt und atmet durch das frei werdende aus. Man atmet zuerst durch Darunterhalten aus einer Jaminz- oder Pohoflasche so, daß man durch jedes Nasenloch 3mal eingeatmet hat. Dann macht man die Übung nur mit reiner Luft auch 3mal mit jedem Nasenloch.

Nässende Flechte entsteht beim Platzen der kleinen Bläschen, aus denen sich das *Ekzem* zusammensetzt. Bch.: Kalium chloratum D6, Calcium phosphoricum D6, Natrium muriaticum D6, Natrium sulfuricum D6, Natrium phosphoricum D6, Silicea D12, Calcium sulfuricum D6, Kalium phosphoricum D6.

Nasse Socken, Kneippstrümpfe: eine praktische, von *Kneipp* eingeführte Modifikation des *Fußwickels.* Als feuchtes Tuch werden Leinen- oder Baumwollsocken in kaltem Wasser ausgewrungen, angezogen, und darüber werden trockene Wollstrümpfe, die mehrere Querfinger über die n. S. hinausragen müssen, gezogen.

Nasturtium officinale, s. *Brunnenkresse.*

Naturheilkunde ist die Lehre von der Überwindung der Krankheiten durch die dem Menschen innewohnende Naturheilkraft, durch Lenkung und Steigerung der natürlichen *Abwehrregulationen.* Sie bedient sich hierzu natürlicher und naturgemäßer Heilverfahren wie der *Ernährung, Wasserbehandlung,* Behandlung mit natürlichen Mineralien und organischen Stoffen (*Schlamm, Moor,* Schlick, Kreide), der Bewegungsbehandlung, der *Licht-, Luft-, Sonnenbäder.* Arzneilich macht sie nur von *Pflanzen,* Pflanzenteilen, Pflanzenprodukten in roher, frischer oder getrockneter Form oder von natürlichen Mineralien (*Heilerde,* Kreide, *Alaun* usw.) Gebrauch. Chemische, besonders auf synthetischem Wege gewonnene, in der Natur sonst nicht vorkommende Stoffe lehnt sie als Arzneimittel ab. Auch die Ordnung des Seelischen gehört im Rahmen einer *Ganzheits*behandlung, die die N. verficht, zur Heilkunde. Zur *Homöopathie* bestehen gewisse Beziehungen, die es erlauben, von ihren Möglichkeiten im Rahmen der Naturheilbehandlung Gebrauch zu machen. Die Homöopathie ist kein reines Naturheilverfahren. Auch nicht alle von Naturheilbehandlern angewendeten *Außenseiterverfahren* gehören zur strengen Naturheilkunde, s. *Außerschulische Heilmethoden.*

Naturell-Lehre, s. *Huter.*

Nausea: Ekel, Übelkeit, die *Seekrankheit* und *epileptischem* Anfall vorausgeht.

N

Naevus, s. *Muttermal.*

Nebenhodenentzündung (Epididymitis) entsteht akut aus fortgeleiteter Infektion der *Harnröhre, Vorsteherdrüse* und des *Samen*strangs, besonders beim *Tripper,* oder auf dem Blutwege bei Allgemeininfektionen (*Typhus, Mumps* usw.). Starke Schmerzen, hohes Fieber, Schwellung. Chronische N. entsteht am häufigsten auf dem Blutwege und ist *tuberkulöser* Natur. Kann kalten Abszeß und Fistel bilden. Beh.: Akute N.: Ruhigstellung, heiße *Sitzbäder,* Behandlung der Grundursache. Bei *Tuberkulose* Allgemeinbehandlung der Tuberkulose. Hp.: Arnica D3, Hamamelis D2, Clematis D2, Rhododendron D3, Spongia D3–6, Pulsatilla D4, Aurum D4.

Nebenhöhlen der *Nase.* Mit Schleimhaut ausgekleidete Höhlen des Gesichtsschädels, mit der Nasenhöhle durch Kanäle verbunden: je 2 Kiefer-, Stirn-, Keilbeinhöhlen sowie das Siebbeinlabyrinth und mehrere Siebbeinzellen. Sind bei *Nasenkatarrhen* und *-entzündungen* oft mit erkrankt. Durch Verschwellen der Kanäle zu der Nasenhöhle entstehen abszeßähnliche Eiterungen, die schmerzhaft und von hohem Fieber begleitet sind. Behandlung des meist zugrundeliegenden *Schnupfens.* Heublumen-, Kamillen*kopfdämpfe, Bockshornkleeauflagen, Dampfkompressen.* Kalte Gesichtswaschungen, warme *Nasenduschen,* allmählich zu kalten übergehend. Nasenübungen, Symbioflor I. Ableitend: *Kurzwickel, Spanischer Mantel, Lehmwasserhemd. Schenkel-* und *Obergüsse. Fastenkur* in hartnäckigen Fällen, sonst *vegetarische* und *Rohkost. Hp.: Cinnabaris D3, Hydrastis D2–3, Hepar sulfuris D3–6, Silicea D12, Kalium bichromicum D6, Spigelia D4–6.*

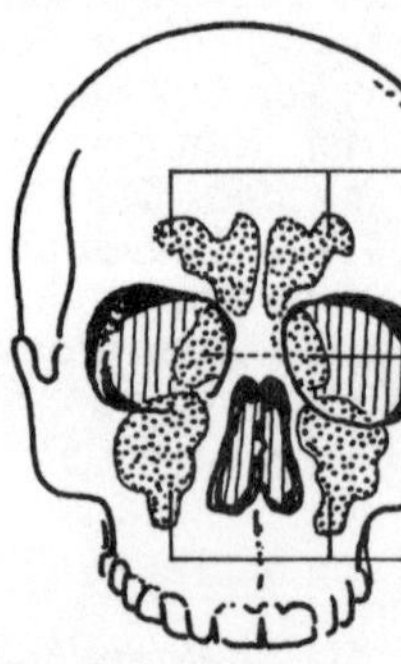

Nebennieren: Lebenswichtige *Drüsen innerer Ausscheidung,* die beiderseits den Nieren an ihrem oberen Pol aufsitzen. Sie sind klein und wiegen etwa 10–12g. Sie bestehen aus Mark- und Rindensubstanz. In der Marksubstanz bildet sich das *Hormon* Adrenalin, das das *Lebensnervensystem* erregt und den *Zuckerstoffwechsel* reguliert, die Gefäße zusammenzieht, Herztätigkeit und Blutdruck steigert. In der Rinde bilden sich Hormone (Corticosteron, Cortison u.a.). Fehlen diese, so entsteht die *Addisonsche Krankheit.* Die Rindenhormone werden neuerdings zur Behandlung vieler Krankheiten, z.B. *Rheuma,* genutzt.

Nebenschilddrüsen (Epithelkörperchen) sind vier etwa linsengroße *Drüsen innerer Ausscheidung,* die hinter der *Schilddrüse* liegen. Ihr *Hormon* ist für den *Kalkstoffwechsel* entscheidend. Bei Fehlen kommt es zu Kalkarmut im Blut und Verkalkungsstörungen in den Knochen, nervöser Erregbarkeit der Muskeln und Auftreten von Muskelkrämpfen (Tetanie). Arbeiten sie zu stark, dann kann es zu Gewebswucherungen im Knochen (Ostitis fibrosa) kommen.

Nelkenöl, aus den Blütenknospen der Gewürznelke, ist ein ätherisches Öl, das bei Einreibungen gegen *Rheuma* verwendet wird und, in die Haut eingerieben, gegen Mückenstiche schützt.

Nephritis, s. *Nierenentzündung.*

Nephrolithiasis, s. *Nierensteine.*

Nephrose: *Nierenerkrankung* mit Entartung der Gewebe, ohne Entzündungserscheinungen. Auswirkung von Stoffwechsel- und Bakteriengiften.

Nerven, s. *Nervensystem.*

Nervenentzündung (Neuritis, Polyneuritis): Ursache: *Gifte* bei *Infektionen,* wie *Grippe, Diphtherie, Syphilis,* bei *Stoffwechselstörungen,* wie *Gicht, Zuckerkrankheit, Beri-Beri, Alkohol, Blei* und Druck auf den Nerven. Heftiger Schmerz im Nervenverlauf, Kribbeln und Pelzigsein des versorgten Gebietes, Ausfall von Empfindungsqualitäten, Nachlassen des *Tonus* der versorgten Muskulatur bis zur vollständigen *Lähmung.* Beh.: Ruhe, mehrmals tgl. Essigwasser*waschungen,* warme *Teilbäder, Dampfkompressen, Heublumensäcke* auf die schmerzhaften Stellen. Nach Besserung der Schmerzen Übergang zu kalten *Wickeln,* ferner *Salzwasserwickel, Essigwasserauflagen, Lenden-, Kurzwickel, Spanischer Mantel,* Andampfungen, *Güsse;* zur Beendigung der Kur kurze *kalte Bäder. Vegetarische* Kost, *Rohkost.* Einreibungen mit Fenchelöl, Pfefferminzkampfer, Majoranöl. Vibrations*massage. Eigenblutbehandlung, Baunscheidtismus.* Hp.: Aconitum D3–6, Belladonna D3–4, Arnica D3, Mercurius solubilis D4, Bellis perennis D2–4, Rhus toxicodendron D4–10. Bch.: Ferrum phosphoricum D6, Kalium phosphoricum D6, Magnesium phosphoricum D6, Silicea D12 im Wechsel mit Calcium fluoratum D12.

Nervengeschwulst (Neurom): Geschwulstartige Vermehrung von Nervenzellen. Im Hirn bewirkt sie meist Hirndruckerscheinungen wie jede *Hirngeschwulst.* An den *peripheren Nerven* kommt es zu *Lähmungen,* je nach dem Sitz der N. Nach Amputationen entwickeln sich N. besonders oft an den freien Nervenenden, führen zu erheblichen Schmerzen und erfordern meist operative Behandlung.

Nervenmassage ist eine durch Vibrationen durchgeführte *Massage* des Nervenverlaufsgebietes. Nervenpunktmassage ist eine besondere Massage der etwa den *Headschen Zonen* entsprechenden Nervenpunkte bei den verschiedenen Krankheiten innerer Organe, ebenso die Reflexzonenmassage, bei der man über die Zonen auf die tiefer liegenden Organe einwirken will. Die *Bindegewebsmassage* nach Dicke kann man wegen ihrer Einwirkung auf das *Lebensnervensystem,* aber auch auf spastische und schlaffe *Lähmungen* zur N. rechnen.

Nervenschmerz, s. *Neuralgie* und *Akupunktur.*

Nervenschock (Schock) ist das plötzliche Versagen aller Funktionen des Nervensystems, einschließlich der Regelung und Aufrechterhaltung des *Blutkreislaufs.* Starke seelische Eindrücke, Miterleben eines schweren Unfalls usw. sind auslösende Ursachen. Innere Schockbereitschaft muß bestehen. Von der Ohnmacht bis zum schweren Kollaps durch plötzliche Ansammlung des Blutes in den Bauchgefäßen gibt es alle Übergänge. Schlag gegen das *Sonnengeflecht* in der Magengegend, Hodenquetschung, Hitze, Verbrennungen, große Kälte, selbsterlittene Unfälle und Verwundungen führen zum Schock (Wundschock). Mit dem Wundschock ist Schmerzlosigkeit unmittelbar nach der Verwundung (Wundstupor) verbunden. Die Behandlung hat die Aufgabe, die schwere Kreislaufstörung zu beheben, s. *Kollaps,* und das Nervensystem zu beruhigen.

Nervenschwäche (Neurasthenie): leichte Erschöpfbarkeit des Nervensystems bei geringen Belastungen. Angeborene konstitutionelle Schwäche oder erworben nach *Unterernährung,* Überarbeitung und schweren Krankheiten. Die nervöse Reizbarkeit als Zeichen der N. verschwindet nach Beseitigung der Ursachen und Belastungen rasch. Beh.: Ruhe, *Fichtennadelbäder, Lenden-* und *Kurzwickel,* leichte *Güsse, Wassertreten, Barfußlaufen, Luftbäder,* leichte *Gymnastik, Massagen.* Innerlich: Tee von Baldrianwurzel, Lavendel- und Weißdornblüten, Hopfendolden, Melisse, Anis. Hp.: Acidum phosphoricum D3, Acidum picrinicum D6, Kalium phosphoricum D26, Zincum D3–6, Zincum valerianicum D4–6, Silicea D6–12, Nux vomica D6–10, Stannum D6–12, Avena sativa ∅, Passiflora ∅, Ambra D2–6. Bch.: Kalium phosphoricum D6–12, Kalium sulfuricum D6–12, Natrium sulfuricum D6, Calcium phosphoricum D6–12, Silicea D12, Natrium muriaticum D6–12, Magnesium phosphoricum D6, Ferrum phosphoricum D6–12, Natrium phosphoricum D6–12.

Nervensystem: Wenn wir auch nach Bau und Aufgaben das *Lebensnervensystem* von dem zentralen und dem peripheren N. trennen können, so müssen wir uns aber immer vor Augen halten, daß das N. ein unteilbares Ganzes ist und zahlreiche Querverbindungen untereinander dies sichtbar bestätigen. Mit dem zentralen und dem peripheren N. steht der Mensch nach außen, mit seiner Umwelt in Verbindnung, mit dem Lebensnervensystem mit seinen Geweben und Organen nach innen. Die Nervenzellen stehen durch Ausläufer (Dentriten) miteinander in Verbindung. Einer von diesen ist meist besonders lang und wird Nervenfaser genannt. Die Nervenfasern sind von einer Markscheide umgeben, die die Ernährung und die Isolierung voneinander gewährleistet. Die Nervenfasern sind wie Drähte in einem Kabel zu den Strängen in *Gehirn, Rückenmark* oder den peripheren Nerven zusammengebündelt. Das zentrale N. besteht aus Gehirn und Rückenmark, die beide in dem peripheren N. unmittelbar ihre Fortsetzung zur Peripherie hin finden. Die Nervenzellen liegen gehäuft in Hirnrinde und Hirnkernen sowie Rückenmarkskernen gut geschützt durch *Schädel*kapsel und Wirbelkanal. Sie stehen mit ihren Ausläufern untereinander in Verbindung. Die Tätigkeit des zentralen N. untersteht unserem Willen und damit auch die Tätigkeit des peripheren. Die Nervenfasern sind spezialisiert. Gefühlsfasern nehmen Reize der Außenwelt auf und leiten sie zentral weiter; Bewegungsfasern leiten Befehle vom Gehirn zum Erfolgsorgan. In den peripheren Nervensträngen sind meist beide Arten gemischt. Durch *Reflex*bögen, d.h. Zwischenverbindungen im Rückenmark, können unmittelbare Überleitungen unter Ausschaltung des Willens (Gehirn) erfolgen und genormte Bewegungsantworten auf äußere Reize ausgelöst werden. Man nennt sie Reflexe. Die zur Außenwelt ziehenden Nerven (die peripheren Nerven) kommen aus dem Rückenmark. Die Bewegungsnerven entspringen in den *Ganglienzellen* der Vorderhörner, die Empfindungsnerven treten in die Hinterhörner ein. Beide Fasern vereinigen sich gleich nach dem Austritt aus dem Rückenmark und bilden den gemischten peripheren Nerv, dem meist auch noch Fasern aus den Grenzsträngen des *Sympathikus* beigemischt sind, s. *Lebensnervensystem.* Eine kleine Gruppe entspringt in besonderen Kerngebieten des Gehirns und verläßt die Schädelkapsel durch vorgesehene Öffnungen. Es sind 12 Nerven, die paarig angelegt sind und als *Gehirnnerven* bezeichnet werden. Sie sind von I–XII numeriert, dienen der Reizaufnahme durch die *Sinnesorgane,* der Empfindungsaufnahme und Bewegung im Bereich des Kopfes, haben aber über den *Parasympathikus* durch den Nerv X Verbindung zum übrigen Körper.

Nekrose: Gewebstod, Absterben von Organen, Organteilen und Geweben. Einfache N. kann mit Erhaltung des Aussehens und der Festigkeit des abgestorbenen Gewebes einhergehen. N. mit Gerinnung führt zum Zerfall der abgestorbenen Teile, N. mit Austrocknung zum sog. trockenen *Brand* oder zur Mumifikation (trockene Gangrän), N. mit Erweichung und Fäulnis führt zum feuchten Brand, sog. Gangrän.

Nervosität beruht auf leichter *Erregbarkeit* oder auf einer reizbaren Schwäche der Nerven *(Neurasthenie).* Die Schwäche kann angeboren, konstitutionell und erblich oder im Laufe des Lebens erworben sein (nervöse *Erschöpfung*). Ursachen: *Unterernährung,* Überarbeitung, Mißbrauch von Reizmitteln *(Alkohol, Nikotin, Koffein),* Drüsenstörungen, seelische Unruhe (*Angst,* Schreck, unbefriedigter Ehrgeiz). Beh.: seelische und körperliche Beruhigung, *Entspannung, autogenes Training,* Ordnung der Lebensweise. Gesunde Kost, Weglassen aller Reizmittel. *Gymnastik, Massage.* Beruhigende Anwendungen wie *Fichtennadelbäder, Lenden-* und *Kurzwickel, Ganzwaschungen.* Innerlich s. *Nervenschwäche.*

Nesselsucht (Urticaria): Abwehrreaktion der Haut gegen äußerliche oder innerliche Einwirkung von *Gift*stoffen. Es kommt zu einer Reizung der Nerven, der Blut- und Lymphgefäße der Haut, die zur *Quaddel*bildung führt. Quaddeln sind rötlich oder blaß erhaben und jucken stark. Gifte von Pflanzen, Tieren, Medikamenten, Koffein, bestimmte Nahrungsmittel (Tomaten, Erdbeeren, Gelbei) führen bei bestimmten *konstitutionell* dazu veranlagten Menschentypen zu N. N. gehört in den Bereich der *allergischen* Krankheiten. Beh.: *Fasten, vegetarische* Kost, salzarm, reizlos. *Stuhlgang*regelung. Bei Beginn *Abguß,* Schlenzbäder, *Salz-* oder *Lehmwasserhemden, Spanischer Mantel, Kurzwickel, Eigenblutbehandlung.* Hp.: Apis D3, Acidum formicicum D6–12 *intracutan,* Rhus toxicodendron D6–10, Urtica ∅–D3, Calcium carbonicum Hahnemanni D3–6, Dulcamara D2. Bch.: Kalium phosphoricum D6 im Wechsel mit Natrium muriaticum D6 alle 10 Minuten.

Netzhaut, Retina, s. *Auge.*

Netzhautablösung: Hebt sich die Netzhaut von ihrer Unterlage, der Aderhaut, ab, so beeinträchtigt dies das Sehvermögen und kann in schweren Fällen zur Erblindung führen. Ursache sind Blutungen hinter die Netzhaut nach Gewalteinwirkungen oder bei hochgradiger *Blutdruck*erhöhung, *Geschwulst*bildungen und hochgradige *Kurzsichtigkeit.* Dabei kommt es zu Einrissen in die Netzhaut, und der flüssige Glaskörper dringt zwischen Netz- und Aderhaut und trennt beide voneinander. Beh.: Man kann durch elektrische Brenner diesen Riß schließen und durch Behandlung die Netzhaut wieder zum glatten Anliegen bringen. Wichtig ist es aber, die Aufsaugung der Blutungen usw. zu bewirken. *Blutegelbehandlung.* Beseitigung des Grundleidens, z.B. Blutdruckerhöhungen durch strenge *Fasten*kuren. *Ableitung* vom Kopf. Regelung der *Kreislaufstörung.* Operative Naht und Befestigung der Netzhaut durch Laser.

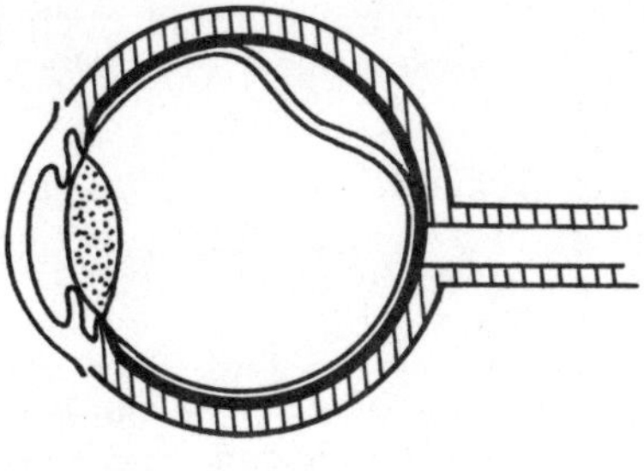

Netzhautablösung, Schema

Netzhautentzündung (Retinitis) meist mit *Sehnervenentzündung* verbunden. *Syphilis, Zuckerkrankheit,* Vergiftungen durch Methylalkohol, allgemeine *Blutvergiftung.* Lichtscheu, Flimmern, Schwinden des Sehvermögens zeigen N. an. Beh.: Kalte Aufschläge von Augentrosttee, tgl. *Gesichtsguß. Rohkost,* strenge *vegetarische* Kost, *Alkohol* und *Nikotin* streng meiden. *Ableitung* vom Kopf. *Fußbäder, -wickel, Wadenwickel, nasse Socken, Kurzwickel, Salzwasserhemden, Schlenz*bäder, *Fuß-* und *Unterleibsdämpfe. Blutreinigende* Tees. Hp.: Belladonna D5–6, Gelsemium D3–6, Kalium phosphoricum D6–12.

Neubildung (Neoplasma): Sonderentstehung von Geweben. Gutartige und bösartige *Geschwülste.*

Neuralgie (Nervenschmerz): Reizung eines Empfindungsfasern führenden Nerven oder seiner Umhüllung und Umgebung; führt zu lästigen und quälenden Schmerzen. Die Schmerzen schwellen an und ab und treten häufig ausgesprochen periodisch auf. Im Versorgungsgebiet des erkrankten Nerven kommt es zu Ausfällen und Empfindungsstörungen wie Kribbeln, Pelzigsein. Gesichtsnerv (Nervus trigeminus), Beinnerv (Nervus ischiadicus), Zwischenrippennerven (Nervi interkostales) sind am häufigsten befallen. Druck auf den Nerv, Einwirkung von Giftstoffen aus Eiterungen *(Herdinfektion),* aus *Infektionskrankheiten (Grippe, Gelenkrheumatismus, Syphilis, Malaria),* von Stoffwechselkrankheiten *(Fettsucht, Gicht, Zuckerkrankheit)* und andere Gifte wie Blei, Alkohol können die Ursache sein. Auch als Folge von Überanstrengungen und im Bilde der *Blutarmut* und der *Wechseljahre* treten N. häufig auf. Sehr schmerzhafte N. gehen der *Gürtelrose* voraus. Behandlung s. *Nervenentzündung, Ischias, Gesichtsschmerzen, Gürtelrose.* Hp.: Kalmia D2, Aconitum D3, Magnesium phosphoricum D6, Melilotus D2, Belladonna D3–6, Colocynthis D6–12, Rhus toxicodendron D4–10, Cimicifuga D1–6, Stannum D4–10, Spigelia D3–6, Verbascum D2. Bch.: s. *Gesichtsschmerzen, Ischias, Gürtelrose, Kopfschmerz.*

Neurasthenie, s. *Nervenschwäche.*

Neurodermie (Neurodermatitis, Juckflechte): Sonderform des *Ekzems,* auf Reizzuständen im *Nervensystem* beruhend. Ellenbeuge, Leistenbeuge, Kniekehlen, Halsgegend, Innenseite der Oberschenkel werden vornehmlich befallen. Beginn mit starkem Juckreiz, mattrote bis bräunlichrote Knötchen und lederartige Verdickung der Haut an den befallenen Stellen; s. *Ausschlag.*

Neurom, s. *Nervengeschwulst.*

Neuron: *Ganglienzelle* mit ihren Fortsätzen.

Neurose ist der körperliche oder funktionelle Ausdruck einer seelischen Störung. Viele normale Lebensfunktionen der *Kreislauf*tätigkeit, *Drüsenausscheidung, Ver-*

dauung, des *Stoffwechsels* sind durch das *Lebensnervensystem* eng mit dem seelischen Erleben verbunden. Erröten, Erblassen, Schwitzen, Erbrechen, Durchfall, Verkrampfungen, Weinen, Gewichtszunahmen und -abnahmen mögen nur als Beispiel dienen. Treten diese Erscheinungen so auf, daß sie zu krankhaften Störungen führen, dann spricht man von N. Herz-, Magen-, Darmneurose usw. Lebens*angst,* unbefriedigter Ehrgeiz und nicht erfüllte Lebensziele können die Ursache solcher körperlicher Fehlreaktionen sein. Kranzaderverkrampfung, Gallengangsverkrampfungen, Magen-, Darmverkrampfungen, aber auch Bewegungsbeschleunigungen, Pulsbeschleunigungen, Darmbewegungsbeschleunigung und Erschlaffungen können auftreten. Jeder seelische Konflikt kann zu echter *organischer* Krankheit führen, jede organische Krankheit führt ihrerseits wieder zu seelischen Konflikten. Die Beeinflussung vom Seelischen her ist bei jeder Krankheit und nicht nur bei den eigentlichen N. von ausschlaggebender Wichtigkeit für den Heilerfolg. Allgemeine Zeichen einer N. sind Arbeitsunfähigkeit, Müdigkeit, Unlust, Verstimmung, *Schlaflosigkeit,* dazu die verschiedenen organbedingten Erscheinungen, wie sie oben umrissen wurden. Die Behandlung hat neben der Kräftigung des Gesamtorganismus die Beseitigung der seelischen Störung durch Aussprache, in schweren Fällen durch *Psychoanalyse* zu betreiben.

Nieren: beiderseits der Lendenwirbelsäule auf der hinteren Bauchwand gelegen. Die linke Niere liegt etwas höher als die rechte. Sie ähneln in der Form einer großen Bohne. Die Niere ist von einer bindegewebigen Kapsel umhüllt und wird durch die bindegewebige Nierenfascie in ihrer Lage gehalten. Sie ist von Fettgewebe umgeben. Die eingedellte Seite der Niere, die der Wirbelsäule zugewendet ist, nennt man den Nierenhilus. Hier münden die Nierengefäße und ist der Sitz des *Nierenbeckens.* In den Nieren wird der Harn gebildet, der der Ausscheidung von Stoffwechselrestprodukten dient. Die zuführenden Blutgefäße teilen sich in der Nierenrinde in zahlreiche Haargefäßknäuel auf, durch die das schlackenbeladene Blutwasser in vorgebildete Kanälchen filtriert wird. Diese sind zunächst von Zellen ausgekleidet, die die vom Körper benötigten Stoffe und den größten Teil des Wassers wieder aufnehmen und nur die harnfähigen Stoffe im Harn zurücklassen. Dieser tropft aus den Harnkanälchen in das fächerförmige Nierenbecken und wird von hier durch den *Harnleiter* in die *Blase* weitergeleitet und dort gesammelt. Bei genügender Füllung wird er durch die *Harnröhre* nach außen entleert. Bei ungenügender oder gestörter Kochsalz- und Wasserausscheidung kommt es zur Wasserdurchtränkung der Gewebe *(Ödeme)* oder zur Ansammlung von »Wasser« in freien Körperhöhlen (Hydrops). Wird der *Harnstoff* nicht genügend ausgeschieden, dann kommt es zur Erhöhung des *Reststickstoffs* im Blut und zur *Harnvergiftung.*

Nierenabszeß: eine größere oder mehrere, dann im Umfang entsprechend kleinere *Eiter*ansammlungen im Nierengewebe, hervorgerufen durch Eitererreger, die durch das Blut oder über eine Infektion der Harnwege in die Niere gelangt sind. Auch *tuberkulöse* Abszesse kommen vor. Behandlung s. *Abszeß.*

Nierenbecken (Pyelon) ist die etwas erweiterte Öffnung des *Harnleiters,* mit dem er direkt an die *Niere* anschließt.

Nierenbeckenentzündung (Pyelitis) entsteht durch Krankheitskeime, die entweder von der *Blase* durch den *Harnleiter* aufwärts wandern oder auf dem Blutwege durch die Niere ins Nierenbecken gelangen. *Coli-,* Typhus- und *Tuberkulose*bazillen am häufigsten. Auslösend wirken Durchnässungen und andere *Erkältungs*schäden, begünstigend *Schwangerschaft.* Tgl. hohes Wechselfieber mit Schmerzen in der Nierengegend, trüber Urin mit Eiterzellen, Deckzellen und evtl. roten Blutkörperchen im Schleudersatz, Schüttelfrost, auch uncharakteristisches höheres Fieber kommt vor. Beh.: *vegetarische* Kost, salz- und reizarm; in hartnäckigen Fällen Wechsel von alkalischer und saurer Kost (Schaukelkost). Regelung des Stuhlgangs. Reichliche Durchspülung durch Trinken von Wasser oder Tee: Bärentraubenblätter, Walddolde, Katzenpfötchen, Liebstöckel, Tausendkornkraut, Leinsamen. *Eigenblut-, Eigenharnbehandlung.* Hp.: Lycopodium D6–12, Acidum nitricum D3, Acidum benzoicum D2, Chimophila D1, Lithium carbonicum D3, Lithium salicylicum D2, Cantharis D6, Hepar sulfuris D3–6. Bch.: Kalium phosphoricum D6, Silicea D12, Calcium phosphoricum D6.

Nierenentzündung (Nephritis): akut im Anschluß an *Infektionskrankheiten: Scharlach* (3. Woche), *Typhus, Malaria, Diphtherie, Mandelentzündung,* Kälte- und Nässeschäden (Kriegsnephritis), *Eiterherde* in Mandel und Zähnen, s. *Herdinfektion.* Beginnt plötzlich oder schleichend mit Rückenschmerzen, Müdigkeit, Appetitlosigkeit, Schwellungen des Gesichts, besonders der Augenlider; wenig trüber, eiweißhaltiger und blutiger Urin wird ausgeschieden. In schweren Fällen Gliederschmerzen, Atemnot, Gliederschwellung, *Blutdruck*erhöhung, Zeichen der *Harnvergiftung.* Beh.: Strenge Bettruhe, *Hunger-* und *Dursttage,* später *Obstsaftfasten, Rohkost, vegetarische,* salzfreie, später salzarme Kost. Anregung der Hauttätigkeit durch warme *Voll-* und *Sitzbäder, Dampfkompressen,* heiße *Heublumensäcke* auf die Nierengegend, kalte *Lendenwickel, Fuß-* und *Unterleibsdämpfe.* Bei *Blutharnen* kalte *Leibauflagen* und *Lendenwickel.* Kommt die Nierenfunktion nicht in Gang, droht *Harnvergiftung. Aderlaß.* Leichte Form der akuten N. ist die herdförmige N., bei der nur einzelne Teile und Gefäßknäuel befallen sind und die Nierenfunktion zum größten Teil erhalten bleibt. Hierbei keine Wasseransammlungen und Blutdruckerhöhungen und keine Gefahr der Harnvergiftung. Behandlung s. *Herdnephritis.* Chronische N. kann sich von vornherein durch Vernachlässigung der akuten Form entwickeln; auch Genuß von *Alkohol, Nikotin,* starker *Gewürz*mißbrauch, *Gifte* wie *Blei* oder *Quecksilber* können auslösend wirken. Kann sich aber auch von vornherein schleichend entwickeln. Führt zu Schrumpfung der Gefäßknäuel in den Nieren und damit zur Schrumpfung der gesamten Niere (Schrumpfniere). Kann alle Zeichen der akuten Entzündung einzeln oder in beliebiger Zusammensetzung aufweisen, führt vor allem zu Blutdruckerhöhung und Belastung des Herzens sowie durch Zurückhaltung von Harnstoff und Harnsäure zu Stoffwechselvergiftung. Beh.: Vermeidung von Genußgiften, salzarme, gewürzarme, reizlose Kost, in schwereren Fällen Saft*fasten* und *Rohkost*perioden. Salz und Fleisch streng meiden. Anregung der Hauttätigkeit durch Wickel *(Kurzwickel, Spanischer Mantel, Salzwasserhemd),* Haferstroh*vollbäder, Fuß-* und *Unterleibsdämpfe, Schlenzbäder.* Innerlich: Goldrute, Schachtelhalm, Bohnenschalen, Birkenblätter als Tee. *Aderlaß.* Hp.: Aconitum D3, Dulcamara D2, Terebinthina D3, Cantharis D6, Apis D3, Arsenicum D5–10, Mercurius corrosivus D6, Balsamum Copaivae D3, Lachesis D10. Bch.: Ferrum phosphoricum D6 im Beginn; Magnesium phosphoricum D6, Kalium phosphoricum D6, Kalium chloratum D6, Kalium sulfuricum D6 bei Scharlachnierenentzündung; Natrium muriaticum D6, Calcium sulfuricum D6.

Nierengeschwülste: Die blasige Entartung der Niere *(Zystenniere)* ist keine echte Geschwulst, und wenn sie nicht zu umfangreich wird, an sich harmlos. Alle Formen der bösartigen Geschwülste können vorkommen, namentlich der *Krebs.* Eine besondere Form der N. stellt das sog. Hypernephron dar, das aus Wucherungen von *Nebennieren*zellen ins Nierengewebe besteht. Es kommt schon in jugendlichen Jahren vor und bildet frühzeitig Tochtergeschwülste. Erstes Zeichen ist gewöhnlich *Harn*bluten. Eine Vergrößerung der Niere ist fühlbar und macht Beschwerden durch Stauung und Druck auf die Umgebung. Beh.: *Blutstillende* Maßnahmen, allgemeine *Krebs*behandlung, *Oberkörperwaschungen, Armbäder, Lenden- und Kurzwickel.*

Nierenkolik entsteht durch Zusammenkrampfen der glatten Muskulatur des Nierenbeckens und der Harnleiter. Reizung durch eingeklemmte Steine, Entzündungen, Blutgerinnsel usw. Rasende Schmerzen, kalter Schweiß, Übelkeit, Erbrechen, Ohnmacht, Stuhlverstopfung, schmerzhafter Harndrang mit geringer Entleerung. Beh.: Warme *Vollbäder,* heiße *Auflagen* in der Nierengegend, Kaltwasser*klistiere. Fasten,* s. *Kolik.* Bch.: Magnesium phosphoricum D6, Kalium phosphoricum D6.

Nierensteine (Nephrolithiasis) bilden sich aus Substanzen, die im Harn als sog. übersättigte Lösungen vorkommen. Da die Niere die Schlacken möglichst konzentriert ausscheidet, damit dem Körper nicht zu viel Flüssigkeit entzogen wird, arbeitet sie mit übersättigten Lösungen und erreicht durch Schutzkolloide, daß diese Lösungen nicht vorzeitig ausflocken. Treten Störungen im Aufbau der Schutzkolloide auf und finden sich in den Harnwegen *Deckzellen, Schleim*reste von *Entzündungen* usw., die als Kondensationskerne dienen können, dann bilden sich um diese herum N. Die Kondensationskernbildung kommt aber nur bei Störung in der Blutversorgung im Nierenkreislauf zustande. Ihrer Zusammensetzung nach bestehen die Steine aus harnsauren Salzen (Uraten), oxalsaurem Kalk (Oxalaten), phosphorsaurem Kalk, Magnesia, Ammoniakmagnesia, kohlensaurem Kalk, Cystin, Xanthin und Eiweiß. Sie können rein aus einem Mineral oder gemischt, auch in lamellenförmiger Schichtung, aus verschiedenen dieser Stoffe gebildet sein. Es braucht nicht immer zur Bildung größerer Körper zu kommen; die N. können auch als kleine Kristalle in Sand- oder Grießform (Nierensand, Nierengrieß) ausgeschieden werden. Scharfkantige Kristalle und Steine können die Schleimhaut des *Nierenbeckens* und des *Harnleiters* verletzen. Größere Körper regen die Zusammenziehung des Harnleiters an und führen zu Harnleiterkrämpfen *(Nierenkolik).* Bei Sitz des Steins in Niere und Nierenbecken spricht man von N., im Harnleiter von Harnleitersteinen (Uretersteine), in der Blase von *Blasensteinen.* Die Steine wandern von oben nach unten. Einklemmungen im Harnleiter führen zu Rückstauung und Nierenbeckenerweiterung, bei längerer Dauer mit Zerstörung des Nierengewebes (*Sackniere,* Hydronephrose). N. machen sich durch dumpfe oder kolikartige Schmerzen in der Nierengegend, mit Ausstrahlen in Blase und Harnröhre sowie zeitweiliges Nierenbluten und auch durch vermehrte Kristallausscheidung im Harn bemerkbar. Beh.: Austreibung des Steines nach vorheriger Röntgenuntersuchung über Austreibungsfähigkeit durch *Öl-* oder Glyzerin*kuren,* mit unterstützender Teebehandlung: Attichwurzel, Brennesselwurzel, Eberwurz, Kalmuswurzel, Pfefferminz, Wacholderbeeren je 1T., Hagebuttenkerne 4T., 1 Teelöffel auf 1½ Tassen Wasser abkochen und 3mal tgl. 1 Tasse trinken. Notfalls, besonders bei Einklemmung, Operation oder Entfernung mittels Schlinge durch Blasenspiegel. Bei Kalzium-Magnesium-Phosphat- und Karbonatsteinen kann man durch Einnehmen pulverisierter Krappwurzel die Auflösung der Steine versuchen. Man nimmt 3–4mal tgl. ½–1 g der Wurzel. Der Harn soll immer leicht rot gefärbt sein. Kann unbedenklich lange Zeit durchgeführt werden. Dazu *vegetarische,* mit *Vitamin* A angereicherte Kost. Bei Harnsäuresteinen gibt man Mineralsalzmischungen. Es kommt nicht nur auf die Entfernung der N. an, sondern auch auf die Vorsorge, daß sich keine neuen Steine bilden. Wichtig ist die genaue chemische Untersuchung abgegangener oder entfernter Steine. Tgl. mindestens 2 l Flüssigkeit trinken, am besten in Form eines Nierensteintees. Das spezifische Gewicht muß unter 1015 bleiben. Aktive körperliche Bewegung, Stuhlregulierung ohne Mißbrauch von Abführmitteln, Behandlung eines bestehenden Harnweginfektes sowie Regelung der Diät. Bei Oxalatsteinen Vermeiden von Oxalatträgern in der Nahrung: Spinat, Spargel, Tomaten, Äpfel usw. Man gibt Magnesium oder Orthophosphat zusammen mit Vitamin B_6 (Hexabion). Bestehende Kalk- und Harnsäurevermehrung muß auch in der Diät berücksichtigt werden. Vermeiden von Milchprodukten (Kalk) und Purinkörpern. Bei Phosphatsteinen müssen Milchprodukte und Citrusfrüchte eingeschränkt werden. Man gibt Nieron oder Uralyt. Bei Harnsäuresteinen vegetarische Kost mit Vermeiden von Zitrusfrüchten, Spinat, Hülsenfrüchten, Kohlgemüse, Pilzen und Schwarzbrot. Medikamentös Uralyt-U. Bei Zystinsteinen eiweißarme, methionin- und zystinarme Kost, Uralyt-U und Vitamin B_6 (Hexabion). Warme Zinnkraut- oder Haferstroh*sitzbäder,* höchstens 3mal wöchentlich. Leibstuhl*dampf* mit Zinnkraut, *Wechselfußbäder, Unter-* und *Kurzwickel,* kalte *Güsse,* Körperbewegung und Muskelarbeit, regelmäßiger Genuß des oben angeführten Tees. Hp.: Harngrieß: Lycopodium D6–12, Berberis D2–4, Urtica urens ∅, Coccus cacti D2–3, Sepia D6; Nierensteine: außer den genannten auch Lithium carbonicum D1–2, Magnesium borocitricum D1, Natrium phosphoricum D1, Acidum nitricum D3, Saxifraga ∅–D2, Solidago virgaurea ∅–D2, Atropinum sulfuricum D3; Blasensteine: Lithium carbonicum D2, Sarsparilla D3, Lycopodium D3–10. Bch.: Natrium phosphoricum D6, Silicea D12, Natrium sulfuricum D12, Magnesium phosphoricum D6.

Nierentuberkulose entsteht fast immer durch Verschleppung von Tuberkelbazillen auf dem Blutweg. Sie verläuft auch anfangs unter dem Bilde der *Herdnephritis* mit zeitweiligem Auftreten von Blut oder Blutkörperchen im Urin. Nachweis von Bazillen im Urin bestätigt die Diagnose. Es kann auch in der Umgebung der Harnleitermündung zur Knötchen- und Geschwürsbildung kommen. Behandlung wie bei der allgemeinen *Tuberkulose.* Entlastung der Nieren durch reizlose Kost. Örtlich Nieren*wikkel, Dampfkompressen* oder heiße *Heublumensäcke.* Bch.: Calcium phosphoricum D6–12.

Niesen: durch Reizung der Nasenschleimhaut ausgelöster *Reflex,* um durch Luftstöße Fremdkörper und Staubpartikel aus der Nase zu entfernen. Entzündete Schleimhaut ist besonders leicht reizbar. Häufiges N. daher meist Zeichen eines beginnenden *Nasenkatarrhs.*

Nikotin: *Alkaloid* und Giftstoff des *Tabaks.* Schon in geringen Mengen tödlich. Der Körper kann sich durch allmählich gesteigerte Aufnahme des Giftes in verdampftem Zustand an das N. gewöhnen, ohne die schweren akuten Vergiftungserscheinungen des ungewöhnten Körpers noch zu zeigen. Diese sind Speichelfluß, Übelkeit, Erbrechen, Schweißausbruch, Kopfschmerzen und Sehstörungen. Als Gegengift gilt starker *Bohnenkaffee.* Bei der chronischen Nikotinvergiftung kommt es zunächst bei mäßigem Genuß zu keinen wesentlichen Erscheinungen, nur bei übermäßigem Genuß zu Durchfall, Schwindel, Herzklopfen, Kopfschmerzen, Sehstörungen und feinschlägigem Zittern der Hände. Bei lange durchgeführtem starkem Mißbrauch kommt es zu Gefäßinnenhautschädigungen, teilweise zu schweren Veränderungen, wie bei der *Arterienverhärtung.* Gefäßverschlüsse mit folgendem trockenem *Brand* können auftreten. N. ist also ein ausgesprochenes Gefäßgift, das vor allem bei langdauerndem regelmäßigem Gebrauch die Gefäße angreift und zerstört. Kreislauf- und Gefäßleidende müssen daher, wenn sie auf die Dauer gesund bleiben oder wieder werden wollen, auf N. Verzicht leisten. Der Nikotingenuß ist deshalb so heimtückisch, weil die Veränderungen bei chronischer Schädigung erst spät Beschwerden machen und dann ein Entsagen den Großteil der gesetzten Veränderungen nicht mehr rückläufig machen kann. Nikotingenuß gehört nicht zur naturgemäßen Lebensweise. Krebs als Folge des Rauchens ist nicht sicher Folge der Nikotinwirkung, sondern wohl durch Teere u.a. Verbrennungsprodukte beim Rauchen bedingt.

Nikotinsäureamid ist ein *Vitamin* der B-Gruppe, und zwar der sogenannte *Pellagra*schutzstoff.

Norm sind die Größen und Funktionsleistungen, die beim gesunden Menschen im Rahmen der individuellen Verschiedenheiten, seinem Alter, Geschlecht, seiner *Konstitution* entsprechend, vorkommen. Sie ist ein sehr fließender Begriff. Abweichungen von der N. brauchen noch keine krankhaft zu wertenden Störungen zu sein.

Nußbutter oder **Nußmus** ist ein aus Nüssen, häufig Erdnüssen, bereitetes, streichfähiges hochwertiges pflanzliches Nahrungsmittel.

Nüsse: große, meist in Hartschale gehüllte Samenkerne mit hohem Gehalt an *Fetten, Vitaminen, Auxonen;* für eine strenge Durchführung *vegetarischer* Diät oder *Rohkost* unentbehrlich. Walnuß, Haselnuß, Paranuß, Kokosnuß, Mandeln sind die gebräuchlichsten. Die Erdnuß gehört zu den Hülsenfrüchten, steht aber den N. an Wert nahe oder gleich.

Nux vomica (Brechnuß, Krähenauge), von dem indischen Strauch Strychnos nux vomica, der die giftigen *Alkaloide* Strychnin und Brucin enthält. In der Naturheilkunde nur als homöopathische Tinktur.

O

O-Bein: *rachitische* Verkrümmung der Beine. Mit Verhütung der Rachitis durch naturgemäße Lebensweise und *Vitamin*-D-Zufuhr ist die Entstehung solcher Mißformungen der Beine zu verhindern.

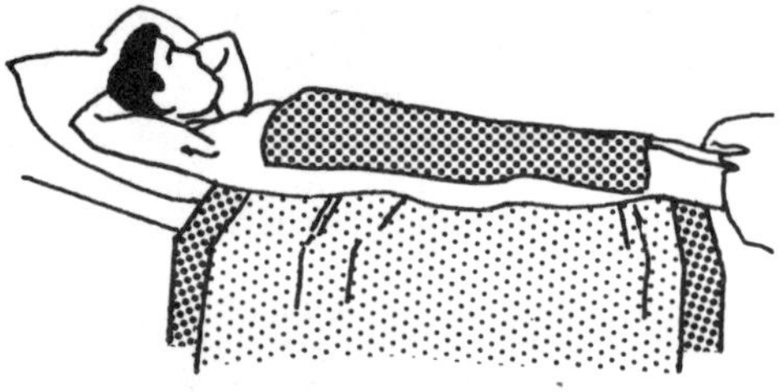

Oberaufschläger

Oberaufschläger (Kneipp): zwei- bis vierfache *Auflage* auf Brust und Leib von der Achselhöhle bis zu den Knien. Einwicklung wie beim *Unteraufschläger.* Anzeigen wie beim *Kurzwickel.* Etwas mildere Wirkform.

Oberguß: Begießung des Oberkörpers, unter Einschluß von Brust, Rücken, Hals und Armen. Stellung wie beim *Armguß.* Folge: re. Arm an der Innenseite bis zur Schulter und ohne Verweilen an der Außenseite zur Hand zurück; unter dem re. Arm hindurch zur Innenseite des li. Arms, dort aufwärts zur Achselhöhle, weiter zur Brust, dort Kreistouren, bei Frauen Achtertouren. Langsam von der re. Brustseite auf die Rückseite und in breiter Fläche über den Rücken fließen lassen. Dabei, um Atemstockungen zu vermeiden, den Patienten zum tiefen Atemholen auffordern. In langsamem Kreisen den Rücken re. und li. bespülen, dabei die Wirbelsäule nie mit direktem Strahl treffen. Haare vor Benässung schützen (Frauen Badehaube, sonst Kopf hochhalten und mit der Hand Haare schützen). Nach Eintritt der Rötung durch Abwärtsführung des Schlauches den Guß beenden. Übt mächtige örtliche Einwirkung der begossenen Partien und Tiefenwirkung auf Lunge, Rippenfell und Herz, starke Anregung der Atmung und des Kreislaufs. Bei Überfüllung der Blutgefäße oder Blutungsneigung *(Arterienverhärtung, Lungentuberkulose)* darf der O. erst nach Vorbereitung durch leichtere Güsse und Maßnahmen angewendet werden. Anzeigen: Katarrhe der oberen Luftwege und Lunge, Asthma, Lungenblähung, Lungentuberkulose (wenn Blutungsneigung fehlt), Rippenfellentzündung, Schwartenbildungen, Erkrankungen von Kehlkopf und Stimmbändern. *Ableitung* vom Kopf, aber auch bei *Stauungen* in den Beinen (Krampfadern) oder im Bauchraum.

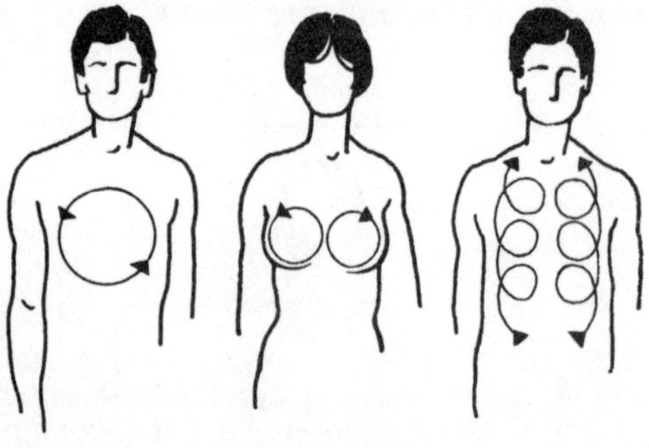

Oberguß mit Strahlführung bei Mann und Frau

Oberkörperwaschung betrifft Oberkörper bis zur Hüfthöhe und beide Arme. Entblößung des Oberkörpers. Folge: re. Arm über Handrücken zur Schulter und innen zurück, Handinnenfläche und Arminnenseite zur Achsel, Achselhöhle. Wenden des Tuchs, Halswaschung und in 4–5 großen Längsstrichen Brust, Leib und Rumpfseitenflächen. Innere Seiten des Tuchs nach außen falten, li. Arm und Rücken. Entlastet das Herz, durchblutet die Brustorgane und wirkt stark *ableitend* vom Kopf.

Obst ist ein nicht ganz scharf definierter Sammelbegriff, der alle eßbaren fleischigen Früchte umfaßt. Ausgeschlossen aus dem Begriff sind einerseits die Nüsse und andererseits die Gemüsefrüchte, wie Gurken, Auberginen, Tomaten. Heute rechnet man die Tomaten vielfach schon zum O. O. besteht zum großen Teil aus Wasser, und sein Kalorienwert ist deshalb nicht hoch. Dagegen ist der Gehalt an *Mineralstoffen, Vitaminen, Auxonen* und anderen Frisch- und Lebensstoffen so reich, daß O. zu den wertvollsten Nahrungsmitteln im biologischen Sinne gehört. Diätetisch ist das Fehlen von Kalorienspendern, von *Fetten, Harnsäure*bildnern im O. von ebenso großem Wert für Entlastungskostformen wie der Gehalt an *Zellulose,* die den Verdauungskanal anregt und in Übung erhält. Hohen Wert haben die basischen *Mineralstoffe* zur Durchführung einer *basenreichen Ernährung.* Durch die Aromastoffe besitzt das O. hohen Geschmacks- und Genußwert. Ihr *Vitamin*reichtum macht die verschiedenen Obstsorten zu wertvollen Lebensmitteln. O. wird am besten nach gründlichem Abspülen unter fließendem Wasser roh gegessen. Schälen des O. beraubt es der vitaminreichsten, unmittelbar unter der Schale liegenden Schichten. *Kochen* zerstört den Gehalt an Vitamin C und auch an anderen Frischstoffen erheblich.

Obstessig, besonders aus Äpfeln, aber auch aus anderen Früchten bereitet, wird als *Essig*würze in der naturgemäßen Kost geschätzt. Obstessigkuren mit Apfelessig hat der amerikanische Arzt Dr. Jarving als Vorbeugungs- und Heilmittel bei Rheuma, Erkältungskrankheiten, Verdauungsstörungen, Mattigkeit, allgemeiner Erschöpfung, Kopfschmerzen, Gesichtsneuralgien, Schwindelanfällen, Halsschmerzen, Schleimabsonderung, Witterungsstörungen, wie Föhn, und zu Schlankheitskuren empfohlen. Bei Halsschmerzen läßt er gurgeln, bei Gürtelrose, Nachtschweiß, Verbrennungen, Krampfadern, Impetigo und Kopfflechte wird der O. äußerlich verwendet. Innerlich werden 2 Teelöffel Apfelessig mit 2 Teelöffeln Honig innig vermischt und dann mit Wasser aufgefüllt. Zu jeder Mahlzeit, aber auch zwischendurch zum Frühstück oder Nachmittagskaffee wird schluckweise langsam die Mischung aufgenommen. Alkalischer Urin wird dadurch sauer. Jarving sieht den alkalischen Urin wesentlich im Zusammenhang mit Krankheit und Krankheitsbereitschaft und als Anzeige für die O.-Kuren an. Nun ist aber saurer Harn nicht unbedingt Ausdruck einer Versäuerung des Blutes und der Körpersäfte. Es läßt sich auch aus ihm kein Rückschluß auf das Säure-Basengleichgewicht des Blutes ziehen. Dieses hängt allein vom Säuregehalt der Nahrung ab und davon, was die Niere zurückhält. O. wird rasch abgebaut und tritt nicht in den Harn über. Apfelessig verbessert die Nierenleistung im Sinne einer Normalisierung der Wasserstoff-Ionenerzeugung. Er ist reich an Kalium, Mineralstoffen, Spurenelementen und hat einen günstigen Einfluß auf die Darmflora, indem er Fäulnisbakterien hemmt oder abtötet. Nach Dr. Jarving macht Zusatz von Apfelessig zum Trinkwasser von Mensch und Tier die Gewebe geschmeidig, schafft gesunde, abwehrbereite Säfte und schützt die Körpersäfte davor, dick und trübe zu werden.

Obstipation, s. *Verstopfung.*

Obstsaft: Kein *Obst* mit faulen Stellen verwenden, da sich sonst der Saft nicht hält. Rohes Obst wird durch die Fruchtpresse getrieben und der Saft unmittelbar verwendet oder durch *Pasteurisieren* (Erhitzen auf 57°) haltbar gemacht. *Konservieren* mit chemischen Zusätzen macht O. gesundheitlich minderwertig und ist für O., der in den Handel kommt, nicht gestattet. Süßmost wird bereitet, indem man das Obst leicht eingezuckert vor der Entsaftung stehen läßt. Nicht zu stark zuckern, da sonst der Saft schlecht abgegeben wird. Dann durch die Fruchtpresse treiben. Nicht zu stark pressen, da der Saft sonst zu stark eintrübt. In gereinigte und bis zur Füllung heißgehaltene Flaschen füllen, mit gebrühten Korken versehen und 25 Minuten bei 57° pasteurisieren. Beim Dampfentsaften wird das Obst genauso vorbereitet (50–100 g Zucker auf 1 kg Obst, je nach Art) und der gewonnene Saft abgefüllt und pasteurisiert. Obstrückstände können als *Marmelade* verarbeitet werden. In den Säften und Süßmosten sind alle guten Eigenschaften des Obstes in haltbarer Form enthalten. Fruchtzucker, Fruchtsäuren und Mineralstoffe sind meist keinen Lagerungsverlusten unterworfen, dagegen leidet der Vitamin- und Duftstoffgehalt bei manchen Sorten durch längere Lagerung.

Obstsaftkuren: zur Entlastung des Stoffwechsels als milde *Fasten*kur. Es werden tgl. 3/4 l Obstsaft, über den Tag verteilt, genossen, sonst nichts gegessen und getrunken. Man kann dies mit einer oder verschiedenen Obstsorten im Wechsel oder gemischt durchführen.

Obsttage: 1–1 1/2 kg beliebiges Obst über den Tag verteilt, ohne Getränk, als alleiniges Nahrungsmittel geben. Obst- und Obstsafttage werden häufig als Schontage in die Grundkost zur Stoffwechselentlastung, 1–2mal wöchentlich, eingebaut.

Ocimum basilicum, s. *Basilicum.*

Ödem: Ansammlung von Flüssigkeit in den Lymphspalten der Gewebe des Körpers oder der Organe, s. *Wassersucht.*

Odermennig (Agrimonia eupatoria): blü-

O hendes Kraut als Lebermittel, gegen Durchfälle zur Magenkräftigung verwendet. 2–6g im Aufguß als Einzelgabe (Tafel XII).

Offenes Bein, s. *Krampfadergeschwüre.*

Ohlstadter Kur: Die von Dr. Peter Beckmann in O. durchgeführten Kuren zur Vorbeugung von Herz- und Kreislaufschäden für die Landesversicherungsanstalten. *Terrainkuren, Bewegungsbehandlung* mit einfachen Formen der *Wasserbehandlung* unter ärztlicher Aufsicht. Es sind von den einzelnen LVA ähnliche Einrichtungen getroffen, auch in der Schweiz, um dem Ansteigen der Kreislauferkrankungen vorzubeugen.

Ohnmacht: plötzlich auftretende Blutleere im Gehirn infolge Blutarmut, Blutverlust, Versagen des Kreislaufs und Einschießen des Umlaufsblutes in die Bauchgefäße (s. *Kollaps*). Hunger, Schreck, Freude, Furcht können eine solche Reaktion auslösen. Flache Lagerung ohne Kopfstütze. Lösung beengender Kleidungsstücke, Besprengen von Brust und Leib mit frischem Wasser. Riechen an reizenden Stoffen (Ammoniak, Senföl, Kölnisch Wasser, Äther, Hoffmannstropfen). Heiße Umschläge auf Unterarm und Waden. Bei plötzlichen Senkungen des Blutzuckerspiegels kommen ähnliche Anfälle vor. Hier hilft Zucker- oder *Süßmost*zufuhr die Störung beheben.

Ohr: Gehör- und Gleichgewichtsorgan. Die äußere Mündung des Gehörgangs ist von der durch einen Ohrknorpel geformten Ohrmuschel umgeben. Der äußere Gehörgang führt zum Mittelohr, der durch das schräggestellte Trommelfell verschlossen ist. Das Mittelohr ist ein schmaler Raum, der zwischen dem Trommelfell und der knöchernen Wand zum *Innenohr* (Labyrinth) liegt. Nach unten setzt er sich in eine im Rachen hinter dem Gaumensegel mündenden Schleimhautröhre (*Ohrtrompete* oder Eustachische Röhre) fort und steht dadurch mit der Außenluft in Verbindung. Nach oben zu ist das Mittelohr in den Knochen hinein durch die sog. Paukenhöhle, die an den Warzenfortsatz grenzt, erweitert. In dieser Paukenhöhle liegt der Hauptteil der Gehörknöchelchen, Hammer, Amboß und Steigbügel; sie sind untereinander

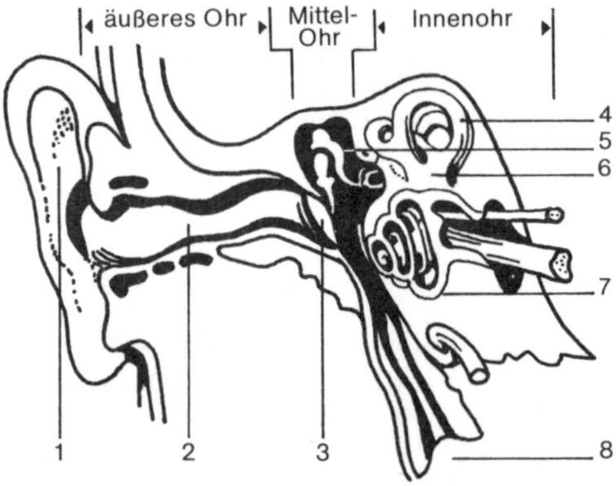

Ohraufbau, Schema, 1. Ohrmuschel, 2. äußerer Gehörgang, 3. Trommelfell, 4. Bogengänge, 5. Paukenhöhle mit Gehörknöchelchen, 6. Vorhof des Labyrinths, 7. Schnecke, 8. Ohrtrompete

gelenkig verbunden und geben die Bewegungen des Trommelfells zum inneren O. weiter. Der Hammer ist zum Teil mit dem Trommelfell fest verbunden, der Steigbügel drückt mit seiner Platte auf eine der beiden mit einer Membran verschlossenen Öffnungen in der knöchernen Wand des Innenohrs und leitet so den Druck der Schallwellen vom Trommelfell auf das häutige Labyrinth und dadurch auf die Innenohrorgane.

Ohrakupunktur, s. *Akupunktur.*

Ohrendampf (Kneipp): Man benutzt ein enges, mit Trichter versehenes Gefäß oder auch eine Kaffeekanne mit Tülle. Durch elektrische Heizplatte kann man für Weiter-

Ohrendampf

erwärmung der im Gefäß befindlichen Kräuterflüssigkeit sorgen. Man achte aber darauf, daß das Wasser den Ansatz der Ausgußöffnung nicht erreicht, damit mit dem Dampf kein Wasser mitgerissen wird, das Verbrühungen verursacht. Nur bei alten, chronischen Ohrprozessen angezeigt.

Ohrenguß: Rumpfhaltung wie beim *Gesichtsguß,* nur mit leicht seitlich gedrehtem Kopf. Beginn hinter dem Ohr mit abgeschwächtem Strahl, mehrmaliges Umkreisen der Ohrmuschel. Kein Wasser in den Gehörgang bringen, vorher mit Watte verschließen. Förderung der Durchblutung des inneren Ohrs und der Umgebung, Kräftigung der Gehörnerven. Katarrhe des Mittel- und Innenohrs, Schwerhörigkeit sind die Anzeigen.

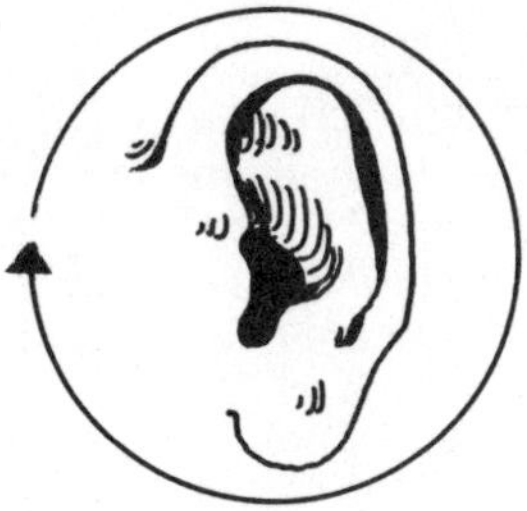

Ohrenguß mit Strahlführung

Ohrenlaufen kann bei Gehörgangsekzem, Gehörgangsfurunkel, bei *Mittelohrentzündung* mit Durchlöcherung des Trommelfells auftreten. Genaue Untersuchung und Klärung der Ursache ist notwendig. Behandlung nach der Grundursache. Bch.: Calcium phosphoricum D 6–12, Silicea D 12, Natrium phosphoricum D 6, Calcium fluoratum D 12, Kalium phosphoricum D 6–12, Kalium chloratum D 6.

Ohrenpfropf: Ohrenschmalz dient dem Schutz des Trommelfells. Wird es zu stark erzeugt oder durch Wasser aufgequollen, dann kann es zum Verschluß des Gehörgangs kommen. Ohrdruck und Schwerhörigkeit sind die Folgen. Ausspülen durch den Arzt mittels Druckspritze mit körperwarmem Wasser und einigen Tropfen Wasserstoffsuperoxyd schwemmt den Pfropf heraus. Keinesfalls darf mit spitzen Instrumenten danach gebohrt werden, um Trommelfellverletzungen zu vermeiden.

Ohrensausen: *Blutandrang* zum Kopf, Reizung der *Gehörnerven, Ohrenpfropf, Otosklerose, Blutarmut, Nervosität* können die Ursache sein. In höherem Alter auftretendes O. ist meist erstes Anzeichen einer sich entwickelnden *Aderverhärtung.* Die Behandlung richtet sich nach der Grundursache.

Ohrenschmerzen bedürfen immer erst der Klärung durch den Arzt, vor allem, wenn sie auf einfache Maßnahmen nicht schwinden und immer wiederkehren. Zur *Ableitung: Halbbäder, Schenkelgüsse, Wassertreten, Barfußlaufen, Ganzwaschung, Hals-, Nakken-,* Ohr*waschung*

Ohrluftdusche: Bei Verschwellungen der *Ohrtrompete* kann es zu Luftverdünnungen im Mittelohrraum kommen, die zu Schwerhörigkeit, Ohrdruck, Ohrensausen führen. Einziehung des Trommelfells ist die Folge. Durch Einblasen von Luft durch die Nase, bei Schließen des Rachenraums, durch Schlucken, durch Sprechen von Worten wie Kuckuck oder mittels eines Druckballons kann man den gleichen Druck mit der Außenluft wiederherstellen und die Beschwerden sofort beseitigen. Wenn man die Nase zuhält, durch den Mund tief einatmet, dann den Mund schließt und in den geschlossenen Nasenrachenraum ausatmet, erzielt man dasselbe.

Ohrspeicheldrüse (Parotis), die größte Mundspeicheldrüse, liegt beiderseits vor und etwas unter dem Ohr und zieht sich vom Unterkieferwinkel bis zum Jochbogen. Die O. mündet mit einem Ausführungsgang über dem 2. Backenzahn in die Mundhöhle und liefert mit den Unterkiefer- und Unterzungendrüsen den Speichel zur Vorverdauung der Kohlehydrate.

Ohrspülung, s. *Ohrenpfropf.*

Okkulte Heilverfahren spielen in der *biologischen Medizin* eine gewisse Rolle, weil gelegentlich der eine oder andere Behandler solche Verfahren zur Krankheitserkennung oder Arzneimittelfindung für den Einzelfall heranzieht. Es sind dies Verfahren, die mit den wissenschaftlichen Erkenntnis-

O

sen nicht oder noch nicht in Einklang zu bringen sind und deshalb wissenschaftlich weitgehend abgelehnt werden. So werden z.B. die *Astrologie* und das *Horoskop* zur *Vorhersage* des Verlaufs zu Rate gezogen, etwa in dem Sinne, daß schwerwiegende Entscheidungen (z.B. Operationen) von den astrologischen Aspekten abhängig gemacht werden. Es gibt aber auch Systeme, die die Arzneimittel unter Umgehung der Diagnose nach der Konstellation des Horoskops auswählen. Das *Pendel*verfahren bestimmt nach Art der Ausschläge über gewissen Organen die Krankheit oder den Krankheitsherd und wählt auf die gleiche Weise unter einer Reihe von Arzneien die dem Fall zubestimmten aus. *Hellsehen* (Clairvoyance), seltener *Gedankenlesen* (Telepathie) werden zur Krankheitserkennung und Arzneimittelfindung mit und ohne Verwendung eines *Mediums* ausgewertet. Gedanken- und Heilkraftübertragung durch Personen oder Gegenstände zum Zwecke der Heilung gehören hierher. Diese Verfahren – die die Wissenschaft strikt ablehnt, weil ihre Ergebnisse nicht mit den Erfahrungen der Schulmedizin übereinstimmen – können schon deshalb nicht sehr verbreitet sein, weil sie an einzelne besonders begabte Personen gebunden sind, daher nicht allgemein lehrbar und nicht von jedem durchführbar sind, selbst wenn der Betreffende von der Wirklichkeit der Vorgänge und Zusammenhänge überzeugt ist. Da diese Kräfte nicht nachweisbar sind, ist Betrug möglich und schwer auszuschließen und ein guter Nährboden für Scharlatanerie gegeben.

Öle: brennbare, flüssige Verbindungen aus *Fett* und fettlöslichen *Vitaminen.* Sie werden durch Pressen des Ölsamens gewonnen. Für die natürliche Ernährung kommen nur kalt gepreßte Öle in Frage; chemisch extrahierte Öle enthalten meist Reste von chemischen Auszugsmitteln. Außerdem sind alle *ungesättigten Fettsäuren* durch die Auszugsverfahren abgesättigt. Der Wert der Öle richtet sich nach dem Gehalt an diesen Fetten.

Oligodynamische Wirkung: die wachstums- und bakterienhemmende Wirkung von Edelmetallen bei Anwesenheit von Sauerstoff. Sie dient zur *Sterilisation* von vorgereinigtem Wasser.

Oligomenorrhöe: seltene und geringe Monatsblutung, meist Folge einer Untertätigkeit der Keimdrüsen, s. *Menstruationsstörungen.*

Ölkur bei *Gallensteinen:* An 4–5 aufeinanderfolgenden Tagen trinkt man morgens nüchtern 50 bis 200 ccm reines oder mit Eigelb und Sahne vermischtes Olivenöl. Italienische Ö.: 200 ccm Olivenöl, 20 ccm Kognak, 2 Eidotter und einige Tropfen Pfefferminzöl verrühren und in zwei Portionen kurz hintereinander einnehmen. Unterstützend gibt man einige Tropfen Nitroglyzerin zur Lösung des Krampfes des Gallengangverschlusses. Kann mit Abstand von 1 Woche 1–2mal wiederholt werden.

Ölumschläge: ein paar Eßlöffel Öl auf einem flachen Teller erhitzen, eine Lage Watte hineintauchen und auspressen, bis es nicht mehr tropft, heiß um das Gelenk legen und sofort dick mit Polsterwatte zudecken. Darüber Billrothbatist oder Guttapercha und mit einer Flanellbinde gut abschließen. Kann beliebig lange, bis zu 24 Stunden, liegenbleiben. Erzeugt örtliche Durchblutung und angenehmes Wärmegefühl. Anwendung bei Rheumatismus und chronischen Gelenkentzündungen.

Omphalitis, s. *Nabel*entzündung.

Ononis spinosa, s. *Hauhechel.*

Operation: chirurgischer Eingriff zur Beseitigung von krankhaften Störungen. Dies wird erreicht durch Entfernung von krankhaftem Gewebe, Beseitigung von Hindernissen an den natürlichen Wegen, Entfernung von Fremdkörpern und Schließen von Wunden. O. werden unter strenger Asepsis (Keimfreiheit) in *Narkose* oder *örtlicher Betäubung* durchgeführt. Den sinnvollen, nicht zu umgehenden chirurgischen Eingriff lehnt die Naturheilkunde nicht ab, wohl aber überflüssige Eingriffe und Herausnahme von wichtigen oder angeblich »unwichtigen« Organen ohne triftige Gründe.

Ophthalmie, s. *Augenentzündung.*

Orchitis (Hodenentzündung): kommt besonders bei Mumps vor.

Ordnung, natürliche, der *Nahrung* nach Prof. *Kollath,* s. *Nahrung.*

Organ: Teil des Körpers, der in seiner Ganzheit bestimmten Funktionen dient.

Organisch nennt man Krankheiten und Störungen, die auf feststellbaren Veränderungen des *Zell*aufbaus beruhen (oder solche im Gefolge haben), im Gegensatz zu *funktionell.*

Organische Verbindungen sind die chemischen Verbindungen des Kohlenstoffes mit Ausnahme der Kohlenoxyde und Metallkarbide. Sie spielen im Stoffwechsel der Natur eine hervorragende Rolle.

Organismus: *Ganzheit* eines lebenden Körpers in der Natur.

Organminderwertigkeit kann Teilerscheinung der Körper*konstitution* sein oder selbständig auftreten als angeborener oder durch Krankheit oder Abnutzung bedingter Schaden, der die Funktion eines *Organs* mindert.

Organneurose: Form der Neurose, die sich in Beschwerden oder Fehlfunktion eines bestimmten *Organs* äußert, s. *Neurose.*

Origanum majorana, s. *Majoran;* O. vulgare, s. *Dost.*

Örtel, Eucharius Ferdinand Christian, Dr. phil., Gymnasialprofessor in Ansbach (1765–1850), Vorkämpfer der Laienbewegung für Wasser- und Naturheilkunde, Begründer des Hydropathischen Gesundheitsvereins für ganz Deutschland, 1832.

Ösophagus, s. *Speiseröhre.*

Ossifikation: *Verknöcherung.*

Osteomalazie, s. *Knochenerweichung.*

Osterluzei (Aristolochia clematis): blühendes Kraut. Abkochung äußerlich zur Behandlung eitriger Wunden und infizierter Geschwüre.

Ostitis, s. *Knochenentzündung.*

Otalgie, s. *Ohrenschmerzen.*

Otosklerose: Erkrankung der knöchernen *Labyrinth*kapsel, die zu einer Verknöcherung des Steigbügels im Rahmen des ovalen Fensters führt; dadurch entsteht eine Schalleitungsstörung mit Verminderung der Hörfähigkeit bis zur Ertaubung. Erbliche Veranlagung. Verschlimmerung in der Schwangerschaft. Beh.: Besserung der Durchblutung durch *Ohrenguß.* Maiglöckchenpräparate. Hp.: Calcium fluoratum D3, Graphites D6, Phosphorus D6. Durch Anlegung eines Fensters im Bereich der Bogengänge wird versucht, die Hörfähigkeit zu verbessern. Dauererfolge noch nicht gesichert.

Ovarialhormone: *Eierstockshormone* sind *Follikel*hormon und *Gelbkörper*hormon, vgl. *Menstruation.* Follikelhormon wird arzneilich verwendet bei Unterfunktion der Eierstöcke, Amenorrhöe, Unterentwicklung der weiblichen Geschlechtsorgane und Wechseljahrbeschwerden, sowie zum Abstillen. Ferner zur Behandlung von Magengeschwüren, Gefäßverkrampfungen (Raynaudsches Gangrän) und bei Vorsteherdrüsenkrebs des Mannes. Gelbkörperhormon wird bei habitueller und drohender *Fehlgeburt* verwendet. Mit planloser Hormonbehandlung kann auch Schaden gestiftet werden.

Oxydation ist die Verbindung mit *Sauerstoff,* gewöhnlich Verbrennung genannt. O. dient der Energiegewinnung, auch im inneren Stoffwechsel.

Oxyuren, s. *Madenwürmer.*

Ozaena, Stinknase, s. *Nasenkatarrh.*

Ozon: Abkömmling des Sauerstoffs, aus drei Atomen Sauerstoff bestehend. Seine biologische Bedeutung ist umstritten und findet heute in der *Aran*theorie wieder mehr Beachtung und wird in der Ozontherapie verwendet. Wegen starker bakterientötender Wirkung findet es Anwendung bei Geschwüren, Abszessen und infizierten Wunden, besonders aber bei Durchblutungsstörungen, Gangrän, Raucherbein und Leberentzündung. Angewendet wird es in Verdünnungen mit Sauerstoff mittels Injektionen, s. *Aderlaß,* Darmeinlauf, Trinkkuren und äußerlich direkt mittels Kunststoffbeutel.

P

Packungen, Wickel, Umschläge, Aufschläger bestehen aus einem inneren, dem Körper anliegenden feuchten Tuch, das aus einer ein- bis mehrfachen Lage von Leinen oder Rohseide besteht, und aus einer äußeren trockenen Umhüllung, die grundsätzlich die feuchte Bedeckung an allen Rändern um 2–3 Querfinger überragen muß. Zum inneren Tuch kann man je nach Größe der zu umschlagenden Körperpartie Bettücher, Handtücher, Taschentücher nehmen, wenn man keine Extraanfertigungen aus Wickelleinen zur Hand hat. Der feuchte Teil muß gut ausgewrungen sein und darf nicht triefen. Der äußere Teil besteht, wenn man nur eine wärmeentziehende Wirkung erzielen will, aus Leinen; will man Wärmestauung und Schweißbildung erreichen, so nimmt man Wolle, Flanell oder Barchent. Um zu verhindern, daß die Abdünstungen der Haut der sich schwer zu reinigenden Wolle mitteilen, wird zwischen den feuchten Teil und das Außentuch noch ein trockenes Leinentuch gelegt. Kalt angelegt wirken die Anwendungen erregend; mit wolliger Bedeckung versehen, führen sie zu Wärmeentzug, Wärmestauung und Schweißausbruch, je nach Dauer der Einwirkung. Die Wärmestauung wird unterstützt durch Bettwärme und deren Verstärkung durch zusätzliche Decken und Federbetten sowie durch innere Erwärmung mittels heißer Getränke. Bleibt die Wärmebildung zu lange aus, so muß sie durch Lichtbögen oder Wärmeflaschen gefördert werden. Zeigt sich durch Frösteln an, daß die *Reaktion* bei Blutarmen oder hinfälligen älteren Leuten nicht zustande kommt, dann muß abgebrochen, der Körper trockengerieben oder notfalls künstlich erwärmt werden. Die Kaltbehandlung wird mit Wasser von 10–20° durchgeführt. Das feuchte Tuch muß faltenlos anliegen. Der Kaltreiz führt zu kurzdauernder Gefäßverengung mit sofort nachfolgender Gefäßerweiterung (Reaktion). Diese kurzdauernde erregende Wirkung stellt meist gewisse Anforderungen an das Gefäßsystem, sowohl der oberflächlichen Hautgefäße als auch der tiefer gelegenen Gefäßstämme, und regt den Lymphstrom lebhaft an. Die tiefer gelegenen Organe werden über die Nervenbahnen erfaßt (s. *Headsche Zonen*). Es kommt zu einer gesteigerten Anregung des gesamten *Stoffwechsels* mit auflösender und *ableitender* Wirkung am Orte der Einwirkung, zu einer auffallenden Beruhigung des Nervensystems und außer zur vermehrten Durchblutung zu einer gesteigerten Tätigkeit des Hautorgans. Durch öfteren Wechsel kann man die kühlende und wärmeentziehende Wirkung kurzdauernder Wickel zur *Fieber*bekämpfung benützen. Bei Fortdauer der Anwendung kommt es zu einem Ausgleich zwischen Haut und Tuch. Das bisher kalte Leinentuch wird durchwärmt, das Wasser verdunstet. Nach 1 bis 1 1/4 Stunden kommt es zu gesteigerter Hautdurchblutung ohne Wärmeabgabe, also echter Wärmebildung, und nach 1 1/2–2 Stunden zu Schweißausbruch. Länger dauernde Anwendungen haben keine erregende, sondern ausgesprochen beruhigende Wirkung. Nach Abnahme der Umschläge läßt man entweder leicht zugedeckt nachdünsten oder man beendet durch eine kalte Anwendung. Die gebrauchten Tücher werden mit heißem Wasser übergossen und in der Sonne getrocknet. Jede dieser Anwendungen soll nur im warmen Zimmer, am besten in der Bettwärme und am warmen Körper durchgeführt werden. Dan Innentuch wird gut ausgewrungen, rasch, aber ohne Hast, stramm, glatt und faltenlos an den Körper angelegt, so daß kein Luftraum zwischen Haut und Wickeltuch entsteht. Der übrige Körper bleibt währenddessen gut bedeckt. Bei größeren P. ist gute Beaufsichtigung notwendig. Der Schlaf soll möglichst nicht durch Abnehmen der Umschläge gestört werden. Die Entfernung soll rasch und ohne unnötiges Aufdecken geschehen. Warme Anwendungen führen sofort zu einer Erweiterung der Hautgefäße und haben unter Umständen gute Tiefenwirkung. Sie sollen aber – von Sonderfällen abgesehen – nur bei herabgesetztem Reaktionsvermögen und nur am Anfang der Behandlung, bis eine Kaltbehandlung möglich ist, angewendet werden. Größere Umschläge möglichst in die Morgen- oder Vormittagsstunden legen. Zu häufige Verwendung größerer Umschläge und P. führt zu Schwächung und Wärmeverlusten. Die Umschläge werden im allgemeinen ohne Zusätze gegeben. Bei Kaltanwendungen sind Essig-, Salz-, Lehm-, Quark- und Kräuterabsude, bei Wärmeanwendungen Kräuterabsude als Zusatz je nach der Heilaufgabe in Gebrauch. Folgende Formen sind üblich. Ihre besondere Technik wird unter dem Stichwort beschrieben: *Ganzwickel* (Ganzpackung), Sonderform: *Spanischer Mantel, Hemden, Unterwickel* (Dreiviertelpackung), *Kurzwickel* (Halbpackung), *Lendenwickel* (Unterleibswickel); Teilwickel: *Fußwickel, Wadenwickel* (Sonderform: *Nasse Socken*), Unterschenkelwickel, Beinwickel, Handwickel, Armwickel, Halswickel, Kopfwickel, Brustwickel (Sonderform: *Kreuzwickel*), *Schal, Aufschläger* (Kompressen), *Unteraufschläger, Oberaufschläger, Leibauflage, Sitzen auf nassem Tuch, Auflagen* auf die verschiedensten Körperstellen.

Paeonia officinalis, s. *Pfingstrose.*

Panaritium, s. *Fingerentzündung.*

Pankreas, s. *Bauchspeicheldrüse.*

Panthothensäure, s. *Vitamine.*

Papageienkrankheit (Psittakosis): *Virus*krankheit, durch *Tröpfcheninfektion* der zerstäubten Ausscheidungen kranker Vögel auf den Menschen übertragen. Nach 1–2 Wochen Auftreten von Kopf- und Gliederschmerzen, Brechreiz, Appetitlosigkeit und Fieber. *Lungenentzündung* mit bräunlichem Auswurf, *Kreislauf*gefährdung. Beh.: *Fasten, Obst*diät, *Fieber*behandlung. Tgl. mehrere *Essigwasserwaschungen* und *Lehmhemden.* Kaltwasser*klistiere.* Sonst wie *Lungenentzündung.* Gemeingefährliche Krankheit, Meldepflicht.

Papaver somniferum, s. *Schlafmohn.*

Papillom: gutartige *Geschwulst* der *Deckzellen* der Oberhaut, z.B. *Warze.*

Paprika: spanischer Pfeffer (Capsicum annuum). *Vitamin*-C-reiches Gewürz, als Gemüse- und Salatfrucht verwertbar. Zur Anregung der Darmbewegung.

Paracelsus: Humanistenname des Theophrast Bombast von Hohenheim, 1493–1541. Arzt und Begründer der modernen wissenschaftlichen Heilkunde. Stellte die vorbeugende Wirkung und heilende Wirkung einer natürlichen Lebensweise, die Erhaltung und Förderung der *Lebenskraft* (innerer Arzt) in den Mittelpunkt seiner Lehre. Nicht die Theorie, sondern die Erforschung der Natur und die lebendige Erfahrung am Krankenbett sind in der Arzneikunst entscheidend. Wurde wegen seiner revolutionierenden Anschauungen von der »Schulmedizin« seiner Zeit wütend verfolgt, verlor sein Lehramt in Basel und wanderte unstet umher.

Paradentose: chronisch verlaufender Krankheitsvorgang im *Zahn*bettbereich *(Paradentium),* der sich in entzündlichen Vorgängen und Rückbildungsvorgängen der Gewebe äußert. Meist zeigt sich die Störung nur in einer erhöhten Blutungsbereitschaft des Zahnfleisches und einem Lockerwerden der Zähne, in schweren Fällen kommt es zu Schwellung und Rötung des sich leicht bläulich verfärbenden und blutenden Zahnfleisches. Geschwürsbildungen, Vereiterungen der Zahntaschen treten in schweren Fällen mit allgemeinem Krankheitsgefühl, Fieber und Drüsenschwellungen im Mund- und Halsbereich auf. Das Zahnfleisch zieht sich vom Zahnhals zurück, bei Druck kann Eiter aus den Zahnhalstaschen hervortreten. Übler Geschmack und Geruch im Munde. Kieferknochen und Wurzelhaut bilden sich zurück, der Zahn findet keinen Halt mehr und fällt aus. Zahnsteinbildung, ungleichmäßige, übermäßige Belastung der Zähne und Zahngruppen, durch Fehlstellung im Kiefer begünstigt, können die Ursache sein. Stoffwechselkrankheiten, Herz- und Gefäßkrankheiten begünstigen eine solche Entwicklung. Hauptursache ist Abwendung von naturgemäßer Lebensweise, die Vermeidung von Kauaufgaben und Kaubelastungen durch weichgekochtes Essen und weiches Brot, Fehler in der Nahrungszusammensetzung und Mängel in der *Mineralstoff*zufuhr. Beh.: Gesunde Lebensweise, Vollkornbrot (nicht zu frisch). Stellung von Kauaufgaben durch gesunde Kost mit *Rohkost. Massage* des Zahnfleisches mit Zitronenschalen, regelmäßige gründliche Gebißreinigung, Entfernung des Zahnsteins. *Luft, Licht, Sonne, Sport.* Einpudern mit Kaffee*kohle,* Fluorzufuhr. Hp.: Jodum D4–6, Natrium phosphoricum D1, Silicea D3–6, Phosphorus D5.

P

Paraffinöl (Paraffinum liquidum): Destillat der Petroleumraffinerie. Kein Öl im echten Sinne. Eine klare, geruch- und farblose Flüssigkeit. Wird als Salbengrundlage, zu Einspritzungen unter die Haut und innerlich zur Verhinderung des Festwerdens des Stuhls im Dickdarm gebraucht. Eine langdauernde, gewohnheitsmäßige Anwendung, besonders als Stuhlgleitmittel, ist zu widerraten, weil das Paraffin zu den *krebs*erzeugenden Stoffen gehört.

Paralyse *(Lähmung):* im besonderen Sinne das Krankheitsbild der Gehirnerweichung.

Parametritis: Entzündung des Bindegewebes, das die weiblichen Geschlechtsteile im kleinen Becken umgibt. Die Infektion erfolgt meist auf dem Lymphwege von der *Gebärmutter* aus, in der Regel während oder nach einer *Schwangerschaft.* Kann sich narbig zurückbilden oder zu einem Abszeß entwickeln, der in Bauchwand oberhalb des Leistenbandes, Mastdarm oder Blase durchbrechen kann. Erscheinungen und Behandlung wie *Eileiterentzündung.*

Paranephritis: *Entzündung* oder *Abszeß* in dem Umgebungsgewebe der *Niere,* auf dem Blutwege durch Verschleppung von Eitererregern entstanden. *Furunkel* usw. Beh.: s. *Nierenabszeß* und *Abszeß.*

Parapsychologie: Erforschung der okkulten Erscheinungen mit wissenschaftlichen Methoden. Die wissenschaftliche Arbeit der P. hat einer Reihe von okkulten Erscheinungen wissenschaftliche Anerkennung verschaffen können. So gelten heute *Hellsehen, Telepathie* und Prophetie als Formen einer »Wahrnehmung außerhalb der uns bekannten Sinnesorgane«. Man nennt sie deshalb parapsychische Phänomene. Nicht alle übernatürlichen Erscheinungen sind echt. Beobachtungstäuschung, Erinnerungsfälschung, Wundersucht spiegeln normal erklärbare Vorgänge als übernatürlich vor, und vielfach beruhen sog. okkulte Vorführungen auf der Anwendung von Tricks. Diese Tatsachen können aber das echte Vorkommen der außersinnlichen Wahrnehmung nicht widerlegen. Schwierigkeiten in der Erforschung bereiten noch die Phänomene der Fernbewegung *(Telekinese),* der Materialisation und des Spuks. Die naheliegende Annahme von physikalischen Phänomenen neben der außersinnlichen Wahrnehmungsfähigkeit in diesen Fällen (etwa als Strahlenwirkung) ist fraglich, wenigstens nicht nachweisbar. In Freiburg hat Deutschland einen Lehrstuhl für Parapsychologie, den Prof. Bender innehat. Vgl. *okkulte Medizin.*

Parasit: Schmarotzer, Kleinlebewesen und niedere Tiere oder Pflanzen (Pilze), die in oder auf höheren Lebewesen leben und sie durch Nahrungsentzug und Giftwirkung schädigen. Der P. ist auf den Wirtsorganismus angewiesen und geht mit ihm zugrunde, falls er nicht überwechseln kann.

Parasympathicus: X. *Gehirnnerv* (Nervus *Vagus*), der Gegenspieler zum Sympathicus im *Lebensnervensystem*.

Paratyphus: Die Erregergruppe und das dadurch erregte Krankheitsbild wird heute zu den *Salmonellen* gerechnet und als *Salmonellose* bezeichnet.

Parkinsonismus (Paralysis agitans): Schüttel- oder Zitterlähmung. Nach epidemischer *Gehirnentzündung,* bei Manganvergiftung oder auch im Alter, bei *Arterienverhärtung,* als Ausfallserscheinung der großen Stammhirnkerne entstehende Starre der Gesichts- und Körpermuskulatur, mit Zittern der Arme und Gangunsicherheit.
Beh.: *Schlenzbäder, Fichtennadelbäder, Essigwasserganzwaschungen, Kurzwickel, Lehmwasserhemden, Arm-* und *Kniegüsse, Barfußlaufen, Gymnastik, Bulgarische Kur.* Hp.: Agaricus muscarius D 4, Manganum aceticum D 6. Bch.: Magnesium phosphoricum D 6, Kalium phosphoricum D 6–12, Silicea D 12.

Paronychie: Umlauf, Nagelfalzentzündung, s. *Fingererkrankungen.*

Parotis, s. *Ohrspeicheldrüse.*

Parotitis, s. *Mumps.*

Paroxysmale Tachycardie: Anfallsweises Herzjagen, s. *Reizleitungsstörungen.*

Pasteurisieren: Verfahren zum Haltbarmachen von Getränken unter möglichster Schonung wertvoller Inhaltstoffe. Halbstündiges Erhitzen von 57° bis 65° tötet die wichtigsten *Bakterien* mit Ausnahme der Sporen ab. Stoppt die *Gärung* ab. Pasteurisierte Getränke bleiben nur begrenzt haltbar. Benannt nach dem französischen Hygieniker Louis Pasteur (1822–1895).

Patella, Kniescheibe, s. *Kniegelenk.*

Paukenhöhle, Teil des Mittelohrraums, s. *Ohr.*

Peitschenwurm (Trichocephalos dispar): 4–5 cm lang, im Dickdarm lebend, widerstandsfähig gegen Wurmmittel, s. *Wurmkur.*

Pellagra: Durch Fehlen des B_2-Faktors *(Nikotinsäureamid)* in der Nahrung kommt eine meist in Schüben auftretende Erkrankung zustande, die sich durch Kopfschmerz, Schwäche, Schwindel, Lähmungen, Krämpfe, Delirien sowie Magen- und Darmstörungen, besonders Appetitlosigkeit und Durchfälle äußert. Dazu als charakteristisches Krankheitszeichen Hautrötung und Juckreiz, besonders an den dem Licht ausgesetzten Teilen (Gesicht, Hände). Bildung von Pusteln und Blasen, die unter bräunlich-gelblich-grüner Verfärbung abheilen. Die Haut wird hart und rissig. Tritt in Norditalien, Osttirol und Ägypten häufig auf, wo der Kohlehydratbedarf besonders durch *Mais*mehl gedeckt wird. Beh.: Vermeidung der Lichteinwirkung wegen Lichtüberempfindlichkeit der Haut, *vitamin*reiche Vollkost, *Hefe, Milch*zulagen, Leber.

Pemphigus: Hautausschlag mit Blasenbildung. Der gewöhnliche P. ist möglicherweise eine *Infektionskrankheit (Virus?).* Chronischer Verlauf in Schüben. Seltenes, aber ernstes Leiden bei Erwachsenen, harmloser Verlauf bei Kindern und Neugeborenen.
Beh.: Gesunde Kost, *vegetarisch, Rohkost, Zinnkrautbäder* und *Umschläge.* Hp.: Rhus toxicodendron D 6, Euphorbium D 6, Cantharis D 6, Ranunculus sceleratus D 4–6, Lachesis D 10.

Pendel, Siderisches: an einem Faden oder Frauenhaar schwingender Gegenstand (Ring, Holunderkügelchen), der durch seine Ausschläge über Örtlichkeiten oder Gegenständen Auskunft über den Verlauf von Wasseradern und Erzgängen, über Krankheiten, über das Geschlecht eines erwarteten Kindes usw. geben soll. Die Pendelschwingungen werden nicht durch Strahlungen, sondern durch unwillkürliche Bewegungen der Hand veranlaßt. Diese können bei geeigneten Personen Wahrnehmungen, die auf parapsychologischem Wege gemacht werden, aus dem *Unterbewußtsein* heraus zum Ausdruck bringen, sie können aber auch durch bewußte und unbewußte Vorstellungen der Phantasie hervorgerufen werden. Das P. wird sowohl zur Krankheitserkennung als auch zur Findung der geeigneten Arznei im Einzelfall verwendet. Da man keine Kriterien für die Echtheit der den Schwingungen zugrundeliegenden Wahrnehmungen hat, ist den Ergebnissen des P. im Einzelfall mit größter Vorsicht zu begegnen.

Pepsin: *Magen*saftferment, das bei Gegenwart von Salzsäure *Eiweißstoffe* in ihre Bausteine zerlegt.

Perforation: Durchbruch durch Gewebe als Folgen von Verletzungen oder entzündlicher Einschmelzung. Magen-, Gallenblasen-, Gebärmutterperforationen in die Bauchhöhle führen meist zu schweren *Bauchfell*vereiterungen.

Perikarditis, s. *Herzbeutelentzündung.*

Periost: die den *Knochen* umgebende Knochenhaut.

Periostitis, s. *Knochenhautentzündung.*

Peristaltik, s. *Darmperistaltik.*

Peritonitis, s. *Bauchfellentzündung.*

Perkutan: durch die unverletzte Haut hindurch wirkend. Einreibungen und Einpinselungen von Arzneien gegen Rheumatismus, von auswurffördernden Arzneien bei Säuglingen. Ätherische Öle werden von der Haut aufgesaugt.

Pestwurz (Petasites officinalis) enthält einen Wirkstoff, der entspannend, entkrampfend und beruhigend wirkt. Nervöse

Spannung, Unruhe, Wetterfühligkeit, Spannungskopfschmerzen, Migräne, nervöse Magen-Darmbeschwerden.

Petechien: punktförmige Hautblutungen, besonders bei *Blutfleckenkrankheit,* akuter *Leukämie.*

Petersilie (Petroselinum sativum): Kraut und Wurzel als Würzkraut. Wurzeln und Samen als harntreibendes Mittel wirksam. Vorsicht, da Apiolgehalt giftig wirkt!

Petroleumumschlag: altes Hausmittel bei chronischen Gelenkerkrankungen. Ein mit Petroleum getränkter Leinenlappen wird um das kranke Gelenk gelegt, mit Wolle oder Flanell bedeckt; 1 bis 2 Stunden einwirken lassen. Tritt Hitzegefühl, Jucken, Rötung der Haut auf, wird der Umschlag abgenommen, die Haut trocken mit warmem Öl eingerieben und mit Watte zugedeckt. Man macht den P. am besten abends, damit die Nachwirkung die Nacht über ablaufen kann. Man darf aber mit dem P. nicht einschlafen, da sonst Blasen und hartnäkkige Ausschläge entstehen können. Sobald die Reizung der Haut sich zurückgebildet hat, kann der Umschlag wiederholt werden, d.h. jeden bis jeden 3. Abend.

Pfanne: Gelenkgrube bei *Gelenken,* die den Kopf des angrenzenden Knochens aufnimmt und mit diesem das Gelenk bildet.

Pfefferkraut, s. *Basilicum.*

Pfefferminz (Mentha piperita): Blätter (Mai–August) als Tee bei Erkrankungen des Magen-Darmkanals, Gallen- und Leberkrankheiten. Wirken galletreibend, blähungswidrig, belebend, krampflösend. 2–4 g im Aufguß (Tafel XII).

Pfefferminzöl: ätherisches Öl, aus Pfefferminzblättern gewonnen, dient der Geschmacksverbesserung; innerlich: gegen Blähungen, zur Magenanregung.

Pfeiffersches Drüsenfieber, s. *Drüsenfieber.*

Pfingstrose (Paeonia officinalis): Wurzel (Frühjahr oder Herbst). 0,5–1 g Einzelgabe in leichter Abkochung als Nervenmittel gegen Krämpfe, besonders der Kinder.

Pflanzenkost: wichtiger Bestandteil der menschlichen Ernährung, besonders der naturgemäßen Ernährung und Lebensweise, und alleiniger Bestandteil der *vegetarischen* Ernährung.

Pflanzenmilch: milchähnliche Zubereitung aus Sojabohnen oder Mandeln. Sojamilch ersetzt in Ostasien die Kuhmilch. Die P. dient als Ersatz der Tiermilch in der Säuglings- und *Kinderernährung,* wenn Eiweiß nicht vertragen wird.

Pflanzensäfte werden nach mechanischer Zerkleinerung durch Auspressen der frischen Pflanzen gewonnen. Dienen zur Frischpflanzenbehandlung und zur Ernährung bei *Fasten-, Frühjahrs-* und Diätkuren.
Zur *Konservierung* Kaltfiltration durch Asbestfilter, wobei alle festeren Stoffe ausscheiden, oder *Pasteurisieren,* das den größten Wirkstoffgehalt ergibt.

Pflaster sind zum Auftragen auf die äußere Haut bestimmte Arzneizubereitungen, deren Grundmasse aus Öl- und Fettsäuren, Ölen, Fetten, Wachsen, Harzen und Terpentin, je allein oder in Mischung, besteht. Zur Reizbehandlung der Haut dienen Zugpflaster mit hautreizenden Stoffen (*Canthariden,* Senföl, Pfeffer, Seidelbast, Hahnenfußauszüge usw.). Rufen bei geringer Reizung Rötung, bei längerer stärkerer Reizung Blasenbildung hervor.
Bei der *Cantharidenpflasterbehandlung* werden Blasen erzeugt und der Blaseninhalt *intrakutan* in steigender Verdünnung wie bei der *Eigenblutbehandlung* zur allgemeinen *Umstimmungs*behandlung eingespritzt.

Pfortader: Blutaderstamm, der sich durch Zusammenfließen der Venen von Magen, Darm, Bauchspeicheldrüse, Gallenblase und Milz gebildet hat und das Blut der Leber zuführt, s. *Blutkreislauf, Leber.*

Pfortadererkrankungen: Entzündungen der Pfortader entstehen meist durch Erregerverschleppung aus dem Magen-Darmkanal. Von hier aus können sich *Leberabszesse* bilden. Als Folge solcher Entzündungen kommt es zu Gerinnselbildung (Thrombose) in der Pfortader. Durch Stauung Erguß in der freien Bauchhöhle,

Pfortader

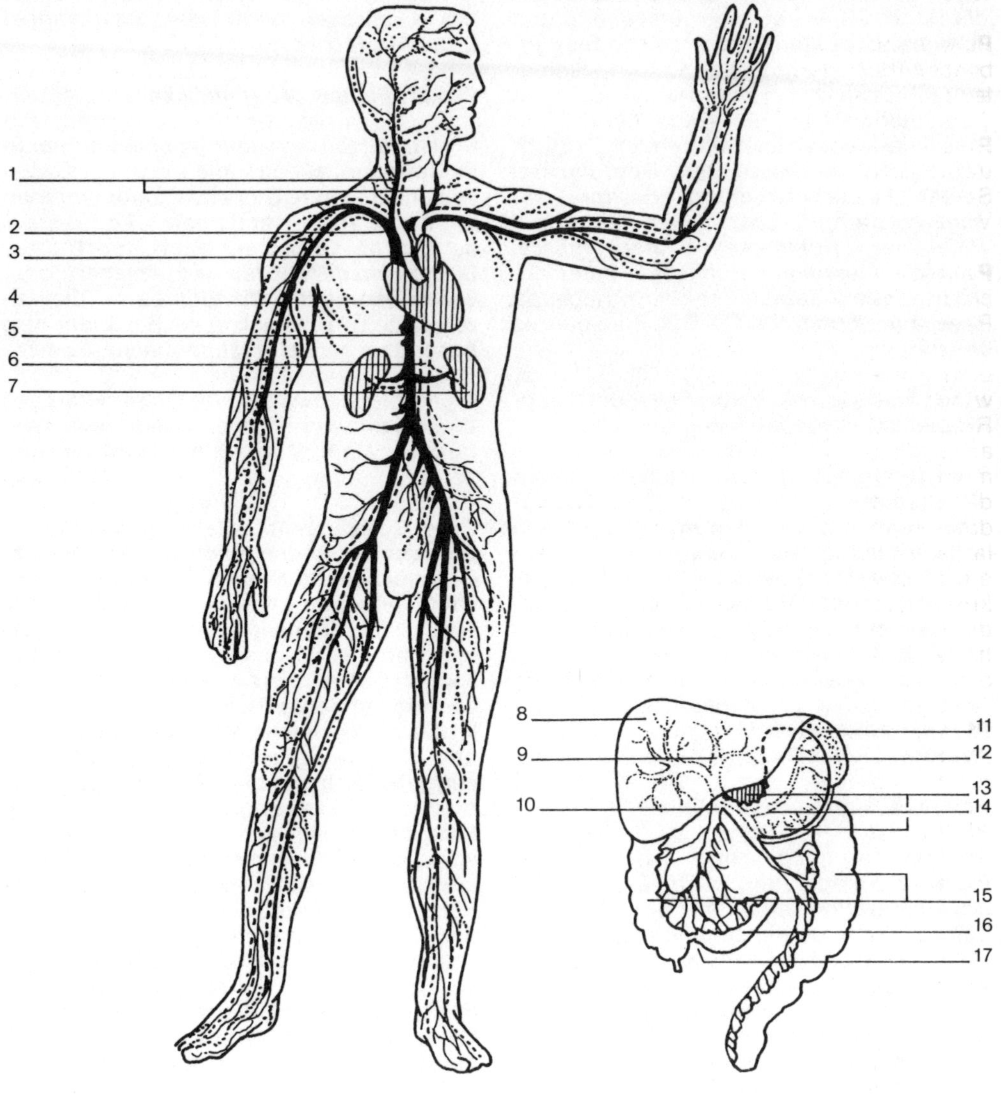

Pfortadersystem

1. Halsadern
2. Obere Hohlvene
3. Aortenbogen
4. Herz
5. Untere Hohlvene
6. Hauptkörperschlagader
7. Nieren
8. Leber
9. Lebervenen
10. Pfortader
11. Milz
12. Magen
13. Magenvenen
14. Milzvene
15. Dickdarm
16. Dünndarm
17. Darmvenen

P

der sich auch nach Ablassen rasch wieder auffüllt. *Gelbsucht* und blutig verfärbter Stuhl kommen dabei vor. Bei Nachlassen der Herzkraft, bei geringer Bewegung und schwerer Kost können sich solche Stauungen im Pfortadergebiet ohne Gerinnselbildung entwickeln. Die Hautvenen des Bauchgebietes um den Nabel herum sind meist stark gezeichnet und treten deutlich hervor, *Medusenhaupt*. Beh.: Bettruhe. Bei Fieber *Fieber*behandlung, *Essigwasserganzwaschung,* sonst *Ableitung* durch *Halbbäder, Kurzwickel, Schenkelgüsse, Fasten, Obst*diät, *Rohkost*. Innerlich: Meerzwiebelpräparate, *harntreibende* Tees. Hp.: Apocynum ∅–D2, Phosphorus D6–12.

Pförtner (Pylorus): verschließender Ringmuskel am *Magen*ausgang.

Pförtnerkrampf (Pylorospasmus): selten als Krampfzustand auf nervöser Grundlage, beim Erwachsenen meist durch *Geschwür* bedingt. Beim *Säugling* in den ersten Lebensmonaten auf erhöhter Reizbarkeit beruhend. Dauerndes Erbrechen, Gewichtsabnahme, lebensgefährlicher Zustand. Beh.: beim Erwachsenen Grundleiden berücksichtigen. Beim Kinde heiße *Auflagen* auf den Leib, häufig kleine Mahlzeiten, Melissentee. Hp.: Nux vomica D4, Apomorphinum D4.

Phimose, *Vorhautverengung.*

Phlegmone: nicht scharf begrenzte flächenhaft fortschreitende Entzündung des Unterhautzellgewebes, im Gegensatz zu dem allseits begrenzten *Abszeß*. Beh.: Heiße *Bockshornkleeauflagen,* rechtzeitige *Inzision*. Danach Verbände mit Zinnkrauttee, Osterluzeitee und Spülungen bzw. Bäder der Wunden mit diesen Absuden. *Lehm-* und *Heilerdepackungen. Penizillin*behandlung. Hp.: Apis D3, Belladonna D4, Hepar sulfuris D3–12, Lachesis D8–10, Mercurius solubilis D6, Pyrogenium D10–15, Rhus toxicodendron D4–6.

Phlyktäne: Mit Bläschenbildung einhergehende Entzündung der *Bindehaut* und des Hornhautrandes, hauptsächlich bei Kindern. *Vitamin*reiche, kalkreiche Kost, *Lebertran* und Behandlung wie *Bindehautentzündung.*

Phosphaturie: alkalischer Harn, durch Ausfallen von Kalziumphosphaten milchig getrübt. Harmlose Erscheinung vor allem bei alkalischer Kost oder Säureverlust durch Erbrechen.

Pickel: *Finnen, Mitesser, Akne.*

Pigmente: körnige oder gelöste Farbstoffe in Geweben. Sie kommen normal in den verschiedensten Geweben und Organen vor (Haut, Haare, Auge usw.), können außerdem im Körper aus Blut- und Gallenfarbstoffen sich bilden und einlagern oder von außen (Ruß, Farbstoffe beim Tätowieren) in den Körper gelangen. Sie finden sich besonders häufig in *Muttermalen* (Naevi).

Pigmentgeschwülste: *geschwulst*artiges Wachstum von Pigmentzellen, die zwar gutartig sind, aber zu *Krebs*entwicklung neigen.

Pilze, Schwämme: bestehen aus dem Pilzgeflecht im Boden und aus den an der Oberfläche wachsenden Fruchtträgern. Es sind Pflanzen ohne Blattgrün. Die Fruchtträger einiger Arten werden gegessen und stellen eine wertvolle Bereicherung des vegetarischen Küchenzettels dar, weil sie sehr eiweißreich sind. Sie sind allerdings nicht immer leicht verdaulich, und bei magenempfindlichen Patienten ist einige Vorsicht geboten. Da eine sehr große Anzahl der P. stark giftig ist, soll man nur Pilze essen, die man wirklich kennt oder von einem Pilzkenner hat prüfen lassen. Die bekanntesten Speisepilze sind der Steinpilz, Pfifferling, Champignon, Birkenpilz, Reizker, Butterpilz, Hallimasch, Morchel und Trüffel. Sie sind von besonderem Wohlgeschmack und stellen in manchen Formen eine Delikatesse dar. Andere eßbare Pilze sind wenig gebräuchlich, weil sie meist von giftigen nur schwer zu unterscheiden sind. Morcheln und Lorcheln werden, um Vergiftungen zu vermeiden, vor dem Gebrauch mit Wasser abgebrüht und das Brühwasser weggeschüttet.
Alle Pilze dürfen nur frisch verarbeitet gegessen werden, selbst das Aufwärmen, sogar das Aufkochen gestandener Pilzgerichte kann zu Vergiftungen, zumindest Magen- und Darmreizungen führen. Speisepilze kann man durch Aufreihen auf Fäden in der Luft trocknen und so aufbewahren.

Getrocknete Pilze werden meist zur Würzung von Suppen und Soßen verwendet. Zur Speisenbereitung selbst sind sie wenig geeignet.

Pilzkrankheiten (Mykosen): werden durch niedere Pilzarten am und im menschlichen Körper hervorgerufen. Fadenpilze bilden ein Geflecht (Mycel), das in einzelne Abschnitte (Septen) getrennt ist. Asexuelle Vermehrung durch Abschnüren von Sporen (Conidien), die von spezialisierten Pilzfäden (Hyphen) ausgehen. Andere Pilzfäden (vegetative Hyphen) dienen der Ernährung. Sproßformpilzerkrankungen werden meistens von Conidien erzeugt. *Hefen* kommen nur in der Sproßform vor. *Strahlenpilz*erkrankungen sind Mischformen des Strahlenpilzes mit Bakterien. Alle Pilzarten können sich mit Bakterien, Hefen oder Schimmelpilzen mischen. Das Hauptfeld der P. stellt die Haut dar (Dermatomykosen). Sie kommen in verschiedensten Arten und Formen vor. Daneben werden Schleimhäute und innere Organe befallen (Endomykosen). Mund, Speiseröhre, Darm, besonders der Dickdarm, Luftröhre, Lunge, Eichel und Vorhautsack beim Mann und die Scheide und Harnröhre der Frau sind bevorzugt befallen. Allgemeininfektionen über Blut- und Lymphbahnen, Vermehren der Pilze im Blut wie bei einer Blutvergiftung kommen vor. Früher spielten nur die Hautpilzerkrankungen und die Soorpilze im Munde der Säuglinge und in der Scheide der Frau eine Rolle. Die Abwehrkraft mußte durch zehrende Krankheiten, Zuckerkrankheit, Schwangerschaften und örtliche Faktoren wie Durchfeuchten der Haut durch vermehrte Schweißbildung und Ausfluß geschwächt sein. Heute kommen die P. vermehrt vor und nehmen immer mehr zu. Die allgemeine Abwehrkraft des Körpers gegen P. liegt darnieder. Der maßlose Einsatz von *Antibiotika,* Corticosteroiden und Gestagenen (z. B. durch die Antibabypille) sind die Ursachen dafür. Dazu kommt, daß nach dem 2. Weltkrieg neue Pilze, die besonders zu Lungenbefall neigen, eingeschleppt wurden. Die Einführung von Blut und Flüssigkeiten durch Dauerkatheter in die Blutbahn begünstigt die Allgemeininfektionen. Hautp. (Dermatomykosen) sind jeder Pilzbefall von Haut und ihren Anhangsgebilden Haare und Nägel. Innere P. (Endomykosen) sind alle P. im Inneren eines Organismus. Wir teilen sie in Schleimhaut- und Organp. Sie entstehen von außen oder auch von innen. Bei allen Formen sind beide Übertragungsarten möglich. Scheideninfektionen erfolgen meist von außen durch den Partner, durch unsaubere Schwämme, Waschlappen und Handtücher. Sie können aber auch von einer P. des Mastdarms ausgelöst werden. Für die Behandlung ist der Pilznachweis wichtig, der mikroskopisch, durch Kulturen oder auch serologisch, in schwierigen Fällen auch durch Tierversuch erfolgen kann. Da man die verlorene Abwehrkraft nicht wiederherstellen kann, liegt der Schwerpunkt auf der Vorbeugung, der möglichsten Vermeidung der obengenannten Mittel. Örtlich werden die Pilze durch pilztötende Mittel angegangen: Boraxglyzerin, Triphenylfarbstoffe werden nach vorausgegangenen Bädern mit Kaliumpermanganatlösung eingepinselt. In der Scheide muß mit pilztötenden Stoffen (Nystatin, Moronal, Trichomycin oder Spuman mit Silbernitrat) vorgegangen werden. Der Partner muß gleichzeitig behandelt werden, und der Mastdarm ist auf Infektionen zu untersuchen und gegebenenfalls zu behandeln. Bei inneren P. werden Breitband*antibiotika* eingesetzt. Lange Behandlungszeiten sind notwendig, und oft bleibt der Erfolg aus. Bei Magen-Darminfektionen ist *Symbioselenkung* notwendig, um die Coli-Darmflora, den natürlichen Gegenspieler der Pilze, zu vermehren und zu kräftigen. Bei Erkrankungen von Bronchien und Lunge kann man Schlenzbäder einsetzen, muß sie aber lange gebrauchen, bis man mit der Infektion fertig geworden ist. Auswurffördernde Mittel unterstützen die Behandlung.

Pilzvergiftung: leichte Form: akuter *Durchfall, Brechdurchfall,* bis zur Bewußtlosigkeit gesteigert. Durch falschen Reizker, Speiteufel, Knollenblätterschwamm, Satanspilz. Schwere Form: Aufregungszustände mit Krampferscheinungen, enge Pupillen, Erbrechen, Durchfälle, Speichelfluß, Bewußtsein getrübt, bis zur Bewußtlosigkeit gesteigert. Durch Fliegenpilz, Ekelschwämme, frische Morcheln. Morcheln und Lorcheln können zu Blutfarbstoffausscheidung im Harn, Blutzerfall und *Gelbsucht* führen. Die Schwere der Vergiftung hängt auch von der Menge der genossenen Pilze und der persönlichen Empfindlichkeit

ab. Auch nicht mehr frische, sonst eßbare Pilze können Fäulnisgifte bilden und Brechdurchfall mit *paratyphus*ähnlichem Bild erzeugen.
Beh.: *Magenausspülung, Brechmittel,* zum Abführen Rizinusöl. Innerlich: Lindenholz-, Kaffee*kohle, Heilerde* zum Aufsaugen der Gifte. Behandlung des Grundbildes. *Kollaps*behandlung.

Pimpernell (Bibernelle, Pimpinella saxifraga): Wurzel als Tee oder Tinktur bei *Husten* und *Heiserkeit. Ausscheidungs*fördernde Wirkung auf Harn- und Magenausscheidung. Blätter als *Gewürz*kraut.

Pimpinella anisum, s. *Anis.*

Pityriasis, s. *Kleienpilzflechte.*

Plantago lanceolata (Spitzwegerich), P. major (Breitwegerich), s. *Wegerich.*

Plattfuß, Senkfuß, s. *Fußdeformität.*

Platzangst gehört zu den Zwangsneurosen. Zeichen seelischer Gleichgewichtsstörung, kommt aber auch bei vegetativen Störungen vor. Die Menschen können nicht in gefüllten Räumen (Theater, Kino, Kirche) sitzen, ohne daß sie *Angst* befällt. Sie fühlen sich nicht eher von ihr befreit, als bis sie den Raum verlassen haben. Sie können oft keine Straßen und freien Plätze überschreiten, ohne daß Angst sie befällt oder lähmt. Die Störung liegt im *Unterbewußtsein.* Läßt sich die Störung nicht durch Regelung und Kräftigung des *Lebensnervensystems* beheben, so muß der Fall durch *Psychoanalyse* geklärt und behoben werden.

Plethora vera, Polyämie, Vollblütigkeit: Vermehrung der Gesamtblutmenge. Menschen, die viel trinken (Bier), Stoffwechselkranke, chronische Herzkranke weisen oft Vermehrung und Zähflüssigkeit der Blutmenge auf, die Herz und Kreislauf belastet. Kopfdruck, Hitzegefühl, Schwindelanfälle, *Nasen-, Gebärmutterblutungen* kommen dabei vor. Auffallend rote, oft blaurote Gesichtsfarbe und Schleimhautblutungen. Blutdruck kann erhöht sein. Milzvergrößerungen kommen vor, wenn eine Vermehrung der roten Blutkörperchen (Polyzythämie) infolge vermehrter Knochenmarkstätigkeit zugrunde liegt. Man findet bei diesen Kranken in allen *Knochen* rotes Knochenmark. Beh.: Regelung der Lebensweise, streng salzarme *vegetarische* Kost, Kreislaufanregung durch leichte *Güsse, Schröpfen, Aderlässe.*

Pleuraempyem: eitriger Brustfellerguß, s. *Rippenfellentzündung.*

Pleurahöhle ist der nur bei *Kollaps* der Lunge oder Erguß sich bildende Hohlraum im *Brustkorb* zwischen *Lungen-* und *Rippenfell.*

Pleuritis, s. *Rippenfellentzündung.*

Pneumokoniose, s. *Staublunge.*

Podagra, s. *Gicht.*

Podophyllin: Harz aus dem Wurzelstock von Podophyllum peltatum, durch Ausziehen mit Alkohol gewonnen. Abführende Wirkung, in kleinen Gaben galleflußfördernd und Gallenkrämpfe lösend.

Poliomyelitis, s. *Kinderlähmung.*

Pollen: Blütenstaub, besonders der Gräser. Schleimhäute empfindlicher Personen reagieren mit *Schnupfen, Bronchialkatarrh* und *Asthma (Heuschnupfen,* s. *Allergie).* Ist die reizende Pollenart bekannt, so kann man mit dieser impfen und unempfindlich machen.

Pollutionen: unwillkürlicher *Samen*abgang beim Mann. Meist Selbsthilfemaßnahmen der Natur bei Samenstauung durch *Enthaltsamkeit.* Öfter auftretende P. können in entzündlicher Reizung der hinteren *Harnröhre* und der *Samen*blasen ihre Ursache haben. Hp.: Acidum phosphoricum D3, Phosphorus D10, China D6, Nux vomica D6–12, Caladium seguinum D12, Dioscorea D6, Gelsemium D4, Staphisagria D4–10.

Polyarthritis, s. *Gelenkrheumatismus.*

Polycythämie, s. *Plethora.*

Polyneuritis, s. *Nervenentzündung.*

Polygala senega, s. *Senegawurzel.*

Polygonum aviculare, s. *Vogelknöterich,* P. hydropiper, s. *Wasserpfeffer.*

Polypen sind gestielte Wucherungen der *Schleimhäute,* die auf Grund chronisch entzündlicher Reizung sich in Nase, Gebärmutter, Harnblase, Ohr und Darmschleimhaut bilden. Sie sind meist gutartig, können aber auch *krebsig* entarten. Neigen leicht zu Blutungen. Die auslösende chronische *Entzündung* muß behandelt werden. Operatives Abtragen allein führt nicht zum Erfolg. Man kann P. durch Aufpudern von Sadebaumpulver zum allmählichen Schrumpfen und Schwinden bringen. Hp.: Calcium carbonicum Hahnemanni D6–12, Phosphorus D6–10, Teucrium marum verum D1–3, Thuja D2 innerlich und Sanguinarium nitricum D1 als Schnupfpulver bei Nasenpolypen.

Polyurie: krankhaft vermehrte Harnausscheidung bei Diabetes insipidus, *Zuckerkrankheit* und bei Ausscheidung von *wassersüchtigen* Stauungen.

Portio: der von der *Scheide* aus fühlbare und zugängliche Teil der *Gebärmutter* mit dem Muttermund in der Mitte.

Potentilla anserina, s. *Gänsefingerkraut;* P. tormentilla, s. *Tormentillwurzel.*

Potenz, s. *Homöopathie.* Bezeichnung des Verdünnungsgrades einer Arznei. Vgl. *Impotenz.*

Prellung: Gewebsquetschung durch stumpfe Gewalt. Führt zu Zerreißungen und Blutungen in die Gewebe und zur Bildung eines *Blutergusses.*

Presbyopie: Alterssichtigkeit. Durch Verhärtung der Linse mit dem Alter zunehmende Unfähigkeit des Auges zur *Akkomodation.*

Preßsäfte, s. *Obst-* und *Pflanzensäfte.*

Prießnitz, Vincenz, 1799–1851, Bauer in Gräfenberg. Begründer der modernen *Kaltwasserbehandlung.* Er benutzte das kalte Wasser, um Schweiß zu erzeugen. Nicht die Kälte, sondern die durch das kalte Wasser erzeugte Wärme heilt! Begründer der *Wickel*technik *(Prießnitzwickel).* Daneben verordnete er *Luftbäder* und grobe gemischte Kost. Er verbot die Reizmittel.

Prießnitzwickel: kalte *Ganz-* oder *Teilwickel* zur Anregung von Stoffwechsel, *Ausscheidungen,* Dünsten und Schwitzen. Technik s. *Packungen.*

Primär: unmittelbar entstandene Krankheiten oder die ersten Erscheinungen einer Krankheit. Primärinfekt, Primärkomplex.

Primel, s. *Schlüsselblume.*

Primelkrankheit: Die Becherprimel, eine verbreitete Topfpflanze, verursacht durch die Drüsenhaare der Blätter *Juckreiz,* Schmerzen, Rötung und *Ekzem.* Berührung meiden. Beh. wie *Ekzem.*

Prognose: Vorhersage über den wahrscheinlichen Verlauf der Krankheit. Grundlage sind Krankheitserkennung und die Kenntnis der Ursachen, des Verlaufs der einzelnen Krankheitsbilder sowie der *konstitutionellen* und individuellen Reaktionsmöglichkeiten. Es können nur die großen Verlaufszüge vorausgesagt werden, auch hinsichtlich der zu erwartenden Lebensdauer. Sie beruht auf sinnlicher Wahrnehmung der Krankheitszeichen und der ärztlichen Erfahrung und unterscheidet sich dadurch von der Prophetie, die ihre Vorhersagen auf Grund außersinnlicher Wahrnehmungen macht und in das Gebiet der *Parapsychologie* gehört.

Prolaps: Vorfall, s. *Gebärmuttervorfall, Mastdarmvorfall.*

Prostata, s. *Vorsteherdrüse.*

Proteine: Eiweißkörper, *Eiweiß.*

Prothese: aus Fremdstoffen gebildeter Ersatz für verlorene Körperteile.

Protoplasma: *Zelleib* bzw. sein eiweißhaltiger Inhalt, ohne den Kern. Hauptträger des *Stoffwechsels* und seiner inneren Vorgänge.

Protozoenkrankheit: durch kleine einzellige tierische Lebewesen, die nicht zu den Spaltpilzen *(Bakterien)* zählen, erzeugte Krankheiten. Ruhr*amöben,* Erreger verschiedener Tropenkrankheiten (Trypanosomen), z. B. der Schlafkrankheit, *Malaria*plasmodien, *Spirochäten* als Erreger der *Syphilis* usw. Die Protozoen leben im *Blut* oder *Darm.*

Provitamine: in Pflanzen vorgebildete Vorstufen bestimmter *Vitamine,* die erst im menschlichen oder tierischen Körper zu den wirksamen Vitaminen umgewandelt werden.

Prunus spinosa, s. *Schlehe.*

Prurigo: Juckblattern, Juckflechte. Juckender Knötchenausschlag an den Streckseiten der Gliedmaßen (Beugeseiten bleiben frei), an Rücken, Brust und Unterleib. Tritt in früher Jugend auf und ist von chronischem Verlauf. Behandlung s. *Hautjucken.*

Pruritus, s. *Hautjucken.*

Pseudokrupp, s. *Krupp.*

Psittakose, s. *Papageienkrankheit.*

Psoriasis, s. *Schuppenflechte.*

Psychasthenie: schwächliche, seelische Veranlagung. Diese Menschen sind empfindsam, entschlußschwach. P. ist häufig mit *Neurasthenie* verbunden.

Psychiatrie (Seelenheilkunde) ist auf die Behandlung der *Geisteskrankheiten* und *seelischen Störungen* spezialisiert.

Psychoanalyse ist die systematische Aufdeckung verborgener seelischer Zusammenhänge und ins Unterbewußte verdrängter seelischer Erlebnisse (Komplexe) aus Erinnerungen, *Träumen,* Ideenverbindungen im Wachen oder in der Hypnose. Sie ist 1889 von Sigmund *Freud* und Breuer als sogenannte kathartische (reinigende) Behandlung begründet worden und bestand ursprünglich aus dem Aussprechenlassen verdrängter Affekterlebnisse und die dadurch erfolgende Heilung *»hysterischer«* Krankheitserscheinungen. Freud faßte die *Neurosen* als unbewußte, verdrängte Komplexe besonders geschlechtlicher Jugenderlebnisse und sexueller Wünsche auf, sein Schüler Adler hat diese enge Auffassung gesprengt und andere Affekte wie Ehrgeiz, Erfolg und Mißerfolg im Leben neben dem Geschlechtlichen gelten lassen, s. *Individualpsychologie.* Die moderne P. bleibt nicht einseitig bei diesen geschichtlich interessanten Bruchstücken der Seelenzergliederung stehen, sondern sucht alles aufzudecken, was sich hinter der schützenden Maske der Person verbirgt (Jung). Da die *seelischen Störungen* sich nicht allein im seelischen Gebiet äußern, sondern auch zu Störungen der körperlichen Funktionen führen können, ist der P. ein weites Feld in der Behandlung eingeräumt.

Psychogen: seelisch bedingt, durch seelische Ursachen entstanden.

Psychologie: Lehre vom Seelenleben. Sie sucht die seelische Veranlagung und die Reaktionsmöglichkeiten und -fähigkeiten aus den Erscheinungsformen zu erschließen und vorauszusagen. Praktisch werden die Ergebnisse der P. für Charaktererkennung und Eignungsprüfungen verwendet. Sie haben in allen Berufen, die mit Menschenführung zu tun haben, besonders im ärztlichen Beruf, entscheidende Bedeutung.

Psychopathie: abnorme seelische Veranlagung. Psychopathen kommen mit sich und der Umwelt nicht ins reine und leben dauernd in Konflikten. P. ist anlagebedingt und teilweise erblich. Ihr kann durch Seelenführung entgegengewirkt werden.

Psychose: seelische Krankheit.

Psychosomatik erforscht die Zusammenhänge zwischen *Seele* und *Krankheit,* vor allem die Entstehung *organischer* Krankheiten durch *seelische Störungen* und umgekehrt die Entwicklung seelischer Störungen durch den Einfluß organischer Krankheiten; sie forscht auch nach dem inneren Sinn einer Krankheit für den Lebensweg des betreffenden Menschen. Die psychosomatische Betrachtungsweise ist ein Teil der naturheilkundlichen Krankheitslehre und nicht von ihr zu trennen.

Psychotherapie: Heilung durch seelische Mittel. Sie ist bei jedem Heilvorgang bewußt oder unbewußt beteiligt. Schon die

Beruhigung durch einen vertrauenswürdigen Arzt über den harmlosen Charakter eines Leidens gehört zur P. Aussprache, *Autosuggestion, Suggestion* bis zur *Hypnose* gehören zu den möglichen Formen der P. Von großer P. spricht man, wenn alle Mittel seelischer Behandlung nach einem festen Plan zum Umbau der Persönlichkeit eingesetzt werden. Dies geschieht nach sachgemäßer *Psychoanalyse* in Einzel- oder Gruppenbehandlung.

Ptosis: Herabhängen des Oberlides bei Lidentzündungen oder Lähmungen des Oberlidmuskels oder seiner Nerven. Behandlung nach dem Grundleiden, notfalls operative Lidhebung.

Ptyalin: Ferment der Mund*speicheldrüsen,* das in den Speichel gelangt und zur Vorverdauung von Kohlehydraten dient.

Puder: feines Pulver aus pflanzlichen *Stärken* (Reis, Mais, Weizen) oder mineralischen Stoffen (Talk, Zinkoxyd, Titanoxyd). Es dient zu Heilzwecken, zur *Schönheitspflege* und Aufsaugung von Schweiß und die Haut reizenden Ausscheidungen. Muß vor Erneuerung abgewaschen werden. Porenverstopfung durch zu starke und häufige Puderung vermeiden!

Pulmonaria officinalis, s. *Lungenkraut.*

Puls ist der durch die Gefäßwand fortgeleitete *Herz*schlag. Überall, wo *Schlagadern* oberflächlich fühlbar werden, kann man ihn durch Tasten fühlen und beurteilen. Übliche Stelle ist der P. der Speichenader in der Nähe der Handwurzel. Man kann den regelmäßigen Ablauf der Herztätigkeit oder ihre Störungen, die Füllung und Spannung der Blutgefäße beurteilen und Rückschlüsse auf die Kraft des Kreislaufes ziehen. Verhärtungen der Gefäße können gefühlt werden. Die Pulszahl ist individuell verschieden und liegt bei 60–76 Schlägen in der Minute. Bei seelischen Einflüssen und Arbeit, bei Fieber, Blutarmut und geringer Blutfüllung im Kreislauf *(Kollaps)* wird der P. schnell (Tachykardie). Ist der Blutumlauf groß, so ist die Arterie gefüllt, der P. groß und voll; ist der Blutgehalt in den Gefäßen gering, so wird der P. klein und weich. Unregelmäßigkeit des P. hängt von der gestörten Reizbildung im Herzen ab, s. *Reizleitungsstörungen.* Langsamer P. (Bradykardie), unter 60 Schlägen in der Minute, bei trainierten Sportsleuten, nach schweren Infektionskrankheiten in der Genesung, bei Hirndruck und bei *Gelbsucht* durch Einwirkung der *Gallensäuren.*

Pumpernickel: Roggenschrotbrot mit Sauerteiggärung. Vollkornbrot mit eigenartigem Wohlgeschmack durch Dextrine, Karamelle und Röstsubstanzen.

Purpura, s. *Blutfleckenkrankheit.*

Pustulantien auf der Haut: Erzeugung eines künstlichen Eiterausschlages auf der Haut durch Einreibung stark reizender Mittel (sog. Pustulantien). Meist sind Croton- und Lorbeeröle die Grundlage dieser Öle. Malefiz- oder *Ausscheidungsöl* nach *Kneipp, Baunscheidt*öl, Öttinger Paste. Man reibt den gewählten Hautabschnitt mit Bimsstein gleichmäßig ab, legt ein Mullläppchen, das mit dem Pustulantium getränkt ist, auf und deckt mit Billrothbatist ab. Abnahme je nach dem gewünschten Einwirkungsgrad nach 5–10 Stunden. Einpudern und Schutzverband. Anwendung vor allem bei schmerzhaften Erkrankungen wie Gallenblasenentzündung, Ohrenentzündung, Rippenfellentzündung, Gelenkentzündung, Nervenentzündung und Nervenschmerzen usw. Vgl. *Baunscheidtismus.*

Putrid: faulig, übelriechend (durch Fäulnisbakterien verursacht).

Pyämie: Eintritt von *Eiter* oder Eitererregern ins Blut. Allgemeininfektion s. *Blutvergiftung.* Verschleppung von Eitererregern in andere Organe.

Pyelitis, s. *Nierenbeckenentzündung.*

Pyeolocystitis: mit *Blasenentzündung* verlaufende *Nierenbeckenentzündung.*

Pyeolonephritis: *Entzündung* der *Niere* und des *Nierenbeckens.* Meist durch vom *Harnleiter* aufsteigende *Eiter*ungen und Entzündungen verursacht.

Pykniker, s. *Konstitution.*

Pylorospasmus, s. *Pförtnerkrampf.*

Pyodermie: Eitererkrankung der Haut: *Furunkel, Karbunkel, Bartflechte, Impetigo* usw.

Pyometra: *Eiter*stauung in der *Gebärmutter,* mit Fieber und Schmerzen, solange der Abfluß durch den Muttermund behindert ist.

Pyosalpinx, s. *Eileiterentzündung.*

Pyurie: *Eiter*beimengung im *Harn* bei Entzündungen in den Harnwegen *(Nierenbekken, Blase, Vorsteherdrüse, Harnröhre,* weibliche *Geschlechtsorgane).*

Q

Quaddel, s. *Nesselsucht.* Umschriebenes *Ödem* der Haut.

Quarantäne (Kontumaz): Absonderung von *Infektionskranken* oder -verdächtigen in besonderen geschlossenen Abteilungen; Ausgangssperre für Besatzungen und Löschsperre für Ladungen von Schiffen, die Infektionskranke an Bord haben oder aus infektionsverdächtigen Gebieten kommen, um eine Weiterverbreitung zu verhindern.

Quark, Topfen, Sauermilchkäse: billiges, hochwertiges Nahrungsmittel. Man läßt Vollmilch, Magermilch oder Buttermilch dick werden, schöpft den Rahm ab und stellt die Sauermilch an einen warmen, nicht zu heißen Ort. Der Käsestoff wird in einem Tuch ausgedrückt. Wird zu Heilzwecken als Auflage oder Wickelgrundlage bei allen mit Fieber verbundenen akuten Krankheitszuständen, Entzündungen des Rippenfells, der Lunge, der Gelenke, Nieren, Venen und Augen verwendet. Hat bei geringer örtlicher Reizwirkung starke Kühlwirkung. Der Käse wird mit dem Käsewasser zu einem dicklichen Brei verrührt. Je feiner er verrührt ist, desto besser wirkt er. Wird fingerdick aufgelegt und mit Zwischentuch und Wolltuch abgedeckt oder umwickelt. Bleibt bis zur gründlichen Erwärmung liegen und wird eventuell mehrmals erneuert. Quark stellt als Milcheiweiß ein leicht verdauliches Eiweiß für die naturgemäße Ernährung dar.

Quark-Leinölspeise wird aus 125 g Quark mit 3 Eßlöffel Leinöl durch inniges Verrühren hergestellt und dient als Zusatzspeise (2. Frühstück) zum Ausgleich von Gewichtsabnahmen.

Quarzlampe, Quarzlicht dienen zur Erzeugung künstlicher *Höhensonnenstrahlen.*

Quecke (Agropyrum repens): Wurzelstock in Abkochung als Rheuma- und Gelenkmittel. 2–8 g Einzelgabe.

Quecksilbervergiftung: überwiegend *Berufserkrankung.* Zeigt Magenbrennen, Erbrechen, Durchfall, körperliche Schwäche, Zittern, Krämpfe, Speichelfluß, blasses Aussehen. Bei akuter Vergiftung (Sublimat) kommt es zu schweren Nierenzerstörungen, die im Bilde einer *Nierenentzündung* oder, wenn die Niere überwiegend zerstört ist, im Bilde der *Harnvergiftung* verlaufen. Bei akuter Vergiftung *Brechmittel, Magen*spülung, Milch, *Heilerde,* Tier-, Lindenholz*kohle.* Bei chronischer Vergiftung tgl. Milchgenuß, Spülen des Mundes mit Salbei, regelmäßige *Mundpflege.* Förderung der Hautausscheidung durch *Schlenz*bäder und *Packungen.* Berufswechsel. Anzeigepflichtige Berufserkrankung. Durch die Umweltvergiftung vieler Gewässer stellt die Quecksilberzufuhr durch den Genuß von Fischen aus diesen Bereichen eine Gefahr für eine Qu. dar.

Quendel (Thymus serpyllum): blühendes Kraut, 2–4 g im Aufguß. Harn-, schweiß- und blähungstreibend. Viel verwendet bei Verdauungsstörungen, Leberleiden und Gallenerkrankungen (Tafel V).

Quercus robur, s. *Eichenrinde.*

Querschnittslähmung: vollständige Unterbrechung des *Rückenmarks* an einer Stelle durch Verletzung, *Blutung, Entzündung* oder *Geschwulst,* führt zu *Lähmung* und *Empfindungs*losigkeit der Beine und des After- und Blasenschließmuskels. Bei Sitz im oberen Halsmark wirkt sie sofort tödlich. Beh.: Beseitigung der Ursache, wenn möglich.

Quetschung: Fall, Stoß, Schlag führen zu Qu. des Unterhautzellgewebes und der darunter liegenden Muskulatur, ohne Verletzung der Hautoberfläche. Durch Zerreißung von Gefäßen und Nerven bildet sich ein schmerzhafter, mehr oder weniger großer *Bluterguß* mit blauvioletter Verfärbung der Haut, der über Grün, Gelb sich allmählich im Laufe von einigen Wochen zurückbildet. Kalte *Wickel, Auflagen* mit Lehm, Arnicawasser. Bch.: Ferrum phosphoricum D6, Kalium chloratum D6, Calcium fluoratum D12 mit Silicea D12.

Quillajarinde: Rinde vom chilenischen Seifenbaum. Saponinhaltig. Abkochungen 4%ig als *auswurffördernde*s Mittel und Beimischung zu *Brusttees.*

Quinkesches Ödem: plötzlich auf der Haut, meist im Gesicht in der Augengegend, aber auch an anderen Stellen auftretende große rote *Quaddeln.* Kann mit *Nesselsucht* einhergehen. Behandlung s. *Nesselsucht.*

R

Rachenentzündung (Rachenkatarrh, Pharyngitis): *Erkältungen,* aber auch Reizungen durch Gifte (Rauch, Tabak usw.) führen zu R., die meist *katarrhalischer* Natur ist. Chronische R. ist sehr hartnäckig und nur durch Fernhalten aller Schädigungen (Rauchen, Alkohol usw.) zu beseitigen. Trockenheit im Hals, quälender Husten, zäher Schleim an der hinteren Rachenwand. Kopfschmerzen und Wundgefühl im Rachen. Beh.: *vegetarische* und *Rohkost. Gurgeln* mit Salbei, Malve, Zinnkraut. *Lehmhalswickel.* Ableitung vom Hals durch *Oberkörper-* oder *Ganzwaschung, Knie-, Schenkel-, Oberguß* oder *Halbbad* im Wechsel. *Tautreten, Barfußlaufen, Wassertreten. Fußdampf, Holzasche-Fußbäder* im Beginn, bald durch *Kaltanwendungen* zu ersetzen. Hp.: Mercurius corrosivus D6, Belladonna D3–6, Apis D3, Ammonium bromatum D3, Arum triphyllum D2–3, Kalium chloratum D6. Bch.: Kalium chloratum D6, Silicea D12, Natrium phosphoricum D6, Kalium sulfuricum D6.

Rachenpolypen: Bezeichnung für Vergrößerungen der Rachenmandel, s. *Mandelvergrößerungen.*

Rachitis, s. *Englische Krankheit.*

Radialislähmung: Lähmung der Hand durch Verletzung des Speichennerven (Fallhand) oder bei *Bleivergiftung.* Behandlung s. *Lähmung.*

Radikalkur: eine die Ursache der Krankheit mit der Wurzel (lat. radix) beseitigende, aufs Ganze gehende Kur. Nebensinn: eine rücksichtslos aufs Ziel vorstoßende Kur, die Belästigungen für den Kranken mit in Kauf nimmt.

Radioaktivität ist die Neigung bestimmter chemischer Grundstoffe (Elemente), ohne äußere Ursache unter Aussendung von Strahlungsenergie zu verfallen. Dabei entstehen durch Umlagerungen der Atomkerne neue Elemente. Neben der natürlichen R. der in der Natur vorkommenden schwersten Elemente (*Radium,* Uran, Thorium, Aktinium u.a.) kennen wir noch die künstliche R. der durch kernphysikalische Umwandlungen gewonnenen künstlichen Elemente, die den bisher bekannten 98 Elementen zugeordnet und in vielen Hunderten von Arten möglich sind (radioaktive Isotopen). Natürliche R. beruht auf der Ausstrahlung von 3 bekannten Strahlungen: Alphastrahlen (positiv geladene Heliumkerne), Betastrahlen (negative Elektronen) und Gammastrahlen (elektromagnetische Strahlen). Letztere sind wegen ihrer großen Durchdringungsfähigkeit in der Heilkunde von Bedeutung. Sie sind außerordentlich kurzwellig und gleichen in ihrer biologischen Wirkung etwa den *Röntgenstrahlen.* Künstliche R.-Strahler können daneben auch positive Elektronen aussenden. Reine Strahler führen bei ungeschütztem Aufenthalt im Strahlungsbereich zu schweren biologischen Veränderungen im Körper: Blutzerfall, Keim- und Fruchtschädigungen.

Radium: *radioaktives* Erdalkalimetall, aus der Pechblende gewonnen. Radioaktive Mineralwässer werden zu *Bade-, Trink-* und *Inhalationskuren* bei *Gicht, Ischias, Neuralgien, Rheuma* und chronischen *Gelenkserkrankungen* verwendet, radiumhaltige Kompressen bei Schmerzzuständen. Radiumbehandlung im engeren Sinne ist die Verwendung von größeren Mengen zur Bestrahlung bösartiger *Geschwülste* und verschiedener *Hautkrankheiten,* sofern sie direkt erreichbar sind, ähnlich wie durch Röntgenstrahlen. Für die Tiefenbestrahlung muß man *Röntgenstrahlen* mitverwenden. Verursacht die gleichen Schäden wie Röntgenstrahlen, s. *Röntgenstrahlenschädigung.*

Radix: Pflanzenwurzel, neben dem Wurzelstock (Rhizom) und der Zwiebel (Bulbus); Rezepturbezeichnung für die (fleischige) Wurzel einer Pflanze.

Rainfarn (Tanacetum vulgare): Blüten und Blätter in Gaben von 0,25–1 g im Aufguß in Teemischungen als Wurmmittel bei Spul- und Madenwürmern. Vorsicht! Größere Mengen verursachen Vergiftungserscheinungen.

Ranzigwerden der Fette: Fette oxydieren bei Lichteinwirkung und bestimmten Bakterien zu Aldehyden, die die *Verdauungs*vorgänge stören.

Raphanus, s. *Rettich.*

Rasse, s. *Konstitution.*

Raubbau ist die Ausbeutung des Naturstoffreichtums, ohne dafür zu sorgen, daß auch spätere Generationen Nutzen aus ihm ziehen können. Werden die durch den Pflanzenabbau verbrauchten Stoffe dem Boden nicht wieder zugeführt, Wälder rücksichtslos abgeholzt, ohne für Aufforstung zu sorgen, Bodenschätze ohne sorgfältige Ausnützung auch der weniger ergiebigen Lager abgebaut, so spricht man von R. In übertragenem Sinne spricht man auch von R. an der Gesundheit, wenn jemand unnatürlich lebt, ständig Reizmittel in übergroßem Ausmaß zu sich nimmt, Körper und Geist überanstrengt und nicht für die notwendige Entspannung sorgt.

Rauchen, s. *Nikotin.*

Raucherbein: Rauchen läßt *aderverhärtende* Prozesse früher und stärker fortschreitend auftreten als normal. Es kommt im Bereich der Beine zunächst zum Bilde des intermittierenden *Hinkens,* d.h. infolge mangelnder Durchblutung beim Gehen tritt ein Schmerz auf, der zum Stehenbleiben zwingt. Nach dem Stehen reicht die Durchblutung, und der Schmerz geht zurück. Bei stärkerem Fortschreiten kommt es zum *Brand* besonders in den Endteilen des Fußes und Beines.

Räuchern: Verfahren zur Haltbarmachung von Fleisch, Speck, Fisch durch Wasserentzug und Aufnahme *fäulniswidriger* Rauchbestandteile (Phenole, Kresol, Kreosot, Formaldehyd, Essigsäure). Ungenügendes R. kann Fäulnisvorgänge in der Tiefe ermöglichen. Mehrwöchige Kalträucherung in der Räucherkammer (16–25°) über Buche, Eiche, Erle oder Wacholder oder Heißräucherung (70–100°, bei Fischen noch höher) durch wenige Stunden.

Rausch: ein enthemmender Zustand, der zeitweise Wohlgefühl und gehobene Stimmung hervorruft, in der Steigerung aber auch zu Raserei und Tobsucht und völliger Hemmungslosigkeit führen kann. Ist meist nach Abklingen von Depression gefolgt. Der Mensch sucht sich ungeachtet der Folgen durch Aufnahme von *Giften,* die solchen R. erzeugen können, in diesen Zustand zu versetzen, der ihn die Schranken des Erdenlebens eine Zeitlang vergessen läßt. Solche Gifte sind in den *Genußmitteln* enthalten. *Alkohol, Nikotin, Bohnenkaffee, Morphium,* Opium, Hanf, Fliegenpilz usw. Übertreibungen und stark wirkende Gifte führen zu völligem Zerfall der Persönlichkeit und Charakteränderungen.
Rauschgifte rufen im Körper mit der Zeit das Bedürfnis hervor, das Mittel immer wieder zu sich zu nehmen, und zwar in steigenden Mengen *(Sucht).* Die stärkeren Rauschgifte sind zu Genußzwecken verboten, und ihr Handel ist gesetzlich geregelt und wird staatlich und übernational überwacht.

Räuspern: meist mit *Heiserkeit* verbundenes Geräusch, das im Kehlkopf bei dem Versuch entsteht, den Schleim von den Stimmbändern zu entfernen. Bei nervösen Menschen kann das R. auch eine Angewohnheit sein, die dann durch Erziehung bekämpft werden muß.

Rauße, J. H., Pseudonym von J. H. Franke,

1805–1848, Schüler *Prießnitz'*, entschiedener Naturheilbehandler. Baute die *Kaltwasserbehandlung* aus und führte eine strengere Beachtung der *Ernährung* in die Naturheilbehandlung ein.

Raynaudsche Krankheit: *Gefäßkrämpfe* der Versorgungsgebiete der Finger und Zehen, die zuerst zu Blässe (Leichenfinger), später zu bläulicher Verfärbung und weiterhin zum *Brand* der befallenen Teile führen. Vor allem in Störungen im *Lebensnervensystem* auf Grund *konstitutioneller* Veranlagung oder von *Gift*einwirkungen (vor allem *Nikotin*) ist die Ursache zu suchen. Beh.: Gesunde Kost, *Wechselbäder,* Regulierung der Gesamtdurchblutung. *Bindegewebsmassage.* Hp.: Secale D2–6, Kreosotum D4.

Reaktion (Gegenwirkung) bedeutet in der Medizin allgemein *Reiz*antwort. In der *Wasserheilkunde* versteht man darunter speziell die Reizantwort des Körpers auf das kalte Wasser. Nach kurzem Zusammenziehen der Hautgefäße kommt es zur Erweiterung. Erfrischendes Wärmegefühl, hellrote Verfärbung und Erwärmung der Haut treten auf. Die R. tritt um so rascher und vollkommener ein, je stärker der Gegensatz zwischen der ursprünglichen Wärme der Haut und der Wassertemperatur ist. Die R. ist das wichtigste Zeichen zur Beurteilung von *Kaltwasseranwendungen.* Das Gegenteil, die sogenannte Mißreaktion, besteht in einer Fortdauer der anfänglichen Gefäßzusammenziehung. Es tritt Frösteln, *Gänsehaut,* blaurot marmorierte Hautverfärbung und ausgesprochenes Unbehagen auf. *Blutarme,* schwächliche, *unterernährte* und zu *Arterienverhärtung* neigende Menschen reagieren oft in dieser Weise; aber auch wenn die Kälteanwendungen am nicht erwärmten Körper oder zu lange und nicht in richtiger Technik verabfolgt werden, oder wenn sonst eine körperliche Indisposition vorliegt, tritt Mißreaktion auf. Sorge für gute Vorerwärmung der Haut, kurzer intensiver Kältereiz begünstigen den Eintritt der R. Niemals bei Frösteln oder kaltem Körper Kaltwasser anwenden; immer durch Bewegung, Vorerwärmung im Bett, Lichtbögen, Wärmeflaschen usw., wenn nötig, für Vorerwärmung sorgen. Nach der Kaltbehandlung durch Bewegung für Wiedererwärmung sorgen, um die R. zu begünstigen und Mißreaktion auszuschalten.

Redox-Potential (Abkürzung für Reduktions-Oxydations-Potential): Die Stoffwechselvorgänge bestehen in einem ständigen Zuführen von *Sauerstoff (Oxydation)* und einer ständigen Wegnahme von Sauerstoff *(Reduktion)* aus den innneren Stoffwechselverbindungen. Bei den Oxydationen werden positive Elektronen frei, bei den Reduktionen nehmen die negativen Elektronen zu. Während die Oxydationsvorgänge Energien freisetzen, benötigen die Reduktionsvorgänge Energiezufuhr. Es gibt besonders im Bereich der Fermente und *Vitamine* Stoffwechselsysteme, die regel- oder unregelmäßig zwischen Oxydations- und Reduktionsvorgängen wechseln. Das R.-P. kann gemessen werden, und die Verschiebung nach der positiven oder negativen Seite kann zur Beurteilung von Krankheitsvorgängen herangezogen werden.

Reduktion ist die Entfernung von *Sauerstoff* aus chemischen Verbindungen, meist durch Bindung an Wasserstoff.

Reflex ist eine regelmäßige, typische und vom Bewußtsein unabhängige Gegenwirkung des Körpers auf einen bestimmten Reiz. Der R. hat zunächst den Sinn, Schäden vom Körper fernzuhalten. Der Reiz wird von Empfindungsnerven dem *Rückenmark* zugeleitet und hier durch einen sog. Reflexbogen direkt auf den Bewegungsnerv umgeschaltet. Nicht alle R. laufen über das Rückenmark, sondern einige über bestimmte Hirnzentren. Blinzelreflex bei Fremdkörperreiz der Hornhaut, Würgreflex bei Berührung der Rachenwand, Pupillenreflex bei Lichteinfall, Muskelsehnenreflex, z.B. beim Beklopfen der *Knie*scheibensehne, u.a.m. Neben diesen unbedingten R., die in jedem Fall eintreten, gibt es auch noch bedingte R., bei denen das Gehirn beteiligt ist und die Erfahrung mitspricht, z.B. Speichelabsonderung bei besonders appetitlich aussehenden oder riechenden Speisen. Die R.e setzen voraus, daß die Leitungsbahnen und der Reflexbogen in Ordnung sind. Fehlen sie, so sind Störungen in diesen Bereichen zu suchen. Daher ihre große Bedeutung für die Krankheitserkennung.

Reformhaus: die *Lebensreform* stellt an die zum täglichen Bedarf nötigen Dinge, wie *Lebensmittel,* Körperpflegemittel, Gesundheitsmittel, Bekleidungsstücke usw., bestimmte Anforderungen, damit die Gewähr für höchsten naturnahen Gesundheitswert gegeben ist. Insbesondere auf dem Gebiet der *Ernährung,* speziell für die *vegetarische* Kost sind bestimmte Voraussetzungen für die verwendeten Lebensmittel notwendig, die im allgemeinen durch den Handel nicht berücksichtigt werden. Um nun dem Verbraucher, der naturgemäß leben möchte, die Sicherheit zu bieten, vollwertige – besonders von chemischen Zusätzen und Färbemitteln freie – Lebensmittel, Säfte, Heil- und Kurmittel usw. verabfolgt zu bekommen, hat die Lebensreform die R. ins Leben gerufen. Diese sind auf genossenschaftlicher Basis in der Neuform, Vereinigung Deutscher Reformhäuser e.G.m.b.H., zusammengeschlossen. Sie führen neben Lebens- und Kurmitteln auch Kleidung, Schuhwerk, Küchengeräte, Körperpflegemittel und Literatur über lebensreformerische Fragen. Inhaber und Nachwuchs der R. werden in eigenen Fachschulen ausgebildet, damit sie die Kundschaft fachgemäß im Sinne der Lebensreform beraten können.

Regel, s. *Menstruation.*

Regenbogenhautentzündung (Iritis): Bei *Rheumatismus, Gicht, Nierenentzündung, Tripper, Zuckerkrankheit, Tuberkulose, Syphilis,* durch Fernwirkung von Erreger- und Stoffwechselgiften oder durch Eindringen von Erregern auf dem Blutwege und durch Verletzungen des *Auges* oder von einem *Hornhautgeschwür* aus kann es zu Entzündung der Regenbogenhaut kommen. Tränen, Schmerzen, enge Pupillen, verwaschene, getrübte Regenbogenhaut sind die wichtigsten Zeichen. Es besteht die Gefahr der narbigen Verwachsung des freien Pupillenrandes mit der Linse und nachfolgendem *grünen Star.* Außerdem besteht starke Rückfallneigung nach Abheilung. Beh.: Lichtschutz des Auges (Klappe, dunkle Brille, dunkles Zimmer). Streng *vegetarische* Kost, keine *Genußgifte. Ableitung* vom Kopf: *Fußbäder, Wadenwickel, nasse Socken, Ableitung* auf die Haut durch *Kurzwickel. Aufschläge* von Quark, Augentrosttee oder Heilerde auf das Auge, nach Erwärmung neu. Pupillenerweiternde Mittel zur Verhinderung der Verklebung. Hp.: Belladonna D3, Bryonia D3, Arsenicum D5, Spigelia D3, Cinnabaris D3. Bch.: Kalium chloratum D6 und Natrium muriaticum D 6 im Wechsel, Ferrum phosphoricum D 6 im Wechsel mit Natrium phosphoricum D6, später Silicea D12.

Regeneration: Erneuerung oder Ersatz von Geweben und Zellen.

Regenerationstherapie: hat sich *Regeneration* und *Revitalisation* zum Ziel gesetzt. Dazu werden verschiedene Formen der *Zelltherapie,* Einspritzungen spezieller Seren und Zellbestandteile oder des Novocain und seiner Abkömmlinge benutzt. Das *Bogomoletz-Serum,* vom russischen Prof. Alexander B. entwickelt, wird aus Knochenmark, Lymphdrüsen und Milz gewonnen. Die R. wird damit über das Bindegewebe angenommen. Bei der Regeneresen-Behandlung werden spezielle Zellbestandteile, besonders die Ribonukleinsäure, isoliert eingespritzt. Die zytoplasmatische Therapie verarbeitet nur den Zelleib ohne den Kern und spritzt ihn in Lösung ein. Auch das Novocain, das in der Neuraltherapie nach Huneke verwendet wird, wird nach der rumänischen Prof. Anna Aslan gespritzt. Das Procain kann eingenommen werden und ist als KH3 allgemein bekannt. Die Seren werden meist innerhalb 3 Wochen in 3 Einspritzungen in einer Woche in die Haut eingespritzt.

Rehabilitation: Drohende krankhafte Störungen zu vermeiden oder nach Abschluß von Krankheiten zurückgebliebene Störungen zu beseitigen, ist Aufgabe der R. Im ersteren Falle sind es Vorsorgemaßnahmen oder -kuren, die eingesetzt werden, damit keine krankhaften Zustände entstehen. Dazu gehören für Kreislaufgefährdete die *Ohlstadter Kuren.* Im zweiten Fall schließen sich an die *Rekonvaleszenz* die Rehabilitationsmaßnahmen an. Die Störungen, die der R. unterliegen, können körperlicher oder seelischer Natur sein.

Reibesitzbad nach Kuhne: In eine Rumpfbadewanne wird eine Fußbank gestellt, auf die sich der Kranke setzt. Das Wasser in der Wanne reicht bis zum Sitz, der selbst aber trocken bleibt. Mit einem groben Leinen-

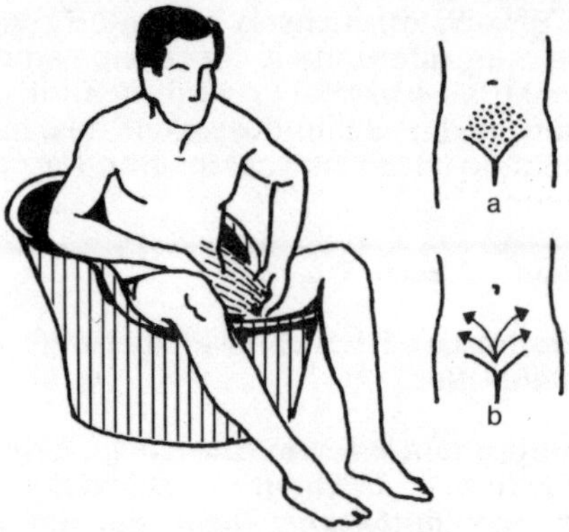

Reibesitzbad: a) Anspritzen, b) Reiben

tuch werden die äußeren Geschlechtsteile sanft gewaschen. 10–15° Wassertemperatur (naturkalt), 10–60 Minuten Dauer. Von den Geschlechtsteilen aus soll aufs *Lebensnervensystem* eingewirkt werden. Bestimmt zur starken Gesamtbeeinflussung, Anregung der Lebenskraft, Einwirkung auf Blase und Geschlechtsorgane und zur Beseitigung hartnäckiger Verstopfung. Modifikation nach Just: im Freien in einer flachen Blech- oder Zementwanne genommen, in der sich handbreithoch kaltes Wasser befindet. Der Kranke spritzt, im Wasser sitzend und die angezogenen Knie weit auseinanderspreizend, das Wasser gegen den Unterleib und reibt sich den ganzen Bauch damit. 10–15 Minuten. Danach kräftig mit den Händen trockenreiben und durch Sonne, Bewegung oder Trokkenpackung für Wiedererwärmung sorgen.

Reinigung, monatliche, s. *Menstruation.*

Reinigungskuren, s. *Blutreinigungskuren.*

Reiz ist in der Biologie alles, was von außen herangetragen auf den Körper, seine Organe und Einzelbausteine, die Zellen, einwirkt. Meist sind es chemisch-physikalische Einflüsse, die als R. auf die Lebensvorgänge einwirken. Der R. erregt die Zellen. Die Fähigkeit, auf R. zu antworten, nennt man Reizbarkeit. Es gehört zu den normalen Tätigkeiten der Körperzellen und der aus ihnen bestehenden Organe, auf bestimmte R. zu antworten. Herabsetzung und Steigerung der Reizbarkeit spricht für krankhafte Veränderungen. Meist handelt es sich um aneinandergereihte Vorgänge, die aufgrund gewisser Reize im Organismus ablaufen und die untereinander abhängig sind.

Reizbarkeit, s. *Reiz,* ist das Kennzeichen der Lebensfunktionen.

Reizkörperbehandlung: Durch Setzen unspezifischer Reize chemischer und physikalischer Natur werden *Abwehr*reizmechanismen im Körper angeregt, und auf dem Umweg über diese Abwehrmechanismen wird das natürliche Heilbestreben angeregt und unterstützt, s. *Umstimmung.* Man macht aus langsam verlaufenden *akuten* oder *chronischen* Entzündungen von neuem eine schnell verlaufende Erkrankung, die der Körper mit seinen Abwehrmechanismen leichter überwinden kann.

Reizleitungsstörung: Zur gleichmäßigen Steuerung der das Herz treffenden, im Herzen selbst gebildeten Reize zur Zusammenziehung der Herzmuskulatur dient das Reizleitungssystem, ein besonderes Nerven- und Muskelbündel im Herzmuskel. Übererregbarkeit, Untererregbarkeit und Unterbrechung im Bündel machen sich in Beschleunigung, Verlangsamung, Unregelmäßigkeit und Extratätigkeit der Herzschlagfolge bemerkbar. Extrazusammenziehungen (Extrazystolen) können aufgrund von Übererregbarkeit infolge entzündlicher oder toxischer Schädigung des Herzmuskels, aber auch aus nervöser Übererregbarkeit entstehen. Dauernde oder anfallsweise Beschleunigung der Herztätigkeit (Herzjagen) kann durch Überfunktion der *Schilddrüse* und bei Übererregbarkeit im *Lebensnervensystem* auftreten (Paroxysmale Tachykardie). Völlige Unregelmäßigkeit des Pulses kommt bei narbigen Unterbrechungen in der Vorhofsmuskulatur vor. Unterbrechungen der Reizleitungen führen zu Verlangsamungen (Herzblock). Behandlung besteht in Regelung der Lebensweise, naturgemäßer Ernährung, Bewegungsbehandlung, Anregung des Blutumlaufs durch *Arm-, Fußbäder* und *Güsse,* Beruhigung des Nervensystems. Behandlung der *Schilddrüsenfunktion.* Anfallsweises Herzjagen kann durch

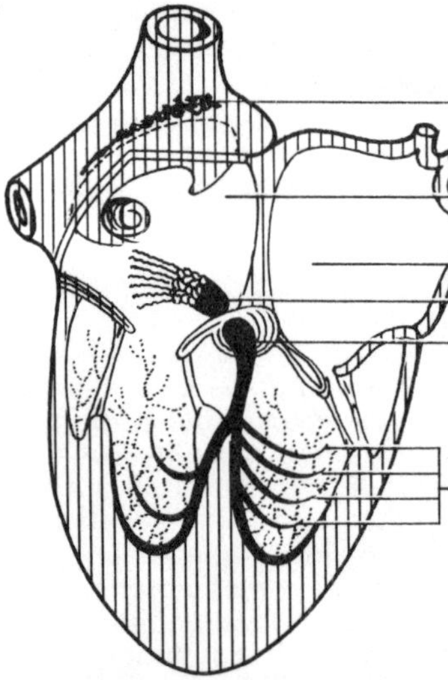

Reizleitungssystem

kräftigen Druck auf die geschlossenen Augen unterbrochen werden. Aschners Augapfeldruck. Hp.: Cactus∅, Oleander∅, Strophanthus D2.

Rekonvaleszenz, s. *Genesung.*

Rektal: vom *Mastdarm* aus.

Rektum, s. *Mastdarm.*

Reposition: Zurückbringen eines in den *Bruch*sack getretenen Eingeweideteils in die Bauchhöhle. Wiedereinrichtung eines verrenkten oder gebrochenen Gliedes durch Kunstgriffe.

Resorption: Aufnahme von Stoffen in das Gewebe. Aufsaugung von Nährstoffen im Darm, von Blut im Gewebe, von *Ausschwitzungen* im Gewebe und in freien Körperhöhlen; von Stoffen, die künstlich in den Körper eingeführt wurden (Spritzen, Gasfüllungen usw.). Auch über die Haut können unter besonderen Bedingungen Stoffe resorbiert werden.

Respiration, s. *Atmung.*

Reststickstoff ist der nach Entfernung des Eiweißstickstoffes im Blut*serum* verbleibende Stickstoff, der aus den Endstoffen des Eiweißstoffwechsels stammt. Bei Ausscheidungsstörungen der Niere erhöht. Normal 35–40 mg%. Er wird im Blut und selten in der Gehirnflüssigkeit bestimmt. Erhöhung ist Zeichen der inneren *Harnvergiftung.*

Retina, s. *Auge.*

Retroflexio: Rückwärtsverlagerung der *Gebärmutter.*

Retrograde Amnesie: rückläufige Erinnerungslücke. Wichtiges Zeichen der *Gehirnerschütterung.* Nicht nur für die Zeit der Bewußtlosigkeit, sondern auch für die Zeit vor dem Unfall besteht Erinnerungslücke.

Retroversio: Rückwärtsverlagerung der *Gebärmutter.*

Rettich (Raphanus niger): frisch geriebene Wurzel als Leber- und Gallenmittel, zur Anregung der Ausscheidung.

Revitalisation: volle Wiederherstellung eines Gewebes, Organs und der Organfunktion. Subjektive Besserung des Allgemeinbefindens und der geistigen und körperlichen Leistungsfähigkeit.

Rezidiv, s. *Rückfall.*

Rezidivierend: zeitweise wiederkehrende Krankheit.

Rhabarberwurzel (Rhizoma Rhei): vom Medizinalrhabarber Rheum palmatum. In kleinen Gaben zur Appetitanregung, in Gaben von $^1/_2$–1 g als *Abführmittel* in Pulver und Pulververarbeitungen (Tafel III).

Rhagaden, s. *Schrunden.*

Rhamnus catharticus, s. *Kreuzdorn;* Rh. frangula, s. *Faulbaumrinde.*

Rheumatismus bedeutet eigentlich Fluß und kommt von der Vorstellung des Herumfließens der Krankheitsstoffe im Körper. Schmerzhafte, entzündliche und durch Stoffwechselgifte bedingte Erkrankungen der *Muskeln, Gelenke* und serösen Häute. Erkältungsschäden sind oft auslösende, infektiöse und toxische Vorgänge im Körper die eigentlichen Ursachen der Schädigungen. Als besondere Entzündungsform treten dabei charakteristisch gebaute Rheumaknötchen auf. Die toxischen Schädigungen gehen oft von Eiterherden im Körper (s. *Herdinfektion*) aus und können sich auch auf *allergischer* Basis auswirken. Beh.: Suche und Beseitigung wirklicher Herde ist daher Voraussetzung jeder Heilbehandlung bei diesem Leiden. *Fasten,* Saftfasten, *Rohkost, vegetarische* Kost, je nach Umfang des Leidens. Im akuten Zustand *Ganzwaschungen, Güsse,* bei chronischen Formen neben Ganzwaschungen *warme Heublumenvoll-* und *-teilbäder, Heublumenhemden, Haferstrohvollbäder, Heublumensäcke* im Wechsel mit Essig- oder *Lehmwickeln.* Andampfungen, *Dampfkompressen, Wechselgüsse, Pakkungen, Fango, Moor. Schlenz*bäder. *Sauna, Massage,* Sonnenbäder. Ausleitende Tees: Weidenrinde, Mädesuß, Sandsegge, Schilf-, Binsen- und Riedgraswurzel, Wasserpfeffer, Birkenblätter, Goldrute, Birken-, Brennessel-, Wacholdersaft. *Umstimmungs*maßnahmen. *Baunscheidtismus, Schröpfen, Eigenblutbehandlung.* Hp.: s. *Muskel-* oder *Gelenkrheumatismus.*

Rheum officinale, s. *Rhabarber.*

Rhinitis, s. *Nasenschleimhautentzündung.*

Rhinophym, s. *Kupferrose.*

Rhizom: Rezepturbezeichnung für den Wurzelstock einer Pflanze.

Riechnerv, s. *Geruch.*

Riechschleimhaut, s. *Nase.*

Rikli, Arnold, 1823–1906, Schweizer Fabrikbesitzer, wurde zum Vorkämpfer der *Sonnen*lichtbehandlung und stellte den Wechselreiz der Atmosphäre in den Vordergrund seiner Heilmaßnahmen.

Rinderbandwurm, s. *Bandwurm.*

Ringelröteln: harmlose Kinder*infektionskrankheit,* die mit ringförmigen, roten Flecken im Gesicht, an Beinen und Armen (Streckseiten) einhergeht. Die Ringe können zusammenfließen und girlandenförmige Bilder geben. Der Ausschlag verstärkt sich zu dunkel- und blauroten Verfärbungen und geht dann in Abblassung über. Dabei besteht niedriges Fieber und Unpäßlichkeit. Behandlung siehe *Fieberbehandlung.*

Rippen, s. *Brustkorb.*

Rippenfellentzündung (Pleuritis): Entzündung des *Brustfell*raums durch Krankheitserreger, die auf dem Blut- und Lymphweg oder direkt von der Lunge oder der Bauchhöhle einwandern. Trockene R. mit Auflagerung von Faserstoff oder feuchte R. mit Ansammlung von Erguß und *Eiter* in der Brusthöhle. Bei der trockenen R. Stechen beim Atmen, Reizhusten und Fieber, bei der feuchten R. Atemnot, Beengung, auch Verdrängungserscheinungen des Herzens, meist ohne größere Schmerzen. Die feuchte entzündliche Ansammlung nennt man *Exsudat,* die Eiteransammlung Empyem. Nach dem Abheilen kommt es nicht selten zu Verwachsungen der *Pleura*blätter und zur Bildung einer Bindegewebsnarbe (Schwarte). Bei R. muß immer eine *Tuberkulose* sorgfältig ausgeschlossen werden, wenn sie ohne vorhergehende entzündliche Krankheit entstanden ist. Beh.: *Fasten, Obst,* bei der feuchten Form *Trockenkost.* Während des Fiebers *Fieber*behandlung. Trockene R.: für warme Füße sorgen, mehrmals tgl. *Essigwasserwaschungen* bis zur Schweißbildung. Vormittags Kurzwickel, nachmittags *Wadenwickel, Fußdampf* bei gutem Kräftezustand. Feuchte R.: wenige *Essigwasserwaschungen, Lendenwickel, Quarkauflagen.* Bei großer Atemnot Ablassen der Flüssigkeit durch Pleurapunktion. Bei Eiterbildung: *Essigwasserwaschungen. Bockshornkleeaufschläge.* Operative Eröffnung durch Rippenresektion. Frühzeitige *Atemgymnastik,* lange in der Genesungszeit fortgesetzt, um Verwachsungen zu verhindern. *Eigenblutbehandlung.* Hp.: Bryonia D1–3, Cantharis D4–6, Apis D3, Tartarus emeticus D6, Kalium carbonicum D4, Abrotanum D1, Arsenum jodatum D4, Arsenicum D5, Mercurius solubilis D4, Hepar sulfuris D6, Bch.: Ferrum phosphoricum D6, Kalium chloratum D6 im Wechsel bei trockener R.; Natrium muriaticum bei wässeriger R.; Natrium sulfuricum D6, Natrium phosphoricum D6, Silicea D12 bei Eiterung; Calcium fluoratum D12, um der Verschwartung vorzubeugen.

Rizinusöl: fettes Öl aus den Samen von Ricinus communis. Während die Samen giftig sind, ist das Öl nicht giftig. Milde wirkendes *Abführmittel* durch Darmreizung, 1–2 Eßlöffel, am besten in heißem Kaffee oder eingequirlt in Milch.

Roederbehandlung: Dr. Heinrich Roeder (1866–1938), Arzt in Elberfeld, geht davon aus, daß die *Mandeln* als Ausscheidungsorgan eine zentrale Stellung im *Lymphgefäßsystem* einnehmen.
Ihre Entfernung beraubt das Lymphgefäßsystem seines wichtigsten Ausscheidungsorgans und stört die Entgiftungsmöglichkeiten des Körpers. Durch die Kau- und Schluckbewegungen werden die Mandeln periodisch ausgedrückt und ihre Ausscheidung angeregt. Die R. greift nun direkt an den Mandeln an und fördert ihre Ausscheidung durch Absaugen mittels einer Glasglocke. Den *Bakterien* wird der Nährboden entzogen, der Lymphstrom wird angeregt, die entgiftende Funktion der Mandeln wird gesteigert, und reflektorisch wird Einfluß auf die verschiedensten Organe ausgeübt. Neben der Gaumenmandelabsaugung besteht die R. noch aus einer Massage der Rachenmandeln mit einem wattearmierten Haken, einer Massage der Gaumenmandeln mit einem wattearmierten Finger und einer Massage der Nasenschleimhaut mit einer wattearmierten Knopfsonde. Starke Allgemeinwirkung, Förderung des Säftestroms, günstige Wirkung auf die örtlichen Krankheitsvorgänge, Abheilung chronischer Mandel- und Nasen-Rachenschleimhautentzündungen.
Bei *Fasten-* und *Rohkostkuren,* insbesondere bei Hochdruckbehandlung, wird die R. laufend als Reinigungsmaßnahme des Körpers durchgeführt.

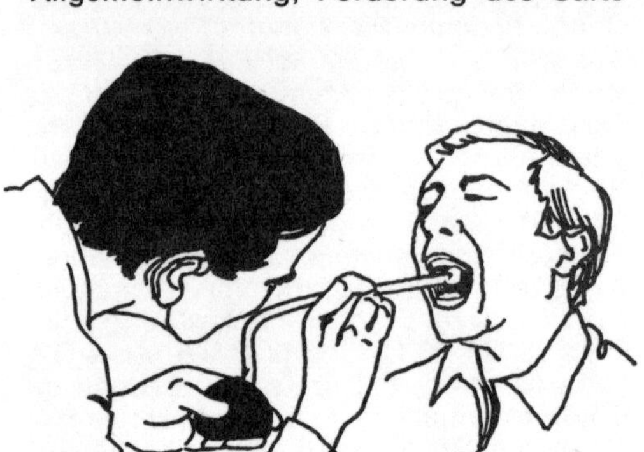

Rohkost besteht aus rohem *Obst, Gemüse,* Salaten und *Nüssen.* Heilkost zur Umstimmung und Entlastung des Stoffwechsels. Entzündungswidrig und heilungsfördernd. Als alleinige Dauerkost ist sie nicht gedacht und auch wohl auf die Dauer unvollkommen. Sie soll aber immer einen großen Teil der täglichen gesunden Kost darstellen.

Rohkostbereitung: Nur tadellose Pflanzen verwenden. Sehr gründlich *reinigen.* Blattgemüse und Blattsalate sollen zur Wurmeierbekämpfung wenigstens 10 Minuten in einer Kochsalzlösung (1 gestrichener Teelöffel auf 1 Liter Wasser) liegenbleiben. Kohlarten läßt man besser 20 Minuten liegen. Danach unter fließendem Strahl oder in großen Schüsseln waschen. Blattsalate gut abtropfen lassen (Durchschlag, Schwenken in frischem Küchenhandtuch). Junge Wurzeln und Knollen mit einer kleinen scharfen Bürste reinigen und unter dem fließenden Strahl nachspülen; schaben und schälen nur in Einzelfällen notwendig, wenn die Fläche sich nicht gut reinigen läßt. Die *Zerkleinerung* muß mit Nirostamessern und -geräten geschehen, um Vitaminverluste und Fermentveränderungen zu vermeiden. Sie soll bei gesundem Gebiß nur grob sein. Zu starke Zerkleinerung – wenn sie nicht aus kautechnischen Gründen (Gebiß) notwendig ist – nimmt der Rohkost viel von ihrem gesundheitlichen Wert. Daher ist die Verwendung von Rotationszerkleinerern (Multimix, Starmix usw.) bei der Rohkostbereitung im allgemeinen kein Vorteil. *Würzen* ohne Kochsalz nur mit einheimischen Würzkräutern. Petersilie, Schnittlauch, Zwiebel werden dabei am meisten gebraucht, doch verwendet man auch andere, weniger bekannte, aber sehr herzhaft schmeckende Kräuter wie Basilicum, Dill, Estragon, Kerbel, Majoran, Melisse, Pimpinelle, Raute, Rosmarin, Tripmadam. Wenig saftreiche Gemüse gibt man mit Tunken. Die *Rohkostgrundtunke* besteht aus 3 Teilen Öl

und 1 Teil Zitrone oder Weinessig, die mit einem Schneebesen bis zum Trübwerden geschlagen werden. Dazu fügt man fein zerhackt Würzkräuter in folgender Zusammenstellung: viel Borretsch, Estragon, Dill und wenig Melisse und Pimpinelle. Man kann noch etwas Majoran und Thymian, Basilicum, Liebstöckel und reichlich Melisse und Tripmadam hinzufügen, ebenso Schnittlauch, oder an Stelle dieser Kräuter mehr von den Wildkräutern Schafgarbe, Löwenzahn, Sauerampfer und Gundelrebe Gebrauch machen. *Rohkostmayonnaise:* 1 Eidotter mit etwas kaltem Wasser glattrühren und tropfenweise Öl dazurühren. Wird die Mischung dick, Öl in feinem Strahl unter ständigem Rühren dazugeben. Mit etwas Zitronensaft abschmecken. Geriebener Knoblauch kann in geringer Menge dazugegeben werden. 1 Eidotter reicht für 1/2–1 Liter Öl. Durch Zurühren von sahnig gequirlter Sauermilch oder süßem Rahm kann die Rohkostmayonnaise jederzeit verlängert und im Geschmack verändert werden, durch Zufügen verschiedener Würzkräuter können Geschmacksunterschiede erreicht werden. Zur Abwechslung kann man mit Tomatenmark oder Rahm durch Verrühren mit Öl, Zitronensaft und Würzkräutern in ähnlicher Weise Tunken für die Rohkost herstellen. Was ohne Würzung und Tunke genossen werden kann, soll möglichst ursprünglich gegeben werden. Möhren, Gurken, Tomaten, Rettiche eignen sich hier besonders. Die Zubereitung, vor allem die Zerkleinerung der Rohkost, soll möglichst kurz vor dem Anrichten vorgenommen werden, um Veränderungen in Geschmack, Aussehen, Vitamin- und Fermentgehalt zu vermeiden. *Bircher-Benner* fordert, daß möglichst Wurzelgemüse, Blattgemüse und Gemüsefrüchte gleichzeitig genommen werden.
Grüne Bohnen eignen sich nicht zur Rohkost, da sie einen Giftstoff enthalten, der erst durch Erhitzen unschädlich wird.
Wurzelgemüse:
Möhren grob geraspelt, ohne Zutat;
Rettich grob geraspelt, mit Grundtunke;
Sellerie grob geraspelt, mit Mayonnaise;
Kohlrabi mit Rahmtunke;
Schwarzwurzel mit Grundtunke;
Rote Bete mit Rahmtunke.
Blattgemüse:
Kopfsalat, Feldsalat, Endivie mit Kräutertunke;
Spinat mit Kräutertunke, Kraut feingehobelt mit Mayonnaise;
Sauerkraut mit Grundtunke.
Gemüsefrüchte:
Tomaten, Gurken, Blumenkohl, Kürbis roh oder mit Kräutern und Tunken.
Zum Obst können Knusperflocken gereicht werden. Zum Frühstück Getreide-Früchtespeise *(Birchermüsli, Kollathfrühstück, Kruska).*

Rollier, August, geb. 1874, Schweizer Arzt, in Leysin. Begründer der Gebirgs*höhensonnen-* und *Klimabehandlung* der *Knochen-* und *Gelenktuberkulose.*

Römisch-irisches Bad, s. *Heißluftbad.*

Röntgenstrahlenschädigung: Auf der Haut verursachen Röntgenstrahlen zunächst Rötung, Blasenbildung und dann Absterben der Zellen, schließlich entstehen schlecht heilende *Geschwüre,* die dann in *Krebs* übergehen (Röntgenkrebs). Außerdem kommt es zu Keimschädigungen und Allgemeinwirkungen, besonders Blutschädigungen und Röntgen*kater.*
Auch diagnostische Untersuchungen mit Röntgenstrahlungen dürfen nicht zu umfangreich und in kurzen Intervallen durchgeführt werden, um R. zu vermeiden.

Rosacea, s. *Kupferrose.*

Rose, Erysipel, s. *Wundrose.*

Röse, Carl, Dr. med., Zahnarzt. Ernährungsforscher. Stellte – zum Teil in langjährigen Eigenversuchen – fest, daß bei rein pflanzlicher Ernährung das Eiweißminimum niedrig (20–30 g) sein kann. Erwies den Wert der *basenreichen Ernährung* und eines gesunden *Mineralstoffwechsels* für die Gesundheit und die Bekämpfung des Zahnverfalls.

Rosmarinus officinalis: Blätter 1–2 g im Aufguß als Einzelgabe. Verdauungsfördernd, schweiß- und harntreibend. Förderung zu schwacher Periode (Tafel XIII).

Roßkastanie (Aesculus hippocastaneum) mit dem Wirkstoff Aesculin, wirkt gewebeabschwellend und wird in Präparaten vor allem als Venenmittel bei Krampfadern, Hämorrhoiden u. bei Stauungen verwendet. Rinde und Früchte in Abkochung (Tafel XIII).

Röteln (Rubeola): ansteckende Viruskrankheit des Kindesalters. Kleinfleckiger, *masern*ähnlicher Ausschlag mit Schwellung der Nackendrüsen. Angina mit *Bindehautkatarrh* kommt dabei vor. Leichtes, kurz andauerndes Fieber.
R. in der Schwangerschaft auftretend führt oft zu Mißbildungen bei den Kindern. Daher wird heute für werdende Mütter vor der Schwangerschaft R.-Impfung empfohlen.
Beh.: Tgl. öfter kalte *Waschungen,* warmes Bad mit kaltem Abguß, *Fasten,* Beseitigung bestehender *Verstopfung.* Hp.: Dolichos pruriens D3. Bch.: Ferrum phosphoricum D6 alle Viertelstunde.

Rotlauf (Erysipeloid): der *Wundrose* ähnliche Erkrankung. In beiden Fällen handelt es sich um spezielle Erreger, die über kleine Hautwunden zu einer unregelmäßig fortschreitenden, leicht erhabenen Rötung der Haut und zu hohem Fieber führen. Der R. wird durch den Erreger des Schweinerotlaufs erzeugt und durch Fleisch, auch Krebse, übertragen. Fieber, oft hoch mit Schüttelfrost, Rötung und Schwellung der Haut, nach Abheilung nicht selten schuppend. Beh.: *Lehm-* und *Quarkauflagen.* Heiße Tücher und anschließend kalte Waschungen. Bei Fiebersteigerung *Kurzwickel. Fasten, Obstsaft, Obsttage.* Darmreinigung durch *Klistiere.* Hp. und Bch.: s. *Wundrose.*

Rotlichtbehandlung: Rotlicht wird durch Glühlampen aus rotem Glas oder mittels Rotfilter erzeugt. Langwellige Wärmestrahlen. Schmerzlindernd bei *Nerven-* und *Muskel*schmerzen, *Ekzemen.* Ähnliche Strahlen ergibt die *Solluxlampe.*

Rotz (Malleus): beim Menschen selten. Rotzbazillen gelangen mit dem Nasenschleim erkrankter Pferde über kleine Hautwunden in den Körper. Zunächst entstehen örtliche Entzündungen mit Lymphstrangentzündungen und führen zu Muskeleiterungen, Geschwüren an der Nase, im Rachen und Kehlkopf, Lungenentzündung, hohem Fieber, septischem Zustand. Behandlung wie Blutvergiftung. Heiße *Ganzwickel mit Heublumen,* örtlich *Bockshornkleeauflagen.* 1/2stdl. kalte *Essigwasserwaschungen. Fasten, Obstsäfte, Obst.* Reichlich trinken.

Rubeola, s. *Röteln.*

Rückenguß: Begießung der gesamten Körperrückseite. Folge: re. Fuß, Außenseite des Körpers zur Hüfte, ohne Verweilen an der Innenseite zur Ferse zurück. Li. gleichfalls bis zur Hüfte. Man gibt dem Patienten etwas Wasser in die li. Hand, damit er sich Brust und Herzgegend benetzt. Man geht von der li. Hüfte über die Mitte der Oberschenkel zum re. Arm und wäscht gleich-

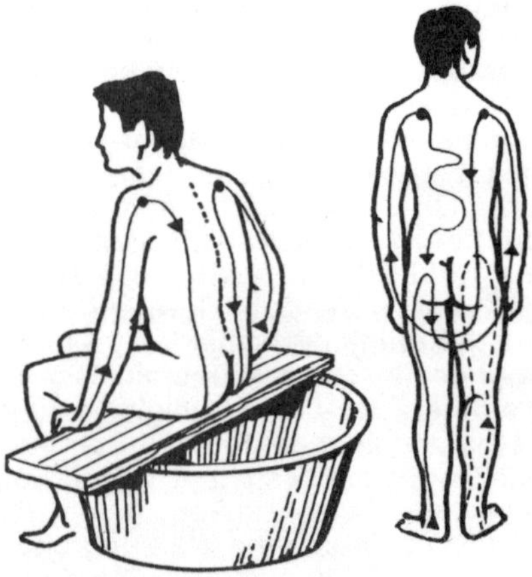

Rückenguß im Sitzen und Stehen

zeitig den Rücken des Patienten mit einer Handvoll Wasser ab, damit der Kältereiz in seiner Schroffheit gemildert wird. Jetzt Schlauch senkrecht halten und über den re. Arm bis zur Höhe des re. Schulterblattes führen und kurze Zeit verweilen. Wassermantel über re. Schulter und Rückenseite sowie re. Arm. Rücken abwärts über Oberschenkelmitte zum li. Arm, aufwärts zum li. Schulterblatt, verweilen wie re. und 2mal von einer Rückenhälfte zur anderen unterhalb des Gesäßes wechseln, um eine direkte Begießung der Wirbelsäule zu vermeiden. Langsam jeweils über die Arme hochführen, zum tiefen Atmen auffordern. Nach Eintritt der *Reaktion* Beendigung durch Abwärtsführen auf der li. Seite. Bei schwächlichen Personen wird der R. im Sitzen nach vorheriger Benetzung von Brust und Rücken gleich bei den Armen begonnen. Zur gesteigerten Durchblutung des

Rückenmarks, Anregung von Atmung, Herztätigkeit und Baucheingeweiden. Anwendung bei Rücken- und Rückenmarkserkrankungen, Bronchialasthma, Lungenkrankheiten, Fettsucht, Anregung der blutbildenden Organe. Bei allgemeiner Schwäche, nervöser Schwäche, Herz- und Kreislaufstörungen darf der R. nicht angewendet werden. Wird von vielen als unangenehm empfunden und schwer vertragen und daher nur selten und mit großer Zurückhaltung verordnet.

Rückenmark ist die unmittelbare dornförmige Fortsetzung des Gehirns und ist ein Teil des Zentral*nervensystems*. Wie das *Gehirn* von der *Schädel*kapsel, so ist das R. von dem aus den Wirbelringen gebildeten knöchernen Wirbelkanal geschützt, entsprechend der weichen und harten Gehirnhaut ist es von einer weichen und harten Rückenmarkshaut mit *Gehirn-Rückenmarksflüssigkeit* umgeben. Der Übergang des Gehirns zum R. ist das verlängerte Mark (Medulla oblongata). Wie in einem großen Telegraphenkabel sind die zum Gehirn führenden und die vom Gehirn wegführenden Nervenfasern in einzelnen Bündeln angeordnet. Das R. besteht wie das Gehirn aus grauer, vorwiegend *Ganglienzellen* enthaltender Substanz und aus weißer Substanz, den Leitungsbahnen. Die graue Substanz ist im Inneren um den Zentralkanal des R. im Querschnitt schmetterlingsförmig angeordnet und außen von den Leitungsbahnen umgeben. Aus den vorderen Ausbuchtungen der grauen Substanz (Vorderhörner) entspringen die zu den Muskeln ziehenden, der Bewegung dienenden Nervenfasern, die beiderseits in den vorderen Wurzeln aus dem R. treten und die peripheren Nerven bilden. Die Bahnen, die die Sinnesreize von Haut, Knochen und Muskeln herleiten, treten auf der Hinterseite in den sog. Wurzeln ins R., sammeln sich in den Hintersträngen der weißen Substanz und ziehen hier zum Gehirn. In den Vorder- und Seitensträngen sind die vom Gehirn zum R. ziehenden, der Bewegung dienenden Nervenfasern (Pyramidenbahnen) angeordnet. Das R. füllt den Wirbelkanal in seinem unteren Teil nicht vollständig aus. Die aus den unteren Teilen entspringenden Wurzeln verlassen nicht wie die übrigen den Wirbelkanal sofort, sondern begleiten das R. und füllen das Ende des Rückenmarkkanals als sog. Pferdeschweif (Cauda equina) aus, bevor sie aus dem Wirbelkanal heraustreten.

Rückenmarkkrankheiten: Wie das *Gehirn* kann das R. als Ganzes sowie in einzelnen Teilen erkranken. Entzündungsvorgänge können sich in den Rückenmarkhäuten wie auch in der Substanz – *Kinderlähmung, multiple Sklerose,* Rückenmarksentzündungen (Myelitis) – abspielen. Auch *Geschwülste* können von den Häuten oder der Substanz ausgehen. Durch Druck oder direkte Unterbrechung verursachen sie Leitungsstörungen, die sich in Ausfällen äußern.
Manche R. sind Teilerscheinungen einer Erkrankung des ganzen Nervensystems. Behandlung nach der Ursache. Rechtzeitige Erkennung ist oft ausschlaggebend für den Umfang der Heilungsmöglichkeiten.

Rückenmarksschwindsucht (Tabes dorsalis) ist eine Spätfolge einer *syphilitischen* Erkrankung. Es fallen dabei die in den Hintersträngen des Rückenmarks liegenden Nervenfasern aus. Unsicherer, holperiger Gang, weil die Gefühlskontrolle für die harmonische Gesamtbewegung der Beinmuskulatur wegfällt. Kribbeln, Pelzigsein in den Beinen, blitzartig in die Beine oder ins Magengebiet schießende Schmerzen. Störungen der Harnblasenentleerung, Gürtelgefühl in der Oberbauchgegend. Mit der Zeit können auch die vorderen Bewegungsbahnen des Rückenmarks getroffen werden und *lähmungs*ähnliche Erscheinungen auftreten. Kniereflexe verschwinden. Beh.: *Vegetarische* Kost, *Rohkost, Stuhlgang*regelung, *Ganz-* und *Oberkörperwaschungen, Unteraufschläger, Lendenwickel,* warme *Holzasche-Salz-Fußbäder.* Das wichtigste Mittel ist aber eine konsequent durchgeführte Fieberkur durch *Schlenz*bäder mit hohen Badetemperaturen und kurzen Abständen. Hp.: Sulfur D10–15, Thuja D10–15, Secale cornutum D3–10, Rhus toxicodendron D6–15, Phosphorus D10–15, Nux vomica D4–12, Argentum nitricum D4–10.

Rückfall *(Rezidiv):* Wiederausbruch oder erneutes Auftreten einer Krankheit, die bereits geheilt schien. Wiederauftreten einer entfernten *Geschwulst* an derselben Stelle.

R

Rückfallfieber (Febris recurrens): Infektion durch *Spirochäten* über *Läuse* und Zecken. Schüttelfrost, hohes Fieber, Benommenheit, Kreuzschmerzen. Nach 5–6 Tagen Fieberabfall mit Durchfällen und Schweißausbruch. Nach 1–2 Wochen erneuter Fieberanfall von 5–7 Tagen. Diese »Rückfälle« können sich, immer milder werdend, bis zu zehnmal wiederholen. Behandlung wie beim *Typhus.* Auch in der fieberfreien Zeit müssen Wasserbehandlungen durchgeführt werden. 3–5mal tgl. *Ganzwaschungen,* außerdem *Kurzwickel.*

Rückgrat, s. *Wirbelsäule.*

Rückgratverkrümmung (vgl. *Haltung*): Ursache *Rachitis,* Bänder- und Muskelschwäche des Rückens, *tuberkulöser* Zerfall von Wirbelkörpern. Säuglings- und *Entwicklungsalter* kommen für das Entstehen der Störungen vornehmlich in Frage. Verkrümmungen, die zum Hohlkreuz führen, nennt man Lordose, seitliche Verkrümmungen Skoliose und den scharfen kleinen *Buckel,* der durch meist tuberkulösen Zerfall einzelner Wirbelkörper entsteht, Gibbus. Verhütung der Rachitis durch naturgemäße Lebensweise in den entscheidenden Jahren. Behandlung des Grundleidens. Wenn ausgebildet, Besserung anstreben durch *gymnastische Übungen,* Kriechübungen, Übungen an der Hängeleiter, *Massagen.* Allgemeinkräftigung.

Rückwärtsverlagerung der Gebärmutter: Bei allgemeiner Bindegewebsschwäche und Dehnung der *Mutterbänder* wird die R. d. G. durch zu langes Zurückhalten des Harns und zu starke Blasenfüllung, durch Blutstauung im kleinen Becken als Folge chronisch *kalter Füße* und durch langjährige *Stuhlverstopfung* begünstigt. Die Gebärmutter knickt nach hinten um und verstärkt die Stauung. Dadurch entstehen Kreuzschmerzen, Druck, Völlegefühl, nach den Seiten und zu den Beinen ziehende Schmerzen, Harndrang, schmerzhafte verlängerte Regel, Kopfschmerzen, Magendruck, Übelkeit, Erbrechen, Herzklopfen, Mattigkeit, Schlaflosigkeit und seelische Depressionen, Beh.: Gesunde Kost, Regelung der Darmtätigkeit, *Gymnastik, Massage* der Beine und innere Massage nach *Thure-Brandt. Kaltfuß*behandlung, kaltes *Halbbad* vom Bett aus, warmes *Haferstrohbad* mit kalter *Abwaschung. Leibauflage, Wassertreten.*

Ructus, s. *Aufstoßen.*

Ruhr (Dysenterie): *Infektionskrankheit* durch Ruhrbazillen (mehrere Typen) oder einzellige Darmlebewesen *(Amöben).* Übertragung durch Lebensmittel und Getränke, wobei Fliegen als Zwischenträger von den Ausscheidungen kranker Menschen zu den Lebensmitteln eine Rolle spielen, besonders in warmen Ländern und warmer Jahreszeit. Appetitlosigkeit, Leibschmerzen, häufige Durchfälle mit schmerzhaften Darmkrämpfen, dabei Entleerung von Schleim und Blut. Lungen-, Nerven- und Gelenkentzündung (Ruhrrheumatismus) können Begleitkrankheiten sein. Amöbenruhr ist die tropische R. Verläuft leichter, kommt aber öfter wieder und kann zu *Leberabszessen* führen. Beh.: Beginn *Rizinusöl* mit anschließendem Tee*fasten. Apfeltage* nach Heisler oder *Heidelbeeren. Essigauflage* heiß auf den Leib, bei Fieber kalte *Waschungen.* Innerlich: *Heilerde,* getrocknete Heidelbeeren, Tee von Pfefferminz, Gänsefingerkraut, Kamille, Tormentille. Hp.: Mercurius corrosivus D6, Colchicum D3–4, Colocynthis D3–6, Aloe D3–6, Baptisia D2. Bch.: Ferrum phosphoricum D6 in viertelstündlichem Wechsel mit Kalium chloratum D6, Natrium muriaticum bei plötzlicher Kreislaufschwäche; Calcium sulfuricum D6 bei eitrigen Stühlen; Magnesium phosphoricum D6 bei Leibschneiden; Calcium phosphoricum D6–12 zur Nachbehandlung.

Runzeln: Wenn das Unterhautfettgewebe der Gesichtshaut und die elastischen Fasern schwinden, legt sich die Haut in Falten. Auch eine allgemeine Erschlaffung der Haut kann vorzeitig oder im Verlauf des Alterungsprozesses zur Runzelbildung führen. Tgl. mehrmaliges Waschen der Haut mit kaltem Wasser, Gesichtsmassage 1–2mal wöchentlich. Gesichtsmaske aus *Lehm* oder *Heilerde;* Aufenthalt im Freien bei jeder Witterung kräftigt die Gesichtshaut und wirkt der Faltenbildung entgegen.

Ruptur: Zerreißen von Gefäßen, Muskeln, inneren Organen. Meist operativer Eingriff zum Verschluß notwendig.

S

Sackniere (Hydronephrose): Wird durch Verschluß des *Harnleiters* (Steine, Geschwülste, Narben, Knickungen usw.) der Abfluß des Harns aus dem Nierenbecken verhindert, dann erweitert sich das Nierenbecken, weil die *Niere* immer neuen Harn hervorbringt. Durch den Druck wird das Nierengewebe geschädigt und abgebaut, bis es die Harnproduktion einstellt. Dann besteht die Niere meist nur aus einem großen, mit dünnem Harnwasser gefüllten Sack und spärlichen Resten von Nierengewebe. Im Anfang werden solche Zustände kaum bemerkt, bis Völle und Druckgefühl in der Lendengegend auf den Zustand aufmerksam machen. Nur bei Stauungen auf Grund von *Nierensteinen* kommt es zu äußerst schmerzhaften *Nierenkoliken.* Die Harnmenge wird nicht vermindert, solange die andere Niere in Ordnung ist. Wandern Eitererreger ein, dann tritt Fieber mit Schüttelfrost hinzu, und es entwickelt sich die eiterige S. (Pyonephrose). Dies kommt besonders in der *Schwangerschaft* vor. Man muß versuchen, die Harnwege wieder freizubekommen, was bei Nierensteinen manchmal gelingt; sonst muß das Hindernis operativ beseitigt werden, wenn man die Niere retten will.

Saftfasten, s. *Fasten.*

Salbe (Unguentum): Arzneizubereitung aus Fetten, Ölen, Wachsen, Pflastern oder Vaselinen zur Auftragung auf die Haut oder Einführung in Körperhöhlen oder Wunden.

Salbei (Salvia officinalis): Blätter dienen zu Wundwaschungen und zum *Gurgeln* bei Mund- und Halsentzündungen; innerlich schweißhemmend, durchfallberuhigend. Über die Leber wirkt S. regulierend auf den Zuckerstoffwechsel bei *Zuckerkrankheit* (Tafel XIII).

Salix alba, s. *Weide.*

Salizylsäurehaltige Pflanzen: Als Fiebermittel und als spezifisches Mittel gegen rheumatische Erkrankungen ist in der Schulmedizin die Salizylsäure (auf chemischem Wege gewonnen) vielfach in Gebrauch. Sie hat ihren Namen von der *Weide* (Salix alba), denn deren Blätter, Blüten und Rinde enthalten das Glykosid Salizin, ebenso wie die Schwarzweide (Salix purpurea) und die Schwarzpappel (Populus nigra). Salizin spaltet sich unter dem Einfluß gewisser Fermente in Glykose und Saligenin, den Alkohol der Salizylsäure. Aus ihm entsteht durch Oxydation die Salizylsäure. Die Weidenrinde wird daher in der Pflanzenheilkunde und der biologischen Medizin gepulvert oder im Aufguß zur Rheumabehandlung an Stelle der chemischen Salizylverbindungen verwendet. Man muß aber von den Drogen größere Mengen geben, um Wirkungen zu erzielen. Auch das blühende Mädesüß (Ulmaria filupendula) enthält Salizylsäure und kann als Salizylsäure Verwendung finden. In *Stiefmütterchen* ist gleichfalls Salizylsäure zu finden. Diese Pflanzen sind daher häufig rheumawidrigen Tees beigemengt. Weidenrinde wird in der biologischen Medizin mehrmals tgl. in Gaben von mehreren Gramm bei Rheumatismus gegeben.

Salmonellen, nach dem amerikan. Tierarzt Salmon benannt. Stäbchenförmige Darmbakterien, die in über 1000 Typen vorkommen, zu denen auch der Typhuserreger, sowie die früher bei uns als Paratyphusbazillen bezeichneten Erreger, gehören. Meist über Lebensmittel übertragen, erzeugen sie leichte bis mittelschwere Darminfektionen (Salmonellosen) mit Durchfall u. Erbrechen. S.-*Brechdurchfall.* Bei giftbildenden Arten kann es auch tödliche Erkrankungen geben.

Salpingitis, s. *Eileiterentzündung.*

Salzarme Kost, s. *Kochsalz.*

Salzbäder, als *Voll-* oder *Teilbäder, Wickel* oder *Hemden,* werden nach Kneipp durch Zusatz von 2 v. H. Kochsalz hergestellt.

Salze sind chemische Verbindungen von Säuren und Basen. Die lebensnotwendigen S. müssen dem Körper laufend zugeführt werden. Der Salzbestand ist wichtig für die Aufrechterhaltung des Lebens und wird über selbsttätige Regulationen auf gleichbleibender Höhe gehalten. Blut und Zellflüssigkeit haben einen dauernd gleichbleibenden Salzdruck. Vgl. *Kochsalz.*

Salzfieber: Bei empfindlichem Wärmezentrum können Durst und Überfütterung mit Salz zu *Fieber*steigerungen führen.

Salvia officinalis, s. *Salbei.*

Sambucus nigra, s. *Holunder, Fliederblüten;* S. ebulus, s. *Attich.*

Samen ist in der Pflanzenwelt die befruchtete Dauerform des Keims mit einem kleinen Nahrungsvorrat für den Keim. Beim Menschen die Samenflüssigkeit mit den männlichen Samenzellen. Die Samenzellen werden in den Keimzellen des *Hodens* gebildet; die Flüssigkeit wird von Samenblasen, *Vorsteherdrüse* und kleinen Drüsen der *Harnröhre* ausgeschieden. Der S. dient der Befruchtung der weiblichen Eizelle. Der pflanzliche S. wird als Nahrungs- und Heilmittel viel verwendet. Grundstoff für Ölgewinnung, Mehlgewinnung. S. als Grundlage für *Auflagen* und Pulver. Teebestandteil.

Samenfluß (Spermatorrhöe): Ausfluß von *Samen* ohne geschlechtliche Erregung bei Harn- und Stuhlentleerung bei Jugendlichen oder nach längerer geschlechtlicher Enthaltsamkeit ist ein harmloser Vorgang. In Form der nächtlichen *Pollutionen* im Schlafe kann S. ein Zeichen von geschlechtlicher Überreizung und körperlicher Schwäche sein. Behandlung vermeidet geschlechtliche Erregungen, beseitigt die Unterleibsstauungen und kräftigt die Unterleibs- und Rückenmarksnerven durch *Sitz-, Halbbäder, Lendenwickel, Schenkel-* und *Rückengüsse. Barfußlaufen, Wassertreten.* Reizlose Kost. Abends nicht spät essen und den Magen überladen. Enthaltung von Reizmitteln und *Alkohol.* Hp.: Acidum phosphoricum D3, Phosphorus D10, China D6, Nux vomica D6–12, Caladium seguinum D12, Dioscorea D6, Gelsemium D4, Staphisagria D4–10, Agnus castus D3–4, Selenium D10.

Sandbad im künstlich oder am Meer von der Sonne erwärmten Sand wird als Voll-, Halb- oder Teilbad angewendet. Beim künstlichen Bad wird der Sand zunächst zur Sterilisation auf 100° erhitzt und mit kaltem Sand auf 45–50° gemischt. Der Kranke liegt im heißen Sand in Sandbadekästen 30–60 Minuten und wird anschließend warm gebadet. Wirkt stark schweißtreibend. *Rheuma, Neuralgien,* Stoffwechselstörungen, Fettsucht sind die Hauptanzeigen.

Sandriedgras (Carex arenaria): Wurzelstock, 2–8g als Abkochung, als Rheuma- und Gelenkmittel, Lungenmittel, Hautmittel.

Saponaria officinalis, s. *Seifenwurzel.*

Saponine schäumen in wässeriger Lösung sehr stark und sind in vielen Heilpflanzen als Wirkstoff enthalten. S. wirken reizend und anregend auf die Absonderung von Ausscheidungen (Bronchialschleimhaut, Magendrüsen, Bauchspeicheldrüse, Nieren usw.). Sie fördern die Aufnahme der *Fette* durch den Körper.

Saponinhaltige Heilpflanzen: Bibernelle, Bingelkraut, Birke, Bitterklee, Bittersüß, Bockshornklee, Bruchkraut, Gänseblümchen, Goldrute, Quecke, Hauhechel, Hohlzahn, Königskerze, Ringelblume, Roßkastanie, Sandsegge, Sanikel, Sarsaparillwurzel, Schachtelhalm, Schlüsselblume, Seifenkraut, Seifenrinde, Spitzwegerich, Stiefmütterchen, Süßholz, Veilchenwurzel usw.

Sarkom: Fleischgeschwulst, bösartige Wucherung aus unreifem Bindegewebe, s. *Krebs.*

Sättigungswert der Nahrung, hängt wesentlich von der Dauer des Verweilens im Magen ab. Diese wird durch die Verdaulichkeit bestimmt.

Sauermilch, s. *Dickmilch.*

Sauerstoff: lebenswichtiges Gas, das mit der Atmungsluft dem Körper zugeführt und durch das Blut in alle Zellen zu den Verbrennungsvorgängen transportiert wird. Unentbehrlich für alle energieliefernden Oxydationsvorgänge.

Sauerstoffbäder wirken beruhigend, kreislaufentlastend und -regelnd, ähnlich wie die *Kohlensäurebäder,* nur milder und weniger kräftig. Der Sauerstoff wird wie bei den Kohlensäurebädern entweder chemisch durch Badezusätze im Wasser entwickelt oder durch eine Sauerstoffbombe mit Verteiler dem Bade unmittelbar zugeführt. Chemisch setzt man dem Bad Wasserstoffsuperoxyd oder Natriumperborat zu und entwickelt den Sauerstoff durch Zusatz von Braunstein. Da im Gegensatz zu den Kohlensäurebädern weder Hautrötung noch erhöhtes Wärmegefühl erzeugt wird, müssen S. wärmer genommen werden (36–37°). Man bleibt 15–20 Minuten im Bade.

Sauerstoffbehandlung wird mittels Sauerstoffapparaten über eine Atmungsmaske durchgeführt und dient der Zuführung von Sauerstoff bei Verlegung der Atmungswege, Einschränkung der Atmungsfläche bei Lungenerkrankungen und bei Vergiftungen, die die Sauerstoffzuführung durch das Blut schädigen. Wichtiges Gerät zur Wiederbelebung und künstlichen Atmung.

Sauerteigpackung: Brustpackung mit altsaurem, stark gärendem Brotteig bei *Lungenentzündung.* Verursacht Schweißausbruch mit kräftig ableitender Wirkung, Erleichterung des Auswurfs, Hautrötung. 2½ kg Teig werden gegen Abend vom Bäkker geholt, kühl auf ein Leinentuch etwa 1 cm dick aufgestrichen, angelegt und mit einem angewärmten Tuch einschließlich der Arme eingewickelt. 1½ Stunden liegen lassen, aber keinesfalls wiederholen.

Saugbehandlung: Durch *Saugglocken,* die auf den Körper aufgesetzt und luftleer gemacht werden können, wird Blut aus den Haargefäßen an die Entzündung herangebracht und die Entzündung dadurch wirkungsvoll unterstützt. *Biersche* S. von *Furunkeln, Karbunkeln, Brustdrüsenentzündungen; Roederbehandlung* der Mandeln. Verstärkte S. führt zum *Schröpfen.*

Saugglocken sind wie Schröpfköpfe halbkugelig gebaut und haben an ihrem Pol einen mit dem Glockeninneren verbundenen Gummiball zum Luftleermachen beim Aufsetzen.

Säuglingskorbut (Möller-Barlowsche Krankheit): bei künstlich ernährten Kindern, die ausschließlich mit gekochter Milch ernährt werden. Mangel an *Vitaminen,* besonders an Vitamin C. Schmerzempfindlichkeit und Anschwellung der Gelenke an Armen und Beinen. Zahnfleisch blaurot, geschwollen, Blutergüsse unter der Knochenhaut. Beh.: Ammenernährung oder *Mandelmilch,* rohe Möhren, Spinatsaft.

Säuglingsturnen, von Neumann-Neurode entwickelt, soll im 4. oder 5. Monat begonnen werden, anfangs 5 Minuten und allmählich steigernd. Bei *Rachitis* soll zunächst nicht geturnt werden, bis sich die Knochen gefestigt haben. Passive Bewegungen: Beugen und Strecken der Beine, Kreisen der Arme durch die Pflegeperson, aktive Übungen: Aufrichten von Kopf und Rumpf, Kriechübungen u. a..

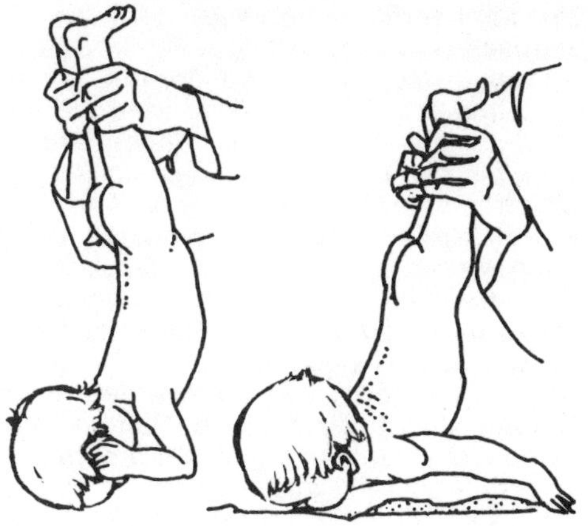

Säuglingsturnen

Sauna: ein aus Finnland stammendes Heißluftraumbad. Man badet bei 70–90° trockener Hitze in einer Luft mit einem relativen Feuchtigkeitsgehalt von 15–25 v. H. Die S. ist also kein *Dampfbad.* Während des Bades wird durch Übergießen glühender Feldsteine mit kaltem Wasser ein Dampfstoß erzeugt. Zu starke Dampfentwicklung muß aber vermieden werden, weil sie sich ungünstig auf den Kreislauf auswirkt. Zur S. gehört aber auch der Wechselreiz durch Abkühlung des Körpers. Anfangs bleibt man 10–15 Minuten im Schwitzraum, unterbricht durch Übergießung mit kaltem

S

Wasser, kaltes Tauchbad, Bewegung in kalter Luft, Schnee usw. Später schließt man eine zweite Schwitzperiode von 8–10 Min. an und kühlt am Schluß wie beschrieben ab. An die Sauna kann man zweckmäßig Massage oder Frottage anschließen. Unerläßlich ist es aber, hinterher mindestens 1/2 Stunde zu ruhen, um den Körper nicht zu überanstrengen. An Herz- und Kreislauf-, Gefäßerkrankungen (Arterienverkalkung), Thrombosen oder Lungentuberkulose Leidende gehören nicht in die Sauna. Dagegen ist die S. unter ärztlicher Beaufsichtigung gegen *Erkältungs*krankheiten, *rheumatische* Erkrankungen, Hautleiden, Unterleibsleiden, Stoffwechselstörungen im Sinne der *Fettsucht* sehr nützlich. Die S. eignet sich besonders als allgemeines *Körperpflege-* und *Vorbeugungs*mittel, zur *Abhärtung* und *Blutreinigung*.

Säurebehandlung: Von Kapff geht von der Beobachtung aus, daß Arbeiter in Säurebetrieben wesentlich gesünder und gegen Krankheiten weniger anfällig sind als andere. Er entwickelte eine Behandlungsform, die den Kranken systematisch Gemische aus organischen und anorganischen Säuren zuführt. Die Säuregemische üben einen Reiz auf den Körper aus, der auch auf die natürlichen Heilkräfte anregend wirkt. Die Säure wird durch Einatmung eines verdunstenden Säuregemisches in Räumen, Inhalatorien oder im Vakuumvernebler, im Vollbad durch Zusatz von Badesäuren, durch Scheidenspülungen mit Kapffacid-Antiseptikum oder durch innerliche Gaben von Säuretropfen durchgeführt.

Säureüberschüssige Nahrungsmittel sind Fleisch, Eier, Brot, Hülsenfrüchte, Mehl, Reis, Grieß, Butter, Fette, Öle, Nüsse. Will man eine säuernde Kost durchführen, z. B. bei der Schaukelkost, so müssen diese Nahrungsmittel überwiegen. Dazu Essig zum Ansäuern der Speisen. Im allgemeinen soll aber die Kost basenüberschüssig sein, und diese Nahrungsmittel sind daher im Rahmen der *Bergschen* Regel zu halten, s. *alkalische Nahrung*.

Säurevergiftung: *Verätzungen* durch Einnehmen konzentrierter flüssiger Säuren im Magen-Darmkanal, besonders in den oberen Teilen, nach unten zu geringer werdend. Neutralisieren durch gebrannte Magnesia; nicht Soda oder doppeltkohlensaures Natron verwenden. Niemals Wasser geben. Bei Schwefelsäure Öl und schleimige Getränke.

Scabies, s. *Krätze.*

Schafblattern, s. *Windpocken.*

Schafgarbe (Achillea millefolium): verbreitete Wiesenpflanze. Sammeln des blühenden Krautes. Schafgarbenöl ist azulenhaltig und mit dem Kamillenöl verwandt. Wird wie die *Kamille* als entzündungswidriges, krampfwidriges Mittel gebraucht und außerdem bei Magen- und Darmstörungen als aromatisches *Bittermittel* (Tafel XIII).

Schal: Sonderform der *Kneippschen Wikkel.* Umschließt Brust, Rücken, Hals und Oberarme. Muß technisch gut und richtig angelegt werden, damit gute Erwärmung erfolgt. Eine große Wolldecke und ein Zwischentuch werden am oberen Rande handbreit umgeschlagen. Diese Tücher sollen dem Patienten vor Anlegen des Wickels etwa bis zur Mitte des Hinterkopfes reichen. Ein viereckiges Leinentuch wird zum Dreieck gefaltet und als feuchtes Tuch verwendet. Es wird dem im Bett sitzenden Patienten so über den Rücken gelegt, daß die lange Seite wie ein Kragen um den Hals und über die Schultern zu liegen kommt. Beim Zurücklegen des Patienten wird das Tuch am Rücken fest an den Körper gepreßt. Nun wird ein feuchtes Handtuch über die Brust gelegt und an beiden Seiten eingesteckt, damit die nasse Wicklung auch die Seiten

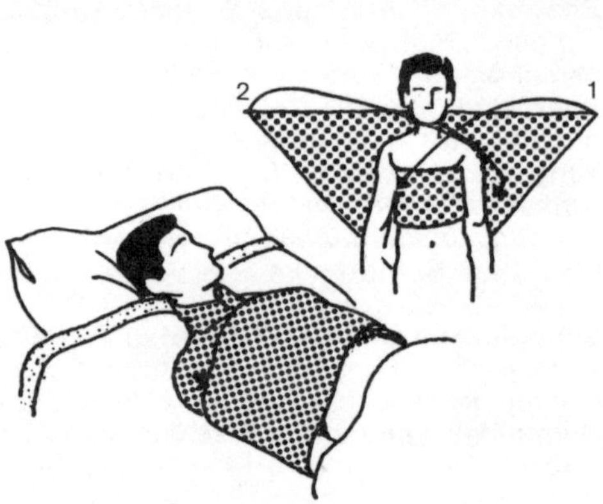

Schal

des Oberkörpers erfaßt. Das Tuch der Gegenseite wird unter mehrfacher Faltenlegung über Brust und Arm fest angezogen und zwischen Arm und Rumpf eingesteckt; mit dem Tuch der anderen Seite wird ebenso verfahren, nur wird das letzte Ende über den Arm geführt und dort eingesteckt. Das Trockentuch umschließt das nasse mit entsprechender Faltenlegung am Hals und über den Schultern, und die Wolldecke gibt am Hals und nach unten guten festsitzenden Abschluß. Einstecken eines Leinentuchs am Halse, um das Kratzen der Wolldecke zu vermeiden. Kalter Sch. bei allen Entzündungen der oberen Luftwege, der Lungen, des Rippenfells, zur *Ableitung* vom Kopf. Warmer Sch. bei Asthma, Keuchhusten, Herzasthma zur Ableitung von der Brust.

Schälblasenausschlag *(Pemphigus)* der Neugeborenen. Beh.: Zinnkraut*wickel* der befallenen Körperstellen. Magermilch statt Vollmilch. Beikost Gemüse-, Obstbreie.

Scharlach: *epidemisch auftretende ansteckende Erkrankung.* Erreger unbekannt. Übertragung durch Berührung mit Kranken oder deren Sachen. Meist dauernder Schutz nach überstandener Erkrankung. Zweiterkrankungen daher selten. Meist Kinder, bei Erwachsenen vielfach schwererer Verlauf (toxischer Sch.). 2–5 Tage nach Ansteckung Temperaturanstieg, Schüttelfrost, Erbrechen, Appetitlosigkeit, Schluck- und Halsbeschwerden mit düsterroter Verfärbung des Gaumens und der Mandeln. Entwicklung eitriger *Mandelentzündung.* Dann kleinfleckiger flammend roter *Ausschlag* an Rumpf und Gliedern. Mundpartie bleibt dabei frei. Fieberabfall meist eine Woche nach Beginn. 14 Tage nach dem Ausschlag *Abschuppung* der Haut. Zunge dunkelrot, mit geschwollenen Knötchen (Papillen). *Himbeerzunge.* Schwellung der Halslymphknoten. Verschlimmerung durch *Mittelohrentzündung, Nierenentzündung* (meist 3. Erkrankungswoche), *Herzinnenhaut-* und *-muskelentzündung, Gelenkrheumatismus* ist möglich. Beh.: Vgl. *Fieber*behandlung. Bei Schüttelfrost im Beginn heißes *Heublumenhemd,* nach Rückgang des Schüttelfrostes bei hohem Fieber kalte *Wickel,* nasse *Hemden.* 2–3mal *Salzhemd* zur Verstärkung des Ausschlags. Dazu häufig *Ganzwaschungen,* später kalte *Halbbäder. Fasten, Obstsafttage, Obstkur,* später *vegetarische* Kost. Behandlung der *Mandelentzündung, Stuhlgang*regelung. Hp.: Ferrum phosphoricum D 6–12, Belladonna D 3–6, Mercurius corrosivus D 6, Lachesis D 10, Apis D 3. Bch.: Ferrum phosphoricum D 6, Kalium chloratum D 6, Kalium phosphoricum D 6, Ferrum phosphoricum D 6. Zur Nachbehandlung D 6–12.

Schaumbäder, s. *Luftperlbäder.*

Scheidenkatarrh: Fremdkörper (empfängnisverhütende Mittel), ätzende Spülungen, *Erkältungen, kalte Füße, Grippeerkrankungen, Gebärmutterentzündungen, Pilzinfektionen* sind meist die Ursache, Brennen und Schmerzen in der Scheide, Ausfluß. Behandlung vermeidet *Spülungen.* Warme *Sitzbäder* mit Zinnkraut, *Lendenwickel, Kaltfuß*behandlung, *Schlenzbäder, Stuhlgang*regelung. Hp.: Apis D3, Mercurius solubilis D4, Acidum nitricum D3, Hydrastis D1–3.

Scheidenvorfall, s. *Gebärmutterverlagerung.*

Schenkelblitz: Technik wie beim *Knieblitz.* Vollständige Entkleidung. Wasserstrahl wird über die Kniekehle bis zum Gesäß heraufgeführt, und dort werden drei Kreistouren ausgeführt. Dann mit abgeschwächtem Strahl an der Innenseite abwärts zur Ferse, linkes Bein in gleicher Weise behandeln, wiederholen und Abpeitschen beider Beine. Dann Begießung der Vorderseite durch langsames Aufklettern des Strahls mit dreimaligem Umkreisen der Knie-

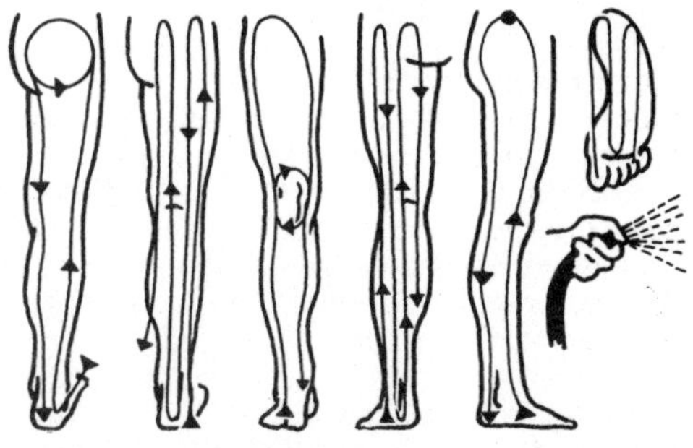

Schenkelblitz: Strahlführung und Schlauchhaltung bei Sprühregen

scheibe bis zur Leistenbeuge und ohne Verweilen mit abgeschwächtem Strahl an der Innenseite des Oberschenkels abwärts. Links in gleicher Weise. Wiederholung und Abpeitschen mit abgeschwächtem Strahl. Schrittstellung. Seitenflächen wie beim Knieblitz begießen, nur bis Hüfthöhe aufwärtsführen. Bei fetter Hüfte länger verweilen. Abschluß Abblitzen der Fußsohle und Sprühregen bis Hüfthöhe. Anwendung: entzündliche Beinveränderungen, *Ischias, Hexenschuß, Lähmungs*zustände, *Gelenkerkrankungen, Vorsteherdrüsenvergrößerung.* Verboten bei *Thrombosen.*

Schenkelguß: Begießung der Beine bis zur Hüfte. Man beginnt am re. Fuß rückwärts, aufsteigend an der Außenseite bis zur Hüfte, dort etwa 8 Sekunden verweilen und in breiter Fläche abgießen, dann an der Innenseite bis zur Ferse abwärts. Links wird ebenso verfahren, nur auf der Höhe nach

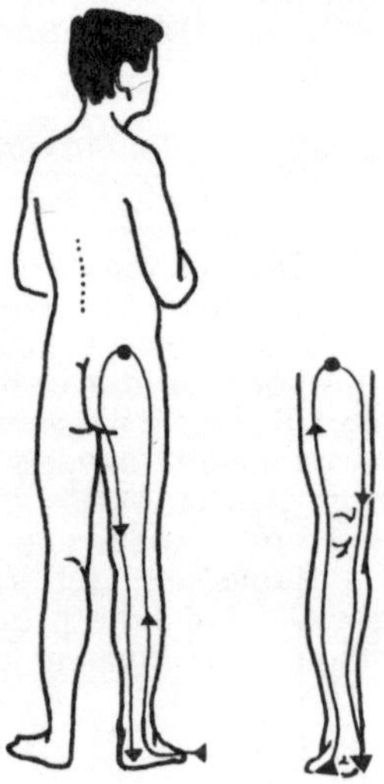

Schenkelguß

Eintritt der Reaktion unter der Gesäßmuskulatur zur anderen Seite gewechselt und an der Innenseite des li. Beins zur Ferse zurückgegangen. Vorne in gleicher Weise verfahren und bis zur Leistenbeuge führen. Beim Seitenwechsel wird der Strahl unter Meidung von Blase u. Unterleib über die Oberschenkelmitte geführt. Wirkt wie der Knieguß, nur stärker reflektorisch und örtlich größere Gebiete umfassend. Gegen *Krampfadern, Ischias* (Wechselgüsse), *Rheumatismus, Lähmungen* der Oberschenkel, *Hüftgelenkserkrankungen.* Bei *Nierenkrankheiten* Sch. meiden.

Schielen: Man unterscheidet bewegliches und unbewegliches Sch. Das unbewegliche Sch. beruht auf einer *Lähmung* der Augenmuskeln durch *Gehirn-* oder *Nervenstörungen* als Folge von *Blutungen, Nervenentzündung* durch Gifte (Infektionsgifte bei *Erkältungen, Rheumatismus, Stoffwechselgifte* bei der *Zuckerkrankheit*). Beim beweglichen Sch. kann sich das Auge nach allen Richtungen bewegen, nur nicht gleichgeschaltet mit dem gesunden Auge, wie dies der Norm entspricht. Innenschielen ist häufiger als Außenschielen. Brechungsfehler des Auges *(Kurz-* und *Weitsichtigkeit)* können bewegliches Sch. verursachen, und bei entsprechender Behandlung kann auch das Sch. behoben werden. Man kräftigt die Augenmuskeln und -nerven durch warme Heublumen*aufschläge* mit anschließendem *Gesichtsguß,* durch tgl. mehrmalige *Gesichtswaschungen.* Dazu zur Allgemeinkräftigung *Barfußlaufen, Schenkel-, Obergüsse, Lehmwasserhemden, Halbbäder.* Schieloperationen sollen nicht zu früh, im allgemeinen nicht vor dem 10. Lebensjahr durchgeführt werden.

Schierling (Conium maculatum): Giftpflanze, auch zu Heilzwecken verwendet. Verursacht aufsteigende Lähmungen, Trockenheit im Hals, Übelkeit, Erbrechen, Sinnestäuschungen, Zuckungen, Schwindel, Herzschwäche. Bei Vergiftung Erbrechen und Durchfälle erregen, starken Kaffee, künstliche Atmung und Sauerstoffbehandlung geben.

Schilddrüse (Thyreoidea) besteht aus zwei taubeneigroßen seitlichen Lappen, die mit einem kleinen Mittelstück verbunden sind und vor und neben der *Luftröhre* dicht unter dem *Kehlkopf* liegen. Sie ist eine *Drüse* innerer *Ausscheidung,* stark durchblutet und scheidet das *Hormon Thyroxin* aus, das direkt ins Blut abgegeben wird. Vergrößerungen der Sch. haben nicht immer eine vermehrte Ausscheidung von Hormon zur Folge, es kann dabei auch zu Verminderung der Ausscheidung kommen. Arbeitet die Sch. zu stark, so treten nervöse Übererregbarkeit, Schlaflosigkeit, Herzklopfen, Durchfälle und vermehrte Schweißabsonderung auf. Bei hochgradigen Störungen kommt es zur *Basedowschen* Erkrankung mit Glanz- und Froschaugen und Pulsbeschleunigung. Arbeitet die Sch. nicht genügend oder fällt sie ganz aus, so kommt es zum sogenannten *Myxödem.* Schwellung der Haut, geistige Trägheit, Entwicklung zum Kretinismus bei langem Bestehen. Es kommt auch zu *Kropf*bildung ohne Störung der inneren Sekretion, besonders bei mangelhafter Jodzufuhr in der Ernährung.

Schilddrüsenüberfunktion, s. *Schilddrüse;* Behandlung s. *Basedow.*

Schilddrüsenunterfunktion erfordert in schweren Fällen Schilddrüsenzufuhr, s. *Myxödem.*

Schimmelpilze entwickeln sich auf Stoffen, die in Fäulnis oder Zerfall übergehen. Meist ist dabei starke Feuchtigkeit notwendig. Man unterscheidet Kopfschimmel, Pinselschimmel und Kolbenschimmel je nach der Bildung der Fruchtträger. Sie verursachen kaum Krankheiten, nur bei manchen Asthmatikern können sie Anfälle auslösen. Auf Nährböden entwickeln sie Stoffwechselprodukte, die Bakterien töten oder im Wachstum hemmen, das *Penicillin.* Auf Lebensmittel gewachsene Sch. können Giftstoffe (Aflatoxine u. a.) erzeugen. Spontan verschimmelte Lebensmittel dürfen also nicht verzehrt werden. Dagegen sind die unter kontrollierten Bedingungen in der Käsebereitung gewachsenen Sch. unbedenklich (Camembert, Roquefort, Gorgonzola). Der Verzehr von »Schimmelweizen und Schimmelmüsli« dagegen ist bedenklich. Die Sch. finden sich nicht nur im sichtbaren Rasen, sondern dringen tief in die Lebensmittel (Brot, Teig, Fleischwaren, Fruchtsäfte, Gelee, Kompott usw.) ein. Es genügt also nicht, die sichtbaren Schimmelrasen zu beseitigen. Auch Kochen zerstört die hitzebeständigen Gifte nicht. Es gilt also, durch kühle und trockene Lagerung das Wachstum von Schimmelpilzen in Grenzen zu halten und den Erwerb verschimmelter Lebensmittel zurückzuweisen.

Schlaf: der Ruhezustand des Körpers und der Seele. Im Sch. sind alle Lebenstätigkeiten auf das geringste Maß herabgesetzt. Dabei besteht aber weder völlige *Bewußtlosigkeit* noch Bewegungslosigkeit. Die Schlaftiefe wird nach der Stärke des Reizes beurteilt, der nötig ist, um den Schläfer aus dem Schlaf zu wecken. Sie ist für jeden Sch. und jeden Schläfer individuell verschieden. Nach Dauer und Tiefe ausreichender Sch. ist lebensnotwendig und Voraussetzung für alle körperlichen, geistigen und seelischen Leistungen. Schlafmangel wirkt sich immer auf Lebensfunktionen und Leistungen aus. Im natürlichen Leben ist der Sch. mit Tag, Dämmerung und Nacht fest gekoppelt (Naturzeitschlaf). Die Zeit der Dämmerung dient dazu, die Anspannung des Tages langsam abklingen zu lassen und zum Sch. überzuleiten. Das moderne Leben mit seinen Reizmitteln, besonders mit der künstlichen Beleuchtung, hat diese Wirkung der Dämmerung völlig ausgeschaltet. An die Stelle der natürlichen Entspannung nach den Anstrengungen des Tages sind neue Reizmittel getreten, besonders die spannende Unterhaltung. Wenn der Mensch nachts das Licht auslöscht, um sich vom »Tage« zu lösen, fehlt ihm der entspannende Übergang der Dämmerung, und er findet nicht in den Sch. Die heutzutage häufige *Schlaflosigkeit* ist daher eine *Zivilisations*erscheinung, eine Quittung für das Abweichen von der natürlichen Lebensweise. An die Stelle des natürlichen Sch. tritt häufig der künstlich, durch Schlafmittel, hervorgerufene Sch. Schlafmittel sind aber nur *Narkose*mittel, die auf eine besonders günstige Phase des Narkoseschlafes eingestellt sind und denen die unangenehmen Nebenerscheinungen der Narkose möglichst fehlen sollen. Doch ist der Narkoseschlaf nur ein Ersatzschlaf, der keineswegs mit dem erholenden und aufladenden natürlichen Sch. gleichzusetzen ist. Er erfrischt nicht und beruhigt den Schläfer nur mit der Überzeugung, geschlafen zu haben. Dazu besteht die Gefahr der Gewöhnung an Schlafmittel. Wenn der natürliche Sch. ganz fehlt, gewöhnt sich der Körper daran, nur nach dem Genuß von Schlafmitteln zu schlafen, und drängt auch dann nach Schlafmitteln, wenn die Voraussetzungen für das Einschlafen auch ohne solche bestehen. Schlafmittel sind ein Notbehelf, keine Dauerhilfe.
Echte Schlafhilfe darf nur durch Erziehung zum natürlichen Sch. gegeben werden.

S

Schlaflosigkeit ist meist Teilerscheinung eines nervösen Reizzustandes infolge geistiger oder körperlicher Überanstrengung. Furcht, Schrecken, Angst, Schmerzen, Sorgen, unverarbeitete Erlebnisse, die den Menschen in Spannung versetzen, verhindern den Eintritt des Schlafes. Genuß von Reizmitteln (*Alkohol, Nikotin* usw.), *kalte Füße, Kreislaufstörungen,* besonders *Blutandrang* zum Kopf, *Verdauungsstörungen,* Genuß schwerer Mahlzeiten vor dem Schlafengehen können ebenfalls Ursache sein. Behandlung der allgemeinen Nervosität, Abstellen der Fehler in der Lebensweise. *Atemübungen, Gymnastik,* Spaziergang am Abend. Behandlung der *kalten Füße, nasse Socken, Wadenwickel, Essigwasserauflage* auf den *Leib, Oberkörper-* und *Ganzwaschungen, Wassertreten* vom Bett aus. Tee von Schafgarbe, Baldrian, Hopfen, Melisse, Lavendelblüten, Heidekrautblüten. Johanniskraut-, Baldrian-, Knoblauchsaft. Hp.: Acidum phosphoricum D 3, Aconitum D 10, Ambra D3–6, Avena sativa ∅, Passiflora ∅, Nux vomica D6–10, Kalium phosphoricum D3–6, Zincum valerianicum D4. Bch.: Calcium phosphoricum D6–12, Natrium muriaticum D6–12, Magnesium phosphoricum D6, Ferrum phosphoricum D6.

Schlafmohn (Papaver somniferum), aus dem Saft wird das Opium gewonnen. Schlaffördernd, schmerzstillend, krampflösend, stopfend, in verschiedenen Präparaten verwendet. Rezeptpflichtig (Tafel XIV).

Schlafsucht: Atem- und Herztätigkeit sind herabgesetzt, Bewußtsein geschwunden. Der Schlafende kann kaum geweckt werden. Bei schweren, fieberhaften Erkrankungen *(Typhus), Gehirnerkrankungen, Gehirnerschütterungen,* -blutungen *(Schlaganfälle), Zuckerkrankheit,* schweren *Nierenerkrankungen.* Kopf*grippe*kranke sind leicht aus dem Schlaf zu wekken, schlafen aber sofort wieder ein. Behandlung des Grundleidens, auf Harnentleerung achten, notfalls *Katheterung. Essigwasserganzwaschungen* im Wechsel mit *Spanischem Mantel, Lehmwasserhemd, Unteraufschläger.*

Schlaftrunkenheit: Verwirrtheit bei plötzlichem Erwachen nach starker Erschöpfung körperlicher oder seelischer Natur. In der Sch. kann sinnlos gehandelt werden.

Schlafwandeln, s. *Nachtwandeln.*

Schlaganfall (Apoplexie): Gewebszerstörung im *Gehirn* durch *Blutung* aus einem Gefäß infolge Berstens oder Verstopfung durch ein Gerinnsel. *Lähmungen,* Bewußtseinsstörungen oder Bewußtlosigkeit. Auslösend wirkt Blutandrang zum Kopf, plötzliche Blutdrucksteigerung, reichliche Mahlzeiten, Atem- und Preßbewegungen, Heben schwerer Lasten. Vorboten sind Schwindelgefühl, Kopfschmerzen, Ohrensausen, Blutandrang zum Kopf, Sinnestäuschungen. Gelähmt wird je nach dem Sitz der Blutung entweder eine ganze Körperhälfte (Halbseitenlähmung, Hemiplegie), oder es werden nur einzelne Muskeltätigkeiten, das Sprechvermögen usw. betroffen. Beh.: Unmittelbar nach dem Schl. Ruhe, Hochlagerung des Kopfes. Kühle *Aufschläge* auf den Schädel, *Aderlaß.* Keine Getränke wegen der Gefahr des Verschluckens. Auf Blasenentleerung achten, notfalls *kathetern.* Heiße *Fußwickel* mit Essigwasser, heiße *Leibauflagen.* Nach Erwärmung der Beine kalte *Wadenwickel* oder *nasse Socken,* später *Gieß*behandlung der gelähmten Glieder. Bindegewebsmassagen. Grundbehandlung s. *Arterienverkalkung.* Weißdornpräparate, Blasentang, Mistel, Schachtelhalm als Tee. Hp.: Arnica D3–6 als Hauptmittel, Belladonna D6, Gelsemium D3–10, Baryum carbonicum D10, Plumbum aceticum D4–6. Bch.: Ferrum phosphoricum D6, Silicea D12, Kalium phosphoricum D 6 neben Ferrum phosphoricum bei Lähmungen, Magnesium phosphoricum D6, wenn Krampferscheinungen auftreten.

Schlamm: Ablagerung in langsam fließenden oder stehenden Gewässern sowie ruhigen abgeschlossenen Meeresbuchten. Er besteht aus anorganischen Bestandteilen, meist Kieselsäure- und Kalksalzen, und aus in Zersetzung übergehenden organischen Resten meist pflanzlicher Natur. Fäulnis kann zu Schwefelwasserstoffentwicklung führen. Sch. hat ein starkes Quellungsvermögen und ist ein schlechter Wärmeleiter. Er wird daher zu Wärme*packungen* und *-bädern* verwendet. Nur bei höherem Schwefelgehalt kommt zu diesen physikalischen Wirkungen noch chemische Wirkung hinzu. Infolge ihres hohen Mineralgehaltes stehen die Mineralschlamme dem *Moor* an Wirkung nach, weil sie nicht so stark quellen und die Wärme nicht so lange halten. Sie sind aber glatter, feinkörniger und anpassungsfähiger als das Moor. Sie werden vorwiegend zu *Packungen* verwendet. Die bekanntesten Mineralschlamme sind der Pistyanschlamm und der Fango aus Battaglia in Norditalien. Deutsche Mineralschlamme sind Eifel- (Bad Neuenahr) und Jurafango (Bad Boll). Der Sch. der Meeresküsten heißt Schlick. Er hat einen geringeren Gehalt an pflanzlichen Substanzen, aber ein gutes Quellungsvermögen (Wilhelmshaven). In Schweden wird ein in Fäulnis übergegangener Seeschlamm aus ruhigen abgeschlossenen Meeresbuchten viel verwendet. Die bekanntesten Schlamme kommen in getrockneter Form in Packungen in den Handel und müssen vor Gebrauch angerührt und erwärmt werden.

Schlankheit ist meist durch den Körperbau und die *Konstitution* bedingt. Wer von Natur aus zur Rundwüchsigkeit bestimmt ist, hat es zwar in der Hand, durch Regelung der *Ernährung* und naturgemäße Lebensweise den Grad der Rundwüchsigkeit zu beeinflussen, eine echte Sch. wird er aber niemals erreichen können. Man soll sich immer im Rahmen seiner naturbestimmten Konstitution halten und durch unsinnige Entfettungskuren nicht etwas erzwingen wollen, was nicht möglich ist.

Schlehe (Prunus spinosa): Blüten, 1–3g im Aufguß, mildes Abführmittel.

Schleim (Mucus) ist eine Ausscheidung der Schleimzellen und Becherdrüsen der Schleimhäute. Sch. dient zum Glatthalten und Schlüpfrigmachen der Schleimhaut und als Schutzschicht. Bei Entzündungen vermehrt sich als Abwehrmaßnahme des Körpers der Schleim. Rein schleimige Entzündungen nennen wir *Katarrh* oder katarrhalische Entzündung.

Schleimabkochung wird zur (kurz dauernden) Schonung der entzündeten Magen-Darmschleimhaut aus Haferflocken, Graupen (Gerstenschleim) oder Reis hergestellt. Haferschleim: 1–3 Eßlöffel Haferflocken in 1 l Wasser 1/2 Stunde kochen und durch Haarsieb treiben. Gerstenschleim: 2–4 Eßlöffel Graupen 12 Stunden einweichen, 2 Stunden kochen, durch Haarsieb treiben und auf 1 l auffüllen. Reisschleim: 50–100g Reis 12 Stunden einweichen, 2 Stunden kochen, 2mal durch Haarsieb treiben und auf 1 Liter auffüllen. Linusitschleim, s. *Leinsamen*

Schleimbeutelentzündung: Schleimbeutel sind kleine, mit Gelenkschmiere gefüllte Säcke innerhalb des Bindegewebes in nächster Umgebung der *Gelenke,* die die Reibung zwischen *Haut, Sehnen,* Gelenkkapsel und *Knochen* mildern. Durch Überbelastung können sie anschwellen und sich entzünden, aber auch aus der Nachbarschaft und im Blut können Entzündungserreger eindringen und dort ähnliche Entzündungen hervorrufen. Rötung, Schwellung, Schmerzen, Bewegungsbehinderung, Fieber, allgemeines Krankheitsgefühl sind die Folge. Beh.: Ruhigstellung und kalte Essig*wickel,* bei Eiterentwicklung *Bockshornklee.* Hp.: Apis D3, Bryonia D3, Arnica D3–6. Bch.: Kalium phosphoricum D6 stündlich.

Schleimdrogen: Eibisch (Althaea officinalis), Wurzeln, Blätter, Blüten; Wollblumen, die Blüten der Königskerze (Verbascum thapsiforme); Huflattich (Tussilago farfara) Blätter und Blüten; wilde Malve, (Malva silvestris), Blüten; Flohsamen von Wegerich, (Plantago); Irländisches Moos (Carageen) und Isländisches Moos; Lungenflechte von Sticta pulmonacea. Werden als Kaltauszug verwendet oder Tees zu Aufgüssen und Abkochungen beigemischt.

Schleimhaut: Auskleidung der Innenräume des Körpers. Sie besteht aus Bindegewebe mit einer *Deckzellenschicht,* in der sich zahlreiche Schleim- und Becherzellen befinden.

Schleimhautpolyp: gutartige Wucherung des Schleimhautgewebes, gestielt der Schleimhaut aufsitzend. Meist Folge *chronischen* Entzündungsreizes.

Schlenz, Maria, 1881–1946, von der Hungerburg bei Innsbruck, Laienbehandlerin, führte *Überwärmungsbäder* und heiße *Packungen* unter Ablehnung von Kaltanwendungen als Schlenzkur ein. Die Kranken werden in warme Bäder gebracht, die je nach Lage des Einzelfalls auf 39–43° gebracht und mindestens 1 Stunde unterhalten werden. Anschließend Nachschwitzen in Trockenpackung für 1 Stunde oder 1 Stunde in lauem Bad von 37° liegenbleiben. Danach Abguß mit Wasser von 37° und Nachruhen. Die Bäder werden 1–3mal in der Woche durchgeführt. Bei schwächlicheren und fieberhaften Kranken werden die Bäder durch heiße Wickel mit Frottierleinen als Feuchttuch statt des Kneippschen Leinen als Ganzpackung gebraucht. Diese Wickel werden nach Abkühlung 1–2mal erneuert. Danach laue Abwaschung. Am nächsten Tage laues Voll- oder Teilbad. Je nach dem Heilzweck werden Kräuterauszüge aus verschiedenen Heilpflanzen oder Heublumen zugesetzt, s. *Überwärmungsbäder.* Die Kur wird für akute und chronische Erkrankungen mit weitem Indikationsbereich empfohlen und mit diätischen Maßnahmen und Kräuterteebehandlung unterstützt.

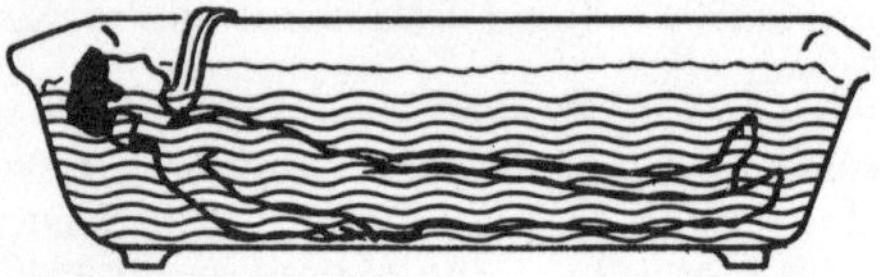

Schlenzbad

Schlickeysen, Gustav, 1843–1893, Photograph in Mannheim, später New York. Vorkämpfer der *Rohkost*ernährung. Auffassung der Rohkost als innere Sonnenlichtnahrung.

Schließmuskel, s. *Sphinkter.*

Schlingen, Schlucken ist die Tätigkeit, den Mundbissen oder Flüssigkeit durch Rachen und Speiseröhre in den Magen zu befördern. Schluckstörungen können durch Gehirnschädigung im Schluckzentrum, durch Lähmung der beteiligten Muskeln und Spaltbildungen im Gaumen auftreten.

Schlucksen (Singultus) ist Zeichen eines Zwerchfellkrampfes, wobei die Luft mit schlucksendem Geräusch von außen durch den *Kehlkopf* gepreßt wird. Ursache ist oft nicht zu ergründen. Soll nach übermäßigem Genuß von kalten Getränken oder *Alkohol* gehäuft auftreten. Fast jede Baucherkrankung kann Veranlassung zum Sch. geben, besonders die *Bauchfellentzündung.* Beh.: heiße *Leibaufschläge,* warmer Pfefferminztee. Tiefatmung. Hp.: Acidum sulfuricum D1, Belladonna D3, Hyoscyamus D1–3, Magnesium phosphoricum D6, Veratrum album D3.

Schlüsselblume (Primula officinalis): Wurzeln 0,5–1 g als Abkochung, Blätter und Blüten 2–4 g im Aufguß zur Lösung von Katarrhen auf der Brust, bei Blähsucht und chronischer Verstopfung (Tafel XII).

Schmerfluß (Seborrhöe): vermehrte Absonderung der Talgdrüsen. Führt zu Fettglanz der Haut, *Mitesser-* und Schuppenbildung im Bereich der behaarten Kopfhaut. Haut neigt zu *Ausschlägen.* Konstitutionell bedingt, durch die Lebensweise gefördert. Beh.: natürliche Ernährung, Vermeidung tierischer Fette, Vermeidung alkalischer Seifen, Waschungen mit Kamillentee, Zinnkrautabsud, Mandelkleieaufschwemmung. Weiches Wasser verwenden. Entfetten der Haut mit leichten alkoholischen Gesichtswässern.

Schmerz setzt sich aus dem körperlichen Sch., der durch bestimmte Nerven zum Gehirn geleitet wird, und dem seelischen Schmerzerlebnis zusammen. Der Sch. kann stechend, brennend, klopfend, drückend, kneifend, ziehend, reißend, schneidend, dumpf, hell oder scharf sein, vorübergehend, dauernd oder anfallsweise auftreten. Der Sch. ist von Natur ein Alarmzeichen für ein den Körper bedrohendes Ereignis. Schmerzbeseitigung besteht in der Behebung der körperlichen Ursache und in der Milderung der seelischen Schmerzempfindung durch den Arzt.

Schmierkur: Behandlung durch Einschmieren des Körpers mit *Salben* oder salbenartigen Massen, Seifen usw.

Schmierseifenkur: $\frac{1}{2}$–$1\frac{1}{2}$ Eßlöffel grüne Seife, auch gewöhnliche dunkle Schmierseife, wird tgl. abends mit etwas Wasser verdünnt eingerieben, und zwar abwechselnd am rechten, linken Arm, rechten, linken Bein, Brust, Bauch, Rücken, je 5–10 Minuten. Reste mit weichem Tuch abreiben und am anderen Morgen lauwarm abwaschen. Haut gut trocknen. Wöchentlich einen Tag Pause einschieben. Bei Hautreizung wird die gereizte Stelle freigelassen und mit reinem Öl eingerieben. 4–6 Wochen durchführen, dann ebenso lange Pause und Wiederholung. Ist die Haut sehr empfindlich, so muß sie allmählich an den Reiz gewöhnt werden, indem man zunächst die Seife nur etwa 20 Minuten auf der Haut läßt, in der nächsten Woche 2 Stunden und erst von der 3. Woche ab die ganze Nacht. Die Sch. ist angezeigt bei *Skrofulose, tuberkulösen Drüsen-, Knochen-, Haut-, Bauch-* und *Rippenfellerkrankungen,* besonders im Kindesalter.

Schmierseifenpackung als Volksmittel bei *Rheumatismus* der Gliedmaßen: Schmierseife aufstreichen und mit Leinen und Wolle umhüllen, 1 1/2 Stunden liegenlassen, anschließend warmes Bad. Wird 2mal wöchentlich angelegt. Muß bei stärkerer Hautreizung abgesetzt werden.

Schnarchen entsteht meist durch Schwingungen, in die das Gaumensegel bei geöffnetem Mund versetzt wird. Folge des Schlafens mit offenem Munde. Behinderung der Nasenatmung, Zurücksinken des Unterkiefers während der Schlafentschlaffung führen zum Schlafen mit offenem Munde. Rückenschlaf fördert Sch., Seitenlage kann es verhindern. Durchgängigkeit der Nase beachten!

Schnupfen: Niesanfälle mit Absonderung massenhaft flüssigschleimigen Nasensekretes. Kann durch Gefäßreizung bei *allergischem* Sch. *(Heusch.),* aber auch durch Entzündung bakteriell, chemisch entstehen. Meist Folge der *Erkältung,* s. *Nasenkatarrh.*

Schock: ein plötzliches Ereignis, das den ganzen Menschen tiefgreifend verändert (Erschütterung). Seelischer Sch. führt bei Menschen mit labilem *Lebensnervensystem* zum Nervenschock (Zittern, Schweißausbruch, Weinkrämpfe, Schreikrämpfe, Herzkrämpfe, Erbrechen usw.). Körperlicher Sch.: blasses verfallenes Aussehen, spitze Nase, kleiner fadenförmiger Puls, Schweißausbruch. Versagen des Blutkreislaufs, Absinken des Blutdrucks, der Atmung. Ursachen: Verwundungen (Wundschock), Vergiftungen, Infektionen. Bei körperlichem Sch. besteht Lebensgefahr. Unbedingt strenge Bettruhe, flache Lagerung, Zufuhr von Blut oder Blutersatzflüssigkeit, *Sauerstoffbehandlung,* Wärmezufuhr, Flüssigkeitszufuhr, *Herz-* und *Kreislaufmittel.*

Schöllkraut (Chelidonium majus): frische Pflanze als Lebermittel. Krampflösend bei Gallenkoliken. Getrocknete Pflanze weniger wirksam. 1/2–3/4 g im Aufguß. Am besten als Tinktur aus der Frischpflanze, 5 Tropfen (Tafel XIV).

Schönenberger, Franz, Dr. med., Prof., 1865–1933, erster Inhaber eines Lehrstuhls für Naturheilkunde an der Universität Berlin.

Schönheitspflege bemüht sich um Herstellung, Erhaltung und Verbesserung der Schönheit vornehmlich des weiblichen Körpers. Schaffung gepflegten Aussehens, Verhinderung von Alterserscheinungen und Schönheitsfehlern. Der Begriff der Schönheit ist individuell und schwankend. In einer naturgemäßen Lebensweise gibt es nur das natürliche Schönheitsideal, das durch eine natürliche Lebensweise erreicht und unterhalten wird. Naturgemäße Ernährung, Licht, Luft, Sonne, Bewegung dienen diesem Zwecke. *Haut-, Haar-* und *Nagelpflege* sind Voraussetzungen einer natürlichen Sch. Naturöle sorgen für Einfettung der Haut (Nuß- und Sonnenblumenöl) besonders während des *Sonnenbadens,* um Eintrocknungs- und Entfettungserscheinungen zu vermeiden. Leichtes Einpudern mit feinen Hautpudern nimmt übermäßige Hautausscheidungen auf. Diese müssen jedoch regelmäßig durch Waschungen entfernt werden, um die Poren nicht zu verstopfen. Alkaliseifen sind als Dauerreinigung für eine empfindliche Haut nicht geeignet. Hier empfiehlt sich die Waschung mit Olivenöl, dem etwas Eigelb und einige Tropfen Zitronensaft (Mayonnaise) zugesetzt sind. Man läßt es kurz einwirken und wäscht mit warmem, weichem Wasser ab. *Kamillendampf*topf eignet sich zur Pflege der Gesichtshaut. Gesichtsmasken aus Lehm, Heilerde, Kräutermischungen wirken straffend und reinigend auf die Gesichtshaut. *Massage* des Gesichtes und der Haut.

S

Schonung der Körperkräfte durch Bettruhe und Liegekuren, des Magens und des Darms durch Schonkost und Ernährungsentlastung wie *Fasten,* Saft- und *Obst*kuren, der Körperregulationen durch Schonklima ist bei schweren Krankheitszuständen vorübergehend notwendig, um die Kräfte frei zu machen, die zur Überwindung der Krankheit führen sollen. Die Sch. darf aber nicht zu lange durchgeführt werden, da sie schwächt und die Gewebe und Funktionen zur Rückbildung bringt. Gerade bei Herzschwächen ist es die verantwortlichste Aufgabe des Arztes, so bald wie möglich zur Übung überzugehen, damit der Kranke nicht noch schwächer wird. Sch. darf nur Überleitung zur *Übungsbehandlung* sein, wenn man mit einer echten Heilung rechnen will.

Schönung sind in der Lebensmittelindustrie und im Lebensmittelhandel gebräuchliche Verfahren, um *Lebens-* und *Nahrungsmittel* durch *Färbung,* Bleichung, Spritzung, Versehen mit Paraffinüberzügen usw. ansehnlicher zu machen und so ihren Handelswert zu erhöhen. Diese Verfahren täuschen nicht nur über den wahren Zustand der Nahrungsmittel, sondern berauben das Naturprodukt oft wichtiger Wirkstoffe und belasten auch den *Stoffwechsel* durch überflüssige körperfremde Chemikalien. Geschönte Nahrungsmittel haben in einer naturgemäßen *Ernährung* keinen Platz und werden von der *Lebensreform* bekämpft und abgelehnt.

Schreber, Daniel Gottlieb Moritz, 1808–1861, Dr. med., Arzt und Privatdozent in Leipzig. Vorkämpfer für *Kaltwasserbehandlung,* Leibesübungen und *Heilgymnastik.* Schöpfer des Schrebergartens.

Schröpfen: unspezifische, der *Eigenblut-* und *Blutegelbehandlung* nahestehende *Reizbehandlung.* Beim unblutigen Sch. wird das Blut mittels Glasglocken, in denen die Luft durch Erwärmen oder Absaugen verdünnt wird, in die Haut hineingesogen und bildet dort *histamin*artige Körper. Beim blutigen Sch. wird die Haut mit Messern eingeritzt, bevor der Schröpfkopf aufgesetzt wird. Zum Einritzen der Haut wird ein besonderer Schnepper benutzt, der, durch einen Auslöser entspannt, mehrere parallel verlaufende Klingen oberflächlich durch die Haut führt. Die Tiefe kann durch eine Schraube vorher eingestellt werden. Die Schröpfköpfe werden durch einen Gummiballon, besser noch durch eine Luftpumpe, oder durch Lufterwärmung luftleer gemacht. Man kann z. B. einen brennenden Span längere Zeit in die Glocke halten und sie dann auf die Haut setzen oder einige Tropfen Spiritus in den Schröpfkopf bringen, entzünden und ihn brennend auf die Haut setzen. Die Haut saugt sich sofort tief in das Glas und färbt sich bald blaurot. Man läßt Schröpfköpfe 20–30 Minuten aufsitzen und entfernt sie dann. Durch einen Schröpfkopf werden 50–125 g Blut entzogen.

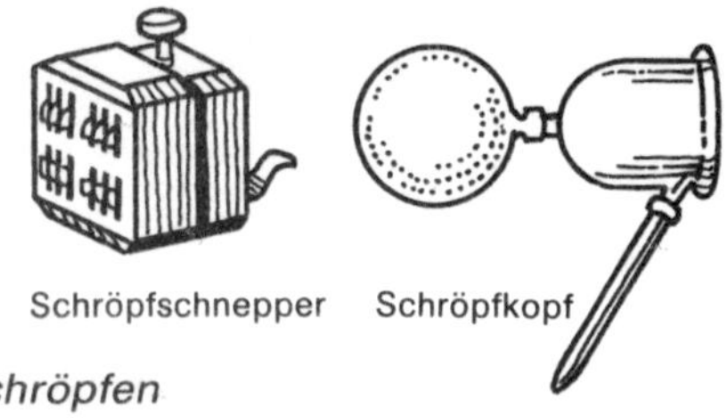

Schröpfen

Schroth-Kur: Nach Johann Schroth (1798–1856) benannt. Die 3 Grundprinzipien der Schroth-Kur:
1. Schrothsche Packungen
2. Periodischer Wechsel von Trocken- und Trinktagen
3. Die Schrothsche Kurdiät.

Diese 3 Grundprinzipien wurden in den vergangenen 150 Jahren nicht geändert. Sie wurden nur der modernen Diagnostik und Therapie angepaßt.
Die Schrothsche Kurdiät ist eine fett-, eiweiß- und salzlose Kost. Die Betriebsstoffe werden vornehmlich aus dem Kohlehydrat-Stoffwechsel bezogen. Die fettreiche Nahrung unserer modernen Zivilisation, besonders ein Überangebot an gesättigten Fettsäuren und Cholesterin stellen einen Kausalfaktor im multifaktoriellen Geschehen der Gefäßschäden dar. In Oberstaufen konnte der Beweis angetreten werden, daß es zur erheblichen Senkung der überhöhten Cholesterin- und Fettwerte kommt. Von besonderer Bedeutung ist die Eiweißlosigkeit der Kur. Erst in allerjüngster Zeit setzt sich die Erkenntnis durch, daß ein Übermaß an Eiweiß schädlich ist.

Gerade im Eiweißstoffwechsel entstehen eine Reihe Endprodukte, die von giftiger Natur sind. Es sind dies: Harnstoff, Ammoniak, Säuren, Salze, Mineralstoffe und alles, was dem Körper in höherer Konzentration schädlich ist.
Von besonderer Bedeutung ist in der Schroth-Kur der NaCl-Entzug. Durch die starke NaCl-Ausscheidung lassen sich in der Kur besonders günstig lat. Oedeme und Bluthochdruck beherrschen.
Als Getränk wird naturreiner, alkoholarmer, kalorienarmer Wein gereicht. Unverzichtbar ist seine herz- und kreislaufanregende Wirkung. Die Hautgefäße werden durch geringe Mengen Alkohol dillatiert. Dadurch wird eine Durchblutungsbeschleunigung erzielt. Im intermediären Stoffwechsel wird Alkohol schneller als andere Stoffe verbrannt. Der Eiweißverbrauch kann durch Alkohol eingeschränkt werden. Von großer Bedeutung sind auch die positiven Wirkungen auf das zentrale Nervensystem. Bei sparsamem Gebrauch wird der Mensch in jeder Hinsicht etwas leistungsfähiger.
Daß bei der Schroth-Kur keine Vitaminmangelerscheinungen vorkommen, verdanken wir im wesentlichen dem Wein, der alle wichtigen Bio-Elemente und sehr viele Vitamine (B_1, B_2, B_6, B_{12}, A, C, D, H) enthält. Um Kaliummangelerscheinungen vorzubeugen, werden an Trockentagen kaliumreiche Früchte wie Aprikosen und Pflaumen gereicht.
Eine zentrale Stellung nimmt die Schrothsche Kurpackung ein. Die Packung wird täglich morgens als $^3/_4$- oder Ganzpackung verabreicht (2–3 Std. Dauer). Dabei wird der von der Nachtruhe gut durchwärmte Körper in kalte Laken eingewickelt und mit trockenen Betten zugedeckt.
In der 1. Phase werden die Kälterezeptoren in der Haut gereizt. Dies führt über eine Stimulation des Wärmezentrums zu einer Steigerung der Wärmeproduktion. In der 2. Phase werden durch den Wärmestau, der durch die warmen Packbetten erzeugt wird, die wärmeempfindlichen Zellen des Zentrums angeregt. Diese bewirken eine Erweiterung der Hautgefäße, wodurch ein Abströmen des Blutes aus den inneren Organen erfolgt. Gleichzeitig setzt über das Schweißzentrum eine vermehrte Schweißsekretion ein.
Die 3. wesentliche Säule der Schroth-Kur: der ständige Wechsel von Trocken- und Trinktagen dient der allgemeinen Umstimmung des Organismus.
Das Diätschema der Kur ist nun denkbar einfach. Es wechseln einander 3 Wochen lang kleine Trinktage, Trockentage und sog. große Trinktage ab. Der erste Kurtag ist immer ein kleiner Trinktag mit einem Angebot von ca. 500–600 Kalorien. Morgens gibt es vor der Packung Glühwein oder Kräutertee. Der Wein führt zu einer stärkeren Durchblutung der Niere. Mittags gibt es Pflaumensuppe, die für guten Stuhlgang sorgt, wobei man sich die starke Quelltätigkeit der in den Pflaumen enthaltenen pectinartigen Stoffe zunutze macht.
Darauf folgt der Trockentag mit einem Angebot von ca. 300 Kal. Vor der Packung Glühwein oder Tee. Mittags eingeweichte Pflaumen oder Aprikosen mit völlig NaCl-freiem Kurgebäck. Abends 2 Toast- oder Leinsamenbrote, dazu 1 Glas Saft aus 2 Orangen und 1 Zitrone oder Grapefruit. Dazu 1–2 Kurdrinks.
Darauf folgt der große Trinktag, mit 800–1000 Kalorien. Morgens Glühwein oder Tee. Mittags wird eine Gemüsesuppe gereicht. Dabei wird besonders auf vitamin-, mineral- und spurenelementreiche Gemüsesorten geachtet (z. B. Karotten, Erbsen, Bohnen, Lauch).
Ab 15 Uhr darf bis maximal 1 Liter naturreiner Wein getrunken werden.
Die Schroth-Kur wird auf jeden Patienten genau nach Maß zugeschnitten. Bei Fettleber wird eine Eiweißzulage in Form von Magerquark gegeben. Der Wein wird durch Diätsäfte, Tee und Fachinger ersetzt. Diabetiker verzichten auf Aprikosen und Pflaumen. Nierenkranke und Steinträger können keine Trockentage einhalten. Aus dem Vorgesagten ergeben sich eine Reihe von Kontra-Indikationen wie Leberzirrhose, chron. Hepatitiden, Schilddrüsenüberfunktion, alle zum Alkoholismus neigende Patienten.
Da die Schroth-Kur im wahrsten Sinne des Wortes eine Entschlackungskur ist, werden eine Vielzahl von Leiden auch scheinbar gegensätzlicher Natur günstig beeinflußt.
Das wichtigste Ziel der Schroth-Kur liegt jedoch in der modernen Präventiv-Medizin. Die Schroth-Kur beseitigt die hauptsächlichsten Risikofaktoren, die für das Entstehen stetig im Anstieg begriffenen arteriosklerotischen Veränderungen verantwort-

S lich sind; als Basiserkrankung das Übergewicht, mit dem Hypertonie, Hyperuricämie und Fettstoffwechselstörungen eng verbunden sind.

Schrumpfniere, s. *Nierenentzündung.*

Schrunden (Rhagaden): Einrisse in spröder Haut, besonders an den Stellen der Umschlagfalten (Mundwinkel, Brustwarzen, After, Fingergelenke). Vitaminreiche Kost. Olivenöl mit etwas Zitronensaft zum Einreiben.

Schuppenflechte (Psoriasis): chronisch verlaufende Hauterkrankung mit teilweise erblicher Veranlagung. Ellbogen, Kniescheiben sind bevorzugt, aber auch der ganze Körper, einschließlich der Nägel und der Kopfhaut, kann befallen sein. Es treten rote, mit fest haftenden silbrigen Schuppen bedeckte Hautherde auf. Störungen der Drüsen innerer Ausscheidung, Fehler in der Ernährung, besonders im *Fett*stoffwechsel, spielen neben konstitutionellen Faktoren eine Rolle. Beh.: reizlose Kost, strenges Meiden tierischer *Fette* und *Eiweiße, Rohkost, Obst. Luft-* und *Sonnenbäder. Lehmwasserhemden, Schlenz*bäder mit Zinnkrautzusätzen, *Eigenblutbehandlung.* Innerlich: Tee: Erdrauch, Bingelkraut je 3 T., Bittersüßstengel, Fenchel je 2 T., 1 Eßlöffel auf 3 Tassen Wasser, 1/4 Stunde ziehen lassen. 3mal tgl. 1 Tasse trinken. Hp.: Berberis aquifolium ∅–D2, Arsenicum D4–10, Graphites D6–12, Thuja D2–12. Bch.: Kalium phosphoricum D6–12, Kalium sulfuricum D6, Magnesium phosphoricum D6, Calcium phosphoricum D6–12, Calcium fluoratum D12.

Schüttellähmung, s. *Parkinsonsche Krankheit,* Paralysis agitans.

Schutzstoffe, s. *Antikörper.*

Schwangerschaftsvergiftungen treten dann auf, wenn der mütterliche Organismus mit den von der Frucht ausgeschiedenen Stoffwechselprodukten nicht fertig wird. Es kommt zu Schwangerschaftserbrechen und Speichelfluß, meist auf die ersten 3–4 Monate der *Schwangerschaft* beschränkt. Im letzten Drittel der Schwangerschaft kommen Schädigungen der Nierenfunktion vor, die sich in Eiweißausscheidung, wassersüchtigen Schwellungen und Blutdruckerhöhungen äußern. Als schwerste Schädigung tritt dann der eklamptische *Krampf*anfall auf. Grundbehandlung wie bei *Nierenentzündung.* Bei *Eklampsie* ist schnelle Beendigung der Schwangerschaft notwendig. *Aderlaß* und Beruhigungsmittel. Naturgemäße Lebensweise und Förderung der Ausscheidung lassen es meist gar nicht zu diesen Verwicklungen in der Schwangerschaft kommen.

Schwefel wird äußerlich zu *Salben* und *Bädern* bei parasitären Hautkrankheiten, Eitererkrankungen der Haut usw. sowie bei rheumatischen Gelenkerkrankungen als Bad verwendet. Innerlich nur im gereinigten Zustand messerspitzen- bis teelöffelweise zur Stuhlregelung, Blutreinigung, besonders bei Hautausschlägen. Wichtiges Mittel in der *Homöopathie,* besonders bei entzündlichen Hauterkrankungen.

Schwefelwasserstoffbäder: Schwefelbäder im Wasser von Schwefelwasserstoffquellen. Wirken zum Teil durch Einatmung. *Rheumatismus, Hauterkrankungen.*

Schweiß wird durch die Schweißdrüsen der Haut abgegeben. Der Ausbruch des Sch. dient der Wärmeregulation. Schwerarbeiter können bis 6 l Sch. am Tage abgeben, müssen aber die abgegebene Flüssigkeit durch Trinken dem Körper wieder zuführen. Außer Wärme scheidet der Sch. auch Stoffwechselschlacken aus dem Körper aus. Es wird von den Schweißdrüsen also eine den *Nieren* parallel gehende Aufgabe erfüllt. Unterstützung der Sch.-bildung entlastet die Nieren. Da die Schweißbildung vom *Lebens*nervensystem gesteuert wird, unterliegt sie auch seelischen Einflüssen. Übermäßige Schweißbildung (Hyperhidrosis) bei *Basedow* und *Lungentuberkulose* (hier besonders nachts). Übermäßiges Schwitzen der Hände und Füße kann sich lästig auswirken. Beh.: häufige kalte *Waschungen, Abhärtungs*maßnahmen, Behandlung der Grundleiden. Salzarme, reizlose *vegetarische* Kost. Innerlich: Salbei, Ysop, Walnußgrünschalen in Abkochung als Tee und Knoblauch roh oder als Saft wirken schweißhemmend. Vgl. *Fußschweiß.* Hp.: Boletus laricis D1–2, Calcium carbonicum D12–6, Jaborandi D2–3, Lachesis D8–10, Mercurius solubilis D4–6, Psorinum D15, Salvia ∅. Schweißförderung zur Entlastung der Nieren und zur Förderung der *Ausscheidung* (*Ableitung* auf die Haut) durch kalte Waschungen mehrmals tgl. bis zum Schweißausbruch (in Abständen von 30 bis 60 Minuten), heiße *Wickel, Schlenz*bäder, *Dämpfe, Heusäcke, Heißluft-* und *Saunabäder.* Innerlich: Lindenblüten, Holunder, Erdrauch, Majoran, schwarze Johannisbeerenblätter, Quecke in dünnen Aufgüssen heiß trinken.

Schweißfriesel: kleine Hautbläschen an Stellen stärkerer Schweißabsonderung im Verlauf fieberhafter Erkrankungen. Beh.: Einstäuben mit Heilerde oder Puder.

Schweißfuß, s. *Fußschweiß.*

Schweißtreibende Mittel, siehe *Schweiß.*

Schweninger, Ernst, Professor Dr. med., Leibarzt Bismarcks. Wissenschaftlicher Vorkämpfer für die Gedanken der Naturheilkunde. Als Leiter des Stubenrauch-Krankenhauses in Berlin-Lichterfelde führte er das erste öffentliche Naturheilkrankenhaus.

Schwerhörigkeit kann durch Verstopfung des äußeren Gehörgangs mit Ohrschmalz, Erkrankungen des Mittelohrraums sowie des Innen*ohrs* bedingt sein, s. *Otosklerose.* Behandlung richtet sich nach dem Grundleiden. Bch.: Natrium phosphoricum D6 und Silicea D12 im Wechsel, Kalium chloratum D6, Natrium muriaticum D6–12, Calcium fluoratum D12 mit Silicea D12 im Wechsel bei Altersschwerhörigkeit.

Schwiele: Verdickung der obersten Hautschichten durch Druck, s. *Hühnerauge.* Erweichen mit Seifenbädern oder Salizylsalben (10–20 v. H.).

Schwindel: meist Folge eines Reizzustandes des Innen*ohrs,* mangelnder Durchblutung bei Blutleere oder zu starker Durchblutung bei Blutüberfüllung im Gehirn. Das Organ für die Wahrnehmung unserer Körperlage befindet sich im Innenohr, dessen drei Bogengänge wie Wasserwaagen wirken und dauernd die Lage des Kopfes im Raum überwachen. Wird dieses System gestört oder gereizt, so kommt es zu Schwindelgefühl, das meist mit Ohrensausen verbunden ist. Neben Ohrenstörungen können auch Augenstörungen Schwindelgefühl hervorrufen, wie man auch durch Verwirrung der Seheindrücke die Lageorientierung ausschalten und Sch. erzeugen kann. *Kreislaufstörungen, entzündliche* oder *geschwulstartige* Veränderungen im *Gehirn* sind die häufigsten Ursachen für den Sch. Treten Sch., Erbrechen, Ohrensausen und Schwerhörigkeit zusammen auf, dann spricht man vom sog. *Menièreschen Symptomenkomplex.* Behandlung richtet sich nach den Ursachen und Grundleiden. Hp.: bei Altersschwindel Arnica D3–6, Baryum carbonicum D6–8, bei Schwindel von der Galle Bryonia D6, vom Magen Nux vomica D6, bei Blutarmut Ferrum carbonicum D2. Bch.: Ferrum phosphoricum D6 bei Blutandrang zum Kopf; Calcium phosphoricum D6 bei Altersschwäche; Natrium phosphoricum D6 bei Schwindel vom Magen aus. Silicea D12.

Schwindsucht, s. *Lungentuberkulose.*

Schwitzbad: *Dampfbad, Heißluftbad,* elektrisches *Lichtbad, Sandbad, Schlenz*bad, *Sauna* können als Schwitzbad dienen.

Scilla maritima, s. *Meerzwiebel.*

Seborrhöe, s. *Schmerfluß.*

Secale cornutum, s. *Mutterkorn.*

Sedativa: beruhigende Mittel. Als Heilpflanzen kommen hier in Frage: mexikanisches Teekraut (Chenopodium ambrosioides), stinkender Gänsefuß (Chenopodium vulvaria), weißer Diptam (Dictamnus albus), Katzenkraut (Glechoma hederacea), Schwarznessel (Ballota nigra), Melisse, Basilienkraut (Ocimum basilicum), Baldrian (Valeriana officinalis), Hornmohn (Glaucium corniculatum), Frühlingsteufelsauge (Adonis vernalis), Lavendel (Lavandula spica), Hopfen (Humulus lupulus), Dillsamen (Anethus graveolens), Beifuß (Artemisia vulgaris), Heidekraut (Calluna vulgaris), Blüten der Pfingstrose (Paeonia officinalis).

Seebäder: Bei einer Seebadekur ist nicht nur das Baden in offener See oder in erwärmtem Meerwasser in Warmbadeanstalten wirksam, sondern auch das Seeklima wirkt durch seine charakteristischen Eigenschaften als Behandlungsreiz. Der Aufenthalt am Strand kann zu *Sand-* und *Sonnenbädern* mit intensiver Einstrahlung ausgenutzt werden. Auch die Abkühlungseinflüsse durch den Seewind können für die Heilung ausgenutzt werden. Die Bäder in offener See wirken durch Salzgehalt und *Wellenschlag.* Wir haben die Möglichkeit, durch die Wahl des Kurortes von der schwachen Welle der Ostsee, der stärkeren der Nordsee bis zu den kräftigen Atlantikwellen zu steigern (Biarritz). Auch der Salzgehalt der Meere ist verschieden. Die Adria reicht an die stärksten *Solquellen* fast heran. Kalte S. sind daher sehr wirksam und anstrengend und für kranke und erschöpfte Menschen kaum geeignet. Dasselbe gilt im allgemeinen auch vom Seeklima. Ärztliche Überwachung der Kuren ist dringend erforderlich, damit keine Schäden durch den Gebrauch entstehen.

Seekrankheit: Störungen, die bei rhythmischer, laufender oder gleitender Bewegung auftreten in Schiffen, Flugzeugen, Eisenbahn, Auto, Karussell, Luftschaukel. Übelkeit, Drehschwindel, Erbrechen, Beklemmungs- und Angstgefühle, schließlich völlige Apathie. Durch Reizungen der Bogengänge des Innen*ohrs* hervorgerufen. Vorbeugung: Aufenthalt in der Mitte des Schiffes, an Deck, in Rückenlage. Alle empfohlenen innerlichen Mittel sind nur wirksam, wenn sie vor Ausbruch der Erscheinungen genommen werden, und auch dann in der Wirkung unsicher. Hp.: Cocculus D6–10, Cerium oxalicum D3. Bch.: Natrium phosphoricum D6 im Wechsel mit Kalium phosphoricum D6. Kinder bis zum 4. Lebensjahr und Taubstumme sind für S. unempfindlich.

Seele (Psyche): Einheitliche Auffassungen und Vorstellungen über die S. gibt es nicht. Daß der Mensch neben dem Körper eine S. besitzt, ist eine Urvorstellung der Menschheit, die sich in allen, auch den primitivsten Religionen findet. Sie wird allgemein als unkörperlich empfunden und angenommen. Sie wird als eine *Ganzheit* betrachtet, die nicht sterblich ist und nach dem Tode den Körper verläßt. Wir können sie nicht greifen oder sehen, aber tagtäglich in uns und unserer Umgebung, in ihren Wirkungen, ihrem Ausdruck und in körperlichen Begleiterscheinungen erleben. So wird das sonst nicht Greifbare zur Wirklichkeit. Die Annahme, daß der Mensch sich durch seine Seele vom Tier unterscheidet, kann wohl in dieser Form nicht aufrechterhalten werden, da wir bei vielen Tieren seelische Äußerungen wahrnehmen können. Aus seelischen Störungen heraus können sich Funktionsstörungen und Krankheiten entwickeln; s. *Psychosomatik.* Es gibt auch Erkrankungen der Seele. s. *Geisteskrankheiten.* Die seelische Beeinflussung spielt bei der Behandlung aller Krankheiten eine hervorragende Rolle.

Seelische Beeinflussung: Da viele Krankheiten sich aus seelischen Störungen entwickeln und andererseits jede Krankheit neben dem Körper auch die Seele beeinflußt, so ist an jedem Heilungsvorgang auch die *Seele* beteiligt, bzw. darf sie dabei nicht vergessen werden. Wenn durch seelische Vorgänge die Krankheit entstehen kann, dann muß es auch möglich sein, durch s. B. die Krankheit wieder zu beheben. Die s. B. durch die Heilpersönlichkeit kann unbewußt oder bewußt erfolgen. Bei allen großen Heilern geht sie unbewußt vor sich. Nur von denen, die sich bewußt besonderer seelischer Verfahren bedienen, wird mit Absicht die seelische Seite der Krankheit angegangen. Einige Verfahren decken durch Aussprache die *unterbewußten* Erlebnisse auf, machen sie bewußt, versuchen durch Erweckung der Einsicht die richtige Stellung des Kranken zu den störenden Problemen herzustellen, wodurch sie für ihn gelöst werden (*Psychoanalytisches* Verfahren). Andere Verfahren steigen selbst ins Unterbewußtsein hinab und führen diesem die Heilgedanken unmittelbar zu, so daß sie gar nicht erst ins Bewußtsein zu treten brauchen. *Entspannung* und Einrede *(Suggestion)* sind hier die Grundverfahren der s. B. Die Einrede kann als Selbsteinrede *(Autosuggestion)* oder Fremdeinrede (Suggestion) erfolgen. Letztere kann als Einzel- und Massensuggestion, im Wachen und in der *Hypnose* durchgeführt werden.

Seelische Krankheiten: meist als *Geisteskrankheiten* bezeichnet. Sie können auf *ererbter, konstitutioneller* Anlage, auf erworbener Schädigung des *Gehirns* und auf

Alters- und Abnutzungsvorgängen im Bereich des Gehirns beruhen. Sie können ihre Ursache in einmaligen seelischen Erlebnissen oder *chronisch* verlaufenden Erlebnisketten oder in einer angelegten oder erworbenen seelischen Eigenart haben, s. *Geisteskrankheiten.*

Sehnenscheidenentzündung: Die langen *Sehnen* der Muskeln für Unterarm, Hand, Finger, Unterschenkel, Fuß und Zehen verlaufen zum Teil in einer Sehnenscheide, die an ihrer Innenseite eine schleimige Masse als Gleitmittel erzeugt, um gute Beweglichkeit zu gewährleisten. Bei Überanstrengung, Druck von außen, Eindringen von Krankheitskeimen kann es zu trockener oder feuchter *Entzündung* kommen. Rötung, Schwellung, Knirschen und Reiben der Sehnen bei Bewegung sind die Folge. Erhebliche Schmerzen bestehen. Aus eingedickten Sehnenscheidensekreten können sich harte Knoten, die sog. *Überbeine,* bilden. Beh.: Ruhigstellung, kühle Umschläge, Lehm- oder Heilerde*umschläge, Güsse,* später *Massage.* Bei Überbein, Zertrümmerung durch Druck oder Schlag und Nachbehandlung wie bei S. Hp.: Arnica D3, Apis D3, Ruta D2. Bch.: Ferrum phosphoricum D6, Kalium chloratum D6, Silicea D12 im Wechsel mit Calcium fluoratum D12.

Sehnenzerrung: Plötzliche starke Dehnung einer *Sehne,* meist bei *Verstauchung.* Beh.: Ruhigstellung, Heilerde-, Lehm*wikkel,* heiße *Heublumensäcke. Massage, Gymnastik.*

Sehnervenentzündung (Neuritis optica) betrifft entweder Sehnervenkopf oder den Sehnervenstamm. Starke Störung des Sehvermögens. *Nebenhöhlen*erkrankungen, Zahn*granulome, Syphilis, Scharlach,* Vergiftungen (Methylalkohol), Nervenkrankheiten *(Multiple Sklerose)* können die Ursache sein. Behandlung richtet sich nach der Ursache. *Vitaminreiche* Kost, *Kopflicht-* und *Kopfdampfbäder, Schlenz*bäder, *Ableitung* auf den Fuß, vgl. *Netzhautentzündung.*

Sehschule nach Bates s. *Kurzsichtigkeit.*

Seidelbast (Daphne mezereum): myrtenartiger Strauch, Rinde dient frisch oder als *Pflaster* verarbeitet als *Hautreizmittel.*

Seifen sind Alkalisalze höherer Fettsäuren. Sie werden durch Kochen von *Alkalien* (Natronlauge, Kalilauge, Soda) mit *Fetten* oder *Ölen* gewonnen. Natronseifen sind fest (Kernseife), Kaliseifen sind schmierigweich (Schmierseife). Schmierseifen werden zu Einreibungen des Körpers bei *Skrofulose* verwendet. Toilettenseifen sind überfettet, enthalten also einen nicht verseiften Fettüberschuß. Trotzdem reizt das immer frei werdende Alkali empfindliche Haut. Schwache Seifenlösungen werden körperwarm zur Darmentleerung mittels Einlauf benutzt und regen über den Reiz der Darmschleimhaut die Darmmuskulatur an.

Seifenspiritus ist eine Lösung von *Seife in Alkohol.*

Seifenstuhl: trockene, unangenehm riechende, alkalische, hellgraue *Stühle* mit reichlich Kalisalzen von Fettsäuren. Beim *Säugling* tritt er bei Ernährung mit Eiweißmilch und unverdünnter Kuh*milch,* beim Erwachsenen bei gestörter Fettverdauung auf.

Seifenwurzel (Saponaria officinalis): Wurzel des Seifenkrauts, im August am saponinreichsten, 1–4 g in Abkochung zur Auswurfförderung und Sekretionssteigerung.

Seifenzäpfchen: ein Stück Toiletten*seife* oder *Zäpfchen* aus Glyzerin und Natronseife als leichtes *Abführmittel.*

Sekrete: Ausscheidungen von *Drüsen* mit Ausscheidungsgängen.

Sekundenphaenomen, s. *Herdinfektion.*

Selbstvergiftung (Autointoxikation): Bei krankem *Stoffwechsel,* bei fehlerhafter Zusammensetzung der *Darmflora,* bei Stauungen im Dickdarm kommt es zur Entwicklung von giftigen Substanzen im Körper oder im Darm. Letztere werden aufgesaugt und dem Körper zugeführt. Allgemeine Beschwerden wie Kopfschmerzen, Schwindel, Benommenheit, allgemeine Schwäche, Reizbarkeit und Arbeitsunlust sind dann die Folge. Behandlung besteht in Ordnung der Lebensführung, insbesondere Regelung der Ernährung im Sinne einer naturgemäßen *Grundkost. Vegetarische Ernäh-*

rung, *Rohkost, Darmbäder* und Maßnahmen der Blut*reinigung* vermindern die Beschwerden oder beseitigen sie.

Semen: Rezepturbezeichnung für den Samenkern einer Pflanze.

Senegawurzel (von Polygala senega): *saponin*haltige Droge zur Hustenlösung.

Senfbad: 200g frisch gemahlenes *Senfmehl* mit lauwarmem Wasser zu dünnem Brei anrühren, 1/2 Stunde stehenlassen und dann mit Vollbad von 37° gut verrühren. Bei Teilbädern entsprechend weniger nehmen. Nimmt man zu viel Senfmehl und läßt es zu lange einwirken, dann wird die Hautreizung zu stark, und es kommt zur Blasenbildung. Zu heißes Wasser beim Anrühren (über 50°) verhindert die Senfölentwicklung. S. werden vor allem für Kinder bei Lungenstauungen infolge Lungenentzündung oder Grippe und bei Kreislaufkollaps angewendet, weil sie die Atmung und den Kreislauf anregen. Zu Teilbädern rechnet man auf 10 l etwa 30g Senfmehl. Senffußbäder zur kräftigen *Ableitung* vom Kopfe. Nach den Bädern mit warmem Wasser abwaschen.

Senfmehl: Gemahlener Samen von Brassica nigra spaltet bei Wasserzutritt das stark hautreizende Senföl ab. Kein Wasser über 50° verwenden, da es sonst Senfölbildung behindert. Möglichst frisch gemahlenes Mehl verwenden.

Senfpackung, Senfwickel: Der wie bei den Bädern angerührte Senfbrei wird auf die Haut aufgetragen und umwickelt, 5–10 Minuten liegengelassen und dann mit warmem Wasser abgewaschen. Man kann auch einen heißen Wickel anlegen, dessen Wasser vorher 3 Tropfen Senföl auf 100 ccm zugefügt worden ist. Anzeigen wie für *Senfbad.*

Senfpapier: Papier mit *Senfmehl* überzogen, in den Apotheken vorrätig. Nach Eintauchen in Wasser bis 15 Minuten als *Hautreizmittel* aufzulegen. Gegen *Migräne, Magenschmerzen, Rheuma.*

Senkfuß, s. *Fußdeformität.*

 Senkniere, s. *Wanderniere.*

Senkungsabszeß, s. *Abszeß.*

Sennesblätter (Folia Sennae): einzeln und in Teemischungen als mildes *Abführmittel.* Da bei Heißauszügen ein kolikmachendes Harz gelöst wird, soll man Sennestee erst kalt werden lassen, weil dann das Harz ausfällt, und ihn ohne den Satz trinken.

Sensibilität ist das Vermögen, Sinneseindrücke aufzunehmen. Störungen sprechen für *Nervenstörungen.*

Sensible Nerven vermitteln die Sinneseindrücke, s. *Sensibilität.*

Sepdelenopathie: (Behandlung durch Fäulniszerstörung) von Alexander Müller, Apotheker in Kreuznach, entwickelt. Durch die kosmischen Strahlungen sind wir radioaktiven Elektronen mit krank machender Wirkung und elektrischen Elektronen mit heilender Wirkung ausgesetzt. Die Strahlung greift am Nervensystem an und überträgt die Reize auf das Blutsystem, wo die Haargefäße gelähmt werden und eine Blutstockung hervorrufen. Weiterhin spielt die Harnsäurevermehrung eine große Ursache bei den Krankheiten im Müllerschen System. In den Sepdelenpräparaten glaubte Müller nun das Präparat gefunden zu haben, das die Harnsäure ausschwemmen, die Blutstockung beseitigen, die schädliche Strahlenwirkung neutralisieren und die günstigen Elektronenreize fördern kann. Die Grundlage ist eine Mischung von Zitronen-Wein-Phosphor- und Schwefelsäure unter Beifügung einer geringen Menge Milchsäure. Durch verschiedene Mischung der Grundsubstanzen wurden zunächst 4 Mittel hergestellt, die dann in der Folge auf 9 Mischungen oder Sepdelenen erweitert wurden, jedes mit besonderen Krankheitsanzeigen.

Sepsis: fieberhafte Allgemeininfektion, s. *Blutvergiftung.*

Serös: *Blut*wasser (Serum) enthaltende Flüssigkeit oder Absonderung.

Serum (Blutwasser) ist die nach der Blutgerinnung über d. Blutkuchen stehende gelbe Flüssigkeit, s. *Blut.*

Serumkrankheit: Die Blutflüssigkeit von

Tieren, die als Heilserum bei *Infektionskrankheiten* zum Schutz oder zur Behandlung eingespritzt wird, enthält neben den Schutzstoffen *(Antikörpern)* auch die arteigenen *Eiweiß*körper der betreffenden Tierart. Gegen diese Eiweißstoffe bildet der Körper Antikörper; wenn später noch einmal Serum der gleichen Art gespritzt wird, so reagiert der Körper mit einem *maser-* und *scharlach*ähnlichen Hautausschlag oder juckendem *Nesselfieber,* Gelenkschmerzen und Fieber. In schweren Fällen kann es zum sog. *anaphylaktischen Schock* kommen. Schweißausbruch mit jagendem Puls zeigt diesen an. Man muß also vor Serumeinspritzungen sich vergewissern, ob schon vorher ein Serum von der gleichen Tierart eingespritzt worden ist, und gegebenenfalls ein Serum von einer anderen Tierart verwenden. Man arbeitet heute mit stark enteiweißten Seren, die die Gefahr der S. nicht bieten. Da die Naturheilkunde im allgemeinen nicht mit Tierseren arbeitet, kommen diese Störungen bei naturheilkundlicher Behandlung seltener vor. Behandlung wie *Nesselfieber.*

Sexualhormone, s. *Geschlechtshormone.*

Silikose, s. *Staub*lunge.

Simulation ist die bewußte Vortäuschung von Krankheit und gehört zu den Betrugsdelikten. Darf nicht mit *seelischen Erkrankungen* verwechselt werden.

Singultus, s. *Schlucksen.*

Sinne: Alle Empfindungen aus der Außenwelt nehmen wir mit den Sinnesorganen auf. Das *Auge* nimmt die *Licht*wellen und Farbenempfindungen, das *Ohr* die Schallwellen, die *Zunge* mit ihren Geschmackspapillen die Geschmacksempfindungen, die *Nase* die Geruchsempfindungen und die *Haut* die Gefühlsempfindungen auf und leitet sie zu den entsprechenden Wahrnehmungszentren im Gehirn. Die Geschmacksempfindung ist an die Geschmacksknospen der Zunge, die Gefühlsempfindung der Haut an Nervenpunkte (sog. Blixsche Punkte) gebunden, wobei wir solche für Druck, Wärme, Kälte und Schmerz unterscheiden. Aus diesen Qualitäten setzen sich dann die einzelnen Gefühlsempfindungen zusammen. Neben diesen 5 Grundsinnen spricht man auch vom Gleichgewichtssinn, dessen Organ die Bogengänge im Innen*ohr* sind, vom Tiefensinn, der uns die Stellung der Glieder zueinander empfinden läßt, vom Schweresinn, der uns die Richtung fühlen läßt, in die die Schwerkraft wirkt.

Sinnestrug, s. *Halluzination, Illusion.*

Sinusitis, s. *Nebenhöhlen*entzündung, *Stirnhöhlenentzündung.*

Sitzbad: Eintauchen des Unterkörpers ins Wasser, so daß der Unterleib bis etwa zur Nierengegend und die obere Oberschenkelhälfte ins Wasser kommt. Es kann jede entsprechend große Blech- oder Holzwanne (Waschwanne) genommen werden, doch gibt es auch besonders gefertigte Sitzbadewannen. Kaltes S. dauert 6–20 Sekunden. Man hebt das Hemd hoch und setzt sich für die vorgesehene Zeit in die Wanne und erwärmt sich durch Bettruhe oder anschließende Bewegung. Aktive Anregung der Leib- und Unterleibsdurchblutung. Gegen chronische Stuhlverstopfung, Blähsucht, Magen- und Darmgeschwüre, chronische Entzündungen im kleinen Becken, Blinddarmentzündung, Hämorrhoiden. Zur Kräftigung der Keimdrüsen und Herabsetzung der sexuellen Erregbarkeit. Beim warmen S. (37–39°) ist der Patient unbekleidet und stützt die Füße auf einen Schemel. Kalte Füße müssen vorher durch warme *Fußbäder* erwärmt werden. Der nicht ins Wasser tauchende Teil des Körpers wird in Laken und Wolldecken eingepackt. Vorher wird über den Rand der Wanne ein schmales Brett gelegt, um eine bequeme Armlagerung zu ermöglichen

Sitzbad (kalt)

Sitzbad (warm)

und ein Eintauchen der Laken zu verhindern. Badedauer 10–15 Minuten. Abschluß mit kaltem Bad oder *Unterguß*. Warme S. wirken entzündungswidrig und aufsaugend, krampflösend auf Blase und Darm. Bei Blasenschwäche, Magen-, Darmsenkung, zur Kräftigung der Beckenbodenmuskulatur als Vorbereitung der Schwangerschaft, Beseitigung von Stauungen im Unterleib, von Entzündungen aller Unterleibsorgane, der Nieren (5–10 Min.), der Blase, von Hämorrhoiden. Wechselsitzbad: zweimaliger Wechsel von warm und kalt (5–20 Sekunden). Aufsteigendes Sitzbad bis zum Schweißausbruch und Nachdünsten im vorerwärmten Bett. Abschluß mit *Ganzwaschungen* oder *Unterguß*.

Sitzen auf nassem Tuch: *Kneipp*anwendung bei *Hämorrhoiden*, Reizzuständen im Enddarm und zur *Stuhl*förderung. Man legt eine Wolldecke über einen Stuhl, darauf ein vier- bis achtfach gefaltetes nasses Leinentuch. Der Patient setzt sich darauf und schlägt das Wolltuch fest um sich zusammen. Oberkörper und Füße sind bekleidet. Bei Erwärmung wird gewechselt.

 Sitzen auf nassem Tuch

Sklerose: Verhärtung, Verkalkung, s. *Arterienverhärtung.*

Skorbut (Scharbock): *Vitamin-C*-Mangelkrankheit. Neigung zu Haut- und Schleimhautblutung, Blutungen in die Muskulatur und unter die Knochenhaut. Das Zahnfleisch lockert sich, wird blaurot und blutet. Blutarmut, Gebißverfall. Kam früher bei Seefahrern und Forschungsreisenden vor, die monatelang ohne Frischkost, nur von Konserven leben mußten. Säuglingsskorbut s. *Möller-Barlow.* Vitaminreiche Frischkost bringt die Krankheit zum Ausheilen.

Skrofulose kommt bei Kindern, die leicht mit *Ausschlägen* und *Drüsen*schwellungen reagieren, bei gleichzeitigem Bestehen einer Drüsentuberkulose zustande. Haut, Schleimhäute, Drüsen sind entzündet. *Schnupfen, Lidrandentzündung* oft neben Zeichen einer *Haut-, Knochen-* oder *Bronchialdrüsentuberkulose.* Beh.: gesunde Ernährung, *Lebertran, Licht, Luft, Sonne; Salzbäder, Salzhemden, Halbbäder; Barfußlaufen, Wassertreten.* Tee: Huflattich, Kalmuswurzel, Walnußblätter, Sonnentau. Hp.: Arsenicum D6–12, Baryum carbonicum D6–12, Calcium carbonicum Hahnemanni D3–12, Calcium phosphoricum D3–6, Ferrum D2–3, Graphites D3–12, Jodum D4–10, Mercurius solubilis D4–6, Phosphorus D6–12, Silicea D6–12, Sulfur D4–12. Bch.: Natrium phosphoricum D6, Calcium phosphoricum D6, Silicea D12 und Magnesium phosphoricum D6 als Hauptmittel. Dazu Calcium phosphoricum D6 bis 12, Silicea D12, Natrium muriaticum D6–12, je nach dem Bild.

Socken, nasse: von *Kneipp* empfohlene praktische Abänderung des *Fußwickels.* Als feuchtes Tuch werden Leinensocken oder Baumwollsocken genommen, über die trockene Wollstrümpfe gezogen werden. Diese müssen die nassen Strümpfe um mehrere Querfinger überragen.

Sodbrennen: aus dem Magen in Speiseröhre und Mund aufsteigende brennende oder ätzend-schmerzende Empfindung. Kommt bei Salzsäureüberschuß im Magen vor, kann aber auch einmal bei Salzsäuremangel auftreten. Ist meist Zeichen von Störungen der Magen-, Darm- und Lebertätigkeit. Beh.: reizlose, salzarme Kost. Vermeiden zu heißer und zu kalter Speisen und Getränke, keine süßen Nachspeisen, kein Kompott, nicht rauchen, *vegetarische* Kost. Gut kauen und einspeicheln. Innerlich: Heilerde, Wermut, Tausendgüldenkraut als Tee, schluckweise rohe Milch. Hp.: Atropinum sulfuricum D3, Nux vomica D4–6, Acidum sulfuricum D3. Bch.: Natrium phosphoricum D6, Natrium muriaticum D6, als Hauptmittel; Magnesium phosphoricum D 6 bei Krampfschmerzen; Natrium sulfuricum D6 bei Beteiligung von Leber und Gallenwegen.

Sojabohne: ostasiatische Bohnenart, die auch in Teilen Europas in mildem Klima gedeiht. Eiweiß- und vitaminreiche Hülsenfrucht, deren Mehl in der *vegetarischen* Küche vielfach verwertbar ist. Man kann Sojamilch und Sojakäse aus ihr bereiten.

Solanum dulcamara, s. *Bittersüß.*

Solbäder: natürliche Kochsalzquellen mit mindestens 1½ v. H. Salzgehalt. Werden zu *Bade-* und *Inhalationskuren* bei *Rheuma, Nervenentzündungen, Drüsentuberkulose, Skrofulose, Blutarmut, Stoffwechselkrankheiten, Entzündungen der oberen Luftwege* verwendet. Künstliche S. aus Kochsalz, s. *Salzbäder.* Können auch aus Mutterlauge, Mineralsalz und Meeressalz bereitet werden. Für ein Vollbad werden 3–9 kg Salz benötigt.

Solidago virgaurea, s. *Goldrute.*

Sommersprossen: kleine braune bis gelbliche Farbstoff-Flecken in der Haut im Bereich der *Sonnen*bestrahlung. Blassen in der sonnenarmen Zeit ab und verstärken sich im Sommer. Abends mit Zitronensaft einreiben und eintrocknen lassen. Morgens Gesichtsmassage. Im Sommer Lichtschutzsalben. Neigung zu S. geht mit zunehmendem Alter zurück.

Somnambulismus: eine Art *Dämmerzustand. Schlaf-* und *Nachtwandeln* im unbewußten Zustand, einem tiefen, traumhaften Schlaf. Unter künstlichem S. versteht man den tiefen *Hypnose*schlaf, den man auch *Trance* nennt.

Sonne: Daß das Sonnenlicht zu den Lebensfaktoren gehört, bei deren Mangel die Entwicklung in der Natur zurückbleibt und Schaden leidet, ist eine so allgemeine Beobachtung, daß sie nicht bewiesen zu werden braucht. Der Mangel an Sonnenlicht führt zu schweren Stoffwechsel- und Entwicklungsstörungen bei Pflanze und Tier. Wir kennen die gesundheitlichen Folgen des Wohnens in sonnenarmen Elendsvierteln, die Herabsetzung der Widerstandskraft gegen Ansteckungen aller Art, Begünstigung der *Tuberkulose* und der *Englischen Krankheit.* Andererseits wissen wir auch, daß eine übertriebene und ungeregelte Sonnenbestrahlung bei entsprechend veranlagten Menschen zu schweren Reizzuständen führen und bei bestimmten Krankheiten Verschlimmerungen hervorrufen kann. Für die naturgemäße Lebensweise muß also davon ausgegangen werden, daß Aufenthalt im zerstreuten Licht, bei mäßiger direkter Einwirkung der S. nützlich ist, daß aber stärkere direkte Sonnenbestrahlung nur für besondere Heilzwecke unter Einhaltung bestimmter Erfahrungsregeln in Frage kommt. *Chronisch* infizierte Wunden, insbesondere *tuberkulös* infizierte *Wunden* und *Fisteln,* zeigen unter intensiver Sonnenbestrahlung eine auffallende Abheilungsneigung. Auch *Gelenk-, Drüsen-* und *Knochentuberkulose* heilen bei reichlicher direkter Sonnenbestrahlung, besonders in der *Hochgebirgs*sonne. Manche Hautleiden, z.B. die *Schuppenflechte,* reagieren außerordentlich günstig auf Sonnenbestrahlung. Dagegen kommt es bei Sonnenbestrahlungen von *Lungen-* und anderen Organ*tuberkulosen* zu schweren Verschlimmerungen, auch Kreislaufgestörte vertragen die direkte Sonnenbestrahlung schlecht. Der Schwerpunkt der naturgemäßen Lebens- und Behandlungsweise liegt daher im *Luftbad,* in dem das zerstreute Sonnenlicht zur Wirkung kommt.

Sonnenbad kommt nur bei besonderen Anzeigen in Frage. Meist handelt es sich nur um Teilbestrahlung unter Abdeckung

S

der übrigen Körperteile. Schutz von Kopf, Nacken und Augen durch leichte Hüte, Tücher und Brillen, um *Hitzschlag* und *Sonnenstich* zu vermeiden. S. an windgeschützten Stellen, im Sommer möglichst morgens, bevor die Lufttemperatur zu stark zugenommen hat. Frühjahrssonne erfordert besonders vorsichtige Abstufung. Auch Sonnenbehandlung soll im Wechsel mit Abkühlung durch Aufsuchen des Schattens und im Wechsel von Ruhe und Bewegung je nach Jahreszeit und Außentemperatur durchgeführt werden. Auf diese Weise kann das S. auf viele Stunden tgl. ausgedehnt werden. Man steigert zunächst minutenweise unter Beobachtung der Verträglichkeit. Auch zur Sonnenganzbestrahlung kommt man auf dem Umweg über die steigernde Teilbestrahlung. Schon im Altertum wurden die S. zu Heilzwecken verwendet. Ihre Verwendung ist aber nicht allgemein geblieben. Systematisch und naturheilkundlich, zusammen mit Wasser- und Diätanwendung ausgebaut, hat sie der Schweizer Fabrikant, der »Sonnendoktor« Arnold *Rikli* (1823–1906). Die wirksame *Hochgebirgs*sonnenbehandlung der *Knochen-, Gelenk-* und *Drüsentuberkulose* geht auf die Schweizer Ärzte Bernhard, St. Moritz, und *Rollier,* Leysin, zurück. Prof. *Bier,* Berlin, hat gezeigt, daß auch unter den deutschen Flachlandsbestrahlungsverhältnissen ähnliche Ergebnisse wie im Hochgebirge erzielt werden können. Bestrahlungsschema nach *Rollier:*

1. Tag: Füße und Unterschenkel bestrahlen, Vorder- und Rückseite, je 5–10 Minuten.
2. Tag: Füße, Ober- und Unterschenkel ebenso.
3. Tag: Beine, Vorder- und Rückseite und Leib, je 10 Minuten.
4. Tag: Beine, Leib, Rücken, je 10 Minuten.
5. Tag: Ganzbestrahlung Vorder- und Rückseite, je 10–15 Minuten.

Allmähliche Verlängerung der Bestrahlungszeit bis zu einer Stunde. Bei *Tuberkulose* ist eine noch vorsichtigere Steigerung, die sich nach der körperlichen Reaktion richten muß, notwendig.

Neben der äußeren Behandlung mit Sonnenlicht spielt in der Naturheilkunde auch die innere Behandlung mit Sonnenenergie auf dem Umweg über die pflanzliche *Rohkost* eine Rolle. Beim Wachstum der Pflanze wird Sonnenlichtenergie in der Pflanze gespeichert und durch die Verwendung der Pflanze als Nahrungsmittel wieder freigesetzt. Diese in der Rohkost frei werdende Sonnenlichtenergie spielt im Stoffwechsel eine erhebliche Rolle und erklärt nach *Schlickeysen* und *Bircher-Benner* den hohen Nähr- und Heilwert der Rohkost, die deshalb auch als Sonnenlichtnahrung bezeichnet wird.

Sonnenbrand: Sonnenbestrahlung reizt die Haut, regt die Tätigkeit der Hautdrüsen und Schweißdrüsen an, fördert die Durchblutung durch Gefäßerweiterung, reizt die Hautnerven, fördert die Bildung von Vitamin D und anderen Vitaminen und führt zu Pigmentbildung. Bestrahlt man zu rasch, dann kommt es zu *Verbrennungen* 1. und 2. Grades mit Allgemeinerscheinungen, Kopfschmerzen, Abgeschlagenheit, Fieber. Auf verbrannte Hautstellen Johanniskraut- oder Leinöl, Pfefferminzteeaufschläge bringen.

Sonnengeflecht (Plexus solare): größtes Nervenknotengeflecht des *Lebensnervensystems,* das mit allen Nerven der Bauchorgane verflochten ist und auf der Vorderseite der Hauptschlagader dicht unter dem Zwerchfell liegt.

Sonnenstich: Strahlt die Sonne zu lange auf den unbedeckten Kopf, so stellen sich (manchmal erst Stunden danach) heftige Kopfschmerzen, Blutandrang zum Kopf, Übelkeit, Erschöpfungsgefühl, Schwere in den Beinen, Gähnen, Flimmern vor den Augen, Hörstörungen und manchmal *Lähmungs*erscheinungen ein. Bewußtseinstrübungen können auftreten. Keine längeren Transporte. Beachtung des Kreislaufs, *Ableitung* vom Kopf.

Sonnentau (Drosera rotundifolia): Kraut Juni–Juli, 1/2 g im Aufguß. Krampflösendes *Husten*mittel. Gegen *Keuchhusten (Tafel XIV).*

Soor (Mundschwämmchen) tritt bei Kindern und schwerkranken Erwachsenen auf. Beim gesunden Menschen entwickelt sich der an sich harmlose *Pilz* nicht. Zugrunde liegt meist ein Mund- oder *Rachenkatarrh.* Beh.: Waschen des Mundes durch Betupfen mit Zinnkrautabkochung, Behandlung der Grundkrankheit. Hp.: Mercurius corrosivus D6–10, Acidum sulfuricum D3, Kalium chloratum D 3–6. Beh.: Kalium phosphoricum D 6 im Wechsel mit Natrium muriaticum D6.

Spagyrik (=Trennen u. Sammeln). Die ganze Heilpflanze mit Wurzeln wird unter Zusatz einer Spezialhefe vergoren und danach durch Destillation Äther, Esther und ätherische Öle von den Ballaststoffen getrennt. Der veraschte Rückstand wird mit dem Destillat nochmals ausgezogen und den mineralischen Bestandteilen wieder zugefügt. Das Ganze reift durch lange Lagerung. Zimpel verwendet davon 35 Mittel, die in 3 Gruppen geteilt werden: I. Spezifische Mittel, II. Spezielle Mittel und III. Elektrizitätsmittel. Die Mittel der Gruppe I u. II werden innerlich, die der Gruppe III äußerlich verwendet. Spagyrische Mittel sind Komplexe, die nach ihrer Anwendung bezeichnet werden: z. B. Blutmittel, Brustmittel, Antilymphatische Mittel, Psoramittel, Wurmmittel, Tiermittel (!) der Gruppe I. Epilepsiemittel, Zahnwehtropfen, Bettnässertropfen, sind eine Auswahl aus den 20 speziellen Mitteln der Gruppe II. Elektrizitätsmittel D oder Chelidonium-Zimpel-Komplex Nr. 32 als Beispiele. Die Zimpelmittel werden im Rahmen einer naturheilkundlichen Grundbehandlung eingesetzt.

Spanischer Mantel: besondere *Kneipp*sche Modifikation des *Ganzwickels.* Ein großes mantelförmig geschnittenes Leinengewand wird an Stelle des nassen Wickeltuchs angelegt. Es ist so geschnitten, daß die Ärmel über die Fingerspitzen und das Gewand vom Hals bis über die Füße reichen. Der Kranke zieht das feuchte Gewand an und legt sich dann auf die zur Ganzpackung vorbereiteten trockenen Tücher. Der Mantel wird glattgestrichen, die Arme werden an den Körper gelegt und die Beine einzeln fest umwickelt. Übrige Einpackung wie bei der *Ganzpackung.*

Spanischer Mantel

Spartium scoparium, s. *Ginster.*

Spasmophilie, kindliche *Tetanie,* s. *Krämpfe.*

Speichel: Sekret der Ohrspeichel-, Unterkiefer-, Unterzungen- und vieler Mundschleimhautdrüsen; wird dem Mundschleim beigemischt und dient der Vorverdauung der Kohlehydrate, s. *Verdauung.*

Speichelfluß: Entzündungen der *Mundschleimhaut. Schwangerschaft,* Zahnen, *Quecksilbervergiftung* führen zu Vermehrung der Speichelabsonderung. Mundspülungen mit Kamillen- oder Salbeitee. Innerlich: Tee der Blätter des weißen Andorns (Marrubium vulgare). Hp.: Iris D2–6, Allium sativum D4, Mercurius solubilis D4–10, Jodum D4, Acidum nitricum D3, Kalium chloratum D3.

Speiseeis: aus Wasser oder Milch mit Zusatz von Zucker, Eiern, Fruchtsäften oder Früchten durch Abkühlen unter den Gefrierpunkt bereitete Süßspeise. Das billige S., das im Kleinverkauf angeboten wird, ist fast immer aus Ersatzstoffen und künstlichen chemischen Farben bereitet. Da Bakterien durch Frieren nicht abgetötet werden, können bei unsauberer Zubereitung und Verwendung nicht einwandfreien Wassers Darminfektionen (Salmonellosen) auftreten. Auch die *Erkältung* von Magen und Darm kann zu Störungen führen *(Magen- und Darmkatarrh).*

Spermatorrhöe, s. *Samenfluß.*

Spezifisch: einer bestimmten Art angepaßt, für eine bestimmte Art kennzeichnend. Sp. Behandlung ist im Gegensatz zur Allgemeinbehandlung die für die Besonderheit der Krankheit abgestimmte Behandlung. Sp. Mittel ist ein bei einer bestimmten

S

Krankheit mit einiger Sicherheit wirkendes Mittel.

Spezifisch-dynamische Wirkung: Während *Fett* und *Kohlehydrate* sich in bestimmtem Rahmen kurzfristig als *Kalorienträger* gegenseitig vertreten können, muß dem Körper tgl. eine bestimmte Menge *Eiweiß* (Eiweißminimum) zugeführt werden, um ihn gesund zu erhalten und leistungsfähig zu machen, weil das Eiweiß eine nur ihm eigene dynamische Wirkung im Stoffwechsel entfaltet.

Sphinkter: Schließmuskel an Ausgängen von Hohlorganen *(Magen, Gallenblase, After, Blase).*

Spiritismus: die Beschäftigung mit der Geisterwelt und der Versuch, mit ihr durch *Medien,* Klopfzeichen, *Tischrücken* usw. in Verbindung zu treten oder durch Materialisationen das Vorhandensein und die Tätigkeit der Geisterwelt zu beweisen. Die Beziehungen zur *Parapsychologie* sind nur unbedeutend und umstritten. Wissenschaftliche Beweise der spiritistischen Erscheinungen sind, wenn überhaupt, nur schwer zu erbringen.

Spitzen des Kornes ist die Entfernung des Getreidekeims vor dem Vermahlen. Bedeutet eine *Denaturierung* und Entwertung des Getreides, weil wichtige *Ergänzungsstoffe* entzogen werden.

Spitzfuß, s. *Fußdeformität.*

Spitzpocken, s. *Windpocken.*

Spitzwegerich, s. *Wegerich.*

Spondylitis, s. *Wirbelsäulenentzündung.*

Spontanfraktur: Bruch eines *Knochens* ohne große Gewalteinwirkung. Voraussetzung ist abnorme Brüchigkeit durch Entkalkung oder Zerstörung des Knochens durch *Geschwulst*metastasen.

Sport kann bei vernünftiger Ausübung für Körper und Seele von großem gesundheitlichem Wert sein. Übertreibungen, zu denen ein Rekord- und Leistungssport leicht verführt, können ihn aber ins Gegenteil verkehren und Erkrankungen von Herz- und Kreislauf und frühzeitige, übermäßige Abnutzung der Organe im Gefolge haben. Der Sp. muß sich der *Konstitution* und dem Alter des Ausübenden anpassen. Der Sp. soll gegenüber der einseitigen beruflichen Beschäftigung ausgleichen. Schlechtes Aussehen, Schlafstörungen, Gereiztheit sind Anzeichen sportlicher Überanstrengung. Sportverletzungen bedürfen der spezialärztlichen Behandlung.

Sprache ist eine nur dem Menschen eigene Fähigkeit, die der Äußerung von Gefühlen und der Verständigung untereinander dient. Sie allein ermöglicht Kultur und Tradition. Das Sprachvermögen entwickelt sich mit dem Beginn des 2. Lebensjahres und entwickelt sich im Laufe des Lebens entsprechend der Übung, Begabung und Veranlagung. Die Entwicklung der Spr. ist an das Gehör gebunden. *Taubheit* führt allmählich zum Verlust der Spr.; wenn sie von vornherein besteht, bleibt der Mensch stumm. Man kann aber die Sprachfähigkeit durch systematische Übung auch beim Tauben entwickeln, was in den Taubstummenanstalten geschieht. Die Spr. wird von Gehirnzentren der vorderen Zentralregion beherrscht.

Spreizfuß, s. *Fußdeformität.*

Sprue: Durchfälle mit Zungenentzündung, Abmagerung, Blutarmut. Leberverkleinerung. Wahrscheinlich Mangel an Ergänzungsstoffen, besonders Vitaminen der B-Gruppe. Behandlung nur durch *vitamin*reiche Ernährung. Milch, frisches Obst, Erdbeeren werden besonders empfohlen. *Leber-* und *Eisen*präparate, Vitamin B 12. Meist in tropischen und subtropischen Gebieten bei Europäern vorkommend, seltener in unseren Breiten.

Spulwurm (Ascaris lumbricoides) hat Größe und Aussehen wie ein Regenwurm, 15–20 cm lang. Leibschmerzen, Mattigkeit, Jucken in Nase und Haut, Blutarmut, nervöse Störungen. Wurmeier im Stuhlgang. Übertragung durch gejauchtes Gemüse. Behandlung s. *Wurmkur.*

Spurenelemente sind solche chemischen Elemente, deren Vorhandensein in fast unwägbaren Spuren zum Leben und für die Lebensvorgänge notwendig sind. Sie nehmen mengenmäßig nicht immer an den chemischen Stoffwechselumsätzen teil und wirken mehr katalysatorisch durch ihr Vorhandensein. Kobalt, Mangan, Kupfer, Silicium, Jod, Fluor sind die wichtigsten von ihnen. Sie müssen laufend durch die Nahrung ersetzt werden; bei mineralstoffreicher vegetarischer Ernährung ist dies gesichert. Nur 0,1 v.H. der Körpersubstanz entfällt auf die Sp.

Sputum, s. *Auswurf.*

Stahlbäder: natürliche Eisenkarbonatwässer bei *Blutarmut* und Folgeerscheinungen.

Stangerbad: elektrisches Gleichstrombad mit einem Extrakt aus gerbstoffreichen exotischen Algen (Plantasuccus) oder Gerberlohe, das bei den verschiedensten *rheumatischen* Erkrankungen der Muskeln, Nerven und Gelenke, *Ischias, Neuritis* und bei chronischen *Entzündungen* vor allem der *weiblichen Geschlechtsorgane,* bei *Lähmungen* und bei *Verstopfung* verabfolgt wird. Es geht auf den Gerbermeister Stanger in Ulm zurück.

Star, s. *Grauer* und *Grüner Star.*

Stärke (Amylum): *Kohlehydrat,* aus einfachen *Zuckern* aufgebaut, das als Speicherstoff in Pflanzen und tierischem Organismus dient. Kalorien lieferndes Nahrungsmittel aus der Reihe der Kohlehydrate. Die *Verdauung* zerlegt die St. in einfache Zukker, die vom Stoffwechsel aufgenommen und verarbeitet werden. Die tierische St. wird *Glykogen* genannt und hauptsächlich in Leber und Muskel gespeichert. Kartoffel, Getreide, Mehl sind die hauptsächlichen Stärketräger.

Starrkrampf (Tetanus): Kommen Tetanussporen oder -bazillen durch Erde in Wunden, dann können in der Tiefe der zugeheilten Wunde sich Gifte entwickeln, die längs der Nervenbahnen zum *Rückenmark* ziehen und sich hier festsetzen. 6–14 Tage nach der Infektion treten *Krämpfe* auf, häufig zuerst in der Unterkiefermuskulatur, später in der Nacken- und Rumpfmuskulatur. Es kommt zu anfallsweisen starren Krämpfen in verschiedenen Muskelpartien. Kriegswunden, Wunden, die mit Gartenerde oder mit der Erde auf Reitwegen in Berührung gekommen sind, neigen besonders stark zu Tetanus (Pferdemist). Beh.: Verschmutzte Wunden müssen ausgeschnitten werden (Wundtoilette), und Tetanusschutzserum muß eingespritzt werden. Sind Tetanuserscheinungen aufgetreten, heiße *Heublumenhemden, Essigwasserganzwaschungen* alle halbe Stunde bis zu Schweißvermehrung. Umwicklung der Wunden mit angeschwellten Anserinesäckchen und Anserinetee wird empfohlen.

Staub: feine und feinste feste Teilchen der Luft. Kann Krankheitserreger und *Pollen*allergene enthalten. St. ist gesundheitsschädigend, und seine Bildung ist zu bekämpfen.

Staubinhalationskrankheiten: die durch Staubeinatmung hervorgerufene Erkrankungen der Atemwege. Kohle, Kalkstein, Quarze, Eisenoxyd, Tabak in Form von Staub dringen in das Lungengewebe ein, verhärten die Lymphwege und Lymphdrüsen und beeinträchtigen die Elastizität der Lunge. Der Kreislauf wird dadurch belastet. Verhinderung der St. durch gewerbehygienische Maßnahmen. St. sind Berufskrankheiten; für sie besteht Melde- und Entschädigungspflicht. Berufswechsel. Behandlung wie *Luftröhrenkatarrh.* Bei Steinhauerlunge Schachtelhalmtee. *Atemübungen,* Ausgleichs*sport.* Gesundes Leben. Staublungen neigen besonders zu *Lungentuberkulose.*

Stauung: Verlangsamung und Erschwerung des Blutumlaufs in einem Gebiet.

Stauungsleber, Stauungslunge sind Teilerscheinungen der allgemeinen *Stauung* bei Herzversagen. Behandlung des *Herzleidens.*

Stechapfel (Daturus stramonium): Giftpflanze, Unkraut. Blätter als Zusatz zu *Asthma*räucherpulvern und -zigaretten zur Lösung der Bronchial*krämpfe (Tafel XV).*

Stenokardie, s. *Angina pectoris.*

Sterben, s. *Tod.*

Stickhusten, s. *Keuchhusten.*

S

Stickstoff: Hauptteil der Luft, wesentlicher Bestandteil des *Eiweiß*moleküls.

Stickstoffminimum ist die *Stickstoff*menge in Form von *Eiweiß,* die dem Körper zugeführt werden muß, um zu verhindern, daß er Eigeneiweiß zur Energiedeckung abbaut. Die geforderten Eiweißzahlen auf Grund der Untersuchungen der Ernährungsforscher schwanken zwischen 118g Eiweiß (Voit) und 30g Eiweiß (Röse). C. Röse konnte nachweisen, daß die Höhe der Eiweißzahl von Art und Zusammensetzung der Nahrung abhängig ist. Bei *säureüberschüssiger* Kost steigt das Eiweißbedürfnis, bei *basenreicher* Kost wird der Eiweißstickstoff bis zu 90 v. H., also fast vollständig, verbrannt und deshalb in geringerer Menge benötigt.

Stiefmütterchen (Viola tricolor): Blühendes Kraut. Bei *Hautleiden, Rheuma,* zur *Blutreinigung.* 2–6g Aufguß oder leichte Abkochung. Meist in Gemischen.

Stigmata maydis: Rezepturbezeichnung für die unbestäubten Narben des *Mais* (Zea mays). In Abkochungen wirken sie harntreibend und werden bei Nieren- und Blasensteinen, besonders mit Harnzwang, gegeben. Nach Greiff haben sie auch blutzuckersenkende Wirkung.

Stigmatisation: Auftreten der Wundmale Christi als Ergebnis einer intensiven Selbstversenkung in das Leiden Christi. Körperliche Äußerungen auf seelischer Grundlage.

Stimmritzenkrampf (Laryngospasmus): krampfhafter Verschluß der Stimmritze des *Kehlkopfs.* Bei Kindern ein Zeichen erhöhter Krampfbereitschaft im Rahmen der *Spasmophilie.*

Stinknase (Ozaena): chronische Nasenschleimhautentzündung mit verminderter Schleimabsonderung und Schwund der Nasenschleimhaut. Es kommt zu übelriechender Borkenbildung bei gleichzeitigem Verlust des *Geruchs*vermögens. Behandlung s. *Nasenkatarrh.*

Stirnhöhlenentzündung, -katarrh (Sinusitis): Im Stirnknochen über dem inneren oberen Augenrand sind auf jeder Seite zwei meist annähernd symmetrische, mit Schleimhaut ausgekleidete und durch einen dünnen Verbindungsgang mit der Nasenhöhle in Verbindung stehende Höhlen angelegt. Bei Entzündungen im Nasenrachenraum schwillt dieser dünne Verbindungsgang häufig zu, und es kommt zur abgeschlossenen Entzündung einer oder beider Höhlen in Form eines *Katarrhs* oder einer eitrigen *Entzündung.* Kopfschmerzen, beim Vorbeugen sich verschlimmernd, vorne über den Augen sitzend. Vereitert der Stirnhöhleninhalt, so spricht man auch von Stirnhöhlenempyem. Hierbei besteht die Gefahr eines Durchbruchs des Eiters in die Augenhöhle oder ins Schädelinnere, wenn kein Abfluß geschaffen wird. Beh.: morgens und abends *Nasenübung* mit Jaminz. Anfangs *Kopfdampf,* mit kalter Gesichtswaschung abschließend, *Dampfkompressen.* Bei *Eiterung Bockshornkleeauflagen.* Dazu *Ableitung* nach unten durch *Kurzwickel, Spanischer Mantel, Lehmwasserhemd, Schenkel-* und *Obergüsse. Fastenkur, Obstsaft* und *Obstkur.* Hp.: Cinnabaris D3, Hydrastis D2–3, Hepar sulfuris D3–6, Silicea D12, Kalium bichromicum D6, Spigelia D4–6. Bch.: Kalium chloratum D6, Silicea D12, Calcium sulfuricum D6–12 als Hauptmittel.

Stoffwechsel: Durch die *Verdauung* werden die Nahrungsmittel in Bausteine zerlegt, die der Körper durch den Kreislauf aufzunehmen in der Lage ist. Im Körper werden diese Stoffe zur Energiegewinnung verbrannt, in Stoffe, die der Körper zum Wachstum und zum Ersatz der verbrauchten körpereigenen Stoffe benötigt, und in Körpersäfte und Fermente umgewandelt. Dabei entstehen Produkte, die der Körper nicht verwerten kann und als Schlacken empfindet. Diese werden ausgeschieden, gegebenenfalls vorher im Körper durch weitere Umwandlung entgiftet, bevor sie ausgeschieden werden. Diese ganzen Vorgänge fassen wir als St. zusammen. Im Bereich des St. spielen sich auch Speicherungsvorgänge ab, indem der Körper zu viel aufgenommene Nahrungsstoffe speichert und Schlacken, die die Ausscheidungsorgane nicht alle auszuscheiden vermögen, in den Geweben ansammelt. Der Energiestoffwechsel ist nach Größe, Alter, Geschlecht und Tätigkeit verschieden hoch. Der *Grundumsatz* ist die Wärmemenge, die der Körper lediglich für den Ruhe- und Erhaltungsstoffwechsel benötigt. Arbeitet die Schilddrüse zu stark *(Basedow),* wie bei *Fieber,* zehrenden Krankheiten *(Tuberkulose, Krebs),* dann kann der Grundumsatz gesteigert sein, bei Untertätigkeit der Schilddrüse *(Myxödem)* ist er erniedrigt.

Stoffwechselkrankheiten: Krankheiten, bei denen der Stoffwechselumsatz im ganzen oder in einzelnen Teilphasen gestört ist und bei denen es zur Entwicklung oder Speicherung abnormer Stoffwechselprodukte und -schlacken kommt. Da die *Drüsen* der inneren Ausscheidung Einfluß auf den Stoffwechsel haben, kommt es bei allen *inneren Drüsen*störungen zu Stoffwechselstörungen. Es ist also ein fließender Übergang von Störungen der inneren Ausscheidung zu den Stoffwechselstörungen. *Fett-* und *Magersucht* sind Störungen im *Fett*stoffwechsel, *Gicht* im Stoffwechsel bestimmter *Eiweiß*körper, die zu *Harnsäure*vermehrung führen, *Zuckerkrankheit* im *Kohlehydrat*stoffwechsel, in vielen Fällen auch im Fettstoffwechsel. *Rachitis* ist eine Störung im *Vitamin-* und *Mineralstoffwechsel* usw.

Stomachica, s. *Magenmittel.*

Stopfende Mittel: Eichenrinde, Eicheln, Heidelbeere, Brombeerblätter, Weiderichblätter, Rupprechtskraut, Tormentille, Schafgarbe, Odermennig, Salbeiblätter, Kornelkirsche, Bohnenkraut, Kaffeekohle, Heilerde, Äpfelkur.

Stottern ist eine seelische Störung. Mechanisch kann der Stotterer alles sprechen. Seelische Erschütterungen, Schreck, Unfall, Erziehungsfehler sind die Veranlassung zum St. Allgemeine nervöse Schwäche ist oft die Grundlage, auf der sich St. entwickelt. Daher ist Allgemeinkräftigung und *Abhärtung* bei der Behandlung wichtig. Daneben kommen Sprachübungen durch geschulte Lehrer und *psychotherapeutische* Führung wesentlich zur Behandlung in Frage.

Strabismus, s. *Schielen.*

Strahlenpilzerkrankung: Der Strahlenpilz (Actinomyces) wächst auf Gräsern, Grashalmen und kommt durch die Unsitte des Graskauens in den Mund. Sind kleine Wunden im Mund, verursacht er zunächst schwere *chronische Eiterungen* mit Knotenbildungen. Der Eiter kann auch in Halsgegend und Lunge verschleppt werden und dort gleichfalls *Entzündungen* hervorrufen. *Fisteln, Abszesse,* Gewebswucherungen sind mit solchen Eiterungen verknüpft. Beh.: örtlich: *Heublumensäcke, Heilerde,* gegebenenfalls Operation.

Streß: Beanspruchung, Spannung, Druck. Hans Selye bezeichnete damit eine Zusammenfassung von Krankheitszeichen, die durch vielerlei schädigende Ursachen hervorgerufen werden. Nicht nur in den Körper gebrachte Agentien, auch psychische Erlebnisse u. Einwirkungen rufen sie hervor. Diese sog. Stressoren sind Muskelarbeit, Kälte, Wärme, Krankheitserreger, Medikamente, Drogen, Verletzungen, Schreck, Lärm u. a. Es kommt zu einer Vergrößerung der Nebennierenrinde, Schrumpfung der lymphatischen Organe, Geschwürbildungen im Magen-Darmbereich. Diese Alarmreaktion ist Ausdruck der Mobilmachung der Verteidigungskräfte im Körper. Bei sehr starker Schädigung kann es in kurzer Zeit zum Tode kommen. Meist aber schaltet der Körper in das Widerstandsstadium um, das ihn gegen neue Schädigungen stärker macht. Wird auch hier das Maß überschritten, so setzt das Erschöpfungsstadium ein. Alarm-, Widerstands- und Erschöpfungsstadium sind das allgemeine Anpassungssyndrom. Streß gehört zum Leben. In normaler Dosis hält er elastisch und anpassungsfähig. Richtig dosiert, erhält und macht er gesund. Man muß vom Leben gefordert werden. Ist das nicht der Fall, so wird man auch krank, s. *Distreß.* Versagt und erschöpft sich das Anpassungssyndrom, so macht Streß krank, so macht intensiver und lang anhaltender Streß krank. Dies zeigt sich durch vorangehende Nervosität an, s. *Distreß.* Die Stressoren greifen am vegetativen Nervensystem und über die Hormondrüsen an. Als Anpassungskrankheiten entstehen Magengeschwüre, Durchfall, Hochdruck, Stoffwechselkrankheiten, Kreislaufstörungen, Verkrampfungen und dadurch ausgelöst Krankheitszustände wie Asthma, Migräne, Angina pectoris. Seelische Stressoren führen zu seelischen Fehlreaktionen. Beh.: Regelung

S der Lebensweise, Einhalten der *Bioperiodik*, Entspannung durch *Urlaub*, dazu aber aktive *Entspannung* durch *Yoga, autogen. Training, Meditation*, Gymnastik, Sport.

Strophanthus: afrikanische Hundsgiftgewächse. Der Samen enthält herzwirksame Glykoside, die wie *Digitalis* wirken, aber wesentlich rascher und kräftiger. Starkes Herzmittel der Schulmedizin.

Strophulus infantum: *Nesselsucht* der Kleinkinder mit Bläschen in den Flecken.

Struma, s. *Kropf*.

Stuhl (Kot, Faeces) besteht aus unverdaulichen Speiseresten, vorwiegend *Zellulosen* der Nahrung, *Zellen* der Darmschleimhaut, die abgeschilfert sind, *Bakterien* und überschüssigen, nicht verbrauchten Verdauungssäften und *Schleim*. Man hat auch während des *Fastens* St. Durch die *Galle* ist der St. hellgelb bis dunkelbraun verfärbt, je nach der Grundnahrung. Milchnahrung ergibt hellgelben, Normalnahrung braunen, Fleischnahrung dunklen St. Schwarzer, pechfarbener St. deutet auf *Blutungen* im Magen und in den oberen Darmabschnitten, weil der rote Blutfarbstoff durch die Verdauungssäfte in einen braunschwarzen Farbstoff verwandelt wird. Kann aber auch durch Heidelbeeren, Kohle, Wismut und andere Arzneien schwarz gefärbt sein. Dem St. können *Würmer* und Wurmeier, frisches *Blut* bei Blutungen in den unteren Darmpartien, *Eiter* usw. beigemischt sein.

Stuhlentleerung ist ein *Reflex*, der bei Füllung des Mast- und Enddarms selbsttätig ausgelöst wird. Es kommt zu einer Erschlaffung des *Afters* und einer rhythmischen Zusammenziehung der glatten Muskulatur des Mastdarms, wodurch die Kotsäule vorwärts und nach außen getrieben wird. Der Reflex arbeitet nur bei richtigem Tonus des gesamten Dickdarms. Ist er zu gering, sprechen wir von Atonie. Dann ist das Fassungsvermögen des Enddarms recht groß, und es kommt kaum oder gar nicht zur Auslösung des Entleerungsreizes. Ist der Tonus übermäßig, so kommt es zu Verkrampfungen der glatten Muskulatur, wodurch die St. ebenfalls behindert wird.

 Stuhlregelung, s. *Stuhlverstopfung*.

Stuhlverstopfung (Obstipation) beruht auf Behinderung der Stuhlentleerung. Wird der Stuhl öfters willkürlich zurückgehalten, dann gewöhnt sich der *Reflex* überhaupt ab, sich normal zu melden. Erzeugt die Kotsäule beim Stuhlgang Schmerzen, weil der After oder der Enddarm verletzt ist (Einrisse, Geschwüre oder Entzündungen), dann wird aus Furcht vor dem Schmerz der Stuhl zurückgehalten, und es kommt zur St. Auch bei entzündlichen Erkrankungen in der Umgebung des Enddarms, z.B. Frauenkrankheiten, kann dies der Fall sein. Wird Nahrung eingenommen, die verdaut wird, ohne viel Schlacken zu hinterlassen, so fehlt auch das Reizmoment zur Stuhlentleerung. Chronische Gifteinwirkungen, wie *Nikotin, Blei*, aber auch seelische Ursachen können zu *Verkrampfungen* und damit zu St. führen. Beh.: Wer natürlich lebt, gesunde Kost, vor allem Vollkornbrot, Obst, Gemüse, reichlich zu sich nimmt, wird kaum unter solchen Störungen zu leiden haben. Zum natürlichen Leben gehört auch, daß man dem Darm, wenn er sich meldet, nachgibt und zu Stuhle geht, vor allem, daß man eine bestimmte Tageszeit sich für diese Tätigkeit reserviert. Man muß dann aber auch auf jeden Fall zu Stuhle gehen, auch wenn man anscheinend kein Bedürfnis hat. Hat man trotz naturgemäßer Kost Schwierigkeiten, so ißt man regelmäßig morgens nüchtern einige eingeweichte *Backpflaumen* oder Feigen oder trinkt ein Glas Obstsaft (Apfel, Zitrone, Orange usw.). Auch *Leinöl* oder geschroteter *Leinsamen*, 1–2 Eßlöffel tgl. in warmem Wasser gequollen, ist nützlich. In hartnäckigen Fällen *Darmbäder*, kühle *Leibauflagen, Bauchmassage*. Bei spastischen Formen *Bindegewebsmassagen*, *Entspannungs*übungen, *autogenes Training*. Tees, Pulver oder Pillen aus Faulbaumrinde, Rhabarberwurzel, Sennesblätter und -schoten, Ackerwindenkraut und -wurzeln, Schlehenblüten innerlich oder Rizinusöl, Knoblauch- oder Möhrensaft eßlöffelweise. Hp.: Sulfur D6–10, Bryonia D3–6, Nux vomica D4–6, Graphites D3–6, Sepia D6, Magnesium muriaticum D4, Lycopodium D6–10, Plumbum aceticum D4–6, Alumina D3–6, Natrium sulfuricum D6, Natrium muriaticum D3–6, Opium D3–4. Bch.: Ferrum phosphoricum D6, Kalium chloratum D6, Natrium muriaticum D3–6, Natrium sulfuricum D6, Magnesium phosphoricum D6,

Kalium phosphoricum D6, Kalium sulfuricum D6, Natrium phosphoricum D6, Silicea D 12, Calcium fluoratum D 12, Calcium phosphoricum D 6–12.

Stuhlzwang (Tenesmus) beruht auf einer Entzündung des *Afters* oder des Mast- und Enddarms, durch die die Darmmuskulatur in einen Überreizungszustand gerät. Es wird unter Schmerzen nur wenig *Stuhl* und entzündliche Flüssigkeit entleert. Spielt vor allem bei der *Ruhr* als Dickdarmentzündung und bei manchen *Wurm*leiden eine erhebliche Rolle. Beh.: häufige kalte Waschungen des Afters, *Sitzbäder,* kühle Bleibe*klistiere* mit Zinnkrautabkochung, *Sitzen auf nassem Tuch.*

Sturmhut (Aconitum napellus): Präparate aus der Wurzel werden bei Schmerzzuständen, wie Trigeminusneuralgie, verwendet. (Tafel IV).

Suggestion: Einwirkung durch seelische Beeinflussung. Solange die S. wirkt, identifiziert sich der Beeinflußte mit dem Beeinflussenden (Suggestor). Die S. spielt in der Heilkunde bewußt und unbewußt u. U. eine ausschlaggebende Rolle, doch ist die Beeinflußbarkeit (Suggestibilität) individuell verschieden.

Sumpffieber, s. *Malaria.*

Superazidität, Hyperazidität, s. *Übersäuerung des Magens.*

Suspension: Aufschwemmung fein verteilter, nicht löslicher Stoffe in Flüssigkeiten. So befindet sich das Fett in der Milch in S. Die Aufschwemmung von *Heilerde* in Wasser stellt ebenfalls eine S. dar.

Süßholz: geschälte Wurzel von Glycyrrhiza glabra (saponinhaltig). Der eingedickte Saft (Succus liquiritiae) kommt als *Lakritze* in den Handel. Als Teebeimischung zur Auswurfförderung. Zur Magengeschwürbehandlung, s. *Lakritze.*

Süßmost, s. *Obstsaft.*

Symbiose: Zusammenleben von zwei oder mehr Einzelwesen oder ganzer Gruppen von Lebewesen zu gemeinsamem Nutzen. So sind in der Pflanzenwelt die Flechten mit Algen in S. lebende Pilze. Die S. spielt aber auch zwischen Tier- und Pflanzenwelt insgesamt im Stoffwechsel eine große Rolle. Die Tiere atmen Sauerstoff und geben Kohlensäure ab, die Pflanzen nehmen Kohlensäure auf, bauen daraus Zucker und Stärken usw. auf und geben Sauerstoff ab. Sie ergänzen sich in ihrem Bedarf. Die Vitamin- und Hormonvorstufen der pflanzlichen Nahrung dienen den tierischen Hormonen zum Aufbau. Die Abbauprodukte gehen mit Stuhl und Harn nach außen und durch die *Düngung* wieder in die Pflanzen und dienen hier dem Wiederaufbau von Vitaminen und Pflanzenhormonen. Es besteht also im Stoffwechsel ein Kreislauf, der durch die Tier- und Pflanzenwelt hindurchgeht und beide zu einer kosmischen Einheit zusammenfaßt, dessen Grundlage die S. ist. Ebenso leben in der physiologischen *Bakterienflora* die Bakterien mit dem Wirt.

Symbioselenkung, s. *Bakterienflora.*

Symbole sind Sinnbilder. Spielen als Sinnbilder des Seelenlebens in der *Traum*analyse der *Psychoanalyse* eine Rolle. Über Heilsymbole (Gnadenbilder usw.) kann die Heilung einer Krankheit vom Seelischen her ihren Anstoß erhalten.

Sympathikus, s. *Lebensnervensystem.*

Sympathetische Medizin: Aus dem Volksglauben stammende Heilverfahren ohne wissenschaftliche Grundlage, die sich *magischer* Mittel bedienen; Bestandteil der *okkulten Medizin.* Der S. M. liegt die Vorstellung zugrunde, daß alle Dinge in der Welt von Kräften erfüllt sind, die durch *Sympathie* in engen Gegenseitigkeitsbeziehungen stehen. Vom Sympathieglauben ausgehend wird in Sympathiekuren der Ähnlichkeitszauber angewandt, indem z. B. zur Heilung eines Beinbruchs ein vorher zerbrochenes Stuhl- und Tischbein mit in den Verband gelegt wird; eine große Rolle spielt auch der Vertretungsglaube, die Vorstellung, daß Teile das Ganze vertreten können: Haare, Finger- und Zehennägel oder andere Körperteile des Kranken werden vergraben, um ihn von bestimmten Krankheiten zu befreien, oder daß Tiere den erkrankten Menschen vertreten können, indem die Krankheit vom Menschen auf das Tier »übertragen« wird.

Sympathie: Mitfühlen, des anderen Freude oder Trauer mitempfinden können. Zuneigung zu einem anderen aus Gefühlsempfinden heraus.

Sympathische Augenentzündung: Übergreifen einer bei einer Verletzung entstandenen *Augen*entzündung auf das andere Auge, oft noch nach Jahren möglich. Wenn eine Augenverletzung mit Entzündung keine Heilungsneigung zeigt, pflegt man, um das andere Auge zu retten, das verletzte Auge zu entfernen. Man kann aber 3 Wochen warten, weil sich vorher keine s. A. entwickelt.

Syphilis (Lues, Lustseuche): durch *Spirochaeta pallida,* einen schraubenzieherartig gewundenen Erreger im Blut und Gewebssaft, durch Geschlechtsverkehr, Küssen, durch Wunden vom Kranken auf den Gesunden übertragen. Ansteckung kann also nur bei Verletzung von Haut oder Schleimhaut erfolgen. Zunächst bildet sich am Ort der Ansteckung ein *Geschwür* mit hartem Rande (harter *Schanker,* Primäraffekt), etwa 14 Tage bis 3 Wochen nach der Ansteckung. Das Geschwür heilt, auch wenn es nicht behandelt wird, in einigen Wochen narbig ab. Etwa 8 Wochen nach der Ansteckkung gelangen die Erreger ins Blut, kreisen dort und führen zu Allgemeinerscheinungen, z. B. Haut*ausschlägen* in Form von roten Flecken, Knötchen, Pusteln, Wucherungen an den Schleimhäuten des Mundes und am After, zu Haarausfall am Kopfe, Fieber, Kopfschmerzen, Abgeschlagenheit. In diesem Allgemeinstadium (2. Stadium) wird auch die *Wassermannsche* Blutserum*reaktion* positiv. Das 3. Stadium ist das Spätstadium, und seine ersten Erscheinungen zeigen sich erst 5 und mehr Jahre später. Geschwür- und Knotenbildungen an Haut und Knochen, sog. Gummigeschwülste, die anfangs hart sind und später erweichen. Veränderungen in den Gefäßen, Erweiterungen der großen Gefäße *(Aneurysma)* kommen dabei vor. Spätluetische Veränderungen an Gehirn und Rückenmark führen zu *Gehirnerweichung* (Paralyse) und *Rückenmarkschwindsucht* (Tabes). S. darf, wie alle *Geschlechtskrankheiten,* nur von approbierten Ärzten behandelt werden. Es besteht eine gesetzliche Behandlungspflicht, die auch polizeilich erzwungen werden kann. In der naturgemäßen Behandlung der S. sind die *Fieberbehandlung* und die *Ausscheidungs*behandlung wichtig.

T

Tabak (Tabacum nicotianum): Nachtschattengewächs, das vor allem in den Blättern *Nikotin* enthält. Durch einen nach der Ernte durchgeführten Fermentierungsprozeß erhält der T. sein Aroma und verliert an Nikotingehalt. Dieser liegt bei 1,2–1,5 v. H., bei besonders gezüchteten nikotinarmen Sorten bei 0,6–0,7 v. H. Wird durch Rauchen, Schnupfen oder Kauen genossen. Vgl. *Nikotin.*

Tabes dorsalis, s. *Rückenmarkschwindsucht.*

Tachykardie, s. *Reizleitungsstörungen.*

Talgdrüsen, s. *Haut.*

Tanacetum vulgare, s. *Rainfarn.*

Tanninbäder, s. *Lohtannin.*

Taraxacum officinalis, s. *Löwenzahn.*

Taubheit: angeborener oder erworbener Verlust des Gehörs durch Erkrankung des Innen*ohrs* und der *Gehörnerven.* Die T. kann einseitig oder doppelseitig sein. Angeborene T. ist immer mit Stummheit verbunden. Vgl. *Sprache.*

Taubnessel, weiße (Lamium album) Blüten 2,5 g als Pulver oder im Aufguß, als Tinktur 5–10 Tropfen. Bleichsucht, Weißfluß, Regelstörungen u. Prostataentzündung (Tafel XV).

Tausendgüldenkraut (Erythrea centaurium): ein Enziangewächs. Kraut wird zur Blütezeit gesammelt. *Bitter*droge, besonders als *Magenmittel (Tafel XV).*

Tautreten, s. *Barfußlaufen.*

Tee: wässeriger Auszug (Kalt-, Heißaufguß,

Abkochung) aus getrockneten Pflanzen, Pflanzenteilen oder ihren Mischungen. Sonst versteht man unter T. den chinesischen T. (schwarzer oder grüner T.) aus den Blättern der chinesischen Kamelie, dem Teestrauch. Sie werden grün oder fermentiert als schwarzer T. aufgegossen. Anregendes *Genußmittel,* wegen seines Koffein- und Theobromingehaltes mit harntreibender Wirkung. Kann zu nervösen Reizzuständen, Herzklopfen, Unruhe, *Schlaflosigkeit* führen.

Teefasten, s. *Fasten*.

Teilanwendung ist im Gegensatz zur Ganz- oder Vollanwendung die Behandlung einzelner Körperteile und Körpergebiete mit *Bädern, Güssen, Blitzen, Dämpfen, Wikkeln* usw.

Telekinese (auch Psychokinese genannt): Fernbewegung. Man versteht darunter die Bewegung von Gegenständen und die Beeinflussung von Vorgängen aus der Entfernung. Gehört ins Gebiet der *Parapsychologie* und hat zur Medizin allenfalls dadurch Beziehungen, daß gewisse Vorgänge bei der Fernheilung durch *Gedankenübertragung* auf telekinetischem Wege ablaufen können.

Telepathie: Gedankenübertragung. *Seelische Beeinflussung* ohne Verwendung des normalen Weges der Seelenbeeinflussung über die *Sinnes*organe. Gehört ins Gebiet der *Parapsychologie* und spielt bei Heilungsabläufen eine unterbewußte Rolle.

Temperament: der vom *Lebensnervensystem* abhängige Ausdruck des Lebens*rhythmus* und der Stimmungslage eines Menschen, soweit er nicht durch Erziehung und Umwelteinflüsse verbildet und verändert worden ist. Die Lehre von den Temperamenten als Ausdruck der *Konstitution* s. dort. T. und Charakter sind nicht identisch. Sie können zusammenlaufen, aber auch auseinandergehen.

Temperatur, s. *Klima, Fieber.*

Tendovaginitis, s. *Sehnenscheidenentzündung.*

Tenesmus, s. *Stuhlzwang.*

Terrainkuren, s. Bewegung.

Testikelhormon: männliches *Geschlechtshormon.*

Tetanus, s. Wund*starrkrampf.*

Tetanie, s. *Nebenschilddrüsen.*

Thermophor: Wärmeträger, zum Erwärmen und Warmhalten des Körpers oder seiner Teile. Beutel und Flaschen aus Gummi, Blech, Ton, erwärmte Ziegelsteine, elektrische Heizkissen.

Thomasschlackenpneumonie: Berufskrankheit, für die eine Melde- und Entschädigungspflicht besteht. Bei Herstellung oder Verwendung von Thomasmehl können durch den Staub schwer verlaufende *Lungenentzündungen* hervorgerufen werden. Behandlung s. *Lungenentzündung.*

Thrombophlebitis: Venenentzündung mit Thrombenbildung, s. *Venenentzündung.*

Thrombose: Gerinnselbildung im Blutkreislauf, besonders in den Blutadern. Führt zu Gefäßverschluß mit Schädigung des versorgten Gewebes, besonders durch *Stauung.* Veränderungen an der Gefäßinnenhaut durch Entzündungen oder entartende Vorgänge. Oft bei *Typhus, Kindbettfieber,* nach schweren Operationen oder *Geburten.* Werden Teile oder das ganze Gerinnsel vom Blutstrom fortgerissen und setzen sie sich an engeren Gefäßstellen fest, so kommt es zur *Embolie.* Beh.: Verhütung durch *Fieber*diät, *Fasten, Obst*kur, *Blutegel, Waschungen, Auflagen, Wickel* bei drohender T. Bei eingetretener T.: Ruhigstellung, *Blutegel. Lehmwickel, Essigwasserumschläge;* nach Ablauf oder Entzündungserscheinungen *Zinkleimverband mit Bewegung. Hebung des Blutumlaufs. Hp.: Arnica D3, Hamamelis D2, Apis D3, Arsenicum D4–6, Lachesis D10, Sulfur jodatum D3–4, Carduus Marianus ∅. Bch.: Kalium phosphoricum D6, Ferrum phosphoricum D6.*

Thure Brandt, 1819–1894, schwedischer Major, der sich mit der gymnastischen Behandlung von Frauenleiden befaßte, mit der er eine Straffung und Festigung der Bänder und Organe im weiblichen Becken anstrebte, um sie in den Stand zu setzen, ihre natürliche Lage einzunehmen und beizubehalten.

Thure-Brandt-Behandlung, Th.-B.-Massage: Anzeigen: Senkung der *Gebärmutter* und der *Scheide, chronische Entzündung,* Verwachsung, Ausschwitzung im Bereich der weiblichen Organe, Blutstockung, Regelstörung, Schwäche der Beckenmuskulatur Unfruchtbarkeit usw. Die Behandlung besteht zunächst in *gymnastischen* Übungen: Zuleitende, d. h. das Blut zum Becken hinführende Übungen werden bei ausgebliebener, zu schwacher und schmerzhafter Regel *(Menstruation)* durchgeführt. Sie bestehen in Betätigung der Bauchdecken und der Schließmuskeln der Oberschenkel. Ableitende, d. h. das Blut vom Becken ableitende Übungen werden bei allen anderen Störungen durchgeführt. Es handelt sich um Bewegungen der oberen Gliedmaßen, Rückenmuskulatur und Oberschenkelspreizmuskeln. Darauf folgt die innere Behandlung, die eigentliche Th.-B.-M.-Patientin liegt auf einem Untersuchungsstuhl. Der Finger der einen Hand wird in Scheide oder Mastdarm eingeführt und drängt bei völliger Ruhighaltung das zu behandelnde Organ der äußeren, massierenden Hand entgegen. Es wird zunächst die Umgebung des Krankheitsherdes und dann allmählich der Herd selbst massiert. Der Darm muß vor der Behandlung entleert sein. Die Behandlung wird auch während der Periode durchgeführt, weil in dieser Zeit eine besonders günstige Auflockerung der Organe besteht. Bei Senkungen wird besonders die Beckenbodenmuskulatur massiert. Periodisches Einziehen des Afters dient in solchen Fällen der gymnastischen Übung. Vor der inneren *Massage* kommt die *Kreuzbein*beklopfung. Die Massage besteht aus kreisrunden, drückenden, drehenden, spannenden und hebenden Bewegungen und einer Dehnung verkürzter Gewebeteile. Danach Ruhe, dann Kreuzbeinbeklopfung. Zum Abschluß wieder Gymnastik. Wird tgl. durchgeführt. Nach 8 Tagen läßt sich sagen, ob ein Erfolg durch Fortsetzung der Behandlung zu erwarten ist.

Thymian (Thymus vulgaris): würziger Lippenblütler. Gegen Luftröhrenkatarrh, Asthma, Magenkatarrh. *Gewürz*kraut für Wurstbereitung (Tafel VI).

Thymus vulgaris, s. *Thymian,* Th. serpyllum, s. *Quendel.*

Thyreoidea, s. *Schilddrüse.*

Tiefenpsychologie erfaßt alle seelischen Vorgänge, die nicht aus dem Bewußtsein, sondern aus dem *Unterbewußtsein* stammen, s. *Psychoanalyse.*

Tierkohle, wird aus Blut, Fleischabfällen, Knochen durch Erhitzen unter Luftabschluß hergestellt und wie die Pflanzen*kohle* (Linden-, Kaffeekohle) zu medizinischen Zwecken verwendet. Zur Aufsaugung von Bakterien und Giften.

Tochtergeschwulst, Metastase, s. *Geschwulst.*

Tod ist das Aufhören des Lebens, speziell das Aufhören des Kreislaufs und damit des Energiestoffwechsels. Während die Tendenz des Lebens auf Aufbau und Erhaltung gerichtet ist, ändert sich jetzt die Tendenz auf Abbau und Zerstörung. Mit dem Eintritt des T. erlöschen die Äußerungen der Seele. Ihr weiteres Schicksal entzieht sich der naturwissenschaftlichen Beobachtung.

Tollkirsche (Atropa belladonna): Blätter und Auszüge daraus wirken in kleinen Dosen auf Darmspasmen (Tafel XV).

Tollwut (Lyssa): durch den Biß von Haustieren und einigen Wildtieren übertragene *Virus*krankheit. Ansteckung erfolgt durch den Speichel des kranken Tieres. 15 bis 60 Tage nach dem Biß treten die ersten Krankheitserscheinungen, wie Kopfschmerzen, Reizbarkeit, Unruhe, seelische Depression, auf. Dann folgt ein Erregungsstadium mit *Krämpfen* der Schling- und Atemmuskulatur, Sinnenverwirrung und Speichelfluß. Durch geringste Berührungs-, Geräusch- und Lichtreize kann rasende Wut ausgelöst werden. Fehlt diese Erscheinung, so besteht die sog. stille Wut. Nach 3 Tagen tritt *Lähmungs*stadium des Gesichts, der Zunge, der Speiseröhre und der Atemmuskulatur auf. Behandlung im Beginn *Essigwasserwaschungen, Volldämpfe,* heiße *Heublumenhemden* zur Schweißerzeugung. Kneipp empfahl, heißen Tee von Gänsefingerkraut in Milch 3mal tgl. und geschwelltes Gänsefingerkraut auf die

Krampfstellen zu legen. Man darf, wenn man von der Tollwutschutz*impfung* Gebrauch machen will, den rechtzeitigen und dadurch erst aussichtsreichen, möglichst frühen Termin der Impfung nicht versäumen.

Tomaten: Früchte von Solanum lycopersicum. Hochwertige, zwischen *Obst* und *Gemüse* stehende Frucht, vitamin- und ergänzungsstoffreich. Roh und gekocht vielseitig verwertbar.

Tonsillen, s. *Mandeln.*

Tonsillitis, s. *Mandelentzündung.*

Tonus: normaler Spannungszustand der Gefäße, Muskeln und Gewebe. Bei der Haut heißt der entsprechende Zustand *Turgor.* Wird zentral gesteuert und über das zentrale *Nervensystem* und die *Lebensnerven* geregelt. Überreizung des T. führt zu *Verkrampfung,* Erschlaffung des T. zu *Entspannung.*

Tormentillwurzel: Wurzel von Potentilla tormentilla. Gerbsäurehaltig. Blutstillende und stopfende Wirkung in Abkochung. 2–3g als Einzelgabe.

Toter Punkt: Zustand verminderter Leistungsfähigkeit, der nach einer anstrengenden Muskeltätigkeit infolge einer Stoffwechselstörung auftritt. Einlegen einer Pause führt nach Schweißausbruch zur Überwindung des t. P. und zu höherer Leistung. Spielt im Sport eine erhebliche Rolle.

Toxine: durch *Bakterien,* aber auch von höheren Pflanzen und Tieren gebildete Stoffwechselprodukte, die im Körper zu Störungen führen. Man unterscheidet Ektotoxine, die von den Bakterien außerhalb des Zelleibs gewissermaßen als Stoffwechselausscheidungen gebildet werden, und Endotoxine, die im Zelleib der Bakterien entstehen und durch die Bakterien selber wirksam werden. Der Körper bildet gegen sie besondere Schutzstoffe, s. *Antikörper,* die Antitoxine.

Trachea, s. *Luftröhre.*

Tracheitis, s. *Luftröhrenentzündung.*

Traganth: Pflanzenschleim aus orientalischen Schmetterlingsblütlern. T. dient als Bindemittel für Pillen und Emulsionen.

Trance ist ein Zustand, der sich besonders zur Aufnahme von *Suggestionen* eignet. Bei der *Hypnose* wird er vom Hypnotiseur erzeugt, um die Hypnose wirksam werden zu lassen. *Medien* können sich selbst in den T.-Zustand versetzen (Autosuggestion) und dadurch ihre parapsychischen Leistungen ermöglichen.

Tränen sind die Ausscheidungen der Tränendrüsen, die außen oben über dem Auge liegen und die vordere Augapfelfläche feucht erhalten und vor Austrocknung schützen. Sie desinfizieren den Bindehautsack.

Tränendrüsenentzündung entsteht durch Aufsteigen einer *Bindehautentzündung* oder eines *Nasenkatarrhs* durch den Tränennasenkanal. Tränenfluß, Schmerzen in Stirn- und Schläfengegend, Vereiterungen und Fistelbildungen können sich daraus entwickeln.
Beh.: häufige Waschungen mit Augentrosttee von außen nach innen zu den Nasenwinkeln. Nachts feuchte *Umschläge* mit Augentrosttee. *Nasenduschen* mit Zinnkrauttee. Bei *Eiterungen Bockshornkleeauflagen.*

Tränenträufeln: Folge von *Tränendrüsenentzündung, Schnupfen,* Gesichtsnervenneuralgie *(Gesichtsschmerzen)* usw. Augenwaschungen und Gesichtswaschungen wie bei *Tränendrüsenentzündung.*

Transsudat: Ausschwitzung von Blut oder Gewebsflüssigkeit ohne entzündliche Anteile.

Traubenkur: mit Trauben oder Traubensaft durchgeführte *Obst-* oder *Obstsaftkur.* Außer Trauben oder Traubensaft wird nichts genossen. Mundspülen nach dem Genuß der Trauben, da die Fruchtsäuren oft den Schmelz der Zähne angreifen. Trauben als Zusatz zur üblichen Verpflegung können wegen des hohen *Traubenzucker*gehalts zur Erhöhung des Körpergewichts beitragen. Anzeichen sind Krankheiten der Verdauungsorgane, Leber- und Gallenleiden, Verstopfung, Blasen- und Nierenkrankheiten, Gicht, Rheuma, Nervenentzündung, Fettsucht. Zur *Blutreinigung.*

Traubenzucker (Dextrose, Glykose): *Zukkerart*, die in süßen Früchten, in Honig, im Blut und in den Körpersäften vieler Tiere vorkommt. Kann vom Körper unmittelbar, ohne chemische Umsätze verwertet werden. Wird zur künstlichen Ernährung in Form von *Klistieren* oder *Einspritzungen* verwendet.

Träume entstehen aus dem *Unterbewußtsein,* das im *Schlaf,* nachdem das Bewußtsein ausgeschaltet ist, zur Herrschaft kommt. Die *Psychoanalyse* benutzt daher die Traumanalyse als Mittel, um ins Unbewußte einzudringen. T. können vom Körperlichen her ausgelöst werden, indem falsche Lage oder Lageveränderungen im T., ungewohnte Bedeckung, voller Leib u. a. m. unbehagliche Empfindungen hervorrufen, die sich im Traumleben ausdrücken. Überreizungen der Nerven durch seelische Erlebnisse oder *Genußgifte* kommen ebenfalls als Ursache in Frage. Beh.: Beruhigung, *Abhärtung* und Kräftigung, bei krankhaften T. *Fasten*kur in *Morgen-* und Abend*fasten* übergehend. Viel Bewegung, *Schwitzbäder* oder auch entgegengesetzt flüssige Diät mit viel Ruhe ohne körperliche Anstrengung. *Vollbäder* mit *Ganzwaschung* 2mal wöchentlich. *Psychoanalyse.*

Trennkost, s. Alkalische Nahrung.

Trephone: Ergänzungsstoffe im Embryonalsaft angebrüteter *Eier.* Alexis Carrei konnte Hühnerherzgewebe in herausgelöstem Zustand mit T. am Leben erhalten. In Eiern, die 9 Tage angebrütet sind, soll der Gehalt am höchsten sein. Die 9-Tage-Eierkur, in der die T. wirksam werden sollen, geht auf Angaben zurück, die der Franzose Roger des Allées in Auxannes auf Grund von Selbstversuchen bei seinem chronischen Rheumatismus und seinen Kriegsverletzungsfolgen veröffentlicht hat, und auf die Behauptungen eines Dr. Ricardo Olives in seinem Buch »Sieg über den Tod«. Die Propagandisten versprechen Wunderheilungen bei allen sonst unbeeinflußbaren Leiden, einschließlich *Krebs,* und das Erreichen eines Lebensalters bis zu 120 Jahren. Die »faulen« Eier der Chinesen sollen in Wirklichkeit 9-Tage-Eier sein. Beweise für die Behauptungen sind in exakter Form bisher nicht erbracht worden, so daß Reserve in dieser Hinsicht durchaus am Platze ist. Die Chinesen erreichen kein höheres Alter als die Mitteleuropäer. Hier wie dort sind 120jährige bisher in nennenswerter Zahl nicht festgestellt worden. Ob die Propagandisten der lebensverlängernden 9-Tage-Eier-Kur selbst dieses hohe Ziel erreichen, steht noch dahin. Die Eier müssen, unmittelbar aus dem Brutschrank kommend, roh geschluckt werden. Tgl. 1 Ei 30 Tage lang soll zu einer Kur ausreichen. Bisher ist der Trephongehalt und die Analogie zu den Embryonalstoffen der Pflanzen*keime* (Weizenkeim u.a.) die einzige wissenschaftliche Diskussionsgrundlage. Neuere Nachuntersuchungen haben ergeben, daß die Trephone durch den Magensaft zerstört werden, so daß es fraglich ist, ob die T. aus dem Brutei durch Aufnahme über den Magen überhaupt wirksam werden können.

Trichinenkrankheit wird durch die Trichinella spiralis hervorgerufen. Schwein, Bär, Dachs, Hund, Katze, Fuchs, Marder beherbergen sie in ihrem Fleisch. Durch Genuß dieses Fleisches entwickeln sich in Magen und Darm junge Darmtrichinen, die über die Blutgefäße in die Muskulatur wandern. Schmerzen und Schwellungen der befallenen Muskeln, Benommenheit, Fieber, Schweiß, Kreislaufstörungen treten nun auf. *Bronchitis* und *Lungenentzündungen* können Begleiterkrankungen sein. Vielfach Todesfälle in 4–6 Wochen. Überlebt der Kranke, dann sterben die Trichinen ab und verkapseln sich in einer Kalkkapsel. Durch die gesetzliche Fleischbeschau wird verhindert, daß trichinöses Fleisch in den Handel kommt. Erhitzen des Fleisches auf 70° tötet die Trichinen ab. Beh.: Im Beginn *Brech-* und *Abführmittel.* Während des *Fiebers Fasten,* später *vegetarische* Kost, *Essigwasserwaschungen,* bei Muskelschmerzen *Kurzwickel, Spanischer Mantel, Ganzwaschungen.*

Trieb: ist ein angeborenes Drängen zu bestimmten Tätigkeiten. Der T. dient vorwiegend zur Lebenserhaltung im weitesten Sinne. Hunger, Durst, Geschlechtstrieb, Selbsterhaltungstrieb, Herdentrieb, Ehrgeiz, Machttrieb und v.a.m. Der Kulturmensch sucht Herr seiner T. zu werden und sein Dasein nach dem Verstande zu regeln. Dabei kommt er in Konflikt mit seinen T., die verdrängt werden und dadurch Ursache seelischer und körperlicher Störungen werden können. Die *Psychoanalyse* deckt die verdrängten T. auf und heilt so durch *Psychotherapie.*

Trigeminus (Drillingsnerv): V. Gehirnnerv, der mit einem Teil Kopf und Gesicht mit Empfindungsnerven, mit einem anderen Teil als Bewegungsnerv die Kaumuskulatur versorgt. Entzündungen und Erkrankungen s. *Gesichtsschmerzen.*

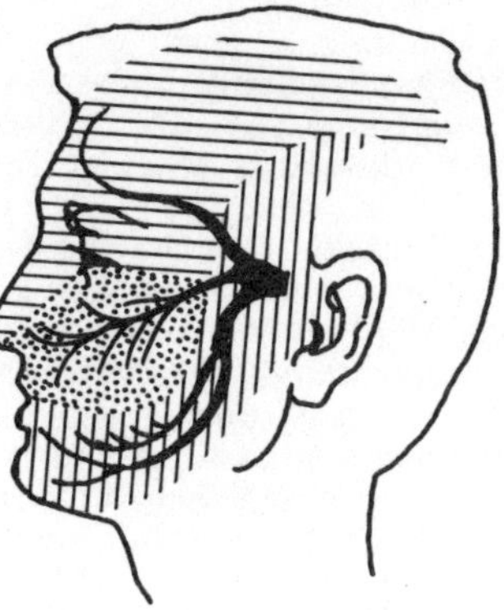

Trigeminus und sein Versorgungsgebiet

Trigonella foenumgraecum, s. *Bockshornklee.*

Trinkkuren: Kurbehandlung durch innerliche Einnahme natürlicher *Mineralwässer.*

Tripper (Gonorrhöe): *Geschlechtskrankheit.* Erreger Gonokokken. 1–3 Tage nach der Ansteckung Brennen an der Harnröhrenöffnung, schmerzhaftes Wasserlassen, grün-gelblicher Eiter. Diese Entzündung der vorderen Harnröhre geht, wenn sie nicht rechtzeitig erkannt und behandelt wird, beim Manne auf die hintere *Harnröhre, Vorsteherdrüse, Samen*blasen, Samenstränge, *Nebenhoden* und *Hoden,* bei der Frau auf *Gebärmutter* und Anhangsgebilde über und wird dann *chronisch.* Auch in *Blase* und *Mastdarm* können Entzündungen hervorgerufen werden. Es kann auch Allgemeininfektionen ähnlich einem akuten *Gelenkrheumatismus* mit Beteiligung der *Herz*klappen und *Gelenke* als Fernwirkung geben. Durchgemachte gonorrhoische Entzündungen an den männlichen und weiblichen Geschlechtsorganen können zu Vernarbungen führen, die Zeugungs- und Empfängnisunfähigkeit und Kinderlosigkeit im Gefolge haben. Besonders gefährlich sind Entzündungen der Augen*bindehäute,* weil sie zu *Hornhaut*narben und dadurch bedingter Erblindung führen können. Der Neugeborene kann sich bereits bei Heraustreten des Kopfes während der Geburt infizieren, wenn die Mutter erkrankt ist. Deshalb wird nach der Geburt die Infektion mit einer Argentumlösung vorsorglich bekämpft. Bei kleinen Mädchen kann sich in der Scheide durch Übertragung von Trippereiter beim Schlafen mit den erkrankten Eltern oder anderen Personen in einem Bett oder durch gemeinsam benützte Handtücher oder Schwämme eine gonorrhoische Entzündung entwickeln. Es besteht Melde- und Behandlungspflicht durch einen approbierten Arzt. Fieberbehandlung durch *Überwärmungsbäder,* aufsteigende *Sitzbäder* mit hohen Temperaturen. *Fasten, Obst-* und *Ostsaftkuren. Eigenblutbehandlung.* Innerlich: durchspülende Tees. *Penicillin*behandlung.

Trockenkost: Hierbei soll dem Körper möglichst kein Wasser zugeführt werden. Suppen, Soßen fallen dabei weg. Da Gemüse und Obst sehr wasserreich sind, ist ihre Verwendung äußerst einzuschränken. An ihrer Stelle werden Trockenfrüchte gegeben. Salzfreiheit der Kost ist notwendig.

Tröpfcheninfektion: Übertragen von Krankheitserregern durch die beim Husten oder Sprechen vom Kranken in die Umgebung verstreuten Mundflüssigkeitströpfchen. Meist über die Atmungswege.

Tropfeinlauf: *Darmeinlauf* zur Zufuhr von Wasser, Salzen, *Traubenzucker* und löslichen Arzneimitteln. Eine besonders konstruierte Glaskugel, die in den Gummischlauch eingeschaltet ist, regelt die tropfenweise Zufuhr in der Zeiteinheit (Tropfenregler).

Trubbad ist ein verstärktes *Hefebad.* Die als Trub bezeichneten, in der Kälte aus der

Bierhefe ausgeschiedenen Niederschlagsstoffe werden in einer Menge von 30 kg für ein Vollbad in warmem oder heißem Wasser gelöst und 1 Wasserkanne Bierhefe zugesetzt. Wenn die Gärung lebhaft in Gang gekommen ist, wird das Bad begonnen. Nicht in Zinkwannen bereiten. Heilanzeigen sind Herzkrankheiten, Rheumatismus, träger Stoffwechsel, Ischias, Furunkulose.

Trunksucht, s. *Alkohol.*

Trypsin: Eiweißverdauendes Ferment des *Bauchspeicheldrüsen*saftes.

Tuberkulose, s. *Lungentuberkulose.* Die Kochschen Tuberkulosebazillen, die durch Atmung *(Tröpfchen-* oder *Staub*einatmung) oder die Nahrung in den Körper gelangen, verursachen ein besonders charakterisiertes Entzündungsgewebe. Knötchen von typischem Aufbau geben ihm das Gepräge. Die erste Ansiedlungsstelle führt zur Entwicklung eines *Primärherdes* in Lunge oder Darm. Zusammen mit den Lymphknoten des Abflußgebietes bildet dieses den sog. *Primär*komplex. Die inneren *Abwehr*kräfte des Körpers führen zur Ausheilung, ohne daß es zu ernsteren Erkrankungen kommt. Es kommt zur bindegewebigen Vernarbung und meist zur Verkalkung der Stelle. Fast jeder Mensch in Europa macht bis zu seinem 30. Lebensjahr eine solche Erstinfektion, bemerkt oder unbemerkt, durch. Kommt es durch äußere Lebensbedingungen oder durchgemachte andere Erkrankungen zu Perioden geschwächter Abwehrbereitschaft im Laufe des Lebens, dann können diese ruhenden Herde aufflackern und eine erneute tuberkulöse Erkrankung einleiten. Auch bei Neuansteckungen in solchen Perioden kann eine solche auftreten. Diese neue Krankheit neigt weniger zur Abheilung und Vernarbung, sondern mehr zu Ausbreitung und Einschmelzung. Beim Einschmelzen entstehen Höhlen im erkrankten Gewebe (Kavernen). Überwiegen die Einschmelzungsvorgänge, dann werden meist Bazillen den Ausscheidungen (*Auswurf,* Harn usw.) beigemischt. Jede noch ablaufende und nicht zur Ruhe gekommene Erkrankung wird als aktiv, die vernarbte, verkapselte und verkalkte Form als inaktiv oder ruhend bezeichnet. In allen Organen können tuberkulöse Erkrankungen hervorgerufen werden. Am häufigsten ist Lungentuberkulose. Nicht immer, wenn der Tuberkelbazillus den Menschen oder ein bestimmtes Gewebe befällt, kommt es zur Erkrankung. Voraussetzung ist die Anfälligkeit des Organismus. Sie kann *konstitutionell* bedingt oder zeitweise durch seelische und körperliche Überanstrengung und Belastung, *Hunger, Unterernährung,* unzweckmäßige Lebensweise hervorgerufen sein. *Säuglings-* und *Entwicklungsalter* sind besonders gefährdet. Nach dem 30. Lebensjahr sind Neuerkrankungen wesentlich seltener, wenn auch noch im hohen Alter vereinzelt Neuerkrankungen auftreten. Behandlung s. *Lungentuberkulose.*

Tumor: Anschwellung. Man versteht darunter meist eine gut- oder bösartige Gewebsneubildung *(Geschwulst).*

Turgor: Strotzen. Die Straffheit der Haut und der oberflächlichen Gewebe. Prall elastisches Anfühlen der Gewebe zeugt von gutem, schlaffes, weiches von schlaffem T. Beim Säugling ist der T. wesentlich vom Flüssigkeitsgehalt des Körpers mit abhängig und seine Beurteilung wichtig für den Gesundheitszustand. Vgl. *Tonus.*

Türkisches Bad: andere Bezeichnung für römisch-irisches Bad; s. *Heißluftbad.*

Tussilage farfara, s. *Huflattich.*

Typhus: durch den Typhusbazillus in Wasser, Milch und anderen Nahrungsmitteln übertragene Darminfektionskrankheit. 3 Wochen nach der Ansteckung langsam steigendes Fieber, Kopfschmerzen, Abgeschlagenheit, Frösteln, belegte Zunge, vergrößerte Milz. Innerhalb einer Woche hat das Fieber seine Höhe erreicht, auf der es 8–14 Tage stehenbleibt. Kleinfleckiger Ausschlag auf der Bauchhaut *(Roseolen),* Benommenheit, erbsbreiartige Durchfälle, aufgetriebener Leib. *Darmblutungen* können auftreten, weil sich aus den anfänglich geschwollenen Lymphherden *Geschwüre* entwickelt haben. Es drohen tödliche Darmblutungen oder auch Geschwürsdurchbrüche zum Bauchfell. In der 4. Woche heilen die Geschwüre ab, das Fieber sinkt langsam, und die Erscheinungen bilden sich zurück. *Rückfälle* sind aber nicht ausgeschlossen. Starke Abweichungen vom typischen Bilde kommen vor, mit völlig uncharakteristischem Verlauf. Nachweis der Bazillen in Harn, Stuhl und Blut, besondere Serumreaktionen sichern die Diagnose. Kreislaufschäden, Thrombosen, Ohrschäden, Nerven-, Gallenblasen-, Lungen- und Luftröhrenentzündungen, Nieren-, Blasen-, Knochenentzündungen können während der Krankheit auftreten oder ihr folgen. Beh.: häufig kalte Waschungen, kalte Bäder, häufig gewechselte kalte *Aufschläger* auf Kopf und Leib, besonders während des Fiebers. *Eigenblutbehandlung.* Bei Nachlassen des Fiebers *Kurzwikkel, Spanischer Mantel, Ober-, Unteraufschläger* mit Essigwasser und Heublumenabsud. Diät: *Fasten, Obst*kur, später *vegetarische* Vollkost. Zur Nachkur *Halbbäder* mit *Bitter*tee. Hp.: Ferrum phosphoricum D3–6, Baptisia D1–3, Pyrogenium D6–15, Echinacea ∅, Arsenicum D4–6, Crataegus ∅.

Typus: Zusammenfassung an sich individueller Dinge und Vorgänge in Gruppen nach großen übereinstimmenden Zügen. Wir unterscheiden z. B. *Konstitutions-,* Reaktions- und Krankheitstypen. Wir unterscheiden den typischen Verlauf einer Krankheit vom abweichenden, atypischen Verlauf. Der T. umfaßt das Gemeinsame und Kennzeichnende, schließt aber mit ein, daß im einzelnen individuell Trennendes besteht, weil es auf der Welt niemals zwei völlig identische Dinge gibt. T. ist Verallgemeinerung mit allen ihren Fehlleistungen.

U

Übelkeit kann von verschiedenen Ursachen und Organen ausgelöst werden und ist oft mit Brechreiz verbunden. Meist sind Schädigungen des Magens durch Vergiftungen, verdorbene Speisen, ungewohnte und übermäßig genossene Genußmittel der Anlaß, doch kann sie auch vom Gehirn und seinen Häuten ausgehen. Seelische Erregungen, Ekel, Gleichgewichtsstörungen, innere Vergiftungen *(Harnvergiftung, Schwangerschaft),* Blutleere des Gehirns, Kreislaufstörungen, Augen- und Ohrenerkrankungen können Ü. verursachen. Beh.: Beseitigung der Grundursache. *Magenentleerung, Kreislaufanregung* usw. Ü. vom Magen wird durch schluckweises Trinken von Melissentee oder einigen Tropfen Melissengeist behoben. *Fasten.* Hp.: Cocculus D6–10, Petroleum D6, Cerium oxalicum D3.

Überbein (Ganglion): blasige, mit gallertiger Masse gefüllte *Geschwulst,* die sich in *Schleimbeuteln* und *Sehnenscheiden* entwickelt. Beh.: Zerquetschen durch Druck oder Schlag, über Nacht *Essigwasserwikkel, Lehmwickel,* öfter kalte *Güsse* zur Nachbehandlung. Hp.: Ruta D2, Acidum bencoicum D2. Bch.: Silicea D6–12 im Wechsel mit Calcium fluoratum D12.

Überempfindlichkeit: angeborene oder erworbene Eigenschaft des Körpers, auf körperfremdes Eiweiß zu reagieren, s. *Allergie.*

Übersäuerung des Magens (Hyperazidität, Azidität): beruht auf Übersteigen der Normwerte der freien Salzsäure von 0,15–0,20 v. H. *Aufstoßen, Sodbrennen.* Beh.: Vermeiden von *Alkohol, Nikotin, Bohnenkaffee.* Gut kauen und einspeicheln, s. *Fletschern.* Vermeidung von fetten, schweren, stark gewürzten Speisen, nichts Gebratenes und Gebackenes, keine blähenden Gemüse. Morgens *Ganzwaschung,* 1/2 Stunde vor dem Mittagessen *Leibauflage,* nach dem Essen heiße *Kompresse* auf den Leib, abends *Wechselfuß-* und *-sitzbad,* zur Nacht *Leibwickel.* Innerlich: Wermuttee, Pfefferminztee. Wacholderbeeren 10–15 Stück tgl. trocken essen. *Heilerde.* Hp.: Natrium phosphoricum D3–6, Robinia Pseudacacia D2–4, Phosphorus D5–10. Carbo vegetabilis D3–6. Vgl. auch *Sodbrennen.* Bch.: Natrium phosphoricum D 6, Magnesium phosphoricum D 6.

Überwärmungsbad: Fieberbäder, *Schlenz*bäder gehören zu den modernsten Formen der naturgemäßen Wasserbehandlung, die bei vielen *chronischen* Erkrankungen, aber auch bei *akuten entzündlichen* Krankheiten entscheidende Hilfe bringen können. Es wird *Fieber* erzeugt, der *Stoffwechsel* angeregt und

U

durch Anregung der *Schweiß*bildung die *Ausleitung* gefördert. Man läßt den Patienten ganz eintauchen, nur Nase und Mund bleiben zur Atmung frei. Das Bad beginnt mit 36° und wird auf die erforderliche Temperatur zwischen 40–45° erhöht und etwa 1 Stunde unterhalten. Für die meisten Krankheitsfälle genügen Temperaturen um 40°, die ohne weiteres vertragen werden. Bei höherer Temperatur treten manchmal Beklemmungsgefühle auf, die durch kurzes Zurückgehen der Temperatur auf 39–38° und Kühlen der Herzgegend mit kalter Schlauchdusche bekämpft werden. Das Bad wird im Durchschnitt 1 Stunde durchgeführt, die Dauer aber individuell bestimmt. Aus dem Bade kommt der Patient unmittelbar in eine Trocken*packung,* bei Beklemmungen wird eine feuchte Kompresse auf das Herz mit eingewickelt. Durch das Bad können Körpertemperaturen bis 42,9° erreicht und Temperaturen von 40° mühelos mehrere Stunden unterhalten werden. Die Packung wird mit kalter Waschung oder *Abgießung,* bei der Schlenzkur mit lauem Wasser (37°), abgeschlossen, danach soll noch mindestens 1 Stunde geruht werden. Prof. Lampert führt die Ü. bis zu 3 Stunden, Maria *Schlenz* im allgemeinen 1 Stunde durch. Lampert verwendet reines Wasser, in bestimmten Fällen mit *Sole*zusatz, Schlenz fügt den Bädern je nach den zu behandelnden Krankheiten verschiedene Kräuterauszüge bei. Ü. eignen sich zur Behandlung *chronischer entzündlicher* Erkrankungen und ihrer Folgen, wie Nerven- und Gehirn*syphilis, Tripper, Gelenk-* und *Muskelentzündungen, Rheuma,* aber auch *Stoffwechselerkrankungen,* wie *Fettsucht, Bronchitis, Asthma* usw. Die Bäder dürfen aber nur unter erfahrener Aufsicht genommen werden.

Übungsbehandlung, Übungstherapie: die Anpassung der Organe und ihrer Funktionen an die Norm durch Zumutung steigender Leistungen. Sie muß Grundlage und Abschluß jeder Behandlung sein, ebenso jeder Vorbeugung, vgl. *Schonung.*

Ulcus (Geschwür), s. *Magengeschwür.*

Ultraschall: Schallwellen, die so rasch schwingen, daß sie vom Ohr nicht mehr wahrgenommen werden (800000 Schwingungen in der Sekunde), werden zur Krankheitsbehandlung verwendet. Über Heilerfolge bei *Nervenentzündungen, Gelenkentzündungen* und Unterschenkelgeschwüren, *Magen-,* und *Zwölffingerdarmgeschwüren* wird übereinstimmend berichtet. Ultraschallwellen werden bei medizinischer Anwendung nicht durch die Luft, sondern durch Wasser, Öl oder feste Körper geleitet. Bei zu hohen Gaben kommt es zu Gewebszerstörungen und Verbrennungen. Vorsicht bei der Verwendung.

Ultraviolett, s. *Höhensonnen*bestrahlung, *Strahlenbehandlung.*

Umlauf (Panaritium), s. *Fingerentzündung.*

Umschlag, s. *Packung.*

Umstimmung ist das Hervorrufen einer Zustandsänderung des Körpers, die besonders bei *chronischen* Krankheitszuständen der Heiltendenz einen Anstoß zum Fortschreiten gibt.

Umstimmungsbehandlung bezweckt die *Umstimmung* des Körpers zu Heilzwecken. Da sie nicht auf bestimmte Krankheitszustände oder -erreger gerichtet ist, sondern die Selbstheilungsregulationen des Körpers ganz allgemein anspricht, gehört die U. in das Gebiet der unspezifischen Behandlungsweisen. Seelische Umstimmung durch Beeinflussung der Persönlichkeit mittels *Auto-* oder Fremd*suggestion, Magnetismus, Hypnose, Psychoanalyse* und *Psychotherapie.* Körperliche Umstimmung durch *Diät*umstellung: *Fasten, Saft-, Rohkost*kuren, kochsalzarme Ernährung, *Schrothkur,* überhaupt jede von der bisherigen Ernährungsweise schroff abweichende Kostform. *Massage, Gymnastik, Wasser-* und *Wärmebehandlung, blutentziehende Maßnahmen, Ableitungen* auf Haut, Darm oder andere Körpersysteme, *Ausleitung, Blutreinigung, Einspritzungen* von *Eigen-* oder Fremdkörpersubstanzen, wie *Blut, Serum, Milch, Harn, Bakterien,* und ihren Stoffwechselprodukten, Terpentinöl usw. gehören hierher.

Umwelt: Örtlichkeit, soziale Verhältnisse, Ernährungsmöglichkeiten wirken auf das Einzelwesen ein und bestimmen zusammen mit der ererbten Anlage die Entwicklung auf körperlichem und seelischem Gebiet. Die *Ganzheits*betrachtung muß sowohl in die Krankheitserkennung als auch in die Krankheitsbehandlung die Erforschung und Berücksichtigung der Umwelt einbeziehen, um das Einzelwesen richtig zu beurteilen und ihm helfen zu können. Die natürliche Umwelt wird durch die zunehmende Technik immer mehr abgebaut und zerstört. Der Kampf geht heute im Schwerpunkt gegen die Umweltverschmutzung, doch spielt die Umweltvergiftung (Grundwasser, Luftvergiftung etc.) eine bedrohlichere Rolle für Leben und Gesundheit.

Unfruchtbarkeit: bei der Frau selten anlagemäßig bedingt, meist Folge von *Entzündungen* in den verschiedensten Teilen des weiblichen Geschlechtsapparates, besonders der Wege, die das Ei vom Eierstock ab zu durchlaufen hat. *Gebärmutter-, Eileiter-, Eierstockentzündungen* sind häufig die Ursache. *Tripper* führt besonders häufig zu U. Wird die Entzündung durch Blutkreislaufstörungen und Unterleibsstauungen gefördert, so kann durch *Kneipp*behandlung entgegengewirkt werden. Naturgemäße Kost, *Stuhlgangregelung, Kaltfußbehandlung, Zinnkrautsitzbäder, Wechselsitzbäder, Schlenzbäder, Kurz-* und *Lendenwickel, Leibauflagen, Halbbäder, Thure-Brandt-Massage.* Vom Manne bedingte U. der Frau: Hier sind angeborene Fehler selten. Häufig *entzündliche* Erkrankungen von *Hoden, Nebenhoden* und *Samen*leiter, auch auf *Tripper*grundlage und ihren narbigen Folgen, dazu *hormonale* Erschöpfung als Ursache. Sowohl bei Mann und Frau können seelische Störungen, die den normalen Ablauf des Geschlechtsaktes beeinflussen, Ursache der U. sein. Behandlung der allgemeinen *Nervosität, Psychotherapie.* Außerdem *Halbbäder, Rückengüsse, Kurzwickel, Lendenwickel, Schenkelguß.* Vgl. *Impotenz.*

Unteraufschläger: zwei- bis vierfache *Auflage* auf den Rücken vom oberen Rande der Schultern bis zur Kniekehle. Mit Trokkentuch und Wolltuch einpacken, wobei durch strammes Anziehen für festes Anliegen der Wickeltücher, besonders in der Kreuzgegend, zu sorgen ist. Kalt als Nervenkräftigungsmittel, bei Rückenmuskulaturschwäche, Wirbelsäulenverkrümmungen, entzündlichen Erkrankungen des Rückenmarks und deren Folgen. Heiß, eventuell mit *Senfmehl*zusatz bei akuter *Kinderlähmung,* akuten Entzündungen des Rückenmarks und seiner Häute, bei Wirbelsäulenversteifung, Bechterew, Hexenschuß, Keuchhusten, Asthma.

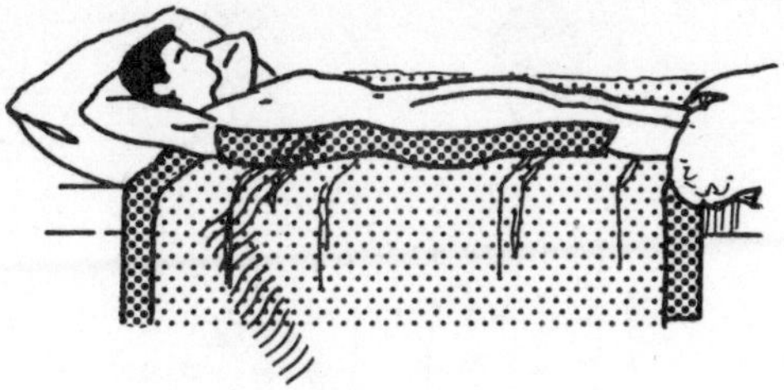

Unteraufschläger

Unterbewußtsein: Bezeichnung für die unbewußten seelischen Vorgänge. In Wirklichkeit sind es wohl aus dem Bewußtsein verdrängte seelische Antriebe und Gefühlszustände. Unsere Persönlichkeit ist eine Einheit und *Ganzheit.* Es gibt an sich keine von der bewußten Persönlichkeit getrennte unbewußte Persönlichkeit, »Unter«bewußtsein bedeutet sprachlich auch nur eine Abschwächung des Bewußtseins gegenüber der Norm. An dieses U. richtet sich ein großer Teil der seelischen Behandlungsmethoden.

Unterernährung: eine Vorstufe des *Hungers.* Die aufgenommene Nahrung genügt nicht, um den Bedarf zu decken. Dies kann entweder insgesamt oder in einzelnen Teilen des Stoffwechsels der Fall sein (z. B. Eiweißunterernährung bei sonst ausreichender Ernährung). Der Körper ist dadurch gezwungen, die eigene Substanz anzugreifen, um den Stoffwechsel aufrechtzuerhalten.

Unterguß wird wie der *Schenkelguß* durchgeführt, nur auf der Rückseite etwa eine Handbreit höher als beim Schenkelguß und auf der Vorderseite bis zum Rippenbogen, so daß das Wasser breit über Leib und Bein fließt. Unmittelbarer Einfluß auf den Blutkreislauf an Magen, Dünndarm, Milz, Leber, Bauchspeicheldrüse. Angewendet bei Magen-, Darm-, Leber-, Gallenleiden, Zuckerkrankheiten und

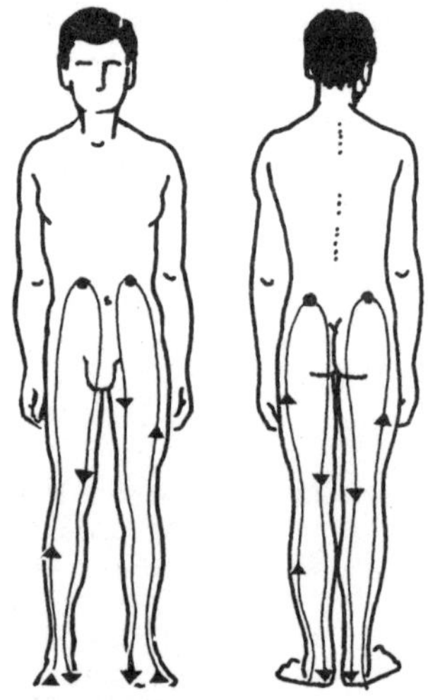

Unterguß: Gießführung

gleiche Anzeigen wie für *Knie-* und *Schenkelguß*.

Unterkörperwaschung: feuchte Abreibung beider Beine, einschließlich Gesäß, mit kaltem Wasser. Folge: re. Fuß außen am Bein hoch zur Hüfte und an der Innenseite zurück. Wenden des Tuches und Waschen der Rückseite des Beines einschließlich der Fußsohle. Bedecken des gewaschenen

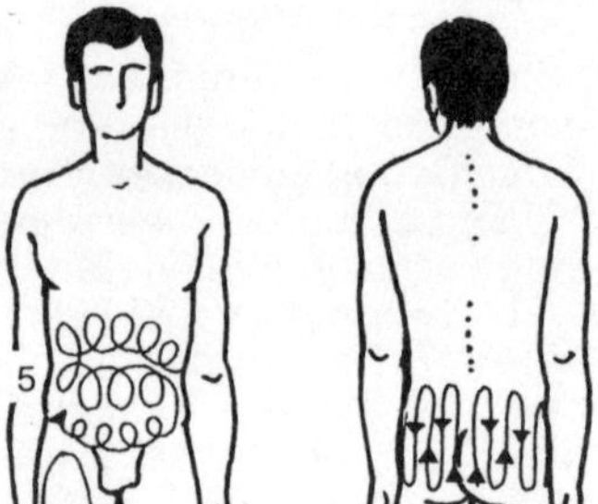

Unterkörperwaschung erfolgt in Zahlenfolge und Pfeilrichtung

Beins. Frisch eintauchen. Links wie rechts verfahren. Wirkung: Regelung des Kreislaufs der Beine, der Bauchorgane, des Pfortaderkreislaufs. *Ableitung* auf Brust und Kopf, Vorbeugen gegen *Wundliegen.*

Unterleibsdampf: Gefäß unter Leib- oder Rohrstuhl. Beim Mann Geschlechtsorgane mit Tuch umwickeln. Patient setzt sich auf den Stuhl und wird mit zwei Leinen- und Wolltüchern bis zur Hüfte eingepackt. Die Tücher müssen dicht und fest auf dem Boden aufliegen, damit keine Wärme entweichen kann. Auf warme Füße achten, gegebenenfalls vorher oder gleichzeitig warmes

Unterleibsdampf

Fußbad. Jetzt Deckel abnehmen und Einpackung gut abdichten. Anzeigen: Erkältungen der Unterleibsorgane, Blasenkatarrh, Vorsteherdrüsenentzündung oder -vergrößerung, Ableitung und Schweißerzeugung bei Stoffwechselstörungen, Leberstauung und Leberschwellung, Harndrang, Krämpfe des Blasenschließmuskels, Harnverhaltung, Nieren-, Gallen-, Darm-, Blasenkolik.

Unterleibentzündung: Dieser Begriff umfaßt die verschiedensten Formen von *Entzündungen* der Organe des Geschlechtsapparates der Frau und seiner Umgebung, wie *Eierstocks-, Eileiter-, Gebärmutterentzündungen, Scheidenkatarrhe, Entzündungen* des *Becken*bindegewebes. *Ab-*

*szeß*bildungen und Übergreifen der Entzündung auf das *Bauchfell* sind dabei möglich und machen diese Erkrankungen zum Teil recht schmerzhaft, Unterleibsblutungen, Veränderungen der Dauer und Stärke der Regel *(Menstruation)* kommen dabei vor. Abheilungen können zu Narben- und Strangbildungen (Verwachsungen) führen. Beh.: bei *Fieber: Fasten, Obstsaft, Obst*kost, sonst *vegetarische* Grundkost, *Stuhlregelung, Kaltfuß*behandlung. *Ganzwaschungen,* Haferstroh-, Zinnkraut-, Wechsel*sitzbad,* Essig*auflagen* auf den *Leib,* warme *Fußbäder* mit *Holzasche* und *Salz, Kniegüsse,* über Nacht *Lendenwickel,* später kalte *Sitzbäder, Halbbäder, Knie-* und *Schenkelgüsse. Schlenz*bäder, *Heusäcke, Lehmpackungen. Einspritzungen* von Echinazinpräparaten. Vgl. die einzelnen Erkrankungen.

Untersäuerung des Magens (Hypazidität): meist verbunden mit Fehlen des Verdauungssaftes. Beh.: Leib*massage,* Leib*auflage* nach dem Essen, *Ganzwaschung, Oberkörperwaschung, Knie-, Arm-, Schenkel-* und *Oberguß, Halbbad,* abends *Wechselfußbad* oder *Wassertreten.* Viel *Bewegung.* Wermut- oder Fenchelpulver messerspitzenweise, Carica papaya (indische Melonenart) als pflanzliches Verdauungsferment, Obstessig zu den Mahlzeiten. Hp.: Graphites D3–12, Lycopodium D6–10, Antimonium crudum D4–6. Bch.: Natrium phosphoricum D6, Magnesium phosphoricum D6.

Unterschenkelwickel: verlängerter *Fußwickel,* ist eine Kombination von Fuß- und *Wadenwickel.* Man verwendet die gleichen Tücher wie zum Fußwickel, legt sie aber nicht dreieckig, sondern flach im Viereck auf, damit die Wicklung bis zum Knie reicht.

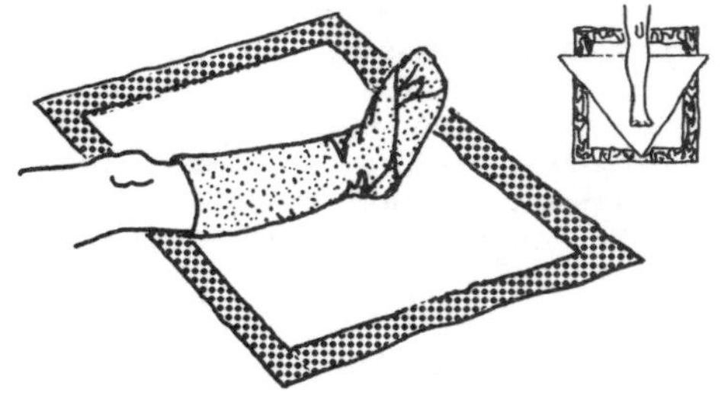

Unterschenkelwickel

Man legt wie beim Fuß- und Wadenwickel an und achtet auf straffes Aufliegen im Bereich von Fußrücken und Knöchel.

Unterwasserbewegungsbehandlung (Warm-Springs-Behandlung): Durch den Auftrieb des Wassers wird das Eigengewicht des Körpers aufgehoben, und es kommt zu einer allgemeinen Entspannung. Der Einfluß des warmen und indifferenten Wassers (35°) wirkt besonders krampflösend. Es werden so bei Gelähmten Bewegungen möglich, die außerhalb des Wassers nicht möglich sind. Die Wiederbelebung der Willensbahnen in der Muskelinnervation wird dadurch gefördert und für viele eine Übungsbehandlung auf diesem Wege erst möglich. Das Dauerbad im Bassin wird bis zu 3 Stunden ausgedehnt. Die Kranken liegen zur Körper*entspannung* auf besonderen Liegebänken. Während der Badezeit finden *Massagen* von Hand und auch durch Unterwasserdruckduschen *(Unterwassermassage)* statt. Dazwischen werden Ruhepausen eingelegt. An den Duschen können der Druck und die Temperatur geregelt werden. Die beste Wirkung haben Duschen von 2 1/2 Atmosphären Druck und 45°. Es kommt zu einer erheblichen Tiefenwirkung in den Geweben. Besserung der Gewebsernährung, Lockerung der *Verkrampfungen* der Muskulatur. Dabei werden aktive und passive *gymnastische* Übungen während der *Badezeit* durchgeführt; Gelegenheit zu *Sonnenbädern* oder ultravioletter Bestrahlung *(Höhensonne)* wird wahrgenommen. Die Behandlung führt ihren Namen nach dem amerikanischen Thermalbad Warm Springs. Viele Orte mit Thermalquellen haben nach diesem Muster Behandlungsmöglichkeiten geschaffen. Alle *Lähmungen,* besonders schlaffe Lähmungen, die Folgen der *Kinderlähmung,* sind die Hauptanzeigen für diese Kuren. *Gelenk-* und *Muskelrheumatismus, deformierende Gelenkentzündungen, Gicht, Nervenschmerzen, Nervenentzündungen,* Nachbehandlung von *Gelenk-* und *Knochen*verletzungen, aber auch nervöse Erscheinungen: *Nervenschwäche, Migräne, Schlaflosigkeit, Ermüdungs*zustände eignen sich zur Behandlung.

Unterwassermassage: Teilgebiet der *Unterwasserbewegungsbehandlung.* Sie kann unabhängig von dieser durchgeführt werden und so zu einer selbständigen Behandlungsform werden, besonders wenn eine Bassinbehandlung nicht möglich ist, sondern die U. in lauen Wannenbädern durchgeführt wird. Die Anzeigen sind die gleichen.

Unterwickel (Dreiviertelpackung): Umwicklung des Körpers von der Achselhöhle bis zu den Füßen. Arme bleiben frei. Auflage der Wolltücher und des Trockentuchs wie beim Ganzwickel, jedoch nur bis zur Achselhöhle. Wicklung des Rumpfes und der Beine zusammen. Einstecken des nassen Tuches zwischen die Beine. Füße sorgfältig einwickeln.

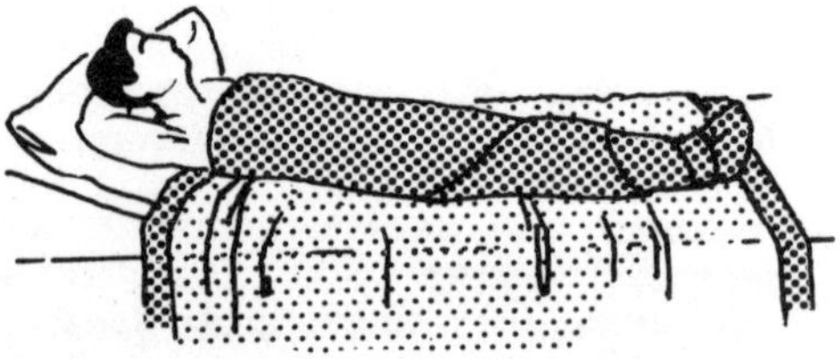

Unterwickel

Urämie, s. *Harnvergiftung.*

Ureter, s. *Harnleiter.*

Urethra, s. *Harnröhre.*

Urethritis, s. *Harnröhrenentzündung.*

Urin, s. *Harn.*

Urlaub, Ferien dienen dazu, den Menschen eine Zeitlang aus der Gebundenheit der Pflichten und aus seiner gewohnten, ihn bindenden Umgebung herauszunehmen. Da es immer einige Zeit dauert, bis der Mensch sich anpaßt und die *Entspannung* vollkommen wird und die Kraftspeicherung durch die *Erholung* aufgebaut werden kann, ist es falsch, den Urlaub zu kurz zu bemessen und durch Zergliedern in kleinere Teile ihm seinen erholenden Wert zu nehmen. Ein U. von 14 Tagen ist zwar besser als keiner, aber im ganzen gesehen gegenüber einem U. von 3–4 Wochen von wesentlich geringerem Wert. Wer im Alltagsleben mit vielen wechselnden Eindrükken und Menschen zu tun hat, soll landschaftlich einsame Gegenden, ohne große gesellschaftliche Verpflichtungen und Bindungen, aufsuchen, wer im Alltagsleben einsam und arm an wechselnden Eindrükken leben muß, wie viele Kleinstadt- und Landbewohner, kann im Urlaub reisen und sich an immer neuen wechselnden Eindrücken erholen. Er kann sogar einmal Erholung in der Großstadt mit ihren Abwechslungsmöglichkeiten (Museen, Theater, gesellschaftlichen Vergnügungen) finden. Man soll sich im Urlaub durch den Kontrast zu seinem bisherigen Leben erholen. Wer arbeitsmäßig in eine organisatorische Maschine mit ihren Pflichten eingespannt ist, soll sich für den U. keine neuen Verpflichtungen aufhalsen (Reisegesellschaften nach festem Plan, Rundreisen usw.). Wer tagtäglich um 7 Uhr früh die Kontrolluhr in seinem Betrieb stechen muß, bleibt in der gleichen Lage und Anspannung, wenn er im U. jeden Morgen zu einer bestimmten Zeit zur Abfahrt oder zum Essenempfang bereitstehen muß. Der Mensch muß im U. das Gefühl haben, daß er sein eigener Herr ist, daß er frei über sich bestimmen kann. Er kann sich wohl etwas vornehmen, muß aber immer die Möglichkeit haben zu sagen, daß er jetzt etwas ganz anderes machen will, als er sich vorgenommen hat. Nur dieses Gefühl, das er sich selbst schafft, gibt ihm die richtige Entspannung und macht ihn wieder reif für die drückenden Sielen, die ihn erwarten, wenn er wieder nach Hause kommt. Im U. soll der Mensch auch Gelegenheit haben und suchen, nach innen zu schauen und zu erkennen, daß er ein Inneres und innere Bedürfnisse hat. Hierzu hilft ihm der Aufenthalt in der beseelten Natur, die er suchen und von innen heraus erleben soll. Lebensfreude in Spiel und Sport als Ausgleich ist dabei ein wesentlicher Erholungsfaktor. Dabei sollen keinerlei Rekordleistungen angestrebt werden, sondern mehr Freude an Schwung und Bewegung gesucht werden (Lockerungs*gymnastik, Medizinball*spielen usw.). Man kann sich auch in gleichgesinnter Gesellschaft übermütig tummeln und einfältig wie Kinder vergnügen. Das alles trägt zur Entspannung und Erholung wesentlich bei.

Urtica urens, U. dioeca, s. *Brennessel.*

Urticaria, s. *Nesselsucht.*

V

Vagotonie: Übergewicht des parasympathischen über das sympathische System, vgl. *Lebensnervensystem,* durch erhöhte Erregbarkeit des *Vagus.* Neigung zu Pupillenenge, vermehrte Schweiß- und Speichelabsonderung, Gesichtsröte, Kälte der Hände und Füße, Verlangsamung und Unregelmäßigkeit des Pulses, Übersäuerung des Magens, Verkrampfung der glatten Muskulatur des Magens, Darms, der Luftröhrenäste, der Gallengänge kennzeichnen die V.

Vakzine: aus abgeschwächten *Viren* oder *Bakterien* hergestellte Impfstoffe, s. *Schutzimpfung.*

Valeriana officinalis, s. *Baldrian.*

Varikozele: *Krampfaderbruch* des Hodens.

Vasoneurosen: Gefäßneurosen, Störungen im *Lebensnervensystem* bei der Versorgung der Blutgefäße. Nervöse und *hormonale* Einflüsse wirken dabei zusammen. Frösteln, Katarrhneigung, Appetitlosigkeit, Allergien hängen damit zusammen. Magengeschwüre, Nierenentzündungen, Hochdruckkrankheiten können durch Kapillarkrämpfe bedingt sein. Durchblutungsstörungen der Finger, s. *Raynaudsche Krankheit.* Beh.: vollwertige naturgemäße Kost, *Nikotin* vermeiden. *Wechselbäder.* Zur *Abhärtung.* Behandlung nach den einzelnen Bildern.

Vegetarische Vollkost soll arm bzw. frei von Kochsalz sein. Eiweiß wird außer durch Eier und Milch durch Quark und Soja zugeführt, die Menge kann den jeweiligen Bedürfnissen und Notwendigkeiten angepaßt werden. Der Brotbedarf wird durch gut gelagertes Vollkornbrot gedeckt. Die Gemüse werden grundsätzlich gedünstet, soweit sie nicht als *Rohkost* genossen werden. Gedünstete Gemüse ergeben kaum Brühe, es können deshalb Tunken zum Gemüse gegeben werden; doch ist dies nicht unbedingt notwendig, zumal wenn man den Flüssigkeitshaushalt einschränken will. Dasselbe gilt für Brühen und Suppen, die im Rahmen einer v.V. entbehrlich sind. Trotzdem soll ein Rezept für eine Gemüsebrühe, die als Bouillon serviert werden oder auch als Grundlage für die Tunkenbereitung dienen kann, gegeben werden: Wurzelgemüse und Spargelschalen werden gewaschen und 10 Minuten mit etwas Knoblauch und Zwiebeln in Öl gedämpft und mit heißem Wasser aufgefüllt. 20 Minuten kochen lassen und durch ein Sieb gießen.

Kräutertunke: 2 zerschnittene Tomaten im geschlossenen Topf 5 Minuten in heißem Fett schmoren, dann ³/₄ l heiße Gemüsebrühe zusetzen und kurz aufkochen, durch ein Sieb streichen, nochmals aufs Feuer setzen und mit Kräutern bereichern: Liebstock, Estragon, Dill, Pimpinelle, Zitronenmelisse, wenig Majoran oder Basilicum, Tripmadam. 2–3 Eßlöffel Kartoffelmehl mit Wasser glattrühren und in die Tunke rühren.

Sojamayonnaise: 2 gehäufte Eßlöffel Sojamehl mit 3 Eßlöffeln Wasser zu einem dikken Brei verrühren, dann Olivenöl in kleinen Mengen zurühren. Mit etwas Zitronensaft abschmecken, eventuell etwas Senf zusetzen. Küchenkräuter wie bei der Kräutertunke, frisch oder getrocknet.

Tomatentunke: 1 Zwiebel in $3/4$ l Gemüsebrühe oder Wasser $1/3$ Stunde kochen. 1 Eßlöffel dickes Tomatenmark mit 1 gehäuften Eßlöffel Mehl in 40 g Butter oder $1\,1/2$ Eßlöffel Öl glattrühren und einige Minuten unter Weiterrühren dünsten. Dann gießt man die Brühe nach Entfernung der Zwiebel unter Rühren mit dem Schneebesen dazu und läßt sie kurz aufkochen. Abschmecken mit geriebenem Meerrettich, Zitronensaft und etwas Zucker. Milch oder Rahm kann nach Belieben angerührt werden.

Beispiele für Frühstück:
Birchermüsli oder *Kollathfrühstück* oder *Kruska;*
Apfelsaft mit Keimdiät;
Vollkornbrot mit Butter.

Mittagsmahlzeit:
Sauerkrautsalat, Reisrand mit Zwiebelgemüse gefüllt;
Weißkrautsalat Kartoffelplätzchen mit Currytunke;
Salatplatte, Tomatentunke mit Blumenkohlkoteletten, Pellkartoffeln;

V

Salatteller, Pellkartoffeln mit Gemüsebratlingen, Möhren mit Lauch als Gemüse; Geriebener Rettichsalat mit Minze, Petersilienkartoffeln, Rührei mit Schnittlauch, Kopfsalat, Nußschnitten.

Abendmahlzeit:

Salatplatte, gefüllte Tomaten mit Pflanzenfleisch;

Erdbeerquark mit Knusperflocken, Obst;

Grapefruitsaft, Haferflockenbrei mit Apfelscheiben und Rosinen, belegte Brote;

Rohkost aus Wurzelgemüse, Brei aus Grünkerngrütze mit gedünsteten Zwiebeln, Joghurt;

Bratkartoffeln mit Bohnensalat, Käse- und Tomatenbrote.

Brotaufstriche für die vegetarische Kost: Quark mit Milch schlagen, gewiegten Knoblauch und Meerrettich darunterziehen. – Je 1 Teil Nußmus und Tomatenmark mit 2 Teilen Pflanzenmargarine mischen, mit Zitronensaft und Kapern würzen. – Gemischte Kräuter fein gewiegt mit Butter oder Nußbutter mischen und einige Stunden ziehen lassen.

Vegetarierbraten: Haferflocken, Grünkern, Linsenschrot und weiße Bohnen zu gleichen Teilen werden im Kochbeutel zu einer dicken Grütze gekocht, die man gut verdampfen läßt. Nach dem Verdampfen macht man sie mit etwas Muskat und Eiern an und gibt geröstete Semmelbröckel hinzu. Mit geriebener Semmel oder Grieß nach Bedarf wird der Teig gefestigt. Man formt einen Hackbraten und brät ihn in brauner Butter unter wiederholtem Begießen gar. Die Soße wird durch Mehl bündig und mit saurer Sahne oder Tomatenmark schmackhaft gemacht. Pilze und gehackte Eier, verschiedene gehackte Kräuter können unter den Braten gemischt werden, um den Geschmack zu variieren.

Vegetarierbouletten: Man läßt frisches Gemüse oder Gemüsereste im Durchschlag abtropfen, wiegt sie fein, vermengt sie mit eingeweichter und geriebener Semmel und Ei, paniert sie mit Semmelbrösel und Ei und brät sie beiderseits braun. 3 Tassen gehackte Gemüsemasse, 1½ Tassen Mehl, 1 Tasse Milch, 2 Eßlöffel Butter oder Öl sowie 2 glattgerührte Dotter und 2 Eiweißschnee. Man formt Klößchen und bäckt sie auf beiden Seiten in heißem Fett.

Gebackene Selleriescheiben: Weichgekochte Selleriescheiben werden paniert und beiderseits braun gebacken.

Gebackener Blumenkohl: Weichgekochter Blumenkohl wird in einer Backform, deren Boden mit Butterflöckchen und geriebener Semmel bedeckt ist, herausgebacken. Man übergießt mit holländischer Soße und streut geriebenen Käse darüber. Man bäckt, bis eine schöne braune Kruste sich entwickelt hat.

Gemüsebratlinge: 250 g Weizenflocken mit ¼ l heißer Gemüsebrühe übergießen, dazu gedämpfte Zwiebel, Petersilie, Majoran, 2 Eßlöffel gemahlene Sojakerne, 3 Eßlöffel Sojamehl, 250 g rohen Spinat, Paprika und kleingeschnittene Tomaten und gut durchziehen lassen. Aus dieser Masse formt man Bratlinge und bäckt sie beiderseits in heißem Öl gut braun.

Kartoffeln, roh gebacken: Rohe Kartoffeln mit der Schale reiben, gehackte Zwiebel, Majoran und Kümmel dazu; in flacher Pfanne Öl heiß werden lassen, die Masse hineingeben und auf beiden Seiten schön goldgelb backen.

Kartoffelkroketten: Ein Teller geriebene gekochte Kartoffeln, 50 g schaumig gerührte Butter, 2 Eier, 2 Eßlöffel Mehl und etwas geriebene Muskatnuß werden zu einem Teig vermischt. Röllchen formen, in Ei und Semmelmehl panieren und goldgelb backen.

Gefüllte Tomaten, Gurken oder Kohlrabi: Die Früchte werden halbiert oder angeschnitten und ausgehöhlt. Gefüllt wird mit gedämpftem Butterreis, mit kleingehackten Pilzen vermischt. In der Bratpfanne mit heißem Fett weich schmoren. Die Tunke kann mit Mehl, Gemüsebrühe oder Sahne verlängert werden.

Gemischtes Gemüse: Möhren und Lauch kleingeschnitten in Öl dämpfen, feingewiegte Kräuter beigeben und vor dem Auftragen mit etwas Kondensmilch übergießen.

Selleriegemüse: Sellerie, gehobelt und in Würfel geschnitten, mit Zwiebel, Lorbeerblatt, Nelken in einen Topf geben, Öl darübergießen und zugedeckt weich dämpfen lassen. Mit Zitrone abschmecken.

Grüne Bohnen und Steinpilze: Junge Brechbohnen halbweich kochen, das halbe Gewicht Steinpilze dazugeben und noch ein wenig schmoren. Nicht zu weich werden lassen. Man bindet mit etwas Butter und Mehl und würzt mit Kräutern.

Leipziger Allerlei: Junge Schoten, Karotten, Spargel, Blumenkohl werden weich

geschmort, einige Pilze hinzugefügt und mit Mehl und Butter gebunden.
Apfelsalat: 1 kg Äpfel hobeln, gehackte Sojakerne und Rosinen dazu, etwas Ingwerpulver und Zimt als Würze. Milchpulver anrühren und mit Zitronensaft schlagen und zusammenmengen. Mit anderen Früchten oder Keimdiät garnieren.
2 Teile Sellerie grob geraspelt, 1 Teil Apfel geraspelt, Mayonnaise mit Sauermilch oder Rahm.
Kürbis und Apfel zu gleichen Teilen grob raspeln. Mayonnaise mit Rahm oder Sauermilch. Kräutergürkchen.
2 Teile Rettich fein gerieben, 1 Teil Apfel mit Schale und Kernhaus geraspelt. Grundtunke, s. *Rohkost*bereitung.

Vegetarismus, abgeleitet vom lateinischen Wort vegetus (lebhaft, munter, rüstig, kräftig), bedeutet eine Lebensweise mit fleischfreier, gemischter Kost. Der V. lehnt alle aus dem Schlachttier gewonnenen Nahrungsmittel ab. Dagegen werden *Milch* und Milcherzeugnisse sowie *Eier* von dem Gesichtspunkt betrachtet, daß sie im Körper des Pflanzenfressers zu dem ausschließlichen Zweck der Ernährung und Aufzucht von heranwachsenden Pflanzenfressern in besonderen Organen erzeugt werden und also von der Natur zur Ernährung reiner Pflanzenfresser bestimmt sind. Der strenge V. lehnt dagegen alles, was vom Tier stammt, auch Milch und insbesondere auch die Eier, s. *Waerland,* ab und hält nur eine aus *Gemüsen,* Wurzeln und Früchten bereitete Kost für naturgemäß. Zweifellos können Menschen rein vegetarisch leben. Man kann dies bereits an mehreren Generationen verfolgen. Die Schwierigkeit wird von wissenschaftlicher Seite vor allem darin gesehen, daß es mit der landläufigen heutigen pflanzlichen Ernährung nur schwer möglich ist, alle notwendigen *Aminosäuren* zur Deckung des Eiweißbedarfs zu gewinnen, zumal die Pflanzeneiweiße im menschlichen Darm nicht voll ausgenutzt werden können. Diese Schwierigkeit ist aber nur scheinbar. Da nur der pflanzliche Organismus imstande ist, alle Aminosäuren aus den Grundelementen aufzubauen, muß es bei richtiger Auswahl der Pflanzenkost möglich sein, den anfallenden Bedarf zu decken. Außerdem ist durch die Untersuchungen von *C. Röse* festgestellt, daß der Eiweißbedarf bei streng vegetarischer Kost niedriger als bei gemischter oder vorwiegender Fleischernährung ist. Es kann nicht bestritten werden, daß der Kulturmensch auch der frühen prähistorischen Zeiten nicht fleischlos gelebt hat. Der Mensch, der das Feuer zur Zubereitung der Nahrung benutzt hat, ist auch bei sonstigem primitivem Zustand als Kulturmensch anzusehen, und seine Ernährung ist nicht mehr naturgemäß. Die Behauptung der Wissenschaft, daß der Mensch auf Grund seines Gebisses eine Kombination von Fleisch- und Pflanzenfresser, also ein Allesfresser sei, ist offensichtlich falsch. Das Gebiß des Menschen ist offenbar keine Kreuzung des Gebisses des Raubtiers und des Wiederkäuers, sondern eine Sonderform für Wurzel- und Früchtefresser. Es gleicht dem Gebiß der Menschenaffen. Wenn wir also über die naturgemäße Kost des Menschen Schlüsse ziehen wollen, müssen wir zu seinen nächsten Verwandten in der Tierreihe herabsteigen und stellen dabei fest, daß die Menschenaffen in der Tat Wurzel-, Früchte- und Blattfresser sind. Sie unterscheiden sich wesentlich von den Wiederkäuern, die ja Grasfresser sind. Das Essen von *Fleisch*gerichten und die Zubereitung durch das Feuer ist eine von der naturgemäßen Lebensweise abweichende Kulturentwicklung auf dem Ernährungsgebiet. Eine andere Frage ist es, ob der Mensch heute noch in der Lage ist, bei den von ihm geforderten Leistungen mit reiner Pflanzenkost auszukommen, z.B. ein Schwerarbeiter. Daß die reine Pflanzenkost Kraft zu erzeugen vermag, können wir am Gorilla feststellen, aber auch an Sportsleuten, die entsprechend gelebt haben. Andererseits ist die dauernde Leistung von Schwerarbeit eine *Zivilisations*erscheinung, die keineswegs naturgemäß ist. Kein Tier in freier Wildbahn muß seine vollen Kräfte anwenden, nur um leben zu können, wie der Mensch. Tummelnd und, wenn es darauf ankommt, einmal für eine besondere Leistung kurze Zeit seine ganze Kraft einsetzen, das ist die ganze körperliche Tätigkeit des Tieres in der Natur. Ausgesprochene Schwerarbeiter sind daher nicht in der Lage, ihren wesentlich höheren Eiweißbedarf mit rein vegetarischer Ernährung zu decken. Sie müssen zumindest *Milch,* Milchprodukte und vielleicht Eier zu sich nehmen. Dabei ist zu bedenken, daß unter

V vegetarischer Kost nicht das Beibehalten der bisherigen gemischten Kost, von der das Fleisch weggelassen wird, zu verstehen ist, sondern eine zweckmäßige, harmonische und abwechslungsreiche Zusammensetzung unserer Nahrung unter Vermeidung jeder Einseitigkeit. Wie überall im natürlichen Leben ist der *Ganzheits*gedanke hierbei von ausschlaggebender Bedeutung. Blatt-, Wurzelgemüse, Mehl- und Obstfrüchte müssen die tägliche Nahrung sein, und zwar überwiegend in ungekochter Form, als *Rohkost.* Eine Verwendung von *Kochsalz* ist nicht angezeigt und verdirbt jede vegetarische Kost. Wenn das Gemüse gekocht wird, müssen sein *Mineral*gehalt und sein *Vitamin*reichtum bewahrt bleiben. Das geschieht durch Schmoren oder *Dämpfen,* an Stelle des sonst üblichen auslaugenden und vitaminzerstörenden Garkochens in Wasser. Der Heilwert der vegetarischen Kost, insbesondere der strengen Rohkostformen, ist immer wieder überzeugend. Schwere Infekte, Stoffwechselstörungen werden mit solcher Ernährung leichter überwunden, Wunden heilen rascher, und eine außerordentliche Entlastung des Kreislaufs ist nicht zu verkennen. Bei ernsten Erkrankungen stellt die vegetarische Kostform die Grundform der Ernährungsbehandlung dar. Der Heilwert beruht u.a. besonders auf der starken *Basen*überschüssigkeit einer solchen Ernährung, die allein imstande ist, die bei schweren Krankheitszuständen immer bestehende Säureüberschüssigkeit auszugleichen. Besondere vegetarische Kostformen stellen die *Ewerskost,* s. *Multiple Sklerose,* und die *Waerlandkost* dar.

Vegetative Dystonie: Gleichgewichtsstörung im *Lebensnervensystem.* Die normale Spannung ist entweder nach der Seite der *Verkrampfung* oder der Erschlaffung ausgeschlagen. Meist wirkt sich die v.D. als *Kreislaufstörung* mit Erniedrigung des Blutdrucks, Kopfschmerzen, Schwindel, Mattigkeit, Leistungsverminderung, abnormer Müdigkeit also im Bereich der Erschlaffung aus. Im Zustand der Verkrampfung besteht Neigung zu Blutdruckerhöhung, Schwindel, Kopfschmerz, Schlaflosigkeit, leichte Erregbarkeit, Neigung zu Schweißen, Herzklopfen. Die v. D. kann sich aber auch in Magen-Darmstörungen und allgemeinen nervösen Störungen äußern. Behandlung s. *Kreislaufstörungen,* bzw. die einzelnen Bilder, unter denen die Störungen verlaufen.

Vegetatives Nervensystem, s. *Lebensnervensystem.*

Veilchen (Viola odorata): Blätter, Blüten, Kraut. 2–4 g im Aufguß oder leichter Abkochung. Bei Entzündungen der oberen Luftwege und der Lunge, bei Hautleiden (Tafel XVI).

Veitstanz (Chorea, Chorea minor): *Infektionskrankheit* des zentralen Nervensystems; vorwiegend sind die Stammhirnkerne geschädigt. Erreger ist ein unbekanntes Virus. Geht meist mit *Gelenkrheumatismus* und *Herzinnenhautentzündung* einher und befällt vorwiegend Kinder von 6–15 Jahren sowie Frauen in der *Schwangerschaft.* Die Kranken sind in dauernder Unruhe, reizbar und weinerlich. Ungeordnete, unwillkürliche, zuckende und ausfahrende Bewegungen von Gesicht und Gliedmaßen charakterisieren das Krankheitsbild. Bei Erregung und Anspannung werden diese stärker, in der Ruhe, besonders im Schlaf können sie völlig schwinden. Die Störungen dauern meist 2–3 Wochen und klingen dann langsam ab. Beh.: Ruhe, Fernhalten vom Schulbesuch. Keine starken Wasseranwendungen, nur *Barfußlaufen, Wassertreten* und Essigwasser*wickel* sind angezeigt. Obstkur und *vegetarische* Grundkost. Der erbliche V. (Chorea major, Huntingtonsche Chorea) tritt bei Erwachsenen in höherem Alter (um das 40. Lebensjahr) auf und führt unter geistigem Zerfall allmählich zum Tode. Hp.: Passiflora ∅, Agaricus muscarius D6–10, Stramonium D6–10, Cuprum arsenicosum D4, Zizia aurea D4, Ignatia D6–10.

Venenentzündung (Thrombophlebitis) tritt mit Vorliebe an geschädigten *Blutadern,* am häufigsten an den Erweiterungen, den sogenannten *Krampfadern* auf. Durch direktes Übergreifen aus Eiterherden in der Umgebung oder durch Verschleppung auf der Blutbahn gelangen die Erreger in die Innenwand der Blutader, die dadurch geschädigt wird. An dieser Stelle bleiben zunächst Gerinnungsplättchen haften, führen zur Ausscheidung eines Faserstoffnetzes, in das sich dann Blutkörperchen anlagern und so Gerinnsel bilden. Rötung, strangförmige Verdickung, mit stechendem Schmerz im Bereich der entzündeten Blutader, die sich gelegentlich auch heiß anfühlt. Beh.: Ruhe, Hochlagerung der befallenen Gliedmaßen. Kalte Auflagen und Wickel häufig gewechselt und weit über die kranken Stellen hinaus angelegt, bei Trocknung laufend erneuern. Kalte *Lehm-* und *Quarkwickel.* Mehrmalige *Ganzwaschungen,* tgl. *Fasten* im Beginn und Übergang zu *Obsttagen. Stuhlgangregelung.* Durch *Blutegelbehandlung* kann der Verlauf wesentlich abgekürzt werden. *Zinkleimverband* mit Umhergehen; s. *Thrombose.* Hp.: Apis D3, Arnica D3, Hamamelis D2, Lachesis D10. Bch.: Ferrum phosphoricum D6, Kalium phosphoricum D6.

Venenerweiterung, s. *Krampfader.*

Verätzung: Schädigung der *Haut* und *Schleimhäute* durch *Säuren, Laugen* und Metallsalze. Je nach Einwirkungsstärke entstehen Veränderungen, wie bei der *Verbrennung* 1.–3. Grades. Ätzschorfe sind scharf abgegrenzt, wenn durch Säuren, weich, gequollen, wenn durch Alkalien hervorgerufen. Behandlung s. *Säurevergiftung, Lauge.*

Veratrum album, s. *Germer.*

Verbascum, s. *Königskerzenblüten.*

Verbrennung: 1. Grad: Rötung; 2. Grad: Blasenbildung; 3. Grad: Gewebszerstörung bis zur Verkohlung. Bei V. durch Flüssigkeiten oder Dämpfe spricht man auch von Verbrühung; durch *Säuren* und *Laugen* von *Verätzung.* V., die mehr als ein Drittel der Hautoberfläche betreffen, sind immer lebensbedrohend, mehr als die Hälfte fast immer tödlich. Zunächst in saubere, mit Leinöl oder Johanniskrautöl getränkte Tücher einschlagen. Innerlich: Olivenöl. Saft*fasten.* Hp.: Arsenicum D4, Echinacea ∅, Arnica D3; bei eintretender Eiterung: Hepar sulfuris D6. Bch.: Ferrum phosphoricum D6 bei V. 1. Grades; Natrium muriaticum D6 bei V. 2. Grades; Kalium phosphoricum D6 bei V. 3. Grades. Kalium chloratum D6, Silicea D12 bei Brandwunden; Calcium fluoratum D12 bei verhärteten Narben. Bei Eiterung Kalium phosphoricum D6, Natrium muriaticum D6, Natrium phosphoricum D 6. Kleine Brandwunden mit Brandbinden versorgen.
Johanniskrautöl: *Leinöl,* darein frische Johanniskrautblüten geben, in die Sonne stellen, tgl. umschütteln und nach 14 Tagen filtrieren.

Verdauung ist der dem *Stoffwechsel* vorangehende Aufschließungsvorgang der Nahrung im Verdauungskanal. Hier wird durch Verdauungsfermente die Speise so weit vorbereitet, daß die für den Körper brauchbaren wichtigen Bestandteile von der Blutbahn in den Darm aufgenommen werden und die restlichen unverdauten Teile des Darminhalts zur Bildung der Kotsäule in den Dickdarm weitergegeben werden können. Die V. beginnt im Munde. Gutes Kauen zum Zerkleinern und Einspeicheln ist dabei notwendig, s. *Fletschern.* Mit dem Speichel kommt das erste Verdauungsferment, das *Ptyalin,* in den Nahrungsbrei und baut die aus einfachen Zukkern bestehenden *Stärken* der Nahrung zu einfachen *Zuckern* ab. Nach dem Schlukken gelangt die durchspeichelte Nahrung in den Magen, wo das Ferment weiter wirkt. Hier kommen durch den Magensaft neue Fermente hinzu, die vor allem die *Eiweiße* in niedrige Bausteine zerlegen. Im Dünndarm kommen Fermente aus *Bauchspeicheldrüse* und Dünndarm hinzu sowie aus der *Leber* die *Galle.* Hier beginnt die Aufspaltung der *Fette,* aber auch die *Eiweiß-* und *Kohlehydrat*spaltung wird hier fortgesetzt. Selbst im Dickdarm helfen *Bakterien* noch mit am letzten Aufschließen der Nahrung. Die Kohlehydrate werden in einfache Zucker, die Eiweiße in *Aminosäuren* und die Fette in Glyzerin und Fettsäuren zerlegt. Die Fettsäuren werden dann erst durch die *Gallensäuren* der *Galle* in eine wasserlösliche Verbindung umgewandelt und können dann erst in das Blut aufgenommen werden und dem Stoffwechsel dienen. Bei der Aufschließung durch *Bakterien* im Dickdarm entstehen teilweise recht giftige Stoffe, die bei Behinderung der Darmentleerung durch *Verstopfung* und mechanische Hindernisse nicht selten wieder in den Körper aufgesaugt werden und dort Kopfschmerzen und Beeinträchtigung des Allgemeinbefindens verursachen. Der Rest des Speisebreis wird noch im Enddarm seines Wassers zum größten Teil wieder beraubt und geht dann als *Stuhl* in Form einer Kot-

Verdauung

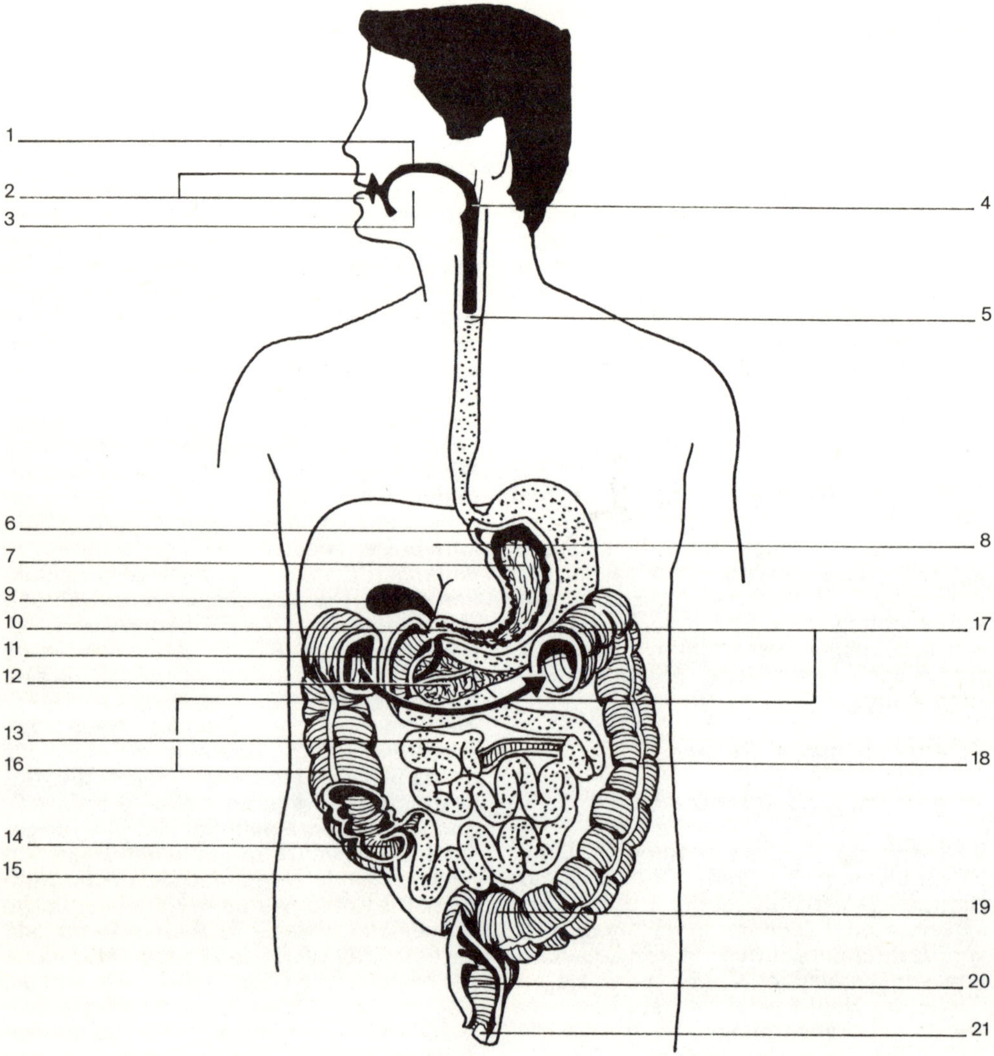

1. Mundhöhle
2. Lippen
3. Zunge
4. Rachen (Pharynx)
5. Speiseröhre
6. Mageneingang (Kardia)
7. Magen
8. Leber (angedeutet)
9. Gallenblase
10. Magenausgang (Pförtner)
11. Zwölffingerdarm
12. Bauchspeicheldrüse
13. Dünndarm
14. Blinddarm
15. Wurmfortsatz
16. Aufsteigender Dickdarm
17. Querliegender Dickdarm (herausgeschnitten)
18. Absteigender Dickdarm
19. S-Darm
20. Mastdarm
21. After

säule nach außen. Er besteht zum großen Teil aus Bakterien.

Verdauungsbeschwerden, Verdauungsstörungen beruhen meist auf Fehlern in der *Ernährung,* Überfütterung, *Alkohol*mißbrauch, zu stark reizender Kost oder auf *Magen-* und *Darm*krankheiten. Auch seelische Verstimmungen können sich in V. äußern, denn der Magen ist der Spiegel unserer Seele. Völlegefühl, *Aufstoßen, Übelkeit, Erbrechen,* Schwäche, Abgeschlagenheit, *Durchfall* oder *Verstopfung* können damit einhergehen. Beh.: *Fasten,* reizlose, salzarme, gesunde Kost. Ausschalten chemischer *Abführmittel. Gymnastik,* körperliche Betätigung, Bewegung. Behandlung der zugrundeliegenden *Magen- und Darm*leiden.

Verdauungskanal, beginnt mit der *Mundhöhle* und geht an der Mundöffnung über die *Lippen* in die äußere Gesichtshaut über. Die Mundhöhle geht in den *Rachen* über und dieser in die *Speiseröhre. Magen, Zwölffingerdarm,* Dünn*darm,* Dickdarm führen durch *Bauchhöhle, Becken* bis zum *After,* wo der V. nach außen über die Afterschleimhaut in die Außenhaut des Gesäßes übergeht.

Vererbung: Unsere körperlichen, geistigen und seelischen Anlagen, Eigenschaften und Fähigkeiten haben wir von unseren Eltern und Voreltern nach bestimmten, von dem Augustinerpater Gregor Mendel erforschten Gesetzen vererbt bekommen. Da aber die einzelnen Anlagen und Erbfaktoren für den Menschen zahlreich und unübersichtlich sind, lassen sich diese Verhältnisse nur bei wenigen einfachen und übersichtlichen Eigenschaften genau verfolgen. Es gibt besondere Anlagen zu Krankheiten des Körpers und des Geistes, die sich von solchen Erbfaktoren herleiten. Wo dies sicher festgestellt ist, spricht man von Erbkrankheiten. Man unterscheidet *Erbanlagen,* die sich beherrschend (dominant) durchsetzen, auch wenn der Anlageträger sich mit einem Nichtanlageträger paart, von rezessiven, die nicht in Erscheinung treten, wenn nur ein Elternteil Anlageträger ist, sondern erst dann, wenn zwei Anlageträger zusammentreffen. Von den Krankheiten, die oft für ererbt gehalten werden, ist z. B. der *Krebs* sicher nicht erblich; auch die *Tuberkulose* nicht, doch ist anzunehmen, daß die *konstitutionelle* Anlage zur Empfänglichkeit für Tuberkulose vererbt werden kann.

Vergiftungen: oft tödlich verlaufende Erkrankungen durch die Wirkung von Stoffen, die entweder dem Körper von außen zugeführt werden oder im Körper selbst durch fehlgeleitete Stoffwechselvorgänge entstanden sind. Gifte können von außen absichtlich oder unabsichtlich durch den Verdauungskanal, durch die Harnwege und die Scheide, durch verletzte und unverletzte Haut und Schleimhäute in den Körper gelangen. Aber auch im natürlichen Stoffwechsel entstehen Stoffe, die giftig wirken und die im Stoffwechsel entgiftet und ausgeschieden werden müssen, wenn der Körper nicht Schaden leiden soll. Die Auswirkungen können sich am Orte der Einwirkung oder, von diesem entfernt, an bestimmten Geweben und Organen zeigen. Bei V. muß schnellstens ein Arzt beigezogen werden, weil es auf die richtigen Maßnahmen im Einzelfall gleich im Beginn entscheidend ankommt. Reste von Speisen, Tabletten, Flüssigkeiten, Ampullen, die als Ursache in Frage kommen könnten, auch Erbrochenes, Harn und andere *Ausscheidungen* müssen sorgfältig verwahrt werden, da chemische Untersuchungen oft entscheidende Hinweise über die Art der V. geben müssen. Die Behandlung hat als erstes Ziel, alles noch nicht zur Wirkung gelangte Gift schnellstens aus dem Körper zu entfernen und zu verhindern, daß es weiter aufgenommen wird. *Brechmittel, Magen-Darmspülung, Abführmittel,* Abbinden von Gliedern bei Schlangenbissen usw. Kaffee*kohle, Heilerde* zur Bindung der Gifte in Magen und Darm, Genuß von Milch, Aussaugen der Wunden, Förderung der Ausscheidung und des Kreislaufes.

Verkrampfung: Der normale Lebens*rhythmus* besteht aus rhythmischem Wechsel von Anspannung und *Entspannung.* Bei übermäßiger und fixiert bleibender Anspannung im Bereich der glatten *Muskulatur* kommt es zur V. Dadurch werden Blutumlauf, Blutversorgung, Darmtätigkeit, Nieren- und Gallentätigkeit usw. beeinträchtigt. Seelische V. zeigt sich in Unausgeglichenheit und innerer Unfreiheit. Die Behandlung der V. spielt in der Naturheilkunde eine besondere Rolle. *Entspannung* und lösende Maßnahmen, Regelung der Lebensweise wirken entgegen.

Veronica beccabunga, s. *Bachbunge,* V. officinalis, s. *Ehrenpreis.*

Versehen der Schwangeren: aus der Volksüberlieferung stammender Glaube, daß seelische Erschütterungen, wie Schreck, Angst, Aufregungen während der Schwangerschaft, für körperliche Schäden und Mißbildungen des Kindes, z.B. auffallende *Muttermale,* verantwortlich seien.

Verstopfung, s. *Stuhlverstopfung.*

Verweichlichung, s. *Abhärtung.*

Vierfachtuch, s. *Auflage.*

Vierzellenbad: ist ein aus vier elektrischen Badezellen bestehendes Bad. Für jedes Glied steht eine Tonwanne mit Stromzuführung zur Verfügung. Die 4 Anschlüsse erlauben mittels besonderer Schaltvorrichtung 50 verschiedene Kombinationen für den galvanischen und 25 für den Wechselstrom. Die verwendeten Stromstärken bewegen sich zwischen 2–20 mA. Man kann den Strom auf- und absteigen lassen, erregend und beruhigend einwirken, je nach den Anzeigen. Die einzelne Sitzung beträgt 5–40 Minuten, die Wassertemperatur zwischen 32–39°, in der Regel 36°.

Viola odorata, s. *Veilchen,* V. tricolor, s. *Stiefmütterchen.*

Virulenz: Die *Bakterien* befinden sich in einem Zustand, der es ihnen ermöglicht, die ihnen eigene, schädigende Wirkung im Körper zu entfalten.

Virus: Krankheitserreger, mit gewöhnlichen Mikroskopen nicht sichtbar zu machen, gehen durch bakteriendichte Filter hindurch. Bestehen aus einem Nukleinsäurekern, von Protein umhüllt. Erst im Wirtsorganismus erwachsen sie zu einem »geborgten« Leben. Es gibt über 400 krankmachende Arten. Warzen, Schnupfen, Grippe, Masern, Röteln, Hirnhautentzündungen u.v.a., in einigen Fällen auch Krebs, können von ihnen ausgelöst werden. Es gibt kein wirksames Mittel. Der Körper bildet Antikörper und Interferon, das die Zellen in der Umgebung des Infektes besetzt und gegen das Fortschreiten der Viren schützt.

Viscum album, s. *Mistel.*

Vitamine sind lebenswichtige Nahrungsstoffe. Sie gehören zu den sog. *Ergänzungsstoffen,* die in frischer Nahrung besonders reichlich vorhanden sind. Da sie nicht wie die Hauptnahrungsstoffe Eiweiß, Fett und Kohlehydrat kalorienmäßig feststellbare Energien liefern, ist ihre Bedeutung in der Ernährungslehre lange Zeit nicht erkannt worden. Sie sind aber zur Aufrechterhaltung des Stoffwechsels, des Wachstums und der Gesundheit unbedingt notwendig. Zahlreiche V. sind schon erforscht und ihr chemischer Aufbau klargestellt, so daß es sogar möglich ist, einzelne V. auf synthetischem Wege herzustellen. Sie werden in ihren Hauptgruppen nach den Buchstaben des Alphabets bezeichnet, z.B. Vitamin A, B, C usw., in den Untergruppen nach Bedarf noch zahlenmäßig unterteilt, z.B. Vitamin B_1. Man teilt sie auch nach ihrer Löslichkeit in wasser- und fettlösliche V. ein. Fehlen eines bestimmten V. in der Nahrung führt zu Mangelerscheinungen. Man spricht dann von *Avitaminose.* Bei ungenügender Zufuhr kommt es zu Unterversorgung mit V., *Hypovitaminose.* Auch durch übermäßige Zufuhr von reinen V. können Störungen und Schädigungen auftreten. Die V. werden von den Pflanzen aufgebaut, nur in vereinzelten Fällen und in geringem Umfang können Mensch und Tier unter Mitwirkung der Darmbakterien V. selbst bilden. Einige werden nur in ihren Vorstufen in der Pflanze aufgebaut und erst im tierischen Körper in die wirksamen Formen umgewandelt. Die V. sind sehr empfindlich und werden in der Nahrung durch *Kochen,* Lagern unter Luftzutritt, durch mechanisches Zerkleinern und Verfeinern geschädigt und teilweise zerstört. Die Naturheilkunde versucht durch eine vitaminreiche, vielseitige, naturgemäße Frischkost Vitaminmängel auszugleichen und zu verhüten. Bei Mangelerscheinungen müssen dabei die Nahrungsmittel, die die fehlenden V. bevorzugt enthalten, vermehrt zugeführt werden.

Vitamin A ist das Deckzellenschutzvitamin, das aus den Vorstufen, dem Karotin, im Körper gebildet wird. Tagesbedarf 2–6 mg

Karotin. Vorkommen in grünen Gemüsen, Wurzeln, Früchten, Milch, Rahm, Butter, Gelbei, Frauenmilch, Lebertran, Leber. Wichtig für die *Haargefäße* und den Zellersatz. Bei Fehlen: *Hornhaut*erweichungen, *Nachtblindheit, Eiterungen.*

Vitamin B besteht aus einer Reihe von V.: B_1 verhindert Nervenschäden, *Beri-Beri.* Aneurinchlorid. Tagesbedarf 1,2–3 mg. Vorkommen in Schalen des Reis, Hefe, Spinat, Kohl, Karotten, Salat, Erbsen, Linsen, Bohnen, Kartoffeln, Tomaten, Haselnüssen und Mandeln. Wichtig für den Abbau der Eiweiße, Fette und Kohlehydrate. Fehlen: *Beri-Beri,* Neuritis *(Nervenentzündung).* – B_2, Laktoflavin, Tagesbedarf 1,6 bis 2,6 mg. Vorkommen in Molke, Hefe, Keimen, Leber, Niere, Gelbei und grünen Pflanzen. Wichtig für *Gewebeatmung* und *Wachstum.* PP-Faktor, Nikotinsäureamid, Tagesbedarf 11–20 mg. Vorkommen in Hefe, Körnern, Früchten, Gemüse, Milch, Leber, Niere, Muskel. Wichtig für den Abbaustoffwechsel. Fehlen: *Pellagra.* – B_6, Adermin, Tagesbedarf 2–4 mg. Vorkommen in den gleichen Nahrungsmitteln wie PP-Faktor. Fehlen führt zu *Wachstums*stillstand, *Blutarmut* und Muskeldystrophien. – B_{12}, kobalthaltige Verbindung (Tagesbedarf 10–30 mg), und B¡Ó, Folinsäure, sind für die *Blut*bildung wichtig. Ihr Fehlen führt zu perniziöser *Anämie.*

Vitamin C, Ascorbinsäure, Tagesbedarf 100–120 mg. Vorkommen reichlich in Früchten, grünen Pflanzen, Milch und Leber. Wichtig für den Abbaustoffwechsel. Fehlen führt zu *Skorbut.*

Vitamin D, Vorstufe Ergosterin. Vorkommen in Fischölen, Kakaobohnen, Hefe, Lebertran, grünen Gemüsen. Fehlen führt zu Knochenbildungsstörungen, Rachitis *(Englische Krankheit).*

Vitamin E, Tokopherol, Tagesbedarf 2–5 mg. Vorkommen in frischem Keimöl. Fehlen: *Herzmuskelstörungen, Fehl-* und *Frühgeburten, Unfruchtbarkeit.*

Vitamin F: Eine Nahrung, die genug *Fett,* aber keine ungesättigten Fettsäuren enthält, führt zu denselben Mangelerscheinungen wie eine Nahrung ohne jedes Fett. Diese ungesättigten oder essentiellen Fettsäuren hat man als V. F bezeichnet. Tierisches Depotfett (Speck, Talg), aber auch gehärtete Industriefette und raffinierte Öle enthalten praktisch keine essentiellen Fettsäuren. Man findet sie in bescheidener Menge in Milch, Butter, in größeren Mengen im Getreidekeimling, Nüssen, Sojabohnen. Kaltgeschlagene (naturgepreßte) Pflanzenöle sind reich an solchen Fetten. Diese Stoffe sorgen vor allem für eine vollkommene Verwertung der fettlöslichen Vitamine, vor allem des Provitamin A, für ein reibungsloses Arbeiten der *Nebennieren*rinde und für den Schutz der *Haut* gegen Erkrankungen aus dem *Stoffwechsel.*

Vitamin H, Hefewuchsstoff Biotin, Tagesbedarf 0,01 mg. Hautfaktor. Vorkommen in Hefe, Keimen, Melasse, Leber, Niere, Hirn; Molke, Gelbei, Kompott, Maische. Fehlen: *Ekzeme, Haut-* und *Schleimhautentzündungen, Blut*veränderungen.

Vitamin K, Phyllochinin, Tagesbedarf 10–40 mg. Vorkommen in grünen Pflanzen. Mangel führt zu Verarmung des Blutplasmas an Prothrombin und zu *Blutungs*neigung.

Vitamin P, Citrin, Tagesbedarf 30–250 mg. Vorkommen wie Vitamin C. Fehlen: *Abmagerungen, Blutungen* wie bei *Skorbut.*

Pantothensäure. Vorkommen in Hefe, Getreidekeimen, Samen, Leber, Gelbei, Knollen, Wurzeln, Milch. Fehlen: Grauwerden der *Haare, Haarausfall,* Auxonkomplex, s. *Auxone.*

Naturnahe Ernährung führt zu einer vollkommenen Deckung des Gesamt-Vitaminbedarfs. Isolierte Präparate haben nur in Sonderfällen eine Bedeutung.

Vitaminisierung ist die künstliche Anreicherung mit *Vitaminen* in Gebrauchslebensmitteln und Konserven durch Zusatz von Reinvitaminen oder *Ultraviolettbestrahlung* der Milch.

Vogelknöterich (Polygonum aviculare): 2–4 g Abkochung. Kieselsäuredroge. Verdauungsfördernd, galletreibend, harntreibend. Gegen *Arterienverhärtung.*

Vollbad, s. *Wannenbäder.*

Vollblitz: Beginn mit langsam auf- und absteigendem Sprühregen von den Füßen bis zur Schulter an der Rückseite. Abblitzen beider Beine bis zur Beckenhöhe, re. außen bis zur Gesäßhöhe, am re. Arm außen aufwärts bis zum Schulterblatt, dort dreimal umkreisen und herabführen am re. Arm innen. Über Oberschenkelmitte zum li. Arm überwechseln, hier in gleicher Weise verfahren und dann über Oberschenkelmitte zur re. Rückenhälfte übergehen. Diese in mehreren Strichen vom Gesäß bis zu den Schultern begießen und in gleicher Weise li. Rückenhälfte behandeln und dann den Wasserstrahl in Zick-Zackform von unten nach oben und wieder zurück über den Rücken führen. Am li. Bein bis zur Ferse abwärts. Abpeitschen der Arme und Beine. Wendung des Patienten nach vorne. Beide Beine bis zur Leistenbeuge und zurück begießen, dann den Strahl an der Außenseite des re. Armes zur Brust führen, diese mit abgeschwächtem Strahl dreimal umkreisen, am re. Arm zurück; unter Vermeidung des Leibes über den Oberschenkel zum li. Arm, wie re. aufsteigend und zurück, um dann den Leib mit stark abgeschwächtem Strahl in Kreisform im Sinne der Uhrzeigerbewegung zu begießen und am li. Bein abwärts zu gehen. Peitschen von Brust und Bauch, wenn überhaupt vorgenommen, nur äußerst vorsichtig mit sehr abgeschwächtem Strahl, Begießen der re. und li. Körperseite in Schrittstellung bei hochgehaltenem Arm des Patienten. Abblitzen der Flanke bis zur Achselhöhle mit abgeschwächtem Strahl und Peitschen der Flanke. Abblitzen der Fußsohlen, gleichmäßige Berieselung des Körpers mit feinem Sprühregen beendet den Blitz. Wirksames Mittel zur allgemeinen Stoffwechselanregung bei Fettsucht. Mit Vorsicht und Auswahl zu gebrauchen, starke Belastung des gesamten Kreislaufes!

Volldampf: Der ganze Körper, mit Ausnahme des Kopfes, wird dem Dampf ausgesetzt. Größeres Gefäß (zugedeckter Eimer) unter den Stuhl, kleineres Gefäß vor die Füße. Vom Hals bis zu den Füßen mit zwei Leintüchern und Wolldecken einpakken. Tücher müssen am Boden fest aufliegen und abschließen. Entfernung der Dekkel und Ersatz des Fußtopfdeckels durch einen Lattenrost. Kalte Kompresse auf der Stirne ist angenehm. Dauer 10 Minuten, Nachdünsten im Bett, mit anschließender Kaltabwaschung, *Abgießung* oder *Bad.*

Vollguß: Begießung des ganzen Körpers. Folge: re. Fuß rückwärts langsam an der re. Außenseite des Körpers bis zur Hüfte und ohne Verweilen an der Innenseite des Beines zur Ferse. Li. langsam bis zur Hüfte, mit der Hand Brust und Rücken waschen wie beim Rückenguß und den Strahl über die Oberschenkelmitte zum re. Arm aufwärts bis zur Schulter führen. Von hier aus läßt man das Wasser gleichmäßig über die re. Körperhälfte fließen, und zwar so, daß der größere Teil über die Rückseite und der restliche Teil über die Vorderseite abläuft. Herabführen des Schlauches am Rücken, wechseln über Oberschenkelmitte und Aufsteigen über den li. Arm zur Schulter und Begießung dort wie re. Wechsel zwischen den Seiten über den Nacken (nicht den Rücken!) und nach *Reaktions*eintritt li.

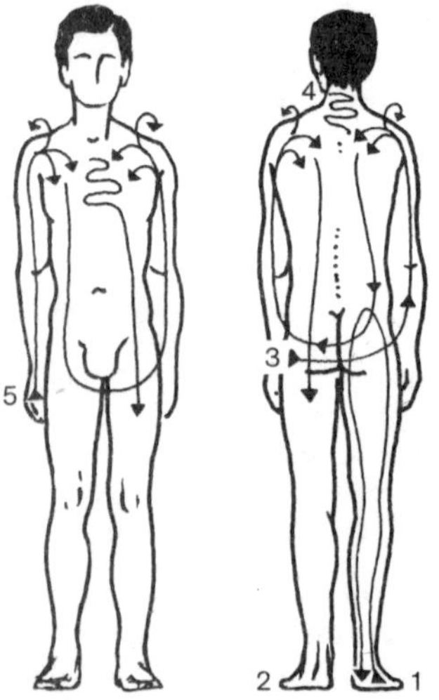

Vollblitz: Strahlführung in Zahlenfolge und Pfeilrichtung

Volldampf

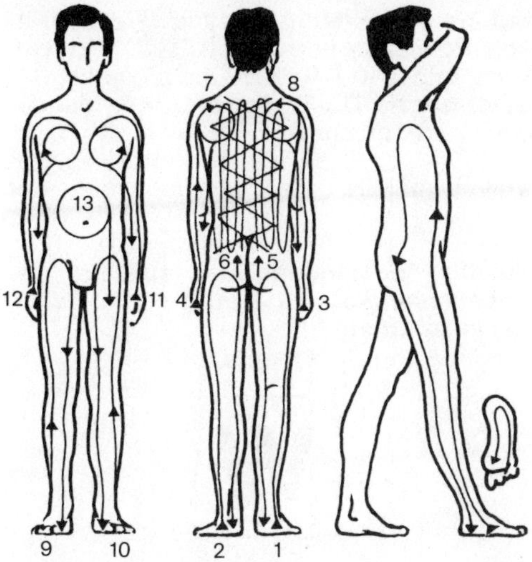

Vollguß: Gußführung in Zahlenfolge und Pfeilrichtung

abwärts. Jetzt fällt die Begießung der Füße weg. Am re. Arm aufsteigend bis zur Schulter und nunmehr mit dem größeren Anteil die Vorderseite begießen. Abwärts an der Rumpfvorderseite, über Oberschenkelmitte (nicht Leib!) wechseln, li. aufwärts über den Arm zur Schulterhöhe, dort Gießung wie re., über das Brustbein wechseln und zum Abschluß nach Reaktion linksseitig abwärtsführen. Bei Schweratmigkeit, Asthma, Kropfleiden findet der Wechsel immer in Oberschenkelmitte statt. Tiefgreifende Anregung des gesamten Kreislaufes, allgemeines Abhärtungsmittel, kräftige Anregung des Stoffwechsels. Stellt im allgemeinen eine Steigerung der *Güsse* dar, die erst alle durchlaufen sein müssen, bevor man zum V. kommt. Bei Arteriosklerose, Herzschwäche und depressiven Erregungszuständen ist der V. nicht angezeigt.

Vorbeugung (Prophylaxe): Verhinderung der Entstehung und Verbreitung von Krankheiten durch allgemeine Gesundheitspflege, gesunde Lebensweise, *Abhärtung, Desinfektions-* und *Quarantäne*maßnahmen.

Vorhautentzündung (Balanitis): besonders häufig bei *Vorhautverengung. Eiter*bildung infolge Zersetzungsvorgängen im Vorhautsack. Wenn sie auch in einzelnen Fällen durch *Tripper* hervorgerufen werden kann, hängt sie im allgemeinen nicht mit dem Tripper zusammen. Heute werden die Infekte vielfach von Pilzen, Trichomonaden und Viren ausgelöst. Beh.: Spülungen und Bäder des Gliedes mit Kamillen, Osterluzei, Zinnkrautabsuden. Notfalls Spaltung und Beseitigung der Verengung. *Zinnkrautsitzbäder.*

Vorhautverengung (Phimose): angeboren oder durch *Narben*bildung erworben. Erschwerung der Harnentleerung, Neigung zu Entzündungen des Vorhautsackes, Beischlafstörungen können die Folge sein. Bei Kindern genügt stumpfe Lösung der Verklebungen der Vorhautblätter und Dehnung. Es muß aber die Vorhaut immer wieder zurückgebracht werden, damit die Eichel nicht einklemmt und brandig wird (Paraphimose). Größere Grade müssen gespalten werden.

Vorhersage, s. *Prognose.*

Vorsorge: Die Früherfassung von Krankheiten und Krankheitstendenzen ist für die Heilung von ausschlaggebender Bedeutung. Vorsorgeuntersuchungen. Auch Vorsorgebehandlungen wie die *Ohlstädter Kur* dienen der Vorsorge.

Vorsteherdrüsenentzündung (Prostatitis): meist Fortleitung einer Entzündung der hinteren *Harnröhre* von der vorderen Harnröhre, *Blase* oder *Mastdarm* aus oder auf dem Blutweg bei Infektionserkrankungen, auch der *Tuberkulose. Akuter* und *chronisch* schleichender Verlauf, je nach Entstehung. Schmerzhafte Behinderung der Harnentleerung, Druck und Schmerzen beim *Stuhlgang* durch Druck der Kotsäule. *Abszeß*bildungen oder laufende *Eiter*entleerung durch den Harn. Beh.: Gesunde reizlose Kost, aufsteigende Zinnkraut-*Sitzbäder* mit kaltem *Abguß. Bettruhe* im akuten Stadium. Prostata*massage,* warme *Holzasche-Fußbäder, Lendenwickel,* Kaltwasser*klistiere, sowie Stuhlgangregelung.* Durchspülende Tees, s. *Blasenentzündung.* Hp.: Pulsatilla D3–6, Sepia D6–10, Belladonna D3–4.

Vorsteherdrüsenkrebs: bösartige *Geschwulst* der Vorsteherdrüse. Häufig.

Langsames Wachstum. Durch männliche *Hormon*behandlung wird das V.-Wachstum beschleunigt, durch Kastration und Behandlung mit weiblichem *Follikel*hormon kann das Wachstum jahrelang aufgehalten werden. Beschwerden wie Vorsteherdrüsenvergrößerung oder in späteren Stadien durch Tochteransiedlungen im Beckenknochen. Naturheilkundliche Behandlung s. *Krebs* und *Vorsteherdrüsenvergrößerung.*

Vorsteherdrüsenvergrößerung (Prostatahypertrophie) tritt häufig im Alter auf, macht aber nur in einem Teil der Erkrankungen Beschwerden. Es handelt sich um gutartige Wucherungen des Bindegewebes der Vorsteherdrüse. Es können die ganze Drüse oder nur der Mittellappen oder die Seitenlappen betroffen sein. Beschwerden entstehen durch Zusammendrücken und Beengung der *Harnröhre.* Erschwertes Wasserlassen, häufiger *Harndrang* bei geringer Entleerung, nächtliches Bedürfnis der Harnentleerung. Bei bedeutenden Vergrößerungen wird der Blasenurin nicht vollständig entleert, ein sog. Restharn bleibt zurück. Dieser neigt zu Zersetzung und kann aufsteigende Infektionen der Harnwege hervorrufen. *Erkältungen* führen bei hochgradiger Harnröhrenverengung durch Schleimhautschwellung zu Harnsperre mit Rückstauung und eventuell *Harnvergiftung,* wenn dem Harn nicht durch *Katheterung* Abfluß verschafft wird. Die Feststellung des Restharns ist für das Vorgehen von entscheidender Bedeutung. Bei 100–150 ccm Restharn muß man für laufenden Abfluß durch operatives Vorgehen sorgen, damit nicht durch Rückstauung die Nieren Schaden leiden. Beh.: Kürbiskerne, Sabal u. a. Präparate, gesunde, reizlose Vollkost, reichliche *Vitamin*-B-Zufuhr. Bewegung, Schwitzbäder, Meidung der Abkühlung von unten und Behandlung des *Kaltfußes,* Vermeidung der Blutüberfüllung der Beckenorgane durch *Stuhlverstopfung,* langes Sitzen, *Alkohol*genuß. Warme *Sitzbäder, Holzaschesalz-Fußbäder,* sobald möglich durch kalte *Halbbäder* und *Wassertreten* ersetzen. Innerlich: *Hormon*behandlung, wenn krebsige Entartung sicher ausgeschlossen werden kann. Teebehandlung: Bruchkraut, Bärentraubenblätter, Leinsamen, Liebstöckelwurzel je 1 T. 1 Teelöffel auf $1\,^1/_2$ Tassen Wasser 15 Minuten kochen. Mehrmals tgl. 1 Tasse trinken. Hp.: Sabal serrulatum ∅ – D, Populus tremoloides D 1–2, Acidum picrinum D 6, Staphisagria D 3–6, Sepia D –10, Magnesium carbonicum D 12.

Vulva: äußere *Geschlechtsorgane* der Frau.

Vulvitis: Entzündung der äußeren *Geschlechtsorgane* der Frau. Beh.: s. *Scheidenentzündung.*

W

Wacholder (Juniperus communis): Beeren frisch oder getrocknet 2–5 g im Aufguß oder 5–15 Stück tgl. wirken harntreibend und lindernd bei Blasenentzündungen. Vorsicht bei Nierenentzündungen geboten, da die Nieren etwas gereizt werden (Tafel XVI).

Wachstum: das allmähliche Erreichen eines bestimmten Ausmaßes hinsichtlich Gewicht und Umfang des Körpers (Entwicklungswachstum). Es beginnt mit der *Befruchtung* des Eies im Mutterleib und erhält einen bestimmten Abschluß nach den *Entwicklungs*jahren etwa in der Mitte der Zwanzigerjahre. Die Anlage zur *Körpergröße* ist durch ererbte Anlagen vorbestimmt, wird durch *Drüsen innerer Ausscheidung* gesteuert, aber auch durch Lebensweise und äußere Einflüsse während der Entwicklungsjahre mitbeeinflußt. Wachstumshormone werden vorwiegend vom Vorderlappen der *Hirnanhangsdrüse* entwickelt, aber auch *Schilddrüse* und *Thymus* sind an der Wachstumssteuerung beteiligt. Erkrankungen dieser Drüsen und Störungen ihrer Ausscheidung führen zu Wachstumsstörungen. Bei ungenügender Bildung von Wachstumshormonen kommt es zum *Zwergwuchs,* im umgekehrten Fall zu abnormem *Riesenwuchs,* sofern das Wachstumsalter noch nicht abgeschlossen ist. Bei Erwachsenen kommt es dann nur noch zu einem übernormalen W. der Endspitzen des Körpers, der Hände, der Füße, der Nase, des Kinns, der Ohren *(Akromega-*

lie). Zwergwuchsformen können sich auch durch Erkrankungen der Kerne und Entwicklungszonen in den Knochen ausbilden. Man spricht dann von chondrodystrophischen Zwergen, im Gegensatz zu den Liliputanern, die kleine, aber sonst normal entwickelte Menschen sind; ihr Zwergwuchs beruht auf erblicher Anlage und hängt nicht mit krankhaften Störungen zusammen. Neben diesem Entwicklungswachstum besteht zeitlebens das Erhaltungswachstum, d.h. die Vorgänge, die dem laufenden Ersatz der ständig sich abbauenden und verbrauchenden Gewebe durch neue kräftige Zellen dienen. Das Entwicklungswachstum erfolgt nicht gleichmäßig, sondern in mehr oder weniger deutlich erkennbaren Schüben. Die dadurch bedingte starke Streckung und Dehnung der Muskulatur führt manchmal zu außergewöhnlichen Muskelbeanspruchungen, die schmerzhaft, ähnlich wie der Muskelkater, empfunden werden. Rücken- und Beinmuskulatur sind dabei besonders betroffen. Man bezeichnet diese Schmerzen als Wachstumsschmerzen.

Wadenkrampf: schmerzhafter Muskelkrampf in der Wade infolge Überanstrengung oder Überdehnung. *Krampfadern,* beengende Strumpfbänder, unbequeme Beinstellung, abnorme Wasserverluste des Körpers, z.B. bei der *Cholera,* können sie veranlassen. Beh.: Festes Auftreten des Fußes. *Kaltfuß*behandlung, *Kniegüsse, Holzaschefußbad, Wadenwickel. Massage,* Einreibung mit Arnicatinktur. Hp.: Arnica D3, Ruta D2, Camphora D1. Bch.: Magnesium phosphoricum D6, Kalium phosphoricum D6.

Wadenwickel: Umwicklung der Wade von den Fußknöcheln bis zur Kniekehle. Das nasse Tuch wird straff angelegt und überstehend mit Zwischentuch und Wolltuch umwickelt. Mit einem langen Handtuch kann man Naß- und Zwischentuch kombinieren, indem man nur eine Hälfte feucht macht und dann ganz umwickelt.

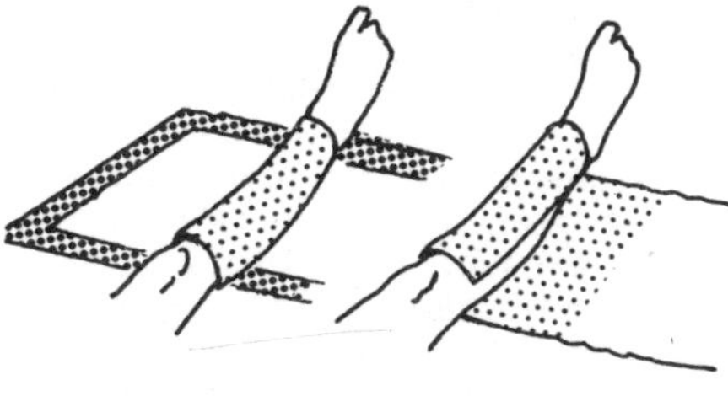

Wadenwickel

Wallungen (Kongestionen): *Blutandrang* zum Kopf. Kreislaufstörungen auf nervöser und innersekretorischer Grundlage. Meist Kopfschmerzen, Ohrensausen, Augenflimmern dabei. Häufig in den *Wechseljahren.* Beh.: *Ableitung* auf Füße und Unterleib. *Fußbäder, Barfußlaufen, Wassertreten, Arm-, Halb-, Sitzbäder.*

Walnuß (Juglans regia): Blätter 2–3g im Aufguß zur Blutreinigung, bei Skrofulose, Tuberkulose, Wurmleiden.

Wanderniere: eigentlich Senkniere, bei Erschlaffung der Baucheingeweide und abnormer *Abmagerung.* Die Niere liegt nicht mehr fest in ihrem Nierenfettpolster, sondern »wandert«, d.h. nimmt verschiedene Lagen ein. Verdauungsstörungen, Hüftgelenkschmerzen, Abknicken der Harnleiter mit Rückstauung zu den Nieren können die Folge sein. Beh.: Allgemeinkräftigung, Förderung des Gewebsansatzes. *Massage, Lenden-, Kurzwickel, Halbbäder, Zinnkrautsitzbäder, Kaltfuß*behandlung.

Wannenbad wird je nach Füllung als *Voll-,* Dreiviertel- oder *Halbbad* verabreicht. Das Bad besteht je nach seinem Zweck aus reinem Wasser, Wasser mit Kräuter- oder Mineralzusätzen, aus *Moor, Lehm, Schlamm, Sand.* Voll- und Dreiviertelbäder sind für Kreislaufkranke und Kreislaufschwache zu anstrengend. Hier kommen höchstens *Halbbäder* in Frage.

Waerland, Are, schwedischer Ernährungsreformer. Bringt nichts grundsätzlich Neues, sondern baut sein Ernährungssystem auf den Erkenntnissen der *Lebensreform* auf. Fordert strengen *Vegetarismus* und erlaubt von Tierprodukten nur die *Milch. Eier, Fleisch, Fisch, Genußgifte, Kochsalz* und Industrie*zucker* werden streng verworfen. *Obst* und *Gemüse* sollen von biologisch gedüngtem Boden stammen und nicht gespritzt sein. *Kartoffeln* werden in der Schale gegessen. Roggenvollkornbrot. *Milch* als *Quark* und Sauermilcharten (Dickmilch). *Rohkost* zur Eröffnung der Mahlzeit. An Stelle des Müsli der *Bircher*-Rohkost wird die Vierkorn*kruska* aus Weizen, Roggen, Hafer, Gerste genossen. Morgens wird *Kartoffel*kochwasser getrunken. Leinsamen bei Neigung zu Verstopfung. Dazu Schlafen bei offenem Fenster, tägliches Trockenbürsten der Haut mit nachfolgender Bewegung, Ruhe nach dem Essen. Zwischen Abendessen und Schlafen Spaziergang zur Entspannung, 1mal wchtl. ein *warmes Bad* oder *Saunabad.*

Wärme: ist für den Warmblüter, zu denen auch der Mensch zählt, zum Leben dringend notwendig, weil die grundlegenden Lebensvorgänge W. benötigen. Sie wird im Körper durch die Tätigkeit des Stoffwechsels erzeugt. Für die Heilung spielt sie eine große Rolle, denn ihr Heilvermögen ist sehr umfassend. Die meisten naturheilkundlichen Maßnahmen beruhen darauf, dem Körper die zur Krankheitsabwehr notwendige Wärme zuzuführen. Dies geschieht von außen durch *Umschläge, Packungen, Bäder* und *Strahlenbehandlung* oder auch durch Anregung der inneren Wärmebildung durch geeignete Maßnahmen. Die *Kaltwasserbehandlung* erzeugt W. über den Stoffwechsel. Sie will also keine Kälte, sondern Wärme erzeugen, denn schon *Prießnitz* lehrte, daß nur die Wärme Heilung bringe. Die Behandlung nach *Schlenz* und die Wärmekultur nach *Winsch* machen ausschließlich von der Wärmezufuhr zu Heilzwecken Gebrauch.

Warme Bäder: 33–37°, Dauer richtet sich nach Kräfte- und Krankheitszustand bzw. nach der erstrebten Wirkung. Im Durchschnitt 15–20 Minuten. Zur passiven Erweiterung der Hautgefäße, Entspannung der Muskulatur, Anregung der Hautausscheidung, Beruhigung der Nerven. W. B. werden fast immer mit Zusätzen gegeben und mit Kaltanwendung beschlossen.

Wärmekultur, s. *Winsch.*

Wärmestauung: Überwärmung des Organismus durch erhöhte Wärmebildung *(Fieber)* oder verminderte Wärmeabgabe *(Hitzschlag).*

Warze: umschriebene, meist verhornende *Wucherung* der Oberhaut, manchmal übertragbar. Häufigstes Auftreten an Händen, Gesicht, behaarten Stellen. Können durch seelische Einflüsse entstehen und auch schwinden (Besprechen). Entfernung durch *Verätzen* mit Höllensteinstift, Pulver von Sadebaumspitzen, Milchsaft von Schöllkraut. Hp.: Thuja D3–12, Ferrum picrinicum D4–6, Antimonium crudum D4, Acidum nitricum D3–10, Calcium carbonicum Hahnemanni D6–12, Mercuris jodatus flavus D4. Bch.: Kalium chloratum D6 im Wechsel mit Natrium sulfuricum D6; Calcium fluoratum D12 bei veralteten Warzen.

Warzenfortsatz: Ein hinter der Ohrmuschel gelegener massiger Knochenvorsprung am Schläfenbein, der beim Erwachsenen ganz mit lufthaltigen von Schleimhaut ausgekleideten Zellen durchsetzt ist, die unmittelbare Verbindung zum Mittelohr besitzen. Bei der *Mittelohrentzündung* können diese Zellen miterkranken, vereitern und eingeschmolzen werden.

Waschung: *Kneippsche* Kaltanwendung zur *Abhärtung,* Erwärmung, *Ausleitung, Stoffwechsel*steigerung, Kreislaufanregung und Entlastung des Herzens und zur *Fieber*behandlung. Man versteht darunter eine unter gleichmäßigem Druck durchgeführte feuchte Abreibung des ganzen Körpers oder einzelner Körperteile mit kaltem Wasser. Durchführung im warmen Raum oder im ungeheizten Zimmer vom Bett aus, rasch, zügig und gleichmäßig. Je kälter das Wasser, desto besser die Wirkung. Zweckmäßig ist Schnee oder Schneewasser. Bei gestörtem Reaktionsvermögen nimmt man *Essigwasser* (2/3 Wasser, 1/3 Haushaltsessig). Zum Waschen nimmt man am besten gefaltetes grobes Leinen oder ein Gerstenkornhandtuch. Vorher gut ausdrücken, da es naß sein, aber nicht triefen soll. Nach der W. nicht abtrocknen, sondern bis zur Wiedererwärmung ins Bett oder rasch anziehen und durch Arbeit oder Bewegung für gründliche Wiedererwärmung der Haut sorgen. Die Häufigkeit der W. richtet sich nach der Heilaufgabe. Meist findet sie einmal morgens vom Bett aus statt. Bei Fieber wird sie bis zum Abfallen des Fiebers bei jedesmaligem Anstieg in Abständen bis zu einer halben Stunde wiederholt. Man unterscheidet *Ganzwaschung, Oberkörper-, Unterkörper-* und Teilwaschungen.

Wasseranwendungen gehören in der Naturheilkunde zu den wichtigsten Einwirkungsverfahren auf den Körper. Sie bilden das Herzstück der Behandlung bei der *Kneippkur.* Das Wasser dient dabei als Temperaturträger. Zur Wirkung kommen die Unterschiede zwischen Körper- und Wassertemperatur (Kontrast). Wasser von 33–35° hat keine besondere Einwirkung auf den Körper, weil seine Temperatur indifferent (unentschieden) ist. Laue Bäder werden nur zu Reinigungszwecken genommen. Es werden nur kalte, s. *Kaltwasserbehandlung,* oder warme bis heiße Bäder zur Behandlung verwendet. Warme Bäder im allgemeinen mit Zusätzen. Der warme und der heiße Körper benötigen kalte oder kühle, der kalte und fröstelnde Körper warme Anwendungen. Jede Warmanwendung muß mit einer Kaltanwendung abgeschlossen werden. Nach jeder W. muß Wohlbehagen eintreten. Der Form nach unterscheidet man *Wannenbäder* und *Teilbäder, Waschungen, Packungen, Güsse, Blitze, Dämpfe.* Auch hier gibt es *Ganzanwendungen* und einzelne Körpergebiete betreffende *Teilanwendungen.*

Wasserbehandlung (Hydrotherapie): Die Anwendung von Wasser zu Heilzwecken spielt in den verschiedensten Systemen der Naturheilkunde eine ausschlaggebende Rolle. Die moderne W. geht auf die Arbeiten der Schweidnitzer Stadtärzte Siegmund *Hahn* (Vater) und Johann Siegmund *Hahn* (Sohn) zurück. Während die Lehrmedizin an diesen Anregungen im wesentlichen vorbeisah, empfing die Naturheilkunde hier ihren großen Anstoß. Sowohl der Bauer Vinzenz *Prießnitz* in Gräfenberg als auch unabhängig von ihm der Pfarrer Sebastian *Kneipp* in Wörishofen haben aus den Hahnschen Schriften die Anregungen zum Ausbau ihrer Wasserkuren empfangen. Prießnitz arbeitete mit Kaltwasserkuren und Schwitzen und ging noch ziemlich schroff vor, so daß er gewisse Anforderungen an Konstitution und Reaktionsfähigkeit seiner Patienten stellte. Kneipp milderte durch besondere Anwendungsformen die schroffen Wirkungen des kalten Wassers und paßte die W. den veränderten Verhältnissen des nicht mehr natürlich reagierenden kranken Großstadtmenschen in individueller Weise an. Durch die Erfindung des *Gieß*verfahrens zeigte er die Möglichkeiten zu milder wirksamer Einwirkung, ebenso durch die Vorbereitung durch warmes Wasser, heiße *Auflagen* oder *Dämpfe.* Im Mittelpunkt jeder W. steht die *Reaktion.* Die Reaktion zeigt, daß die Wasseranwendung auf *Kreislauf, Stoffwechsel, Nervensystem* und *Seele* einzuwirken vermag, und da es keine Krankheit gibt, die nicht wenigstens von einem dieser Systeme aus zu beeinflussen ist, können praktisch fast alle Krankheiten mit Wasseranwendung erfolgreich angegangen werden. Auf dieser Erkenntnis beruhen sowohl das Prießnitzsche als auch das Kneippsche Behandlungssystem. Bei fiebernden Kranken versuchen wir entweder Vermehrung der Wärme oder Entziehung der Wärme zu erreichen, je nach der Gesamtlage durch Anregung der Durchblutung, *Ableitung* und Zuleitung aus oder in bestimmte Gebiete, Erregung und Beruhigung des *Nervensystems,* insbesondere des *Lebensnervensystems.* Zur Übung der Atemfunktionen Regelung der Magen-Darmtätigkeit und Ordnung des Stoffwechselgeschehens. Als Übung der *Abwehr-* und *Abhärtungs*funktionen. Alle W. müssen das Ziel haben, Wärme zu erzeugen oder abzuleiten. Niemals darf Kälte erzeugt werden, denn nur die Wärme heilt. Die Naturheilkunde bevorzugt die Maßnahmen, die die Wärme im Körper durch den Stoffwechsel selbst erzeugt, und verwendet nur in besonderen Fällen Maßnahmen, die die Wärme von außen herantragen. Kaltanwendungen erfordern gewisse Voraussetzungen bezüglich der Körperwärme. Warme Räume und durchwärmter Körper und nach der Anwendung Wiedererwärmung durch Bewegung oder Bettwärme müssen gewährleistet sein. Niemals wird abgetrocknet (nur Gesicht und Haare!), sondern der Körper muß unter der Kleidung oder der Bettdecke trocknen. Die Wasserheilkunde verwendet auch Bäder mit Zusätzen. Vorwiegend Kräuterzusätze, zum kleinen Teil *Salze,* Mineralien, *Lehm, Moor, Schlamm. Massage* während und nach dem Bade von Hand, durch Bürsten oder im Wasser durch Wasserstrahldruck (Unterwassermassage). Luft- oder Gasdurchperlung während des Bades sowie elektrische Schwachströme finden Anwendung. Die Verwendung natürlicher Quellen mit Mineralien gehört ins Gebiet der *Balneologie* und nicht mehr der Wasserheilkunde.

Wasserbruch: Gewebswasseransammlung in den die *Hoden* umgebenden Häuten. Meist Folge von Entzündungen der Hoden und Nebenhoden. Es kommt zu riesigen Vergrößerungen des Hodensackes, meist nur einseitig. Die Geschwulst ist prall elastisch. Geht bei kleinen Kindern oft ohne Behandlung zurück. Umschläge mit Arnicatinktur regen manchmal die Aufsaugung an. Ablassen des Wassers durch Einstich führt meist nach einiger Zeit zur Wiederkehr.

Wasserhaushalt: 65 v.H. des Gesamtkörpers bestehen im Durchschnitt aus Wasser. Was der Körper an Flüssigkeit ausscheidet, ist er bestrebt wieder aufzunehmen, damit im Wasser- und Salzhaushalt Gleichgewicht herrscht. Wird der *Stoffwechsel* durch einseitige oder mangelnde Ernährung, durch Störung im Salzhaushalt, im Zusammenspiel mancher Drüsen der inneren Ausscheidung tiefgreifend gestört, dann kommt es zu vermehrter Wasserspeicherung des Körpers. Es kann auch durch Störungen im *Zwischenhirn* bedingt zu vermehrter Harnausscheidung kommen, wodurch ein Zwang zu reichlichem Trinken zum Ersatz des verlorenen Wassers entsteht (Polyurie bei Diabetes insipidus). Durch den Stoffwechsel entsteht tgl. etwa $^1/_2$ l Wasser, 1–3 l werden tgl. durch Trinken aufgenommen. *Kochsalz*beschränkung in der naturgemäßen Kost senkt den Trinkbedarf, so daß ein Flüssigkeitsumsatz von 1–1 $^1/_2$ l die Norm ist.

Wasserpfeffer (Polygonum hydropiper): Kraut (Juni–September) 2–4 g im Aufguß in Teemischungen. Als Rheuma-, Gelenk- und Lebermittel.

Wassersucht: Durchtränkung der Gewebe und Organe mit Blutflüssigkeit führt zum *Ödem,* das Eintreten dieser Flüssigkeit in vorgebildete Höhlen (*Herzbeutel, Brust, Bauch* usw.) zum nichtentzündlichen Erguß (Hydrops). Allgemeine W. finden wir bei schweren *Nieren-* und *Herzerkrankungen,* örtliche W. bei *Entzündungen, Blut-* und *Lymphstauungen.* Nierenwassersucht beginnt meist im Gesicht an den Augenlidern, Herzwassersucht nach dem Gesetz der Schwere von unten nach oben steigend. Behandlung der W. geschieht vorwiegend diätetisch durch *Hunger-* und *Dursttage, Obsttage,* Kartoffel-, Reistage, *Rohkost,* salzarme *vegetarische* Kost und Trinkbeschränkung. *Ableitung* auf Nieren durch Pulver oder Tees von Birkenblättern, Spargelsprossen, Petersiliensamen oder -wurzeln, Selleriewurzel, Zwiebeln, Wacholderbeeren, Attichwurzel, Rosmarin, Liebstöckelkraut, Goldrute, Hauhechelwurzel, Brennessel, Geisraute, Ackerschachtelhalm. Bei Herzwassersucht mit Pflanzen, die den Herzmuskel kräftigen (Maiglöckchen, Meerzwiebel, Fingerhut), dazu Ableitung auf den Darm und die Haut durch schweißtreibende Maßnahmen. Behandlung des Grundleidens. Hp.: Apocynum ∅, Apis D3, Arsenicum D4–12, Scilla ∅, Phosphorus D 6–12. Bch.: Kalium phosphoricum D 6, Natrium muriaticum D 6, Calcium phosphoricum D6, Kalium chloratum D 6, Kalium sulfuricum D 6. Bei Hungeroedemen *Vitamin*-B-Zufuhr durch *Hefe, Keimdiät.* Säfte aus Brunnenkresse.

Wassertreten: charakteristische Kneippanwendung zur *Ableitung* von oben und *Abhärtung.* Man bewegt sich in einer am zweckmäßigsten aus fließendem Wasser gespeisten Wasserstelle oder einem flachen Bache mit den Beinen so lange, bis die Füße warm sind oder eine schneidende Kälte auftritt (1 $^1/_2$–2 Minuten). Das Wasser soll möglichst zur Mitte der Wade reichen.

Wechselanwendungen: Alle *Bäder* und *Güsse* können auch als W. genommen werden. Dabei werden Warm- und Kaltanwendung 1- bis 2mal gewechselt. Es wird warm begonnen und kalt geendet. Dadurch wird die Wirkung gesteigert, die Anwendung aber auch anstrengender. Am gebräuchlichsten sind *Wechselsitz-* und *Wechselfuß-* bzw. *-handbäder.* Wechselsitzbad bei Blasenschwäche, Blasenkrampf, Blasenkatarrh mit Zinnkraut in warmem Wasser, Hämorrhoiden, Magen-, Darmgeschwüren, Stauungen in Leib und Unterleib, Periodenstörungen. Wechselfuß- und -handbäder bei Durchblutungsstörungen, zur Kreislaufanregung, Ableitung von oben und zur Gymnastik der Gefäße. Warme Bäder 5–10 Minuten, kalte Bäder 10–30 Sekunden. Wechselguß dort, wo ausgesprochenes Kältegefühl besteht oder die Reaktion Schwierigkeiten macht, bei Erkrankungen des Nervensystems, Lähmungen, Neuralgien, Blutarmut und allgemeiner Schwäche. Nur für *Knie-, Schenkel-, Arm-* und *Oberguß* gebräuchlich, grundsätzlich aber für jeden *Guß* möglich. Technik wie beim einfachen Guß, nur mit kürzerer Zeitdauer der einzelnen Gußphase. Beginn mit 38–42°, 1–2mal mit 12–15° wechseln. Warm beginnen, kalt enden.

Wechseljahre (Klimakterium): der Zeitraum, in dem die Tätigkeit der Keimdrüsen schwächer wird und allmählich erlischt. In die W. fällt die sog. *Menopause,* d.h. das Aufhören der Monatsblutung. Meist geht ein Stärker- oder Schwächer- bzw. Unregelmäßigwerden der Regel *(Menstruation)* voraus. Die W. können schon viele Jahre vor Eintritt der Menopause beginnen und mit ihren Beschwerden noch lange Jahre danach bestehen. Meist bestehen *Kreislaufstörungen, Wallungen, Kongestionen, Angst*gefühle, Beengungen in der Herzgegend, *Ohnmachten, Schwindel,* Neigung zum Steigen des *Blutdrucks* mit Herzbeschwerden, *Stoffwechsel*veränderungen (Körperansatz oder auch *Abmagerung*), je nach Körperverfassung und Veranlagung. *Verdauungsstörungen, Verstopfung, Blähungen.* Seelische Veränderungen, gereizte, gedrückte Stimmung, *Zwangs*weinen gehören zum Bild. Gewöhnlich spricht man nur bei der Frau von *W.,* obwohl auch beim Manne gleichlaufende Störungen bei Nachlassen der Keimdrüsentätigkeit auftreten können. Beh.: Reizlose, *vegetarische* Kost. *Ganzwaschungen, Halbbäder,* Zinnkraut*sitz-* und *-wechselbäder,* einfache *Güsse, Wechselfußbäder, ansteigende Armbäder.* Innerlich: Frauenmantel, Hirtentäschelkraut, Rosmarin, Queckenwurzel, Schafgarbe, Baldrian, einzeln oder als Mischung in Tees. Hp.: Aconitum D10–15, Sulfur D6–12, Lachesis D10–15, Sepia D6–12, Cimicifuga D2–10, Platinum D3–6, Pulsatilla D6–15, Jaborandi D2–4, Graphites D6–12, Lilium tigrinum D2.

Wegerich (Plantago, Breitw. Pl. major, Spitzw. Pl. lanceolata): 2–4g in Aufguß oder leichter Abkochung. Zur Blutreinigung. Bei Entzündungen der Mund- und Atemwege, Lungenkatarrhen, Tuberkulose, Magen- und Darmstörungen, Nieren- und Blasenleiden, Hautkrankheiten. Auch der frische Preßsaft kann teelöffelweise genommen werden (Tafel XIV).

Wegwarte (Cichorium intybus): Wurzel Frühjahr und Herbst, Blätter und Blüten 2–4g in Aufguß oder leichter Abkochung. Magenkatarrh, Leberleiden, Gelbsucht. Regt Appetit, Stuhl, Gallensekretion an.

Weide (Salix alba): Rinde (April–August) bis 10g als Einzelgabe in leichter Abkochung oder gepulvert als Mittel bei Gelenkrheumatismus.

Weinen: vermehrte *Tränen*absonderung infolge seelischer Erregung, kann sich zum Weinkrampf verstärken. Meist ist es Schmerz, aber auch Freude, die W. oder Weinkrämpfe auslösen. *Zwangs*weinen hat mit seelischen Regungen nichts zu tun; bei Gehirnschädigung durch *Arteriosklerose* oder *multiple Sklerose* kann es zu solchen anlaßlosem Weinen kommen.

Weißblütigkeit, s. *Leukämie.*

Weißdorn (Crataegus oxyacantha): Blüten und Früchte. Herzkräftigend, kranzgefäßerweiternd, blutdruckherabsetzend, als Teebeimischung, besser aber in standardisierten Präparaten (Tafel XVI).

Weißfluß (Fluor albus, Ausfluß): fast immer Zeichen eines *Scheiden-* und *Gebärmutterkatarrhs. Infektion, Hefe, Erkältungen, kalte Füße,* körperliche und nervöse *Erschöpfung* können ihn auslösen. Im Beginn *schleimiges* klares Sekret, das immer mehr schleimig-*eitrig* wird. Manchmal Scheidengegend und Gebärmutter schmerzempfindlich, auch Schweregefühl im Unterleib. Bei *chronischem* Verlauf bestehen meist keine besonderen Beschwerden. Beh.: gesunde, reizlose Kost, *Kaltfuß*behandlung. *Stuhlgangregelung.* Warme Zinnkraut- oder Eichenrinde*sitzbäder* mit kalter *Abwaschung, Lendenwickel. Oberkörperwaschung,* tgl. *Halbbad,* kaltes *Sitzbad* und *Schenkelguß* im Wechsel. Spülungen nur bei starkem Ausfluß, niemals dauernd. Innerlich: Tee von Taubnesselblüten, Zinnkraut, Gänsefingerkraut. s. auch *Pilzerkrankungen.* Hp.: Aesculus Hippocastanum D2, Alumina D6–12, Arsenicum D4 bis 10, Pulsatilla D3–6, Jodum D3–4, Lilium tigrinum D2–3, Graphites D6–12, Kalium phosphoricum D6, Kreosotum D4–6, s. auch *Gebärmutterentzündung.*

Weitsichtigkeit (Hypermetropie) in der Jugend beruht auf einem zu kurzen Bau des *Aug*apfels, so daß das exakte Bild erst hinter der Netzhaut entworfen wird. Zunächst kann der Weitsichtige durch seine *Akkommodations*muskeln den Fehler überdekken. Diese Dauerbeanspruchung rächt sich aber durch häufige Kopfschmerzen und leichte Ermüdbarkeit. Im Alter (Presbyopie) beruht die W. nicht auf einer Formänderung des Auges, sondern auf einem Elastizitätsverlust der Linse. Verordnung einer Sammellinse enthebt den Weitsichtigen der Mühe, akkommodieren zu müssen. Dadurch verkümmern die Augenmuskeln für die Linseneinstellung immer mehr. Beh.: Steht die Funktionsstörung der Muskeln im Vordergrund, so kann man die Störung durch Übung beseitigen. Da es sich auch um Überspannungen der Muskulatur handelt, müssen *Entspannungen* und Sehleistungsübungen ineinandergreifen. Zur Entspannung durch Verschließen der Augen mit der flachen Hand (Palmieren) die Augenmuskeln selbst entspannen, dazu kommen Übungen für die geistige und seelische Entspannung. Die aus Lockerungs- und Leistungsübungen allmählich aufbauende Sehleistungsübung muß dem Einzelfall angepaßt werden. Beim *Schielen* wird das schielende, also leistungsgeminderte Auge gesondert behandelt, bis es sich dem Leistungsgrad des anderen Auges angepaßt hat und sich mit diesem parallel stellt. Dieses Verfahren wird in den Sehschulen nach Bates durchgeführt, s. *Kurzsichtigkeit. Augenbäder* und Augen*waschungen* mit kaltem Wasser oder *Augentrosttee, 2mal tgl. 3 Minuten. Gesichtswaschungen* und *-güsse, Ganzwaschungen, Halbbad* zur Kräftigung.

Weizenkeime, s. *Keimdiät, Multiple Sklerose.*

Weizenkleie wird als *Badezusatz* 1 1/2 kg auf ein *Vollbad* mit entsprechender Menge Wasser angesetzt, zum Kochen erhitzt und dem Badewasser zugesetzt. Zur Beruhigung der Haut, bei *Hauterkrankungen* mit starker Neigung zur *Entzündung.* Die Kleie legt eine Schutzschicht über die Hautoberfläche. Man kann auch Mandelkleie verwenden.

Wellenbad: Bäder, bei denen Wellen künstlich erzeugt werden, oder natürliche Wellenbäder am Meer. Stark angreifende Wirkung auf den *Stoffwechsel.*

Wermut (Artemisia absinthium): als Tee, Tinktur oder weiniger Auszug in Mischung mit anderen *Bitter-* und aromatischen Kräutern zur *Appetit*anregung. Anregung der *Magen*saftproduktion, *Stuhlgangregelung, Menstruations*regelung, zur Unterstützung der *Wurmkur.* Bei zu großen Dosen können Krämpfe auftreten. 1 Teelöffel auf 1 Tasse im Aufguß als Durchschnittsdosis.

Wetterfühlen: Es scheint sicher, daß dem naturverbundenen Tier die Fähigkeit eigen ist, Wetterveränderungen, besonders nach der ungünstigen Seite, vorauszuahnen und vorauszufühlen mit dem Ziel, sich abwehrmäßig darauf einzustellen. Diese Fähigkeit ist mit dem *Lebensnervensystem* verbunden, und auch die entsprechenden *Abwehr*funktionen hängen damit zusammen. Schwankungen des Luftdrucks, der Luftfeuchtigkeit, elektrische Spannungen usw. sind es wahrscheinlich, die die atmosphärischen Spannungen bemerkbar machen. Der Mensch hat diese Eigenschaften weitgehend verloren, nur die Menschen, die mit dem Lebensnervensystem besonders leicht und rasch reagieren und die deshalb oft als krank angesehen werden, haben sich solche Eigenschaften bewahrt. Meist sind es aber abnorme Zeichen, die sich heute bei solchen Menschen bemerkbar machen und die wir als krankhaft bezeichnen. *Migräne, Kopfschmerzen, Angst-* und Beklemmungsgefühle, *gichtische rheumatische* Beschwerden rechnen hierher. So ist der *Föhn* in der Gebirgsgegend ein häufiger Anlaß zur Wetterfühligkeit.

Wetterstrand, Otto, Dr. med. (1845–1907), schwedischer Arzt in Stockholm. Führte die *Hypnose* als Einzel- und Massenhypnose mit Erfolg in die Krankenbehandlung ein. 1890 erschien sein Werk »Der Hypnotismus und seine Anwendung in der praktischen Medizin«.

Wickel, s. *Packungen.*

Wickelzusätze: Kalte Wickel, s. *Packungen,* werden meist ohne Zusätze angelegt. Doch werden bei geringer *Reaktions*fähigkeit als hautreizende und anregende Mittel *Salz-*, *Essig-*, *Lehm-* oder *Kräuter*zusätze benutzt. Warme Wickel werden häufiger mit Kräuterzusätzen verabreicht. Kräuterzusätze: 1–2 Handvoll Kräuter werden in einem Säckchen mit 5 l Wasser angesetzt und 13–30 Minuten gekocht. Sack ausdrücken und entfernen. Wickeltuch oder Hemd zusammengerollt in den heißen Auszug legen. *Heublumen* (vgl. *Abkochungen von Pflanzenteilen*) steigern die örtliche *Reaktion*, regen den *Stoffwechsel* an, wirken auflösend und *ausleitend*. Bei mehrmaligem Gebrauch können Erscheinungen von *Hautreizung* auftreten. Dann geht man zu dem milder wirkenden Haferstroh oder Zinnkraut über. Haferstroh wirkt ähnlich, aber hautschonender und die oberflächlichen Hautzellen aufweichend, Zinnkraut sehr hautschonend und daher zur *Ausschlag*behandlung geeignet. Eichenrinde bei oberflächlichen Wunden, Einrissen, Afterrissen usw. Beschmutzt die Wäsche; Flecken sind nicht mehr zu beseitigen, deshalb Vorsicht, alte Wäsche und alten Topf benutzen. Osterluzei wirkt wundreinigend und entzündungswidrig. Lehmwasser wird durch Verdünnen des Lehmbreis, Salzwasser durch 100 g Kochsalz auf 5 l Wasser gewonnen. Wirken hautreizend und entwässernd auf die oberen Hautschichten. Bei Skrofulose, Masern, Scharlach. Krautwasser (Brühe des rohen Sauerkrautes), Essigwasser, 2–3 T. Wasser und 1 T. Haushaltsessig. Beschleunigt die Reaktion der Haut. Senfmehl mit heißem Wasser übergießen (50°) und einige Minuten ziehen lassen. Senfmehlwickel nicht lange liegen lassen, weil die Haut verbrennt und Blasen bildet. Wirkt stark hautreizend.

Wiederbelebungsversuche werden mit *künstlicher Atmung* oder Herz*massage* durchgeführt.

Wildes Fleisch, s. *Granulationsgewebe.*

Windpocken (Spitzpocken, Schafblattern, Varizellen): 2–3 Wochen nach Ansteckung durch den *Virus* treten, am Kopf beginnend, linsengroße Flecken über den ganzen Körper zerstreut auf, die sich in Bläschen umwandeln. Rasches Eintrocknen unter Schorfbildung. Meist Abheilung unter leichter *Narben*bildung. Ausschlagdauer 4–8 Tage mit daneben bestehendem Fieber und *Juckreiz.* Neigung zu Nierenentzündung und erhöhte Ansteckungsbereitschaft auch für andere Kinderkrankheiten. Beh.: Tgl. warmes Bad mit Übergießung. Bei Fieber *Ganzwaschungen* und *Leibwickel*. Obst*fasten*. Hp.: Ferrum phosphoricum D6, Aconitum D4, Tartarus emeticus D6, Mercurius solubilis D4–6, Sulfur D6–10.

Winkler, Dr., Berliner Arzt, sah die Gesundheit im Gleichgewicht des *vegetativen Nervensystems*. Wenn *Sympathikus* oder *Vagus* überwiegen, kommt es zur Krankheit, die er mit seinem System ausgleichen wollte, um die Gesundheit wiederherzustellen. Die Behandlung besteht in einer Massage mit einem elektrischen Vibrationsgerät beiderseits der Wirbelsäule mit Bevorzugung der Kreuzbeingegend in Knie-Ellenbogen-Lage des Patienten. Mehrere Behandlungen bis zur Heilung. Auch Tuberkulose behandelte Winkler nach gleichen Gesichtspunkten, denn nur wenn das Gleichgewicht wiederhergestellt sei, könne der Organismus der Krankheit widerstehen und sie überwinden.

Winsch, Wilhelm, Dr. med., 1863–1945: Begründer der Wärmekultur. Das Behaglichkeitsgefühl ist ein wichtiger Anzeiger für den Stand der Wärmeregulation. Die Körperwärme muß auch unter ungünstigen äußeren Umständen durch Wärmezufuhr erhalten werden. Bei richtiger Ernährung, Bewegung und Lebensweise muß sich der Mensch warm und wohl fühlen. Ist dies nicht der Fall, dann muß planmäßig Wärme zugeführt werden. Im Gegensatz zu *Prießnitz, Kneipp, Just, Felke u. a.* hält er die Abhärtung mit kaltem Wasser zumal im Winter für verkehrt. Die zweckmäßigste Abhärtung werde im Winter durch kalte Luft und heißes Wasser, im Sommer durch warme Luft und kaltes Wasser erreicht. Er empfiehlt 2mal wöchentlich heiße Sitzbäder (38–48°) oder Ganzbäder bis zum kräftigen Schweißausbruch zu nehmen und sich danach 20 Minuten in Laken und wollene Decken einzuhüllen; hinterher Abkühlung durch kalte Ganzwaschung oder Abkühlung des Badewassers bis zur angenehmen Temperatur, um den ganzen Körper damit zu bespülen. Morgens durchführen, weil sonst der Schlaf beeinträchtigt werden kann. Im Winter anschließend regelmäßig kurze Luftbäder von 5–10 Minuten Dauer mit leichter Gymnastik, Trockenbürsten, Einölen der Haut. Außer den *Teil-* und *Ganzbädern* kommen heiße *Waschungen, Duschen, Um-* und *Aufschläge, Dampfkompressen* zur Wärmezufuhr und behandlung in Frage. Auch andere Schwitzmaßnahmen, wie die *Sauna,* gehören in den Bereich der Wärmekultur. Anzeigen sind besonders chronische Katarrhe der Nebenhöhlen und oberen Luftwege, chronische Entzündungen, Drüsenschwellungen, Spasmen im Bereich der inneren Organe, örtliche Gelosen und chronische Erkrankungen im Bereich der Brust- und Bauchhöhle.

Wirbelsäule: die feste, aber doch allseitig bewegliche Säule des Körperstammes. Sie ist aus 7 Hals-, 12 Brust- und 5 Lendenwir-

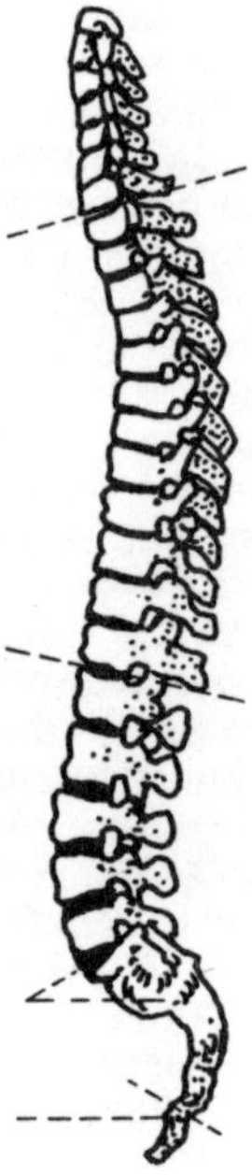

Wirbelsäule

beln zusammengesetzt und ruht auf dem *Kreuzbein.* Nach vorne liegt der massive Wirbelkörper, von dem nach beiden Seiten Wirbelbögen ausgehen und sich eine Öffnung, den Wirbelkanal, umschließend hinten vereinigen und den *Dorn*fortsatz bilden. Seitlich besitzt der Wirbel je einen Querfortsatz und oben und unten je zwei Gelenkfortsätze, mit denen je zwei aufeinanderliegende Wirbel gelenkig verbunden sind. Zwischen den Wirbelkörpern sind die *Bandscheiben* (Zwischenwirbelscheiben) gelagert. Sie bestehen aus einem Faserknorpelring, der einen weicheren Gallertkern umschließt. Beim Reißen des Faserrings kann der Gallertkern hervorquellen und durch Druck auf *Rückenmark* und die dort entspringenden Nervenwurzeln heftige Schmerzen hervorrufen. Viele *Ischias*schmerzen können auf solchen Veränderungen beruhen *(Bandscheibenvorfall).* Die W. wird von großen und kleinen Bändern zwischen den Fortsätzen und Körpern zusammengehalten und besitzt im Lendenteil eine natürliche Krümmung nach vorne (Lordose), im Brustteil eine solche nach hinten (Kyphose) und im Halsteil wieder eine leichte Wölbung nach vorne (Lordose). Der Bandscheibenapparat und die natürlichen Krümmungen der W. haben den Zweck, alle den Körper treffenden Stöße abzufangen.

Wirbelsäulenentzündungen: meist *tuberkulöser* Natur bei Kindern und Jugendlichen. Senkungs*abszeß,* Zerstörung des Wirbelkörpers mit *Buckel*bildung (Gibbus) droht. Ruhigstellen der Wirbelsäule, gesunde Kost, *Licht-, Luft-* und *Sonnenbehandlung* bringt in Jahren Ausheilung. *Rheumatische* Entzündung der kleinen Wirbelsäulengelenke (Spondylitis rheumatica), vorwiegend im Lendenteil sich abspielend, ist häufig und schmerzhaft. Ihr *chronisch* aufsteigender Verlauf mit Versteifung ist *Bechterewsche* Erkrankung. Beschwerden stark witterungsabhängig. Beh.: *Rohkost,* gesunde Vollkost, *Schlenzbäder, Spanischer Mantel, Heublumensäcke, Lehmauflagen. Massage,* Bewegungsübungen, Kriechübungen zur Lokkerung der Wirbelsäule. Sonstige Behandlung s. *Rheumatismus.*

Wörishofen: Bad im Allgäu auf der schwäbisch-bayerischen Hochebene, 629 m ü. M. Jahrzehntelange Wirkungsstätte Pfarrer *Kneipps,* der hier 1897 gestorben und begraben ist. Mittelpunkt der *Kneippkuren* und Kneippbewegung. Sitz des Kneippbundes und des Kneippärztebundes. Ausbildungszentrum für das Kneippsche Badewesen.

Wucherung: vermehrtes, oft regelloses *Zell*wachstum bei *Entzündungen* und *Geschwulst*wachstum.

Wuchsstoffe, s. *Auxome, Vitamine.*

Wühlhuber: Zur *Ableitung auf den Darm,* zur Reinigung des Magen-Darmkanals gibt *Kneipp* unter der Bezeichnung W. zwei Vorschriften. Die eine (W.I) ergibt ein Schachtelpulver aus je 2T. gemahlenem Fenchel, zerquetschten Wacholderbeeren und je 1 Teil Bockshornkleesamenmehl, Aloepulver. Die Schachtel wird vor der Verwendung erst 12–30 Stunden an trockenem Ort aufbewahrt. Man kocht 1 Teelöffel des Pulvers 1/4 Stunde lang mit einer Tasse Wasser, gießt dann ab. Von diesem W.I wird an zwei aufeinanderfolgenden Tagen je eine Tasse kalt oder warm getrunken, schwächlichere Naturen verteilen 1 Tasse auf 2–3 Tage. Der W.II besteht aus 2T. gemahlenem Fenchel, je 3T. zerquetschten Wacholderbeeren und Attichwurzelpulver, je 1T. Bockshornkleesamen und Aloepulver. Dieser Tee wird in gleicher Weise zubereitet und getrunken wie W.I, wirkt aber außer auf den Darm auch ausscheidend und reinigend auf *Blase* und Harnwege.

Wunderheilungen: Wunder sind Ereignisse, die sich mit unseren naturwissenschaftlichen Kenntnissen nicht erklären lassen oder sogar im Widerspruch zu ihnen stehen. Sie werden von der Kirche durch persönliches Eingreifen Gottes erklärt. W. sind häufig an Besuch von Gnadenstätten (die bekannteste ist Lourdes in Südfrankreich) oder das Berühren von Reliquien usw. gebunden.

Wundliegen, Aufliegen (Decubitus) droht bei geschwächten Kranken, die lange ans Bett gefesselt sind, dort, wo vorspringende Knochenteile nur von wenig Gewebe geschützt im Bett aufliegen. Pflege des Kranken im Bett durch regelmäßige *Waschungen* und *Bäder* verhindert das W. *Wasserkissen* an Stelle einer festen Matratze, s. *Hautpflege.* Förderung der Wundheilung bei erfolgtem W. durch Verbände mit Osterluzeiabkochung. Echinaceaauszügen, Siliceabalsam usw. Hp.: Arnica D 3.

Wundrose (Erysipel): Erreger eine bestimmte Kettenkokkenart, die durch kleine *Wunden* oder *Schrunden* von Haut oder Schleimhaut in den Körper gelangen. Schüttelfrost, hohes Fieber, mit Schweißausbruch, Schwellung und Rötung des befallenen Hautbezirks, mit Spannung und Schmerzen. Blasenbildung kommt vor. Bei starker Ausdehnung schweres Krankheitsbild. Gesichtsrose und Kopfrose innerhalb der behaarten Kopfhaut sind wegen Gefahr des Übergreifens auf *Gehirn*- und Hirnhäute besonders ernst. Fieber sinkt nach Abklingen der Hautentzündung oft plötzlich ab. Beh.: *Auflagen* von *Lehm* oder *Quark,* Umschlagen von heißen Heublumentüchern um die erkrankten Hautpartien, halbstündlich erneuern, *Fieber*behandlung, *Fasten, Obstkuren,* Darmreinigung durch *Klistiere, Ganzwaschungen, Kurzwickel,* bei Kopfschmerzen *Ableitung* zu den Füßen. *Schlenzbäder.* Innerlich: Zinnkraut oder Spitzwegerich als Tee. Hp.: Belladonna D3–4, Apis D3, Cantharis D6, Rhus toxicodendron D4–6, Lachesis D10, Euphorbium D4, Graphites D3–6. Bch.: Ferrum phosphoricum D6 in leichten Fällen; Kalium phosphoricum D6 bei starker Störung des Allgemeinbefindens; Natrium phosphoricum D6 bei harter Schwellung; Kalium chloratum D6 bei Blasenbildung; Kalium sulfuricum D6 in der Abschuppung und als Vorbeugung gegen Rückfälle.

Wundstarrkrampf (Tetanus), s. *Starrkrampf.*

Wünschelrute: Gegabelte Haselnußzweige oder auch aus anderem elastischem Material gebogene Ruten werden von den Wünschelrutengängern mit beiden Händen vor dem Körper gehalten. Über Wasser- oder Metalladern, Erdstrahlungsgebieten usw. kommt es zu Ausschlägen oder Umdrehungen der Rute bei besonders dazu disponierten Personen. Wissenschaftlich ist die W. noch sehr umstritten, da die mit ihr erzielten Ergebnisse nicht immer eindeutig sind. In der *okkulten Medizin* wird die W. zur Auffindung von *Erdstrahlen,* über dem menschlichen Körper zur Erkennung bestimmter Krankheiten oder erkrankter Organe und über einer größeren zur Auswahl gestellten Anzahl von Arzneimitteln zur Auffindung der im befragten Falle geeignetsten Arznei verwendet.

Wurmfortsatz, s. *Blinddarm.*

Wurmkrankheiten: Beim Menschen kommen verschiedene Wurmarten in verschiedenen Entwicklungsstadien im Darm und im Körper vor. Am häufigsten *Bandwürmer, Spulwürmer* und *Madenwürmer, Hakenwürmer, Peitschenwürmer, Trichinen* und noch verschiedene andere Wurmarten in den Tropen. Erscheinungen zeigen sich in allgemeiner *Nervosität, Blutarmut,* Abgängen von Würmern mit dem *Stuhl.* Nachweis durch Wurmeier im Stuhl oder in der Umgebung des Afters. Behandlung durch *Wurmkur.* Im Blut meist Vermehrung der *eosinophilen Leukozyten.*

Wurmkur ist ein Zusammengreifen von *diätetischen* Maßnahmen mit Mitteln, die betäubend oder tötend auf die Würmer wirken, ohne den Körper bei einmaliger Gabe wesentlich zu schädigen. Notwendig ist dabei immer, *Abführmittel* und abführende Maßnahmen anzuwenden, um die betäubten Würmer und die Reste der *Gifte* baldigst aus dem Körper zu entfernen, wozu von der Naturheilkunde Zwiebeln, Karotten, Kürbissamen wegen ihrer Unschädlichkeit bevorzugt werden. Wiederansteckung muß verhütet werden. Während der Kur tgl. geschabte Karotten, Zwiebeln und rohes Sauerkraut zu den Hauptmahlzeiten geben. Kürbissamen s. *Bandwurm.* Farnextrakte, Knoblauchabkochungen innerlich und als Einlauf, Granatapfelrinde, Kosoblüten, Rainfarnblüten finden Verwendung. Chenopodiumöl ist wirksam, aber giftig. *Madenwürmer, Spulwürmer* werden meist mit Chenopodiumöl aus dem Chenopodium anthelminticum abgetrieben.

X

X-Bein: Abknickung des Unterschenkels gegenüber dem Oberschenkel nach außen, meist mit Knickfuß verbunden. Beh.: s. *O-Bein.*

Y

Yoga bedeutet Anspannung. In Indien sehr verbreitete Lehre mit dem Ziel, durch Konzentration von Körper und Geist zu höheren Bewußtseinsstufen vorzudringen. Der Yogaweg besteht aus einer Reihe von körperlichen urd geistigen An- und Entspannungsübungen. Es handelt sich um verschiedene Körperhaltungen, die langer Übung bedürfen, bevor sie beherrscht werden. Alle unsere modernen *gymnastischen* Übungen haben ihre Wurzel in den uralten Yogavorschriften. Dazu kommen *Atemübungen,* da die richtige Atmung Voraussetzung ist, um zu höheren Einsichten zu gelangen. Der Vorbereitung dienen ferner Reinigungs- und Enthaltungsvorschriften. Diese Maßnahmen sollen dazu führen, daß der Yogi sich vom Körperlichen löst und die Sinne von den weltlichen Gegenständen abwendet. Wenn diese Stufe erreicht ist, beginnt der Vorstoß zu den höheren Bewußtseinsstufen auf dem Wege über Konzentration, Meditation und Versenkung. Der Yogaweg ist in seinem Ziele der christlichen *Mystik* verwandt; auch hier wird versucht, in göttliche Sphären vorzustoßen. Unsere Entspannungssysteme, besonders das *autogene Training,* beruhen auf den Erfahrungen der Y.

Yoghurt: Gekochte, eventuell durch Kochen eingedickte *Milch* wird mit besonderen Bakterien (Mayaferment) geimpft und auf bestimmten Temperaturen gehalten. Es kommt zu einer Säuerung mit Milchsäurebildung. Die Y.-Bakterien wirken regulierend auf die gestörte *Darmflora* und dadurch heilend auf manche *Verdauungsstörungen,* insbesondere *Verstopfung.*

Ysop (Hyssopus officinalis). Kleiner Lippenblütler, dessen Kraut im Juni vor der Blüte gesammelt wird und im August noch ein zweites Mal geerntet werden kann. Wird bei uns angebaut. Heißaufguß bei chronischen *Bronchialkatarrhen, Asthma, Nachtschweißen.* Einzelgabe 2–3g (Tafel XVI).

Z

Zahnbettschwund, s. *Paradentose.*

Zahnfäule (Karies): Störungen im *Mineral-* und *Vitaminstoffwechsel.* Abkehr von gesunder Ernährung, mangelnde Gelegenheit zum Kauen durch gekochte Nahrung und weiches Brot bereiten den Boden, auf dem sich die Z. entwickeln kann. Bakterielle Zersetzung von Speiseresten im Munde führt zu Bildung von Milch- und anderen Säuren, die den Schmelz entkalken und den *Bakterien* den Eintritt ins Zahnbein freigeben. Im nicht widerstandsfähigen Zahnbein schreitet dann die Zerstörung rasch fort. Sie geht aufs Zahnmark über und kann auch auf den Kiefer übergreifen. Gesunde Ernährung, Vollkornbrot, *Zahnpflege* beugen vor. Schon während der mütterlichen *Schwangerschaft* und in den ersten Lebensjahren muß die Vorbeugung einsetzen. Naturgemäße *mineralstoff-* und *vitamin*reiche Ernährung der Mutter während Schwangerschaft und *Still*periode und des Kindes im Kleinkind- und Schulalter sind wichtig. Vermeiden von Zucker und Süßwaren.

Zahngranulome, s. *Granulom.*

Zahnpflege: Kauen und Speichel sind die besten naturgemäßen Mittel, um die Zähne gesund zu erhalten. Zum Putzen der Zähne morgens und abends soll eine nicht zu weiche Bürste verwendet werden. Dabei muß von allen Richtungen aus gebürstet und die Innen- und Außenseite des Gebisses gleichmäßig erfaßt werden. Regelmäßige Überwachung des Zahnbestandes durch den Zahnarzt in nicht zu großen Abständen gehört zu den wichtigen Punkten der Z. Zahnwasser und Mundwässer zur Z. sollen keine chemischen Zusätze enthalten.

Zahnschmerzen: Beruhen sie auf *Blutandrang* zum Kopf und auf *rheumatischer* Grundlage *Ableitung* auf die Füße. *Nasse Socken, Holzasche-Fußbad,* kaltes *Halbbad, Wechselfußbad.* Bei *Entzündungen Bockshornkleeauflagen.*

Zäpfchen (Uvula): Kleiner traubengroßer Schleimhautvorsprung in der Mitte des Gaumenbogens des weichen Gaumens. Z. (Suppositorium): Arzneiform zur Einführung in Mastdarm oder Scheide. Sie sind kegel-, walzen- oder kugelförmig und bestehen aus einer bei Körpertemperatur schmelzenden Masse, häufig Kakaobutter, Pflanzenauszüge oder chemische Arzneimittel werden ihnen beigemischt. Das Scheidenzäpfchen ist kugelförmig und wird auch als Globulus (Kügelchen) bezeichnet.

Zehen der Füße entsprechen den Fingern der Hand. *Hühneraugen,* Ballengeschwülste, Veränderungen der Z. (Hammerzehe usw.) und ihrer Gelenke sind meist Folge einer unzweckmäßigen *Fußbekleidung* und mangelnder *Fußpflege.* Barfußgehen, Sandalenlaufen, *Fußgymnastik, Tautreten, Wassertreten, Fußbäder* helfen die Schäden, die durch die Fußbekleidung entstanden sind, wieder ausgleichen oder ihr Entstehen verhindern.

Zehrrose (Lupus erythematodes): rote, leicht schuppende Hautveränderung im Gesicht, an den Wangen symmetrisch beiderseits der Nase sich entwickelnd und auch auf den Nasenrücken übergreifend. Beh.: Tgl. mehrmals Gesichts*waschungen, Quark-* und *Lehmauflagen.* Allgemeine *Gießkur* zur Kräftigung. *Eigenblutbehandlung. Schlenzbäder.* Hp.: Arsenicum jodatum D4, Aurum D4.

Zelle besteht aus Zelleib, Zellwand und Zellkern und ist die kleinste Formeinheit, die für sich lebensfähig ist. Die tierische Z.

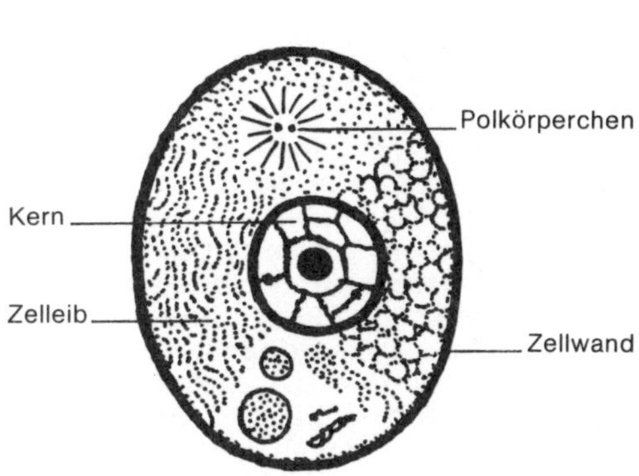

Zellaufbau (schematisch)

besitzt noch ein Zentralkörperchen. Die Z. unterscheiden sich nach Form und Aufbau je nach ihren Aufgaben. *Drüsen*zellen, *Deckzellen, Bindegewebs*zellen, *Knorpel*zellen, *Nerven*zellen usw.

Zellgewebsentzündung, s. *Bindegewebsentzündung.* Man versteht unter Z. die eitrige Entzündung des Gewebes ohne Begrenzung (Phlegmone). Grenzt sie sich zur Umgebung ab, so spricht man von *Abszeß.*

Zelltherapie. Körpereigenes oder körperfremdes embryonales oder jugendliches Zell- u. Gewebematerial in physiologischer Kochsalzlösung aufgeschwemmt, wird bis zu 6 Injektionen eingespritzt (Niehans gab sogar bis 12 Injektionen an einem Tag). Diese Zellverabreichungen müssen an einem Tag in den Körper gegeben und dürfen nicht auf Tage oder Wochen verteilt werden. Neue Behandlung erst nach 1/2 J. *Zelltherapie* nach Prof. Paul Niehans (1882–1971) gibt Zellsubstanzen aus Organen und Geweben ungeborener Tiere im Frischzustand zu Zellbrei verarbeitet.
Die Trockenzellmethode gibt Zellen, denen durch Gefriertrocknung das Wasser entzogen wurde und die deshalb vorrätig gehalten werden können. Bei der Eiszellmethode werden die Zellen durch Tiefgefrieren bei 75° für spätere Verwendung haltbar gemacht.
Die ursprüngliche Zelltherapie unter Verwendung ganzer Zellen, also auch des eiweißhaltigen Zell-Plasmas, wird mehr und mehr zu Gunsten der Therapie mit den wichtigsten Zellinhaltsstoffen (DNS und RNS) verlassen, womit eine problemlosere und gezieltere Behandlung bezweckt wird. Das Behandlungsprinzip der gesamten Zelltherapie beruht auf dem Einbau der zugeführten Zellen bzw. Zellinhaltsstoffen in den einzelnen Organen, um dadurch die Eigenstruktur zu verbessern.
Anwendung: Allgemeine Auffrischung bei vorzeitigem Altern, Steigerung der Abwehrkräfte, *Regeneration, Revitalisierung,* Herz- und Kreislauferkrankungen, rheumatische Beschwerden, Lebererkrankungen, Drüsenunterfunktion. Gute Behandlungserfolge, insbesondere bei den verschiedensten chronischen Krankheiten, durch Kombination der neueren Zelltherapie mit der Serum-Therapie (Anregung der körpereigenen Heilkräfte). Diese Behandlungsmethode ist unter dem Namen WIEDEMANN-KUR bekannt geworden.

Zellulose: das die Zellwände der Pflanzen bildende Kohlehydrat, das in Wasser und Alkohol nicht gelöst wird. Wird von der *Verdauung* kaum aufgeschlossen und spielt als Darmfüllung und Bewegungsanregungsmaterial für den Darm in einer groben Übungskost und auch in der naturgemäßen Vollkost eine erhebliche Rolle.

Zeugungsunfähigkeit, s. *Unfruchtbarkeit.*

Zimt ist die Zweigrinde junger Triebe des Zimtbaumes auf Ceylon, Cortex Cinnamomi. Gepulvert zur *Blutstillung* bei *Menorrhagie.* Geschmacksverbesserndes *Gewürz.* Im Ganzen oder pulverisiert.

Zinnkraut, s. *Ackerschachtelhalm.* Als Bade- und Wickelzusatz in der Kneippbehandlung, s. *Abkochungen* von Pflanzen.

Zitrone: Frucht des Citrusbaumes, reich an *Vitamin C,* zum Anmachen der Salate an Stelle des *Essigs,* zu erfrischenden Getränken und als Vitaminspender geeignet.

Zittern (Tremor): mehr oder weniger rasche Muskelbewegungen des Körpers oder einzelner Teile, die in den meisten Fällen nicht vom Willen abhängen. Sind die Abstände des Zitterrhythmus klein, spricht man von feinschlägigem Z., sind sie größer, von grobschlägigem Z. Das Z. kann der Versuch des Körpers sein, sich durch Muskelbewegung zu erwärmen (Frösteln), und tritt bei Abkühlung selbsttätig auf. Bei Stammhirnveränderungen kommt es zu einem Z., das mit einer eigenartigen Muskelstarre verbunden ist, der sog. Schüttellähmung (s. *Parkinsonismus*). Auf ähnlichen Veränderungen beruht wohl auch das Alterszittern. Auch bei anderen *Gehirn-* und *Rükkenmarkskrankheiten* kann Z. vorkommen. Überfunktion der *Schilddrüse* (vgl. auch *Basedow*) führt zu feinschlägigem Z. der Hände. Z. kann auch Äußerung einer *Neurose* sein. Behandlung richtet sich nach der Grundkrankheit.

Zivilisationsschäden und **-krankheiten:** Zivilisation bedeutet eigentlich die Umwandlung des Naturmenschen zum Staatsbürger (lat. civis). An die Stelle der wilden Triebe und Instinkte treten feste Rechtsnormen, die ein Staatsleben erst ermöglichen. Die Zusammenarbeit vieler ermöglicht die technische Entwicklung, die Versorgung mit lebensnotwendigen Gütern und eine verfeinerte Kultur und erhöht so den Lebensstandard. Eine Zivilisation der Gesittung ist natürlich nicht abzulehnen; doch hat der Zivilisierte den Drang, sich von der Natur zu entfernen und den unnatürlichen, gekünstelten und genormten Zustand für besser zu halten als den Zustand der unmittelbaren Beziehung zur Natur. Der Segen der Zivilisation für den Menschen ist in mancher Hinsicht durchaus zweifelhaft, und immer wieder hat es Strömungen gegeben, die von der Zivilisation zum Naturzustand zurückstrebten, um die offenbaren Z. auszugleichen. Auch die Naturheilkunde hat starke Bedenken gegen den Einfluß der Zivilisation und Überzivilisation geltend gemacht, besonders im Hinblick auf die Ernährungs- und Lebensweise. Normung, Konservierung, Kochkunst, Schönung der Nahrungsmittel schädigen den Wert der *Nahrungsmittel.* Durch das Abirren von den natürlichen Lebensgesetzen wird der Boden für viele Schädigungen und Krankheiten gelegt. Da eine der Grundtendenzen der Zivilisation darin besteht, dem Menschen alle Unbilden des Lebens fernzuhalten, kommt es zur Verweichlichung. Dadurch leiden die natürlichen *Abwehrvorgänge.* Verweichlichung in Wohnung und Kleidung führt zu *Erkältungs*krankheiten. Entfremdung von naturnaher Nahrung, übermäßige Verfeinerung und Einseitigkeit der Kochkunst führen zu *Verdauungs-* und *Stoffwechselstörungen* sowie Gebißverfall *(Zahnfäule).* Die Technik selbst ist Anlaß zu *Unfällen* und *Berufserkrankungen* in den Arbeitsstätten und im öffentlichen Verkehr. *Genußmittelsucht* ist eine typische Zivilisationserscheinung. Die seelischen Belastungen, die das Zusammenleben in der Zivilisation, im sozialen Gefüge mit sich bringt, sind vielfach Grundlage seelischer und körperlicher Schädigungen. Die naturgemäße Lebens- und Heilweise, die Verwendung der Freizeit zum Ausgleich der einseitigen Beanspruchung im Beruf dienen am besten der Vorbeugung und dem Kampf gegen die Z.

Zucker: aus Kohlensäure und Wasser aufgebaute chemische Verbindungen, die sich in der Pflanze unter Abspaltung von Sauerstoff und Verbrauch von Sonnenenergie bilden. Z., wichtiger Energieträger der lebenden Substanz, verbrennt unter Sauerstoffaufnahme und Energieabgabe zu Kohlensäure und Wasser. *Trauben-,* Frucht- und Milch*zucker* sind die für den Körper wichtigsten Z. Sie werden in Form der *Stärken* aus Kartoffeln, Getreideprodukten, Gemüsen und Obst dem Körper zugeführt und aus diesen abgespalten. Rohrzucker, Rübenzucker dienen zum Süßen der Speisen und sollten nur zu Gewürzzwecken und zum Konservieren von Marmeladen verwendet werden. Zu starker Zuckerverbrauch erzeugt hohen *Vitamin-B_1*-Bedarf und auch Mangel an Vitamin B und Kalk im Körper. Es ist wesentlich gesünder, anstatt durch raffinierten weißen Z. durch Honig, Rübensirup oder die süßen Trockenfrüchte dem Körper Z. zuzuführen. *Zuckerkranke* dürfen unter keinen Umständen reinen Z. verwenden, sondern ihren Kohlehydratbedarf nur aus Stärken und in den Früchten gebundenem Zucker dekken.

Zuckerkrankheit (Diabetes mellitus): Die durch das Blut aus den Verdauungssäften aufgenommenen einfachen *Zucker* werden mit Hilfe des *Hormons* der *inneren Ausscheidung* der *Bauchspeicheldrüse,* dem sogenannten Insulin, im Körper zu tierischer *Stärke* wieder aufgebaut und in Leber- und Muskelzellen gespeichert. Bei Bedarf werden daraus wieder die für den Stoffwechsel benötigten Zucker frei gemacht. Bei Störung dieses Auf- und Abbaus kommt es zu vermehrtem Zuckergehalt im Blut und zur Ausscheidung einfacher Zukker im *Harn.* An den Störungen, die zur Z. führen, sind Bauchspeicheldrüse, aber auch andere *Drüsen* innerer *Ausscheidung* (Vorderlappen der *Hirnanhangsdrüse, Schilddrüse, Keimdrüsen)* beteiligt. Wahrscheinlich ist auch die Leber dabei geschädigt. Diese Störung des Kohlehydratstoffwechsels ist oft auch mit anderen *Stoffwechselstörungen (Fettsucht, Gicht* usw.) verbunden. Sie kommt im Kindesalter ebenso vor wie im Erwachsenenalter, entsteht aber meist erst im mittleren Alter mit dem Nachlassen der Tätigkeit der Geschlechtsdrüsen. Üppige Lebensweise führt eher zu Z. als geregelte Kost Z. kann sich durch viele Zeichen und Störungen ankündigen. Allmähliches Nachlassen der geistigen und körperlichen Leistungsfähigkeit, Abgeschlagenheit, Mattigkeit, Kopfschmerzen, Gewichtsabnahme trotz gesteigerter Nahrungszufuhr infolge eines besonderen Heißhungers, starker Durst und reichliches Wasserausscheiden bei eigenartiger Trockenheit der Haut und besonders der Mundschleimhaut. Das Gesicht ist meist auffallend gerötet. Die Haut neigt zu *Juckreiz* und zu den verschiedensten Hauteiterungen *(Furunkel, Karbunkel). Nervenentzündungen, Nervenschmerzen, Neuralgien* sowie Durchblutungsstörungen des Herzmuskels sind nicht selten. Da die Hauptenergiequelle der Nahrung, die *Kohlehydrate,* bei der Z. nicht voll ausgenutzt werden kann und der meiste Zucker unverbrannt ausgeschieden wird, kommt es vielfach zu Gewichtsabnahme infolge *Unterernährung.* Da außerdem die *Fette* zur Verbrennung eine größere Menge Kohlehydrate benötigen, kommt es zur Bildung unverbrannter Fettsäuren, die sich giftig auf Körper und Stoffwechsel auswirken, und dadurch zur *Säurevergiftung,* die sich als diabetisches *Koma* äußert.

Z. tritt in zwei Formen auf. Bei der ersten wird nicht genügend Insulin gebildet (Insulinmangeldiabetes). Das ist die Z. der Kinder und Jugendlichen. Hier muß neben der Diät das fehlende Insulin gegeben werden. Bei der zweiten Form, dem Altersdiabetes, der etwa nach dem 50. Lebensjahr auftritt, liegt kein Insulinmangel vor. Es wird im normalen Maße gebildet, wird im Blut z.T. oder ganz abgeblockt, so daß es nicht zur Wirkung kommt. Wahrscheinlich sind es die Fettfraktionen, die bei meist gleichzeitig bestehender Fettstoffwechselstörung der Altersdiabetiker im Blute kreisen, die die Abblockung verursachen. Bei diesen Kranken werden auch andere Fermente abgeblockt, wie das die Harnsäure abbauende Ferment, so daß das Mitauftreten der Gicht, die heute beim Alterszucker so häufig ist, sich daraus erklärt. Die Zunahme der Alters-Z. hängt eng mit der Zunahme der Fettstoffwechselstörungen zusammen. Hier ist Insulingabe sinnlos. Es werden Tabletten gegeben, die die Blockierung des Insulins aufheben. Beh.: Schwerpunkt ist die Diät, eine harmonische, naturgemäße Ernährung mit besonderer Berücksichtigung der Rohkost. Eine kochsalzarme – Kohlehydrate, Eiweiße und Fette in harmonischem Verhältnis enthaltende – vitamin-mineralstoffreiche Kost wirkt besonders günstig auf den Stoffwechsel des Z. Die Tageskost soll zur Hälfte aus Rohkost bestehen. Reiner Zucker verbietet sich von selbst; ganz abgesehen davon, daß er in einer naturgemäßen Kost nichts zu suchen hat, darf er bei Zuckerkranken in keiner Form zur Speisenbereitung genommen werden, ebensowenig wie Honig, Sirup und Melasse. Bei der vegetarischen Ernährung braucht man wegen des Zuckergehaltes des Obstes nicht ängstlich zu sein. Nur stark zuckerhaltige (besonders traubenzuckerhaltige) Obstsorten, wie Trauben, Erdbeeren, Himbeeren, Bananen und Trockenfrüchte, meidet man. Fruchtzucker, ebenso fruchtzuckerhaltige Obstsorten können in bestimmtem Maße in der Diät des Z. aufgenommen werden. Fett wird ebenso beschränkt, wie es die natürliche Kost vorschreibt (50–80 g), und nur in Form wertvoller Fette und Öle mit hohem Gehalt an hochungesättigten Fettsäuren, darunter Weizenkeimöles gegeben. Die Rohkost soll Zwiebeln, Knoblauch, Gurken und Heidelbeeren nach Möglichkeit besonders berücksichtigen. Zur Kohlehydratzufuhr verwendet man vorwiegend Haferbrot und Haferspeisen. Vollkornbrot und Kartoffeln können je nach der Stoffwechsellage zugelegt werden. Weißbrot darf bei der naturgemäßen Zuckerkost keinesfalls gegeben werden. Eiweiß wird in Form von Quark, Sauermilch, Yoghurt zugeführt. Tierische Fette und Fleisch dürfen bei der vegetarischen Kost keinesfalls gegeben werden. In leichteren Fällen kann man durch gelegentliche Gaben von Kalb- oder Rindfleisch etwas auflockern, es ist aber besser, dies nicht zu tun. Langsames Kauen und Essen ist notwendig. Vgl. *Fletschern.* Zu den Mahlzeiten werden Tees aus Pflanzen, die insulinähnliche Wirkungen entfalten und Pflanzeninsuline (Glukokinine) enthalten, schluckweise getrunken. Hier kommen Samen und Kraut der Geißraute (Galega officinalis), Bohnenschalen, Bockshornkleesamen, Zwiebeln, Heidelbeerblätter, Preiselbeerblätter, Maisnarben in Frage. Wahrscheinlich über die Leber sind Salbeiblätter blutzuckerwirkend, ebenso Löwenzahnkraut und -wurzel, Wacholderbeeren, Walnußblätter. Tee für Zuckerkranke: Bocks-

hornkleesamen, Geißrautensamen, Mariendistelsamen, Heidelbeerblätter, Salbeiblätter zu gleichen Teilen. 1 Teelöffel auf 1 Tasse Wasser, 1/4 Stunde kochen und zu den Mahlzeiten trinken.
Reicht die Kostregelung mit diesen Hilfen nicht aus, so muß bei Insulinmangeldiabetes die fehlende Menge Insulin gegeben werden. Beim Alterszucker kann man noch versuchen, mit Sucontral aus der Pseudochina, einer tropischen Wolfsmilchart (3 x tgl. 50, später auf 30 Tr. zurückgehend), auszukommen. Sonst muß man zu den Zuckertabletten greifen, die als Sulfonamide oder Guanidine die Blockierung des Insulin im Blute aufheben. *Koma* ist wegen der heute üblichen Fettbeschränkung in der Kost selten geworden. Man gibt sofort Insulin mit Traubenzucker, bis die akute Gefahr beseitigt ist, und anschließend Hafertage, bis man dann wieder zur naturgemäßen Zuckerkost übergehen kann. Dazu abwechselnd *Luftbäder, Gymnastik* und *Bewegung* mit Ruhepausen. Hautbürsten. Morgens *Ganz-* oder *Oberkörperwaschung,* vormittags *Kurzwickel, Spanischer Mantel, Schenkel-* oder *Oberguß,* nachmittags *Heusäcke* auf den Oberbauch, *Armbäder, Kniegüsse, Armgüsse, Leibauflagen.*
Hp: Natrium sulfuricum D3–6, Arsenicum D6–10, Acidum phosphoricum D2–3, Arnica D3, Acidum lacticum D3–6, Kreosotum D4–6, Secale cornutum D3–6, Uranium nitricum D6–12. Bch.: Natrium sulfuricum D6, Calcium phosphoricum D6–12 bei Trockenheit im Munde und Gewebsschwäche; Calcium fluoratum D12, Silicea D12, Natrium phosphoricum D6 bei drohender Säurevergiftung; Kalium phosphoricum, Magnesium phosphoricum D6 bei unerträglichem Juckreiz; Natrium muriaticum D6 bei Austrocknung und Hauteiterungen.
Beispiel für Zuckerkost nach naturgemäßen Grundsätzen. An Kohlehydratträgern 100 g Haferflocken pro Tag zu gleichen Teilen auf Frühstück, Mittag- und Abendessen verteilt. Alle Speisen werden ohne Mehl und Zucker bereitet.
Frühstück: Müsli aus 30 g Haferflocken, sauren Äpfeln, Zitrone, Nüssen, Pfirsich, Pflaumen, Tomaten. Dazu Quark und 30 g Butter.
Mittagessen: Rohkostplatte ohne Möhren und rote Bete. Dabei darf man Sauerkraut, alle Kohlarten, Salate, Spinat geben. Salate können auch mit Schlagsahne angemacht werden. Dazu gedämpfte Gemüse (außer Erbsen und Möhren), Haferflockenbrätling oder Haferflockenpfannkuchen, 1 Ei. Gewürzkräuter;
oder: Sauerkraut mit Äpfeln und Tomaten gedämpft, Haferflockenbratlinge; oder Selleriepfannkuchen (ohne Mehl), Quark;
Gefüllte Tomaten in Butter (Haferflocken und Nüsse andünsten, Gewürze, Zwiebeln), dazu Salate mit Rahm angemacht;
grüne Bohnen mit Zwiebeln und Butter gedünstet, mit Zwiebeln und Tomaten. Endiviengemüse mit Zwiebeln in Butter gedünstet, mit Rahm angerichtet;
Gurkengemüse mit Dill, Haferbrei;
Pilze als Frikadellen angerichtet, mit gedämpftem Gemüse und Salatplatte;
Rührei mit grillierten Tomaten, Salat.
Nachtisch: saures Obst oder ungezuckertes Kompott. Abendessen: Rohkostplatte mit viel Quark, 30 g Butter, Haferflockenbrot aus 30 g Flocken, saure Gurke;
oder: mit Quark gefüllte Gurke mit Ei, Quark, Haferbrot, 30 g Butter;
Russische Eier mit Senfsoße und Salat, Haferbrot, 30 g Butter.

Zuckermangelkrankheit, Unterzuckerung (Hypoglycaemie): entsteht durch fehlerhafte Regulierung des *Blutzuckers* durch die *Hormone,* vor allem bei überreichem Insulinangebot. Überdosierung von Insulin bei Zuckerkrankheit kann dazu führen. Sonst kommen *Geschwülste* von insulinerzeugenden Zellen, körperliche Überanstrengungen, *Bauchspeicheldrüsenentzündungen* als Ursache in Frage. Auftreten von Unwohlsein, Neigung zu Schweißen, Schwindel und Ohnmacht, Heißhunger, aber auch Aufregungserscheinungen oder grundlose *Depressionen* können einen solchen Zustand anzeigen. Sofortiges Essen zuckerreicher Früchte (Orangen, Datteln usw.), Trinken von zuckerreichen Säften, *Traubenzucker*lösungen bringen den Anfall zum Verschwinden. Gesunde *vegetarische* Kost beugt vor.

Zungenbelag entsteht durch vermehrte Neubildung von Papillen, bei schlechter Abnutzung durch mangelhaftes Kauen, *Fasten* usw. Darin sammeln sich Nahrungsreste usw. Zeichen für mangelhafte Magentätigkeit bei *Entzündungen* der *Magen*schleimhaut, *fieber*haften Erkrankungen.

Z

Zungenentzündung: Rötung und Schwellung der Papillen an der Zungenspitze. Brennen (s. *Himbeerzunge*) bei *Scharlach.* Meist begleitend bei *Magen-* und *Darmentzündungen,* Infektionskrankheiten im Mund. Papeln, Geschwürsbildung bei *Syphilis.* Beh.: Kräftigung des Gesamtzustandes. Pinseln mit verdünnter Myrrhentinktur. *Gurgeln* mit Salbei. Hp.: Mercurius corrosivus D6–10, Acidum nitricum D3, Aconitum D3–4, Apis D3, Kalium chloratum D3–6. Bch.: Calcium fluoricum D6, Natrium muriaticum D6, Natrium phosphoricum D6, Natrium sulfuricum D6. Bei chronischer Z. auf Zusammenhang mit Blutbild (perniziöse *Anämie*) achten!

Zungenkrebs: bösartige Zungenschleimhautgeschwulst bei chronischer Reizung, Pfeifenraucher häufig betroffen. Frühzeitige Operation. Weitere Behandlung s. *Krebs.*

Zusammenziehende Mittel (Adstringentien): Oberflächliche Eiweißfällung führt zu Schrumpfung der Gewebe und Bildung einer Schutzdecke gegen Entzündungsreize (Gerbung). Wirkt *bakterien-* und *entzündungs*widrig. Die Naturheilkunde macht hier von Alaun und essigsaurer Tonerde, vornehmlich aber von Pflanzengerbstoffen (Tannin) und Drogen Gebrauch: Schafgarbe, Heidel- und Preiselbeerblätter, Wegwartewurzel, Odermennig, Katzenpfötchen, Storch- und Reiherschnabel, Tormentillwurzel, Walnußblätter- und -grünschalen, Eichenrinde, Galläpfel, Schlangenknöterichwurzel, Weidenrinde.

Zwerchfell (Diaphragma): großer dünner Muskel, der zwischen Leibes- und Brusthöhle kuppelförmig ausgespannt ist und beide trennt. Die Bewegung des Zwerchfells wird über den Zwerchfellnerv geleitet. Durchtrennung desselben führt zur Ruhigstellung des Z. Künstliche Lähmung des Nerven geschieht, um bei *Lungentuberkulose* die Atembewegungen des Z. zu unterbrechen und die Lunge ruhigzustellen. Auf dem Z. sitzen Herz und Lunge auf. Die Herzform ist teilweise vom Stand des Z. abhängig. Leber, Magen und Milz sind teilweise am Z. befestigt. Herabtreten des Z. durch Zusammenziehen führt zu Einatmung infolge Vergrößerung des Brustraums und zu Druck auf die Bauchorgane. Zwerchfellatmung dient der inneren Massage der Organe und der *Entspannung,* s. *Atemübungen.* Zwerchfellkrampf s. *Schlucksen* (Singultus). Zwerchfellbruch liegt vor, wenn Magen oder andere Bauchorgane durch die Schenkellücken des Muskels in die Brusthöhle hinaustreten und eingeklemmt werden.

Zwergwuchs, s. *Wachstum.*

Zwiebel (Allium cepa): kreislauffördernd, wassertreibend, ausscheidungsanregend, darmregelnd. In frischem Zustand zerkleinert oder als Saft einzunehmen. Bei Kreislaufschwäche oder Katarrhen der Luftwege.

Zwischenhirn ist der *Gehirnteil,* mit dem die beiden Großhirnhälften mit dem Stammhirn verbunden sind. Seine Gehirnhöhle ist mit den beiden der Großhirnhälften verbunden. Am Boden dieser Höhle, aus dem auch die Stiele der Hirnanhangsdrüse entspringen, liegen Gehirnzentren *(Ganglien),* die Beziehungen zu *Stoffwechsel* und Eingeweidetätigkeit (Hunger und Durst, Zuckerausscheidung, Wärmeregelung usw.) besitzen. Erkrankungen des Z. führen zu Störungen dieser Tätigkeiten.

Zwischenwirbelscheiben, s. *Wirbelsäule.*

Zwölffingerdarm (Duodenum), s. *Darm.*

Zwölffingerdarmgeschwür (Ulcus duodeni): häufiger Sitz der *Magengeschwüre* im oberen Teil des Zwölffingerdarms in der Nähe des Magenausgangs. Hier steht der Zwölffingerdarm noch unter dem Einfluß des sauren Magensaftes. Mehrere Stunden nach dem Essen, nachts bei Hunger oder leerem Magen heftiger, bohrender Schmerz, der meist nach Nahrungsaufnahme oder nach Genuß von etwas Milch schwindet. Beh.: Vgl. *Magengeschwür.* Hp.: Anacardium orientale D6–12, Kalium bichromicum D4, Robinia pseudacacia D3, Uranium nitricum D4, Bch.: Kalium phosphoricum D6, Calcium fluoricum D12, Magnesium phosphoricum D 6, Calcium phosphoricum D 6.

Zyanose (Blausucht): Anzeichen eines meist angeborenen *Herzfehlers* bei Kindern.